中国学术名著提要

(合订本)

第五卷 清代编(下)

中国学术名著提要编委会 编

复旦大学出版社

清代编

艺术类

音 乐

竟山乐录 毛奇龄

《竟山乐录》,一名《古乐复兴录》,四卷。毛奇龄撰。约成于清康熙十九年(1680)。通行本有《西河合集》本、《龙威秘书》本、《颜李丛书》本、《四库全书》文溯阁本、1937年商务印书馆《丛书集成初编》本、1985年台北商务印书馆本等。

作者生平事迹见"学校问"条。

关于《竟山乐录》书名的来由,《四库全书总目》云:"本奇龄所作,而托于其父镜所传,故曰《竟山乐录》。竟山者,镜之字也。"毛奇龄自称此书末一卷十四条取自其兄仁和教谕毛万龄之《采衣堂论乐浅说》。

《竟山乐录》是一部笔记体的乐律学著作。

卷一共二十一目二十七条:总论(二条)、诸经言声变(二条)、诸书言数(四条)、声律、五声、五声不宜关商徵调、五声图、九声四清声、九声四清图、七声二变声、二变沿误、二变隔二律之误、七律二变声图、十二律、六律、五声配十二律、十二律图、十二律配七律、十二律上下相生图、隔八隔六、隔八不宜生六十律。

卷二共十八目二十条:器色五声、七声、七始之误、二变有器、五六皆中声、六间六爻、变无半声、十二律相生之误、十二律上生下生、律吕有时日卦气、律吕与阴阳分合、十二律立七调、二十八调、笛色九声、五调有领调字、笛色七调(三条)、笛色七调谱、笛色七调图。

卷三共二十七目二十八条:九声本《管子》、八音配声、《左传》论声之备、字有五声、十二律配十二月本义、旋宫和谬、二变在前所误之由。不用商徵二调之由、五清不领声、前人不识笛色因不识乐、辨钟声、乐无八声、一笙十六管、十五等尺、四清五清之误、二八之误、方响四清之误、乐器不是乐、乐书不是乐、十二钟、十二编钟、十二铸钟即编钟、十二钟不依律数大小(二条)、黄、白钟、改钟制、乐不分古今、后总论。

卷四共十五目十七条:采衣堂论乐浅说总论、问五声、五声不并列、问七声、问不去二声、问七调九声之辨、十二声、十二声即十二律、十五声、问宫调（二条）、宫调图记歌诀、问领调字、问还相为宫、问古音（二条）、附徐仲山杂问。

《竟山乐录》的内容涉及声、律、调、谱、乐器和音乐美学等诸多方面，作者针对前人有关乐律学的种种说法，提出不同见解，其中不少观点为其后的音乐论著所采纳。本书对于我们今天的乐律研究亦有一定的参考价值。

（徐海涛）

律吕正义 魏廷珍等

《律吕正义》，上、下、续、后四编。其中，上、下、续三编，五卷，魏廷珍、梅殿成、王兰生奉敕撰，成于清康熙五十三年(1714)；后编，一百二十八卷，允禄、张照等奉敕撰，成于乾隆十一年(1746)。通行本有：乾隆四十七年(1782)《四库全书》本、1936年商务印书馆《万有文库》影印清乾隆武英殿刻本、2005年吉林出版集团有限责任公司影印本等。

《律吕正义》是一部以乐律学为主要内容的音乐百科专著。各编主要内容如下。

上编《正律审音》，两卷，详论律学原理和首次创的管乐十四律。卷一在论述了"黄钟为万事根本"、"黄钟理数"、"黄钟转生律吕"、"黄钟律分"、"定黄钟纵长体积面幂周径"、"定律吕之长损益相生"、"定律吕之积损益相生"、"度量权衡"等律学基本原理之后，作者据"截竹为管，详审其音"的实践经验，指出了管律和弦律的不同。按弦律，黄钟之半律(高八度)即半黄钟，而管律则为半太簇，于是就首次提出了管乐三分损益十四律的律学理论。又指出弦律的五声二变为五全分(全音)和二半分(半音)，阳律阴吕相间，而管律的五声二变则为七全分，故"阳律从阳，阴吕从阴，各成一均而不相紊"。卷末又列按管乐三分损益十四律体系所定的十四类每类同积、同径但长度各不相同的律管共三百四十八种。卷二继续按管乐三分损益十四律理论，论述管律和弦律在"全半应声"和"五声二变取分"方面的不同，又强调弦乐不可以管乐律吕之度取分，并列举了丝乐弦音清浊二均之度分以及管乐、弦乐各自的旋宫转调方法。

下编《和声定乐》，两卷，详论乐器的历史、形制和定律。卷一《八音乐器总说》仍沿用周代始创的"金、石、土、革、丝、木、匏、竹"乐器"八音"分类法，但在"八音"中又归"假人力以生声"的"丝与金、石为一类"，"假人气以生声"的"竹与匏、土为一类"，"以为乐之节奏"的"革与木为一类"。其后，分别论述排箫、箫、笛、笙、头管、篪、壎等吹奏乐器，卷二分别论述琴、瑟、钟、磬、鼓、柷、敔等弦乐器和击乐器。

续编《协均度曲》，一卷，基于葡萄牙传教士徐日升(Thomas Peorero)和意大利人德礼格

(Thedorico Pedrini)的乐书,从音位、时值、拍子、休止等方面详述西方的乐理知识,并有早期传入我国的五线谱实例。

后编前有序、进表编写人员名录和上谕奏议。在正文一百二十八卷中,卷一至卷六十一记载自清初至成书时宫廷的典礼音乐,其中包括祭祀乐、朝会乐、宴飨乐、导迎乐、行幸乐等。对每类典礼音乐的记录,同一首乐歌,采用了宫商字谱、工尺谱、律吕谱、减字谱、瑟谱等多种谱式,诸谱均附鼓谱,并以朱笔记录。舞蹈采用舞蹈者连续动作的舞姿图像记录。卷六十二至卷七十七《乐器考》,分中和乐器、丹陛乐器、清乐器、卤簿乐器、行幸乐器、导迎乐器、庆隆舞乐器、笳吹乐器、番部合奏乐器、朝鲜国俳乐器、瓦尔喀舞乐器和回部乐器十二类。对每类中的每件乐器,均有按乐器原件实物比例缩小而绘制的图片,并作详细文字说明。卷七十八至卷九十二为《乐制考》,分别论述自上古至明代各朝乐舞的制作、名称及历史沿革。卷九十三至卷一百十二为《乐章考》,以"郊祀"、"宗庙"、"宴飨"、"鼓吹"分类,分别考察历代的乐歌,收录其歌词。卷一百十三至卷一百十六为《度量权衡考》论述度量权衡与乐律及乐器制作的关系,先论本朝的度量衡制度,然后分别考察历代的度、量、衡。卷一百十七至一百二十为《乐问》,以问答形式对本编所论的乐律学内容再作概括和补充。卷一百二十一至卷一百二十八均用宫商字谱和工尺谱合记的典礼音乐所用的乐歌。

《律吕正义》作为清代康熙、乾隆两朝钦定的以乐律学为主要内容的音乐百科专著,书中首创自成体系的管乐十四律理论,最早记录了西方传入的乐理知识和五线谱,并保存了大量宫廷典礼音乐的乐谱、舞谱资料和根据乐器实物绘制的图片,这对于我国古代乐律学和明清音乐史的研究,无疑都具有重大的参考价值。

有关《律吕正义》的介绍和评价,除一般音乐辞书条目和散篇论文之外,见杨荫浏《中国音乐史纲》(万叶书店,1952年)、《中国古代音乐史稿》(人民音乐出版社,1981年),万依、黄海涛《清代宫廷音乐》(紫禁城出版社、香港中华书局,1985年)中的有关章节。

(陈应时)

古今图书集成·乐律典 陈梦雷等

《古今图书集成》,原名《古今图书汇编》,一万卷。六个汇编,三十二典,六千一百零九部,约一亿六千万字。清康熙末年由陈梦雷等辑,雍正时由蒋廷锡重加校编,于雍正三年(1725)编成并刊行。该书由清朝官方主持编修。《乐律典》共一百三十六卷,内容包括音乐、诗歌和舞蹈等七十类。通行本有:清雍正六年(1728)内府铜活字版印本、光绪十年(1884)英国人办上海图书局铅字本、光绪十六年上海同文书局仿铜活字石印本、1934年上海中华书局影印铜活字印本(附《考证》二十四卷)以及中华书局和巴蜀书社于1986年联合影印本。《乐律典》在此本中分装十册(第七三一册至七四〇册)。又有2006年齐鲁书社出版的《钦定古今图书集成》。

陈梦雷(1650—1741),字则震,一字省斋,晚号松鹤老人。福建侯官(今福州)人。清康熙进士,授编修。著有《周易浅述》、《盛京通志》、《承德县志》、《松鹤山房集》、《天一道人集》等。

蒋廷锡(1669—1732),字南沙、西君、扬孙,号西谷,又号青桐居士。江苏常熟人。清康熙举人。赐进士。官至文华殿大学士。有诗集《青桐轩秋风集》传世。

《古今图书集成》是现存我国历史上搜罗最广、内容最丰富的一部类书,为查找清代康熙以前各种资料最重要的工具书之一,在国外有《康熙百科全书》之称。内容极其浩繁、收罗宏富、体系完备,设有汇编、典和部三级目录,另加复分,检索甚为方便。它不仅是历代类书的总结,也是封建制度下官修类书的代表。

《古今图书集成·乐律典》一百三十六卷,分为以下四十三部:律吕部、声音部、啸部、歌部、舞部、钟部、钲部、镯部、铙部、铎部、方响部、钹部、磬部、琴瑟部、琵琶部、箜篌部、筝部、阮咸部、五弦部、管部、箫部、籥部、篪部、笛部、横吹部、笳部、角部、贝部、觱篥部、笙竽部、埙部、缶部、瓯部、鼓部、鼓吹部、柷敔部、胈部、雅部、拍板部、壤部、筒簧部和杂乐器部。

资料的内容一般分为六项:(一)汇考,收录的是"大纲"、"大事"等重要音乐文献,基本按历史朝代顺序排列;(二)总论,收录所谓"圣经贤传"中关于音乐的较重要的议论;(三)艺文,收录与音乐有关的文学作品;(四) 纪事,收录"圣经贤传"中有关音乐文献的零星记录;(五) 杂录,收录一般书籍所载的音乐文献;(六) 外编,收录一些编者认为荒诞难信的资料。

《古今图书集成·乐律典》搜集的音乐资料相当完备,堪称宏富。且分类详致、条理清晰,提供了许多珍贵的古代音乐资料。特别是书中收录的许多古代乐器、舞姿等图像具有极高的研究价值。该书音乐资料的辑录以前人类书为主,多将原书的音乐资料整部、全篇或全段收录,并注明出处,便于查核。但也有删节、校勘不精之处,故引用时应注意核对原文或参阅本书所附的《考证》。

(喻 辉)

燕乐考原 凌廷堪

《燕乐考原》，六卷。凌廷堪撰。成于清嘉庆九年(1804)前。通行本有嘉庆十六年刊本、1935年《安徽丛书》本、1936年商务印书馆《丛书集成初编》本、1986年黑龙江人民出版社《燕乐三书》本等。2009年，黄山书社出版了《凌廷堪全集》校点本。

凌廷堪(约1755或1757—1809)，字次仲。安徽歙县人。青年时期学词曲，中年成进士。曾任宁国(府治今安徽宣城)府学教授，达十年之久。乾隆年间在扬州词曲馆从事编修，删订杂剧、传奇。晚年弃官回乡任教于歙县紫阳书院。凌氏对中国古代的礼制和乐律素有研究，著作除《燕乐考原》外，尚有《晋泰始笛律匡谬》、《梅边吹笛谱》、《礼经释例》、《充渠新书》、《元遗山年谱》等多种，其门人张其锦曾将凌氏的《校礼堂初稿》编为《校礼堂文集》三十六卷、《诗集》十四卷。

《燕乐考原》是一部以燕乐二十八调为主要研究对象的乐律学专著。正六卷前有作者自序，后附《燕乐二十八调表》和《与阮伯元侍郎书》。书末有张其锦的《燕乐考原跋》。

本书前五卷均为历代文献中有关俗乐调记载的资料汇编。除在所摘的每段文字中有夹注外，并在段后加上按语，或作说明，或作考索发挥，表述自己的见解。卷一《总论》汇集有关燕乐二十八调的源流及其所用乐器、字谱的文献记载。卷二《宫声七调》、卷三《商声七调》、卷四《角声七调》、卷五《羽声七调》分别汇集燕乐二十八调中七宫、七商、七角、七羽诸调的调名、曲目及其律吕谱字分配的文献记载。卷六《后论》为全书之重点所在。作者根据前五卷中对于燕乐文献记载的考证加以归纳总结，在本卷中提出了如下几点。

一、燕乐之源，出于龟兹琵琶，惟宫、商、角、羽四均，无徵声。一均分七调，四均故二十八调。其器以琵琶为主。琵琶之四弦，一弦为一均，第一弦为宫声七调，第二弦为商声七调，第三弦为角声七调，第四弦为羽声七调。

二、自南宋起燕乐不用七角调和三高调，元代杂剧只用五宫四调，明人不学，合其数而计之，乃误以为九宫。至于近世，著书度曲，以臆妄增者，皆不可为典要也。

三、燕乐之字谱,即雅乐之五声二变。自明朱载堉而后,以上字配宫声,所配与宋人无异。古之字谱,与今之字谱,古之宫谱,与今之宫调,无以异也。

四、五声二变,高下无定,无定者亦必有定者程之,方不迷于所往。若不考律吕而但用五声二变,譬之舍规矩而谈方圆,弃权衡而论轻重。

五、丝声之度,长短不齐;竹声之度,长短如一。而竹声真度,仅存于伶人之口,太常之器,简编具在,无有深求其故者矣,今时所用之笛,七孔相距,长短如一,与徽不同,稽之古法正合。荀勖编具在,无有深求其故者矣。乃依京房之术,妄以笛孔取则琴徽,反讥列和作笛无法,无怪其十二笛当时不能用,后世不可行也。

六、起调毕曲用某律,即某调,始见于蔡元定《律吕新书》,盖因燕乐杀声而附会之者。如宫调别无可辨,徒以杀声辨之,则黄钟起调毕曲谓之黄钟宫者,改作太簇起调毕曲,又可谓之太簇宫,则宫调亦至无定不可据之物矣。五声之于耳,犹五色之于目也。必青色然后谓之青。若不问其何调,而但以起调毕曲辨之,则与以一色之物,但题青、黄、赤、黑之号以之者何异?倘以工字调之曲,用六字起调毕曲,即可谓之六字调,闻之者有不哑然失笑者乎?

七、琵琶第一弦之最浊,即燕乐之律本也。其弦之巨细,如琴之第七弦。琴之第二弦为夹钟,七弦比二弦,是夹钟清声。以琴之夹钟清声为琵琶之黄钟宫声,故曰燕乐以夹钟为律本也。

八、南曲、北曲,皆唐人俗乐之遗。南曲不用一、凡,为雅乐之遗声,其说非也。南曲为唐清乐之遗声,北曲为唐燕乐之遗声。

九、律者,六律六同也,其长短分寸有定。声者,五声、二变也,其高下相还于六律六同之中。律有定而声无定,故声不可配律。

《燕乐考原》作为第一部燕乐调研究的专门著作问世后,又引出了陈澧的《声律通考》,徐灏的《乐律考》,丘琼荪、隗芾《燕乐探微》和日本学者林谦三的《隋唐燕调研究》(郭沫若译),岸边成雄的《唐俗乐二十八调的成立年代》等一系列论著,使燕乐研究成了一项专门的学科。

(应时华)

声律通考 陈　澧

《声律通考》，十卷。陈澧著。成于清咸丰八年(1858)前。最早版本为咸丰八年刻本，咸丰十年作者刊入自辑的《番禺陈氏东塾丛书》，此外有咸丰十年大兴殷保康刻本。1995年上海古籍出版社《续修四库全书》收有该书影印本。2008年上海古籍出版社《陈澧集》收入了本书校点本。

陈澧(1810—1882)，字兰甫，号东塾。广东番禺人。清道光十二年(1832)举人，后任河源县训导。任广州学海堂长数十年，晚年主讲菊坡精舍，与诸生讲论文艺，勉以笃行立品，成就甚众。其教人不自立说，尝取顾炎武论学之语而申之，谓博学于文，当先习一艺。治经不为汉、宋经学门户所限。九岁能为诗文，与同邑杨荣绪、南海桂文耀为友。复问诗于张维屏，问经于侯康。中年读诸经注疏、子史。并广泛涉及天文、地理、音韵、算术、古文、骈文、填词、篆隶、真行书等。还著有《东塾读书记》、《切韵考》、《汉儒通义》、《汉书水道图说》、《东塾集》、《忆江南馆词》等。《清史列传》、《清史稿》本传著录其《琴律谱》一卷。曾国藩评价《声律通考》及《水道》二书"精博"。其《切韵》研究的成就，亦被邹伯奇称为"超越前人"。

《声律通考》列举先秦至宋历代乐律学的主要文献，结合前人成果逐一评说，多有前人未发之见。

《声律通考》各卷卷名为："古乐五声十二律还宫考第一"，"古乐五声十二律相生考第二"，"晋十二笛一笛三调考第三"，"梁隋八十四调考第四"，"唐八十四调考第五"，"唐宋辽二十八调考第六"，"宋八十四调考第三"，"宋俗乐字谱考第八"，"历代乐声高下考第九"，"风雅十二诗谱考第十"。

陈澧考察"古乐五声十二律还宫"问题，从《周礼·大司乐》、《礼记·礼运》开始。他说：今俗乐匀分七声，而十二律亡矣。以七声还为七调，而十二宫缺矣。使七声可以还宫则伶伦造七律可也，何必造十二律哉？《周礼》但曰五声，在后世言之则谓之一均五调也。六律六同皆如此，则十二均六十调也。《春秋左氏》所云"七音六律以奉五声"，说明每宫应立五调。他认为《周礼》三大祭有宫、角、徵、羽而无商,"其说难通"。"唐人解周礼之宫、角、徵、羽乃宫、角、徵、羽四调,非一调中之宫、角、徵、羽四声也。"认为《朱子语类》所说:"恐是无商调,不是无商音。奏起来五音依旧皆在"的说法"最为精确"。

卷二对"古乐五声十二律相生"进行了考证。将《管子·地员篇》、《吕氏春秋·仲夏纪·古乐篇》《季夏纪·音律篇》、《淮南鸿烈解·天文训》、《史记·律书》、《汉书·律历志》、郑氏《礼记月令注》、蔡邕《月令章句》、《续汉书·律历志》等有关文献逐一列举。特别对《正义后编》所说"半太簇长四寸其音比黄钟微低,再短一分恰与黄钟合"的观点充分肯定:三寸九分为黄钟之宫,"至是。而昭然若发蒙矣。盖丝声倍半相应,竹声倍半不相应。必半之而又稍短乃相应。即京房所谓'竹声不可以度调也'"。这是"乐律至要之关键"。

在卷三的"晋十二笛一笛三调考"中,陈澧对《宋书·律历志》和《晋书·律历志》所载荀勖律笛及笛律,根据自己的复制试验,作了分析和判断;发现笛上的孔距与律数是有"微差"的。因为"'竹声不可以度调',故自古无制笛作孔应律之法,汉魏笛孔不能应律,应由于此"。所以荀勖笛律"亦大略之数,而非极密之数也"。目的是"使工人有法可循,则不至如汉魏时之作笛无法耳"。他认为荀勖的"下徵调"亦用"变徵"。至清角调则羽声、角声、变宫声、变徵声俱失之浊,"须加哨令清矣(哨若今头管觱篥之哨)"。

卷四、卷五、卷七对历代的八十四调作了分析。卷四的"梁隋八十四调考",对《隋书·音乐志》、《万宝常传》、《旧五代史·乐志》、《辽史·乐志》等有关八十四调理论的评价是:"自列和以来至今日之笛,皆匀排六孔,并体中声为七声。七声旋转则为七调。梁武帝既有十二笛,则旋转为八十四调无疑矣。""苏祗婆琵琶则西域但知有七声,不知有十二律也。中国古乐有十二律,胡乐但有七声,古乐胡乐之不同者在此,考古乐者当于此辨之。今俗乐但有七声而无十二律,正与苏祗婆同矣。""琵琶四弦而有十二均者,以一弦兼三均也。"卷五对《通典》、《旧唐书·音乐志》、《新唐书·礼乐志》有关"唐八十四调"的看法是:"《新唐志》所述祖孝孙八十四调较《隋志》所述郑译八十四调尤为详悉。""《旧唐志》所载乐章多记宫调,使读史者得有所考,其例尤善。为诸史所未有。""唐雅乐八十四调,而旧志起章只三十调,又无二变之调。八十四调备其法,而非尽施于用,此其明证也。""《辽史·乐志》云:'唐十二和乐辽初用之'。又云:'八音器数,大抵因唐之旧。'故今不必别考辽之雅乐。"卷七"宋八十四调考"比较了《宋史·律历志》、张炎《词源》、沈括《补笔谈》、《景祐乐髓》等有关文献后,认为唐时有徵调:"《乐髓》有徵调,而燕乐无者,燕乐用琵琶,琵琶无徵调也。"又说:凌廷堪提到"元稹《五弦弹诗》云:'赵璧五弦弹徵调,徵声巉绝何清峭。'张佑《五弦诗》云:'徵调侵弦乙,商声过指笼',是五弦之器有徵调。大晟府借琵琶为之,致有落韵之讥。凌氏此条考据最为精确矣。"认为"角调以变宫为角,即是变宫调。故《词源》十二变宫调谓之角也。第一调黄钟角者,谓黄钟为宫之变宫调也。"

对"唐宋辽二十八调考"的讨论,陈氏说:"唐宋二十八调,则一弦一均七调而已。七宫调以第一弦为主,即郑译之黄钟均也。琵琶每一弦十六声,以十二律四清声名之,俗工以十六字记之。"并列举了律名与谱字的对应关系,又对谱字"勾"字作了详细分析。

在卷九的"历代乐声高下考"中,将《隋书·律历志》至朱载堉《律吕精义·外篇》的各种文献对各代黄钟律高的记载予以评述。他以朱载堉用入声"歌出自然"为《国语》所载"中声"、"以入声为律准,虽百世可知也"的观点,作出了这样的评价:"今考历代乐声最高者,宋外方乐七羽调之夹钟清,声最低者,宋大晟乐之黄钟声其高下相去凡三十一律。今人唱曲子吹笛最高者工字调之高工字。最下者工字调之低工字。其高下相去十五字,笛之出音孔与箫之第三孔相应,则箫之出音孔又下于笛四字。宋大晟乐之黄钟为今工字调之低四字,此声为今箫笛所无失之太浊矣。惟荀勖、梁武、王朴之黄钟与今工字调之低工字相近而稍下,窃以为古黄钟虽不中,不远矣。"在卷十的"风雅十二诗谱考"中,他说:"此谱乃赵彦肃所传,云即开元遗声也。其以清声为调,似非古法。然古声既不可考,此以见声,歌之仿佛。俟知乐者,考其得失云。……《十二诗谱》出于唐,其云黄钟清宫俗呼正宫,无射清商俗越调者,则南宋人所题也。……朱子所传之谱,每字但注律吕,而不注七声,盖宋人乐谱皆如此。……十二诗以《仪礼经传通解》之谱转为今俗字谱按而歌之,颇有近于拗涩者。虽古调与后世不同,亦恐《仪礼经传通解》有传写之误。"

(崔　宪)

戏 曲

第六才子书 金圣叹

《第六才子书》,又名《第六才子书西厢记》、《金圣叹批本西厢记》。一篇。金圣叹批改。书成于清顺治十三年(1656)。此书版本有四十余种,主要有:顺治贯华堂刊本、清初郁郁堂刊本、康熙本衙精刊陈维崧校订本、清美善堂刊本、清此宜阁增订本、光绪十五年(1889)石印本、民国二年(1913)扫叶山房石印本、民国十五年中原书局重校影印本、1985年甘肃人民出版社排印傅晓航校点本、1986年上海古籍出版社排印张国光校注本以及2008年凤凰出版社陆林辑校《金圣叹全集》本。

作者生平事迹见"第五才子书施耐庵水浒传"条。

《第六才子书》是一部批改《西厢记》的著作。剧前有序两篇,《读西厢记法》八十一则,每折前皆有开篇批语,计十七篇,还有曲词、科白的评点,系统地表达了金圣叹对《西厢记》思想内容和艺术成就的观点。

《第六才子书》针对封建卫道士诋毁《西厢记》诲淫之说,明确指出:《西厢记》写出崔张之间"必至之情","断断不是淫书,断断是妙文"。《酬简》批语云:"自古至今,有韵之文,吾见大抵十七皆儿女此事。此非以此事真是妙事,故中心爱之,而定欲为文也,亦诚以为文必为妙文,而非此事,则文不能妙也。夫为文必为妙文,而妙文必借此事,然则此事其真妙事也。"并用《国风》来为《西厢记》辩护,指出《国风》多爱情作品,乃是"先师仲尼氏之所删改",因而也就是"大圣人之义笔"。既然《诗经》被尊为儒家经典,《西厢记》也就断然不是淫书。《琴心》批语揭露了封建礼教对爱情的扼杀和对人性的摧残,认为青年男女都有"必至之情",但只能深藏于心底,至死不能互诉衷情,就因为中间有一座无法超越的"礼"的障壁。崔张冲破礼教之大防,暗通情愫,私下结合,是完全合理的。

《第六才子书》以分析人物形象作为评论的中心,对《西厢记》的艺术成就作了鞭辟入里的论述。金圣叹认为《西厢记》"止写得三人,一个是双文,一个是张生,一个是红娘","若是仔细算时,

《西厢记》亦止为写得一个人,一个人者,双文是也"。"写红娘止为写双文,写张生亦止为写双文。"正因为金圣叹把莺莺视作全剧的核心、灵魂,所以他对莺莺形象的分析尤为精细透彻。如《闹简》、《赖简》两折的批语,通过对莺莺出乎常态的举动的剖析,深入到人物复杂的内心世界,揭示出莺莺"又娇稚、又矜贵、又多情、又灵慧千金女儿"的性格特征。金圣叹指出,在《闹简》之前,莺莺对张生感情已深,早就希望"怎得人来信息通","谁做针儿将线引,向东邻通一殷勤"。因此张生寄简,莺莺本该"是最乐也,是日夜之所望,而不得见也,是开而读,读而卷,卷而又开,开而又卷,至于纸敝字减犹不能以释然于手者也"。可是莺莺见到简帖后却勃然大怒。金圣叹认为"双文之勃然大怒,则又双文之灵慧为之也"。莺莺私下爱上张生,为保持相国千金的身分,必须严守心中的秘密。她觉得"惟我之心,则张生之心;张生之心,则我之心也","诚不欲以两人一心之心,旁吐于别自一心之人"。红娘传递书简,想必已知晓自己和张生的心事,因此她大发雷霆,一来为维护自己的尊严,二来想通过红娘向张生传达自己的心事。莺莺寄诗约会张生,以为张生必定心领神会,"疾卷书而袖之,更多诡作咨嗟而漫付之,敬谢红娘而遣还之。然后或坐或卧而徐待之,待至深更而悄焉赴之"。情深心切而又书生气十足的张生,却在更未深、人未静,莺莺方于园烧香,红娘尚在一旁侍候的情况下,迫不及待地跳墙而入,"此真双文之所决不料也,此真双文之所决不肯也,此真双文之所决不少耐也",于是就有莺莺出人意外的赖简举动。金圣叹指出,《西厢记》"写情种真是情种,写小姐亦真是小姐",惟妙惟肖地刻画了人物的独特个性。此书关于人物形象的评点,揭示了剧作者的艺术匠心和创作构思,有助于读者理解典型环境中的典型形象。

《第六才子书》对《西厢记》的情节结构也有精辟的论述。《后候》批语说:"若夫《西厢》之为文一十六篇,则吾实得而言之矣:有生有扫,生如生叶生花,扫如扫花扫叶","最前《惊艳》一篇谓之生,最后《哭宴》一篇谓之扫"。"生"即开端,"扫"即结束。"而后于其中间,则有此来彼来","如《借厢》一篇是张生来,谓之此来","如《酬韵》一篇是莺莺来,谓之彼来"。"张生不来,此事亦不生","莺莺不来,此事亦不生。""此来彼来",实际上是指戏剧矛盾的发生。"而后则有三渐":《闹斋》为第一渐,莺莺始见张生;《寺警》为第二渐,莺莺始与张生相关;《后候》为第三渐,莺莺之始许张生定情。"渐"是指情节发展的层次。"而后则又有二近三纵":《请宴》一近,《前候》一近,'盖近之为言,几几乎如将得之也。几几乎如将得之之为言者,文章起倒变动之法也。'《赖婚》一纵,《赖简》一纵,《拷艳》一纵,盖有近则有纵也,欲纵之故近之,亦欲近之故纵之,纵之为言,几几乎如将失之也,几几乎如将失之为言,终于不失也。""近"指情节的推进,"纵"指情节的转折,有近有纵造成了情节发展的曲折性。"有两不得不然",《听琴》红娘不得不然,《闹简》莺莺不得不然,此指人物性格逻辑所决定的情节发展的必然性。"而后则有实写一篇",即《酬韵》,"一部大书,无数文字,七曲八折,千头万绪,至此而一齐结穴"。最后又有"空写"一篇,即《惊梦》,写主人公愿望的幻灭,是全剧的收场。金圣叹通过探讨《西厢记》情节发展的波澜起伏与前后照应之处,论证了此剧结构的完整严密。

《第六才子书》通过对《西厢记》的评点,总结了戏曲艺术的创作规律。《酬韵》一折批语提出了因小见大的"极微说":"夫娑婆世界,大至无量由延,而其故乃起于极微;以至娑婆世界中间之一切所有,其故无不一一起于极微……人诚推此心也以往,则操笔而书乡党馈壶浆之一辞,必有文也;书人妇姑勃豀之一声,必有文也;书途之人一揖遂别,必有文也。何也?其间皆有极微,他人以粗心处之则无如何,因遂废然以阁笔耳。"金圣叹认为"鸟之一毛、鱼之一鳞、花之一瓣、草之一叶,则初未有不费彼造化者之大本领、大聪明、大气力而于结撰而得成者",因而可由"一毛"、"一鳞"、"一瓣"、"一叶"之微窥见造化之巨。作家须练就一双慧眼,善于在生活中极平凡、琐细处捕捉文学素材,创作出丰富多彩的艺术形象。《前候》批语又提出小题大做的"那辗"法:"那辗则气平,气平则心细,心细则眼到。夫人而气平、心细、眼到,则虽一黍之大,必能分本分末;一咳之响,必能辨声、辨音。人之所不睹,彼则瞻瞩之;人之所不存,彼则盘旋之;人之所不悉,彼则入而抉剔、出而敷布之。一刻之景,至彼而可以如年,一尘之空,至彼而可以立国。……然则文章真如云之肤寸而生,无处不有,而人自以气不平,心不细、眼不到,便随地失之。夫自无行文之法,而但致嫌于题之枯淡、窘缩,此真不能不为豫叔之所大笑也。"所谓"那辗",是搓那辗开的意思。搓那指不急于说破本题,而故意摇曳之、擒纵之。辗开指在快接触到本题时,忽然打住,再从其他方面加以烘托和渲染。善于使用"那辗"法,应能把枯淡窘缩的题目做成一大篇锦绣文章,这需要增强作者的艺术修养,要有敏锐的目光和开阔的思路,善于抓住细小的题材加以尽情发挥。

《第六才子书》还提出一些有关戏曲创作的具体方法。《惊艳》批语提出"烘云托月"法:"欲画月也,月不可画,固而画云。画云者,意不在于云也。意不在于云者,意固在于月也";"《西厢》之作,专为双文也。……将写双文,而写之不得,因置双文勿写,而先写张生者,所谓画家烘云托月之秘法。"《寺警》批语提出"文章作法"三则,一曰"移堂就树"法,即写上文时预作铺垫,写下文时注意呼应。二曰"月度回廊"法,指情节的推进要有层次,使人物的面貌逐渐清晰地显露出来,也称为渐度之法。三曰"羯鼓解秽"法,指剧情的进展要有起伏,节奏要张弛相间,气氛要有冷热的变化,使通篇文字鲜活灵动。《酬韵》的评语提出"龙王掉尾"法:"上已正写苦况,则一篇文字已毕。然自嫌笔势直塌下来,因更掉起此一节,谓之龙王掉尾法。"

《第六才子书》对《西厢记》作了较大的改动,其主要表现在人物形象的塑造,把大团圆的收场改为悲剧结局,丰富科白等方面。《第六才子书》更加突出了红娘富有正义感、热心快肠、能说会道而又天真烂漫的性格,把张生改写成志高才大却坎坷不遇,执着于爱情而又不流于放荡的青年。对于崔莺莺形象的改动则是全书最关键处。金圣叹紧紧把握住莺莺"相国千金"的身分,在表现她"至灵慧、至多情"的性格时,突出她"至尊贵、至矜尚"的形象特点。按通行的《西厢记》,崔张二人在佛殿相遇,一见倾心,眉目传情。《第六才子书》改为张生在崔氏庭院中瞥见莺莺,顿时倾倒,莺莺却浑然不觉,"一片清净心田中初不曾有下土人民半星齷齪也"。于是莺莺感叹"寂寂僧房人不到,满阶苔衬落花红",下场时"回顾觑末"的伤春传情的语言动作皆被删去。金圣叹特地指出:"后之忤奴必谓双文于尔顷已作目挑心招种种丑态,岂知《西厢记》妙文,原来如此。"在《第六才子书》中,直到《闹斋》,莺莺始对张生动情。《琴心》有〔东原乐〕一曲,通行本为:"这的是俺娘的机变,非干是妾身脱空;若由得我呵,乞求得效鸾凤。俺娘无夜无明并女工,我若得些儿闲空;张生呵,怎教你无人处把妾身作诵。"表现出莺莺对老夫人赖婚的不满及企盼与张生结合的心愿。《第六才子书》把此曲改为:"那是娘机变,如何妾脱空?他由得俺乞求效鸾凤,他无夜无明并女工,无有些儿空。他那管人把妾身咒诵?"曲意与原作大不相同。金圣叹评此曲曰:"双文之多情,双文之秉礼,双文之孝顺,双文之爽直,都一笔写出来","必如俗本云'得空我便欲来',此更成何语耶?""俗本误入衬字,真写作如欲私奔然,恶是何言也?"金圣叹对莺莺形象所作的改动,有人认为是抹杀了原作反对封建礼教的思想意义,也有人认为是纠正了原作对她的性格平面化,甚至还有所歪曲的写法,使人物更丰富多彩,有血有肉。

《第六才子书》对原作科白所作的修改,能更细腻生动地刻画人物的性格,更富有戏剧性和舞台效果。如莺莺赴约酬简,原文是这样的:〔红催莺云〕去来,去来! 老夫人睡了也。〔旦走科〕〔红云〕俺姐姐语言虽是强,脚步儿早先行也。《第六才子书》作了如下改动:〔红娘催云〕去来,去来! (莺莺不语科)〔红娘催云〕小姐,没奈何,去来,去来! (莺莺不语,做意科)〔红娘催云〕小姐,我们去来,去来! (莺莺不语,行又住科)〔红娘催云〕小姐又立住怎么? 去来,去来! (莺莺不语,行科)〔红娘云〕我小姐言语虽是强,脚步儿早已行也。全改本从原作"旦走科"三字翻出一大篇文章,充分揭示出莺莺的内心矛盾,刻画了她惊喜疑惧相纠缠的复杂心理,为演员的舞台创作提供了充分发挥的余地。

《西厢记》原作五本,明代早有"王作关续"或"关作王续"之说,以前四本为"正本",后一本为"续本"。《第六才子书》力主到《惊梦》为止,矢口断定第五本为无知妄人所续。金圣叹把《西厢记》前四本视作"天仙化人",批评第五本是"意欲独传妙处,则是只画下半截美人"的"庸笔"、"恶札",指出第五本"章则无章法,句则无句法,字则无字法",凭空增添郑恒这样一个"诳骗良人的妻子,行不仁之事"的小人,"既不能为崔张增一毫颜色",又不能为"崔张添一丝神采",反而玷污了莺莺的美好形象。他认为人生如梦,"天地梦境也,众生梦魂也",这就是《西厢记》止于《惊梦》所要表达的"至理",因此明确提出《西厢记》"何用续,何可续,何能续",坚决主张腰斩《西厢记》。《第六才子书》把原作大团圆的收场改为悲剧结局,主题更加突出,结构更加紧凑,人物形象更加鲜明，无论在思想上或在艺术上都超出原作，因而为广大读者所接受，成为最流行的本子。

《第六才子书》对《西厢记》的评改，尽管存在着"以文律曲"的弊病，也包含着许多封建说教，但它对《西厢记》所作剔骨见髓的分析，及由此而阐发的大胆卓绝的艺术见解，对于中国的戏曲批评和《西厢记》的研究、演出，都产生了巨大的影响。李渔指出："圣叹之评《西厢》，可谓晰毛辨发，穷幽极微，无复有遗议于其间矣"，读金圣叹所评《西厢记》"能令千古才人心死。自有《西厢》以迄于今四百余载，推《西厢》为填词第一者，不知几千万人，而能历指其所以为第一之故者，独出一金圣叹"。王应奎云"顾一时学者，爱读圣叹书，几于家置一编"，以至三百年来读者，多有只知"金西厢"而不知"王西厢"的情况。

关于《第六才子书》的研究著作，有张国光校注的《金圣叹批本西厢记》、傅晓航校点的《贯华堂第六才子书西厢记》、齐森华《金批第六才子书发覆》（见《曲论探胜》，华东师范大学出版社，1985年）、陈淑满《金圣叹评改〈西厢记〉研究》（花木兰文化出版社，2011年）等。

（马美信）

读第六才子书西厢记法 金圣叹

《读第六才子书西厢记法》,一篇。金圣叹撰。作于清顺治十三年(1656)。刻于《第六才子书》卷首,主要版本有:顺治贯华堂刊本、康熙本衙刊本、清美善堂刊本、光绪十五年(1889)石印本、民国二年(1913)扫叶山房石印本、1986年上海古籍出版社排印本及2008年凤凰出版社陆林辑校《金圣叹全集》本等。

《读第六才子书西厢记法》(以下简称《读法》)是一篇分析《西厢记》的思想内容和艺术特色的导读文章。

《读法》首先批驳了诋毁《西厢记》为淫书的论调,极力鼓吹《西厢记》的成就:"有人来说《西厢记》是淫书,此人后日定堕拔舌地狱,何也?《西厢记》不同小可,乃是天地妙文。自从有此天地,他中间便定然有此妙文,不是何人做得出来,是他天地直会自己劈空结撰而出。若定要说是一个人做出来,圣叹便说此一个人即是天地现身。"《读法》理直气壮地为《西厢记》描写男女私情辩护:"人说《西厢记》是淫书,他止为中间有此一事耳。细思此一事,何日无之,何地无之?不成天地中间有此一事,便废却天地耶?细思此身自何而来,便废却此身耶?"金圣叹指出,男女相爱是自然之理,人之常情,文艺作品表现男女之情由来已久,"盖《西厢记》所写事,便全是《国风》所写事。然《西厢记》写事曾无一笔不雅驯,便全学《国风》写事曾无一笔不雅驯;《西厢记》写事曾无一笔不透脱,便全学《国风》写事曾无一笔不透脱。"《读法》把《西厢记》与《诗经》相提并论,进一步肯定《西厢记》断断不是淫书,断断是妙文。

《读法》接着便分析《西厢记》文章之妙:"文章最妙是先觑定阿堵一处,已却于阿堵一处之四面,将笔来左盘右旋,右盘左旋,再不放脱,却不擒住。分明如狮子滚球相似,本只是一个球,却教狮子放出通身解数,一时满棚人看狮子,眼都看花了,狮子却是并没交涉。人眼自射狮子,狮子眼自射球。盖滚者是狮子,而狮子之所以如此滚,如彼滚,实都为球也。《左传》、《史记》便纯是此一方法,《西厢记》亦纯是此一方法。"此谓之"狮子滚球"法,主张写作应紧紧围绕一个中心,而又广开思路,拓开笔墨,尽情抒写。《读法》又云:"目注彼处,手写此处,若有时必欲目注此处,则必手写彼处","目注此处,却不便写,却去远远处发来,迤逦写到将至时,便且住;却重去远远处更端再发来,再迤逦又写到将至时,便又且住;如是更端数番,皆去远远处发来,迤逦写到将至时即便住,更不复写出目所注处,使人自于文外,瞥然亲见"。此段论述意为戏剧情节的展开应一波三折,错落有致,描写要含蓄,留有余地,耐人寻味。

《读法》指出,《西厢记》这样的妙文乃是作家创作灵感的产物:"文章最妙是此一刻被灵眼觑见,便后此一刻放灵手捉住。盖于略前一刻亦不见,略后一刻便亦不见,恰恰不知何故,却于此一刻忽然觑见,若不捉住,便更寻不出。今《西厢记》若干文字,皆是作者于不知何一刻中灵眼忽然觑见,便疾捉住,因而直传到如今。"此一刻指转瞬即逝的创作佳时机,"灵眼"是作家天赋的艺术感觉,"灵手"则是作家经过学习和实践形成的艺术修养。作家在机因的触发下,把握"住此一刻",成功地捕捉住艺术形象,就能创作出像《西厢记》这样的妙文。灵感自然而来,作家在创作过程中也应顺其自然,不能受预定的框架束缚。《读法》以云作比喻来说明这一规律:"云只是山川所出之气,升到空中,却遭微风,荡作缕缕,既是风无成心,便是云无定规,都是互不相知,便乃偶尔如此。《西厢记》正然,并无成心之与定规,无非佳日闲窗,妙腕良笔,忽然无端,如风荡云。"艺术创作既要顺应自然,又离不开精心的构思,因此《读法》又云:"若未取笔,胸中先已有了文字,必是不会做文字人。《西厢记》无有此事","若提了笔,胸中尚自无有文字,必是不会做文字人。《西厢记》无有此事"。

《读法》在分析《西厢记》篇、章、句、字的结构后,着重探讨了剧中人的关系的设置:《西厢记》止写得三个人:一个是双文,一个张生,一个是红娘。"譬如文字,则双文是题目,张生是文字,红娘是文字之起承转合。有此许多起承转合,便令题目透出文字,文字透入题目也。""譬如药,则张生是病,双文是药,红娘是药之炮制。有此许多炮制,便令药往就病,病来就药也。""若更仔细算时,《西厢记》亦止为写得一个人。一个人者,双文是也。"写红娘止为写双文,写张生亦止为双文。《读法》认为《西厢记》中人物,莺莺是主,张生是宾,红娘为纽带;而张生、莺莺之间又互为因果,红娘又是莺莺必不可少的衬托。

《读法》还挖掘出《西厢记》这一喜剧中深蕴的悲剧力量,"细相其眼法、手法、笔法、墨法",可以"写出普天下万万世无数孤忠老臣满肚皮眼泪来","写出普天下万万世无数高才被屈人满肚皮眼泪来","写出普天下万万世无数苦心力学人满肚皮眼泪来"。因此,也可以说《西厢记》写出了普天下万万世无数才子佳人的满肚皮眼泪来。

《读法》总结了艺术欣赏的经验:"《西厢记》必须扫地读之。扫地读之者,不得存一点尘于胸中也","必须焚香读之。焚香读之者,致其恭敬,以期鬼神之通之也",必"须对雪读之。对雪读之者,资其洁清也","必须对花读之。对花读之者,助其娟丽也"。这是说在欣赏艺术作品时,必须具备相应的审美心理和情趣,才能深切领会作品的艺术魅力。《读法》又云:"《西厢记》不是姓王字实甫此一人所造,但自平心敛气读之,便是我适来自造,亲见其一字一句,都是我心里恰正欲如此写,《西厢记》便如此写",指出艺术欣赏的过程,就是读者运用自身的生活经验和鉴赏力对作品进行再创作的过程。

《读法》论述了一系列戏剧创作和欣赏中带有根本性的问题,颇多真知灼见,大大丰富了中国古典戏剧理论宝库。

(马美信)

第七才子书 毛 纶

《第七才子书》,又名《第七才子书琵琶记》,六卷。毛纶评点。书成于清康熙年间。主要版本有清经纶堂刻本、清苏州坊刻巾箱本、清映秀堂刻本、清书林龙文堂刻本、清张之振刻三益堂印本、清光绪石印本等。

毛纶,生卒年不详。字德音,晚年自号声山。江苏长洲(今苏州)人。家庭贫困,好学不倦,中年时双目失明。康熙五年(1666)前后尚在世。

《第七才子书》是一部评点《琵琶记》的著作,系毛纶失明后口授,由其子毛宗岗笔录成书。卷首有康熙四年(1665)吴侬悔庵序、康熙五年浮云客子序、雍正十三年(1735)程自莘序,及作者所撰自序、总论、参论,还录有王世贞、汤显祖、徐渭、李贽、王思任、陈继儒、冯梦龙等前贤评语。此书模仿金圣叹评点《西厢记》的方法,分析《琵琶记》的思想和艺术特色,并在理论上有所发挥。

此书《自序》通过《琵琶》与《西厢》的比较,赞扬《琵琶记》言情合乎礼义,为文典雅纯正,文云:"王实甫之《西厢》,其好色而不淫者乎?高东嘉之《琵琶》,其怨悱而不乱者乎?《西厢》近于风,而《琵琶》近于雅,雅似风而加醇焉。"《自序》认为《琵琶》胜过《西厢》处有二:一曰情胜,一曰文胜。两剧皆言情,"然《西厢》之情,则佳人才子花前月下私期密约之情也";"《琵琶》之情,则孝子贤妻敦伦重谊缠绵悱恻之情也"。"《西厢》之情而情者,不善读之,而情或累性。《琵琶》之情而性者,善读之,而性见乎情,大是之谓情胜。两剧皆为妙文,然《西厢》往往杂用方言上语,而《琵琶》无之,《西厢》之文艳,乃艳不离野者,读之反觉其文不胜质;《琵琶》之文真,及真而能典者,读之自觉其质极而文。"

《总论》对《琵琶记》的思想意义和艺术成就作了提纲挈领的分析。《总论》承袭旧说,力主《琵琶记》为讽王四而作,其主旨是通过表彰蔡伯喈"全忠全孝"来批评不忠不孝之徒;借孝子忠臣、义夫节妇之事为天下人作榜样。因此"《琵琶记》并不是传奇,人家子弟断不把《琵琶记》来当作传奇看"。《总论》推崇《琵琶记》用笔深得虚实相生,以形传神之妙:"才子之文,有着笔在此而注意在彼者,譬之画家,花可画而花之香不可画,于是舍花而画花傍之蝶,非画蝶也,仍是画花也。"剧中对每一个人每一件事,无分主次、大小,"无不描头画角,色色入妙","搏兔搏象,俱用全力",同时又"分清宾主","正笔闲笔,又有轻重详略之分"。《总论》指出,《琵琶记》对于"书中紧要处"一手抓住,一口嚙住,却于此处之上下四方,千回百折,左盘右旋,极纵横排宕之致,使观者眼光霍霍不定,斯称真正绝世妙文。一部《琵琶记》,作者所注意处,前面是《官媒议婚》一篇,后面是《书馆悲逢》一篇。《总论》还谈及此剧结构之严谨完整:"文章有步骤不可失,次序不可阙者,如牛氏规奴为金闺愁配张本,金闺愁配为几言谏父张本……总之,才子作文,一气贯注,增之不成文字,减之亦不成文字。"

《第七才子书》的每一出总评和批语,对《琵琶记》作了更为具体、细致的研究,其中不乏精彩的见解。如《副末开场》一出总评阐述此剧的悲剧力量说:"文章之妙,不难于令人笑,而难于令人泣。盖令人笑者,不过能乐人,而令人泣者,实有以动人也。夫动人而至于泣,必非佳人才子、神仙幽怪之文,而必其为忠贞节孝之文可知矣。"《春宴杏园》总评论此剧针线之密云:"善文者,有一篇全部大文于胸中,则其于每段小文之内,必处处提照章旨,回顾本色,若有一处疏漏,即全部线索皆脱矣。如此篇写宫花、写红楼、写玉鞭、写笙歌、写题诗、写饮酒,无数绚烂文字,皆旁笔也。其正笔只在'未许嫦娥爱少年'一句,为后文辞婚伏线;又只在'高堂菽水谁供奉'一句,为后文辞官伏线。极浓郁处,忽着一极淡之语,极热闹处,偏下一极冷之言,点睛着眼赖有此笔。"《义食赈济》总评谈此剧情节安排之曲折:"此篇之曲折有四:请粮忽然无粮,一曲也;责里正而无粮又变为有粮,二曲也;粮被夺而有粮又变为无粮,三曲也;遇张公而无粮又变为有粮,四曲也。其曲折处令人不测,文章之法固应如是。"《强就鸾凤》总评分析了此剧在刻画人物上的成就:"最难下笔者莫过于《强就鸾凤》之一篇矣。夫就而曰强,写其欢笑不得;强而既就,写其啼哭又不得","今看东嘉,偏能逗好手,写出状元此时既不敢啼,又不忍笑。一段真情至理,如丝萝附乔木,聊为勉强应酬之言,而对华堂而念高堂,对新人而思旧人,亦略见其俛首敛容,无聊无赖之致。此真文之浓淡适宜,轻重合度者也。"《糟糠自厌》总评论述此剧曲文之艺术特色说:"《诗》三百篇,赋中有比,比中有赋者多矣,然文思之灵变、文情之婉折,未有如《琵琶》之写吃糠者也。看他始以糠之苦比人之苦,继以糠与米之分离,比妇与夫之相别,继又以米贵而糠贱,比妇贱而夫贵,继又以米去而糠不食,比夫去而妇不能养,末又以糠有人食犹为有用,而己之死而无用并不如糠。柔肠百转,愈转愈哀,妙在不脱本题,不离本色。"

《第七才子书》通过评点《琵琶记》,总结了戏曲创作的艺术规律。虽其所论未脱离明代曲论和金圣叹批评《西厢记》的范围,但某些具体论述有所发展,因而成为清代颇具影响的一种《琵琶记》评点本。

(马美信)

闲情偶寄·词曲、演习 李 渔

《闲情偶寄·词曲、演习》，李渔撰。主要版本有：（一）清康熙十年（1617）翼圣堂刻本，题曰《笠翁秘书》第一种。（二）清雍正八年（1730）芥子园刻《笠翁一家言》全集本。此本合并原来十六卷为六卷，书名改题为《笠翁偶集》。（三）《文艺丛书》本。此本止摘录其中《词曲》、《演习》二部，名为《李笠翁曲话》，1925年上海梁溪图书馆排印。（四）《新曲苑》本。止摘录《词曲》、《演习》二部，题为《笠翁剧论》。（五）《中国古典戏曲论著集成》本。止摘录《词曲》、《演习》二部，1959年中国戏剧出版社排印。

作者生平事迹见文学类"闲情偶寄"条。

《闲情偶寄》包括《词曲》、《演习》、《声容》、《居室》、《器玩》、《饮馔》、《种植》、《颐养》八部，内容涉及饮食养生、园林建筑、种花选美、戏剧艺术诸方面。《词曲》、《演习》两部专讲戏剧创作和表现，《声容部》在讲述选姿买姬时，也谈到培养演员的方法。

《词曲》共分《结构第一》、《词采第二》、《音律第三》、《宾白第四》、《科诨第五》、《格局第六》六章，广泛论述了戏曲结构、音律、语言、题材各方面问题，形成了完整、系统的戏曲创作方法论的理论结构。

《结构第一》突破前代曲论中填词首重词采或音律的惯例，强调剧本创作命题和结构的重要性："填词首重音律，而予独先结构者，以音律有书可考，其理彰明较著。……至于'结构'二字，则在引商刻羽之先，拈韵抽毫之始"，"故作传奇者不宜卒急拈毫，袖手于前，始能疾书于后。有奇事，方在奇文。未有命题不佳，而能出其锦心，扬为绣口者也。尝读时髦所撰，惜其惨淡经营，用心良苦，而不得被管弦、副优孟者，非审音协律之难，而结构全部规模之未善也"。"结构"即总体构思和布局设想，包括"戒讽刺"、"立主脑"、"脱窠臼"、"密针线"、"减头绪"、"戒荒唐"、"审虚实"七款。"戒讽刺"言戏剧的社会教化作用，指出"因愚夫愚妇识字知书者少，劝使为善，诫使勿恶，其道无由，故设此种文词，借优人说法"，"是药人寿世之方，救苦弭灾之具"。反对把戏剧作为报仇泄怨的工具，"凡作传奇者，先要涤去此种肺肠，务存忠厚之心，勿为残毒之事"。"立主脑"提出戏曲的主要人物和事件要集中，情节结构要单一，文云："古人作文一篇，定有一篇之主脑。主脑非他，即作者立言之本意也。传奇亦然。一本戏中，有无数人名，究竟俱属陪宾，原其初心，止为一人而设。即此一人，自始至终，离合悲欢，中具无限情由，无穷关目，究竟俱属衍文；原其初心，又止为一事而设。此一人一事，即作传奇之主脑也。"主脑即"作者立言之本意"，体现在作品里，就是集中反映作家创作旨意的贯串人物和情节。一个剧本若主脑未立"则为断线之珠，无梁之屋"。"减头绪"、"密针线"讲戏曲结构的紧凑和严密，认为作剧应"一线到底"，"并无旁见侧出之情"，明代传奇头绪繁多，令观众如入山阴道中，应接不暇，便不能真正理解作品的意思。编剧犹如缝衣，"凑成之工，全在针线紧密；一节偶疏，全篇之破绽出矣"，要求作者，"每编一折，必须前顾数折，后顾数折。顾前者，欲其照映；顾后者，便于埋伏"。这样的作品，才能达到浑然一体，天衣无缝的艺术境地。"脱窠臼"论戏剧的新奇，提出"人惟求旧，物惟求新"，戏剧创作更应创新。"古人呼剧本为'传奇'者，因其事甚奇特，未经人见而传之，是以得名。可见非奇不传。新，即奇之别名也"。戏剧创作应追求新奇，并非提倡作家脱离现实胡编乱造，"戒荒唐"提出："凡作传奇，只当求于耳目之前，不当索诸闻见之外"，"凡说人情物理者，千古相传；凡涉荒唐怪异者，当日即朽"。现实生活中有取之不竭、用之不尽的创作素材，"世间奇事无多，常事为多；物理易尽，人情难尽"，"性之所发，愈出愈奇，尽有前人未作之事，留之以待于人"，"即前人已见之事，尽有摹写未尽之情，描画不全之态"。"审虚实"论及戏剧创作的虚构问题，认为"传奇无实，大半皆寓言耳"，作家必须对生活素材进行概括和提炼，才能写出成功的剧本。同时指出处理现实题材和历史题材之方法不同："若纪目前之事，无所考究，则非特事迹可以幻生，并其人之姓名，亦可以凭空捏造，是谓虚则虚到底也。若用往事为题，以一古人出名，则满场脚色，皆用古人，一姬人，捏一姓名不得；其人所行之事，又必本于载籍，班班(斑斑)可考，创一事实不得。"

《词采第二》论戏曲语言，分为"贵显浅"、"重机趣"、"戒浮泛"、"忌填塞"四款。"贵显浅"主张戏曲语言的大众化和通俗化，指出诗文之词采贵典雅而贱粗俗，宜蕴藉而忌分明；词曲不然，"话则本之街谈巷议，事则取其直说明言。凡读传奇而有令人费解，或初阅不见其佳，深思而后得其意之所在者，便非绝妙好词"。"忌填塞"也说："文章做与读书人看，故不怪其深；戏文做与读书人与不读书人同看，又与不读书之妇人小儿同看，故贵浅不贵深。"反对作曲词，多引古事，叠用人名，直书成句，而主张深入浅出。"重机趣"说戏曲语言必须生动传神，"机趣"二字，填词家必不可少。机者，传奇之精神；趣者，传奇之风致。"机趣乃性中带来"，"性中无此，做杀不佳"。"戒浮泛"论戏曲语言的性格化，要注意行当脚色的分别，生旦当隽雅，净丑可以粗俗，应该"说何人肖何人，议某事切某事"，与戏剧规定的情景相符合。

《音律第三》论戏曲语言的音乐性,分为"恪守词韵"、"凛遵曲谱"、"鱼模当分"、"廉监宜避"、"拗句难好"、"合韵易重"、"慎用上声"、"少填入韵"、"别解务头"九款。这一部分,强调作曲必须遵照曲谱,严守音律,并提出一些技术性问题,多引用成说而较少创见。

《宾白第四》专论戏曲的念白,分"声务铿锵"、"语求肖似"、"词别繁减"、"字分南北"、"文贵精洁"、"意取尖新"、"少用方言"、"时防漏孔"八款。此章序论针对戏曲创作中重曲词轻宾白的倾向提出,"曲之有白,就文字论之,则犹轻文之于传注,就物理论之,则如栋梁之于榱桷,就人身论之,则如肢体之于血脉,非但不可相无,且觉稍有不称,即因此贱彼,竟作无用观者。故知宾白一道,当与曲文等视"。"声务铿锵"要求宾白调声协律,顺畅清亮,与曲词一样具有音乐美。"语求肖似"强调剧中人物语言的形象化和性格化,要做到这一点,作家必须对角色的思想感情和心理特点有深切的体验:"言者,心之声也,欲代此一人立言,先宜代此一人立心。若非梦往神游,何谓设身处地。无论立心端正者,我当设身处地,代生端正之想,即遇立邪辟者,我亦当舍经从权,暂为邪辟之思。便心曲隐微,随口唾出,说一人肖一人,勿使雷同,弗使浮泛。""词别繁减"、"文贵洁净"言宾白不宜简略,否则剧情交代不清,但又忌冗长拖沓。词之繁减,当视剧情而定,"多而不觉其多者,多即是洁;少而尚病其多者,少亦近无"。"意取尖新"言宾白要巧妙有新意,"令人眉扬目展,有如闻所未闻","白有尖新之文,文有尖新之名句,句有尖新之字,则列之案头,不观则已,观则欲罢不能;奏之场上,不听则已,听则求归不得"。"字分南北"提出曲分南北音,白随曲转,"此一折之曲为南,则此一折之白,悉用南音之字;此一折之曲为北,则此一折之白,悉用北音之字"。"少用方言"主张"凡作传奇,不宜频用方言,令人不解",反对净丑之白悉作姑苏口吻。"时防漏孔"提醒作家要注意语言一致性,防止自相矛盾。

《科诨第五》论戏曲中插科打诨的手段,分"戒淫亵"、"忌俗恶"、"重关系"、"贵自然"四款。此章序论首先指出:插科打诨虽为填词之末技,"然欲雅俗同欢,智愚共赏,则当全在此处留神"。若一出戏,文字、情节俱佳,而科诨不佳,观众就会瞌睡。因而科诨"乃看戏之人参汤",不可作小道观。各款分论科诨之妙在于近俗,但不能流于淫亵,应"于嬉笑诙谐之处,包含绝大文章,使忠孝节义之心,得此愈显"。科诨"妙在水到渠成,天机自露。我本无心说笑话,谁知笑话逼人来,斯为科诨之妙境"。

《格局第六》论戏曲之格局体制,分"家门"、"冲场"、"出脚色"、"小收煞"、"大收煞"五款。大略言开场数语包括通篇,谓之"家门"。开场第二折为"冲场",务以寥寥数语道尽本人一腔心事,又蕴酿全部精神。剧中人主要角色不宜出场太迟。上半部最后一出是小结,名为"小收煞","宜紧忌宽","宜热忌冷"。全剧结局为"大收煞","此折之难",在无包括之痕,而有转团圆之趣。

《演习》论戏曲的演出,分为《撰剧第一》、《变调第二》、《授曲第三》、《教白第四》、《脱套第五》

五章。

《选剧第一》提出精心选择剧本是演出成功的关键,"吾论演习之工而首重选剧者,诚恐剧本不佳,则主人之心血、歌者之精神,皆施于无用之地,使观者口虽赞叹,心实咨嗟,何如择术务精,使人心口皆羡之为得也"。选剧时当注意"别古今"、"剂冷热"。"选剧授歌童,当自古本始。古本既熟,然后间以新词,切勿先今而后古"。剧本要适合场上演出,吸引观众。戏文太冷,词曲太雅,原足令人生倦。但有些剧本"外貌似冷,而中藏极热,文章极雅,而情事近俗",只需稍加润色,播入管弦,仍可以取得很好的演出效果。

《变调第二》讲剧本的改编问题。认为文学艺术无不随时更变,变则新,不变则腐,变则活,不变则板。传奇尤其如此。演出旧剧,曲文与大段关目不可改,科诨与细微说白则不可不变,因为"凡人作事,贵于见景生情。世道迁移,人心非旧,当日有当日之情态,今日有今日之情态。传奇妙在入情,即使作者至今未死,亦当与世迁移,自啮其舌,必不为胶柱鼓瑟之谈,以拂听者之身"。

《授曲第三》提出授曲时要"解明曲意","知其意之所在",唱出曲的精神,论述了演唱中"调熟字音"、"字忌模糊"、"曲严分合"等技巧问题,并涉及戏曲音乐的伴奏原理。

《教白第四》从"高低抑扬"、"缓急顿挫"两方面提示说白的诀窍。

《脱套第五》针对当时舞台演出中存在的鄙习恶套,从衣冠、语言和科诨等方面提出了改革的意见。如衣冠穿戴要符合人物特定情境的需要,克服贵贱不辨,角色无分的现象。花面的语言,应和生、旦、外、末一样,悉作官音,即作方言,亦随地转,如在杭州,即学杭人之话;在徽州,即学徽人之话。科诨要防止"戏中串戏"。不能任意增加一些闹剧俗套的穿插,破坏全剧结构的完整。

《声容部》包括《选姿第一》、《修容第二》、《治服第三》、《习技第四》四章,涉及演员的挑选、化妆和训练三方面内容。

《选姿第一》提出在挑选女乐时,先要相面,相面必先相目,因为"相人之法必先相心,心得而于观其形体","察心之邪正,莫妙于观眸子"。又提出"选貌选姿,总不如选态一着之为要","态"即人的气质和风致,不能通过"教"从外部造就它,却可以通过熏陶从内部变化它。

《修容》和《治服》两章谈化妆的方法,指出修饰应该自然,浓淡得宜,毫无造作。服装要"相体裁衣,不得混施色相"。

《习技第四》阐述教习技艺的方法。提出"学技必先学文",掌握文化是学习艺术的基础。其次是通过习丝竹增强艺术修养。然后是学习歌舞,使演员"声音婉转"、"体态轻盈",达到"不必歌而歌在其中"、"不必舞而舞在其中"的境界。

《闲情偶寄》在继承明代曲论的基础上,对我国古代戏剧的创作和演出作了系统的理论总结,成为一部自成体系的戏剧著作。此书所论,涉及戏剧的创作、导演、演出舞台效果、教学等各方面,提出了许多精辟的见解,不仅对于戏剧理论的发展产生了深远影响,而且对于今天的戏剧创作、演出和研究具有一定的参考价值。

关于《闲情偶寄》的研究著作,有董每戡《〈笠翁曲话〉拔萃论释》(广东高等教育出版社,2004年),李德厚《李笠翁曲话译注》(天津古籍出版社,1988年)、徐寿凯《李笠翁曲话注释》(安徽人民出版社,1981年)、陈多《李笠翁曲话》(湖南人民出版社,1980年)、杜书瀛《论李渔的戏剧美学》(中国社会科学出版社,1982年)等。

(马美信)

制曲枝语 黄周星

  《制曲枝语》，一卷。黄周星著。原附于《夏为堂集》、《人天乐》传奇卷首。《夏为堂集》有清康熙间刻本；《人天乐》传奇除《夏为堂集》原刻本外，尚有《古本戏曲丛刊》第三集影印本。单行本《制曲枝语》有三种版本：张潮辑《昭代丛书》本、邓实辑《美术丛书》第二集所收本、据《昭代丛书》重排的《新曲苑》本。

  黄周星(1611—1680)，字景虞，号九烟，别号圃庵、而庵、汰汰主人、笑苍道人等。又名黄人，字略似，别号半非道人，锅巴老爹。其生平，各家所说不一：有说他本姓黄，湖广湘潭人，幼年家贫，送与上元周姓作养子；一说本上元人，育于楚湘周氏；一说本姓周，育于上元黄氏，初名周星，明崇祯三年(1640)中进士，除户部主事，改姓黄。明亡不仕。寒暑不易衣冠，往来吴越间，以教经糊口。生性正直忠厚，好济人利物而真率少文，刚肠疾恶，自刻一印曰"性刚骨傲，肠热心慈"。诗文书画篆刻，无不精妙。由于亡国之痛，常怀悲愤，年七十，自撰墓志。作《解脱吟》十二章，纵酒一斗，大醉，投水而死。生平史料见明文书局印行《清代传记丛刊》第二十辑《清诗纪事初编》、第六十八辑《明遗民录》和第六十九辑《小腆纪传》等。

  《制曲枝语》凡十条，专论戏曲作法。其主要理论精神为：少引圣籍，多发天然，雅俗共赏，以趣感人。

  与诗词相比，黄周星认为曲有"三难"、"三易"。所谓"三难"，"叶律一也，合调二也，字句天然三也"。总之，诗降而词，词降而曲，"三仄更须分上去，两平还要辨阴阳"，名为愈趋愈下，实则愈趋愈难。所谓"三易"，"可用衬字衬语，一也；一折之中，韵可重押，二也；方言俚语，皆可驱使，三也。是三者，皆诗文所无，而曲所有也"。

  对于作曲，黄周星主张"发天然"、"能感人"，他集中论道："曲之体无他，不过八字尽之，曰'少引圣籍，多发天然'而已，制曲之诀无他，不过四字尽之，曰'雅俗共赏'而已。论曲之妙无他，不过三字尽之，曰'能感人'而已。感人者，喜则欲歌、欲舞，悲则欲泣、欲诉，怒则欲杀欲歌：生趣勃勃，生气凛凛之谓也。噫,兴观群怨,尽在于斯,岂独词曲为然耶!"

对于"雅俗共赏",黄周星又以"趣"字总而括之。他说:"古云:'诗有别趣',曲为诗之流派,且被之弦歌。自当专以趣胜。今人遇情境之可喜者,辄曰'有趣!有趣!'则一切语言文字,未有无趣而可以感人者。趣非独于诗酒花月中见之,凡属有情,如圣贤、豪杰之人,无非趣人;忠、孝、廉、节之事,无非趣事。知此者,可与论曲。"

由于重天然,求生趣,所以黄周星针对现实又有"三憎"之论。他说:"余最恨今之制曲者,每折之中,一调或杂数调,一韵或杂数韵。"这是一憎;"余尤恨今之割凑曲名以求新异者。"这是一憎;"余见新旧传奇中,多有填砌汇书,堆垛典故,及琢炼四六句,以示博丽精工者,望之如饾饤牲筵,触目可憎。"这又是一憎。

相对"三憎",黄周星又有"三取"之说。他说:"曲至元人,尚矣;若近代传奇,余惟取汤临川《四梦》……近日如李笠翁十种,情文俱妙,允称当行。此外尽有才调可观,而全不依韵……无异弹唱盲词,殊为可惜。"

《制曲枝语》文字不多,但所论却颇为精当,基本思想与王骥德和李渔多有相同,值得重视。

(李胜利)

南曲入声客问 毛先舒

《南曲入声客问》，又作《南曲入声答问》或《南曲入声答客问》，一卷。毛先舒著。主要版本有《昭代丛书》本、《新曲苑》本、《古典戏曲声乐论著丛编》本及《中国古典戏曲论著集成》第七辑所收本。

毛先舒（1620—1688），字稚黄，后更名骙，字驰黄。浙江仁和（今杭州）人。明末诸生，父殁，弃诸生不求闻达。少年曾师事陈子龙，又从刘宗周讲学。西泠十子之一，与毛际可、毛奇龄并称"浙中三毛，文中三豪"。工诗，尤精韵学。其论文曰：文须有根柢，如草木之有根荄也。心以诚通，气以厚养，益以虚受，慧以静生。诚厚虚静四字，文章本根。其论韵，以为字有声、有音、有韵、韵为尤要。卒年六十九岁，所著有《思古堂全集》十四种，主要有《思古堂集》、《东苑文钞》、《诗钞》、《蕊云》、《晚唱》诸文集，有《声韵丛说》、《韵学通指》、《韵问》、《南曲正韵》诸韵书。

《南曲入声客问》前有歙县张潮的题辞，后附毛先舒《歌席解纷偶记》和张潮的跋，以主客答问为形式，补述《南曲正韵》、《韵学通指》等书所未尽的南曲入声字的演唱问题。其观点可以张潮题辞中的一句话来概括：以入声单押，随调之所宜而唱之。

客问的第一个问题是：《南曲正韵》既以入声单押，不杂三声，但作三声唱，等于仍以入派三声，为何不直接将入声隶入三声。毛先舒认为，北曲之入隶三声，派有定法，音变腔不变；南曲之入隶三声，派无定法，腔变音不变。如果像北曲那样，竟废却入声，不仅难于分派，而且四声不完，"所以别出单押之法，而随谱变腔为定论也"。再者，南曲本系填词而来，"词家原备有四声，而平、上、去韵可以通用，入声韵则独用，不溷三声"，今"单押入声，政与填词家法吻合"。

客问的第二个问题是：《说韵》一书，为何不更设一法、使入作入唱，不变三声。毛先舒认为，"斯固事理之不得已者也"，入之为声，诎然而止，一出口后，无复余音，而歌必窈袅而作长声，势必流入于三声而后始成腔。他在解释南曲为何不能如北曲那样入派三声时指出，北人口语无入声，凡入声皆作平、上、去呼之，北曲从北音，故有周挺斋《中原音韵》入派三声之说；南曲则不同，南有入声,原不作平、上、去呼之,南曲从南音,则"自应更为标部而单押矣",歌须曼声,入便难唱,则"自应随谱之三声作腔矣"。

文末附录《歌席解纷偶记》以一首《黄莺儿》首句(纤手白于绵)中的"白"字为例作了具体分析。

《南曲入声客问》一文,既注意到了南曲有入声的实际情况,又能注意到戏曲中入声不能曼歌的实际困难,从而提出随通三声而唱的理论,正当可行。对当时歌坛上如何处理南曲入声的纠纷,颇有参考价值。

(李胜利)

长生殿·自序、例言 洪 昇

《长生殿·自序、例言》,两篇。洪昇撰。《自序》作于清康熙十八年(1679),《例言》亦作于康熙年间,具体年份不详,可能写于康熙二十七年《长生殿》定稿之时。两文皆刻于《长生殿》卷首。主要版本有康熙稗畦草堂刊本、光绪十六年(1890)文瑞楼刊本、民国刘世珩暖红室刊本、1958年人民文学出版社排印本。

洪昇(1645—1704),字昉思,号稗畦、稗村,又号南屏樵者。浙江钱塘(今杭州)人。世宦家庭出身,父起鲛在清初曾出仕,外祖父黄机在康熙年间曾任文华殿大学士兼吏部尚书。幼年师从明遗民陆繁绍和毛先舒。康熙七年(1668)进国子监肄业,次年回到故乡。十三年又到北京,过了十六年旅食京华的生活。二十八年,因在"国恤"期间演出长生殿,被劾下狱,最后受到革除国学生籍的处分。三十年回到浙江,更加潦倒。四十三年六月,舟经乌镇,酒后坠水而死。著有诗集《啸月楼集》、《稗畦集》和《稗畦续集》,另有诗稿《幽忧草》和词集《啸月词》、《昉思词》已佚;传奇《长生殿》、《回文锦》、《闹高唐》、《孝节坊》等九种,杂剧《四婵娟》一种,今仅存《长生殿》和《四婵娟》。生平具见《清史列传》卷七十一、《国朝耆献类徵》(初编)卷四三〇、《文献徵存录》卷十、《国朝诗人徵略》(初编)卷十四及章培恒《洪昇年谱》。

《长生殿·自序》(以下简称《自序》)、《长生殿·例言》(以下简称《例言》)是阐述《长生殿》创作缘起、创作主旨、创作经过和演出情况的两篇短文。

《自序》首论《长生殿》创作缘起云:"余览白乐天《长恨歌》及元人《秋雨梧桐》剧,辄作数日恶。南曲《惊鸿》一记,未免涉秽。从来传奇家非言情之文,不能擅长;而近乃子虚乌有,动写情词赠答,数见不鲜,兼乖典则。因断章取义,借天宝遗事,缀成此剧。"洪昇因不满《长恨歌》、《梧桐雨》和《惊鸿记》而作《长生殿》,他的原则是:"凡史家秽语,概削不书,非曰匿瑕,亦要诸诗人忠厚之旨云尔。"《自序》接着谈到创作《长生殿》的主旨:"然而乐极哀来,垂戒来世,意即寓焉。且古今来逞侈心而穷人欲,祸败随之,未有不悔者也。"《长生殿》企图借李杨沉溺于情卒至杀身失国之事说明乐极哀来的道理，最终得出情缘总归虚幻的结论。

《例言》首先谈到《长生殿》的创作过程："忆与严十定隅坐皋园，谈及开元、天宝间事，偶感李白之遇，作《沉香亭》传奇。寻客燕台，亡友毛玉斯谓排场近熟，因去李白，入李泌辅肃宗中兴，更名《舞霓裳》，优伶皆久习之。后又念情之所钟，在帝王家罕有，马嵬之变，已违夙誓，而唐人有玉妃归蓬莱仙院、明皇游月宫之说，因合用之，专写钗盒情缘，以《长生殿》题名，诸同人颇赏之。""盖经十余年，三易稿而始成，予可谓乐此不疲矣。"洪昇为追求戏剧情节结构的出新，三易其稿，最终突出了"钗盒情缘"，由此可见作者对艺术的执着追求。

《例言》第二段谈《长生殿》对历史题材的处理："史载杨妃多污乱事，予撰此剧，止按白居易《长恨歌》、陈鸿《长恨歌传》为之。而中间点染处，多采《天宝遗事》、《杨妃全传》。若一涉秽迹，恐妨风教，绝不阑入，览者有以知予之志也。"

《例言》第三段论《长生殿》的音律："棠村相国尝称予是剧乃一部闹热《牡丹亭》，世以为知言。予自惟文采不逮临川，而恪守韵调，罔敢稍有逾越。盖姑苏徐灵昭氏为今之周郎，尝论撰《九宫新谱》，予与之审音协律，无一字不慎也。"《长生殿》严于音律，历来为论曲者所称道，王季烈《螾庐曲谈》说洪昇能恪守韵调，无一字一句逾越，为近代曲家第一。

《例言》最后两段专讲演出问题。文中提到："今《长生殿》行世，伶人苦于繁长难演，竟为伧辈妄加节改，关目都废。"洪昇友人吴舒凫更定二十八折，"取简便当觅吴本教习，勿为伧误可耳。"《例言》还强调，是书"义取崇雅，情在写真"，因此演出格调要高，不能"作三家村妇丑态，既失蕴藉，尤不耐观。"并提出戏剧排场要符合戏剧情景的特定要求，"情事乖违"地片面追求舞台的热闹，"俱属荒唐"。

《自序》和《例言》关于《长生殿》的论述，对于研究洪昇的文艺观点，理解《长生殿》的主题思想都有重要的参考价值。

（马美信）

桃花扇·小引、凡例 孔尚任

《桃花扇·小引、凡例》,两篇。孔尚任撰。《小引》作于清康熙三十八年(1699),《凡例》亦作于康熙年间,具体年份不详。两文均刻于《桃花扇》卷首。主要版本有:康熙四十七年刻本、嘉庆二十一年(1816)刻本、光绪二十一年(1895)兰雪堂刻本、民国暖红室刻本、梁启超注本、民国十九年(1930)扫叶山房石印本、1959年人民文学出版社排印本。

孔尚任(1648—1718),字聘之,又字季重,号东塘,别号岸堂,自署云亭山人。山东曲阜人。孔子六十四代孙。清康熙六年(1667)前后考取秀才。十七年,隐居石门山读书。二十年以捐纳为国子监生。二十三年,清圣祖玄烨南巡,途经曲阜,孔尚任被荐讲经,受到玄烨赏识,破格录用。次年,入京为国子监博士。二十五年,往扬州参加疏浚黄河海口工程,结识了冒襄、黄云、宗元鼎、邓汉仪等明末遗民。二十八年离扬返京,先后任户部主事、员外郎。三十八年,《桃花扇》传奇问世。此剧创作始于孔尚任未出任时,历经十余年的惨淡经营,三易稿而始成。三十九年,被罢官,两年后回到故乡。历游山西、湖北、淮扬等地。康熙五十七年(1718)卒于家。著有传奇《桃花扇》、《小忽雷》(与顾彩合著),诗文集《石门集》、《湖海诗集》、《岸堂文集》等。生平具见《国朝耆献类徵》(初编)卷一四二、《国朝诗人徵略》(初编)卷一三、《乾隆曲阜县志》卷八七、袁世硕《孔尚任年谱》。

《小引》是一篇简论传奇特点和《桃花扇》旨趣的短文。文章首先指出戏曲是一门综合艺术:"凡诗赋词曲、四六、小说家,无体不备。至于摹写须眉,点染景物,乃兼书苑矣。"由于戏曲具有高度的综合性,因而能更广泛地发挥其社会作用:"其旨趣实本于三百篇,而义则春秋,用笔行文,又左、国、太史公也。于以警世易俗,赞圣道而辅王化,最近且切。"《小引》接着便谈到《桃花扇》的认识和教化作用:"《桃花扇》一剧,皆南朝新事,父老犹有存者。场上歌舞,局外指点,知三百年之基业,隳于何人?败于何事?消于何年?歇于何地?不独令观者感慨涕零,亦可惩创人心,为末世之一救矣。"

《凡例》计十六条,是孔尚任创作《桃花扇》的经验总结,颇多创见。其一论此剧之结构:"剧名《桃花扇》,则桃花扇譬则珠也,作《桃花扇》之笔譬则龙也。穿云入雾,或正或侧,而龙睛龙爪,总不离乎珠;观者当用巨眼。"此剧以侯、李爱情的信物桃花扇贯串始终,围绕着扇子将"离合"与"兴亡"两条线索编织在一起,使剧情的进展既变幻莫测而又有条不紊。《桃花扇》结构之严密完整,在古典戏曲中首屈一指。

《凡例》之二论此剧的历史真实性:"朝政得失,文人聚散,皆确考时地,全无假借。至于儿女钟情,宾客解嘲,虽稍有点染,亦非乌有子虚之比。"孔尚任强调戏曲创作必须真实,剧中的人物和事件不可违背历史事实,但并不排斥必要的艺术虚构。

《凡例》之三论戏曲排场:"排场有起伏转折,俱独辟境界;突如而来,倏然而去,令观者不能预拟其局面。凡局面可拟者,即厌套也",提出戏曲创作应运用"悬念"、"突转"等手法独辟新境,再现现实生活的丰富性和复杂性。

《凡例》之四论戏曲结构必须严谨:"每出脉络连贯,不可更移,不可减少。非如旧剧,东拽西牵,便凑一出。"

《凡例》之五至十二各条,专论曲词、宾白。《凡例》严格区别了词曲与说白的不同作用:"词曲非浪填,凡胸中情不可说,眼前景不能见者,则借词曲以咏之。""若应作说白者,但入词曲,听者不解,而前后间断矣。"凡描摹人物的环境与内心活动时用词曲,体现了戏曲的"写意"特点。一般事实的说明,情节的交代,则通过说白表现。关于曲词的创作,《凡例》提出"制曲必有旨趣","列之案头,歌之场上,可感可兴",要求曲词富有文学性和音乐性。强调曲词"全以词意明亮为主",既不能为合律而害词意,又不能滥用典故,"露饾饤堆砌之痕"。在说白方面,主张"宁不能俗,不肯伤雅"。

《凡例》之十三提出演员的舞台动作应该形象生动地刻画出人物的面貌神情。"如白描人物,头面眉毕现","其面目精神,跳跃纸上,勃勃欲生"。第十四条论角色的分工,认为处理人物不能脸谱化,"洁面花面,若人之妍媸然,当赏识于牝牡骊黄之外耳"。第十五条讲上下场诗,应革去用"旧句"、"俗句"、"集唐"的时尚滥套,而"创为新诗"。

《凡例》最后一条论《桃花扇》的关目处理:全本四十出,其上本首试一出,末闰一出,下本首加一出,末续一出,又全本四十出之始终条理也。有始有卒,气足神完,且脱去离合悲欢之熟径,谓之戏文,不亦可乎?《桃花扇》上本开首试一出《先声》,下本开首加一出《孤吟》,是上下本的序幕;上本末了闰一出《闲话》,是上本的小结场;下本末了续一出《余韵》,是全本的总结场。用这样的关目处理来加紧全剧的结构是前代传奇里所没有的,全剧以《余韵》结场,摆脱了大团圆的传奇习套,从个人的离合之情上升到历史的兴衰之感,创造出一个意境深远的悲剧结局。

《小引》和《凡例》是作者创作实践的总结,故所论既有独特的见解,又切合实际,对于中国古代的戏曲理论和创作的发展产生了较大的影响。

(马美信)

词曲 黄图珌

《词曲》，一篇。黄图珌著。为黄氏《看山阁集闲笔》卷三《文学部》中的一章。《看山阁集闲笔》只有《看山阁集》本，《看山阁集》只有清乾隆十年(1745)刻本。

黄图珌(1700—?)，字容之，别号蕉窗居士、守真子。江苏松江(今属上海)人。清雍正间官杭州、衢州同知，乾隆间卒。作有传奇《雷峰塔》、《栖云石》、《梦钗缘》、《解金貂》、《梅花笺》、《温柔乡》六种，另有《看山阁集》，其中包括《看山阁集闲笔》十六卷。《看山阁集闲笔》分人品、文学、游戏等八部，文学部又分文章、诗赋、词曲、诗书、法书、图画六章。

《词曲》分为词采、词旨、词音、词气、词情、词调、曲调宜高、有情有景、词宜化俗、赠字、犯调、曲有合情、南北宜别、情不断等十四条，是黄图珌有关词曲创作的理论阐述。

其主要见解在他的后识中曾自加说明："余自小性好填词，时穷音律。所编诸剧，未尝不取古法，亦未尝全取古法。每于审音、炼字之间，出神入化，超尘脱俗，和混元自然之气，吐先天自然之声，浩浩荡荡，悠悠冥冥，直使高山、巨源、苍松、修竹，皆成异响，而调亦觉自协。颇有空灵杳渺之思，幸无浮华鄙陋之习。毋失古法，而不为古法所拘；欲求古法，而不期古法自备。"

这种对出神入化、超尘脱俗、空灵杳渺、自出机杼之境界的追求，散见于全文十四条中，《词气》一条，以形象的语言强调了这种对"化工"之美的追求："词之有气，如花之有香，勿厌其秾艳，最喜其清幽，既难其纤长，犹贵其纯细，风吹不断，雨润还凝。是气也，得之于造物，流之于文运，缭绕笔端，盘旋纸上，芳菲而无脂粉之俗，蕴藉而有麝兰之芳，出之于鲜花活卉，入之于绝响奇音也。"

这条内容几乎包括了词采、词旨、词情、有情有景、词宜化俗，情不断等多条的内容。

在前言中，黄图珌认为"曲之难，实有于词倍焉"，两相比较，"曲贵乎口头言语，化俗为雅；词难于景外生情，坐入意表"。在结尾，黄图珌推《琵琶》为"南曲之宗"，《西厢》为"北调之祖"。认为前者调畅音和,便于歌唱,但比后者多陈腐之气,情景之思不及,仅属画工,非化工也。

通行本为《中国古典戏曲论著集成》所收本。主要研究著作有叶长海《中国戏剧学史稿》等。

(李胜利)

乐府传声 徐大椿

《乐府传声》,一篇。徐大椿著。成于清乾隆九年(1744)。主要版本有乾隆十三年丰草亭原刻本、咸丰九年(1859)真州吴桂重刻本、《新曲苑》本、《古典戏曲声乐论著丛编》本、《中国古典戏曲论著集成》所收本。

徐大椿(1693—1771),又名大业,字灵胎,晚号洄溪老人。江苏吴江人。其祖父徐釚即《词苑丛谈》作者,大椿生有异禀,聪强过人。为诸生,勿屑,去而穷经,探研易理,好读黄老与阴符家言,凡星经地志、九宫音律,靡不通究,尤邃于医,世多传其异迹,目为"神医",著有《难经经释》、《神农本草经百种录》、《伤寒类方》、《医学源流论》等多种医书。又秉承家学,精于度曲,作有《洄溪道情》、《乐府传声》。生平史料见《清史稿》、《国朝耆献类徵初编》等书。

《乐府传声》前有胡彦颖、唐绍祖、黄之隽的序题及徐大椿自序,吴桂刻本增加无我道人、王葆心序文及"牌调各有定谱"等四节,正文凡三十五条,系从口法、字音、宫调诸方面详细剖析戏曲发声歌唱的原理、技巧等的专门著作。其主要内容有以下几个方面。

一、总论。在《乐府传声·自序》中,徐大椿认为,乐之成有七个方面:"一曰定律吕,二曰造歌诗,三曰正典礼,四曰辨八音,五曰分宫调,六曰正字音,七曰审口法。"如果七法之中,不能通兼,则学士大夫可以分习"律吕、歌诗、典礼";乐工可以分习"八音之器";至于"宫调、字音、口法"则为"唱曲者""所不可不知",《乐府传声》的重点即集中在对唱曲者如何传声的论述之中。其原因在于,《自序》认为,"律吕、歌诗、典礼"可以书传,"八音"可以谱定,"宫调"可以类分,"字音"可以反切别,惟有"口法"则"字调各别",全在发声吐字之际,理融神悟,口到音随,因而"日变日亡",令人担忧,徐大椿就是针对这种情况起而"作传声若干篇",仔细研究"口法"问题的。

《源流》条主要介绍南北曲中腔调的流变,对这种变化,作者认为"此乃风气自然之变",相仍无害,不必依样画葫芦,也不可能全部依样画葫芦。"盖天地之元声,未尝一日息于天下",腔板虽变,口法与宫调不变,"苟口法宫调得其真,虽今乐犹古乐也"。徐大椿这种对今古的看法相当辨证,其中再次显出对"口法"的重视。

《元曲家门》条中,徐大椿认为曲体与诗词之别在于"取直而不取曲,取俚而不取文,取显而不取隐。盖此乃述古人之言语,使是愚夫愚妇共见共闻,非文人学士自吟自咏之作也"。注意到戏曲艺术的观众层次是古代曲论的优良传统,徐大椿进而提出:"但直必有至味,俚必有实情,显必有深意,随听者之智愚高下,而各与其所能知,斯为至境。又必观其所演何事,如演朝廷文墨之辈,则词语仍不妨稍近藻绘,乃不失口气;若演街巷村野,则铺述竟作方言可也。总之,因人而施,口吻极似,正所谓本色之至也。此元人作曲之家门也。"

二、口法。这一部分包括了有关五音、四呼的问题,是本文论述的一个重点。所谓"五音",指喉、舌、齿、牙、唇,"字之所从生",实即发音部位。所谓"四呼",指开、齐、合、撮,"字之所从出",实即发音方法。徐大椿认为,五音各有四呼,五音为经,四呼为纬,形成"大、小、阔、狭、长、短、尖、钝、粗、细、圆、扁、斜、正"种种不同的声音。假如掌握了五音四呼的口诀,则形准字真,"人之听之,无不知其为何字,虽丝竹杂合,不能夺而乱之矣"。

徐大椿还认识到,口诀大端虽不外五音四呼,但细分起来仍有无穷等级,也就是说,五音之正声易辨,而交界之间却难分辨,"有张口者,有半张者;有闭口者,有半闭者;有先张后闭者,有先闭后张者……以上诸条,互相出入,不可胜计。其外又有落腮、穿齿、穿牙、覆唇、挺舌、透鼻,种种诸法,不可枚举"。

总之,不管五音四呼还是喉有中旁上下、鼻音、闭口音,其目的总在"审其字声从口中何处着力",即知其形于长短阔狭之内居于何等,以便将其"识真念准",使人一听而知为何字。

三、字音。这一部分主要论述四声及其归韵、收声的演唱技巧,包括四声各有阴阳、平上去入唱法及归韵、收声、交待诸条。

徐大椿认为,四声四呼,只能于出字之时,分别字头,至出字之后,引长其响,则属公共之响,况有丝竹之和,所以极易混声,因此,还要注意归韵收声。交待清楚,以使字字"清澈"。对四声的唱法及"交待"技巧,徐大椿都有相当详细的论述,诸如"一字之音,必有首腹尾,必尾音尽而后起下字,而下字之头尤须用力"等语随处可见。

四、宫调及顿挫、轻重等技巧。在论述了口法与字音的种种理论与技巧外,徐大椿又以相当的篇幅论述宫调及一些重要演唱技巧诸如起调、断腔、顿挫、轻重、徐疾、重音叠字、高腔轻过等等。关于"宫调",徐大椿接受了传统的看法,认为一定的宫调有大致一定的声情特点,如黄钟宫富贵缠绵,南吕调感叹伤悲之类,好的创作应作到"词调相合",否则唱者的"从调则与事违,从事则与调违",无所适从,难以唱出神理。徐大椿重视"起调",他说:"通首之调,皆此字领之;通首之势,皆此字蓄之;通首之神,皆此字贯之;通首之喉,皆此字开之。"唱者当善于起调,先声夺人,抓住观众。关于"断腔",徐大椿认为是北曲的演唱特征,其具体方式又多种多样。他通过南北曲的比较指出:"盖南曲之断,乃连中之断,不以断为重;北曲未尝不连,乃断中之连,愈断则愈连,一应神情,皆在断中顿出。故知断法之精微。则北曲之神理,思过半矣。""顿挫"是不同于"断腔"的又一唱曲技巧,"顿挫者,曲中之起倒节奏;断者,声音之转折机关"。好的顿挫处理,以弄通"文理"为基础,能有效地达到形神毕出,曲情宛然的艺术效果,"顿挫得款,则其中之神理自出,如喜悦之处,一顿挫而和乐出;伤感之处,一顿挫而悲恨出……此曲情之所最重也"。《轻重》条论声音之强弱,轻重不同,声音的情感色彩不同,"轻者,松放其喉,声在喉之上一面,吐字清圆飘逸之谓。重者,按捺其喉,声在喉之下一面,吐字平实沉著之谓"。《徐疾》条论声音的快慢,其具体处理方式也多种多样,"始唱少缓,后唱少促,此章法之徐疾也;闲事宜缓,急事易促,此时势之徐疾也;摹情玩景宜缓,辩驳趋走宜促,此情理之徐疾也。"徐疾还应遵守一定的"度","徐必有节,神气一贯。疾亦有度,字句分明"。

五、曲情。《乐府传声》的重点在于讲论发声歌唱的技巧,但在论述之中,又始终坚持声情兼重的原则,反对纯为唱而唱。因声害词。《曲情》条中指出:"唱曲之法,不但声之易讲,而得曲之情为尤重。"其理由在于:"声者众曲之所尽同,而情者一曲之所独异",如果唱者不得其情,邪正不分,悲喜无别,"即声音绝妙,而与曲词相背,不但不能动人,反令听者索然无味矣"。其寻求途径为,不仅于"口诀"内求之,而且要"设身处地,摹仿其人之性情气象",然后"形容逼真,使听者心领神会,若亲对其人"。

《乐府传声》相当全面、细致地对戏曲发声演唱的理论技巧进行了论述,在中国戏曲史上是不可多得的。胡彦颖序中评道:"夫声出于口,非审口法,则开合发收混矣。声本于字,非正字音,则阴阳平仄淆矣。声寄于调,非别宫调,则字句虽符,腔板全失,而曲不可问矣。此书不但为时伶下针砭,为元曲留面目,并古今乐部之节奏曲折,可由此而推测其万一,其功岂浅鲜哉!"此言良是。对唱曲艺术的经验总结及理论研究,自元代燕南芝庵的《唱论》、明代魏良辅的《曲律》到清人徐大椿的《乐府传声》,是曲史上三块重要的里程碑,就研究对象的宽泛性和论述的系统性科学性而论,《乐府传声》又更胜于前两者,为中国声乐理论体系的建立作出了重要的贡献。

(李胜利)

雨村曲话 李调元

《雨村曲话》，二卷。李调元著。现存版本有：《函海》本，李调元辑刻，有清乾隆四十九年(1784)初刻本及嘉庆、道光、光绪重刻本；《曲话三种》本，清末无名氏钞辑；《曲苑》本；《重订曲苑》本；《增补曲苑》本；《中国古典戏曲论著集成》本，系据《曲话三种》本排印。

李调元(1734—1802)，字羹堂，又字赞庵、鹤洲，号雨村，别号童山蠢翁。四川罗江(今德阳)人。乾隆二十八年(1763)进士，由吏部文选司主事还考功司员外郎。后官直隶通永道，因弹劾永平知府反遭攻讦，发遣伊犁，到乾隆五十年才得以母老赎归。晚年潜心著述，有《童山诗集》、戏曲理论著作《曲话》、《剧话》，并辑刻自汉代以来四川文人及他自己的著作一百六十余种，题名《函海》。其他著作不下数十种。《清史列传》、《国朝耆献类徵》、《国朝先正事略》皆有传。

《雨村曲话》是一部戏曲批评的论著。卷首自序阐述了作者的戏曲观；上卷开头介绍曲的渊源和元曲的形成，接着评论元代的作家、作品；下卷专门详论明清作家、作品。

《雨村曲话序》主要论述了戏曲"以情设教"的观点，文云："夫曲之为道也，达乎情而止乎礼义者也。凡人心之坏，必由于无情，而惨刻不衷之祸，因之而作。若夫忠臣、孝子、义夫、节妇、触物兴怀，如怨如慕，而曲生焉。出于绵渺，则入人心脾；出于激切，则发人猛省。故情长、情短，莫不于曲寓之。人而有情，则士爱其缘，女守其介，知其则而止乎礼义，而风醇俗美；人而无情，则士不爱其缘，女不守其介，不知其则而放乎礼义，而风不淳、俗不美。故夫曲者，正鼓吹之盛事也。"戏曲"以情设教"，是明人所持的普遍观念，李贽、汤显祖、冯梦龙等人都有详尽的论述，此序乃是对他们理论的继承和发挥。

《雨村曲话》对元、明、清三代剧作家和作品的评论，多摘引前人之成说，并从中表现了作者对戏曲的看法。《曲话》主张宗法元人质朴自然的风格，反对雕琢藻饰的习气，其引凌濛初语云："曲始于元，大略贵当行不贵藻丽。盖作曲自有一番才料，其修饰词章，填塞故实，了无干涉也。故《荆》、《刘》、《拜》、《杀》为四大家，而长才如《琵琶》犹不得与，以《琵琶》渐开琢句在修词之端也。

明如汤菊壮、冯海浮、陈秋碧辈,虽无专本,而制曲直闯其藩,元音未绝。自梁伯龙出,始为工丽滥觞。盖其生嘉、隆间,正七子雄长之会,词尚华靡,弇州于此道不深,徒以维桑之谊,盛为吹嘘,不知非当行也。故吴音一派,竞为剿袭,靡词如绣阁罗帏、铜壶银箭、紫燕黄莺、浪蝶狂蜂之类,启口即是,千篇一律。甚至使僻事,绘隐语,不惟曲家本色语全无,即人间一种真情话,亦不可得,元音之所以塞而不开也。不知以藻缋为曲,譬如以排律诸联入《陌上桑》、《董妖娆》乐府诸题下,多见其不类,又何曲之足云!"《曲话》别具只眼地把明代嘉靖、隆庆间吴中作家竞相剿袭、追求华靡的时尚与以李攀龙、王世贞为代表的后七子复古思潮联系起来考察,提出了一个值得进一步深入探讨的问题。《曲话》主张本色,但并非排斥曲词的文学性,其论《西厢》云:"《西厢》工于骈俪,美不胜收。……他传奇不能道其只字,宜乎为北曲压卷也。""《西厢》'淡黄杨柳带栖鸦',本宋贺方回《浣溪纱》词也,王实甫用之与'嫩绿池塘藏睡鸭'作对,天然巧妙,可谓青出于蓝。"曲词讲究文采修辞与追求藻丽华靡,其间界线就在于是否"天然巧妙"。因此,《曲话》引用凌濛初对沈璟等人把浅言俚语当作本色做法的批评:"沈伯英审于律而短于才,亦知用故实、用套词之非宜,欲作当家本色俊语,却又不能;直以浅言俚句,掤拽牵凑,自谓独得其宗,号称词隐。而越中一二少年,学慕吴趋,遂以伯英为开山,私相伏膺,纷纭竞作。非不东钟、江阳,韵韵不犯,一禀德清,而以鄙俚可笑为不施脂粉,以生硬稚率为出之天然,较之套词故实一派、反觉雅俗悬殊。使伯龙、禹金辈见之,益当千金自享家帚矣!"

《曲话》偏重于对曲词的评论,但对戏曲的构思和情节的安排也偶有涉及,如评王舜耕《西楼记》云:"作曲最忌出情理之外。王舜耕所撰《西楼记》,认撮合不来时,拖出一须长公,杀无罪之妾以劫人之妾为友妻,结构至此,可谓自堕苦海。"又评陆采《明珠记》云:"曲中佳语虽少,其穿插处颇有巧思,工俊宛展,因为独擅,非梁、梅辈派头。"

《曲话》注意到对当代作家的评价,李渔、洪昇、孔尚任、张漱石、夏纶、蒋士铨等人皆有所论及,对后来的曲学家有所启发,如梁廷枏等人论曲,显然受到了《雨村曲话》的影响。

(王立南)

剧话 李调元

《剧话》,二卷。李调元著。通行本有《函海》本、《新曲苑》本、《中国古典戏曲论著集成》本。

《剧话》上卷漫谈戏曲的制度沿革,下卷考证部分戏剧作品的本事,为研究戏剧史提供了一些有用的资料。

《剧话》卷首有一篇作者自序,论述了戏剧创作、演出与现实生活的关系:"剧者何?戏也。古今一戏场也。开辟以来,其为戏也,多矣。""夫人生,无日不在戏中,富贵、贫贱、夭寿、穷通,攘攘百年,电光石火,离合悲欢,转眼而毕,此亦如戏之顷刻而散场也。故夫达而在上,衣冠之君子戏也;穷而在下,负贩之小人戏也。今日为古人写照,他年看我辈登场。"李调元认为人生就是大舞台,每一个人都在扮演着不同的脚色。戏剧只不过是把现实生活搬上艺术舞台而已。因此戏剧并非在做戏,而是人生的写照;人生本非戏剧,每个人却都在做戏。所以说"戏也,非戏也;非戏也,戏也"。此即"人生大舞台,舞台小人生"之意。《剧话》序指出,戏剧通过反映现实而发挥"兴、观、群、怨"之作用,具有"善善恶恶,使人触目而惩戒生"的社会教育功能,"戏之为用,大矣哉!"李调元之作《剧话》,其目的就是要说明舞台与生活之间"虚虚实实"的关系:"予恐观者徒以戏目之,而不知有其事遂疑之也,故以《剧话》实之;又恐人不徒以戏目之,因有其事遂信之也,故仍以《剧话》虚之。"《剧话》下卷考证戏剧的本事,就是要找出戏剧故事历史事实之间的对应关系。《剧话》序过分强调戏剧与生活的密切关系,似有忽视戏剧艺术特点的偏向,若将此序与《曲话》序中关于"以情设教"的论述联系起来看,李调元对戏剧本质和功用的认识还是比较全面、深刻的。

《剧话》卷上论述戏曲艺术的形成与沿革,大多摘引前人之说,无甚创见。然其对当时兴起不久的地方声腔的记述,却值得注意,如论弋阳腔云:"'弋腔',始弋阳即今'高腔',所唱皆南曲。又谓秧腔,'秧'即'弋'之转声。京谓'京腔',粤俗谓之'高腔',楚、蜀之间谓之'清戏'。向无曲谱,只沿土俗,以一人唱而众和之,亦有紧板、慢板。"论秦腔云:"始于陕西,以梆为板,月琴应之,亦有紧慢,俗呼'梆子腔',蜀谓之'乱弹'。"论胡琴腔云:"'胡琴腔'起于江右,今世盛传其音,专以胡琴为节奏,淫冶妖邪,如怨如诉,尽声之最淫者。又名'二簧腔'。"论女儿腔云:"'女儿腔'亦名'弦索腔',俗名'河南调'。音似'弋腔',而尾声不用人和,以弦索和之,其声悠然以长。"上述诸腔,始兴于清乾隆年间,当时一般文人对于这些地方声腔,还多不屑于记载叙述,《剧话》对此作了专门的介绍,是研究戏曲史和地方声腔剧种的宝贵资料。

(王立南)

扬州画舫录 李 斗

《扬州画舫录》,十八卷。李斗撰。作于清乾隆二十九年(1764)至乾隆六十年(1795)。有乾隆六十年自然庵刻本、同治十一年(1872)方濬颐补刻本、光绪《申报馆丛书》排印本、1959 年中华书局《清代史料笔记丛刊》排印本、1984 年江苏广陵古籍刻印社排印本、2007 年中华书局校点插图本。

李斗,生卒年不详。字北有,号艾塘。江苏仪征人。清乾隆间诸生。博学工诗,兼通数学、音律。著有《永报堂诗集》、《艾堂乐府》和传奇《奇酸记》、《岁星记》等。

《扬州画舫录》是一部记载扬州历史沿革、社会经济风土人情、山川名胜、文学艺术等方面情况的笔记。卷首有乾隆六十年作者自序及阮元、谢榕生、袁枚等人所作的序。该书卷五专论戏剧,转载了黄文旸的《曲海目》,记录了昆腔(雅部)和地方戏(花部)在扬州的演出情况,并介绍梨园脚色体制、班社师承关系、场面行头规模等有关戏剧的情况,还以较多笔墨评述当时昆剧演员的表演艺术。

《扬州画舫录》卷五首先记载了乾隆四十二年(1777)巡盐御史伊龄阿奉旨在扬州设局审订戏曲之事,并撰有总校黄文旸、李经,分校凌廷堪、程枚、陈治、荆汝为诸人小传。转录了黄文旸《曲海目》所收杂剧、传奇剧目千余种,及焦循《曲考》所增益剧目六十八种。《曲海目》是一部重要的戏剧目录学著作,现仅见于《扬州画舫录》。

《扬州画舫录》卷五记录了当时昆剧的演出状况:"城内苏唱街志郎堂,梨园总局也。每一班入城,先于志郎堂祷祀,谓之挂牌,次于司徒庙演唱,谓之挂衣。每园班在中元节,散班在竹醉日。"此书还描述了各地民间戏曲汇集扬州的盛况,反映出这些声腔剧种的流变和发展:"郡城花部皆系土人,谓之本地乱弹,此土班也。至城外,邵伯宜陵、马家桥、僧道桥、月来集、陈家集人,自集成班,戏文亦间用元人百种,而音节服饰极俚,谓之草台戏,此又土班之甚者也。若郡城演唱,皆重昆腔,谓之堂戏。本地乱弹只行之祷祀,谓之台戏。迨五月昆腔散班,乱弹不散,谓之火班。于句容有以梆子腔来者,安庆有以二簧调来者,弋阳有以高腔来者,湖广有以罗罗腔来者,始行之城外四乡,继或于暑月入城,谓之赶火班。而安庆色艺最优,盖于本地乱弹,故本地乱弹间有聘之入班者。"此书记载了当时著名的三庆班和春台班中京、秦等腔的融合情况,尤其是著名秦腔演员魏长生入京,以其超群不凡的技艺,促成了"京秦不分"的现象。

《扬州画舫录》卷五以专文介绍了花、雅两部的脚色:"梨园以副末开场,为领班。副末以下,老生、正生、老外、大面、二面、三面七人,谓之男脚色;老旦、正旦、小旦、贴旦四人,谓之女脚色;打诨一人,谓之杂。此江湖十二脚色,元院本旧制也。""凡花部脚色,以旦、丑、跳虫为重,武小生、大花面次之。若外、末不分门,统谓之男脚色;老旦、正旦不分门,统谓之女脚色。""花部演出,以调情、滑稽和耍杂技为主,故重旦、丑,尤其重会翻筋斗和耍刀枪的武丑。"

《扬州画舫录》卷五详细介绍了戏曲演出的"场面"和"行头"。"场面"又称"后场",即后台音乐伴奏。该书记录了"鼓板"、"弦子"、"笛子"、"笙"等演奏艺术。如鼓板以徐班朱念一为最,"声如撒米,如白雨点,如裂帛破竹"。弦子有二绝,其一在"做头、断头"弦子点子随唱腔叫"做显",在子句向逗处为"断头";其二在"弦子让鼓板",即"随鼓板以呈其技","于鼓板空处下点子"。笛子之技一曰熟,一曰软,"熟则诸家唱法,无一不合;软则细致缜密,无处不入"。笙联兼唢呐,为笛之辅。"行头"即戏剧服饰道具。《扬州画舫录》载,当时"江湖行头"分为"衣、盔、杂、把四箱"。"衣箱"有"大衣箱"和"布衣箱"之分。大衣箱和盔箱各分"文扮"、"武扮"、"女扮"三类。"杂箱"包括胡子、靴箱、旗包及其他杂具。"把箱"包括銮仪兵器等。当时盐务自制戏具,称作"内班行头","全堂"制作,更加富丽堂皇。该书载:"自老徐班全本《琵琶记》'请郎花烛',则用红全堂;'风木余恨'则用白全堂,备极其盛。他如大张班《长生殿》用黄全堂,小程班《三国志》用绿全堂;小张班十二月花神衣,价至黄金;百福班一出'北饯',十一条通天犀玉带;小洪班灯戏,点三层牌楼,二十四灯,戏箱各极其盛。若今之大洪春台两班,则聚众美而大备矣。"

《扬州画舫录》卷五对于当时著名的昆剧演员如余绍美、范松年、王喜增、马久观等均立传介绍其艺术特长,如介绍范松年云:"大面范松年为周德敷之徒,尽得其叫跳之技,工《水浒记·评话》,声音笑貌,模写殆尽。后得啸技,其啸必先敛之,然后发之,敛之气沉,发乃气足。始作惊人之音,绕于屋梁,经久不散;散而为一溪秋水,层波以梯,如是又久之;长韵嘹亮不可遏,而为一声长啸,至其终也,仍嘤嘤然作洞穴声。中年入德音班,演《铁勒奴》盖于一部,有周德敷再世之目。"此类记述,总结了中国戏剧表演艺术的宝贵经验,足资于人借鉴。

《扬州画舫录》是研究戏曲史的重要文献。《曲海目》赖以保存留传,对"花部"的记录属首创,关于"场面"的介绍绝无仅有,由此可见该书之价值和地位。

(马美信)

剧说 焦 循

《剧说》，六卷。焦循撰。完成于清嘉庆十年(1805)。卷首小序述其创作经过云："乾隆壬子冬月，于书肆破书中得一帙，杂录前人论曲、论剧之语，引辑详博，而无次序。嘉庆乙丑，养病家居，经史苦不能读，因取前帙，参以旧闻，凡论宫调、音律者不录，名之以《剧说》云。"通行本有：《读曲丛刊》本；《曲苑》本，据《读曲丛刊》本景印；《重订曲苑》本，据《读曲丛刊》本景印；《增补曲苑》本，据《曲苑》本排印，《国学基本丛书》本，据《读曲丛刊》本排印，1939年上海商务印书馆出版；《中国文学参考资料小丛书》本，据《读曲丛刊》本排印，1957年上海古典文学出版社出版；《中国古典戏曲论著集成》本。

作者生平事迹见"雕菰集"条。

《剧说》是一部纂辑汉、唐以来近二百部书籍中关于论曲、论剧的杂录，为研究古典戏曲汇集了相当丰富的参考资料，并通过资料的排比探讨了戏剧的起源和流变、剧目题材的来源及表演艺术等问题。

《剧说》通过辑录《乐记》、《左传》、《史记》等古代著作中关于俳优的记载，说明戏剧起源于上古优人之技，得出"然则优之为技也，善肖人之形容，动人之欢笑，与今无异"的结论，文云："《乐记》云：'新乐，进俯退俯，奸声以滥，溺而不止，及优侏儒，獶杂子女，不知父子，乐终不可以语，不可以道古。'注云：'獶，猕猴也，言舞者如猕猴戏也，乱男女之尊卑。獶，或为优。'疏云：'《汉书》檀长卿为猕猴舞，是状如猕猴。'《左传》襄公二十八年：'庆氏以其甲环公宫。陈氏、鲍氏之圉人为优。庆氏之马善惊，士皆释甲束马而饮酒，且观优，至于鱼里。'《正义》云：'优者，戏名也。史游《急就篇》云：倡优俳笑。是优俳一物而二名。今之散乐，戏为可笑之语而令人笑是也。'《史记·滑稽列传》：'优孟者，故楚之乐人也，为孙叔敖衣冠，抵掌谈语；岁余，像孙叔敖，楚王及左右不能别也。庄王置酒，优孟前为寿，庄王大惊，以为孙叔敖复生也，欲以为相。'又：'优旃者，秦倡侏儒也，善为笑言，然合于大道。'然则优之为技也，善肖人之形容，动人之欢笑，与今无异耳。"《剧说》

还援引大量材料考证了戏曲表演的各种形式的源流,如关于脚色脸谱、武功、宾白、砌末、打连厢、唱合生等的考索,都广征博引,言之有据。

《剧说》大部分篇幅是对剧目题材的考索,不仅为戏曲研究提供了许多新材料,而且能时出创见。如对梁山伯、祝英台故事的考索云:"《录鬼簿》载白仁甫所作剧目有《祝英台死嫁梁山伯》,宋人词名亦有'祝英台近'。《钱塘遗事》云:'林镇属河间府有梁山伯、祝英台墓。'乾隆乙卯,余在山左,学使阮公修《山左金石志》,州县各以碑本来。嘉祥县有祝英台墓碣文,为明人刻石。丙辰客越,至宁波,闻其地亦有祝英台墓。载于志书者详其事,云:'梁山伯、祝英台墓,在鄞西十里接待寺后,旧称义妇冢。'又云:'晋梁山伯,字处仁,家会稽。少游学。道逢祝氏子,同往。肄业三年,祝先返。后山伯归访之上虞,始知祝为女子,名曰英台;归告父母求姻,时已许鄮城马氏。山伯后为县令,婴疾弗起,遗命葬鄮城西清道原。明年,祝适马氏,舟经墓所,风涛不能前。英台临冢哀痛,地裂而埋璧焉。事闻于朝,丞相谢安封义妇冢。'此说不知所本,而详载志书如此。乃吾郡城北槐子河旁有高土,俗亦呼为祝英台坟。余入城必经此。或曰:'此隋炀帝墓,谬为英台也。'"在焦循之前,尚无人对梁、祝本事作如此详尽的考索。此外,对康海《中山狼》、徐渭《雌木兰》等剧本事的考证,都广征博引,言之有据。

《剧说》还收辑了一些重要的演剧资料,对于研究中国戏曲的表演艺术,了解当时演员的艺术生涯颇有裨益。如石间房《蛾术堂闲笔》载杭州女伶商小伶演《牡丹亭》,王载扬《书陈优事》记陈明智演《起霸》,侯朝宗《马伶传》记马锦演《鸣凤记》等,这些为研治戏曲史所需的材料,《剧说》均有辑录。又记江斗奴演《西厢记》云:"江斗奴演《西厢记》于勾栏,有江西人观之三日,登场呼斗奴曰:'汝虚得名耳!'指其曲谬误,并科段不合者数处。斗奴恚,留之。乃约明旦当来;而斗奴不测,以告其母齐亚秀。明旦,俟其来,延坐,告之曰:'小女艺劣,劳长者赐教。恨老妾瞽,不及望见光仪。虽然,尚有耳在,愿高唱以破衰愁。'客乃抱琵琶而歌。方吐一声,亚秀即曰:'乞食汉非齐宁王教师耶,何以给我?'顾斗奴曰:'宜汝不及也。'客亦大笑。命斗奴拜之。留连旬日,尽其艺而去。"这段材料,不知出于何处,亦未见前人称引,然颇为生动地记述了当时曲坛的一段佳话。

《剧说》对一些剧作家的生平趣闻及文人演剧观剧之轶事也有所记录,可补戏曲研究之某些不足。如记周顺昌观《精忠记》云:"相传周忠介蓼洲先生初释褐,选杭州司理,杭人在都者置酒相贺,演岳武穆事,至奸相东窗设计,先生不胜愤怒,将优人捶打而退。举座惊骇,疑有开罪。明日托友人问故,先生曰:'昨偶不平打秦桧耳。'"又如:"公宴时,选剧最难。相传:有秦姓者选《琵琶记》数出,座有蔡姓者意不怿;秦急选《风僧》一出演之,蔡意始平。岁乙卯,余在山东学幕,试完,县令送戏,幕中有林姓者选《孙膑诈风》一出,孙姓选《林冲夜奔》一出,皆出无意,若互相诮者。主人阮公之叔阮北渚鸿解之曰:'今日演《桃花扇》可也。'怀宁粉墨登场,演《哄丁》、《闹榭》二出,北渚拍掌称乐,一座尽欢。"

焦循博学多才,又处于考据学盛行的乾、嘉时代,故《剧说》对于中国古典戏曲的考证,显示出相当深厚的功力。以考据的方法研究戏曲史,肇始于明代胡应麟的《庄岳委谈》,李调元的《雨村曲话》和《剧话》为清初这方面的代表作。至焦循《剧说》,研究的对象扩展到戏剧史的各个方面,搜集的材料经史子集无所不包,考据的方法也运用得更成熟,形成了研究中国戏剧独特的系统方法。此后王国维等人皆承袭了这样的方法,并成为研究中国戏剧史的传统。

(彭奇志)

花部农谭 焦 循

  《花部农谭》,一卷。焦循著。作于清嘉庆二十四年(1819)。现存版本有焦氏原稿本;《怀豳杂俎》本,徐乃昌辑刻,有清宣统三年(1911)序;《中国古典戏曲论著集成》本。

  《花部农谭》是评论"花部"剧目的札记,为中国戏曲理论批评史上研究地方戏曲的第一部专门论著。

  《花部农谭》卷首小序通过"花部"(各种地方声腔剧种)与"雅部"(昆山腔)的比较,热情赞扬了遭士大夫文人鄙弃的"花部"戏剧,表达了作者对民间戏曲的重视和热爱。文云:"梨园共尚吴音。'花部'者,其曲文俚质,共称为'乱弹'者也,乃余独好之。尽吴音繁缛,其曲虽极谐于律,而听者使未睹本文,无不茫然不知所谓。其《琵琶》、《杀狗》、《邯郸梦》、《一捧雪》十数本外,多男女猥亵,如《西楼》、《红梨》之类,殊无足观。花部原本于元剧,其事多忠、孝、节、义,足以动人;其词直质,虽妇孺亦能解;其音慷慨,血气为之动荡。"焦循指出,花部在"事"(剧本内容)、"词"(戏曲语言)、"音"(戏曲声腔)三方面都压倒了雅部,因而受到了广大群众的欢迎。他在序中记叙了当时花部演唱的盛况:"郭外各村,于二、八月间,递相演唱,农叟、渔父聚以为欢,由来久矣。自西蜀魏三儿倡为淫哇鄙谑之词,市井中如樊八、郝天秀之辈,转相效法,染及乡隅。近年渐反于旧。余特喜之,每携老妇幼孙,乘驾小舟,沿湖观阅。"小序最后提到《花部农谭》的写作经过:"天既暑,田事余闲,群坐柳阴豆棚之下,侈谭故事,多不出花部所演,余因略为解说,莫不鼓掌解颐。有村夫子者笔之于册,用以示余。余曰:'此农谭耳,不足以辱大雅之目。'为芟之,存数则云尔。"

  《花部农谭》选取十种花部著名剧目,分别叙述其故事梗概,并加以考证和详论,阐述了独具慧眼的艺术识见。如评《铁邱坟》一则,涉及历史剧的艺术处理:"花部所演有《铁邱坟》者,一名《打金冠》……其《观画》一句,竟生吞《八义记》。""作此戏者,假《八义记》而谬悠之,以嬉笑怒骂于绩耳。彼《八义记》者,直抄袭太史公,不且板拙无聊乎?"所谓"谬悠",即指艺术创作中的想象和虚构。焦循认为,经过艺术虚构的《铁邱坟》"妙味无穷",比抄袭史书"板拙无聊"的《八义记》更具有艺术生命力。焦循还主张历史剧的虚构应该建立在历史真实的基础上,对历史人物的刻画,要尽可能靠近人物原貌,不宜任意歪曲。如司马师这个人物,据《魏氏春秋》记载,"在正始间与泰初、平叔并称名士,则其风流元谧,可想见矣",但在花部的戏曲表演中,却以"大净为之,粉墨青红,纵横于面,雄冠剑佩,跋扈指斥于天子之前,居然高洋、尔朱荣一流",其真面目"莫之或识矣"。然而焦循也看到舞台艺术形象在广大观众间的深远影响,指出:"《晋书·景帝纪》称子元'饶有风采,沉毅多大略',设令准此而以生、末为之,幅巾鹤氅,白面疏髭,谁复信为司马师乎?"所以他对花部剧目中的司马师形象,没有采取简单的否定态度,表现出对广大观众艺术欣赏习惯的尊重。

《花部农谭》论述了戏剧形象典型化的问题,在评《两狼山》一剧时指出:杨继业、杨延昭父子陈家谷口之败,"其端由于王侁忌功不救。时督师者潘美,业本欲待时而动,美不能用其谋;及侁遁,美不能禁,美亦沿河而去。业力战谷口,见无人,乃大呼'奸臣误我',还战,遂死。"《两狼山》在反映这一历史事件时,却"直并将侁洗去,使罪专归于美",使潘美作为"奸臣"的形象更加突出和典型化。焦循认为:"宋之于辽,自潘而弱,自准而振",因此只有寇准来审潘美,方能使"潘之害贤,寇之嫉恶,淋漓慷慨,毫发毕露"。《两狼山》通过对历史题材的典型化处理,"与史笔相表里",更加接近于历史真实。

《花部农谭》十分赞赏花部民间艺人的艺术独创精神,尤为推崇《赛琵琶》一剧。此剧演陈世美弃妻事,情节与《琵琶记》相类似,然别出心裁地创造了《女审》一出,让秦香莲高坐堂上,陈世美匍伏阶下,"妻乃数其罪,责让之,洋洋千余言",表现了人民群众"以善胜恶"的愿望和鲜明的爱憎。《花部农谭》评论道:"《西厢·拷红》一出,红责老夫人为大快,然未有快于《赛琵琶·女审》一出者也。盖《西厢》男女猥亵,为大雅所不欲观;此剧自三官堂以上,不啻坐凄风苦雨中,咀茶齧檗,郁抑而气不得申,忽聆此快,真久病顿生,奇痒得搔,心融意畅,莫可名言,《琵琶记》无此也。"焦循还称赞《清风亭》"改自缢为雷击,以悚惧观者,真巨手也",并将它与昆剧《双珠》、《西楼》作比较。《双珠》叙李克成"以营长谋奸营卒之妇,罗致卒死罪",被雷打死,但被害者稍经折磨,终于团圆,"李克成固亦天所不必诛也"。《西楼》写赵不将因私忿将于叔夜狎妓之事告知他父亲,"以是而遭雷殛,真为枉矣"。《清风亭》写张继保富贵之后,不愿认养有数十年养育之恩的义父义母,致使贫病交加的两位老人碰死在张继保面前。剧本淋漓尽致地揭露了张继保忘恩负义,丧失人性的罪恶,最后让他遭雷殛而死,既有出奇制胜动人心魄的艺术效果,又完全符合情理,显然比《双珠》、《西楼》硬加上雷打的结局高明得多。

有关本该书的研究论著有洪欣《第一部研究地方戏曲的专著〈花部农谭〉》(《戏剧文学》1987年第9期)、许祥麟《评焦循的〈花部农谭〉》(《天津师范大学学报》1980年第6期)等。

(彭奇志)

藤花亭曲话 梁廷枏

《藤花亭曲话》,五卷。梁廷枏著。成书于清道光四年(1824),其跋云:"予幼喜读曲,今成癖矣。消愁遣闷,殆胜小说。每欲即所见各为点论,汇选千种,成曲海巨观,未果也。上秋游顶湖,阻风肇庆,孤篷悄坐,辄杂忆而随记之,了无伦次。归乃补缀成帙。甲申腊尽,枏记。"现存版本有《藤花亭十种》本,道光十年刻本;《曲话三种》本;《曲话》,1916年上海有正书店铅印本;《曲苑》本、《重订曲苑》本;《增补曲苑》本;《中国古典戏曲论著集成》本等。

梁廷枏(1796—1861),字章冉,别号藤花主人。广东顺德人。以副贡生任广东澄海县训导,广州越花书院监院教官,后升内阁中书,加侍读衔。因参加修《海防汇览》,熟悉时务,并推许西方国家民主制度。林则徐任两广总督,应聘入幕,对禁烟抗英,多所规划。道光二十九年(1849),在广州人民抗英斗争中,曾参与倡议和制订章程。著有《圆香梦》、《江梅梦》、《断缘梦》、《昙花梦》杂剧四种,合称《小四梦》。传奇有《了缘记》一种,未见流传。梁廷枏还精通史学,主要著作有《南汉书》、《粤海关志》、《夷氛闻记》等。《清史列传》有传。

《藤花亭曲话》是论述杂剧、传奇之曲文和音韵格律的戏曲论著。卷一列举杂剧、传奇名目,仅就《录鬼簿》和《曲海目》另加排比;卷四多谈格律谱法,卷五侧重论音韵,也多引前人旧说;卷二、卷三,品评各家名作,则别具眼光,时有创见。梁廷枏业师李黼平在序言中评论此书说:"自元、明暨近人院本、杂剧、传奇无虑数百家,悉为讨论,不党同而伐异,不荣古而陋今,平心和气,与作者扬榷于红牙、紫玉之间,知其用力于此道者邃矣。""是书亦间论律,而终以文为主,其所见尤伟,诚足为曲家之津梁也已。"

《藤花亭曲话》卷二论元杂剧,在肯定元杂剧的艺术成就基础上,对其在创作上的失误提出了批评。《曲蔟》评《马致远汉宫秋》云:"写景、写情,当行出色,元曲中第一义也。"评吴昌龄《风花雪月》一剧云:"雅驯中饶有韵致,吐属亦清和婉约。宾白能使上下串联,一无渗漏;布局排声,更能浓淡疏密相间而出。在元人杂剧中最为全璧,洵不多观也。"从曲词、宾白、结构三方面总结出品评戏曲的艺术标准。

《曲蕨》认为元杂剧的繁荣兴盛,在积累了大量创作经验的同时,也产生程式化的倾向,从剧本的关目排场,曲文的命意遣词,直至曲调的安排,都形成了一整套固定的模式。如元人杂剧多演吕仙度世事,"叠见重出,头面强半雷同。马致远之《岳阳楼》,即谷子敬之《城南柳》,不惟事迹相似,即其中关目、线索,亦大同小异,彼此可以移换。其第四折,必于省误之后,作列仙出场,现身指点,因将群仙名籍,数说一过,此岳伯川之《铁拐李》、范安之《竹叶舟》诸剧皆然,非独《岳阳楼》、《城南柳》两种也"。元杂剧中包公戏,亦多雷同,"《灰阑记》、《留鞋记》、《蝴蝶梦》、《神奴儿》、《生金阁等》剧,皆演宋包待制开封府公案故事,宾白大半从同;而《神奴儿》、《生金阁》两种,第四折魂子上场,依样葫芦,略无差别。相传谓扮演者临时添造,信然"。元杂剧写穷书生发迹的戏,如《渔樵记》剧刘二公之于朱买臣,《王粲登楼》剧蔡邕之于王粲,《举案齐眉》剧孟从叔之于梁鸿,《冻苏秦》剧张仪之于苏秦,"皆先故待以不情,而暗中假手他人以资助之,使其锐意进取;及至贵显,不肯相认,然后旁观者为说明就里。不特剧中宾白同一板印,即曲文命意遣词,亦几如合掌,此又作曲者之故沿雷同,而非独扮演者之临时取办也"。《曲话》以臧懋循选元人概述剧百种为例,指出"百种中,第一折必用仙吕〔点绛唇〕套曲,第二折多用南吕〔一枝花〕套曲,余则多用正宫〔端正好〕、商调〔集贤宾〕等调。盖一时风气所尚,人人习惯其声律之高下,句调之平仄,先已熟记于胸中,临文时或长或短,随笔而赴,自无不畅所欲言;不然,何以元代才人辈出,心思才力,日趋新异,独于选调一事不厌党同也?"

《藤花亭曲话》对元杂剧的曲词提出了批评,即使是名家名作也无所避忌。如论关汉卿《玉镜台》云:"温峤上场,自〔点绛唇〕接下七曲,只将古今得志不得志两种人铺叙繁衍,与本事没半点关照,徒觉满纸浮词,令人生厌耳。"又论白朴《墙头马上》云:"言情之作,贵在含蓄不露,意到即止。其立言,尤贵雅而忌俗。然所谓雅者,固非浮词取厌之谓。此中原有语妙,非深入堂奥者不知也。元人每作伤春语,必极情极态而出。白仁甫《墙头马上》云:'谁管我衾单枕独数更长?则这半床锦褥枉呼做鸳鸯被。流落的男游别郡,耽阁的女怨深闺。'偶尔思春,出语那便如许浅露。况此时尚未两相期遇,不过春情偶动相思之意,并未实着谁人,则'男游别郡'语,究竟一无所指。至云:'休道是转星眸上下窥,恨不的倚香腮左右偎,便锦被翻红浪,罗裙作地席。既待要暗偷期,咱先有意。爱别人可舍了自己。'此时四目相觑,闺女子公然作此种语,更属无状。大抵如此等类,确为元曲通病,不能止摘一人一曲而索其瑕也。"

《藤花亭曲话》卷三论明清杂剧、传奇,遵照"不荣古而陋今"的原则,对近人的作品给予充分肯定,所论多出己见。如评万树诸作云:"阳羡万红友寝食元人,深入堂奥,得其神髓,故其曲音节嘹亮,正衬分明。吴雪舫称为六十年第一手,信知言也。""红友关目,于极细极碎处皆能穿插照应,一字不肯虚下,有匣剑帷灯之妙也。曲调于极闲极冷处,皆能细斟密酌,一句不轻放过,有大含细入之妙也。""红友之论曰:'曲有音,有情,有理。不通乎音,弗能歌;不通乎情,弗能作;理则贯乎音与情之间,可以意领不可以言宣。悟此,则如破竹建瓴,否则终隔一膜也。'今观所著,庄而不腐,奇而不诡,艳而不淫,戏而不虐,而且宫律谐协,字义明晰,尤为惯家能事。情、理、音三字,亦惟红友庶乎尽之。"梁廷枏借评论万树的理论与作品,提出戏曲创作应音情兼美而贯以理,发展了明末曲论家提出的"辞律兼美"的理论。

《曲话》对《长生殿》、《桃花扇》的评论尤为详尽细密。评《长生殿》云:"钱唐洪昉思昇撰《长生殿》为千百年来曲中巨擘。以绝好题目,作绝大文章,学人、才人,一齐俯首。自有此曲,毋论《惊鸿》、《彩毫》空惭形秽,即白仁甫《秋夜梧桐雨》亦不能稳占元人词坛一席矣。如《定情》、《絮阁》、《窥浴》、《密誓》数折,俱能细针密线,触绪生情,然以细意熨帖为之,犹可勉强学步;读至《弹词》第六、七、八、九转,铁拨铜琶,悲凉慷慨,字字倾珠落玉而出,虽铁石人不能不为之断肠,为之下泪!笔墨之妙,其感人一至于此,真观止矣!"并进一步把《梧桐雨》与《长生殿》相比较:"《梧桐雨》与《长生殿》亦互有工拙处。《长生殿》按《长恨歌传》为之,删去几许秽迹;《梧桐雨》竟公然出自禄山之口。《长生殿·惊变》折,于深宫欢燕之时,突作国忠直入,草草数语,便尔启行,事虽急遽,断不至是;《梧桐雨》则中间用一李林甫得报、转奏,始而议战,战既不能而后定计幸蜀,层次井然不紊。"评《桃花扇》云:"《桃花扇》笔意疏爽,写南朝人物,字字绘影绘声。至文词之妙,其艳处似临风桃蕊,其哀处似着雨梨花,因是一时杰构。""《桃花扇》以《余韵》作结,曲终人杳,江上峰青,留有余不尽之意于烟波缥缈间,脱尽团圆俗套。乃顾天石改作《南桃花扇》,使生旦当场团圆,虽其排场可快一时之耳目,然较之原作,孰劣孰优,识者自能辨之。"

《藤花亭曲话》对元明清三代戏曲作家和作品的评论较为客观公允,且能运用比较的方法辨析类似作品的异同,指明其得失所在,论述严密而具有说服力。

有关该书的研究论著有齐森华《〈藤花亭曲话〉摭读》(《文艺理论研究》1981年第2期)、乐继平《梁廷枏〈藤花亭曲话〉发覆》(《文教资料》2009年第2期)等。

(马美信)

梨园原 黄旛绰

《梨园原》,一卷。黄旛绰著。作者汇集生平的表演经验著成《明心鉴》一书,后经友人胥园居士庄肇奎在卷首增益部分考证内容,改名《梨园原》。书成于清嘉庆二十四年(1819),但未刊行。到道光之时,黄的弟子俞维琛、龚瑞丰得到原书残稿,并各出心得,托友人秋泉居士叶元清代为补正,再度成书,但仍未刊行,一向只有抄本流传。1917年,梦菊居士汇辑了两种抄本,并加以校订,此书才初次得以出版。现存版本有清道光九年(1829)钞本、1917年《梨园大全》附刻本、《中国古典戏曲论著集成》本。

黄旛绰,清代乾隆、嘉庆间著名昆曲艺人。托名唐代乐工黄旛绰,真实姓名无考。生平不详,仅知其出生于江南书香门第,以家寒弃儒习乐,竟享大名。

《梨园原》是以表演技术为主的戏曲论著,主要内容有《艺病十种》、《曲白六要》、《身段八要》、《宝山集八则》等篇章。卷首有惕庵居士郑锡瀛嘉庆二十四年《梨园原序》、胥园居士庄肇奎《赠黄旛绰先生梨园原序》、秋泉居士叶元清道光九年《修正增补梨园原序》,卷末附有秋泉居士道光九年所作跋、梦菊居士1917年《重修梨园原序》。

《艺病十种》分析戏曲表演中常见的弊病:曲踵(腿弯),白火(说白过火),错字(认字不真),讹音(将字音念讹),口齿浮(齿无力),强颈(项颈不动),扛肩(耸肩),腰硬(腰不活动),大步(行步太忙),面目板(脸上不分喜怒)。

《曲白六要》讲解演唱要点:音韵(审明音韵)、句读(分清句读)、文义(理解文义),典故(查明出处),五声(区别五声),尖团(辨明尖团)。

《身段八要》提出一套有关形体训练和舞台形体动作的基本规范要点:辨八形、分四状,眼先引,头微晃,步宜稳,手为势,镜中影,无虚日。其中"辨八形"讲八种身段:贵者,威容、正视、声沉、步重;富者,欢容、笑眼、弹指、声缓;贫者,病容、直眼、抱肩、鼻涕;贱者,冶容、邪视、耸肩、行快;痴者,呆容、吊眼、口张、摇头;疯者,怒容、定眼、啼笑、乱行;病者,倦容、泪眼、口喘、身颤;醉者,困容、模眼、身软、脚硬。"分四状"讲喜、怒、哀、惊四种神情的表演：喜者，摇头为要，俊眼、笑容、声欢；怒者，怒目为要，皱鼻、挺胸、声恨；哀者，泪眼为要，顿足、呆容、声悲；惊者，开口为要，颜赤、身战、声竭。

《宝山集八则》似从名为《宝山集》一书中辑录的有关表演艺术的论述，分"声、曲、白、势、观相、难易、宝山集、宜勉力"八则，大致讲演唱的声音要表现不同的感情色彩，唱曲要"按情行腔"，要根据"当时情理如何，身段如何"而决定"阴阳缓急，板眼快慢"。念白要自然亲切"有如家常语"，在不同场合使用不同的语调。舞台动作要真实，不可矫揉做作。

《梨园原》是我国古代仅有的一部表演艺术专著，所论都是非常精练而扼要的实际经验的总结，是研究明末清初至乾隆年间昆山腔表演艺术的重要资料。

有关该书的研究论著有孙崇涛《〈梨园原〉表演理论述评》(《戏曲艺术》1986 年第 4 期)、洪欣《表演艺术的专著〈梨园原〉》(《戏剧文学》1987 年第 12 期)等。

(王立南)

今乐考证 姚燮

《今乐考证》，十二卷。清姚燮撰。现存版本有原稿本、1935 年北京大学据原稿影印本、《中国古典戏曲论著集成》本。

姚燮(1805—1864)，字梅伯，号复庄，又号大梅山民。浙江镇海人。少聪颖，读书过人，自经、传、子、史至传奇、小说，旁逮乎道藏、释家者言，靡不究览。清道光十四年(1834)举人。四上春官不第，遂绝意进取。遍游齐、鲁、燕、赵、吴、越间，船唇驴背，题咏无虚日。道光二十三年养疴于宁波抱德观，忽大晓悟，取生平绮语数十种杂烧之，因自号复庄。兼长诗、词、骈文，又擅画，仕女、山水皆工，而画梅尤奇绝。晚年致力于小说、戏曲研究。生平著述宏富，有《大梅山馆集》。所作传奇有《退红衫》、《梅心雪》两种，曾编选历代戏曲作品为《今乐府选》五百卷，《今乐考证》是与之相辅而成的著作。生平事迹具见《宣统诸暨县志》、《民国镇海县志》、《光绪鄞县志》等本传。

《今乐考证》是一部曲学资料集大成的著作。其中缘起一卷，考证戏剧起源、流变、体制、音乐、舞蹈、脚色、搬演等；宋剧一卷，记载《武林旧事》等书中所见的宋、金杂剧、院本名目。著录十卷，包括元杂剧二卷、明杂剧一卷、清杂剧一卷、金元院本、明院本合三卷、清院本三卷。杂剧部分，记载作家二○一人，作品名目一一六七种。院本即南戏与传奇部分，记载作家三一八人，作品名目一一八四种(其中部分复出)，合计著录作家五百余人，作品二三○○余种。

《缘起》考证戏剧之起源及体制之沿革仅胪列各家之说，未能把这些观点串联起来，整理出头绪，以明确表达自己的主张。如关于戏剧的起源，引朱权之说，认为始盛于隋，"隋谓之'康衢戏'，唐谓之'梨园戏'，宋谓之'华林戏'，元谓之'升平乐'"。引王骥德之说，认为"并曲与白而歌舞登场"的戏剧，则始元。又引汪汲之说，认为唐明皇时"皇帝梨园子弟"的演习，即为"戏之始"。还引录了胡应麟关于"优伶戏文"滥觞于"优孟抵掌孙叔敖"而盛于后唐庄宗的论述。在各家不同的说法中，看不出作者赞同哪一种观点。

《缘起》汇辑了不少鲜见的有关戏班、乐、舞、傀儡、乐器等资料，对于戏曲史的研究很有帮助。

如关于戏班名称的由来,王棠云:"演戏而以班名,自宋'云韶班'起。考宋教坊外,又有'钧容直'、'云韶班'二乐。宋太祖平岭表,得刘氏阉官聪慧者八十人,使学于教坊,初赐名'箫韶部',后改名'云韶班'。'钧容直'军乐也,在军中善乐者。初名'引龙直',以备行幸骑导。淳化初,改为'钧容直'。后世总称为班也。"按:宋开宝中平岭南,择广州内臣教坊习乐,赐名"箫韶部",雍熙改"云韶部"。关于戏班人数,转述瞿灏所云"《云麓漫钞》谓:金源官制,有文官,武官。若医、卜、倡、优,谓之杂班。每演集,伶人进,曰'杂班上。'"按:此优伶呼班之始。《武林旧事》载宋杂剧"每一甲有八人者,有五人者,甲犹班也。五人,盖院本之制。八人为班,明汤显祖撰《牡丹亭》犹然。多至十人,乃近时所增益"。《缘起》还记录了一些与班有关的名称:"至夏歇班,曰'散班'。乱弹不散,曰'火班'。或各处土人集班,曰'土班'。""团班之人,苏州曰'戏蚂蚁'。扬州曰'班揽头',或称'戏包头'。""周密《齐东野语》载吴郡、平原两王家侈盛之事,云其家伶官、乐师,皆梨园国工。唱弹、击拍,各有总之者,号为'部头'。每遇节序、生辰,则于旬日外依目律按试,名曰'小排当'。"

《著录》载录元、明、清三杂剧,传奇作家和作品,并在各家之下广泛引述前人有关评论,其中有的介绍作家的生平经历和趣闻轶事,有的考索戏曲本事,有的评论作家的艺术风格和作品的艺术特色,有的记述剧目的演出情况。《今乐考证》载录作家、作品之丰富,搜集材料之详尽,在古代戏曲剧目著述中无出其右,因而具有很高的资料价值。

《今乐考证》收入了一些未见前人著录的作品,尤其是清代中期的杂剧传奇,如又庐居士之《醋菩提》,湖上逸人之《双奇会》,旦阳道人之《小蓬莱》,蓉鸥漫叟之《全带围》、《渡花缘》、《梦琼圆》、《联珠记》,芙蓉小樵之《合浦珠》等。这些剧目,除少数有传本存世外,大部分已佚失无考,故《今乐考证》的著录更为珍贵。

《今乐考证》考证了一部分戏曲作品的作者姓名,同时订正了前人著录之误。如收录陈与郊《樱桃梦》、《灵宝刀》、《麒麟罽》、《鹦鹉洲》传奇四种,《考证》云:"《麒麟罽》、《曲考》入国朝无名氏。以上四种,海昌陈与郊玉阳作。其所居曰任诞轩。今《曲考》、《曲目》诸书,以《樱桃梦》、《灵宝刀》二种为任诞先作,误'轩'作'先',似另为一人。后复列《鹦鹉洲》一种为陈与郊作。今据其所刻《诊痴符》四种本正之。《麟麟罽》,亦四种之一也,并为补入。"又如叶小纨《鸳鸯梦》一条,《考证》云:"小纨名蕙绸,吴江人,沈词隐先生孙妇。其剧刻《午梦堂集》中。《曲考》、《曲目》均署'叶小鸾作',误。"李斗《扬州画舫录》所载清代无名氏传奇二百余种,其中不少作者姓名已被姚燮考出,计有:周书的《鱼水缘》,张铿的《梦中缘》,黄振的《石榴记》,王汧的《筹边楼》,范希哲的《十错记》和《补天记》,夏秉衡的《八宝箱》,胡士瞻的《后一捧雪》,叶稚斐的《英雄概》和《开口笑》,薛旦的《后西厢》、《飞熊兆》、《赐肃旗》、《齐天乐》、《玉麟符》、《粉红兰》、《喜联灯》、《状元旗》,沈瑶琴的《春富贵》等。《今乐考证》对作品归属难以确认的,也录以存疑,显示出审慎严谨的治学态度。如四愿居士《偷甲记》、《鱼篮记》、《双锤记》、《万全记》、《十醋记》、《四元记》。《考证》云:"《曲考》另以《双错譜》(即《鱼篮记》)入无名氏。案:《曲考》以《偷甲》、《鱼篮》、《双锤》、《四元》、《万全》五种与笠翁十种并列,云笠翁所作;而入《十错》于无名氏,注云'龚司寇门客作'或云系范希哲作。或又以《万全》一种为范氏作。近得五种合刻本,署曰'四愿居士'。笠翁无此号,殆为希哲无疑耶? 然读其词,则断非笠翁手笔也。姑列笠翁后,以存疑。"《偷甲记》等六种确为范希哲所作,姚燮的怀疑是有根据的。

《今乐考证》在征引各家评论之后,间或附有按语,可看到作者的艺术见解。如在《琵琶记》条下,在摘录徐渭、王骥德、沈德符、黄溥言、周亮工、董含、梁廷枏诸家有关《琵琶记》本事和创作旨意的论述后,有按语云:"传奇家托名寄志,其为子虚乌有者,十之七八。千载而下,谁不知有蔡中郎者? 诸家纷纷之辨。直痴人说梦耳。姑就所见者次录之,以供流览,不必定其为孰是孰非,徒贻沈氏云云所诮耳。然其论文数条,却确有可取。"姚燮对《琵琶记》的认识,比较通达而切合实际。

《今乐考证》是未完成的著作,内容必多疏漏,体例也有不妥善的地方。如把宋元南戏、明清传奇称为院本,将董解元《弦索西厢》、洪昇的《四婵娟》杂剧等误入院本类。对有些作家的里籍字号未及评考,或称名,或称字,或称号,很不统一。如在明杂剧中著录凌初成《虬髯翁正本扶余国》一种,国朝杂剧中著录空观主人《蓦忽姻缘》一种。实两剧皆明凌濛初所作,初成、即空观主人分别为凌濛初字、号。《今乐考证》把《蓦忽姻缘》归入国朝杂剧,并把"即空观主人"写成"空观主人"都是明显的错误。《今乐考证》著录的剧目,除漏载之外,还有搞错的。如把马致远的《王祖师三度马丹阳》和《马丹阳三度任风子》当作一本;把郑廷玉的《看钱奴买冤家债主》和《崔府君断冤家债主》也当作一本,并且在《看钱奴买冤家债主》条下加注云:"《也是园》目作《看财奴买冤家债主》、又一种《崔府君断冤家债主》,岂当时有二本耶? 或系误分。"这些都是不应有的疏忽。

关于《今乐考证》的研究论著,有赵景深的《姚梅伯〈今乐考证〉》(《东方杂志》1936 年第十四号)等。

(王立南)

小栖霞说稗 平步青

《小栖霞说稗》,一卷。平步青著。此书原为《霞外捃屑》之第九卷,收入《香雪崦丛书》丙集。现有版本为《香雪崦丛书》本,清光绪间山阴平氏刻本;《中国古典戏曲论著集成》本。

平步青(1832—1896),字景孙,号栋山、霞偶、常庸等,别署三壶佚史。浙江山阴(今绍兴)人。早岁以教馆为生。清同治元年(1862)进士,历任翰林院编修、侍读,外放江西督粮道,先后署布政使、按察使。后以疾归隐,闭门著书,自订所著书为《香雪崦丛书》。

《小栖霞说稗》是考证小说、戏曲故事的来源出处的笔记,共三十七则,关于戏曲的论述有二十一则。

《小栖霞说稗》考证戏曲的本事,征引详博,颇有创获。如论《浣花溪》云:"都门梨园演有《浣花溪》一出,盖唐人实事也。《升庵全集》卷四十九《浣花夫人》条:'成都浣花谷有石刻浣花夫人像。三月三日为浣花夫人生辰,倾城出游。'地志云:'夫人姓任氏,崔宁之妾。'按《通鉴》:'成都节度使崔旰入朝,杨子琳乘虚突入成都。宁妾任氏出家财募兵,得数千人,自帅以击之,子琳败走。朝廷加旰尚书,赐名宁,任氏封夫人。'庸按:据此,是子琳兵乱在崔旰入朝后,今剧场作旰缩朒谋遁状,其正室更科诨可欤,殆有意扬任,不免抑崔过甚耳。《新书》一百四十四宁传云:'大历三年来朝。宁本名旰,至是赐名。杨子琳袭取成都,帝乃还宁于蜀。未几,子琳败。'又云:'始宁入朝,留其弟宽守成都。杨子琳乘间起泸州,以精骑数千袭据其城。宽战,力屈。宁妾任素骁果,即出家财十万,募勇士,得千人,设部队,自将以进。子琳大惧,会粮尽,且大雨,引舟至廷,乘而去。'《通鉴》谓赐名在败子琳后,与加尚书,皆似微误。"《还金镯》、《钓金龟》考索越中高腔剧目的本事,《绘真记》谈的是弹词,表明作者对民间民曲和曲艺的重视。

《樊哙排君难戏》一则考证了"优戏之始",在探讨中国戏曲之起源中聊备一说,其文云:"戏剧扮演古事,唐时已有。《南部新书》辛云:'光化四年正月,宴于保宁殿。上自制曲,名曰《赞成功》。时盐州雄毅军使孙德昭等,杀刘季述,反正,帝乃制曲以褒之,仍作《樊哙排君难》戏以乐焉。'庸按：此即《千金记·鸿门宴》一出之滥觞。若《蜀志·许慈传》云：'先生愍其若斯，群僚大会，使倡家假为二子之容，仿其讼斗之状，酒酣乐作，以为嬉戏。'则仍《左传》鱼里观优，《史记》夹谷侏儒之旧，非扮演故事，并不得以倡家二字，谓今女戏之缘起也。"平步青提出应以优人扮演故事作为戏剧表演的标志，不能把"鱼里观优"、"夹谷侏儒"等"嬉戏"视作戏剧，以《樊哙排君难》为例，得出"戏剧扮演古事，唐时已有"的结论。

（马美信）

词余丛话 杨恩寿

《词余丛话》,三卷。杨恩寿著。通行本有《坦园丛书》本,清光绪间杨氏自刻本;《重订曲苑》本,据《坦园丛书》本影印;《增补曲苑》本,据《重订曲苑》本排印;《中国古典戏曲论著集成》本,据《坦园丛书》本排印。

杨恩寿(1835—1891),字鹤俦,号蓬海,别署蓬道人。湖南长沙人。清同治九年(1870)中举,曾长期在湖南、广西、云南等地课读或作幕宾。光绪初授盐运使衔,升候补知府,作有传奇《鸳鸯带》、《姽婳封》、《桂枝香》、《理灵坡》、《桃花源》、《麻滩驿》、《再来人》七种,其中《鸳鸯带》未刊,其他六种合称《坦园六种曲》。戏曲论著有《词余丛话》、《续词余丛话》,诗文有《坦园全集》。

《词余丛话》分为《原律》、《原文》、《原事》,各一卷。卷首有光绪三年(1877)越南裴文禩所作序。

《原律》论声韵曲谱,兼及戏曲体制之沿革。其论诗、词、曲同源云:"昔人谓:'诗变为词,词变为曲,体愈变则愈卑。'是说谬甚。不知诗、词、曲,固三而一也,何高卑之有?风琴雅管,三百篇为正乐之宗,固已芝房宝鼎,奏响明堂;唐贤律、绝,多入乐府,不独宋元诸词,喝唱则用关西大汉,低唱则用二八女郎也,后人不溯源流,强分支派。"杨恩寿强调诗、词、曲"固三而一",是要将戏曲引上大雅正音之道,充分发挥其教化作用。他引用张度西之言云:"词曲之源,出自乐府。虽世代升降,体格趋下,亦是天地间一种文字。……然如实甫、东篱、汉卿,犹存宋人体格;自院本、杂剧出,多至百余种,歌红拍绿,变为牛鬼蛇神,淫哇俚俗,遂为大雅所憎。前明邱文庄《十孝记》,何尝不以宫商爨演,寓垂世立教之意?在文人学士,勿为男女媟亵之辞,埽其芜杂,归于正音,庶见绮语真面目耳。"

《原文》谈说白、唱辞,并选录优秀曲文加以评述。如评《桃花扇》云:"名人下笔,一字不苟。《桃花扇》开场云:'孙楚楼边,莫愁湖上,又添几树垂杨。'一'又'字,将宏光荒淫包埽殆尽,已必其不能中兴,蹈陈、隋覆辙矣。"杨恩寿论曲,注重"酣畅淋漓,性灵流露",强调曲文要有激越的感情,才能具有震撼观众的艺术魅力。他评《虎囊弹》云"声情激越,可歌可泣。"评嵇永仁《续离骚》云:"满腔悲愤,藉以发之。杜默哭霸王庙一折,尤为悲壮。月晕风凄之夜,摩铁笛吹之,老重瞳必泪数行下也。"评《千种禄》云:"虽据野史,究失不经,然词笔甚佳也。《惨睹》一出,发端无限凄凉。"《原文》所选之曲,文词大多具有慷慨激越、酣畅淋漓的风格。杨恩寿强调曲文要流露性灵,除要求曲词充分表达人物的感情外,还要求曲文能体现人物的个性,评《疗妒羹》云:"小青诗云:'冷雨凄风不可听,挑灯闲看《牡丹亭》。世人亦有痴于我,岂独伤心是小青!'《疗妒羹》就此诗意演成《题曲》一出,包括《还魂记》大旨;处处替写小青心事,确是小青题《牡丹亭》,不是吴江俞二姑题《牡丹亭》也。"

《原文》主要谈曲词,但未忽视宾白的重要性:"凡词曲皆非浪填,胸中情不可说,眼前景不可见者,则借词曲以咏之。若叙事,非宾白不能醒目也。使仅以词曲叙事,不插宾白,匪独事之眉目不清,即曲之口吻亦不合。"《原文》还偶及戏剧之关目排场,如评《千钟禄》"神情之合,排场之佳,令人叹绝!"论李渔作品云:"《笠翁十种曲》,鄙俚无文,直拙可笑。意在通俗,故命意、遣辞力求浅显,流布梨园者在此,贻笑大雅者亦在此。究之位置、脚色之工,开合、排场之妙,科白、打诨之宛转入神,不独时贤罕与颉颃,即元、明人亦所不及,宜其享重名也。"

《原事》考述戏曲故事渊源和扮演情况,大多辑录前人成说,无所创见。

《词余丛话》中有些常识性错误,如将陈与郊之《昭君出塞》说成王世贞手笔,不知《梧桐雨》为白朴所作名剧,称"遍查《元人百种》,并无是剧。仅于《北九宫谱》存其名耳"。诸如此类,不一而足。

(马美信)

续词余丛话 杨恩寿

《续词余丛话》,三卷。杨恩寿著。有《坦园丛书》本、《中国古典戏曲论著集成》本。

《续词余丛话》按照《词余丛话》之体例,分《原律续》、《原文续》、《原事续》三卷,分别论述音律曲谱、品评曲词、考索戏曲本事。

《原律续》介绍了蔡元定《律吕新书》中《六十调图说》、钟遇《经世声音图》以"平、上、去、入定声,以开、发、收、闭定音"、傅青余《韵分五声说》、顾炎武"四声一贯"之说以及李渔有关音韵的言论。此卷多辑录他人的著述,间或也有作者自己的评论。如论曲韵曰:"词曲韵书,止有《中原音韵》可从,然此系北韵,非南韵也。""李笠翁欲就《中原音韵》平、上、去三声之中,抽出入声字另为一声,亦可备南词之用,未为无见。至于辨鱼、模二韵宜分不宜合,其论甚精。"其论"务头",尤为详尽精当:"'务头'两字,千古难明,《啸余谱》辩论万言,都为一卷,非不详晰,究竟莫定指归。尾卷援引旧曲,言某曲中第几句、第几字是务头,其间阴、阳不可混用,上去、去上不可乱施,似乎是一定之体矣;而或同此曲也,亦有不必尽然者,岂施于此套中则此句第几字为务头,施于彼套中则此句第几字即非务头耶:诚然,则有定,仍无定也。笠翁谓:'曲中有务头,犹棋中有眼。'此论最确。有眼则活,无眼则死,稍知布子者,无不知之;然必拘拘何著是眼,当下子之初,虽国手不知也;必待数著数十著,不必有心作眼,而自然有眼矣。填词者非不知'看不动情,唱不发调。无务头之死曲,亦犹无眼之死棋。'使必欲于某句安务头,其去甫下子即定何著是眼者几希。须知一曲有一曲之务头,一句有一句之务头。一曲中得此一句使全曲皆活者,即一曲之务头也;一句中得此数字使一句皆活者,即一句之务头也。由是推之,不独曲有务头,凡诗、词、歌、赋,以及时文、古文,莫不有务头,可意会不可言传也。余尝谓:曲之定格,人籁也;曲之务头,天籁也。"

《原文续》引述李渔《闲情偶记》中关于填词的言论来说明戏曲创作的甘苦,首论填词之乐云:"填词一道,虽为大方家所窃笑,殊不知此中自有乐也,惟好事者始能得之。大凡功名富贵中人,大而致君泽民,小而趋炎附势,惟日不足,何暇作此不急之需?必也漂泊江湖、沉沦泉石之辈,稍负才学而又不过于时,既苦宋学之拘,又觉汉学之凿,始于诗、古文辞之外,别成一派文章,非但郁为之舒,悒为之解,而且风霆在手,造化随心。我欲作官,则顷刻之间便臻荣贵;我欲致仕,则转盼之际又入山林;我欲作人间才子,即为杜甫、李白之后身;我欲娶绝代佳人,即谐西子、王嫱之佳偶;我欲成仙作佛,则西天、蓬岛即在笔床砚匣之旁;我欲尽忠致孝,即君治亲年,可驾尧、舜、彭篯之上。非若他种文字,欲作寓言,必须蕴藉;倘或略施纵送,稍欠和平,便犯佻㒓之嫌,失风人之旨矣。填词者用意用笔,则惟恐其蓄而不宣,言之不尽。代何等人说话,即代何等人居心。无论立心端正者我当设身处地代生端正之想;即遇立心邪僻者,亦当舍经从权,暂为邪僻之思。务使心曲隐微,随口唾出,说一人肖一人,勿使雷同,勿使浮泛,若《水浒传》之叙事,吴道子之写生,斯道得矣。东坡以行文为乐事。夫文之乐,吾则不知;雕虫小技之乐,未有过于填词家矣。"此段文字说明戏曲创作可以突破时空的限制,随意驰骋自己的想象,自由地宣泄感情,满足在现实中无法达到的意愿,从而获得心灵上的满足。同时强调剧作家创作时的内心体验,只有设身处地去体察剧中人物的思想精神和心理特色,才能达到"心曲隐微,随口唾出"的境界,写出形神毕肖,具有性格化的曲词。

次论填词之苦云:"填词诚足乐矣,而其搜索枯肠,撚断吟髭,其苦其万倍于诗文者。曲词一道,句之长短,字之多寡,声之平、上、去、入,韵之清浊、阴阳,皆有一定不移之格,长者短一句不能,少者增一字不可。又复忽长忽短,时少时多,当平者用仄则不谐,当阴者换阳则不协。尽有新奇之句,因一字不合,便当毅然去之;非无捏凑之词,为格律所拘,亦必隐忍留之。调得平仄成文,又虑阴阳反覆;分得阴阳清楚,又与声韵乖张。作者处此,但能布置得宜,安顿极妥,已是万幸之事,尚能计词品之低昂,文情之工拙乎?"此言曲律对创作者才情的限制,可谓深得作曲之个中三昧。

《原文续》还指出《琵琶记》排场关目疏漏荒唐之处,并附载了《琵琶记·剪发》一出的原本和李渔的改本,认为"笠翁改正此出,其词笔直欲突过东嘉"。

《原事续》考索近人所作《坤灵扇》、《商山鸾影》、《秦晋配》、《意外缘》诸剧之本事,因未见著录,所以较有史料价值。

(马美信)

曲录 王国维

《曲录》，六卷。王国维纂辑。最初收入1909年番禺沈氏所刊《晨风阁丛书》中。继有1922年上海正音学社增辑、六艺书局刊行《增补曲苑》"木集"所收本，1925年陈乃乾辑《重订曲苑》本，1927年罗振玉辑、海宁王氏刊《海宁王忠悫公遗书》四集本，1940年赵万里辑、商务印书馆刊《海宁王静安先生遗书》本。目前的通行本，是上海古籍书店1983年据商务版《遗书》影印出版的《王国维遗书》第十六册中所收本及浙江教育出版社与广东教育出版社2010年出版的《王国维全集》所收的校点本。

作者生平事迹见"静庵文集"条。

《曲录》是一部综录宋金元明清以杂剧传奇为主的曲类作品的专题目录，也是王国维1906年从南方赴北京后，致力于中国古典戏曲研究时期完成的第一部著作。其撰著的时间，约在1908至1909年间。据本书卷首"宣统改元（1909）五月"自序，作者纂辑本书的原因，是有感于宋以来戏曲演出虽颇兴盛，戏曲剧本却因受历代士大夫的鄙薄而多散佚，故特为钩稽文献，撰成此戏曲作品总目，以资考镜戏曲源流，并备搜访古曲剧本之用。

全书六卷，分"宋金杂剧院本部"（卷一），"杂剧部"（卷二卷三，分上、下部），"传奇部"（卷四卷五，亦分上、下部），"杂剧传奇总集部"、"小令套数部"、"曲谱部"、"曲韵部"、"曲目部"（以上卷六）八部。著录自宋迄清戏曲剧本、散曲作品集以及相关著作三千余种。其中卷一至卷五所示宋金元明清五朝有名无名氏所作杂剧、传奇剧目，通计存佚，备注出处，是本书的主体部分。其著录顺次，各部之下均以剧本所出时代前后为次，同一朝代同一部类作品，则先列有姓名可案者，后列无名氏之作（卷三列元无名氏所作杂剧于明有名氏杂剧后，为例外）。著录格式，则首标剧本之名，名下均注"一本"，下时有双行小字注文，或注见于某本著录，或注现存某本，或注曲名异文，或注曲牌剧本之前承后继情形；继于所著录某家作品数种后，转行低格标示"右几种某朝某人撰"，下叙考该作者生平大要，间又转行以双行小字录前代典籍有关该家作品之评语。至无名氏作品之末,除注剧目所出书名外,间也于戏曲源流稍加考释。卷六所录杂剧传奇选本、小令套数别集及曲谱、韵书、戏曲书目等相关著作,则各部之下皆以著作时代前后为次,每书首列书名卷数,间于各下小字注异名、现存版本及所曾见于著录的书目名称等项;下转行低格叙该书作者及内容概要,中偶附考辨之文。

  由书中著录各曲名下小注及各部类后间有的转行说明,可知本书的资料来源分别为:卷一"宋金杂剧院本部"早期曲目,录自《钱塘遗事》、《草木子》、《武林旧事》等笔记,后期则主要依据《南村辍耕录》。卷二"杂剧部上"所录元有名氏杂剧,其目以《录鬼簿》、《太和正音谱》、《也是园书目》为基础,同时增补、校勘以《元曲选》、息机子所刊《元人杂剧选》、陈与郊所辑《古名家杂剧》等现存元明戏曲选本。卷三"杂剧部下"所录明有名氏杂剧、元无名氏杂剧及清代杂剧,除采用卷二已用有关著作外,又利用了《雍熙乐府》、《北词广正谱》、焦循《曲考》、《曲海总目》、《传奇汇考》等书,并注以《盛明杂剧》、《续古名家杂剧》等选本所收。卷四"传奇部上"所录金元明三朝传奇,则以吕天成《曲品》以及《传奇汇考》、《曲海总目》三书为基础,注以《六十种曲》所收,间标单刊本、《文林阁传奇十种》本等。卷五"传奇部下"所录清代传奇,所据书目主要为《新传奇品》、《传奇汇考》、《曲海总目》三种,间亦采用如《渔洋诗话》、《四库提要》、《振绮堂书目》、杨恩寿《词余丛话》、李调元《曲话》等书所记,且注所见刊本。以上这些为本书所资用的资料书中凡属戏曲专书者,则其本身的概况,又见于本书卷六著录,因此《曲录》在向学界提供戏曲文献的基本情况方面,是根基扎实而又颇具规模的。又由于这样全面地汇纂戏曲剧目与书录解题前此无人做过,本书因而在文献学上也就有了其不可替代的独特价值。

  从中国古典戏曲研究的角度论,本书的成就首先是为研究者提供了迄本书出版时为止最为详确的曲目清单,尤其是当时所知甚少的宋金杂剧目,以及当时知道得不甚全面的元杂剧目。以宋代杂剧为例,前此很少有人提及,本书则通录二百八十余种,虽名目多源自周密《武林旧事》卷十"官本杂剧段数",又几全为无名氏之作,但首抉之功,诚不可没。在录目之后,作者还征引《宋史·乐志》所称宋真宗"不喜郑声,而或为杂剧词,未尝宣布于外"一条史料,证北宋初叶杂剧已有脚本;并用与陶宗仪《南村辍耕录》所记院本名目比较的方法,显现了宋杂剧剧目的源远流长。在著录元杂剧作家作品方面,本书则以完备见长。如关汉卿杂剧,本书共著录六十三本又附录一本,这个数目及其剧目至今没有什么大变化,而王国维的著录,则是在未见过天一阁本《录鬼簿》,《元刊杂剧三十种》尚未刊行,《脉望馆钞校古今杂剧》也尚未发现的情形下进行的,这就更加显示了本书的开创意义。

  本书在戏曲研究方面的另一项成就,是对主要戏曲家生平及曲作与相关著作进行了细致而又富于独创性的考证,开辟了中国古典戏曲研究的基本方向。如叙述元杂剧作家马致远生平,考出元代有两个马致远，《列朝诗集》甲集张以宁诗中称引者非大都剧作家马致远，而为同名另一人。著录元江泽民所撰《糊突包待制》剧，则辨《太和正音谱》、《艺苑卮言》作"汪泽民"之误。记《六十种曲》所载《荆钗记》传奇，复考得其撰人即明宁献王朱权，并摘示吕天成《曲品》、黄文旸《曲海总目》误题柯敬仲撰的缘由。叙清代徐石麟传奇目，又由《传奇汇考》所载清徐善撰《大转轮》杂剧事，推测此两位里贯相同的剧作家实即同一人。在剧本著录方面，像卷二元李文蔚杂剧中的《蔡逍遥醉写石州慢》之目，见于《录鬼簿》，本书则别据杨朝英《阳春白雪》所载金蔡松年（号萧闲老人）《明秀集》已佚的第五卷之文，辨正其名当作"蔡萧闲醉写石州慢"。又卷一末转录《辍耕录》所载六百九十种院本名目，从四个方面提出强有力的证据，定其为金人之作；卷六著录《雍熙乐府》一书，引日本毛利侯《草月楼书目》，证其编者为明武定侯郭英的曾孙郭勋。凡此种种，均证明本书的价值，实不止于簿录曲目，核计存佚，而同时具有一部深入研究中国戏曲史的专著的丰富内涵。

《曲录》在中国古典戏曲乃至整个中国古典文学研究领域均有广泛而深入的影响。它首创的以科学方法完整系统著录戏曲曲目的形式，直接引导了以后傅惜华《元代杂剧全目》、《明代杂剧全目》、《清代杂剧全目》三书及庄一拂《古典戏曲存目汇考》等戏曲目录书的出现。孙楷第撰著《日本东京所见中国小说书目提要》和《中国通俗小说书目》二作，也明显受到本书的启发。到后来阿英编纂《晚清戏曲小说目》等出，则传统的戏曲小说不登大雅之堂，不入四部书录，没有完整系统的编目的情况已得到了根本性的改观。这一切都得首先归功于本书在撰述选题方面的创制。至于宋元戏曲研究方面，王国维后来又相继发表了《唐宋大曲考》、《宋元戏曲史》等著作，它们与本书一起，为学界正确认识传统戏曲的价值，理清宋代以来中国戏曲发展的脉络，都起到了启蒙的效用。

本书的不足，主要在当时所见资料不多，某些作品未及见到原本，由它书转引，致有讹误。这方面的情况孙楷第《述也是园旧藏古今杂剧》一书中有所驳正，可参阅。

研究本书的论著，较早刊布的，主要有胡适写于1923年的《读王国维先生的〈曲录〉》（收入《胡适文存》二集卷四）等；较近发表的，则有吴平《王国维〈曲录〉述论》（《王国维学术研究论集》第三辑，华东师范大学出版社，1990年）等。

（陈正宏）

戏曲考源 王国维

《戏曲考源》,王国维著。初稿连载于《国粹学报》四卷十一期(1908)和五卷一期(1909),定本收入 1909 年番禺沈氏所刊《晨风阁丛书》。目前的通行本,是上海古籍书店 1983 年版《王国维遗书》第十五册所收本,《王国维遗书》据商务印书馆 1940 年版《海宁王静安先生遗书》影印,其中所录本文,底本即《晨风阁丛书》本。另有浙江教育出版社与广东教育出版社 2010 年出版的《王国维全集》所收的校点本。

《戏曲考源》是王国维自 1907 年将研究方向由哲学转向文学后,撰写的一组宋元戏曲论著中,最早发表的一种(《曲录》初稿撰成较之本篇初稿略早,但未交刊物发表;后经修订,与本篇定本一并收入 1909 年刊行的《晨风阁丛书》)。全文一万两千余字,从历史演变的角度,运用传统的考据方法,系统地讨论了中国古代戏曲的起源问题。

文章起首即提出崛起于金元之间的戏曲并非出自异域,"考其变迁之迹,皆在有宋一代"的论点,然后在将戏曲定义为"以歌舞演故事"的前提下,对汉以来咏"故事"而无歌舞的古乐府,合歌舞而不演"故事"的队舞,以及虽有歌舞搬演而所演为仙怪之事的角抵,逐一举例检讨,认为其或非戏曲,或与本文所定义的戏曲有一定的距离。而溯"演故事"之源,则"始于唐之《大面》、《拨头》、《踏摇娘》等戏"。由《宋史》等史料考宋初搬演之戏,又有辽人宴北宋使者时"以文宣王为戏",及宋内宴中优伶借李商隐调谑文臣诸事。对此文章虽认为"此时尚无金元间所谓戏曲,则固可知也",但循此钩稽名始于宋代的"杂剧",确证宋辽间流行的搬演文宣王、李商隐诸事,必与当时朝廷三大宴时通用歌舞节目中的"杂剧"部分为同一品种。至这类杂剧的歌词究为如何,已不可考。不过宋代文人为三大宴所撰致辞(名"乐语"或"致语"、"念语"),以及比致辞所反映的更进一步、在队舞间带有舞词的"调笑转踏",尚有存世者,两相比较,可知"乐语但勾放舞队,而不为之制词;而转踏不独定所搬演之人物,并作舞词,唯阕数之多少则无一定"。

作者意识到了调笑转踏在考察戏曲形成方面的重要价值,因此进一步挖掘相关史料,发现大部分调笑转踏作品虽合多曲而成，但一曲分咏一事，并不是从头至尾专咏一人一事；只有石曼卿所作《拂霓裳转踏》，演述唐代天宝遗事，是所可考见的合数阕咏一事的最早的调笑转踏，可惜其辞不传；流传下来完整的早期作品，唯有赵德麟的《商调蝶恋花》。该作品"述《会真记》事凡十阕，并置原文于曲前，又以一阕起，一阕结之，视后世戏曲之格律几于具体而微"，曾被清代学者毛奇龄视为"戏曲之祖"（《西河诗话》）。鉴于其重要性，作者在略考赵德麟生平及《商调蝶恋花》大致撰写年代（"要在元祐之后，靖康之前"）后，特将赵词全文从《侯鲭录》中迻录入本文。

但同时作者也注意到《商调蝶恋花》所用仍是"通行词调"，与后来戏曲不同；而唐宋以来，又有一种名为"大曲"的歌舞形式与戏曲形成亦不无关联。文章征引唐人《水调歌头》大曲十一叠为例，说明大曲"叠数既多，故于叙事尤便。于是咏事者乃不用词调，而用大曲"。继录宋人曾布专咏冯燕事的《水调歌头》大曲和董颖专咏西子事的《道宫薄媚》大曲，参引史籍所载大曲兼舞的形式，以显现大曲较之《商调蝶恋花》具有更进一层的戏曲意味。

然而尽管如此，文章依然强调："舞大曲时之动作，皆有定制，未必与所演之人物所要之动作相适合；其词亦系旁观者之言，而非所演之人物之言，故其去真戏曲尚远也。"而真戏曲成立的重要标志，当是"由叙事体而变为代言体，由应节之舞蹈而变为自由之动作"。由此文章引杨万里纯用代言体的曲作《归去来辞引》，指出其体"于大曲为近"，且为"以数曲代一人之言"之始。最后归结说："要之，曾（布）、董（颖）大曲开董解元（诸宫调）之先，此曲（《归去来辞引》）则为元人套数杂剧之祖。故戏曲不始于金元而于有宋一代中变化者，则余所能信也。"

从戏曲文学研究的角度看，《戏曲考源》的主要价值，在于它以实证的方式，钩稽与综合了有关中国戏曲起源问题的一批重要史料，为二十世纪中国的古典戏曲文学研究做了开垦处女地的工作。同时它从文本入手，重视界定相关术语与在历史和逻辑的变迁中寻找问题点的研究方法，也与旧时印象式谈论戏曲之文有了很明显的不同，引导了以后的研究者努力运用这种相对现代的学术方法去从事戏曲文学乃至整个古典文学的研究。

由于时代的限制，本文也有一些明显的不足。首先将戏曲要素之一界定为"演故事"即演历史旧事，显然过于狭隘；其次在叙述对于戏曲成立产生了重要影响的诸类文学样式时，未及取用当时新发现的敦煌变文为证，亦为一大遗憾。

研究本文的论著，有卢善庆《王国维与中国古典戏曲史研究》（《王国维学术研究论文集》第一辑，华东师范大学出版社，1983年）的有关部分等。

（陈正宏）

书法

书法正传 冯 武

《书法正传》,十卷。冯武撰。最早的版本是清康熙、雍正年间世彩堂镌版,乾隆五十年(1785)有杨岱重刊本。后有道光八年文渊堂将此书与吴绳年《端溪砚志》合刻的名为《书法端溪》本、同治十一年嘉兴大魁堂刊本、日本东京松山堂书店刊本、《四库全书》本、扫叶山房石印本、商务印书馆《万有文库》铅印排本、世界书局本、北京中国书店影印本、台湾商务印书馆本、上海书画出版社崔尔平点校本等。

冯武,生卒年不详,约为明末清初时人。字窦伯,号简缘。江苏常熟人。其父知十与其叔冯班(字定远,号钝吟)、舒,皆以藏书名高乡里。武从其叔冯班学诗、书、篆刻,并传其法而名重当代。武以八十一岁高龄馆于苏州缪日芑家。在缪支持下,采自日常所见所聚的书学知识论著如《法书要录》、《翰林要诀》、《书法三昧》、《书苑精华》、《墨薮》、《王氏书法苑》、《书史会要》等多种专著,并以论楷书之法为主而辑成此书,名为《书法正传》。在《清史列传》中有"武善书,著有《书法正传》二卷"之语。

是书总目前自序,说明成书缘起和以嘉惠后学为目的的编著主旨。次列凡例,说明所辑是以正书为主,并细加补注。而篆、分、草书皆略。在撰辑时鉴于昔人讲说书法,或各据所见,或多著浮词,使初学无从择取,因之而提要钩玄,非紧要者一语不载,所关切者宁取屡见。又鉴于书法之书,最苦于引用者不肯全载,但字字珠玉者如虞永兴《笔髓》、孙过庭《书谱》、张怀瓘《玉堂禁经》等,为资助后学而全录不遗。书中所辑《名迹源流》一卷,是因晋唐名迹所存无几,后代翻刻不可胜计,以此经核其真赝,溯其存亡,以便稽考。书中还录冯班之《钝吟书要》,认为其作"言言中的,字字探微"。本书未录古今书评之类著述,"因书多难载",但希读者"皆当留意"。

全书前四卷为技法部分,首列陈绎曾《翰林要诀》。此书录为:第一执笔法:指法、腕法、手法、变法;第二血法:蹲、驻、提、按、捺、过、抢、衄;第三骨法:提、纵;第四筋法:字法、指法;第五肉法；字法、附用笔分数、通论纸墨砚；第六平法：偃、仰、平、勒；第七直法：垂露、悬针、乡、背、努、偐；第八圆法：点、撇、捺、策、趯、勾、方；第九方法：八面、九宫、结构、均方；第十分布法：布方、映带、变换、体样；第十一变法法：情、气、势；第十二法书：真、行、草、诸帖。卷二列无名氏《书法三昧》。此书目录为《书法题辞》：内列一下笔；二布置；三运用：点之祖、画之祖、短画之祖、竖画之祖、钩之祖、撇之祖、短撇之祖、捺之祖等目和《为学纲目》、《结构》各篇。书后选附《衍极》的《至朴篇·书法流传》。卷三列雪庵李溥光造《永字八法》。此书目录为八法解、把笔八法、运笔八法、永字八法、八病、永字散形、永字结构、三十二势、八病势、八法分论、颜鲁公八法颂、柳宗元八法颂。书中多用字形、笔画的图例解说。卷四列李淳《大字结构八十四法》。此书在以四字为例，以开字法之奥而详列结构八十四法之前，有叙其集成经过的进呈表章，继列若天覆（宇宙宫官）、地载（直且至里）等八十四法字例和解说之后有一短《论》，说明字形虽有千百亿万之不同，而结构"亦不出乎此法之外也。若夫筋骨神气，须自书法精熟中融通变化，久则自然有得，非但拘拘然守此成法为也"。

　　卷五至卷七《纂言》（上、中、下）三篇，为节录、摘选和全录各家论书之作。并在所录各篇之后，大部分皆附有"简缘云"的评注。《纂言上》所录篇目如下：李斯用笔法简缘云："此段似说正书，非论玉箸，疑未必是斯言也。"萧何笔法简缘云："亦未说著痛痒，但就唐太宗余意而为之，鄐侯恐无此言。"蔡邕书说、蔡邕石室神授笔势简缘云："八体之中有疾有涩。宜疾则疾，不疾则失势；宜涩则涩，不涩则生。疾徐在心，形体在字得心应手，妙出笔端。"锺繇笔法、晋卫夫人笔阵图简缘云："知此方可写正书。"王右军题卫夫人笔阵图简缘云："此篇非右军不能道。"王羲之论书简缘云："非自道，必不能如此之确而妥。"王右军笔势论简缘云："此篇孙过庭极言其伪，张彦远亦弃而不录。独园子发《书苑精华》首列此篇，朱长文《墨池篇》亦云恐是后之学者所作。然其中不无要言，故存之。"右军书法简缘云："阅此则知唐宋人所说，皆原于此，故不以其重出而并录之。"又笔阵图简缘云："按《笔阵图》与前篇不同，岁月亦异。盖永和十二年所作，是右军《题卫夫人〈笔阵图〉后》者也。九年所作，是右军与子敬者也，故并存之。"右军述天台紫真传授笔法、王僧虔笔意赞、梁武帝答陶贞白、隋释智果心成颂简缘云："其说多有重见，但其人在隋唐之际，言之所始，故存之。"（撰者注：此文中有简缘夹注，从略）。唐太宗论书简缘云："虽重骨力，而结体不妥，则骨力反见其怪。"唐太宗论笔法简缘云："此篇最明白最要紧。"唐人宗笔意简缘云："一语道破。"唐太宗指意简缘云："本者，笔画也。"欧阳询书法简缘云："此与右军大同小异，此是最要语，何妨再见。"欧阳询付善奴诀、张怀瓘用笔十法、张怀瓘论行篇、张怀瓘论执笔、张怀瓘评书、李阳冰笔法、东海公玿笔法、李华论书、卢隽临池诀、张旭传永字八法并五画轨则简缘云："按此八句，书家皆作柳宗元语，不知其本出于张旭也。盖宗元传八法于皇甫阅，阅传之徐浩，浩传之旭，古人授受渊源，毫发不乱如此。"笔法〔门〕撰者注：简缘在文内十门各门之后均有评注从略。古今传授笔法、元巎巎子山《九生法》简缘云："果然要写好字，此亦不可不讲。"韩方明执笔五法、陆希声传笔法、柳公权笔谏、郑子经天五篇、林韫拨镫说简缘云："按此段恐是后人所增，然其言有系，故存之。"释栖霞论书、韦荣宗论书、张敬玄论书、李后主书述、徐铉小篆、翰林粹言、东坡书说、刘正夫论书、米元章论书、山谷论书、书旨简缘云："生而熟者人知之，熟而生者，则未之知也。不惟他人不知，即赵松雪亦不知。"赵子固论书法、董内直书诀撰者注：文内屋漏痕、印印泥、锥画沙等处皆有简缘评注。略。刘有定论书简缘云："此隶楷之所以发源于小篆也，不然，而何以必要正锋？然则今之以侧取妍者，皆异端也。学书者断乎不可使邪魔外道，盘踞胸中，使终身陷于妖俗而不自知也。戒之哉！戒之哉！"赵子昂兰亭跋、论隶之误。

《纂言中》所录篇目如下：梁武帝观锺繇书法十有二意、萧子云十二法撰者注：此十二法只列一曰洁，二曰空等，简缘对此作了详注，文字较多，如对一曰洁，注为"如印印泥，笔画圆净也"。认为此十二法比长史更觉周密。又谓此十二法与张旭十二意大同小异。于此不一一详录其注。颜鲁公传张旭十二意笔法简缘云："此即所谓意外十二巧妙也。真书家不传之秘。鲁公自述如此而后得之。噫，古人之难如此，后学视为易易而忽之。何也？"徐浩书法论、虞永兴笔髓、欧阳率更书三十六法撰者注：简缘在三十六法中，只对"左高右低，左短右长"、"褊"两法后有注。张怀瓘玉堂禁经、翰林密论用笔法二十四条简缘云："《玉堂禁经》《翰林密论》两篇，书家多不全载，此正是功夫细腻处，其中虽多同处，然各有发挥，余故不以其重复而并录之。"同时还有黄长睿《东观余论》注："流俗言作书皆欲悬腕，而聚指管端，真草必用此法乃善。予谓不然。逸少书法，有真一、行二、草三，以言执笔去笔趾远近耳。今笔不过五寸，虽作草书，必在其三，而真行弥近。今不问真草，必欲聚指管端，乃妄论也。观晋宋及唐人画图，执笔未尝若此，可破俗之鄙说。"简缘又对此注云："此老成之言，但腕不可著案。"

《纂言下》所录篇目如下：晋卫恒四体书势、张怀瓘十体书断撰者注：简缘在文中夹注多处。从略。唐孙过庭书谱、宋姜白石续书谱、国朝丰道生笔诀简缘云："所以然者，以今人不知篆籀之理，来处浅俗，所以愈趋愈下也。"

卷八为冯武采摘羊欣《采古来能书人名》、张怀瓘《书断》、朱长文《续书断》、窦息、窦蒙《述书赋并注》、郑杓《衍极》、陶宗仪《书史会要》等书编录《书家小传》，起自秦李斯，截至明董其昌，即秦时三人、汉时十一人、三国时三人、晋时五人、南朝宋一人、南朝齐一人、南朝梁一人、南朝陈一人、唐时二十七人、五代时二人、宋时十三人、元时四人、明时四人，计七十五人。继《书家小传》之后，又辑有《书家品藻》，实为选录《书法离钩》，内载朱长文论品藻、庾肩吾书评、张怀瓘书评、卮言、东坡诸说、黄山谷评书、虞伯生书评、王弇州评书等短篇。又次列《书家记异》一篇，记述蔡邕、锺繇、羲之父子、李阳冰、欧阳询、张芝、永师、虞永兴等学书的轶闻趣事。又次列《杂识》，历述伪书乱真、天子为臣下作碑文、刻碑精工、装裱、秘藏等杂记。卷九为《名迹源流》，考证锺繇贺捷表、锺繇宣示表、锺繇季直表、锺繇丙舍帖、右军兰亭序、右军乐毅论、右军黄庭经、右军东方朔画赞、佛遗教经、右军告誓文、右军十七帖、曹娥碑、洛神赋、集右军圣教序、智永千字文、褚河南圣教序、欧阳询九成宫醴泉铭、宋璟碑、碧落碑、颜鲁公麻姑仙坛记、苏灵芝奏议、索靖月仪帖、颜鲁公中兴颂、蔡君谟昼锦堂记、王右军半截碑、褚河南西升经、唐怀素自叙帖、李北海云麾将军李思训碑、干禄字书、颜鲁公多宝佛塔、颜鲁公争座位书稿、褚遂良三龛碑、褚河南枯树赋、虞永兴庙堂碑、李北海有道碑等源流,对于每碑皆有简缘述评。卷十录有其叔父冯班《钝吟书要》。书末有受业门人谭绍隆和其侄孙冯鼎各为之跋。

(张潜超)

书筏 笪重光

《书筏》,一卷。笪重光撰。有《昭代丛书》本、《美术丛书初集》本、《历代书法论文选》本。

笪重光(1623—1692),字在辛,号江上外史,君宣、蟾光,自称郁冈扫叶道人。江苏丹徒(一说句容)人。清顺治进士,官御史,巡按江西时,与明珠相忤,罢归。工书画,擅诗文、字如其人。清吴修《昭代尺牍小传》评其书曰:"书出入苏、米,纵逸之致。"在辛取法眉山,笔意超逸名贵,与姜宸英(西溟)、汪士铉(退谷)、何焯(义门)等齐名,称"四大家"。清王文治《快雨堂题跋》称其"上至章草,下迄苏米,靡所不学,小楷法度尤严,纯以唐法运魏晋超妙之致,骎骎登钟傅之堂。"尚著有《画筌》。

是书以随笔札记形式表述书法美学思想,今本所见仅二十九则,九百余字,疑非全文。虽文字不多,字酌句酌,言简意赅。王文治跋曰:"此卷为笪重光书中无上妙品。其论书三昧处,直与孙虔礼先后并侍。"可谓推崇备至。笪氏在书中对书法艺术的论述,如"精美出于挥毫,巧妙在于布白,体度之变化由此而分"。"笔之执使在横画,字之立体在竖画,气之舒展在撇捺,筋之融结在纽转,脉络之不断在丝牵,骨肉之调停在饱满,趣之呈露在钩点,光之通明在分布,行间之茂密在流贯,形势之错落在奇正。"概括了书法的"美"、"妙"是由用笔、布白所致,同时,对笔法、墨法、笔势、笔意等皆有论及。对书法中的动势,即运笔过程中的顺逆、起落、转折、掣顿、伸屈、束拓、行停笔等之相依相存、相抚相应的对立关系,概括说明为相生相发,相反相成的转化关系。还以仰、俯、重、轻、圆、挫、利,说明笔画分布、结构的特点,用以捕捉"永字八法"各笔画形状的神趣;以露、藏、宽、紧来说明分布、结构的呼应。又指出"数画之转接"须依"一画之自转"为基础。如克服章法上"状如算子"的大病,需以巧为参差的"左右牝牡相得"的变化来调理。笪氏很重视墨法,因其精于绘画,所以对"破水用墨"、浓淡、润浊非常注意。其对墨法的指示,是与绘画有密切联系的技法,为一般书法家所不易接触。笪氏还重视"计白当黑"的虚实处置和不同的内涵。对笔的选用,列举笔之优劣可损益字的筋骨,阐述器具与技巧的关系,又对中锋用笔可达圆秀的要求,但不会中锋,佳颖亦劣,以此对比说明,分清技巧与工具的主次关系。"肉托毫颖而腴,筋藉墨渖而润",把圆、秀、腴、润汇成用笔,便可达到四美俱备。笪氏所论,皆为甘苦自得之言,记录了书法艺术创作实践中许多可贵的经验。正因为涉及书法艺术创作的方方面面,缩龙成寸是笪氏此作的一大特点。但由于所论中心不突出,先后次序不系统,几至影响它的理论发挥,又是此书玉中之瑕。

(张潜超)

字学津梁 傅起儒

《字学津梁》。四册。傅起儒撰。有清康熙二十六年(1687)刻本。

傅起儒,清浙江钱塘人,生平事迹不详。

全书有字体、历代名论、歌行、歌诀等,是一部汇编各家之说的汇编本,篇幅宏大。字体部分列目为:六义、古文、大篆、籀文、小篆、八分、隶书、章草、行书、飞白、草书,介绍文字六书,各种书体的产生与发展演变,字体特点与区别方法,并简介了各种书体具有代表性的书法家及他们的书法特色。其后列"永字八法",讲述"永字八法"各笔之书写方法。历代名论部分,"辑其确不可易者,折衷以归于当务,使人人咸可式从",有萧何、蔡邕《笔法》,卫夫人《笔阵图》、王羲之《书论》、王羲之《笔势论》、唐太宗《指义》、虞世南《笔髓论》(三则)、欧阳询《三十六书法》、颜真卿传张旭《十二意笔法》、李阳冰《笔法》、《书诀》、黄庭坚《书说》、米芾《论书》、姜尧章《书法》、梁武帝《书评》、韦续《书评》。歌行部分有篆法歌行、隶法歌行(附行草法)、楷法歌行、草法歌行。歌诀有篆书歌诀、隶书歌诀、楷书歌诀、草书歌诀。歌行、歌诀对各种书体特点、书法要领加以指点,对各书体具有代表性的书法家作出切要评论,皆言简意赅,易于记诵。另有"草书历朝应制诗"和"百家姓类音正声"。书前有序和"凡例",书后附"切韵"。

书中内容是对前人书论的辑录,也有对前人有关书法经验的改编,是可供初学书者使用的启蒙读本。

(侯占虎)

篆刻十三略 袁三俊

《篆刻十三略》，一卷。袁三俊著。成于清康熙四十八年(1709)。有《篆学琐著》本。

袁三俊，生卒年不详。字吁尊，号抱瓮。江苏吴郡(今苏州)人。清康熙间篆刻家。自幼酷嗜刻印，浸淫刀笔，父师呵责禁之不能止。成年后即致力于六书，不屑制举业。篆刻师法秦、汉，兼得顾苓、汪虎文神韵。曾著有《抱瓮印稿》、《篆刻十三略》。

《篆刻十三略》全书共十三则，叙述篆刻之法，内容大多采众家之说，加工提炼，文词奕奕，概略精粹，言简意赅。十三则为：一、学古。述学篆刻当宗秦、汉、六朝古印，广搜博览，自有会心。二、结构。述印章结构笔画、字体有别，要使血脉贯通，气象圆转。三、章法。述印面章法，须互相联系，脉络相贯，使之顾盼生姿，宛转流通。四、满。指出印面的满，不是非将字画填塞没有空隙。应当无论字有多少，印章或方或圆，使之规模阔大，体态安闲。五、纵横。述用刀方法，用大指与食指撮定刀干，中指辅于上，无名指、小指抵在刀后。使刀锋正，运以腕力，则笔画神致自生也。六、苍。述篆刻不拘粗细、模糊、隐见、剥蚀，应俱尚古秀，如百尺乔松之气象，不可作荒凉秽态。七、光。指出光为光朗润泽之意。忌运腕无力，过多修饰，而犯油滑之病。八、沉着。沉着就是不轻浮，不薄弱，不纤巧，朴实浑穆，端凝持重。九、停匀。述图章布置，应骨肉停匀。有骨无肉，未免单薄，而拥肿膨脖，又近于俗。十、灵动。述灵动不专在流走，纵极端方，亦必有错综变化之神行乎其间，方能化板为活。十一、写意。述写意当如画家作画，体数很多，要随意而施，不可刻意追求，否则恐增匠气。十二、天趣。其巧妙在于丰神跌宕，姿致鲜举，有不期然而然之妙。十三、雅。须胸饶卷轴，遗外势利，行墨间自然尔雅。

《篆刻十三略》语言精炼，每则有一二字题目概括内容，醒目易记，为历代传抄，实为一部重要的印学著作。

(洪敬辉)

论书賸语 王　澍

《论书賸语》，一卷。王澍撰。有《淳化阁法帖考正》附刊本。

王澍(1668—1739)，字箬林，又作若霖，号虚舟，尝自署二泉寓客。江苏金坛人。清康熙间进士，改翰林院庶吉士，授编修。官至吏部员外郎。精于鉴古，尤工书法。著述甚富，有《竹云题跋》、《禹贡谱》、《学庸本义》、《学庸固学录》、《大学本文》、《大学古本文》、《虚舟题跋》、《补原》、《程朱格物法》、《朱子读书法》及《白鹿洞规条目》、《淳化阁帖考正》等。

《论书賸语》中，"賸"者剩也，乃自谦为多余之语。此文附于《阁帖考正》之后，其论实皆《考正》之所未论及者。文前有序，探奇抉奥，发前贤未发之蕴。全篇共分十二类：一执笔、二运笔、三结字、四有墨、五临古、六篆书、七隶书、八楷书、九行书、十草书、十一榜书、十二论古。论古最详，约占三分之一以上，其余十一种，亦不专言法则，故入此类。全文虽然较短小，然论断却至为精活。五指相次如螺之到，即不套用旧说，也无浮夸之词。如对执笔，谓"执笔欲死，运笔欲活，指欲死，腕欲旋，紧捻密持，不通一缝，则五指死而臂斯活，管欲碎而笔乃劲矣。"对结字，谓："结字须令整齐中有参差，方免字如算子之病。逐字排比，千体一例，便不成书。"对临古，谓"习古人书，必须专精一家，而后可兼收并蓄，淹贯众有。非淹贯众有，亦决不能自成一家。""非析骨还父，析肉还母，何从现得净洁身来。"在论古中，对历代书法家逐一加以评论，如"(颜鲁公)古色在笔墨之外"，"锋绝剑摧，掠飞逸势"。"(米元章)新意在笔墨之内"，"(锺太傅)幽深古雅"，"(蔡邕)古质放意，自如一家"等。此书文简意赅，于研究各家之创作风格实有重要参考价值。

（王剑冰）

六艺之一录 倪 涛

《六艺之一录》,四百零六卷,续编十二卷。倪涛著。有《四库全书》本、商务印书馆《四库全书珍本》(初集)。

倪涛,生卒年不详,字昆渠(一作昆深)。浙江钱塘(今杭州)人。据《四库全书总目》略曰:"涛生平笃志嗜学,年几百岁,犹著书不辍。贫不能得人缮写,皆手自钞录,及其家妇女助成之。是编犹出其亲稿。"著有《周易蛾述》等。

是书乃集两千年来金石、书法两大类著述于一帙。全书分金器款识、刻石文字、法帖论述、古今书体、历朝书论、历代书谱等六类。其采集书法的著述数量之富,几占全部三分之二。可谓古今图书集成中的一部巨制。其搜采之广博,为书学史上所罕见。《四库全书总目提要》认为"若唐以后论书之语,则未有赅备于是书者。"书前无凡例,亦无目录,每类俱以数字编次,不复标目,遂致杂糅无次,检阅为难。

本书第一类金器款识,二十四卷,共千余目。一至十六,录鼎铭、尊、彝、卣、壶、举、觚、斝、觯、角、爵、簠、敦、簋、铺、甗、锭、盉、鬲、匜、盘、钟、戈、戟、枪、磬、权、镯、镫、炉、甬、灯、釜、钲、洗、柱铭等以及所有题跋。所录多为涛自辑。十七为节录宋吕与叔《考古图》。十八至二十为鉴、钱铭。二十一录陶弘景《古今刀剑录》、古印文及各家印谱序。二十二至二十四录《集古印谱》。

第二类石刻文字,一百零六卷,共九千余目。一至五,录石鼓义。六至三十八录黄虞三代以下各碑。三十九至五十六录唐碑,内分朝典、祠庙、丰碑、功德、墓志、官阙、释氏、道家、颂。三十九至六十五为唐刻,内分铭、记、赋、诗、题铭。其中记部分又分释氏、祠庙;赋部分又分书、表、述、志、传、疏、训、箴、议。六十六至六十七杂录各代碑刻及各家杂考。六十八至七十三为宋碑、宋刻。内分碑志、御制、颂、赞、赋、序、杂文、法书、铭记、诗刻、题名等。七十四中录辽、金碑刻。七十五录元碑刻。七十六录明碑刻。七十七至八十四录宋王象之《舆地碑目》。八十五至八十八为武林石刻。八十九至九十二录顾南原《碑考》。九十三至九十七录《金薤琳琅》。九十八录《求古录》。九十九录《沙洲碑录》。一百至一百零一节录《庚子消夏记》中历代碑刻题跋。一百零二至一百零三录《集古录》中金石序记。一百零四为玉刻。一百零五为倪涛自辑的印章部分。一百零六为砚铭，节录苏易简《文房四谱》，苏轼、黄庭坚之集。

第三类法帖论述，三十八卷，共一千余目。一至二录宋刘次庄《法帖释文》。三录《法帖刊误》。四录《法帖谱系》。五录倪涛自辑的各家法帖题跋。六至八录《绛帖评》。九至十三录清王澍《淳化秘阁法帖考证》。十四杂录倪涛自辑的诸帖。十五为节录汪珂玉《珊瑚网》。十六录王澍《古今法帖考》。十七至二十辑录有关《兰亭序》的题跋。二十一至二十六录桑世昌的《兰亭考》。二十七至二十八录宋俞松《兰亭续考》。二十九至三十节录《铁网珊瑚》。三十一至三十三辑录有关《黄庭经》、《东方朔画赞》、《十七帖》及二王诸帖题跋。三十四杂录倪涛自辑的各家书帖题跋。三十五录《庚子消夏记》。三十六杂录元陈绎曾《法书论》等。三十七辑录有关《瘗鹤铭》的题跋。三十八录名家所书《千字文》。

第四类古今书体，一百零二卷，六百余目。一至二录宋王应麟《玉海》，三至五录《十体书论》，是倪涛采录诸家论述自辑。六为皇朝清书。七为许氏《说文》序及徐铉《表》。八为许氏《说文》字母，由四声编排。九为古籀文录，未详何人撰。十至十一为郭忠恕《汗简》。十二至十三为元吾邱衍《续古篆韵》。十四至十八为宋张有《复古编》。十九至二十三为宋吴炳《增修复古编》。二十四至二十五为宋葛刚正《重续千字文》。二十六为宋翟耆年《籀史》。二十七至二十八为元周伯琦《说文字原》。二十九为宋郑樵《六书略》。三十为元戴侗《六书故》。三十一至三十七为周伯琦《六书正讹》。三十八至四十三为明赵古则《六书本义》。四十四至四十八为明魏校《六书精蕴》。四十九则杂采郑樵、陈瑾、熊朋来、戴侗、赵扬叔、王应电诸家之论，或为倪涛自辑。五十为《汉隶精华》，撰人不详。五十一至五十二为《抚汉碑隶书》，撰人不详。五十三至五十四为宋洪适《汉碑隶释》、娄机《字原》碑目合抄。五十五至五十九为娄机《汉隶字原钞》。六十至六十八为清顾蔼吉《隶辨》。六十九为《古隶怪奇录》。七十为《古录隶文日习》，末附《隶字心诀》及《十法歌》。七十一为顾蔼吉《隶八分考》。七十二为节录宋马端临《文献通考·经籍考》。七十三录唐颜元孙《干禄字书》。七十四至七十五为录宋郭忠恕《佩觿》。七十六至七十八录宋贾昌朝《群经音辨》。七十九录宋王柏《正始之音》。八十至八十五录元李文仲《字鉴》。八十六录《字书录异》，撰人不详。八十七录《康熙字典辨似》。八十八录《字书辨体》，为倪氏自辑顾回澜《字义总略》、朱谦甫《字学指南》、李元祉《字学订讹》等书而成。八十九录朱谦甫《六书释义》。九十录《古文转注》，未详何人撰。九十一至九十四录明方以智《通雅》。九十五录《字始》，未详何人撰。九十六录《小学偶拈》。九十七录《金源文字》。九十八为辽契丹字、金女真字、元蒙古字、西夏国书、蒙古国语、桂临俗书、西域各国文字、佛道家文字等。九十九至一百，俱辑各家论书体文字，如晋卫恒《四体书势》、宋王愔《文字志古书三十六种目》、后魏江式《论书表》、梁庾元威《论书》、齐萧子良《古今篆隶文体》、唐玄度《论十体书》等,多辑自张彦远《法书要录》。一百零一至一百零二为辑自诸家字书序例。

第五类历代书论,四十卷,共三百余目。一至十一辑自汉迄明一百四十余家论书之作。其体例同《佩文斋书画谱》论书诸卷。十二至十六录各家书法品评著作,自梁庾肩吾《书品》至清屠隆《书家评》六十种。十七至二十为节录朱长文《墨池编》。二十一至二十二录宋释适之《金壶记》。二十三至二十四节录陈思《书苑精华》。二十五录明陶宗仪《书史会要》。二十六录明汤临初《书指》。二十七为摘录宋沈作喆《寓简》、胡仔《渔隐丛话》、陈栎《负暄野录》、元刘绩《霏雪录》及《式古堂书画汇考》所载董思白《法书名画册》论书者数则。二十八为录明王世贞墨迹跋。二十九摘录宋王圻《续文献通考》及《皇明书评》。三十至三十一节录明汪珂玉《珊瑚网》、《书品》中书论。三十二为明潘之淙《离钩书诀》。三十三节录清倪苏门《书法论》。三十四为明宋啬《书法纶论》。三十五为清王澍《论书賸语》。三十六为明姜立纲《书法》。

最后为器用,当是此历代书论类的附录。历朝书谱类,九十六卷,五千余目。自一至六十三,皆为书家传,收入众家详博繁富,可参照《佩文斋书画谱》中书家传一览。六十四为节选清卞永誉《书画汇考目》。六十五至七十为鉴藏,乃杂采诸家著录中所载的法书。七十一至七十二,为宋贤墨迹诗翰。七十三至七十五是元贤墨迹诗翰。七十六至八十六为宋贤墨迹启札。八十七为元贤墨迹启札。八十八至八十九是明贤墨迹启札。(自七十一起至此,并未注明所录采自何书)。九十至九十三为名人题画诗词墨迹。皆采录明郁逢庆《书画题跋记》。九十五为唐宋名贤墨法书真迹,是录自明朱存理《铁网珊瑚》。九十四(略),九十六为历代名贤墨迹题跋,为录自清孙承泽《庚子销夏记》。

续编十四卷,共三百余目。一为金器题跋,录自清朱彝尊《曝书亭记》。二至四为石刻题跋,亦节录自朱书。五为录吴焯《武林石刻题跋》。六为金石题跋,不知所出,恐为涛自辑而成。七为《武林摩崖续考》,不知前考所在,是考所出。八为朱彝尊的《曝书亭记》。九为《续书体论》,录自顾炎武《日知录》。十为录《六书疏略》。十一为《书论》。十二为《书谱》。十三至十四为《书谱续编》,录《玉台书史》。余绍宋在《书画书录解题》中评论说:"统阅全书,惟《金器款识》一门,分别种类,各为总说,最有条理。"其所搜集资料,至为繁富。惜其缺董理之功,卷帙如是浩繁,"各类不列细目,究不免于散漫,又或一类之书,分列数处,其间或全录,或摘录,或辑录,漫无准则,遂致杂糅无次,检阅为难,斯其失也。"此失或因"以范围过广,急于成书,遂不暇详及欤。""然人之精力有限,而能成此巨篇,未可求全责备。"实为对倪涛壮心的体帖嘉慰之言。《四库全书总目》中对此有持平之论曰:"凡六书之异同,八法之变化,以及刊刻墨迹源流得失,载籍所具者,无不衷集。

其间只录前人成说,不以己意论断,或有彼此异论舛互难合者,亦两存其说,以待后人之抉择。""条例太广,为例亦未能尽纯,然排比贯串,上下二千余年,实为书家总汇",应"不以榛楛勿剪为病也"。

洪业等编有《六艺之一录目录附引得》,颇便检索。

(张潜超)

承晋斋积闻录 梁巘

《承晋斋积闻录》，一卷。梁巘撰。初以手抄本流传。待刊印问世时，距成稿已百二十余年。有1914年安徽官纸印书局铅印裴景福校订本、近年上海书画出版社版洪丕谟点校本。据此本代序中介绍，清光绪三十三年（1907）荷亭（王朝隆）抄本，为当时诸抄本中的一部。由祖传至曾孙居安徽省太和县王之舟所捐献。王家曾几次流离，对此抄本却几代珍藏无损，用缝在被里、糊进泥墙等方式保存着。据考核，此抄本当为梁著珍本无疑。

梁巘（1710—1785），与张照同时，梁之藏碑帖曾亲得张照题跋。字闻山，或文山，号松斋。安徽亳州人。清乾隆二十七年（1762）举人，一生官位不显，《清史稿》记录巘曾官四川巴县。但在其书作和书丹的碑刻中皆自署"湖北巴东知县"，《亳州志》也是指其知巴东县。可定《清史稿》为误记。巘一生对书艺孜孜以求，虽以孝廉官知县，名不挂朝籍，终于绝意仕进，而久主寿州循理书院。巘是清代乾隆年间的重要书法家之一，壮岁习唐碑，以工李邕书而名于世。摹香光楷行，神骨毕肖，人不能辨。与当时的张照、王澍、刘墉、王文治、梁同书诸书家齐名。著名金石家、书法家邓石如曾受业于巘。时有"南北二梁"（南为梁同书，北即巘）之称。其肆力于书，在书法理论研究和实践上，下过极深工夫，是有成就的书家。在其生活过的安徽境内，如亳县、太和、阜阳、涡阳、凤阳、寿县等一带，有口皆碑，流传着"无梁不成家"的口语。《清史稿》谓其"少著述"，此实虚语。其他目录专书虽只著录所作《评书帖》一卷。确因本书铅印本问世，已距其成书一百余年之后，恐未及著录之故。

是书的裴印本系据梁本人手抄底本付梓。以裴印本与光绪抄本相校，则光绪抄本第九部分《〈宝晋斋帖〉跋》为裴印本所无。现据洪丕谟校证本撰为提要。书前附有影印光绪荷亭正文抄本和《前记》墨迹两纸。嗣为目次、校证本编者的《梁巘及其〈承晋斋积闻录〉光绪抄本（代序）》、甲寅七月风泉老人裴景福《〈承晋斋积闻录〉裴印本序》、荷亭《〈承晋斋积闻录〉光绪抄本前记》。在裴序中简述巘之生平与成就。详记其在客游南北时"得（梁）先生卷册独盛"，精者有巘临《洛神赋》、

《不空和尚碑》，又从友人陈石斋手得"此独完善"的《积闻录》原稿。是稿若存若亡已百余年，又随裴君往还二万余里，辗转多年，几失复得，"案头独存是《录》"，后"适吾乡蒋君子攀掌印刷局始付印问世"。荷亭序中记述其从蚕桑学堂徐星斋处借阅是《录》抄本，用五天时间抄完汇而订之的珍藏过程。是书收有《古今法帖论》、《名人画法论》、《自书论跋》、《执笔论》、《学书论》、《砚论》、《印章论》、《杂论》、《〈宝晋斋帖〉跋》。体例以语录和笔记体为主，文字和持论精审，细经推敲。名为《积闻录》，应是梁本人的论书笔记和其弟子辑录其论书言论两者的合成。又见书中偶有前后重复和矛盾处，似是此《录》成书历时较长，或因间隔时间年久遗忘前述，或因学识提高而更改观点，或因学生笔录而未经其审阅核校等原因所致。但瑕不掩瑜，读者自能从其艺术见解中受益。

《古今法帖论》：自周武王《封比干墓铜盘铭》起，对历代诸名碑、法帖、书家、字体、原拓、翻刻、笔法、笔意、风神、损益、优劣等皆作评语，考证精微。例如《封比干墓铜盘铭》录其原文"左林右泉，后冈前道，万世之藏，兹焉是宝"十六字后，指出此碑坐落"汲县北十里比干墓上，碑石残断，字画失真。明万历十五年，知府周思宸重摹《汝帖》，立石于墓前"。考核其中"道、世、之、是、宝"等字，"皆带有篆隶之笔，其为后人妄作无疑"。况云"封墓之盘"，则四语更无谓。"然其传甚远，必汉以来人所为。比干之仁甚伟，封比干之事甚懿，宜其生后世之仰钦而为之点饰也。"作者依此体例一一论证《鲁峻碑》、《郭有为碑》、《峋嵝》、《孔羡》等历代名碑。同时又历述各代书法名家的法帖，例如"索靖《出师颂》草书，沉着峭劲，古厚谨严，欧书多脱胎于此"。"横平竖直，钩点挑剔，一丝不走。吾等学书以此为圭臬，则无失矣。右军《十七帖》亦此法。"对《兰亭》各本，如《开皇兰亭》、《定武》、《国子监》、《上党》、《东阳》等临本，皆有考评。如"《东阳兰亭》原本明时出土，至明季石缺，中有大断文数道；刻下假《定武本》有细断文，而无大断文，乃从南渡后赝本翻出者。但翻之又翻，而其真愈失，间架虽具而神骨不存矣"。《东阳兰亭》中如"'永、和、九、岁、春、会……（列举四十五字例）'何等浑厚，道老坚劲，真非欧阳公不能书。世人好《宅武》赝本，而不知此本之善，岂知书者哉！即矜言学《兰亭》者，夫且不知此本之所善，又乌足与言学《兰亭》哉？"作者依此体例详考各代著名法帖。

《名人书法论》：对历代名家大作的用笔、法度、气韵、师法、取势和介绍已有定评的各代书风。先以《淳化帖》等各帖比较优劣，如："汉隶莫佳于《校官碑》、《张迁碑》、《乙瑛碑》。隋楷莫佳于智永《千字文》。""汉人八分，神韵浑沦，有飘逸之致；魏人八分，则险劲道迈，力趋精刻，斩金截铁，锋骨凛然。""草参篆籀，如怀素是也；而右军之草书，转多折笔，间参八分。楷参八分如欧阳询、褚遂良是也；而智永、虞世南、颜真卿楷，皆折作转笔，则又兼篆籀。以此见体格多变，宗尚难拘。""字之结构最稳者无如《皇甫》。""欧阳信本《虞恭公碑》比《皇甫》更胜。""唐初字尚瘦硬，如欧、虞、褚皆是，故工部云：'书贵瘦硬方通神。'至玄宗字肥，其后颜鲁公、徐浩、王缙、苏灵芝诸人字皆写肥了。鲁公至老年始瘦;王缙字开后来赵字之门。""欧字健劲,其势紧,柳字健劲,其势松。欧字横处略轻,颜字横处全轻,至柳字只求健劲,虽横处亦与竖同重,此世所谓'颜筋柳骨'也。"作者如此详核地介绍和评述众多书家作品,其主旨为"古大家名帖,虽不学他,亦要多收。盖都是古人门径,古人道理不可不知。"尤以"古人作书笔笔到","盖长短广狭,皆有一定用意之处"。

《自书论跋》:以自己师法的要求和准则示人,倾吐已见和经验。以其早岁尝临《乐毅论》,字样多半类此,泛论临写各帖的得失。如不学《黄庭经》,恐流于板滞。不学赵字,恐得其软气。不学米字之率意放荡。原不服文衡山字,但"近来作草书,颇觉有得,及观衡山草书,其蕴藉体度,殊不可及,夫然后叹古人之诚难能也"。又以喜看《兰亭》。"然终不甚解其所以佳,近日临欧、李既久,方知《兰亭》之紧,非他书所能及。"如此披露自学得失和笔不称心的批评。列出其所书碑版已刻者五十三种,散在亳州、寿州、泗州、江宁、扬州、宣城、安庆、桐城、苏州、徐州、浙江、大同等处(皆列有碑名)(略)。自谓所书诸碑,以寿凤《报恩寺》为最,《孙氏乐输记》次之。宣城《北楼记》结实齐整,最为适中,乃高下所共赏者。如此一一自我评述所书各碑得失及刻工优劣。有的尽势,气脉流贯;有的笔不应手。以此总结自己的认识。

《执笔论》:以执笔法师承渊源和自己实践经验,授寿州循理学院生徒,诫之"勿忽其易而精进,以抵于成,乃为不负此传也"。所受之法有"执笔大、食、中三指宜死,肘宜活"。"执笔法宜圆正中直","执笔低则沉着,执笔高则飘逸"。又讲软笔、硬笔的运用和大字的笔法。

《学书论》:指出有志竟成,要在不自废。学书原在执笔得法,法得,虽临近代名人书亦佳,贵真有得。"学书宜少年时将楷书写定,始是第一层手。""书法趋骨力刚健,最忌野。""学书如穷经,先宜博涉,而后反约。不博,约于何反?""结体不外分间布白、因体趁势、避让排叠,展促向背诸法。""学书忌浮论而无实功。""学书,若不循规矩,则潦草率意,便无长进。"如此详细解析名家关于指导学书的法则,并讲述可得笔法、笔力、风神、气韵等途径。还对临写各家书体的要领作出简明论述。学书要"初宗一家,精深有得,继采诸美,变动弗拘"。对学诸家力陈利弊,尽有精辟之议,独得之见,可贵经验。

《砚论》:首先详述端砚产地端溪的自然地理、采石成砚的生产过程,端砚品种、功用、效能。间对歙砚、澄泥等砚作了说明。最后自谓"吾之好砚,胜于金玉也"。

《印章论》:指出图画之追摹和字学的学问,"不先从章法配合匀称稳妥处求之,而即学动宕,亦如学字者楷书结构未稳而即学行草,未有不走作者也"。举图书学钟鼎文、石鼓文、篆籀文,浑朴古穆,笔意取圆。学汉魏八分,苍老遒劲,体势趋方。图书宗汉印,工整苍健。强调"镌印与写字无异","未有用软笔而不用硬笔得为大家,亦未有用钝刀而不用利刀深为正法者也"。批评"今有作书者辄借口曰:求神似不求貌似。夫貌似且不能,又何神之能似乎?此等语误尽后人"。

《杂论》：实为作者随想随笔记录乐事之作。如数十年欲购而不得《金石录》，却一旦借得，最为适意。细阅《石墨镌华》、《经眼录》、《书苑》、《画苑》、《画禅室随笔》、《辍耕录》、《金刚经》等书，皆有简捷评语。其并流露当年的心情，最好是"净室三间，中悬元宋名人书画，案置古书、古帖数十种。清画良宵，下湘帘，焚沉香，静坐凝神，便有无量受用"。

书后有荷亭于乾隆四十九年七夕所作《〈宝晋斋帖〉跋》，说明该帖为宋拓，刻者曹之格，共十册，镌手工致，丝发毕现。帖后有戴雪村跋，对此帖羡为至宝。荷亭跋中详叙"此帖自宋至今，流传六百年，不知几经收藏"，"或知其宝而不能守，或不知其宝而不之惜"。其与刘介繁二人为此帖散而有聚共作努力，遂成册。

洪丕谟为本书所作点校后记可参看。

（张潜超）

评书帖 梁 巘

《评书帖》，一卷。梁巘撰。有清同治年间两淮运署刊附《啖蔗轩集》后本，1928年《美术丛书》本，1931年《念劬庐丛书》本。

此书共一百四十一则，均为巘评书论帖之作。首录《执笔歌》。全书前六十则包括执笔法、法书品评、碑帖源流、学书事宜等内容，后八十一则杂论各家书法。梁氏极重执笔法，并以此做为评价书家造诣高低的重要标准。对于执笔，主张大、中、食指宜死，肘宜活；运笔不可过快，过快便无顿挫，又不可过慢，过慢不劲利；下笔不可力弱，但用力太过，收转处笔力反松。以"晋尚韵，唐尚法，宋尚意，元、明尚态"来概括各代书风。所论及的书家有颜真卿、柳公权、欧阳询、孙过庭、虞世南、褚遂良、徐浩、薛曜、李邕、智永、苏轼、黄庭坚、米芾、蔡襄、宋高宗、赵孟頫、鲜于枢、文徵明、董其昌、祝允明、张瑞图、张照、王铎、王鸿绪、杨宾、何焯、郑簠等，各述其艺术造诣、艺术风格、师承。其于历代书家率宗唐，认为虞、欧、颜、柳、褚、李、徐、薛八家为唐人第一书。谓颜不及欧，欧以劲胜，颜以图胜，"颜书结体喜展促，务齐态，有失古意，终非正格"，"柳书劲健其势松"，褚书"轻浮少沉著"，孙过庭则"多滑"，评价甚为苛刻。评米芾书"落笔过细，钩剔过粗，放轶诡怪，实肇恶派"，评赵孟頫"书俗，香光书弱，衡山书单"，"祝、文、董并称，董蕴藉醇正，高出余子，祝气骨过董，而落笔太易，运笔微硬，逊董一格，文书整齐，少嫌单弱，而温雅圆和，自属有养之品"。于明清两代，虽盛推董其昌、张照两家，亦各指出其笔力怯弱，未免偏颇。对于各家碑帖，各批出其法书特色。于学书事宜，指出"学欧病颜肥，学颜病欧瘦，学米病赵俗，学董病米纵，学欧、颜诸家病董弱。初时好以浅见薄古人，及精深贯通，始知古人各具神妙，不可攀跻"。实为心得之语。

（王剑冰）

书法精华 刘　墉

《书法精华》，八卷。刘墉撰。有民国十三年(1924)上海图书公司石印本。

刘墉(1719—1804)，字崇如，号石庵、青原、香岩、日观峰道人。山东诸城人。清乾隆辛未(1751)进士，由编修累官至吏部尚书、东阁大学士，死后谥文清。文章、书法皆闻名。书法尤工小楷。早年从董其昌，中年学苏轼，晚年学颜真卿，笔意古厚，貌丰骨劲，外柔内刚。与翁方纲、铁保并称三大家，又与成亲王永瑆、翁方钢、铁保合称四大家。所著还有《石庵诗集》。《清史稿》卷三百二有传。

《书法菁华》一书，荟萃了自秦汉至元明的前人有关书法(或文字)的精辟论述及有关资料。卷一为"书法"，共二十五种：其一为"秦汉魏四朝用笔法"，纂集了秦李斯、前汉萧何与张子房、陈隐、后汉蔡伯喈、魏锺繇等对用笔法的论述，并记李斯、蔡伯喈、锺繇学书作书之逸闻。其二为"晋卫夫人《笔阵图》"。其三为"王右军《题卫夫人〈笔阵图〉后》"。其四为"卫夫人《笔阵图》"。其五为"王羲之《笔势论》十二章"。其六为"唐虞世南《笔髓论》"。其七为"叙笔法"，浅叙笔法，强调学书"须其良师口授，天性自悟"。其八为《翰林密论二十四条用笔法》。其九为"永字八法"，叙永字八法缘起，八法名称，附录两首八法歌诀。其十为"永字八法详说"，详说侧、勒、努、趯、策、掠、啄、磔八法的书法要领。其十为"唐张怀瓘《论用笔十法》"。其十二为《翰林禁经九生法》。其十三为"唐欧阳询《八法》"(即《八诀》)。其十四为"九势八字诀"，讲述笔势、结字及八法用笔之妙。其十五为"白云先生书诀"。其十六为"变通异诀"。其十七为"唐太宗《笔法诀》"，言"欲书之时，当收视反听，绝虑凝神，心正气和，则契于元妙。心神不正，字则欹斜；志气不和，书必颠覆。其道同鲁庙之器，虚则欹，满则覆，中则正。正者，冲和之谓也。"其后讲述各种笔画的用笔要诀。其十八"唐范阳庐隽《临池妙诀》"，先记历代书法传承，后述用笔之法。其十九为"梁武帝观锺繇书法十二意"。其二十为"述张长史笔法十二意"，下题为"颜真卿"。其二十一为《字书优劣体意》，下题"杜光庭"，讨论各种书体，品评历代著名书家之书法。其二十二为《心成颂》，下题"释智果"。其二十三为《授笔要说》,下题"韩方明"。其二十四为"翰林传授隐术"(案语云,《宋史·艺文志》作李训撰),认为"八法熟娴,异态皆识,若明此道,始可攻书尔"。其二十五为《书谱》,下题"孙过庭"。

卷二为"体势",共六种:其一为《五十六种书并序》(未题撰者,实为唐韦续撰)。其二为《隶书体》,下题"成公绥"。其三为"晋卫恒著《四体书传并书势》"。其四为"索靖叙《草书势》"。其五为"晋中书令王珉《行书状》",描绘行书体势之妙。其六为"梁武帝《草书状》",述草书由来,发展及体势特点。

卷三为"品评",共七种:其一为《书品》,一题"庾肩吾"。其二为《书后品》(未题撰者,实为唐李嗣真撰)。其三为《评书》。下题"梁武帝",对锺繇、王羲之、蔡邕、韦诞、张芝、萧子云、羊欣、萧思话、李镇东、王献之、索靖、王僧虔、程旷、李岩之、吴施雪、颜倩、阮研、王褒、师宜官、陶隐居、钟会、萧特、王彬之、范怀约、郗愔、柳恽、庾肩吾、孔琳之、徐淮南、袁崧、张融、薄绍之三十二人书法加以简评。其四为《古今书评》,下题"袁昂",对王右军、王子敬、羊欣、徐淮南、阮研、王仪同、施肩吾、陶隐居、殷钧、袁崧、萧子云、崔子玉、师宜官、韦诞、曹喜、蔡邕、锺繇、邯郸淳、张伯英、索靖、梁鹄、皇象、卫恒、孟光禄、李斯、张芝二十五人书法加以简评。其五为"唐人《书评》",对李斯、曹操、卫夫人、桓夫人、傅玉、王羲之、嵇康、宋文帝、陆柬之、王绍宗、程广、萧子云、孔琳之十三人书法加以简评。其六为"唐遗名子吕总《续书评》",对李阳冰的篆书,梁昇卿、卢实用、张庭珪、韩择木、史惟的八分书,薛稷、萧诚、韦陟、李邕、蔡隐丘、宋儋、徐浩、颜真卿、沈千运、关操、郑虔、李璆、吴郁、赖文雅、贺知章、何昌裔、宋之问、张从申、李清吉、释元吾、释湛然、释崇简等人真行书,张旭、孙过庭、张怀瓘、张芬、张彪、邬彤、陆曾、史鳞、梁耿、房广、沈益、释怀素等人草书,一一加以简评。其七为《十体书断》(未题撰者,实为唐张怀瓘《书断》节录),评述古文、大篆、籀文、小篆、隶书、章草、行书、八分、飞白、草书十种书体之起源、特点、发展。

卷四为"论议",共五种:其二为《非草书》,下题"赵壹"。其一为《自论书》,下题"王羲之",认为书法"锺、张故为绝伦,其余为是小佳,不足在意。去此二贤,仆书次之"。其三《论书》,下题"王僧虔"。其上为《六体书论》,下题"张怀瓘"。其五为《书议》,下题"张怀瓘"。

卷五为"叙录",共八种。其一为《古来能书人名》,是南朝齐王僧虔奉敕上呈之文,所列古来善书者有李斯、赵高、程邈、曹喜、蔡邕、陈遵、王次仲、师宜官、梁鹄、邯郸淳、杜度、崔瑗、张芝、韦诞、赵袭、张超、刘德升、锺繇、卫凯、卫瓘、索靖、何元公、皇象、陈畅、杨肇、杜畿、王攸、羊忱、羊因、李式、卫夫人、王廙、王导、王恬、王洽、王珉、王羲之、王献之、王允之、王濛、王绥、郗愔、庾亮、谢安、许静民、张翼、谢敷、康昕、张宏等人,并介绍其里籍、官职及书法特点。其二为"传授笔法人名",王僧虔撰,自蔡邕传至崔邈,凡二十三人。其三为"二王等书嫌",下题"张怀瓘",记述晋末及南北朝、隋唐间二王书迹流传、散失、收集之事,指出后人临写二王之帖几欲乱真,因此后世所流传"二王书中,多有伪迹,好事者所蓄,尤宜精审"。其四为"唐朝叙书录",记唐太宗作书论书三则,记唐高宗作书论书之事一则,记则天帝时王羲之后裔王方庆献其先人书迹事一则。其五为"唐韦述《叙书录》",记述唐太宗搜访王右军等书迹及唐宫中王右军等书迹逸出之事。其六为《法书录》,记述"贞观中搜访王右军真遗迹,出御府金帛重为购赏人间古本"之事始末。其七为《述书赋》(上、下),为唐大历年间窦臮所撰。作者有感于安史之乱后国家府库之名人书迹散失殆尽,则"记前后所亲见者,并今朝自武德以来迄于乾元之始翰墨之妙可入品流者,咸备书之",以求寻,善价而沽诸。其中论周至唐一十三代工书者史籀等二百零七人之书法,记徐增权等八人之押署,记太平公主等十一家印记,述书录、书评者梁武帝等十家,记搜求宝玩者韦述等十一人,记贩书通货利者穆聿等八人。后附窦蒙《五言题此赋》一首,褒扬其弟窦臮及其《述书赋》。窦臮在《述书赋》中论古今书家时,始于史籀终于窦蒙,窦蒙因此而扬名。《述书赋》与《五言题此赋》是兄弟二人唱和之作。其八为《〈述书赋〉语例字格》,是窦蒙为了有助于读者理解《述书赋》所撰的常用词注释。如:质朴——天仙玉女,粉黛何施。专诚——宜师一家,今古不杂。

卷六为"序记",共十一种:一为许慎《说文解字序》。二为《干禄字书序》。三为林韫《拨镫序》,记卢肇亲授拨镫法经过。四为何延之《兰亭记》,记《兰亭》真迹授受源流,及唐太宗得《兰亭》真迹并以之殉葬等情况。五为褚遂良《榻本乐毅记》,记唐太宗敕命侍郎冯承素模写王右军《乐毅论》真迹数本,分赠群臣之事。六为武平一《徐氏法书记》,记梁武帝、唐太宗命人模拓二王书迹,并赏赐群臣之事,及南北朝、隋、唐时二王书迹的搜集和散失情况。七为唐徐浩《古迹记》,记唐太宗下令购集锺繇、张芝、芝弟旭、王羲之父子书及汉、魏、晋、宋、齐、梁杂迹之事,及武则天之后宫中书迹散落情况。八为崔备《壁书飞白萧字记》、九为张宏靖《萧斋记》,记萧子云壁书飞白事。十为韩愈《科斗书后记》,记已得科斗《孝经》、《汉魏宏官书》之事。

卷七为"启笺",共十七种:李峤《为凤阁侍郎王方庆上书法笺表》、李峤《为纳言姚璹等御赐飞白书笺表》、李峤《为王相公请改六书笺表》、王僧虔《答太祖论书启》萧子云《又启》、陶宏景《与梁武帝论书启》和梁武帝答书,往来问答多篇,(目录略)。梁简文帝《答江东王上王羲之书启》、梁元帝《上东宫古迹启》、庾肩吾《谢东宫古迹启》。

卷八为"歌诗",共二十四首:杜甫《李潮八分小篆歌》、李白《赠怀素草书歌》、王邕《怀素上人草书歌》、戴叔伦《怀素上人草书歌》、朱逵《怀素上人草书歌》、鲁收《怀素上人草书歌》、窦冀《怀素上人草书歌》、释贯休《怀素上人草书歌》、释皎然《张伯高草书歌》、前人《陈氏童子草书歌》、顾况《萧郸草书歌》、权德舆《马秀才草书歌》、释贯休《誓光大师草书歌》、吴融《赠誓光上人草书歌》、前人《赠广利大师歌》、贾耽《虞书歌》,姚赞《八分书歌》、史邕《修公上人草书歌》、岑文本《奉述飞白书势》、杜甫《送顾八分文学适洪吉州》、前人《殿中杨监张旭草图》、前人《观薛稷少保书画壁》、李白《送贺监》、前人《王右军》。是书保存了古人论述书法的言论和有关资料,是研究和学习书法的重要文集。书前有吴熙载序,后有刘墉跋。

（侯占虎）

汉溪书法通解 戈守智

《汉溪书法通解》，八卷。戈守智纂著。第一卷为恬浦陆培同参，第二、三、四、五、六、七、八各卷同参者各有易人，在本条各卷正文提要前予以分别注明。受业陆声钟编次。有清乾隆庚午刊霁云阁本、上海朝记书庄民国间翻刻石印本、上海书画出版社版沈培方校证本。

戈守智(1720—1786)，字达夫，号汉溪。浙江平湖人。《当湖历代画人传》著录其为"天才卓越，自幼读书等身。年十九，补博士弟子员。经艺外兼工骈体韵语，才名鹊起"。通经史，工诗文，为精通书画的实践者和理论家。戈氏虽为一代文豪，惜仕途坎坷，屡试不第。尝游邗江、汉阳等地，所到之处，名流倒屣，可见其在当时社会上声望之高。其书宗杨凝式、欧阳询。因醉心翰墨，以致每遇碑碣辄自手摹拓，归而藏之榜曰《帖海》。《嘉兴府志》也有记载。著有《汉溪偕存集》、《邗江杂咏》、《紫琅小草》等，但以本书最负声名。

是书成于清乾隆十五年(1750)。全书谋篇布局，是以学书中最为基础的用笔、结构问题为主线，尽可能地直切陈词说明旨要，提纲挈领。金志章序盛赞"得之是编而指掌可稽。"樊榭厉鹗序指出此书"颇详于用笔结体，首载所撰《述古篇》，捃摭奥衍，突过窦臮"。《四库总目》曰："是书大致欲仿窦臮《述书赋》，而淹贯宏通，终不逮古也"。梁启心序认为戈著"奥而明，约而尽"，"学者宝是书而尽心焉，始而得笔，终而忘笔"。梁诗正序谓此书"不独援据精该，抑且引申详尽，嘉惠后学，岂曰小补之哉"。作者自序提出："是故书有锺、张、羲、献之迹，犹文之有经史百家也。原之为谱，总之为诀，询理之为论，申而明之为法，犹其有经有纬，抑且有疏有注也。临摹者，记诵之学也。学不可不博，临摹不可不遍也。"

八卷正文为：《述古卷第一》，收自撰的《述古篇》，篇中自上古以下叙述历代书法典型及异体间出和书体嬗变的书法源流、名家师承及风格、学书的得失经验、学书最基础的用笔和结构等皆有包容。并斥"武后驭世"使文字"舛用而庞杂"，"假托而支离"，令世人"犹为深嗤"的"文教之衰"。《名人论书》篇，提出"学书不可貌似，貌似者反增一种习气"，切"毋蹈其习气"。"今集名论，唯谀词不录,其有名显而迹已灭,或迹存而非世所宗尚者,亦不复道其所以也。"全卷摘录《书断》、《山谷集》、《笔势论》、《广川书跋》、《虞世南传》、《东里集》、《石墨精华》、《石墨镌华》、《集古录》、《韩滉传》、《金石表》、《东维子集》、《黄文献集》、《梁溪集》、《姑溪集》、《东坡集》、《北涧集》、《容台集》、《清容居士集》、《宋学士集》、《珊瑚网》、《文嘉行略》、《绍兴志》、《艺苑卮言》等书中论书、评书名言。还引名家米芾、王僧虔、王弇州、董思白、尹师鲁、文徵明、郑子京、虞道园、刘须溪、李绍文、董其昌、史悙等诸家论书、评书之语。

《执笔卷第二》(此卷同参者署"同学周锡龙觐扬"),含《执笔图》、《执笔论》二篇。其对执笔喻之通于射,"内志正,外体直,然后持弓矢审固;持弓矢审固,则射中矣"。然后引述诚悬、卢隽、林韫、董逌、李后主、钱若水、解缙、徐玮、陈绎曾、徐渭、韩方明、赵文敏、张敬玄、吾丘衍、黄伯思诸家纵论笔法名言和《唐诗纪事》中所记二王传李阳冰,李传希声,声授崔光笔法事。篇中附印拨镫法、拨镫枕腕法、平覆法、平覆枕腕法、握管法、单包法、捻管法、撮管法、提斗法、三指立异、两指立异、握拳立异等执笔法图绘。在另篇《执笔论》中,阐述"初学之士,不知执笔,于书何从?"指出执笔对学书的重要性。继之集中古今名家有关阐述执笔、用笔的方法和各种要领。

《运笔卷第三》(此卷同参者署"同学钱学洙鲁渊"),含《智永永字八法》、《颜真卿八法颂》、《柳宗元八法颂》、《陈思八法详说》、《八法颂》诸法。《运笔卷第四》(此卷同参者署"同学刘时龙中绘"),此卷继第三卷运笔诸法而纂辑运笔势。指出"八法之势,该于万字"。而班班可稽者有《笔阵》七条,率更八法,张旭九势,李煜七法,《翰林密论》二十四条,《禁经·用笔异势》十二法,《翰林要诀》平直方圆四例,《书法三昧》运用、化势二门,智永推述十四运,张明绅《称名篇》,孙过庭执使转用之法,姜立纲石刻七十二例,凡此,因"各立门户,剧有异同。守一则疏,兼资则杂"。故戈氏就其笔画形势分班列部,详加注说,贯而通之,绳以律度,集成本卷的《八法异势》。《八法异势》为侧法异势(有半蚁势等三十五势图例和各势的说明);勒法异势(有二偾笔势等二十势图例和各势的说明);努法异势(有垂露势、悬针势等十一势图例和各势的说明);趯法异势(有中勾势等二十五势图例和各势的说明);策法异势(有虎牙势等四势图例和各势的说明);掠法异势(有犀角势等十一势图例和各势的说明)。啄法异势(有拂掠势等八势图例和各势的说明);磔法异势(有金刀势等十一势图例和各势的说明)。

《结字卷第五》(此卷同参者署"同学陆腾云轩"),首引赵松雪的"结字因时相沿(传),用笔千古不易"的名言,概述晋、唐既别,宋、元亦殊。为有绳墨可寻,戈氏"旁稽名帖,采撷群言,其有同揆者,附于原注之左。至于鄙见,另列于末"。本卷采录《欧阳率更三十六法》。将各名家诠释、注解、阐明此法的论述,皆集辑成编。

《诀法卷第六》(此卷同参者署"同学王容大樽")。戈氏说明此卷"诀者,方术之要略也"。"言高则旨远。词约则义微。书之于诀亦然。""故诀之意味隽永,心机玄远,必由口授,乃能融洽,诠语亦粗释字句耳。"本卷收录《梁武帝观钟繇书法十二意》、《隋僧智果心成颂》、《颜真卿述张旭〈笔法十二意〉》、《古今传授笔法十三诀》(不详何人撰)、《张怀瓘论用笔十法》、《陈绎曾为学纲目》、《董内直书诀》。

《谱序卷第七》(此卷同参者署"同学陆烈旂铭"),戈氏说明:"谱者,谱牒也。""书之有谱",以究厥宗师,以讨源。""由其矩矱,则法度森然;摹其型范,则性情毕见。""有鉴自魏、晋以来,诸家谱序不下数十种,而敷陈绮丽,见诮于玉卮;觙缕细微,贻讥于絮聒。"因此,"求其切当"者,以求精研。卷内收有王羲之《与子敬笔势论十二章》(创临章、启心章、视形章、说点章、处戈章、健壮章、教悟章、观形章、开要章、节制章、察论章、譬成章)。虞世南《笔髓论》(叙体、辨应、指意、释真、释行、释草、契妙)。《谱序卷第八》(此卷同参者署"陆机云瞻"),卷内收有孙过庭《书谱》(文内夹有注解),姜夔《续书谱》(总论、真书、用笔、草书、用笔、用墨、行书、临摹)。全书之后,以所附陈绎曾《画界对临图》(方圆、向背、位置、疏密、风神、迟速、笔势、性情、血脉、书丹)为终篇。经系统地选辑,逐篇逐段逐句参以各家论书名言要义和自得之见,博采约取,普及提高兼顾,将读者循序渐进地引入书法艺术的自由王国,良苦用心,令人赞佩。金志章序中赞叹此书"未瞻全翰,已警异彩",实非过誉。书坛上对此书也给予极高评价。书前诸公序中共赏此书"得之是编,而指掌可稽"。"位之艺林",应"更分一席矣"。然余绍宋在《书画书录解题》中指出:"惜其所录,半属伪书也。"

(张潜超)

书法正传 蒋 和

《书法正传》,又名《书法正宗》,又冠以《蒋氏书法正传》,别于冯武之书。四册。蒋和撰。有清乾隆四十四年(1779)写刻本、光绪三年(1877)大经堂刻本、光绪十一年京师善成堂刻本。

蒋和,生卒年不详。字仲叔,号醉峰,又号小拙。江苏无锡人。精书法,尤善篆、隶,兼擅诗、画。初以太学生充任四库馆篆、隶校对。清乾隆五十一年(1786)举人,补国子监学正。后托病辞归。著有《说文字原集注》、《汉碑隶体举要》、《学画杂论》、《学书杂论》、《写竹杂记》、《蒋氏游艺秘录》等。其祖衡、其父骥均有书法专著,如其祖衡之《书法论》谓书法当以中正灵静为宗,归结于读书立品。其父骥则有《续书法论》,是续其祖之作。还有《九宫新式及初学要论》等,皆为和之此作的基础,或可谓蒋氏一门系列论书之作。

是书前有自序,目录分为四册。第一册为《笔法精解》,分述执笔的运指、运肘、运腕及笔法,列有执笔指法、指法名目、指法运用名目、肘腕用法、指腕形势、笔管形势、笔法名目、用墨。第二册为《笔画全图》,还对平画、直画、点、撇、捺、钩等俱立多种名目。余绍宋在《书画书录解题》对此指出:"窃意殊不谓然。盖教初学习书,宜求简约。""更立如许名色,不惟难以运用,即使依样为之,而顾虑过多,恐亦难臻妙境也。"此册包括起手诀、平画法、直画法、点法、撇法、捺法、挑法、钩法、接笔法、撇捺平直转折背抛用意诸法、字病等十一项。第三册为《分部配合法》,包括偏旁一百八十九部,重文二十四个。第四册为《全字结构举例》。例字三百十六,重文三十五,包括重定九宫格和分笔先后。后附自著学书杂记二十一则。目录后附有张旭《永字八法》并五画轨则、《古今传授笔法》、元康里子山《九生法》。此书与冯武《书法正传》所论内容大体相同,但多附图表说明,对初学者颇多帮助。

(张潜超)

书势 程瑶田

《书势》，又名《书势五事》，一卷。程瑶田撰。收入《通艺录》第十三。有《美术丛书》本。

程瑶田(1725—1814)，字易田，一字易畴，又名一卿，号让堂。安徽歙县人。清代学者，闻名的制墨家。其题"一卿氏"之墨，极为海内宝之。曾任江苏嘉定县(今属上海)教谕，官太仓州学正。长于经学，不为经传注疏所束缚，对古代名物的考订，绘图列表，极便稽寻。辑有《考工创物小记》、《释官小记》、《宗法小纪》等，统称《通艺录》，共二十四种，四十二卷。对经学、制度、舆地、器物等均有论述，考证精详。在《通艺录》中，有程氏札记之作，论述书法、文字、印谱、纪碑、篆刻者多则。程瑶田通音律，善鼓琴，另著《琴音记》三卷、《诗集》十八卷。

《书势》是《通艺录》中第十三。书中所列虚运、中锋、结体、点画、顿折五势，详析要旨。如虚运，阐述书成于笔、笔运于指、腕、肘、肩，凡此皆属运于右体，又运于左体；运于上体，也有下体和两足。下体之实能运上体之虚，如是可求虚者其形，实者其精的虚实相生之理。论中锋，其见解谓"四面出其偏锋，以成字之点画"，"锋之偏者乃其锋之中者使然"。锋之"四面错出，依乎手之向背阴阳，以呈其能者，乃锋之中者使之"，"非偏以运之，安能行四时而生百物也"。论结体，以书体发展变化，验证书之结体。因篆隶楷之不同，破其体，不肯混而同之，可知其流变之由。论点书，谓点画之变有其八，如人之立而四顾，前后左右四方，而前后皆有其左右，左右皆有其前后。如此，右旋又可有八形，左旋亦有八形。八形还可分为阴之四画，即侧、努、掠、啄，为右旋之运于西南者；阳之四画，即勒、趯、策、磔，乃左旋之运于东南者。论顿折，以山岳之起伏，江河之澜沦，草木之菀舒比喻一消一长之例，说明未有舍顿折而能为。一字的点画既断，错聚成章，其气脉无不相连，必具顿折之道。是书对书法颇有独见，由此可知也。

（王剑冰）

南北书派论 阮 元

《南北书派论》,一篇。阮元撰。收在阮元文集《揅经室集》中。有《历代书法论文选》(上海书画出版社,1979年)本。

作者生平事迹见"十三经注疏"条。

阮元在《南北书派论》中,对书法演变源流研究颇深,将中国书法流派分为南北。从地域上分东晋、宋、齐、梁、陈为南派,赵、燕、魏、北周、隋为北派。从代表人物上分,锺繇、卫瓘、王羲之、王献之、王僧虔等,以至智永、虞世南为南派;锺繇、卫瓘、索靖及崔悦、庐谌、高遵、沈复、姚元标、赵文深、丁道护,以至欧阳询、褚遂良为北派。其中锺繇、卫瓘兼南北两派。至唐太宗独善王羲之书法,自此王氏一家也兼南北两派。从风格特点上说,南派乃江左风派,疏放妍妙,长于启牍,减笔至不可识。北派则中原古法,拘谨拙陋,长于碑榜。按近代发现的南北朝时的书迹,虽体势多样,但并不因南北位置不同而有大异。前人强分南北派别的说法,并不符合实际。

(王剑冰)

临池心解 朱和羹

《临池心解》，一卷。朱和羹撰。有《啸园丛书》本、《美术丛书》本、《历代书法论文选》本。

朱和羹，生卒年不详。字指山。江苏吴县(今苏州)人。工诗善书，尤善篆、楷书。似未入仕，为布衣之士。嗜书四十余年，自欧、赵入门，假途颜、柳，复由颠素，希踪二王，旁及篆籀，无不完心研讨。收藏古人名迹甚富，又喜蓄古砚，藏石中有松皮、鸲鹆两砚，实为异品，并以此名其室为"双砚草堂"。

此书为其专心作书积累的心得，随笔录之，在其谢世后，由其子运鸿等四兄弟付梓。书前有程庭鹭、徐锡琛二氏为之序。是书对书学源流、法度、体势、用笔用墨之法，言之凿凿，皆从阅历甘苦中来不为偏宕之谈。全书凡六十余段，指出"学书须光明源流，次谙法度，次明传习之异同"。从作字须有操纵，分析正侧偏锋开始，对墨法、笔笔断而复起、从空处落想、忽笔、间架、性灵、指实掌虚、作字以精、气、神为主、临摹、结体、用笔、草字承接、行楷书关系、临字之要在中窍、拨镫法、作书从平正一路作基、学古善变、法胜神胜、作字有主笔、书画殊途同归、病笔、露藏、骨力、集众长为己有、识量浅隘、艺必不精、字法本于笔成于墨、作字当悟波折之法、意在笔先、立身立品、心正则笔正、行草最贵虚实并见等等均有论述，皆为览古所取，会悟而得之见。全虽书因次第无序、类目不健，有重复叙述之弊，但达之于言，不失指导，岂可苛求。书后有其子运鸿、运开、运馨、运澜跋。

（王剑冰）

艺舟双楫 包世臣

《艺舟双楫》，不分卷。有著录谓二卷或上、下卷者，《翠琅玕馆丛书》本作六卷，也有著录分为论文、论书部分。包世臣撰。有清道光十六年(1836)刊本、光绪癸酉资州重刊本、翠琅玕馆丛书、《安吴四种》(同治间刊本)(九卷)、上海广智书局(光绪间)印本、《国学基本丛书》、《万有文库》、《艺林名著丛刊》、《美术丛书》、《艺术丛书》、《芋园丛书》、《包世臣全集》等本。

作者生平事迹见"齐民四术"条。

《艺舟双楫》因含论文、论书两艺而名。《论文》部分首篇是始自道光己丑(1829)年八月执笔、有注曰："养疴寓园，日与族子孟开论古文节目，因次为篇。"多为评论古文作法和申明崇尚，亦间录自作书序、墓志碑传。体裁有书信、题词、书后、诗、诗序、行、状等。论书部分为"论书一"、"论书二"。"论书一"的首篇为《述书》(上、中、下)。所述皆系学习书法的经验、心得、创见。依次的《历下笔谭》、《论书十二绝句》等篇，则论汉代以来书法用笔结字方法和源流、提倡学习北碑等。"论书二"为辑其辨误、书后、自跋、疏证、通信、传记等述作。后人评论此书所辑，皆包氏论书精华篇章。案余绍宋《书画书录解题》中谓："道咸以后，北派盛行。虽帖学之弊使然，而此书实开其风气者也。"与同时的阮元南北书派论及北碑南帖论之提倡收有同气相求的效果，对当时和以后书学的发展和变革，具有绝大影响。因自唐、宋以来，帖学渐盛，沿至明、清。但由于帖之翻刻繁多而致善本面目全失，旧拓愈来愈少。为救帖学之弊，碑学兴起是书法艺术发展的时势需要。正如康有为在《广艺舟双楫》一书中关于清代书法发展变化的趋势时指出："康雍之世，专仿香光，乾隆之代，竞讲子昂；率更贵盛于嘉靖之间，北碑萌芽于咸同之际。"此时北碑的盛行，是邓石如开其端，阮元倡之后，而包世臣导其源。包氏之作，推动了大批人士从流，其在近代书法史上的贡献是不小的。

全书所辑篇章，"论文"部分有：文谱、答张翰风书、答董晋卿书、扬州府志艺文类序、书赠王慈雨、与杨季子论文书、再与杨季子书、读亭林遗书、自编小倦游阁文集三十卷总目序、十九弟季怀学诗识小录序、《诗》《礼》徵文序、书《毛诗·关雎序》后、《春秋》异文考证题词、《仪礼郑注句读》书后、论《史记·六国表叙》、书《史记·魏其武安传》后、复石赣州书、与周保绪论《晋略》书、《晋略》序、摘钞韩吕二子题词、书韩文后下篇、书《桃花扇传奇》后、《东海记传奇》叙、苏州宝莲寺主《松涛法语》题词、问樵上人《海上移情图》记、小倦游阁记、述学一首示十九弟季怀、五言一首说八比赠陈登之通判留别出都门、或问、族兄纪三先生《郑本〈大学〉〈中庸〉说》序、《钱东湖诗》序、《胡眉峰诗》序、书《述学》六卷后、读《大云山房文集》、《旧业堂文钞》序、赠方彦闻序、赠余铁香序、《汤宾鹭先生文集》叙、《方岩夫畛诗》序、《韦君绣诗》序、赵平湖《政书》五篇叙、读《白华堂诗集》叙、《述古孝子诗》序、《江季持七峰诗稿》序、《五海楼劼诗》序、《澹菊轩诗初藁》序、为朱震伯序《月底修箫谱》、金筦伯《竹所词》序、《雩都宋月台维驹古文钞》序、《乐山堂文钞》序、《齐物论斋文集》序、书陈云乃延恩罢读图、复李迈堂祖陶书、答陈伯游方海书、张童子传、毕成之墓志、清故拣选知县道光辛巳举人包君行状、清故优贡生孙君墓志铭、与陈孝廉金城书、清故翰林院编修崇祀乡贤姚君墓碑、清故文学汪君之碑、清故国子监生凌君墓表、清故文学薛君之碑、皇清敕授修职郎安徽宁国县学训导沈君行状、翟秀才传。

"论书"部分的"论书一"中有述书上、述书中、述书下、历下笔谭、后附四则、与金坛段鹤台玉立明经论书次东坡韵、论书十二绝句、国朝书品、答熙载九问、答三子问。"论书二"中有：《书谱》辨误、跋荣郡王临《快雪》《内景》二帖、书临平原《祭侄稿》后、题隋志拓本、自跋删拟《书谱》、自跋草书答十二问、《十七帖》疏证、与吴熙载书、书黄修存藏宋拓庙堂碑后、书刘文清《四智颂》后、自跋真草录右军廿六帖、书陈云乃集其先公寓废寿幛字为四言诗卷后、跋重刻《王夫人墓志》、记两笔工语、记两棒师语、完白山人传、删定吴郡《书谱》序。全书所辑篇章主要是道光年间，也有嘉庆年间完成的。有的坊间翻印发行时，对论文部分多有删除或节选。综观包氏论书，多有独到创见，如在对孙过庭《书谱》辨误著述中，其见解的精确和细微的勘误删定，以及对《书谱》这一巨制在书艺中地位的评价，都是对书法理论的建树，也是对发展书法艺术批评理论的贡献。但包氏著作中，也有穿凿附会之处，且在书中多用生僻名词，对书家名氏使用，也偏多不常用的，如米芾，有米元章、米海岳、米南宫、米襄阳等人所熟知的称谓，他却用了米芾自己也少用的"中岳外史"、又去掉"外史"、"米"字而只用"中岳"，增加了读者在阅读中的困难。

（张潜超）

书学提要 朱履贞

《书学提要》,二卷。朱履贞撰。有《知不足斋丛书》本、《丛书集成初编》本、《历代书法论文选》本。

朱履贞,生卒年不详。字闲泉,号闲云。浙江秀水(今嘉兴)人。以布衣而工书法,为清代嘉庆年间书法家。据赵魏在《书学提要·序》中云:"殚思古法,发挥意旨,于孙过庭《书谱》尤精研确核,辨析微芒,发前贤秘奥,为后学津梁。"

本书二卷中上卷,所辑用笔、执笔、学书攻苦、学书感会四篇,皆系摘引前人论书之语,间加疏证,阐释意深难解之论。如认为孙过庭在《书谱》中不论"永字八法",乃因在唐初时八法尚未盛传流行。履贞辨析此八法,不信所传为崔瑗、锺繇、王羲之等相授之说,颇具卓识。尤自晋、唐以来,论书者逐渐增多,所辑录者多有伪书。为使学者不茫无适从,乃在辑录前人论书时,简明切要,诠缀类言而成是卷,以求是非互见,去取当自不同,可便于学者自斟。下卷为履贞自撰,详析学书须识古人用笔,不可徒求形似,要掌握书之筋骨血肉关系,探求用笔技法。为此,对传统技法一一加以说明。如"释拨镫法":镫为古"灯"字。其法"若执镫挑而拨灯",即双钩法。"后人目为(双钩法)三指立异者,大谬也。"指出:"书法精劲圆活,全在三指之尖。然三指尖最难结实,更难活动,尤须臂、腕、指三者功夫齐到,方能成书。"如释擘窠书。擘者"巨擘也","窠,穴也",即大指中之窠穴。释"屋漏痕、折钗股、壁坼、锥画沙、印印泥"等名词术语,是因"前人立言传法,文字不能尽,则设喻辞以晓之,假形象以示之"。其对临摹用工,认为是学书大要,必先求古人意指,次究有笔,后像形体。务在求其气骨,形势自生,纵横得势。朱引王右军"必是将军"之说,阐释"学书必先作气,立志高迈,勇猛精进"。继在一系列技法上阐释要义。如"运(笔)之既久,使臂腕如铁,指尖坚劲,纵横收放,心不知有手,手不知有笔"。"学书不可徒求形似","学贵专诣,不尚空谈"。"拨镫之法,最为捷径"。"书法劲易而圆难。圆者势之圆。非磨棱倒角之谓,乃八面拱心,即九宫法"。"书之大要,可一言而尽之,曰:笔方势圆。方者折法也,点画波撇起止处是也"。"圆者,用笔盘旋空中,作势是也,圆之臂腕,字之筋也"。"书有折锋、搭锋、乃起笔处也。用强笔者多折锋,用弱笔者多搭锋"。作书要诀是:"书有捺满、提飞之法:疏处捺满,密处提飞;平处捺满,险处提飞。"履贞在书中又阐释了书有筋骨血肉;学书摹仿须善自采取;书有运腕之说而不及臂指;列举小字法帖数种,如能日临一通,则无难写之字矣;列举石刻之可观者;悬臂作书,实古人不易之常法。凡后世之以书法称者,未有不悬臂而能传世者;推荐孙过庭草书为至宝,习草要逐字写过,勿率意为之;阐明有关八分书的用笔法,八分实兼众体之长;能悟此理,方是法书;指出书有六要:一气质、二天资、三得法、四临摹、五用功、六识鉴,六要俱备,方能成家;又说明书法精微,全赖笔毫相称,笔墨纸要自然合用;要学书须求工于一笔之内,而后逐笔求工,则可全篇皆工;有关古人学书之法,有独得之秘,耳闻面授,难传于笔札之间,要气魄所聚,思通神明;对前人评书提出见解,认为有偏徇失实,褒贬不公处,所论皆心得之作,经验之论。但谋篇零散,叙述纷乱,影响其所识见的系统阐述。

(张潜超)

书概 刘熙载

《书概》,一卷。刘熙载撰。有清同治十二年(1873)刻本、《古桐书屋遗书》本、开明书店本、上海古籍出版社王国安校点本、《历代书法论文选》本。注本参看"艺概"条。

作者生平事迹见"艺概"条。

《书概》为《艺概》中的一个部分。计二百四十六则。论述书体源流变化及各种书体特点,评论历代著名书法家书体渊源,阐述书法艺术特点,对书法体系的核心的书体划分,提出了中国书法大系的雏形。此作虽是札记式的论述,却把中国纷乱的书体划分为两大类,即按动态书法、静态书法两大系统列出书法大系一览表。全书所论虽多引前人书论,但多有作者独到之见,精辟之论。如有关用笔技巧的论述,指出每一笔画用中锋,要正要实,使四面整齐圆足,起笔要快而有势,行笔要丰实,收笔要超脱,而转笔要兼有三者的特点。写每一横画,要防止出现末大于本,中间不如两端的毛病。其他笔画也仍如此,在笔迹细微的地方也要写得锋势完备,意态周全,以求笔心送到,避免病笔。用锋有多种,其实是中锋、侧锋两种,字有多种笔画,都是点的延伸。书法还要外柔内刚,刚柔相济。用笔有轻重适宜的提按,是相对又相辅相成的关系。用笔有迟速、疾涩、急缓等,既要有生气,又要有节制,总之,一个要求,即笔法完备。不论哪种用笔,都应出于天真自然。熙载此著的最大贡献,是从形式美学特征方面,把各式各样书体命名归纳为篆、分、正、行、草五种,把书法的实用性、艺术性的命名纯用艺术形态统一起来,为完备自身理论体系奠定了基础。刘氏在书中还对"意"、"象"二者有机结合构成统一的书法内容;书法艺术创作的"微"与"大"的统一;章法上在"贯"的基础上求"变"的结合;笔画的"中心"与"外界"的关系;"动""静"结合形成不同的美的特征;书法内容的"意"与方法的"法"相成统一;书法创作上的"损"、"益"的相互转化的关系;"书贵入神"中"神有我神他神"之别;凡此等等,皆以辩证的观点论述了书法内容、创作、章法、用笔、书体多方面,贯穿刘氏"高韵深情,坚质浩气,缺一不可学书"的思想。在书中还表现了刘氏在书法批评与鉴赏方面的学识。如评"蔡邕洞达,钟繇茂密。余谓两家之书同道,洞达正不容针,茂密正能走马。此当于神者辨之"。评论索靖"书如飘风忽举,鸷鸟乍飞,其为沉着痛快极矣"。评王右军"力屈万夫,韵高千古"。评"率更《化度寺碑》笔短意长,雄健弥复深雅"。此书向为学书者与书法家们所重视,视为指南。

(张潜超)

学书迩言 杨守敬

《学书迩言》，一卷。杨守敬撰。有日本大正本、1988年湖北人民出版社《杨守敬集》第8本及1981年文物出版社印行陈上岷校勘注释本。

作者生平事迹见"水经注疏"条。

《学书迩言》原系手抄本，特为来华受业的日本人水野元直所写的教材，守敬时年七十三岁。此草稿的抄本由水野元直携回日本，并以《学书迩言疏释》书名刊刻印行，并有疏释，得到了广泛流传。是书分绪论、评帖、评书、题跋等部分。在绪论中，简要叙述了历代书法的演变和各种碑版的特征。在引用前人学书"要天分、要多见、要多写"的"三要"外，杨守敬又增添了"要品高、要学富"，合为"五要"。认为"古之大家，莫不备此，断未有胸无点墨而能超轶等伦者也"。阐明知识视野的开阔和艺术修养之间的密切关系，颇有见地。在评帖中，按篆、分、真、行草四类，分别对历代百余种主要碑刻依次作出中肯的评述，另对一些碑刻原石、翻刻、出版与收藏源流，和与书法艺术有关的秦权量、诏版、汉印、瓦当、货币等，都有涉及。评帖中分（一）集帖，有《淳化阁帖》、《三希堂法帖》等三十余种；（二）某家法帖，有《忠义堂颜帖》、《东坡西楼帖》等二十余种；（三）某一法帖，有钟繇《宣示》帖，王右军《兰亭序》帖等六十余种；（四）为小楷帖，有王大令《十三行》、虞永兴《破邪论》等十余种。对流传、真伪、优劣等，均予适当考评。评书是从宋代开始，对苏东坡、黄山谷、朱襄阳以至王子贞、翁松禅等五十余家，一一评价，颇为公允。在此书中的后部分，还对日本的几位名家作了述评，为"自以空海为第一，殊有晋人风，小野道风次之，行成卿、鱼养又次之"的评论。对日本的铭文，如《道澄寺钟铭》、《铜灯台铭》；对金刻则推《和铜题名》，最为高古，神似颜鲁公"。"《佛足迹记》虽属和文，亦书法之别格，足自玄者"，可见他对日本的书家书迹，也颇有研究。题跋部分计四篇，其内容亦评帖之属。

前有序言，在日本刊行时，序言移为后记。全书由樋口铜牛分为碑评、集帖、专帖、今帖、行草帖、小楷帖、评书等七章。在刊印的大正本与手抄本之间，有些差异和错讹，其原因有抄录错的，有修改时另行取舍的,有错断句的,有排印时因字迹难辨而错认的,有笔误或记忆错的。1981年文物出版社印行陈上岷的校勘注释本,是参照原稿和有关的参考资料逐段逐句核校,并将全书除序和后记外,分五个章节,题目为绪论、评碑、评帖、评书、题跋,加了注释。在章节下分类,未拟标题,只空一行,以示区别。

此书对历代书法演变、各种碑帖特征、书法艺术本质、历代书家风格等的叙述,穷搜博采,资料简赅,不仅供爱好书法碑帖者研究参考,还可依据所载许多珍贵碑帖的流传经过为关心古代碑帖聚散者提供合浦还珠的佐证。

(王剑冰)

广艺舟双楫 康有为

《广艺舟双楫》,又名《书镜》,六卷(二十七篇)。康有为撰。有清光绪辛卯(1891)刻本、万木草堂刊本、《万有文库》本、广艺书局本、《艺林名著丛刊》本、《康南海遗书》本、《四部总录艺术编》本、《康有为全集》本及上海书画出版社崔尔平《广艺舟双楫注》本。

作者生平事迹见"新学伪经考"条。

全书前列光绪十五年(1889)自叙,申明此作是"翻然捐弃其故,洗心藏密,冥神却扫。摊碑离书,弄翰飞素,千碑百记,钩午是富,发先识之覆疑,穷后生之宧奥"。"国朝多言金石,寡论书者,惟泾县包氏,铄之扬之。今则挈之衍之,凡为二十七篇。"此书主旨是倡碑抑帖,所论尊碑卑唐,并非康氏立异,乃适应书法发展的趋势,即此书所述六朝诸碑书体变迁之迹,循追求创立书风的潮流,为开辟新的神韵、气韵各异的风格而发。晋代墨迹以及二王作品的飘逸书风,成为历代书法家们的追求。唐、宋以降,帖学大炽,风靡天下。数百年间,以帖学培养出不少在丛帖中汲取营养,继承创新的大家。但明、清两代因刻帖系统紊乱,体貌失真,难出新意,处于发展迟滞状态。康氏在本书卷二《体变第四》一章中指出清代书风四变:"康、雍之世,专仿香光;乾隆之代,竞讲子昂;率更贵盛于嘉、道之间;北碑萌芽于咸、同之际。"说明咸、同之际转师北碑、汉篆,碑学大倡,书坛之风陡然一变,大异其趣。康氏不溺旧说之作,推动了碑派的发展,对碑学的形成发挥了历史作用。全书涉及书学理论相当广泛,对书法艺术的各个方面都有论述和评价,所据资料丰富,并吸取了清代金石考据学的新成果,修正了阮元的一些不科学的论点,认为书可分派,南北不能分派,强调以"变"求得事物的进步。总之,此书体例严整,论述广泛,自成体系,考证精赅。但也存有不足,如在变中主张复古,持论多有偏激过分,引经据典之处过多,用词生涩孤僻等等。

是书各篇主要内容是:原书第一,此章主述文字起源与发展。"文字之始,莫不生于形象",对六书的籀、篆、分、隶、行、草之辗转相变(列举王愔叙(案指《古今文字志目》)百二十六种书体),备极殊诡,"皆人灵不能自已",并受"竞趋简易,择优而用"的法则所使。康氏以中外文字的发展和应用做比较研究。对"但取成形,令人可识,何事夸钟、卫,讲王、羊,经营点画之微,研悦笔札之丽,令莘莘学子玩时日于临写之中,败心志于碑帖之内"的错误主张,用扬雄"断木为棋,梡革为鞠,皆有法焉"之语,说明"而况书乎"进行反驳。在此章中,还对书写形式有所讨论。最后综论体势之变,"可以前事验之"。

尊碑第二,此章所倡尊碑为尊六朝碑。晋人所书之帖,因纸寿不过千年,难于流传。今日所传,无论何家何帖,大抵为宋、明人重钩屡翻者,面目全非,精神更不待论,因流败既甚,师帖者绝不见工,碑学中兴,实为事势推迁,不能自已。碑学之兴,同时也还因有金石学、小学亦盛,出土之碑亦盛,考证亦盛,摹拓以广流传亦盛等条件,于是碑学蔚为大国,以致碑学大播,"三尺之童,十室之社,莫不口北碑,写魏体,盖俗尚成矣"。尊南北朝碑字,"非以其古也",确因笔画完好精神流露,易于临摹;可以考隶楷之变;可以考源流;唐言结构,宋尚意态,而六朝碑却各体毕备;笔法舒长刻入,雄奇角出,应接不暇,实为唐宋之所无有。"有是五者,不亦宜于尊乎!"

购碑第三,"学者欲能书,当得通人以为师。"吾为学者寻师,其莫如多购碑刻。康氏引扬子云所说:"能观千剑,而后能剑;能读千赋,而后能赋"的道理,晓谕学书者"若所见博,所临多,熟古今之体变,通源流之分合,尽得于目,尽存于心。尽应于手,如蜂采花,酝酿久之,变化纵横,自有成效"。求碑要知其要,择其精。批评辄言写欧写颜,专写一本,依此谬说而"欲以终身,此尤谬之谬,误天下学者在此也"。康氏就此概述南北朝碑之长,介绍了可按《金石萃编》、《金石补编》、《金石索》、《金石聚》而求之。继列必当购者的南北朝碑录次目,计有吴碑二石(碑名略,下同)、晋碑五石、宋碑三石、齐碑廿石、梁碑二石、陈碑二石、魏碑七十七石、北齐碑三十七石、北周碑七石、隋碑四十三石。此目是为"穷乡学子欲学书法,未知碑目言之"而提供的。

体变第四,本章精要地叙述了自先秦至清代,书法形体变革发展的短长。如秦分裁为整齐,形体增长。汉分变圆为方,削繁成简。篆隶回分,变有波磔。波磔分背,隶体成矣。书盛于汉,杜度作草,蔡邕作飞白,刘德升作行书,晚季(汉末)变真楷。盖体制至汉,变已极矣。以帖观之,钟王之书丰强秾丽;碑当魏世,隶、楷错变,无体不有,当为今隶极盛。北齐诸碑,千篇一律。至于隋世,以结六朝之局,南北书派,自是遂合,是一大变。唐世凡三变,唐初并辔叠轨,皆尚爽健;明皇极丰肥,诸辈趋时主之好;沈传师、柳公权专尚清劲,骨存肉削,天下病矣。五代亦宗肥厚,宋初仍之。辽书朴拙,绝无文采。金世碑帖,专学大苏。元明两朝,言书法者大盛。吴兴首出,自是四百年间,人才纵横,莫出吴兴之范围。故两朝之书,率姿媚多而刚健少。明人类能行草,亦有可观,盖帖学大行。清代书法之四变,碑学益盛。康氏并对清代书法划分古学(晋帖、唐碑)、今学(北碑、汉篆),"以是二体者观古论时",以至大界不混,"不以耳目之私测之矣"。

分变第五,康论文字的字体变化"皆因自然"。否定标志汉字字体名称的籀、篆、隶、楷等是因演变而得之说,自创统称"分变"。在此章中对石鼓文字、秦代刻石、汉代碑刻以及秦、汉间钟鼎瓦当字体的变化作出分析和考证。着重辨正议论纷纭的"八分"之说,引述蔡文姬、王愔、张怀瓘、蔡希综、王次仲、王应麟、欧阳询、吾丘衍、洪迈、包慎伯、翁方纲等在各自论述中对"八分"所作的论断和在各自书作中反映的"八分"笔法。归结诸说之所以极纷莫定,"乃源自刘歆伪作篆、隶之名以乱之耳"。认为古者书但曰文,并无籀、篆、隶之名。同意众多书家意见,如刘熙载的"汉隶可当小篆的八分,是小篆亦大篆之八分,正书亦汉隶之八分"之说,如吾丘衍的"秦篆得正文之八分,名曰秦分"之说,如蔡中郎的"西汉无挑法,而在篆隶之间者,名曰西汉分"之说,如王愔、张怀瓘的"东汉有挑法者,为东汉分"(总称之为"汉分"之说);如蔡希综、刘熙载的"楷书为今分"之说。因而认定:"八分之说定,篆、隶伪名从此可扫除矣。"

说分第六,此章从论述秦分小篆画如铁石,体若飞动,为书家宗法开始,分析了李斯以下的各家篆法所擅,以及存世的足以取法的篆文碑刻。列举自有奇采的石鼓文、李阳冰、崔子玉、许叔重、张怀瓘、曹喜、蔡邕、邯郸淳、韦诞、卫瓘、卫恒等众家笔法各得其妙。列其所见汉人秦分书存世的名碑二十余种和吴碑二种的目次。继对西汉、东汉的碑刻尽收古今奇态异变者。康氏考古辨今,并未雷同一谈。

本汉第七,本章探求真书之变及其本源。提出汉以前无真书,自吴碑《葛府君》及元常诸帖始,至二王则变化殆尽,以迄于今,遂为大法。历述真书之妙,诸家皆有之史事、轶闻。并对诸多碑刻作出评论,例如《子游残石》有拙厚之形,而气态浓深,笔颇而骏,殆《张黑女碑》所从出也。又书法每苦落笔为难,虽云峻落逆入,此亦言意耳。"欲求模范,仍当自汉分中求之",等等。

传卫第八,本章以卫觊及其后人卫瓘、卫恒、卫夫人传承继因师法的叙论,说明书法笔迹之宗迹和系统,使人了解书法划分南北二派,不符当时历史事实。康氏纵论书法之盛,自汉末书家辈出,并辔齐驱,传绪相师,迨晋朝中衰,书家北渡,"锺派盛于南,卫派盛于北。后世之书,皆此二派,只可称为'锺、卫',慎伯称'锺、梁'、未当也"。唐承隋祚,会合南北,本可发挥北宗,而太宗尊尚右军,举世更无异论,故使张、李续品,皆未评及北宗。但史传名家之著,碑版之迹可寻,而诸家书品,一无见传。康氏慨北士之迹尽湮之不公,叹永叔在《集古》中对北碑字所作之工妙评语,是"千年学者所不知"。作者列举许多北碑代表作,对卫氏之法,肯定"几如黄帝子孙散布海宇万千年矣"。故"卫家为书法大宗,直谓之统合南北亦可也"。

宝南第九,本章针对阮元以法帖属南,以碑属北而分派之论,指出书可分派,不能以碑、帖为界强分南北派。由于时尚南朝较北朝树碑量少,其实南北碑并无二异,南碑为世所稀有,故此篇名为"宝南"。考南碑当溯于吴,其《封禅》《国山》《天发神谶》《爨宝子》《爨龙颜》等,较魏碑高逸过之。康氏阐述南碑书体特征、出处,叹其奇伟惊世,各有意度,为各书体之极,诚人间瑰宝。

备魏第十,本篇历述北碑莫盛于魏,莫备于魏之鉴。考当时晋、宋禁碑,周、齐短祚,故言碑者,必称魏碑。魏碑随取一家,皆足成体,魏碑所有,他碑无之,所以莫备于魏。后世称碑之盛为唐,谓名家杰出,诸体并立。然唐八字向背往来伸缩之法,在各因其体,自妙其致,作字工夫等,较之人巧极而天工错的魏碑,则是"断鸢续鹤以为工,真成可笑"。

取隋第十一,本篇以通观古碑深得"洞达"之意者莫若隋世,叙述隋碑之足取。分析隋人无以书名冠世者,隋碑又无绝佳者,为何有足取? 其历史原因是隋碑"内承周、齐峻整之绪,外收梁、陈绵丽之风","集六朝之余风","变古有唐风"。

卑唐第十二,康氏在此篇中断言:"书有南北朝,隶、楷、行、草,体变各极,奇伟婉丽,意态斯备,至矣! 观斯止矣!""至于有唐,虽设书学,士大夫讲之尤甚。然缵承陈、隋之余,缀其遗绪一二,不复能变。专讲结构,几若算子。"以近世碑兴,邓石如、包慎伯、张廉卿等,均以书雄视千古。而法唐者,无人名家。以此作卑唐之证。同时指出学唐碑者当知沿革,也有可学者。

体系第十三,此篇以披枝见本,因流溯源之笔,对书体祖自所出,各有其类,均加辨正。历述真楷之始,滥觞汉末。例如《葛君碑额》为真书第一古石。《景耀八石弩钆铭》、《麻姑仙坛》、《瘗鹤铭》等皆正书。继对各名碑、名家一一以祖孙、本支、旁系、鼻祖、裔孙、余脉、眷属、法乳、嫡庶等喻词,以证其对各家书迹的继承渊源和发展的系统所作的结论,兼论书评和学书应知所本。

导源第十四,此篇是从唐、宋名家无不导源六朝者入笔,强调师法各有渊源的六朝之体。认为唐、宋名家之出,使"南北朝碑遂抡㨼郁喻不称于世"。批评近世尊唐、宋、元、明书,甚至父兄之教,师友所讲,临摹所引,终身盘旋,不出唐宋人肘下。故终日作字,仍不能与唐人争道。指出:"正宜上法六朝,乃所以善学唐也。"

十家第十五,此篇为康氏稽考南北朝碑书名人,可列正书自成一体而各成流派,各有所擅者十家,计有寇谦之《嵩高灵庙碑》、萧显庆《孙秋生造像》、朱义章《始平公造像》、崔浩《孝文皇帝吊比干墓文》、王远《石门铭》、郑道昭《云峰山四十二种》、贝义渊《始兴王碑》、王长儒《李仲璇修孔子庙碑》、穆子容《太公吕望碑》、释仙《报德像》。十体迥异,各有门户,可谓书之巨子。

十六宗第十六,此篇以各有所宗,各具风格而列南北碑中最工者,列为上、中、下、外十六宗,供学者择而师之。书家林立,各坛体裁,互分姿制。学子于古碑,唯南碑与魏可宗。因有十美:魄力雄强;气象浑穆;笔法跳越;点画峻厚;意态奇逸;精神飞动;兴趣酣足;骨法洞达;结构天成;血肉丰美。齐碑、隋碑则不备此。

碑品第十七,康氏在此篇中取南北碑为之品列,主张书道需天然、工夫二者兼美,乃依此标准分神、妙、高、精逸、能为评书品列。康氏所列各品如下(各品所列碑名,在此省书名号)〔神品〕爨龙颜碑、灵庙碑阴、石门铭。〔妙品上〕郑文公四十二种、晖福寺、梁石阙。〔妙品下〕枳阳府君碑、梁绵州造像、瘗鹤铭、泰山经石峪、般若经、石井栏题字、萧衍造像、孝昌六十人造像。〔高品上〕谷朗碑、葛祚碑额、吊比干文、嵩高灵庙碑。〔高品下〕鞠彦云墓志、高句丽故城刻石、新罗真兴太王巡狩管境碑、高植墓志、秦从三十人造像、赵珊造像、晋丰县造像。〔精品上〕张猛龙清德颂、李超墓志、贾思伯碑、杨翚碑、龙藏寺碑、始兴王碑、解伯达碑。〔精品下〕刁遵碑、惠辅造像记、皇甫驎碑、张黑女碑、高湛碑、吕望碑、慈香造像、元宁造像、赵阿欢三十五人造像。〔逸品上〕朱君山墓志、敬显儁刹前铭、李仲璇修孔子庙碑。〔逸品下〕武平五年灵塔铭、刘玉志、臧质碑、源磨耶祇桓题记、定安王元燮造像。〔能品上〕长乐王造像、太妃侯造像、曹子建碑、隽修罗碑、温泉碑、崔敬邕碑、沙门惠诠造像。华严经菩萨明难品。道略三百人造像，杨大眼造像、凝禅寺碑、始平公造像。〔能品下〕魏灵藏造像、张德寿造像、魏元预造像、司马元兴碑、马鸣寺碑、元详造像、首山舍利塔碑、宁赞碑、贺若谊碑、苏慈碑、报德碑、李宪碑、王偃碑、王僧碑、定国寺碑。

碑评第十八，在此篇中，评论《爨龙颜》等四十七种名碑的特点，反映各碑的艺术意境。

余论第十九，此篇是继前列评碑各篇之后，对南北朝以迄清代碑刻及名家得意之笔的补充评述。分别对《般若碑》、《曹子建碑》、《马君起浮图》、《宋开府碑》、《八关斋》、《麻姑仙坛》、《吴文碑》、《开福寺》、《六十人造像》、《李超》、《灵庙碑阴》、《龙门造像》、《法生》、《北海王元详》、《优填王》、《龙门》、《云峰》、《四山摩崖》、《枳阳府君》、《葛府君》等，均作详考细评。对六朝人书、徐浩、颜真卿、米芾、张旭、伊秉绶、邓石如、刘墉、张裕钊也一一作出品评。康氏谓："书若人然，须备筋骨血肉，血浓骨老，筋藏肉莹，加之姿态奇异，可谓美矣。"康氏评述历代书碑名家风貌之后，总结说："约而论之，自唐为界"，唐前书法为密、茂、舒、厚、和、涩、曲、纵；唐后书法为疏、凋、迫、薄、争、滑、直、敛。

执笔第二十，历代书法家有关执笔法的论述，多有各自体会，康氏对此作了比较论断。引述卫夫人、李后主、崔子玉至钟、王、永禅师、虞世南、陆柬之、陆彦远、张旭、崔邈、韩方明、卢隽、林韫、卢肇、陈绎曾等师承家传执笔法之要略和论述之后，指出正确执笔法，必须深得执笔之势，否则"向不能书，皆由不解执笔，以指代运"。

缀法第二十一，继前章论述执笔法，此篇为聚合众家之说而讨论运笔法。圆笔源于篆，方笔源于隶，以后则方圆笔并用，又妙在不方不圆，亦方亦圆，或体方而用圆，或体圆而用方，笔方而章法圆等多举之法。因古人笔法至多，学者既要经师授，又当自悟而有所得。唐代李华用"截"、"拽"二字为神诀。张怀瓘《论用笔十法》，可使"一字则功妙盈虚，连行则巧势起伏"。至于"顿、提、虚、实、藏、露"等，要"新理异态，变出无穷"。对古人蔡邕、王羲之，卫恒等论书之语，如庖丁之"以神遇不以目视"，得于心应于手也。思与神合，"书法亦犹佛法，始于戒律，精于定慧，证于心源，妙于了悟，至其极也"。又将书喻以学射、用兵。又对墨法、纸法在书法中的作用也作了阐述。

学叙第二十二,康氏此篇对学之难成者,提出非独其人之惰学,亦教之无序的观点。学书之序,必先能执笔。作书先从结构入,画平竖直,先求体方,次讲向背、往来、伸缩之势,次讲分行布白之章,得各家结构章法,通其疏密、远近之故,知提顿、方圆之用。浸淫久之,骨肉气血精神皆备,体既成,然后可言意态。如此,再从大字始,学行书从方笔始,从摹九宫格始,遍临诸碑,摹古人形质,得性情,可植其干,厚其力,雄其笔,逸其韵。此等为入手之叙。

述学第二十三,此篇为康氏学书经历,备尝甘苦的自述。有其学书经验、师承,以及先帖后碑的所失所得等。

榜书第二十四,此篇为传授书写榜书要领。榜书又称擘窠大字。作之有执笔不同、运管不习、立身骤变、临仿难周、笔毫难精等五难。榜书笔法也分方笔、圆笔,须笔墨雍容安静简穆。列举南北各地的榜书和名家书迹,讲述榜书笔法、笔势,用墨用纸等,非精笔佳纸晴天爽气,不能为书。

行草第二十五,指出碑本皆真书,亦有兼行书之长。然行书尚可师帖,如《张猛龙碑阴》、《圣教序》、《云麾将军》、《裴将军》、《令狐夫人墓志》等。草书可临智永《千字文》、孙过庭《书谱》,以及随性所近临仿自张芝以下历代大家之作。若欲复古,当写章草。

干禄第二十六,康氏对干禄字书,即标准字,作为谋取禄位的工具颇为重视,与书中以前各章以书法为艺术的论述,在观点上自相矛盾。其在历数当代争言书法及应制之书,"聊举所闻",列可为干禄法者诸碑有《张兴碑》等十数种,以为师法。

论书绝句第二十七。

此书作为晚清书法理论家对书法艺术系统讨论,问世以后颇受重视,有重要的学术价值。

(张潜超)

绘 画

王奉常书画题跋　王时敏

《王奉常书画题跋》，二卷。王时敏著。主要版本有清宣统二年(1910)通州李氏瓯钵罗室刻本、《画学心印》本、钱氏染香楼精抄本、上海书画出版社《中国书画全书》本等。

王时敏(1592—1680)，字逊之，号烟客、懦斋、西庐老人、西田主人、西田遗老、偶谐道人、归村老农、西田老人等。江苏太仓人。祖父王锡爵为明文渊阁大学士兼礼部尚书，父王衡为明翰林编修。王时敏于万历间举进士，以荫仕太常寺少卿，故人称"王奉常"。入清不仕，隐于归村。工诗文，善书，行楷摹《枯树赋》，隶书追踪秦、汉，榜书八分，独步当代。家中富于典藏，及遇名迹，不惜重金购置。于画有特慧，宋元名家墨宝，无不窥视摹临，一生着力于黄公望，山水得宋元人典型，笔墨苍润秀发，可惜构图、章法少变，落入古人畦径。平生爱才重友，尝与明末山水画大家董其昌、陈继儒切磋画艺，王翚、吴历和其孙俱得其指授。当时画界将他与王鉴共推为领袖，后人又把他与王鉴、王原祁、王翚合称"四王"。晚年的绘画更臻完美神化。著有《王烟客全集》、《西庐画跋》等。生平事迹见《国朝书徵录》、《无声诗史》、《桐荫论画》、《江南通志》、《毗陵云逸诗话》、《梅村集》、《南田集》。

余绍宋《书画书录解题》将是书列入"题赞"类的"杂题"科中。所谓"杂题"是就其题跋内容的广泛性而言的。专题自己的作品的，纂辑成书后，归入"题自作"科；专题前人法书名画的，纂辑成书后，归入"名迹跋"科，而王氏此书辑录的题跋中有题自作的、题名迹的、题同时代的，等等，内容比较广泛，余氏将其列入"杂题"科还是恰当的。

是书共二卷，上卷收录题跋八十三篇，下卷收录题跋九十四篇，画跋多于书跋，其题自作者四十六篇，如《题自画稜陵秋色图》、《为叶雁湖作武夷山图》；题王鉴画二十六篇，如《题玄照仿北苑潇湘图》、《题玄照仿梅花道人画》；题王翚画十八篇，如《跋石谷临巨然烟浮远岫图》、《题石谷仿刘松年笔》；此外则多题同时代人画，如《跋吴渔山仿云林笔》、《题赵文度画》、《题杨子鹤画卷》；题历代名迹，如《题米南宫千字文》、《题倪云林手书诗稿长卷》。书前有宣统二年(1910)倪埙作的序，倪序谈到了是书成书梓印的情况,"此卷题跋,世无刊本,未悉何氏所存。昔为李芝院观察搜得草本,鼗年未遑校雠,付其宗家筠坞太守。太守暇则编校,节衣贬食,刊刻成帙。"倪序后又李玉棻宣统二年序,李序亦谈及该书成书经过,以及对王时敏之颂赞。

是书内容大概可分为三类,(一) 题历代名迹,其评论精辟中肯,能客观反映该作之大概;(二) 题自作者,则往往深自贬抑,有过谦之嫌;(三) 题同时代人画,则多勉励奖掖之语。下面录这三类题跋各一则,略作评析。

上卷《题倪云林手书诗稿长卷》云:

> 云林诗词书画,超逸简贵,不似食烟火人笔。江南士大夫家以有无为清俗,其崇尚也久矣。此册杂钞各体百余首,初无首尾,行款整密,字画精楷,俨然晋唐风格。但旁多改窜,疑是手书诗稿,然何以庄重若此。余昔年购得小景一帧,乃其未改名前所作,画端题咏两行,书法全仿率更,犹拘拘绳墨,未若晚年流便,正与今册字相类,因知真迹无疑。……

在这则题跋中,有评有论,语焉颇精,且能引证精审,仅此百数语,即道明了倪瓒的人品、时尚,以及倪氏书法的渊数和个人风格,令人叫绝。倪氏该书卷现藏台北故宫博物院。

上卷《为叶雁湖作武夷山图》云:

> 丙寅秋杪,以使事入闽,曾游武夷山至三曲而止。今为雁湖世翁作此,追忆十年前所见,不可复得,以意想象,信笔成图。自愧伧父俗笔,妄绘仙山,必不免幔亭君嗔怪。……

王氏作此画时,适当中年,虽不及晚年娴熟老到,但以其是年之画之工力深厚,又何出"自愧伧父俗笔,妄绘仙山"之语呢?原来大凡古人题自作,往往谦语贬句,并非事实,这也是人品道德之反映,王氏亦如此。王氏对题自作如此,而题同时代人画作时则不然,如下卷《题杨子鹤山水册》:

> ……(杨子鹤)笔墨有出蓝之妙。迩日过娄携一巨册,展观便觉烟云满纸,其间峰岚层叠,林木盘纡,蔚荟蒙茸,恍迷出入。而寻源抉奥,飞泉曲磴,历历分明,且皴斫勾点,诸法具备,变幻无穷,一以高古为主。总之化机在手,元气磅礴,真极艺苑之能事,洵画禅之大观也。

杨子鹤,名晋。王翚弟子。王氏能对晚辈之作如是褒许,可见其奖掖提携之惓惓之心了。

由于《王奉常书画题跋》的作者王时敏不仅是个书画家,而且还是当时画坛的领袖人物,因此,他的艺术评论和观念在当时画坛有指导意义,产生了巨大影响。

(孙国彬)

庚子销夏记 孙承泽

《庚子销夏记》，八卷。孙承泽编。始修于清顺治庚子(1660)四月初，六月完稿。因编修期间适逢夏季，故名"销夏"。传世刊本有乾隆十三年(1748)《知不足斋丛书》本、学古斋《金石丛书》本、长啸楼藏书本、山隐居校本、《四库全书》本，别有研山斋墨迹一卷法书集览三卷入存目，核即销夏记之稿本。2011年，上海古籍出版社出版了佘彦焱校点的《庚子销夏记　江村销夏录》合刊本。

孙承泽(1592—1676)，字退谷，号退谷老人、耳伯、北海、思仁、耳北、退翁、退道人、退谷逸叟。山东益都人。世隶上林苑。明崇祯进士，官给事中；李自成克北京，任为四川防御使；入清，官至吏部左侍郎。富收藏，精鉴别书画。著有《九州山水考》、《学典》、《闲者轩帖考》、《溯洄集》、《研山斋集》。生平事迹见《明清画家印鉴》。

清顺治十七年(1660)四月，孙承泽因病痛加上退职无所事事，闲居故里，在此期间，孙氏以所藏书画，各为叙述，考证异同，于六月编成是书，历时三个月。

是书为书画著录书，书中所记书画自卷一至卷七为孙氏家藏，卷八为孙氏眼见手记。卷首目次前有卢文弨乾隆辛巳(1761)题，目次后有鲍廷博乾隆乙亥(1755)除夕前二日题。按理，鲍题先于卢题，且卢题亦提到鲍题，鲍题理应在卢题之前，因此，可以知悉该书脱稿或者说是在梓印时还没有卢题，而卢题是在该书梓印后应鲍氏家人所请而撰的。

《庚子销夏记》与一般的著录书在编排形式上大致相同。是书不分书卷、画卷，以年代依次排列。每件作品先标其名称，尔后直接评骘。品名下不录质地、幅式、尺寸。标题品名人名、字、号、爵里不一，均用大字排，隔行记述。如卷一"右军裹鲊帖"：

> 裹鲊帖十八字是唐人双钩。古人草书以右军为第一，神行官止，备尽作草之法，如大令之连绵，已失家学矣。米海岳《书史》载此帖，为薛道祖所收，今帖上有道祖自书名，并"弘文印"又"元章"一印。或在道祖家见之而用此印乎？后米友仁手题，字亦劲拔。元人下临安得

之于宋。又有止宋南廊库长条记沧桑,后西川柳凤占收得。予借之,上石后回扬州,竟归余。……

从上摘录的这段文字资料可以看出,孙氏著书比较着重于考证比较上,对于作品本身的资料并不是十分看重,这种以考证鉴赏为主,史料为辅的著录书在整个书画著录书中占有相当的篇幅,但像孙氏这样的欣赏眼光及对史料熟悉的程度则不能说是很多。本书与别的著录书不同地方,即录有相当数量的碑石、刻石,这在一般的著录书中很少见到。这里摘录一则:

荡阴令张迁碑

张荡阴碑建于中平十年,石完好,无缺。而书法方整尔雅,汉石中不多见者。考之《通志·金石略》既无其目,而《集古录》、《金石录》、《隶释》、《隶续》并不载,岂亦出自近代耶?!而近代人如秦中赵崡及郭宗昌,搜访旧碑,亦不之及,何也?此碑及樊巴郡碑俱完整而佳,一旦获见前人所未见,天下事孰有快于此者乎!?

从记录的内容来看,确是一份十分珍贵的资料。张迁碑湮没一千余年,重见天日,全赖孙氏之"功劳"。有关碑、刻的第一手资料,本书中尚有不少。

《庚子销夏记》在规模上虽不如《珊瑚网》、《式古堂书画汇考》、《大观录》等来得宏大,但其影响却是大的。如高士奇《江村销夏录》、吴荣光《辛丑销夏录》等许多著录书都或多或少地受到孙氏的影响。该书后余集的跋语中有这样的一段话,"余惟古人品评书画,如《铁网珊瑚》、《珊瑚木难》、《清河书画舫》诸书,以及本朝高詹事之《销夏录》、卞中丞之《书画汇考》,非不详尽精确,足资鉴赏,然而絮长较短,辨绢楮、或款识,小远大雅,类好事者之所为。观先生是记,抑何蕴藉乃尔也。"余氏此语有所偏颇,但也不无道理。

(孙国彬)

书画记 吴其贞

《书画记》，六卷。吴其贞编。始编于明崇祯八年（1635），成于清康熙十六年（1679）。有《四库全书》钞本、上海书画出版社《中国书画全书》本、辽宁教育出版社2000年版邵彦校点本。

吴其贞，生卒年不详。字公一，号寄谷。安徽歙县人。明末清初常游于苏州、杭州和扬州一带，多与收藏家往来，又精于鉴赏，家中富于收藏古书画，是一个名闻江浙一带的古画商人。

《书画记》原收入《四库全书》子部艺术类书画之属，编外于孙承泽撰《庚子销夏记》之次。然而，在《四库全书》写定、《四库全书总目》初步完成之后的一次复审中，《书画记》因所谓"语涉违碍"而被撤毁。故在钦定刊行的《总目》里就找不到有关本书的记载了。不过，在刊行较早（清乾隆四十九年）于《总目》的赵怀玉所刻的《四库全书简明目录》中，还列有本书简单的提要。因此，本书一直未梓印刊行，只有少数传钞。

本书是一部书画著录书，在体例上与《式古堂书画汇考》、《大观录》、《珊瑚网》等有所区别，其区别在于：（一）不按作品时代编次。该书收录作品为作者在各地得到和见到的记录，未及整理。（二）不录题跋，却谈及某年某月购于某地。（三）无质地、幅式、尺寸的记录，开门见山直接评骘纸绢气色、笔墨意境、款识印记，以及某年某月购于某人或观于某地。（四）无凡例目录，亦无人题跋，唯有可以供我们了解该书大概的只是《四库全书》提要了。

由于该书既无目录，亦不依次排列，在使用上不甚方便，但有些记录还是具有一定的价值的。如卷一马和之《豳风图》纸画一卷十则，"画于澄心堂纸上，气色尚佳，画法工致，飘逸秀嫩，如行云流水，脱尽近体，盖得李龙眠传授，为逸品上。画逐则副纸，宋高宗楷书书其诗文，运笔遒劲宗于《宣示表》，用有玉玺"。该图系马和之流传至今之真迹。又张即之楷书《金刚经》二本，"纸墨如新，书法清健。后有天顺年间陈谦题一跋，又董思白一跋，又毕氏三跋。此经同长儿振启观于本郡东山营游府王公方仲公公廨内。公陕西人，督兵之暇，喜玩古董，与客对弈，外无他好也。时丁未五月三日"。该书系张即之流传至今之真迹。

从上述二例中可以看到,吴氏《书画记》在记载画面的情状上,与安岐《墨缘汇观》、吴昇《大观录》有近似之处,只是不及安氏、吴氏的详备。但《书画记》所载作品几乎都记录观于某人某处,这点虽非《书画记》特有,亦不失为本书之特征。

据四库《抽毁书目》记载:因书内所载《春宵秘戏图》语多猥亵,奏明应毁。所以,以后的《书画记》钞本中未得见该图,可能是经过撤改而又写了"足为鉴古之助"而未予销毁。上海人民美术出版社1962年出版的《书画记》以缩小影印的北京故宫博物院所藏《四库全书》钞本为底本,增补了目录部分,排印出版。现在我们可以见到的也就是这个本子。

在众多的书画著录书中,《书画记》的地位并不高,与《大观录》、《珊瑚网》、《式古堂书画汇考》相去甚远,尤其是书中所刊作品流传至今的传世珍品甚少,因此,其实际作用要大大降低。但作为一部书画著录书,《书画记》毕竟有其一定的参考价值和使用价值,这点也是不容忽视的。

(孙国彬)

无声诗史 姜绍书

《无声诗史》,七卷。姜绍书辑撰。成书于清初。有康熙五十九年(1720)刻本、同治光绪年间古冈刘氏藏修书屋刊本《述古丛钞》本、宣统二年(1910)上海瑞记书局刻印本。1963年上海人民美术出版社出版于安澜辑《画史丛书》本流传最广。

姜绍书,生卒年不详。字二酉,号晏如居士。江苏丹阳人。据其所著《韵石斋笔谈》所记:"崇祯间,余承乏南起部郎,曾绾库篆,见节慎库铜缸二只。"知姜氏在崇祯年间曾官南京工部郎(按明朝官吏有二套班底,其一为北京,其二为南京,南京的官一般不掌实权)。又从《韵石斋笔谈·蒋清序》知,姜氏"少而种学,长益博综,竹书蝌蚪,多所研究"。且对历代法书、绘画"日与拱揖,进退于几席之上"。后来,他不满于仕途,辞官回故里,致力于古代各类艺术的考鉴,并著述。清初犹在。

其主要著述,就目前所见,除了《无声诗史》外,就是《韵石斋笔谈》二卷,后者是杂记类,也以谈古籍、钟鼎、碑帖、名画、音乐、钱币、墨、砚等艺术品为主。正史无传。唯《画史汇传》卷三十记:"姜绍书,字二酉,号晏如居士,善画着色,著《无声诗史》"一语。生平史料仅能从他的著作中考察到。此外,《四库全书总目》所记也是据其书所考得知。

《无声诗史》即画史,宋人常谓画是"无声诗",如北宋黄庭坚《次韵子瞻、子由题憩寂图》诗云:"李侯有句不肯吐,淡墨写作无声诗。"李侯即当时大画家李公麟,他的画被称为"无声诗"。姜绍书所著的这本《无声诗史》,据其自序云:"由洪武以至崇祯二百八十余载,凡有关绘事者,闻见所及,录之奚囊,积而成帙,题曰《无声诗史》。"可知所辑者皆明代画家,其中有的画家已进入清代。也可推知此书写于清初。书后有嘉兴人李光英(字子中)的跋。跋文中说明此书写刻本得之郡城(嘉兴)项氏家,项氏"世为鉴赏家所宗",当是大收藏家项元汴之后,元汴明末已去世,清初只有他的孙子项圣谟,既是大画家,又是收藏家。但姜绍书对项家并不友好,还著文嘲讽项氏为"贾竖",也许在《无声诗史》中并未嘲讽项元汴,所以,项家收藏了这部书。从跋中"写刻不佳"可知,此书写出后不久便有写刻本。李光英的跋写于康熙五十九年,这一年,他又校正付梓重印,才广为流传。

《无声诗史》的前四卷详记明初至明末重要姓名、字号、乡籍、生平、特长以及绘画特色和品评等内容。第一卷开始录明代几位皇帝画家,宣宗居首,宪宗次之,孝宗又次之,景皇帝朱祁钰又次之。接着便录诸王画家。皇族画家中除宣宗皇帝确属重要画家外,其余并非太重要,只因他们是帝王,才居卷首。帝王画家之后,便是黄公望、王蒙、倪瓒等,这一批人皆是元代画家,辑者认为他们死于明,故也列为明代画家。之后所列画家似乎是按时代先后而列,其实并不完全如此,譬如陆治年长于徐渭,反列于徐渭之后。当时资料缺乏,画家年龄难以考察,略有出入,在所难免,其画家先后基本上还是按其生年先后排列的。

卷五列的全是女性画家。而且还特别加一小序云:"扶舆清淑之气,不钟于男子,而钟于妇人……其丰神思致,往往出人意表、不惟婉而秀,盖由静而专也,名媛可无纪乎?"所记女画家或名人妻妾,或男画家眷属,还有一部分是妓女。这一批女画家的画,有的至今尚存于世,水平确很高妙。

卷六、卷七所记画家,据其小序云:"其有名偶得于传闻,迹已湮于缃素者,物外之踪也";有"艺既竭于心思,品未登于神逸者,苑工之习也";有"游戏之笔也"。总之皆是"画苑之附庸也"。只不过"存其姓字,以备考焉"。但这两卷问题却很重要,其一是所记很多画家并不是"画苑之附庸",比如陈洪绶,列在卷七,且仅有一句话"工人物,尤精士女",实际上,陈洪绶不仅是明代第一流大画家,也是千古以来的第一流大画家。其次,如商喜、周文靖、王谔、石锐、李著、殷善和殷偕、詹景凤、陈元素、唐志契、方以智、杨文骢、郑元熏、盛丹等人都是明代重要画家,比起前五卷所列的半数以上的画家都重要。所叙文字亦十分简短。而有些不重要的画家又叙述甚详。但这二卷中,又叙述了《西域画》,记利玛窦从西洋携来油画天主像,颇有价值,卷末又叙述了七位女画家。

《无声诗史》是最早记载明代画史的文献之一,是研究明代绘画的重要资料。所记画家尤其是很多重要画家大多尚有画迹存世,审定、鉴赏、研究这些画迹,《无声诗史》将起到重要作用。但此书也有不少缺点,除上面已述者外,还有:(一)遗漏太多,连明末殉难诸臣如黄道周等皆未记;(二)既称为史,却缺少史传体裁,如"父子兄弟及有关系者,或类为一传,或又分为数传,殊不一律。既如文氏诸人,本可类族为传,今不合为一,而将征仲曾孙从简等传连接于后,遂致时代错杂不清"。(三)详略无旨。有的重要画家太简,有的不重要画家反详。而且详者内容很多和绘画无关。以上几点意见,余绍宋先生都已提到。虽然缺点甚多,仍然是中国绘画史中的重要著述之一,而且是研究明代画史必备的著述之一。

(陈传席)

画筌 笪重光

《画筌》，一卷。笪重光著。清康熙十九年(1680)定稿。主要版本有：《知不足斋丛书》本、《画学心印》本、《翠琅玕馆丛书》本、《四铜鼓斋论画集刻》本、《中国书画全书》本。

作者生平事迹见"书筏"条。

《画筌》一卷皆为骈文，未分段落。康熙十九年笪重光病后回到苏州，经契友王石谷、恽寿平逐段加以评注，多加阐发而成。

《画筌》的主要内容可分为四个部分：（一）山水特征及其艺术法则。（二）山水章法和点缀时景。（三）山水画之意境。（四）笔墨和敷色技法。诸多论述多属画诀，精微透彻。此卷首先以前人艺术创作中总结出在山水画艺术创作中的总体法则："山川气象，以浑为宗；林峦交割，以清为法。"同时，又非常重视对自然山水形态特征的观察和理解，"山本静，水流则动；石本顽，树活则灵。土无全形，石之巨细助其形；石无全角，土之左右藏其角"。这里反对一味摹古，指出前代大师忠于生活和自然，才能脱古变新，自成一家，即"善师者师化工，不善师者抚缣素；拘法者守家数，不拘法者变门庭"。其次在山水章法上，强调山势的起伏、收放以及俯仰、远近位置的处理，使山体有尊卑相顾之情，主客异形法之象。其中还讲述了山水各个局部及其绘画法则，包括水法、石法、树法以及山路、屋宇、渔舟的点缀等。在意境的创造方面，此卷着眼于纵、横、聚、散四字，并反对机械地模仿自然。认为："一纵一横，会取山形树影；有结有散，应知境辟神开。""巧在善留，全形具而妨于凑合；圆因用闪，正势列而失其机神。"而要创造山水的"神"，首先就必须胸有成竹，"目中有山，始可作树；意中有水，方许作山"。其次要做到得意忘象，所谓"画工有形，而气韵不生；士夫得其意，而位置不稳。前辈脱作家习，得意忘象"。最后在笔墨和用色技巧上，主张墨分五色，设色清淡，反对脱离客观景物，片面追求笔墨技巧，指出："丹青竞胜，反失山水之真容；笔墨贪奇，多造林丘之恶境。"

本书是一部重要的古代山水画论，凡四千六百余言，是对历代山水的画理画法去芜存精的总结。全文经王石谷、恽寿平分段合评,其按评语三十条,文义更见明晰,是我们研究中国画的极有价值的借鉴和参考。

有关研究著作有清汤贻汾《画筌析览》,是书因笪氏原书章段联翩,其论说不便学者省览,特为分类。首为原起一段,以下分作十篇。又有吴思雷《画筌》注释本(四川人民出版社,1982年)及余绍宋《书画书录解题》(浙江人民出版社,1982年)。

(李维琨)

清晖画跋 王翚

《清晖画跋》,一卷。王翚著。有《画学心印》本。

王翚(1632—1717),字石谷,号石谷散人、乌目山人、清晖主人。江苏虞山(今常熟)人。清初画家。十五岁时"师同邑张珂习山水"(《清初六大画家》),顺治九年(1652)见赏于王鉴,被收为弟子后"介谒奉常(王时敏),奉常……尽发所藏宋元名迹予之临摹,并携其游大江南北"。顺治十三年,与恽寿平"斟茗快谈",切磋画艺。康熙十一年(1672)作《毘陵秋兴图》、《霜林红叶图》,笪重光为之题记,恽寿平亦有诗志胜。康熙三十七年,奉旨绘《南巡图》,上赐书"清晖山水",声名益著。同年九月返虞,以赐书榜之堂上,自号清晖主人。康熙五十二年《清晖赠言》刻成。从学弟子众,有杨晋、蔡远、沈桂、徐溶等,称"虞山派"。又与王时敏、王鉴、王原祁合称"四王",加上吴历、恽寿平也称"清六家"。著有《清晖画跋》、《清晖堂诗集》;并自刻《清晖阁赠贻尺牍》二卷,《清晖赠言》十卷。

《清晖画跋》凡十六则。其中有题自作者,有题南田、渔山作者,有题古人名迹者,亦有单词片语不类题跋者。本卷首先提出了"师古人之心"的重要画学思想。认为画理之精微,画学之博大,非一家一派能够包容,而近世画道衰败的根源就在于支派的弊病。"大小李以降,洪谷、右丞逮于李、范、董、巨、元四大家,皆代有师承,各标高誉,未闻衍其余绪、沿其波流",而且黄子久、倪云林、吴仲圭、王叔明虽然同趋北苑画风,但也是因为变化悬殊,才所以成为百世之宗。故作画应提倡师古人之心,"一点一拂皆有风韵,一石一水皆有位置,渲染有阴阳之辨,傅色有今古之殊"。其次推崇冲和幽淡、骨貌皆清的画境,主张"厚味"。以为"以元人笔墨,运宋人丘壑,而泽以唐人气韵,乃为(画境)大成"。而"味"之厚薄又体现于画中笔墨以及设色的运用中。本卷认为用笔只有粗细相间、浓淡相适、干湿相映才能表现出厚味,反之则"薄而无味"。而"设色青绿,体要严重,气要轻清",用色的厚味在于气,不在用色多少,气愈清则味愈厚。本卷还认为徐崇嗣所创没骨花"超乎法外,合于自然",而"南田子拟议神明,真能得造化之意,近世无与能者"。这种对造化的重视,认为自然高于法,而绘画的极致也就在于合乎自然的观点是本卷中又一个重要思想。

综观本卷,尽管著文不多,然追宗别派,论古极得要领。王翚一生遗文较少,此作弥足珍贵。

研究本卷的著作有郑午昌《中国画学全史》(上海书画出版社,1985年)及余绍宋《书画书录解题》(浙江人民出版社,1982年)。

(邵　峰)

芥子园画传 王　概 等

　　《芥子园画传》,四集。王概等辑。第一集山水由王概以明李流芳的课徒画稿为蓝本增编而成,在李渔的协助下,于清康熙十八年(1679)套版精刻成书。第二集梅、兰、竹、菊和第三集草虫、花鸟为王蓍、王概、王臬三人合编于康熙四十年刻成印行。第四集原编者虽有计划,却未曾实施,因寻找者众多,书商就把丁皋的《写真秘诀》(又名《传真心领》)杂凑《晚笑堂画传》等图谱而成《芥子园画谱》第四集人物,并于嘉庆二十三年(1818)刊行。此印行后,广为流传,几经翻刻,各种翻刻本几乎无法尽搜且无法见到。到光绪年间,原刻本已模糊不清。故巢勋在光绪丁亥(1887)和戊子(1888)分别临摹了第一集和第二、三集重版付印。光绪丁酉(1897)又在原版基础上重新编辑了第四集人物。巢勋的临本是目前最易见到的版本。1927年有正书局重印了前三集。1960年人民出版社出版了全四集单色胶印本。此后又有影印、胶印等多种版本面世。

　　王概,生卒年不详。活动于康熙年间。初名溉,一作改,亦名丐,字东郭,一字安节。浙江秀水(今嘉兴)人,后长年久居江宁(今南京)。画学龚贤,擅长作大幅画,且以松石题材为多。雄快以取势,苍健或过之,而冲和不足。所作人物、花卉、翎毛之类,动笔辄有味外之味,曾为周亮工画《礼塔图》、《浴佛图》,状貌奇古而几无当时流行的秀媚之态,在画幅上多有题识。又善刻印,并旁及诗文,擅名于当时画坛。生平见著《江宁府志》、《国朝画徵录》及《广印人传》等。

　　王蓍,生卒年不详。原名尸,字宓草。王概弟。善画兼工书法、篆刻。

　　王臬,生卒年不详。初名孽,字司直,又字汝陈。王概弟。诗、画及刻印与两兄擅名于时。

　　巢勋(1852—1917),字子余,号松道人,又号松华馆主。浙江嘉兴人。学画于同乡张熊,尤工山水,兼能花鸟。所作疏林远岫,古木寒鸦之类尤有倪瓒遗意。所仿临明、清作品几可乱真。有《光雪厅竹轩词》存世。生平见著《寒松阁谈艺琐录》、《海上墨林》等。

　　《芥子园画传》是一部完整的,也是中国绘画史上影响最为深广的绘画技法图谱性的教材,直到20世纪中叶,此书还是作为中国绘画的标准教材被反复使用。全书以题材科类分为山水、兰竹梅菊、花卉翎毛、人物四集。

第一集山水分四谱：树谱、山石谱、人物屋宇谱、摹仿各家画谱。每谱又分若干式，如树谱下有树法十八式、叶法三十三式、夹叶及着色钩藤法二十九式、诸家枯树法九式、诸家杂树法二十三式、诸家松柏柳树法十五式、蕉桐花竹葭菼法十七式。一式一图，每图旁或点出画法要领，或指出来龙去脉，或戒告病忌俗赖。在各具体画法之后，又有增广名家画谱六十六幅，摹仿历代名家风格代表作，以拓广眼界并由此而见出树木、山石、点景等分解画法的组合运用。第一集前有李笠翁、何镛序各一，后有巢勋跋一。书前还编有《青在堂画学浅说》，这是一篇综合历代画论、技法的简要文字，不仅对"六法""六要六长"、"三病"、"三品"、"分宗"、"重品"、"用笔"、"用墨"、"成家"、"能变"等有扼要的阐述，且对"设色"、"绢素"、"纸片"、"矾法"、"落款"等亦有具体论述，还对中国绘画的颜料来源、加工、使用等作了详细的介绍。

第二集兰竹梅菊。集前有诸昇《兰竹谱序》、余椿《梅菊谱序》、王概《画传合编序》和何镛《序》。下分兰谱、竹谱、梅谱、菊谱和增广名家画谱。兰谱下有《青在堂画兰浅说十则》分论画兰之源流、叶的层次、稀密，画花法点心法，及用墨用笔等。后有图式画法三十八式，附画兰《古今诸名人图画》集马麟、赵孟頫、文徵明等十六帧，并有王蓍序、王臬跋。竹谱，前有《青在堂画竹浅说十三则》，分论枝、竿、叶、节及墨法、位置、双钩及画竹源流。全谱计有画竹起手发竿点节式等十二式五十二则，画竹《古今诸名人图画》集有李衎、苏轼、文同、王孟端等二十八帧。前有王蓍序。梅谱，前有《青在堂画梅浅说二十一则》集有杨补之画梅法总论、汤叔雅画梅法和华光长老画梅指迷，并分述画梅体格法、取象说及画梅枝干、四贵、宜忌等口诀。全谱计有画梗生枝式、花胡蕊蒂式、全干生枝添花式等十二式四十六则。画竹《古人诸名人图画目录》集有扬补之、王冕、徐熙、滕昌祐、仲仁、周密、徐崇嗣等二十五帧，并有王蓍序。菊谱，有王质序。《青在堂画菊浅说十二则》分说画法源流、全法、花法、蕾蒂法、叶法、根枝法及其画诀。全谱计有画菊起手平顶长瓣花、点墨叶式、花头生枝点叶钩筋式等十式七十二则。画菊《古今诸名人图画》集有黄筌、徐熙、赵彝斋、柯丹丘、赵昌等二十六帧，前有王蓍序。

第三集花卉翎毛。集前有王泽弘、何之鼎序言各一篇，后有谢昌年、巢勋跋各一篇。本集分草虫花卉谱和翎毛花卉谱两谱，并有增广名家画谱一百零六帧。草虫花卉谱，前有《青在堂画花卉（草本）浅说十则》和《画草虫浅说七则》，计有草本四瓣五瓣花头起手式、各种异形花头式、团叶式、根下点缀苔草式、草虫点缀式等十七式九十六则，后附有历代名家范例如易元吉、钱选、吕纪、林良、黄居寀、王渊、盛懋等草虫花卉图四十帧。翎毛花卉谱，谱前有《青在堂画木本花卉浅说十则》和《画翎毛浅说六则》，图谱计有设色诸法、木本五瓣花头起手式、木本各花尖叶长叶起手式、耐寒厚叶式、点缀翎毛起手式、踏枝式、飞立式、水禽式等十八式一百则，谱后附有历代名家范例如李迪、赵伯骕、崔白、边鸾、崔悫、钱选等四十帧,并有芥子园甥馆之跋。

第四集人物。集前有序言三篇,分别由张鸣珂、黄协埙、谭日森撰,集后有跋三篇,分别由陈昌绅、邹王宾、巢勋作。全集分历代各家论画、各家传神秘诀、写真秘诀、摹仿各家画谱和增广名家画谱(九十四帧)。其中历代各家论画辑录裴孝源、张彦远、郭熙、米芾、苏轼、邓椿、陈郁、王绎、宣和画谱叙论、赵孟頫、汤垕、唐寅、文徵明、何良俊、汪砢玉、沈宗骞等自唐迄清论人物画三十四篇。各家传神秘诀辑收苏轼传神论、陈造写神论、王绎写像秘诀、沈芥舟论传神、丁皋写照提纲五篇。写真秘诀辑录历代人物画技法图说三十八篇。摹仿各家画谱计有吴道子、韩幹、贯休、李公麟、赵孟頫、沈周、文徵明、陈洪绶、改琦、任熊、任颐等一百十一帧,前有巢勋序,后有宋景祁、巢勋跋各一。

《芥子园画传》不仅是中国绘画史上占据第一重要位置的绘画标准教科书,而且,也是中国绘画技法图解的经典之作,同时,《芥子园画传》的编摹主导思想:即崇南宗、贬北宗的文人画趣向,也是中国绘画自元明以来绘画审美观的集中体现。因此,《芥子园画传》不但是中国绘画初学者的入门之书,同时也是研究中国绘画技法演变与绘画审美观衍传的重要参考资料。

(邵 琦)

学画浅说 王 概

《学画浅说》，一卷。王概著。与《芥子园画传》成书于同时，即清康熙十八年（1679）左右。版本有《芥子园画传》前编本、《美术丛书》本、《中国书画全书》本等。

《画学浅说》原系王概编摹《芥子园画传》时，系于图谱前有关绘画创作法则的论述，后人从中辑录而出，成单独一卷。

《画学浅说》共分："六法"、"六要六长"、"三病"、"十二忌"、"三品"、分宗、重品、成家、能变、计皴、释名、用笔、用墨、重润渲染、天地位置、破邪、去俗、设色、绢素、矾法、点苔、纸片、落款、炼碟、洗粉、楷金、矾金等则，详加论述。其论述，于每则之下，多采历代名家之名言，凡属自己心得见解的则在行文之前均冠以"鹿柴氏曰"以资区别。尤可见出为学之谨严。

"六法"，取南齐谢赫之说；"六要六长"，主要取宋刘道醇之说；"三病"，取宋郭熙之说；"十二忌"取元饶自然之说；"三品"，取明夏文彦之说；"分宗"，取明董其昌之说，此外其余诸说则未标明取自何人，但细辨之中，可看出主要是因为他在采用前人之说时，往往综合几家之言而成之故。

冠以"鹿柴氏曰"的计有六条，分别系于"三品"、"能变"、用笔、用墨、天地位置、设色之后，其中设色一则之总论别无采录，全为王概所言。

除去采录，仅就王概所论而言，大多平正务实。如："能变"一则，除引前人之判断外，对变与守关系，并没有偏执之见，即变有胆而守有识，各有所长。"赵子昂居元代而犹守宋规；沈启南本明人而俨然元画；唐王洽若预知有米氏父子而泼墨之关钥先开；王摩诘若逆料有王蒙而渲淡之衣钵早具。或创于前，或守于后；或前人恐后人之不善而先自变焉。或后人更恐后人之不能善守前人而坚自守焉。然变者固有胆而不变者亦有识。"变有变之委曲，守有守之起因。又如用笔一则，王概通过对历史上一些著名画家的用笔渊源与自创的具体剖析，不仅佐证了古法的价值，更有实际的启迪作用。"云林之仿关仝，不用正锋乃更秀润，关仝实正锋也。李伯时书法极精，山谷谓其画之开钮透入书中，则书亦透画中矣。钱叔宝游文太史之门，日见其搦管作书，而其画笔益妙。

夏泉与陈嗣初、王孟端相友善,每于临文见草而竹法愈法,与文士熏陶实资笔力不少。又欧阳文忠公用尖笔干墨作方阔字,神采秀发,观之如见其清眸丰颊,进趋晔如。徐文长醉后拈写字,败笔作拭桐美人,即以笔染两颊而丰姿绝代,转觉世间铅粉为垢,此无他,盖其笔妙也。用笔至此,可谓珠撒掌中,神游化外,书与画均无歧致,不宁惟是,南朝词人直谓文为笔。沈约传曰:谢元晖善为诗,任彦昇工于笔。庾肩吾曰:诗既若此,笔又如之。杜牧之曰:杜诗韩笔愁来读,似倩麻姑痒处抓。同此笔也,同以作字、作诗、作文,俱要抓着古人痒处,即抓着自己痒处。若将此作诗、作文与作字,俱成一不痛不痒世界,会须早断此臂,有何用哉。"王概对用笔的论述,让人有耳目一新之感,绘画之有笔,乃如诗文之神韵风骨,这无疑是对王微认为"画成则当与《易》象同体"观点的进一步引申与发挥。又如天地位置一则下"鹿柴氏"曰:徐文长论画,以奇峰绝壁、大水悬流、怪古苍松、幽人羽容,大抵以墨汁淋漓、烟岚满纸,旷若无天、密如无地为上。此语似与前论未合,曰:"文长乃潇洒之士,却于极填塞中具极空灵之致。夫曰旷,若曰密如于字句之缝早逗露矣。"

与笔墨位置相比,设色在中国绘画中并不占有绝对主要的地位,王概旁征博引,比之自然、文艺,其旨在申明画当"胸中备四时之气,指上夺造化之功",而徒具五彩。"天有云霞,灿然成锦,此天之设色也。地生草树,斐然有章,此地之设色也。人有眉目唇齿,明皓红黑,错陈于面,此人之设色也。凤擅苞,鸡吐绶,虎豹炳蔚其文,山雉离明其象,此物之设色。司马子长援据《尚书》、《左传》、《国策》诸书,古色灿然,而成《史记》,此文章家之设色也。犀首张仪,变乱黑白,支辞博辨,口横海市,舌卷蜃楼,务为铺张,此言语家之设色也。夫设色而至于文章,至于言语,不惟有形,抑且有声矣。嗟呼,大而天地,广而人物,丽而文章,赡而言语,顿成一色世界矣。岂惟画然,即淑躬处世,有如所谓倪云林淡墨山水者,鲜不唾面,鲜不喷饭矣。居今之世,抱素其安施耶,故即以画论,则研丹摅粉,称人物之精工,而淡黛轻黄,亦山水之极致,有如云横白练,天染朱霞,峰矗曾青,树披翠羽,红堆谷口,知是春深。黄落车前,定为秋晚,岂非胸中备四时之气、指上夺造化之功哉!"进而又对浅绛山水的源起与代表性人物作了进一步论述,指出:"王维皆青绿山水,李公麟尽白描人物,初无浅绛色也。浅绛色昉于董源,盛于黄公望,谓之吴装。传至文、沈,遂成专尚矣。黄公望皴仿虞山石面,色善用赭石,浅浅施之,有时再以赭笔勾出大概。王蒙多以赭石和藤黄着山水,其山头喜蓬蓬松松画草,再以赭石勾出,时而竟不着色,只以赭石着山水中人面,及松皮而已。"随后,再就石青、石绿、朱砂等各种颜料的选取、调制、敷用一一加以指明,以利学者之用。

经由上述对王概论述的摘引,不单可见王概伸论的平正务实,亦可想见其采录前人之言的基准。

由于《画学浅说》的所论针对性强,又多为绘画创作经验之要领,再又原为与技法图谱——《芥子园画传》相匹配之文,故而为初学山水画之必读之书。从画史上看,此书及《芥子园画传》的风行,也是董其昌建构的"南宗"绘画新正统地位完全确立的标志。

(江 宏 邵 琦)

明画录 徐 沁

《明画录》，八卷。徐沁撰。有《读画斋丛书》本等。书中有王鉴殁后王翚传其法之语，则成书当在清康熙十六年(1677)以后。

徐沁，字埜公，号委羽山人。浙江会稽(今绍兴)人，生平事迹不详。

《明画录》辑有明一代画人小传。厘为八卷。卷一有宸绘、藩邸、道释、人物、宫室五部分，卷二、卷三、卷四为山水；卷五有山水、兽畜、龙、鱼四部分；卷六为花鸟，卷七有墨竹、墨梅、蔬果三部分，卷八为汇纪和补遗。前有自序。

在"序"中，徐沁述说了撰书的原因。历代绘画虽真迹传世甚少，但有著述记载名家名作。宋元有《宣和画谱》、《图绘宝鉴》。明代画坛名手辈出，徐沁便以其"耳目睹记，亟图纂辑，旁搜博采"，"厘为八卷，题曰《明画录》者，继宋元而作也"。作者在序中，还指出绘画与琴奕书法皆不同，"而画既非人所尽习，运笔濡染，出于天分者居多，其浅深向背之法，又非锓板镂石之所可仿佛，故传者益寡"。所以更有必要将画史记录下来。

《明画录》卷一记载了皇帝和皇亲国戚能画者共十八位。道释画家二十二位，其中两位为名媛(也即女画家)；人物画家六十四位，其中也有两名女画家；宫室画家两位。

由于以记录明代画家人名及简述其画气为主，所以很少有理论上的阐述，偶尔的点评也是寥寥数语、轻描淡写。在每个科目前写有叙，这与《宣和画谱》的写作体例是一致的。

徐沁在人物门的叙中，谈到形神关系。以为"若夫造微人妙，形模为先，气韵精神，各极其变"，而历代被认为传神之笔的"颊上三毛、传神阿堵"，也被认为是"岂非酷求其似哉"。可见徐沁对形似的重视程度。在明代人物画家中，作者力贬吴伟、张路一派，对仇英也有不满，竭力推崇北崔南陈，即崔子忠和陈洪绶，以为他们"力追古法"，并且由此得出结论："所谓人物近不如古，非通论也。"

在具体论述画家时，作者对吴伟、张路本身仍不失赞扬，看来作者主要是对他们的追随者们不满。而在论仇英时,用了"精丽艳逸,无惭古人"这样的褒语,丝毫未涉及"人物叙"中所谓的"不无流弊"之处。对于北崔南陈,在具体论述中,徐沁似乎更偏向南陈,以为他作古衣冠,"必与时代吻合","刻意追古","花鸟草虫,无不精妙"。"惟山水另出机轴",溢美之辞,历历在目。

对于宫室画,徐沁认为"胸中先有一卷木经,始堪落笔,昔人谓屋木折算,无亏笔墨,均壮深远空,一点一画,皆有规矩准绳",不可"草率意会",所以历代画者少有成名的,三百年间也仅卫贤一人,到了明代,擅长者更少,因为大家都"目界画者都为匠气"。

卷二、卷三、卷四皆为山水,卷五的前半部分也为山水,共录有当代山水画家三百八十四位,其中卷二有七十八位,卷三为一百零八位,卷四为九十二位,卷五有一百零六位。

山水画家的记载远远多于其他画种,其中原因不只是当时山水画家特别多,也不只是当时山水画成就相对突出,更主要的是作者对山水画特别重视。在"山水叙"中,他一开始就认为:"能以笔墨之灵、开拓胸次,而与造物争奇者,莫如山水。"在对山水画史的梳理上,徐沁沿袭了董其昌的南北宗论,以为当时所谓吴门、浙派的争论,皆不能以更深远的眼光(也即不能用南北宗的角度)去看问题的缘故,虽然在论述中作者没有明显地表明自己的立场,但他赞扬南宗的观点是难以掩饰的,"举凡以士气入雅者皆归(南宗)焉"。所以在明代山水画家中,他独推沈周、文徵明和唐寅。

值得注意的是,徐沁对画派的归类并不以地域为限,南北宗的分法也不是由画家的活动地区而定的,所以他对吴门、浙派之争才会有更高明的见解。

在对沈、文、唐的具体评点中,徐沁似乎也比较客观,他认为沈周对于"宋元诸家,皆能变化出入"的同时,也指出"惟仿倪元镇不似"。文徵明"合作处神采气韵俱胜,单行矮幅更佳",而唐寅则"行笔秀润缜密而有韵度"。其实他赞扬他们的最基本原因,在于他们能承袭传统绘画的精髓,同时也具有高雅的格调。而对北宗画家则不然,虽然对戴熙另眼相看,也不过是"俗所谓行家兼利者也"。至于蒋嵩、汪肇之流,虽有"最入时人之眼"之处,"然行笔粗莽,多越矩度","逞狂态",被"目为邪学"。徐沁在介绍他们时,并不讲他们对传统的学习,只是说他们是学戴进或吴伟,所以,他们之所以不入高雅的原因便在于缺乏传统绘画的熏陶。

在山水画家中,徐沁还著录了名僧十人,道士十一人,妓女二人。

兽畜门中,记载画家十七人,其中七人归于龙(附鱼)科中。在兽畜叙中,徐沁颇有今昔之叹,以为即使是李公麟、赵孟頫,也"几不免堕入马趣矣"。明人善画兽畜者更屈指可数,并且也没有什么杰出者,只是"姑举数家,以备品目"罢了。

卷六花鸟一门中,著录了一百二十四位画家,有名僧二人,名媛四人,妓女一人。

在花鸟叙中,徐沁拈出花鸟画两大流派的源头,即徐熙、易元吉的天真和黄筌、赵昌的人巧,并以为"人巧不敌天真"。认为以此种眼光去看明代花鸟画,沈周、陈淳、孙克弘等便胜唐寅、陆治等一筹。他还提到释海怀、徐渭的画是"超然蹊径者"。

卷七墨竹一门中著录了五十九位画家,其中有名僧两位,道士一位,名媛一位。徐沁在"墨竹叙"中特别强调了墨竹作为一个画种,"特为画家避拙免俗之一途矣"。而画墨竹原与书法相通,别具一种思致。在明代画竹者中,他最推崇宋克、杨维翰、王绂、夏㫤这四位。在评点王绂画竹时,借用他人之语,道出成功原因:"评者谓能于遒劲中出姿媚,纵横外见洒落,盖由方寸间具有潇湘淇澳,故不觉流出种种臻妙耳。"其实也代表了徐沁对墨竹画的要求。

墨梅一门著录的画家有三十七位,有名僧、名媛各一名。在"墨梅叙"中,徐沁认为今不如昔,"元明以还,作者浸盛,乃为史为谱,法益洋而流益弊,虽名家不免以气条取嘲,况下此者乎"。

接着"墨梅"的,是"蔬果",蔬果一门只著录了十一位画家,其中有两名名僧。

卷八记录了一些缺乏资料的画家人名,共有七十四位,其中名僧一人,妓女一人,补遗二人。

《明画录》记载的是明代三百年来画者和画艺,记载粗略,聊备查寻而已。《郑堂读书记》以为"粗具崖略,旁搜博采,阐发微妙,虽不免于挂漏,而其区别门类,详简得宜"。而《书画书录解题》却对此书颇有微词,以为"脱略殊甚,明季遗民工画者,漏列尤多",对一些知名画家,或茫然无知,或记之不详,而对寻常画人"反较详尽,殊失剪裁之宜。又所录俱不详出处,亦难徵信于后人也"。其实,《明画录》和其他画史著作一样,多以一己的观点来梳理史实,所以漏列和不当处故所难免,至于徐沁认为"独绝一时"、"流辈罕及"的画家在今天难闻其名的现象,也不只《明画录》一本书中存在。

(舒 华)

瓯香馆画跋 恽寿平

《瓯香集画跋》,亦名《南田画跋》。有作一卷,亦有裁分为三卷、四卷。恽寿平著。从清初顾祖禹丙寅(1686)秋日所作的《瓯香馆集序》可知约成书于此际。主要版本有《瓯香馆集》本(卷十一、卷十二);《翠琅玕馆丛书》本,题三卷;《画学心印》本;《美术丛书》本。

恽寿平(1633—1690),初名格,字寿平,以后字行,又字正叔,号南田,别号云溪外史。江苏武进(今常州)人。晚年居城东,号东园草衣,迁白云渡,又号白云外史。家贫,不试科举,以书画终生。幼敏慧,八岁时作咏莲诗,为长辈所惊异,及长,诗、书、画俱佳,称"三绝"。画初善山水,亦倡复古,后与王翚相订交,遂弃山水而专以花卉禽虫。曾对王翚说"是道让兄独步,格妄耻为天下第二乎。"所作花竹禽虫,以徐熙没骨为归,写生为当朝第一,一洗时习,独开生面。海内宗之。有"常州派"之称。性落拓雅尚,遇知己之交则累月为之点染相赠;反之,则虽重金相求,片纸不予。故一生清贫,死后家里竟无力为之落葬,而由王翚出资料理后事。绘画上主张画在"摄情"。其书画作品存世颇丰,后人有辑以出版者。又有《瓯香馆集》存世。生平事迹见《清史稿》卷五〇四,《常州府志》等。

《瓯香馆画跋》分画跋与题画诗两部分,其中画跋又分为画筌、画鉴和画品三种;题画诗、名画余又析为上下两部分。现据叶钟进所辑翠琅玕馆丛书本分"神趣"、"画理"、"家法"、"名迹"四个专题简述如下。

绘画的神趣,在恽寿平看来既生发于笔墨,又源自与造化的心印。如:"山从笔转,水向墨流,得其一脔,直欲垂涎十日。""作画须优入古人法度中,纵横恣肆,方能脱落时经,洗发新趣也。""西溪草堂,盖周太史归隐处也。群峰奔会,带以蒲溪,茭芦激波,桠柳夹岸,散碧连翠,水烟忽生,渔网相错,予曾从太史击楫而弄澄明,纵观鱼鸟,有濠梁之乐,真一幅惠崇《江南春图》也。""壬子秋,予在荆溪时,山雨初霁。溪涨湍急,同诸子饮北城蒋氏书斋。乘醉泛舟,从紫霞桥还泊东关,激波奔岸有声。暗柳斜蹊,苍茫楼曲。近水绿窗,灯火明灭。仰视河汉,无云晶然。水烟将升,万影既寂,众籁俱作,于此流连,令人思致清宕,正不必西溪南岳之颠涯,方称幽绝耳。因为图记之。"

在绘画的理法上,恽寿平的见解向来被奉为真知灼见而广为衍用。如:"今人用心在有笔墨处,古人用心在无笔墨处,倘能于笔墨不到处观古人用心,庶几拟议神明,进乎技已。""春山如笑,夏山如怒,秋山如妆,冬山如睡,四山之意,山不能言,人能言之。秋令人悲,又能令人思。写秋者,必得可悲可思之意,而后能为之。不然,不若听寒蝉与蟋蟀鸣也。""方圆画不俱成,左右视不并见。此《论衡》之说,独山水不然,画方不可离圆,视左不可离右,此造化之妙。文人笔端不妨左无不宜,右无不有。""笔墨本无情,不可使运笔者无情;作画在摄情,不可使鉴画者不生情。古人论诗曰:'诗罢有余地,谓言简而意无穷也。'如上官昭容称沈诗:'不愁明月尽,还有夜珠来'是也。画之简者类是。东坡云:'此竹数寸耳,而有寻丈之势。'画之简者,不独有势,而实有其理。""群必求同,同群必相叫,相叫必荒天古木,此画中所谓意也。""古人用笔极塞实处,愈见虚灵。今布置一角,已见繁缛。虚处实则通体皆灵,愈多而不厌玩,此可想昔人惨淡经营之妙。""画秋海棠不难绰约妖冶可怜之态,而难于矫拔有挺立意。惟能挺立而绰约妖冶以为容,斯可以况美人之贞而极丽者。于是制图,窃比宋玉之赋东家子,司马相如之赋美人也。""蔬果最不易作,甚似则近俗,不似则离,惟能通笔外之意,随笔点染,生动有韵,斯免二障矣。""俗人论画皆以设色为易,岂知渲染极难。画至著色,如入炉篝,重加锻炼。火候稍差,前功尽弃,三折肱知为良医,画道亦如是矣。""有笔有墨谓之画,有韵有趣谓之笔墨。潇洒风流谓之韵,尽变穷奇谓之趣。"

三是家法。家法乃是指画法的风格技法的历史渊源。对家的辨述,最能见出论者对绘画史的熟悉与认识情况。恽寿平对绘画家法的论述,不以前人陈见为准,而以自己的绘画心得与实际作品为准,故而有醒人耳目之誉。如:"宋法刻画,而元变化。然变化本由于刻画,妙在相参而无碍。""李成、范华原始作寒林,东坡所谓根茎牙角,幻化无穷,未始相袭,而乃当其处,合于天造,宜于人事者也。""高简,非浅也。郁密,非深也。以简为浅,则迂老必见笑于王蒙。以密为深,则仲圭遂阙清疏一格。""贯道师巨然,笔力雄厚,但过于刻画,未免伤韵。""梅花庵主与一峰老人同学董、巨,然吴尚沉郁,黄贵潇散,两家神趣不同,而各尽其妙。""近日写生家多宗余没骨花图,一变染浓丽俗习,时足以悦目爽心。然传模既久,将为滥觞。余亟亟称宋人淡雅一种,欲使脂粉华靡之态,复还本色。"在论及绘画传统与现状时,还有如:"自右丞洪谷以来,北苑南宫相承,入元而有倪、黄辈出,风流豪荡,倾动一时,而画法亦大明于天下。后世士大夫追风效摹,纵意点笔,辄相矜高。或放于甜俗,或流为狂肆,神明既尽,古趣相忘。"

四是名迹。恽寿平对其所见历代画作名迹,多有跋题,不仅辨其真伪,述其源流,更有互参相照,以品高下优劣,因而,此一部分亦为恽寿平绘画理论的重要构成。如跋巨然长卷云:"凡观名迹,先论神气。以神气辨时代,审源流,考先匠,始能画一而无失矣。南宗首出,惟推北苑。北苑家嫡,独推巨然。北苑骨法,至巨公而该备,故董、巨并称焉。巨公又小变师法,行笔取势,渐入阔远。以阔远通其沉厚,故巨公不为师法所掩,而定后世之宗。……自汶峨滥觞,以至金焦,流宗东会,所谓网络群流,呼吸万里,非足迹所历,目领神会如巨公者,岂易为力哉?宋代擅名江景,有燕文贵,江参;然燕喜点缀,失之细碎;江法雄秀,失之刻画。以视巨公,燕则格卑,江为体弱。论其神气,尚隔一尘。夫写江流,一派水耳。纵广盈尺间,水势澎湃,所激荡者,宜无余地。其间为层峰叠岭,吞之靡雾,涉目多景,变幻不穷,斯为惊绝。至于城郭楼台,水村渔舍,关梁估船,约略毕具,犹有五代名贤之风。盖研深于北苑,而加密矣。"又如跋王翚摹《富春图》云:"石谷子凡三临《富春卷》矣。前十余年,曾为半园唐氏摹长卷,时犹为古人法度所束,未得游行自在。最后为笪江上借得唐氏本再摹,遂有弹丸脱手之势。娄东王奉常闻而叹之,属石岩再摹,余皆得见之。盖其运笔时,精神与古人相洽,略借粉本,而洗发自己胸中灵气。故信笔取之,不滞于思,不失于法,适合自然。直可与之并传,追纵先匠,何止下真迹一等。"

《瓯香馆画跋》虽是题录于画作之上的一些随笔,有感而发,乘兴而言,故在体例上不尽有序。但由于所论皆有画面相参照,因此,图文相生相发,犹见于画学画理及创作上的独特不凡。恽寿平的画跋中以跋王翚之作为最多,因而,《瓯香馆画跋》也是研究王翚及清初绘画的第一手资料,同时,也集中体现了当时的画学时尚。

(邵 琦)

墨井画跋 吴 历

《墨井画跋》，一卷。吴历著。主要版本有：《昭代丛书》本、《小石山房丛书》本、《中国书画全书》本等。

吴历(1632—1718)，字渔山，号墨井道人，桃溪居士。江苏常熟人。曾求学于陈确，后向钱谦益学诗，向王时敏学画，向陈砥阮学琴。为孝奉母亲而专意于绘画，得王时敏欣赏，故在王时敏处得以尽模宋元名迹，缩为小册，绘画于当时声名颇高，但轻易不肯为人作，仅以够供养老母所需为限。明清易祚，痛心国难，又母殁妻丧，弃二子而从天主教士柏应理到澳门，读拉丁文，前后七年，后在上海、嘉定等地传教。史将其与王时敏等六人并称"四王、吴、恽六大家"。传世画迹颇多，以《滆口送别图卷》为代表，该图现存上海博物馆。传世著作有《桃溪集》、《三巴集》和《墨井画跋》。事迹载《国朝(清)画徵录》。

《墨井画跋》是吴历题于自己画作上的跋文辑录。共计有六十三则。但其中有十余则不尽为画跋，后又有数则为记澳门风土人情，与画题无关。其余则皆为自题。

《墨井画跋》虽为自题之作，但其跋文却涉及绘画之各有关方面。

如有关于绘画位置布局的。"山水要高远回环，气象雄贵；林木要沉郁华滋，偃仰疏密，用笔往往写出，方是画手擅场。"

有关于笔墨技法的。"泼墨惜墨，画手用墨之微妙。泼墨者，气势磅礴；惜者，骨疏秀。""泼墨法米，风雨骤至，毫间拖泥带水，便成湿绿林峦，如老将快马，斫阵破敌，而立见功也。"

有关于古法抉微的。"梅道人深得董、巨带湿点苔之法。每积盈箧不轻点之，语人曰：今日意思昏钝，俟精明澄澈时为之也。前人绘学工夫，真如炼金火候。""云林写山，依侧起势，不两合而成；米家山如积染，骤然而就；子久山，直皴带染，林麓多转折。三者皆宗北苑而自成。""徐崇嗣画花萼，不作墨圈，用彩色积染，谓之没骨花。张僧繇亦积彩色而成，谓之没骨山水，而远近之势，意到便能，移人心目，超然妙意。"

更多的则是其创作的心得或经验之谈。"如画不以宋元为基,则如弈棋无子,空枰如何下手。怀抱清旷,情兴洒然,落笔自有山林乐趣。""乘醉写竹,则有风雨披折偃仰之势。""画之游戏枯淡,乃士大夫之脉。游戏者,不遗法度,枯淡者,一树一石,无不腴润。""余近年作画,似勤似懒,有时不辞呵冻,忘暑忘飧,挥毫急就。有时春暖晴窗,楮墨精良,对之瞌睡,吾不知病之所来。或谓老之故也,然少年辈往往亦有如此。予数日前颇觉腕力笔健,学山樵而成小卷,不欲人征去,留此自养晚节。""余学画二三十年来,如泝急流,用尽力气,不离旧处,不知二三十年后,为何如。笔墨如此,况学道乎?绘学有得,然后见山见水,触物生趣,胸中了了,方可下笔。画要笔墨酣畅,意趣超古,画之董、巨,犹诗之陶、谢也。渊明篇篇有酒,摩诘句句有画,欲追拟辋川,先饮彭泽酒以发兴。""晴窗气暖,摊纸涂鸦,画成。自乌目山下,同道俗二三子,酌高蹈泉,上剑门,望湖光,已而扁舟泛月归。古人能文,不求荐举;善画,不求知赏。曰:文以达吾心,画以适吾意。草衣藿食,不肯向人。盖王公贵戚,无能招使,知其不可荣辱也。笔墨之道,非有道者不能,孙虔礼论书,以纸墨相发为一助。昨得一笺,不减澄心纸,柔密光润,颇与笔墨相宜,虽手腕力微,喜无儿童习气。"

《墨井画跋》其自题之辞,一如其绘画之作,萧疏淡远,尤为后人所重。更因其多为经验之谈,而历来被学画者和研究者所推重。

(邵　琦)

雨窗漫笔 王原祁

《雨窗漫笔》，又名《论画十则》，一卷。王原祁撰。通行本有《翠琅玕馆丛书》本、《四铜鼓斋论画集刻》本、《娄东杂著》本和《画论丛刊》本、《中国书画全书》本。

王原祁(1642—1715)，字茂京，号麓台。江苏太仓人。清康熙九年(1670)进士，官至户部侍郎。常被召入便殿，为康熙皇帝染翰作画，颇受宠爱，先后充任《佩文斋书画谱》和《万寿盛典图》总裁。原祁是清初著名画家王时敏之孙，幼年所作山水，即酷似时敏画风，因而备受青睐。独好"元四家"画风，尤其钟情于黄公望。王时敏曾说："元季四家，首推子久，得其神者，惟董宗伯；得其形者，予不敢让；若形神俱得，吾孙其庶几乎？"又擅长诗、文，人称"艺林三绝"。弟子众多，称为"娄东派"。与王时敏、王鉴、王翚一起，被后人尊为"四王"；又被称作"清初六大家"之一（"六大家"指"四王"和吴历、恽寿平）。著有《罨画楼集》和《麓台题画稿》等。生平事迹见《清史稿》卷五〇四和温肇桐编《王麓台先生年表》（载《清初六大画家》）。

本书又名"论画十则"，表明其所有内容就是十条有关绘画的议论。其实这题名并不十分确切。"十则"之中的第一则类似"前言"，叙述的是本书撰述缘起和大致内容："六法，古人论之详矣，但恐后学拘局成见，未发心裁，疑义意揣，翻成邪僻。今将经营位置、笔墨设色大意，就先奉常所传及愚见言之，以识甘苦。后有所得，当随笔录出。"那么，以下九则就是王原祁本人和先祖王时敏关于绘画的心得，涉及画派、立意、构图、临摹、用笔、设色和格调等诸多方面。只可惜"后有所得，当随笔录出"的诺言最终没能兑现，续编并未面世，或许根本就没再写。不过本书皆精要之言，确属难得，也够后人静心玩味的了。

王原祁论画，重在立意构思，强调意在笔先，而又必须不露斧凿痕迹，自然天成又暗合古法。他说："意在笔先，为画中要诀。作画于搦管时，须要安闲恬适，扫尽俗肠，默对素幅，凝神静气。看高下，审左右，幅内幅外，来路去路，胸有成竹。然后濡毫吮墨，先定气势，次分间架，次布疏密，次别浓淡，转换敲击，东呼西应，自然水到渠成，天然凑拍，其为淋漓尽致无疑矣。若毫无定见，利名心急,惟取悦人,布立树石,逐块堆砌,扭捏满幅,意味索然,便为俗笔。"又说:"作画以理、气、趣兼到为重……古来作家相见,彼此合法。稍无言外意,便云有伧夫气。"他还在题画文中多次阐发此类主张,认为"古人用笔,意在笔先,然妙处在藏锋不露"(《麓台题画稿·仿大痴笔》)。学画者必须深参方能觉悟。

他认为作画时首先要紧的是把握气势轮廓,即使是学习古人,这也是必须着意揣摩的:"作画但须顾气势轮廓,不必求好景,亦不必拘旧稿。若于开合起伏得法,轮廓气势已合,则脉络顿挫转折处,天然妙景自出,暗合古法矣。"又说:"古人南宗北宗,各分眷属。然一家眷属内,有各用龙脉处,有各用开合起伏处,是其气味得力关头也。不可不细心揣摩。"所谓气势轮廓,类似于今人所谓构图布局,这种大处着眼的整体结构法,显然是正确的,当然它也是学画者容易忽视的。

王原祁专师黄公望长达五十年,晚年又转学吴镇,后人多以为他尤其垂青黄大痴,其实不然。书中说:"云林纤尘不染,平易中有矜贵,简略中有精彩。又在章法笔法之外,为四家第一逸品。"那么,他为何不着意学习倪瓒的风格笔法呢?本书没有说明,但《麓台题画稿》却有答案。他说倪瓒作画不用工力,然善用工力者望尘莫及,他也曾苦心揣摩,终未能得其神理(见《为凯功掌宪写元季四家》)。当然,没能学像并不妨碍他标榜倪瓒的画风,这也是本书屡屡提倡"平中求奇"、"安闲恬适"、"位置紧而笔墨松"的原因之一。

书中论述设色和用笔较为具体。认为色彩与用笔用墨相比,处于从属地位,只是用于补笔墨之不足,显笔墨之妙处。故"不重取色,专重取气"、"色由气发"、"自然成文",尤应注意不能躁心从事。至于用笔,忌滑忌软,忌重而滞,忌率而溷,忌明净而腻,忌丛杂而乱。当时人所谓浑厚即笔肥墨浓、高逸即笔瘦墨淡、明秀即色艳笔嫩的说法,他认为都是错误的。

书中也谈到对临摹的看法,认为"临画不如看画"。遇见古人珍品,应仔细琢磨其定意、结构、用笔和积墨的方式方法,探讨寻觅其妙处佳笔,用以弥补自己的不足,久而久之,自然而然就能暗合于古人。此外,也说到明末画师拉帮结派的恶习和赝本伪作的危害。

本书议论精辟,深得后人好评。近人余绍宋《书画书录解题》以为:"此寥寥九条,颇多精义,固学画者所当亟读者也。"当然,王原祁推崇的只是"元四家"淡雅的文人画风,又一味提倡拟古摹古,自然有相当的局限性。

今人于安澜《画论丛刊》整理本,以清沈楙惪所辑《昭代丛书》道光年间刊本作底本,用《翠琅玕馆丛书》本和《四铜鼓斋论画集刻》本参校。

(孙小力)

麓台题画稿 王原祁

《麓台题画稿》，一卷。王原祁撰。有清沈楙惪辑《昭代丛书·壬集补编》道光二十四年（1844）刊本、《论画辑要》本和《美术丛书》本、《中国书画全书》本等。

本书收录王原祁题画文字共计五十三篇，当初皆题于他自己的作品。这些画均属仿古之作，其中大多是临仿宋元名家，仅摹仿黄公望的就多达二十五幅，还不包括仿临倪瓒、黄公望合作的画。这些题跋集中体现了王原祁的习画心得和对于前辈名家画格画风、笔墨特点的看法。

王原祁素以专学黄公望著称于世，曾自称"落笔时不肯苟且从事，或者子久些子脚汗气，于此稍有发现。"而他之所以钟情于黄子久，是因为从黄氏作品中能觅到古人用心之处。

首先黄公望颇得古人笔法之妙，临仿他的作品可以学到董源、巨然之遗法，这对于提倡效古仿古的王原祁来说，是非常重要的。因此他在不断摹仿黄氏的同时，又号召学人必须"深参自会"。"古人用笔，意在笔先，然妙处在藏锋不露。元之四家，化浑厚为潇洒。变刚健为和柔，正藏锋之意也。子久尤得其要。可及可到处，正不可及不可到处，个中三昧，在深参而自会之。"（《仿大痴笔》）当然，仿黄不是目的，是希望借以学得宋人笔法，然而假若不能直接揣摩宋法，又无法悟得黄公望的妙处："要仿元笔须透宋法。宋人之法一分不透，则元笔之趣一分不出，毫厘千里之辨在此。子久三昧也。"（《仿大痴》）

其次，黄公望的画风蕴含着元人真趣，集中了宋人的精华，假如只是追求"形模相似"，也无缘获其精蕴。"画法莫备于宋，至元人搜抉其义蕴，洗发其精神，实处转松，奇中有澹，而真趣乃出。四家各有真髓，其中逸致横生，天机透露，大痴尤精进头陀也。"（《仿黄大痴长卷》）又说："大痴画至《富春长卷》，笔墨可谓化工，学之者须以神遇，不以迹求，若于位置皴染，研求成法，纵与子久形模相似，已落后尘，诸大家不若是之拘也。"（《仿黄子久》）此外，他还盛赞黄公望浑朴超脱的用意、刚健婀娜的用笔、不重取色重取气的色彩观，以及"墨中有色、色中有墨"的笔墨特点等（见《仿黄子久设色》和《仿大痴》）。

王原祁自称是南宗正派传人,曾耗时一年有余,摹仿元季四大家笔意,汇成一幅画,用以显示南宗正统画派的风格面貌。他还在题跋中多次标榜南宗,或者阐述南宗的流派传人。他认为南宗最显著的特色就是王维强调的"气韵生动",他以为元代前期赵孟頫、高克恭的绘画精神与北宋诸家一脉相承,也是南宗重要传人:"画家自晋、唐以来代有名家,若其理、趣兼到,右丞始发其蕴。至宋有董、巨,规矩准绳大备矣。沿习既久,传其遗法,而各见其能;发其新思,而各创其格。如南宋之刘、李、马、夏,非不惊心眩目,有刻画精巧处,与董、巨、老米之元气磅礴,则大小不觉径庭矣。元季赵吴兴发藻丽于浑厚之中,高房山示变化于笔墨之表,董、巨、米家精神,为一家眷属。以后王、黄、倪、吴,阐发其旨,各有言外意。吴兴、房山之学,方见祖述不虚;董、巨、二米之传,益信渊源有自矣。"(《画家总论题画呈八叔》)在《仿黄子久设色》中,他又将高克恭、赵孟頫与元季四家并称,认为他们共有"不事粉饰,而神彩出焉;不务矜奇,而精神注焉"的特点,与明代董其昌的"南北宗论"相比,他似乎更加注意到元四家师法高、赵这一事实。

书中对"元四家"中除黄公望以外的另外三家,也颇有赞誉。他认为吴镇淋漓挥洒的泼墨,刚健而含婀娜之致,北宋高人三昧,惟其得之;倪瓒一洗陈迹,独臻其妙,为逸品中第一;王蒙则自赵孟頫而上溯王维,得离奇奥突之妙,晚年专师董源和巨然,出没变化,莫可端倪,是元四家中空前绝后之笔。

至于论述各位名家的笔墨特点,王原祁经常采用比较分析的方法,较富哲理意蕴。如论北宋米芾父子,即与同时名家相比,谓宋、元名家,俱于实处取气,惟米氏于虚中取气,然虚中有实,有呼吸,有照应。(见《仿设色小米》)又如述古人设色之法,则与今人相较,说古人眼光直透纸背,全论火候,而"今人但取傅彩悦目,不问节腠,不入窾要,宜其浮而不实也"(《仿大痴》)。而有时又以绘画与声音比较,认为二者相通:"音之清浊,如画之气韵;音之品节,如画之间架;音之出落,则如画之笔墨。"(《仿设色倪黄》)有时又以高手与凡笔作比:"笔不用烦,要取烦中之简;墨须用淡,要取淡中之浓。要于位置间架处,步步得肯,方得元人三昧。如命意不高,眼光不到,虽渲染周致,终属隔膜。"(《仿梅道人》)如此精辟的论述,尚有不少。

本书《昭代丛书·壬集补编》本是目前所知较早的刊本,书后附有编辑者沈楙惪道光二十二年(1842)所撰跋文一篇。今人于安澜所辑《画论丛刊》本依《昭代丛书》本排印,因原刻与续刻本微有不同,故取两本互校。

(孙小力)

式古堂书画汇考 卞永誉

《式古堂书画汇考》，六十卷。卞永誉编。成于清康熙二十一年(1682)。有康熙间卞氏仿宋刊本、《四库全书》本、民国十年(1921)吴兴蒋氏密均楼藏本鉴古书社景本、《中国书画全书》本等。

卞永誉(1645—1712)，字令之，一作合之，号仙客。隶汉军镶黄旗(今辽宁盖县)人。荫生。康熙中由福建巡抚迁刑部右侍郎，性嗜古，好书画，善鉴赏，富收藏。自幼即留意古之书画，壮年出游，眼界大开，常与书画前辈如孙承泽、梁清标、曹秋岳及朋友讨论，卓然不惑。尝绘凤仙一幅，自题系临明伎薛五娘，间作墨柏石，雅肖项孔彰。其生平传记收录于《池北偶谈》、《八旗画录》、《清画家诗史》。

是书采录前人著录书画之作与其所见耳闻者汇而成编。卞永誉少年即喜好古人书画，后遍历中外世家旧族之所藏，常常持卷轴坐崇兰丛桂中，往往终日。后又得孙承泽、梁清标、曹秋岳诸兄辈之亲传，技艺大进。致仕后，尽心于书画鉴赏著述，终成六十卷之巨著。

《式古堂书画汇考》为一部书画著录书，分书考三十卷、画考三十卷，共六十卷。著录书画上自魏晋，下迄明末清初。此书以前著录书，或偏重题跋(如汪砢玉《珊瑚网》)、或仅载品名(如《宣和画谱》)、或夹叙夹议(如米芾《画史》)、体未臻完备。此书分门别类，收入作品既多，著述颇详，傍引博证，极具参考价值。

该书卷首有宋荦序、钱曾序，卞永誉就序在其后；画考另有松陵潘耒序。宋序要义在阐发此书性质、规模，及考鉴能力。序后为凡例，共八条，凡例后为引用书目，前三十卷用书考引用书目，后三十卷用画考引用画目，书名用大字写，下书某朝某人作，杂书杂集、见闻杂录均不署名。该书与别的著录书尚有一不同之处，即在目录前增设书考网和画考网，在网中概要记录该卷的内容。如书考网卷一、卷二分别为书评上、书评下；画考网卷一为画论，卷二为收藏名画。书考网自卷五起以小字提要该卷的书家，如卷七为唐代书家，分别是太宗、玄宗、唐诰、虞世南、欧阳询、冯承素、褚遂良、陆柬之等，以此类推；画考网自卷三起以小字提要该卷的作品和画家，如卷三为历代绘画集,卷九为唐代画家,分别是王维、毕宏、戴嵩、张畔、周昉等,以此类推。在书考网后尚有清人王锡生的题跋。目录共有四册,书考分上、下二册,画考也分上、下二册。目录人名以大字排,下以小字并述书家小传及作品内容。以卷七欧阳询为例,"欧阳询,字信本,官至太子率更令、太常少卿,封渤海男。父纥,子纳、言、通,潭州临湘人"。隔行"唐欧阳率更梦奠帖○郭天锡跋○赵孟頫书○杨士奇书△外录书画舫"。画考亦如此,不一一列举。

在规模上,该书与《石渠宝笈》、《佩文斋书画谱》相垺,是中国书画著录史上个人修撰书籍规模最大的一部书。所谓"考",其义为"备考真赝",所以每一法书名绘除品名、质地、幅式、设色否,均全文录原书画之题跋和后人之题,用大小字体眉注圈识;又分别正文、外录,以利赏鉴家溯源寻流,一鉴了然,可谓集著录之大观,尽赏鉴之能事。

由于该书作者在编辑此书时,曾读过朱存理的《铁网珊瑚》、张丑的《清河书画舫》、汪砢玉的《珊瑚网》等著录书,故在本书中大量引用,但对这些书中存在的问题未能考订修证,颇为遗憾。此外,编者自己本身搞错的地方也不少,在查阅运用中应引起重视。

在结构安排上,卞永誉是这样处理的。某人书画姓氏杂用本人讳字爵里。别号、书画品名,书画有本文者,本文顶格写(大字),无本文而有书款者,顶格旁注款书,款书亦用大字写。既无本文又无款书者,仅书标题(大字),上用大○。他人题跋款识,低本文二字细书,每跋首用小○。间有后朝人跋叙前朝人,前者议书隔水,原文照录。外录亦低二字细书,首用△以别经纬。印章、款押悉录不遗。书不分册卷轴,画分册卷轴。册又分成三类:合历代成册者曰集,一人一册者曰独,不成册者曰零。册内本人作图在前,标题大书某人画并题。下面各举一例,以示说明。

  赵文敏与中峰十一帖附管夫人一帖

  隔行录收藏印章。

  正文照录。卷后印章跋文照录。书,卷十六。

但有些作品则不录全文,如书卷十六标题为"赵吴兴四体千文",原文不录,款书;延祐六年十月廿三日为录事焦彦实书于松雪斋。后录后人跋文二则。

  王叔明花溪渔隐图并题纸本

  隔行王蒙题诗全文照录。

  隔行录后人跋文。画,卷二十一。

或录《珊瑚网》,云:此图有二,其在吾里项氏者,笔气高纵,意态苍远,旁有郏良和诗,较胜新安王氏所藏,而余有文五峰临幅,自题云漫迹为渔已息机,青山绿水日相依。一年好景惟春昼,柳絮桃花燕子飞。

  纵上述二例可以看到,卞氏此书要在辑录,而于考据赏鉴上,则引用前人业已说过的以弥补该书不足之处,不失为一种聪明的做法。

　　本书是私人编纂的规模宏大的一部书画著录书。可与《大观录》、《石渠宝笈》等大部著录相提并论,不失为书画鉴赏家和书画史论者的重要参考书籍之一。《四库全书总目》称其"凡诗文题跋悉载,上溯魏晋,下迄元明,所收最为详博"。《适园藏书志》认为"《珊瑚网》、《书画舫》诸书,记载非不广博,终不若是书之一图一册,无不原原本本,考究详明"。至于陆心源跋该书时曾讥其漏略,而余绍宋《书画书录解题》则不同意陆氏的评断,云其漏略为"终属小疵"。

（孙国彬）

平生壮观 顾 复

《平生壮观》,十卷。顾复撰。成于清康熙三十一年(1692)。有道光间蒋氏宋体精钞本(现藏浙江省文物管理委员会)。目前通行的本子是上海人民美术出版社1962年根据原抄本影印的校勘本、上海书画出版社《中国书画全书》本等。

顾复,生卒年不详。字来侯,自署方泾上农。明末遗民,世居江苏常熟。善鉴赏书画。其五世祖博学尚古,与文徵明有交游,目见法书名绘必录款诗跋,积久成书,后不慎毁于大火。其父兄亦喜书画,不惜余资,以购名物。顾复自幼在其父兄熏陶下,每见法书名画,"随笔录之",积三十五年之笔记,删其繁芜,存其精华,编成《平生壮观》。

该书系书画著录书,前有昆山徐乾学康熙三十一年的序和同年顾复自己作的引。该书因系书作、画作分别介绍的,因此,前五卷以介绍书作为主,后五卷以介绍画作为主,这种编排方式与汪砢玉《珊瑚网》、吴昇《大观录》、卞永誉《式古堂书画汇考》相类,所不同处为:(一)该书在书作与画作前各撰"法书""绘图"短文,叙述书画之源流及赏鉴之方法;(二)目录分别在各卷之前首,不设总目。这种方式在著录书中并不少见,但在查寻方面要令读者稍稍麻烦一些。卷一自魏钟繇《季直表》至五代杨凝式《神仙起居八法》,其中贺知章《孝经序》、李白《上阳台诗》、徐浩《朱巨川诰》、颜真卿《祭侄文稿》、怀素《自叙帖》、《苦笋帖》、僧高闲《千字文》、杜牧《张好好诗》、杨凝式《夏热帖》等,均为传世珍品。卷二自宋太宗《蔡行敕》至无名氏,其中李建中《贵宅札》、林逋《自书诗》、范仲淹《道服赞》、蔡襄《谢御赐君谟诗》、《诗之三》、《脚气帖》、苏轼《寒食诗》、《前赤壁赋》、《祭黄几道文》、黄庭坚《经伏波祠歌》、《廉颇蔺相如传》、《直方札》、米芾《拟古诗》、《苕溪诗》、《多景楼诗》、《虹县诗》等,均为传世珍品。卷三自宋高宗《岳武穆敕》至任询《秋怀诗》,其中不乏珍品。卷四自元姚枢《和聪仲晦古意》至无名书,其中赵孟頫《望江南净土词》、《洛神赋》、《枯树赋》、《绝交书》、《雪赋》、鲜于枢《赤乌行》、《御史箴》、《襄阳歌》、邓文原《急就章》、《伯长札》、康里巎《论书》、张雨《自书诗稿》、俞和《四体千文》、倪瓒《良常诗札》等,均为传世珍品。卷五自明太祖《与中山王徐达手敕四》至南明诸贤翰墨。卷六自晋顾恺之《女史箴》至五代无名氏《舆辇图》,其中展子虔《游春图》(书作《春游图》)、韩滉《文苑图》、《五牛图》、胡瓌《卓歇图》、董元(源)《龙宿郊民》、顾闳中《韩熙载夜宴图》等,均为传世珍品。卷七自宋徽宗《雪江归棹图》至赵令穰《雾隐平林图》,其中王齐翰《勘书图》、赵幹《江行初雪图》、范宽《溪山行旅图》、郭熙《早春图》、燕文贵《秋山萧寺图》、王诜《烟江叠嶂图》等,均为传世珍品。卷八自宋高宗《春江渔艇图》至王曼庆《岁寒三友图》,其中米友仁《云山卷》、扬无咎《四梅图》、徐禹功《梅竹图》、朱锐《盘车图》、苏汉臣《货郎担图》、马远《潇湘八景》、夏珪《长江无尽图》、赵孟坚《水仙图》、温日观《葡萄图》等。卷九自高克恭《白云青山图》至元人无名氏图,其中钱选《山居图》、《蹴毱图》、龚开《骏骨图》、赵孟頫《鹊华秋色图》、《水村图》、《重江叠嶂图》、《双松平远图》、黄公望《富春山居图》、《九峰雪霁图》、《天池石壁图》、朱德润《秀野轩图》、吴镇《渔父图》、《中山图》、倪瓒《安处斋图》、《雨后空林图》、《渔庄秋霁图》、王蒙《夏日山居图》、《天香书屋图》等,均为传世珍品。卷十自明宣宗《烟波捕鱼图》至董其昌。书中首行载人名,下以小字载字号。隔行标题字体与下文不分大小,接排。记录该作品的质地、幅式,并加以描绘品第,题、款一般录,但后人的题诗、跋只录姓名不录内容。从所录内容来看,本书与安歧《墨缘汇观》较相类,但不如安氏具体,因此,在资料价值上就要稍逊一等。下面试举二例。

李白,字太白,号青莲居士。上阳台诗,麻纸,草书,后款:十八日上阳台书。太白。宋道君墨书题。宣和、政和诸玺印钤缝上,有燕山张氏图书、张晏私印,前双龙圆玺,道君墨书题于斜纹绫上。题云:太白常作行书,乘兴踏月西入酒家,不觉人物两忘,身在世外。一帖字画飘逸,豪气雄健,乃知白不特以诗鸣也。后拖尾纸上张晏题,杜本、王余庆、危素跋,邹鲁观。

又顾闳中。韩熙载夜宴图,绢中卷,人物六寸许,绢素甚妙,有景界,无树石。前隔水高宗题四行,下段破缺,只存廿一字,文不可读。第一段夜宴,七男五女;第二段舞,五男二女一僧;第三段沐手,一男七女;第四段清吹,三男九女;第五段狎客淫女,三男三女。后绍兴印,拖尾纸上无名人书韩熙载行实,班惟志小楷七言表古,图书三,后绫隔水王锋题五行,引首程南云篆。按:该图现藏北京故宫博物院。

从上述二例来看,《平生壮观》在记载上比较随便,对每件作品视其具体情况记录刊载,使人有一种比较灵活的感觉,但总体上不如《大观录》、《珊瑚网》、《式古堂书画汇考》来得全面。

由于《平生壮观》未正式梓印,故在影印本《平生壮观》出版之前,一般能见到的是传世极少的钞本,又由于钞本传钞错误较多,影印本《平生壮观》刊入周星诒作的校勘,这样,《平生壮观》才得以与世人见面。

(孙国彬)

江村销夏录 高士奇

《江村销夏录》,三卷。高士奇撰。主要版本有:康熙三十二年朗润堂刻本、《四库全书》本、日本宽政十二年(1800)刻本、《风雨楼丛书》本、民国有正书局石印本、《中国书画全书》本等。

作者生平事迹见"左传纪事本末"条。

此书为书画著录书,编是书时,作者已辞官归平湖旧里,闲暇时,整理以往所见法书名画,考证源流,每幅作品均记有质地、尺寸、后人题跋、印章,以及自己的题跋。书中所录,均系作者眼见目识。又据其"自序"曰:"宁慎毋滥",故书中所收书画甚精,如五代阮郜《阆苑女仙图卷》、宋赵大年《荷乡消夏轴》、宋牟益《捣衣图卷》、宋温日观《葡萄图卷》、元钱选《山居图卷》、元三名家书《无逸篇》、元赵孟頫行书《绝交书卷》、元何澄《归去来图卷》、元黄公望《富春山居图》等,这些作品均为传世真品。书前有大收藏家宋荦作的序、高士奇康熙癸酉(1693)作的序,和朱彝尊作的序。序后为凡例,共八条,其中第一条"海内名迹收藏家甚夥,未寓目者,不敢妄载。凡经评阅,随见随录,编次不以时代,亦未敢轻为甲乙",则点明了该书的性质和作者编书的方式。所谓"编次不以时代"则是指全书而已,而每一卷的编次则是以时代为序的。凡例最后一条"董文敏书画为近代第一,所见真迹甚多,另为一卷"。然而书中并未有专介绍董氏书画的一卷,也许是当时来不及刊行的缘故吧。卷一自晋右军王羲之《袁生帖》,至明唐寅《西湖钓艇图》;卷二自《唐摹右军游目帖》,至明文徵明《湘君图》;卷三自唐褚遂良《兰亭卷》,到陆治《榴花白雉图》。

该书收录作品多为传世真品,记录也颇详备。记画,除记录质地、尺寸、收藏印章、历代题跋外,尚粗略画面;记书,往往记录该作品全文,但一般的文章、经文则不录,给人一种精炼的感觉。如卷三宋燕文贵《秋山萧寺图卷》(现藏台北故宫博物院):

> 绢本,高九寸五分,长九尺一寸五分,用墨浓润,钩勒古劲,林木笔意全仿郭熙。山峦屋宇,人物舟骑,稍加工细,虽傅色简淡,而苍秀之妙,令人眼明心爽。款在末尾,小楷书"燕文贵画"四字。跋语俱名笔,信可宝也。前后宋元人收藏印记数方,项墨林家故物,前有小治字

编号,及收藏诸印。后有历代题跋,他们是余复、屠文、倪瓒、陆广、钱惟善、鲍恂、高巽志、罗纨、萧规、刘堪、黄守、陈继儒等。

又卷三唐怀素草书《自叙帖》:

> 纸本,高九寸,长二丈二尺。文不录。凡十五接,合缝处有"建业文房之印"、"四代相印"、"许国后裔",隔水绫上有群玉中秘、秋壑图书、项氏各印。引首李东阳篆"藏真自序"四大字。后有历代题跋。

有的书法作品则录有全文,如卷一宋范仲淹《与尹师鲁二答》、卷二唐颜真卿《祭伯父濠州刺史文稿》、卷三元赵孟頫《八札》等,总之,作为书画著录书,该书的体例比较完备。不像有些著录书不分鱼目,一概收入,显得芜杂。该书则能去繁存真,该简的则简,有些作品后,作者自己也作了题跋,如宋江贯道《长江图卷》、赵子固《白描水仙卷》等,与朱存理《铁网珊瑚》、张丑《清河书画舫》相比,更能体现编者独到的鉴赏能力。当然,高士奇毕竟是个收藏家,在鉴赏上还是稍逊一筹的,该书也收录了一些赝品,如卷三明徐贲《石鹆书隐图卷》,该图是据元赵孟頫、郑元祐赋诗,陈子平作记,徐贲于洪武二十六年补的图,而后人考证赵诗乃伪作,此为高氏疏略,徐氏该图当时亦有数本,俱为伪作。然而,这并不影响该书作为书画著录书的重要地位。余绍宋在其《书画书录解题》中云:"著录书画之书,至《江村》是编,而体裁始密。乾隆时编《石渠宝笈》、《秘殿珠林》二书,多仿之,后来著录之家,以其易于仿效也,遂以为定式。"同时余氏也指出了该书之不足,"其弊也,不讲考证,不重真赏,而徒以钞胥为能,于是著录之书,几于汗牛充栋,而芜杂遂不可问矣。"余氏此语是为所有的著录书下的注脚,但是,无论是书画的真伪考证、美术史论者的引据详证,都还是离不开书画著录书的,只是在使用时要审慎而已。

(孙国彬)

大观录 吴 昇

《大观录》亦名《吴氏书画记》,二十卷。吴昇编纂。成于清康熙五十年(1712),因作者患疾未能印行。武进(今江苏常州)李祖年根据杨氏藏本、莫氏藏本、顾氏藏本互为参校,以莫本(十八卷)为底本,取其是者,缺其疑者,互为订正,竟成二十卷,于乾隆三年(1738)梓行。有抄本、武进李氏仿宋聚珍本、民国九年武进李氏铅印本、1995年上海古籍出版社《续修四库全书》影印本、《中国书画全书》标点本。

吴昇,生卒年不详。字子敏。江苏吴郡(今苏州)人。据王掞序言,其自少好古鼎彝法物,皆善鉴识,对于古书画尤能甄别。曾从王奉常(原祁)、孙承泽(退谷)诸先辈游,评品书画,研搜翰墨。此后交游益广,所见益夥,鉴别能力益高。王掞称"凡所品第甲乙,各随时代之气候","迄晚年,鉴别可以未观款跋,一望而知某代某人"。

《大观录》为吴氏汇辑其生平所见书画,殚竭精力编就,但未及编定,即患心疾,因而以手稿传,使原来的二十卷,散佚成十八卷,并有各种不同的钞本。武进李祖年根据传抄本厘订讹缺,补成二十卷,但在体例上,可以看出已不是编者初衷。

《大观录》是部书画著录书,收录上自魏晋法书、晋隋名画,下迄明董其昌、仇英。虽然该书不像汪砢玉《珊瑚网》、卞永誉《式古堂书画汇考》、安岐《墨缘汇观》那样将整部书分为法书、名画二大类,但是,从该书的实际来看,也分为法书、名画,与前三种的体例大致相同。前九卷为法书,卷九分上下二卷,故法书实际为十卷,卷十分上下二卷,收录元、明诗翰姓氏小传,这种专门介绍姓氏小传的形式,在别的书画著录书中是见不到的。自卷十一至卷二十为名画。由于书中出现上下卷的现象,因此名谓二十卷的《大观录》实际上是二十二卷,其中法书十卷、名画十卷,另二卷是姓氏小传。

本书卷首是王掞康熙癸巳(1713)仲夏作的序,宋荦七十九岁时作的序,以及翁方纲题为"吴氏书画记"序。王序意在叙述作者的生平及对书画的嗜好、精审能力;宋序意在叙述作者的编纂经过和意图；翁序云此书参互于高士奇《江村销夏录》、卞永誉《式古堂书画汇考》之间，但翁氏以为安歧的《墨缘汇观》在考究上更胜本书。序后是"总目"，总目不录品名，仅录时代，如"卷一魏晋法书，卷二唐贤法书"。总目后方为目录，目录记录书画家之作品名称。卷终分别有莫棠康熙壬寅(1662)己未(1679)二跋、李祖年康熙庚午(1690)跋。莫跋主要叙述本书成书后未能及时梓印以致散佚及重装之经过；李跋述其刊印之经过。

该书共二十卷。卷一魏晋书卷，卷二唐人书卷，卷三宋君臣书卷，卷四北宋诸名人书卷，卷五、六宋四家书，卷七宋名贤书，卷八元人书，卷九元明人书，其中，上册为元人墨翰，下册为元人合册和明董其昌书。卷十元明诗翰姓氏（其中上册为金元诸人小传，从伯颜至妙声，计二百二十二人，下册为明人姓氏小传，自刘基至唐顺之，计三百九十余人）。卷十一晋至五代画，卷十二北宋君臣画，卷十三北宋人画，卷十四南北宋君臣画，卷十五南宋人画，卷十六之赵孟𫖯画，卷十七元四家画，卷十八元诸家画，卷十九明人画，卷二十明四家画。其体例与《式古堂书画汇考》不同，《式古堂》引用外录，而该书不用；《式古堂》用两种字体，该书只用一种。但与高士奇《江村销夏录》大体相类。先是书画家姓氏及作品名称，隔行详记质地、尺寸、设色否，书记行数、字数，画叙所绘情状并加以评论，而后录法书本文，名画款识，后人的题跋一并收录，惟有印章不全录。下面举例以示说明。

陆士衡平复帖

牙色，纸高七寸五分，阔六寸，纸色邈古，有纹隐起如琴之断纹。草书若篆若隶，笔法奇倔，共九行八十八字。宋徽宗瘦金楷书题"晋陆机平复帖"，在月白绢签。六玺俱全。又楷书签题"晋平原内史吴郡陆机士衡书"十二字，系宋人迹，但晋平二字已脱。有谓内史，此书与淳化所摹晋帖妍媚近情者不同，然此等纸色笔法，决非晋后人所能办，且前有祐陵题玺，后有思翁鉴跋，真迹何疑。文若字草难译，未录。

(以上为作者自撰)后收录董其昌的跋文。又：

宋徽宗雪江归棹图卷

平远山峰，以青墨烘晕，天色衬出。有群山冻合惨凛气象。下长坡不皴，焦墨杂淡绿染林。树高四寸许，点叶，枝柯设赭色，缀轻粉作雪。人家村落散聚，江皋山麓间。江景俱勾染，芦苇夹叶有点金者，晃耀之状可掬。小艇载雪荡漾，人物亦纤小。格制与晋卿渔村小雪相似，但气韵风度凝重苍古，直入王右丞堂奥，洵天纵之艺，能六法之大成也。蔡楚公书法殊严整，不类其人品。系绢本，高一尺，长四尺五寸。

隔行款书"雪江归棹图"。卷后跋俱收。

从上述二例中可以看到吴氏对所见书画作品记录品赏的认真程度，即使像孙承泽整理编辑自己的藏品而成的《庚子销夏记》,其对书法的赏辨力、绘画的情状描写,都要大大低于吴氏。无怪乎,《大观录》一直是书画赏鉴家和书画史研究者的必备必读之书。同时《大观录》收录作品不仅数量多,而且质量也较高,有许多作品流传至今。如法书类卷一陆机《平复帖》、王羲之《思想帖》、《二谢帖》、王献之《中秋帖》、卷二欧阳询《梦奠帖》、《卜商》、《张翰》三帖、孙过庭《书谱》、张旭《四诗卷》、颜真卿《祭侄文稿》、僧高闲《千字文》、杨凝式《神仙起居法》等,卷三宋徽宗《千字文》、宋高宗《付岳武穆手敕》、范仲淹《道服赞》等,卷五、六苏轼《归去来辞》、《杜工部恺木诗》、黄庭坚《松风阁诗》、米芾《苕溪诗》、蔡襄《谢赐御诗表》、卷八赵孟頫《灵隐禅师塔铭》、《与中峰十一帖》、《洛神赋》等,卷九上为元人墨翰,其中龚璛《宣城诗卷》、邓文原《急就章》、冯子振《居庸关赋》、朱德润《四时田园杂兴诗卷》等,均为真迹;名画类卷一顾恺之《女史箴图》、展子虔《游春图》、阎立本《职贡图》、韩滉《五牛图》、顾闳中《韩熙载夜宴图》;卷十二宋徽宗《雪江归棹图》、《山禽腊梅图》、赵幹《江行初雪图》、李成《茂林远岫图》、《观碑图》、董源《夏景待渡图》、《潇湘图》,卷十三文同《竹枝图》、王诜《烟江叠嶂图》、《渔村小雪图》、燕文贵《秋山萧寺图》、许道宁《渔父图》、巨然《万壑松风图》,卷十四赵伯骕《万松金阙图》、扬补之《墨梅》、马远《观梅图》;卷十五赵子固《水仙图》、钱选《浮玉山居图》、《山居图》、温日观《墨葡萄》,卷十六均为赵孟頫及其子赵雍的作品,其中相当一部分作品流传至今;卷十七为"元四家"作品,卷十八为元名家作品,等等,这些作品均为书画家流传有绪的传世珍品,为世界各大博物馆所收藏。所以说,在私人编撰的著录书中,《大观录》所收作品中的精品(传世作品),可以说是数量最大的。

翁方纲在序《大观录》中曾说道:"若夫知人论世,藉书画以备参考,则此书亦勤且博矣。"余绍宋在《书画书录解题》中进一步指出:"综观全编,凡评论书画之语,颇有所见,自非寝馈其中数十年者不能道,而考证则殊非所长。所录见于何家所藏,往往不著,亦为缺憾。"

(孙国彬)

苦瓜和尚画语录 原 济

《苦瓜和尚画语录》,又名《石涛画语录》,一卷。原济著。初刊于清雍正六年(1728)。主要版本有:《知不足斋丛书》本、《昭代丛书续编》本、《翠琅玕馆丛书》本、《四铜鼓斋论画集刻》本、《中国画论丛书》本(人民美术出版社,1959年)等。

原济(1642—1707,一作1642—1718),本姓朱,名若极。出家为僧后法名原济,一作元济。小字阿长,字石涛,号大涤子、苦瓜和尚、清湘陈人、清湘遗人、济山僧、靖江后人、小乘客等,晚号瞎尊者、零丁老人。广西全州人。清代著名书画家、画学理论家。他是明宗室靖江王朱守谦后裔,父亨嘉于明亡后在桂林自称监国,被南明政府所杀。若极"韶龀遭险难"(原济《钟玉行先生枉顾诗》),由内宫太监携带逃出,托身佛门,后拜名僧旅庵本月为师。早年漫游潇湘、洞庭、庐山及江浙诸胜,流寓于安徽宣城及黄山一带十余年,并辗转江淮,居南京城南长干一枝寺八年。康熙二十九年(1690)起,应邀客居北京三年,晚年定居扬州,以卖画为生,逝世后葬于蜀冈。原济所作山水笔墨苍秀纵恣,融古汇今,参酌造化,自创面目;所作花卉潇洒清朗,所作人物生拙古朴。他与髡残(石溪)并称"二石",加上朱耷(八大)、弘仁(渐江)合称"清初四画僧"。行世著作除《苦瓜和尚画语录》及《画谱》外,尚有《大涤子题画诗跋》(雍正时汪绎辰辑)、《清湘老人题记》(光绪九年汪鋆辑)、《石涛题画录》(1925年程霖生刊)、《大涤子题画诗跋》(《美术丛书》三集第十辑)等。生平事迹见傅抱石著《石涛上人年谱》、郑拙庐撰《石涛略传》。

《苦瓜和尚画语录》是一部反映原济的绘画技法、哲学与美学观念的画学论著,阐述了山水画艺术的本质、目的、方法以及自然美和艺术美的关系等问题,体系完整,立论精辟。全书共分为十八章。

"一画章第一"论述一画之法的主客观原理和功能。原济认为,"一画之法"是从上古时代的原始混沌状态结束后即产生的,"太朴散而一画之法定";由于"一画之法"划破了原始混沌状态,"一画之法立而万物著",这"一画"即是"所有之本,万象之根",我们也可将它理解为宇宙万物所具有的一种统一力量。原济将他对宇宙的这一理解运用于画,认为"此一画收尽鸿蒙之外,即亿万万笔墨,未有不始于此而终于此","人能以一画具体而微,意明笔透",相反,若"未得一画之洪规",必然"未能深入其理,曲尽其态"。原济提出"一画之法,乃自我立","吾道一以贯之",也就是说,绘画之法从无到有,从少到多,最关键的是要"一以贯之",使之统一到"我"(画家本人)的意念发挥之中。

"了法章第二"报出了法与障(即障碍)的关系,认为天地会"缚人于法",人会"役法于蒙",但"法无障,障无法",也就是说真正透彻的法是不会存在障碍的。而要去掉障碍,则需"一画明,则障不在目而画可从心;画从心则障自远矣"。

"变法章第三"认为画家要"一知其法,即功于化",不应该被古人束缚,"泥古不化",而应该是"借笔墨以写天地万物而陶泳乎我",由此提出了"至人无法,非无法也,无法而法,乃为至法"的著名论点。原济标榜独创个性:"我之为我,自有我在。古之须眉,不能生我在我之面目;古之肺腑,不能安入我之腹肠。我自发我之肺腑,揭我之须眉。纵有时触著某家,是某家就我也,非我故为某家也。天然授之也,我于古何师而不化之有?"

"尊受章第四"提出作画要尊重感受,且要"尊而受之,强而用之,无间于外,无息于内"。这也就是说,画家对外界要不断通过心灵去感受,同时又要使这感受通过从心到腕、从腕到笔、从笔到墨的贯通而得以强化的表现。

"笔墨章第五"论述笔墨与生活体验的关系。对于以往山水画家"有墨无笔"和"有笔无墨"两种情况,原济认为是"人之赋受不齐",前者是"能受蒙养之灵而不解生活之神",后者是"能受生活之神而不变蒙养之灵"。他认为山川万物可"荐灵于人",作为画家若能"操此蒙养生活之权",所画则可"一一尽其灵而足其神"。

"运腕章第六"认为画家要解决徒知皴法皮毛而不知形势变化、使所画山水或欠空灵或欠扎实的弊病,"必先从运腕入手",并指出了运腕用笔的种种微妙变化:"腕若虚灵是则画能折变,笔如截揭则形不痴蒙。腕受实则沉着透彻,腕受虚则飞舞悠扬,腕受正则中直藏锋,腕受仄则欹斜尽致,腕受疾则操纵得势,腕受迟则拱揖有情,腕受化则浑合自然,腕受变则陆离谲怪,腕受奇则神工鬼斧,腕受神则川岳荐灵。"

"絪缊章第七"论述"笔与墨会",以表现大自然的絪缊气象,提出既要"一以分万","化一而成絪缊",又要"自万以治一",也就是说画要从简单到复杂,但又要求统一而归复简单,"不可雕凿,不可板腐,不可沉泥,不可牵连,不可脱节,不可无理。在于墨海中立定精神,笔锋下决出生活……纵使笔不笔,墨不墨,画不画,自有我在"。

"山川章第八"论述了解、掌握山川形势的规则,并谈了自己"搜尽奇峰打草稿"、"山川与予神遇而迹化"的创作体会。

"皴法章第九"论述了山水画皴法之理法(即"一画落纸,众画随之;一理才具,众理附之。审一画之来去,达众理之范围")和功用(即"皴却能资峰之形势","峰之变与不变,在于皴之现与不现")及其运用(即"善操运者,内实而外空……亦有内空而外实者","虚实中度,内外合操,画法变备")。

"境界章第十"阐释常见的山水构图三叠两段法及其弊病,指出对于地、树、山的表现"要贯通一气,不可拘泥","为此三者入神,则于细碎有失,亦不碍矣"。

"蹊径章第十一"提出六种画山水的取材方法:对景不对山、对山不对景、倒景、借景、截断、险峻;并指出用"截断"法"非至松之笔莫能入",用"险峻"法"须见笔力是妙"。

"林木章第十二"认为画林木要表现其"反正阴阳"、"参差高下",运用笔墨要"或硬或软","生辣中求破碎之相","或浓或淡,虚而灵,空而妙"。

"海涛章第十三"论述山、海相通之理,认为依据水源龙脉,纵然是神话中的山水也可由想象推测而知。

"四时章第十四"认为"满目云山,随时而变",同时介绍了作者自己"拈诗意以为画意,未有景不随时"的创作经验。

"远尘章第十五"、"脱俗章第十六"论述画家摆脱物欲、去愚除俗、使思想专一而清的重要性,提出"画贵乎思、思其一则心有所著而快,所以画则精微之",并认为作画要"运墨如已成,操笔如无为"。

"兼字章第十七"论述"字与画者,其具两端,其功一体"。原济认为,"天能授人以法,不能授人以功;天能授人以画,不能授人以变",因而,"古今字画,本之天而全之人"。

"资任章第十八"论述了山水、笔墨、古今之资任关系,认为这是山水画家"蒙养生活之理",不过在具体作画时,却"不任于山,不任于水,不任于笔墨,不任于古今,不任于圣人",只是通过这些资养来不自觉地充拓自己的创造精神。

以上十八章,第一到第四章是总论,尤其第一章是全书的纲领;第五到第十四章是分论;第十五到第十八章是结论。原济的"一画论",系参酌道家的"道生一,一生二,二生三,三生万物"而来。"一"为万物之始,亦即"万象之根"。原济认为画是从心而出,"法于何立?立于一画",这也就是强调心的作用。因而他主张"画成法立","我自用我法",对于死临古人稿本则极为不屑。不过,原济在强调心的作用和蔑视墨守成法的同时,又主张作画要"深入其理,曲尽其态","搜尽奇峰打草稿",这又使他的画论富有现实主义精神。

《画语录》对当时盛行的临摹风气和形式主义倾向具有强烈的纠偏作用,对后世绘画理论的发展具有深远的影响。清代何绍基在《石涛纪游图咏册》中称赞是书"空诸依傍,自出神解,为从来丹青家所未道",确非过誉之辞。不过,诚如张沆在清雍正六年(1728)为是书所作跋语中指出的,"吾视大涤子论画,钩玄抉奥,独抒胸臆,文乃简质古峭,莫可端倪"。由于原济是书在文字上竭尽驰骋,语意则未免晦涩,因而连现代书画史论家余绍宋和陈衡恪也认为它有"措辞玄妙,颇难窥其旨趣"之不足。

《苦瓜和尚画语录》为原济中年所作,至其晚年,又由东北广宁县人胡琪为他出资印行了《画谱》刻本。将两本对校,文字出入有六十条之多,可知《画语录》为初稿本,而《画谱》则是定本。虽然《画谱》的文字较《画语录》显豁,但却将初稿本中革新求变的精神大大削弱了,因而其价值远不如《画语录》,流传也不如后者广。

有关《苦瓜和尚画语录》的研究著作主要有傅抱石《石涛丛考》、《石涛再考》、《石涛三考》,郑拙庐《石涛四考》、《石涛研究》,俞剑华标点注释《石涛画语录》(除标点注释外,书中尚有《石涛画语录研究》一章共七节),黄兰波《石涛画语录译解》,姜一涵《石涛画语录研究》,韩林德《石涛与画语录研究》,杨成寅《石涛画学本义》、《石涛画学》,吴冠中《我读石涛画语录》等。2013年中华书局出版的朱季海《石涛画谱校注》,亦足资参照。

(舒士俊)

绘事发微 唐 岱

《绘事发微》,又名《画山水诀》,一卷。唐岱撰。有《昭代丛书》本、《四铜鼓斋论画集刻》本、《清瘦阁读画十八种》本和《艺海一勺》本。

唐岱(1673—1752),字毓东,又字静严,号爱庐、默庄。满洲正白旗人。清康熙间以荫任骁骑参领,从军塞外。后任内务府总管,从王原祁学画,供奉内廷,康熙皇帝品题为当时第一手,称"画状元"。历事雍正、乾隆。乾隆帝亦喜其画,屡有题咏。唐岱专工山水,以宋人为宗,年轻时即享有盛名,王原祁众弟子中,堪称佼佼者。亦工诗,撰有《载乐堂集》等。其生平事迹见《清史稿》卷五〇四和《绘事发微》卷首沈宗敬序文。

本书积作者数十年习画经验和心得,对学画人阐述有关山水画理论技法的诸多问题。作者在书前《自序》中说:"夫画一艺耳!苟学之有得,每不能自已,而积习在焉……今予一官白首,虽不敢追踪往古,而日事翰墨,未尝少倦。惟恐学之日短,空自成癖,因举画中六法三昧,前人言而未尽者,以至于山水根源,阴阳向背,邱壑位置,用笔用墨,皴染着色,种种诸法,略抒管见。"又据卷首沈宗敬序文,知此书成于康熙五十六年(1717),那年唐岱四十五岁,有志画学已有三十余年,公余常与朋友挥洒丹青,极论画理,将心得整理成编,就是本书。

全书共计二十四篇,依次为:正派、传授、品质、画名、邱壑、笔法、墨法、皴法、着色、点苔、林木、坡石、水口、远山、云烟、风雨、雪景、村寺、得势、自然、气韵、临旧、读书、游览。其中一至四篇分别讲述学画人在正式着手以前应该懂得的有关常识;《邱壑》以下直至《气韵》篇,阐说山水画的具体技法和理论;最后三篇则涉及学画的方式和修养问题。

唐岱是王原祁的弟子,故常以南宗正派传人自豪。本书首篇就说:"画有正派,须得正传,不得其传,虽步趋古法,难以名世也。"因此详细地叙述了南北宗的渊源、流传和差异,并且认为南北宗犹如儒家的道统之分,还将明代戴进、吴伟斥作"非正派"。这种唯我独尊的门户之见,显然不足取。和以往评论家阐说"南北宗"稍有不同,唐岱尤其强调皴法的差异:"夫皴法须知本源本派,先要习成一家,然后皴山皴石,方能入妙。昔张僧繇作没骨图,是有染而无皴也。李思训用点攒簇而成皴,下笔首重尾轻。形似丁头,为小斧斫皴也。王维亦用点攒簇而成皴,下笔均直,形似稻谷,为雨雪皴也,又谓之雨点皴。二人始创其法,厥派遂分,李将军为北宗,王右丞为南宗。荆、关、李、范,宋诸名家皴染,多在二子之间。惟董北苑用王右丞渲淡法,下笔均直,以点纵长,变为披麻皴,巨然继之,开元诸子法门。"(《皴法》)以具体笔法的分析,来阐说南北宗的各自特点,令人较易理解。然而南北宗的差异,首先并不在于皴法,何况由于表现对象的不同,皴法应有所变化改进或创新。唐岱将皴法区分为南北,而且又持尊南贬北的态度,对初学者全面掌握技法是不利的。

唐岱自视甚高,其友人沈宗敬也曾赞他"每一命笔,辄具体古人笔意,又时时有古人不见我之恨"(见卷首《沈序》)。本书许多论述,确实颇为周到和正确,如《品质》篇谓画品首先在于人品,隐逸之人以笔墨怡情养神,画品自高;而有人用于图利,则必不能得画中之妙。又如《画名》篇用作文、书法作比,阐述绘画程序,认为学画还必须精通文章、书法,否则难以高妙。又如谓作画时应与所画对象保持一种相似相通的精神,才能惟妙惟肖地表现对象的面貌品格。比如画山,山主静,画山亦要沉静,起稿时必须凝神澄虑。(《邱壑》)又如谓学画人应该注意提高绘画以外的修养,或读书,或游览。读书宜广,有关绘画的以外,《易》、《书》、《诗》、《礼》、《春秋》、二十一史和诸子百家,皆应朝览夕诵;游览应多,遍历名山大川,自然胸襟开阔。久而久之,聪明日生,笔墨日灵,"胸中具上下千古之思,腕下具纵横万里之势,立身画外,存心画中,泼墨挥毫,皆成天趣"(《读书》)。

本书对于初学者较为实用,它不但在《读书》篇中列举了自王维《山水诀》以来的十余种有关山水画的书籍,供人选学,还细致叙述了学画步骤、笔墨技法、各种景物的表现特点和方法。唐岱认为学画必须得法,入门应有名师传授:"凡画学入门,必须名师讲究,指示立稿,如山之来龙起伏,阴阳向背;水之来派近远,湍流缓急,位置稳妥,令学者得用笔用墨之法。然后视其笔性所近,引之入门。俟皴染纯熟,心手相应,则摹仿旧画,多临多记,古人邱壑,融会胸中,自得六法三品之妙。"(《传授》)至于笔法,要在善用中锋,务必心使腕运,刚中带柔;皴法要在毛而不滞,光而不滑,着色则与用墨同法,要自淡渐浓,一色之中,更变一色,要在墨中有色,色中有墨,以色助墨光,以墨显色彩。除了这些原则性的阐述以外,山水画中各种常见景物的描绘都分别作了介绍。

入门既不难,深造也是应该办得到的。书中对绘画更高境界的追求,也从方法上作了介绍,这倒是以往人们常常不能说透的。唐岱所述颇有道理:"古云:画有三品:神也,妙也,能也。而三品之外,更有逸品。古人只分解三品之义,而何以造进能到三品者,则古人固有所未尽也。余论欲到能品者,莫如勤依格法,多自作画;欲到妙品者,莫如多临摹古人,多读绘事之书;欲到神品者,莫如多游多见。而逸品者,亦须多游,寓目最多,用笔反少……故欲求神、逸兼到,无过于遍历名山大川,则胸襟开豁,毫无尘俗之气,落笔自有佳境矣。"(《游览》)虽然此说尚不全面,但毕竟给初学者指明了一条道路,使人得以循序渐进,渐臻妙笔。

书中不少论述,与韩拙的《山水纯全集》相似。或据韩拙之说阐发,或干脆摘引《山水纯全集》的论述,如《笔法》篇的"用笔三病",《墨法》篇中的有"有笔无墨、有墨无笔",以及《得势》篇中的"山水体势"等等,然而唐岱不仅没有说明出处,就连《读书》篇所列诸多书目中,也丝毫不提韩拙其人其书。近人余绍宋《书画书录解题》已对唐岱因袭韩说而又讳莫如深的原因作了揭露。

今人于安澜《画论丛刊》所收此书,以清杨复吉辑《昭代丛书丁集新编》道光十六年(1836)刊本作底本,用《四铜鼓斋论画集刻》本参校。书前有康熙年间陈鹏年、沈宗敬和唐岱序文各一,书后有杨复吉跋文一篇。

(孙小力)

南宋院画录 厉 鹗

《南宋院画录》，八卷。厉鹗著。成书于清康熙六十年(1721)。传世刊本有《四库全书》本、光绪间丁氏竹书堂《掌故丛编》本、《美术丛书》本、上海人民美术出版社《画史丛书本》。

厉鹗(1692—1752)，字太鸿，号樊榭、雄飞、樊榭山民、西溪渔者、南湖画隐。浙江钱塘(今杭州)人。康熙五十九年举人，乾隆元年(1736)举博学鸿词，不赴。性嗜书，所得俸禄皆用之于书，故时多异闻轶事。常寄兴于湖山，怡情缣素。尝馆扬州马曰琯小玲珑山馆数年，所见宋人文集、杂录极多，可谓博览详观。后感慨《宣和画谱》之不详，邓椿《画继》之阙如，编修《南宋院画录》。著有《玉台画史》、《樊榭山房集》等。生平事迹见《清史稿·文苑》本传及《南宋院画录》章廷彦撰叙。

自唐代起，有相当数量的供奉皇室的职业画家，主要服务于帝王贵戚。北宋宣和年间徽宗赵佶设画院，广揽画家。尔后，南宋中兴，一大批由北南渡的画家和当地的画家咸集于翰林画院，使画院规模达至鼎盛。《南宋院画录》辑录的就是当时供奉过皇室的画家的传略和作品，其形式与《宣和画谱》基本相埒。所不同处，《南宋院画录》是汇编前人所言，其资料主要来源于历代画史著作、著录书、史籍及个人文集、杂录等，而《宣和画谱》则为原始资料。

该书卷首为章廷彦作的序，称："夫法书珍秘，如搜铁网之珊；墨妙琳琅，可载清河之舫。……云烟过眼，沧海移时，而残膏剩馥之留，姓谱名编之列，能令神契，奚啻手摹，此《南宋院画录》所由作也。"后为吴炳作的序。作者厉鹗在康熙辛丑(1721)的序中有这样的说法："予家古杭，每乐稽诸人名迹，考《梦粱录》、《武林旧事》等书，姓氏存在寥寥，岂以其院画少之欤？暇日因据《图绘宝鉴》、《画史会要》二书，得如干人，遍搜名贤吟咏题跋，与夫收藏赏鉴语，荟萃成帙，名曰《南宋院画录》。"序后为目录，共九卷，但缺卷首"院人年表"，实际为八卷。

卷一为总述，内容涉及画史、画学、画理、画法等，没有什么大的价值。卷二自李唐始，至张著止，共收入画家二十一人。卷三自马和之始，至陈善止，共收入十三人。卷四自阎次平始，至刘松年止,共收入八人。卷五自吴炳始,至苏显祖止,共收入八人。卷六仅收入夏圭父子、马逵三人。卷七只收入马远、李兴宗二人。卷八自马麟始,至朱绍宗止,共收入四十三人。全书共收入南宋院画家九十八人,其中马和之等人并非是院画家。卷后有张维嘉的跋,张跋主要叙述该书的出版情况。

如前所述,该书所辑录的资料均出自于前人之手,故在正文中每段文字的结束处都录有书名,以示该段资料的来历。如"夏珪"条:

> 夏珪,字禹玉,宁宗朝待诏,赐金带,院人中山水自李唐以下,无出其右。子森,亦善画。《画史会要》

说明此条资料是从《画史会要》中摘录下来的。在具体介绍某件作品时,一般都对该作品质地、设色,以及画面形式、笔墨情况作客观表述,并附题识、印等。但这些资料也是来源于别的著录书。如《刘松年竹楼说听图》(团扇):

> 绢本,着色,松竹茂密,篱落山居,一翁与老衲黄冠围炉对谈,隔溪山树人家,云烟晻霭。"小书楼下千竿竹,深火炉前一盏灯;此处与谁相伴宿?烧丹道士坐禅僧。"赐林恕,高宗对题。"明安国玩"、"黔宁王子子孙孙永保之"二印。《珊瑚网》

这说明该段资料来源于汪砢玉的《珊瑚网》。不过,该书所引资料与今本《珊瑚网》有所出入,这是需要注意的。

总的来说,《南宋院画录》提供了有关南宋院画家的生平资料、作品介绍,为研究南宋院画提供了诸多方便。

(孙国彬)

国朝画徵录 张 庚

《国朝画徵录》,又名《翰苑分书画徵录》,三卷,续录两卷。张庚著。成书于清雍正十三年(1735)。主要版本有清乾隆四年自刊本、《昭代丛书》本、《花近楼丛书》本、《槐庐丛书》本、《美术丛书》本等。

张庚(1685—1760),原名焘,后改名庚,字浦山,号瓜田逸史、白苎桑者、弥伽居士。浙江嘉兴人。清代画家、画学理论家。幼孤家贫,至二十七岁,始研经史文学,并从徐白洋习画,继而游历山东、河北、湖南、湖北诸地,探访名迹。雍正十三年(1735)应举博学鸿词,嗣后一度赴四川任职。生平善绘事,山水出入董源、巨然、黄公望,笔墨秀润;花卉得陈淳法;人物则多作工细白描。其传世作品《仿江贯道秋林叠嶂图》作于乾隆十五年(1750),被图录于《中国名画宝鉴》;另有乾隆十九年所作《竹林图》,现藏日本大阪市立美术馆。擅作各体诗文,尤长五古。行世著作除《国朝画徵录》外,尚有《浦山论画》《强恕斋诗文集》、《瓜田词钞》等。生平事迹见于蒋宝龄《墨林今话》。

《国朝画徵录》是中国画史传著作。据张庚作于乾隆四年(1739)的自序云,该书自康熙元年(1662)动笔,至雍正十三年(1735)脱稿,前后写作时间达七十余年。是书记述清初至乾隆朝上期的画家共四百六十七人,包括遗民画家、闺秀和方士(三卷中,自八大山人迄袁枢共二百九十七家,其中包括陈洪绶、蓝瑛、"四王、吴、恽"、傅山、邵弥、程邃、查士标、张风、程正揆、弘仁、髡残、罗牧、焦秉贞、冷枚、禹之鼎、王概、黄鼎、高其佩、杨晋等;又附录明代画家两人以补遗;续录两卷自黄宗羲迄闺秀鲍诗收一百六十八家),各为之评传,叙述其经历、特长、流派师承和画论等。据张庚自叙,片纸尺缣之画凡经他寓目,"其宗派何出,造诣何至,皆可一一推识",至于"闻诸鉴赏家所称述者,虽若可信,终未徵其迹也,推从附录而止署其姓氏、里居与所长之人物、山水、鸟兽、花卉,不敢妄加评骘"。由于张庚要"徵其迹而可信者著于篇",因而全书在斟酌处理上颇见匠心。凡画家有名言精论的,每多摘入传中。如其记叙陈洪绶临周昉美人图:"人指所抚者谓之曰:'此已胜原本,犹嫌嫌,何也?'曰:'此所以不及也。吾画易见好,则能事犹未尽。周本至能而若无能,此难能也。'"这句"至能而若无能"的名言,就极其确切地道出了中国画家的一种高超境界。是书对有的画家作画的过程和方法作了记录。如其记录的王原祁"发端混仑,逐渐破碎,收拾破碎,复还混仑"的作画过程和方法,对于后世画学研究和借鉴甚有启发。在有的画家传后张庚或作论赞,其发挥画理也时有卓见。根据资料情况的不同,对有些画家也有作合传或附传处理的。书中对各家各派的评论大体允当,但也有偏失处,如过分推崇王原祁而对吴历贬抑过甚,此外对个别画家也有遗漏或搞错的。

尽管《国朝画徵录》存在着某些不足,但它毕竟是清代最早的一部断代画史,正如余绍宋在《书画书录解题》中所云:"浦山原以画徵为名,则遗漏原所不讳。一人之见闻有限,则错误亦难保其必无,不得以此遽议是书之失。"历来有些评论家对此书评价甚高,如蒋泰为之作序,即认为"其论宗法渊源、造诣深浅,皆确然有据,而评骘不肯轻下一字","至若因人以及画,或因画以及人,另见奥旨微意"。方薰在《山静居画论》中说:"《国朝画徵录》评论绘事,曲尽其笔。"蒋宝龄《墨林今话》也认为:"徵君所著《画徵录》洞参宗旨,言皆中肯。"应该说这是一部有价值的中国画史传著作。

历来著录《国朝画徵录》的著作有胡敬《国朝院画录》、冯金伯《墨香居画识》、方薰《山静居画论》、蒋宝龄《墨林今话》和余绍宋《书画书录解题》等。

(舒士俊)

浦山论画 张 庚

《浦山论画》,一卷。张庚著。成书于清乾隆十五年(1750),有《昭代丛书》本、《翠琅玕馆丛书》本、《四铜鼓斋论画集刻》本等。

《浦山论画》是一部画论著作。其总论叙述山水画的各派源流及其得失;其后论画八则,分别题为"论笔"、"论墨"、"论品格"、"论气韵"、"论性情"、"论功夫"、"论入门"、"论取资"。

在总论中,张庚针对明末清初山水画坛门户标榜的风气日趋严重的状况,力斥其弊,认为始于戴进、成于蓝瑛的浙派其笔墨技法上的偏失在于硬、板、秃、拙,以董其昌、赵左为代表的松江派其趋奉者多入于纤软甜赖,新安派则自浙江之后不免或"结"或"疏"之弊,而宗罗牧的西江派其失在于"易而滑"。因此余绍宋在《书画书录解题》中评论此书曰:"明季清初各派名称实始于此。"这对于明清画史研究来说无疑是有贡献的。

论画八则中,其"论笔"主张"当以重为入门之要";"论墨"则推崇董其昌"用墨之鲜彩,一片清光奕然动人";"论品格"主张"品格之高下不在乎迹在乎意";"论性情"认为"画与书一源,亦心画也"。其"论工夫"、"论入门"、"论取资"三则,对于学画过程作了精到的阐述,提出"入门之路不可不慎,一失足则习气浸淫于骨髓,后虽悔悟而欲尽剔之,亦难尽去",同时又认为"即业之不及我者,亦有天机偶露之一节,未尝不可以启我之聪明",即使对于古迹之赝本,"亦当略其短而取其长",并认为整个学画过程"始则求其山石水木之当然,不敢率意妄作,不敢师心立异,循循乎古人规矩之中,不失毫茫,久之而得其当然之故矣,又久久而得其所以然之故矣,得其所以然而化可几焉"。在八则中,尤为后世一些评论家所称道的是"论气韵":"气韵有发于墨者,有发于笔者,有发于意者,有发于无意者。发于无意者为上,发于意者次之,发于笔者又次之,发于墨者下矣。何谓发于墨者? 既就轮廓以墨点染渲晕而成者是也。何谓发于笔者? 干笔皴擦力透而光自浮者是也。何谓发于意者? 走笔运墨我欲如是而得如是,若疏密多寡浓淡干润各得其当是也。何谓发于无意者? 当其凝神注想,流盼运腕,初不意如是而忽如是是也,谓之为足则实未足,谓之未足则又无可增加,独得于笔情墨趣之外,盖天机勃露也。然惟静者能先知之,稍迟未有不汩于意而没于笔墨者。"张庚所提出的气韵的这四种境界,尽管其界定尚嫌绝对,事实上即使画家在作画过程中,这四种境界也有可能彼此交融而共存——笔气与墨韵有时很难截然区分,有意与无意也时常在互相转换,但张庚所作的这四种境界的区分,仍反映了传统艺术观对于笔墨审美层次的精微辨析,从这点上说来它是有着深刻的内涵和美学意义的。

由于自己绘画师承上的原因,尽管张庚在《浦山论画》中对明末清初绘画各流派的弊端有所针砭,而对清代山水画"四王"之一的王原祁显示了过分的推崇,认为"能不囿于习而追踪古迹,参席前贤,为后世法者,麓台(即王原祁)其庶乎!"这就未免门户之见。其实王原祁虽然在探究元人笔墨方面有自己的建树,但他和他所代表的娄东画派总的来说还是囿于模古,缺乏创新,其弊端亦是显而易见的。不过张庚在"论取资"一则中认为作画"所资者不可不求诸活泼泼地,若死守旧本,终无出路",这一见解还是高于王原祁,得到了后世评论家的肯定。

有关《浦山论画》研究的参考著作有余绍宋《书画书录解题》、温肇桐《中国绘画批评史略》、俞剑华《中国画论类编》等。

(舒士俊)

墨缘汇观 安 岐

《墨缘汇观》,《粤雅堂丛书》本、《丛书集成》本作《墨缘汇观录》。四卷。安岐编纂。成书于清乾隆七年(1742)七月。有光绪二十六年(1900)阳端氏排印本、宣统元年(1909)阳端氏刻本、北京瀚文斋活字排印本、《粤雅堂丛书》本。

安岐(1683—1742后),字仪周,号麓村,亦号松泉老人。天津人(《自讼斋文集》谓安为朝鲜人)。性迂志疏,颜所居曰"清水草堂",年轻时即喜好书画名迹,"每至把玩,如逢至契,日终不倦,几忘餐饮"。曾服务于太傅纳兰家,纳兰权倾朝野,许多欲投入其门下者,辄以重金贿赂安岐,安岐因此得到一大笔钱财。嗣后,鬻盐于江南,声势赫奕。又以好士称,江淮之间文士贫而不遇者,多依以为生,海内法书名画因此流入安岐手中。精鉴赏,收藏之富,甲于海内。后少陵夷,子孙渐不能自存,以藏书画典鬻,所藏精品流入内府,其余散佚江南。

该书所录名迹,据端方序谓尽其所藏,而安岐自序因他人时来"就政于余者",又"鬻古者间有持旧家之物求售于余者,以致名迹多寓目焉"。又端方序中说,"收藏之富,几与士夫相颉颃,以故海内法书名画之归麓村者,若龙鱼之趋薮泽也"。而端氏得到的安氏藏品三十余件是安氏所有藏品中的极少部分,这是因为此书成后,书中所录藏品即散佚殆尽。端序与安岐自序的不合之处在于:端氏以为该书尽录其家藏;而安氏则说"名迹多寓目焉","然适目之事如云烟一过,凡有古人手迹得其心赏者,必随笔录其数语,存贮笈筒,以备精为观览"。《墨缘汇观》事实上是"将平昔所记,择其尤者,复为编次,汇成卷帙"。当然,这中间绝大多数为安氏自藏。

《墨缘汇观》四卷分法书卷上、下二卷,名画卷上、下二卷,后各有法书续录、名画续录。正录中于宋以前书画多有考证,颇为精当。如考古时屏幛阔幅,俱分装成轴,足订周密《云烟过眼录》题陆滉《捕鱼图》为"明昌"之讹,足补《庚子销夏记》之阙,纠正《式古堂书画汇考》之失者尤多。在论及诸家书法,如赵孟頫、董其昌等,颇多已见。法书卷上卷首载陆机《平复帖》,并记有书帖之质地,何种字体,字之大小尺寸,行数及印玺。对字略作评论,对作品作大略介绍。原文不录,后人题跋择录精义,以及作者见于何处。对作品的包装介绍得尤为详细,如陆机《平复帖》"外装蓝地,宋刻丝花鸟包首,脂玉出轴,碾花脂玉插签,以宋虾须倭帘裹之"。另载有索靖《出师颂》,王羲之五帖、王献之帖,虞欧颜柳各数通,北宋人书凡百数十通;下卷载有南宋人书六十余通,元赵孟𫖯十七种,其余名家四十余种,明人书迄董其昌凡四十余种,另附墨拓十种,皆精极之品。其中上卷陆机《平复帖》、王珣《伯远帖》、怀素《自叙帖》、《苦笋帖》、徽宗《瘦金书千字文》、李建中《土母帖》、蔡襄《谢赐御书诗》、苏轼《洞庭赋》、《中山赋》、《寒食帖》、黄庭坚《松风阁》、米芾《多景楼诗》、《谈墨秋山帖》,下卷吴琚《焦山题名》二帖、张即之《佛遗教经》、赵孟𫖯《三清殿记》、《绝交书》、《归去来兮》、《与中峰十一帖》、鲜于枢《烟江叠嶂歌》、解缙《自作二诗》等,均流传至今,为海内外各大博物馆收藏。名画卷上卷首载晋顾恺之《女史箴卷》,隔行以小字记载质地,何人所藏,设色与否,人物大小,对图中景物记录颇详,以《女史箴卷》为例,"前作冯婕妤当熊,二勇士持枪迎护,后作一山,空勾无皴,中着小树。山列猴虎之属","上有日月照临,后有一人执弩射雉。次作班姬辞辇,其后以及有男女对坐于屏幛中者,众姬团坐者,临镜梳妆者,女姬操管者。笔法位置高古之极,落墨真若春蚕吐丝,洵非唐人所能及也"。本文,后人题跋均不载,印玺、包装记录,与法书大略。其后依次为隋展子虔《游春图》,唐李思训《江帆楼阁图》,五代赵幹《江行初雪图》,宋李成、王晓《读碑窠石图》,范宽《雪山行旅图》,燕文贵《溪山楼观图》,郭熙《幽谷图》,王诜《烟江叠嶂图》,米友仁《潇湘白云图》,赵伯骕《万松金阙图》,牟益《捣衣图》,赵孟坚《墨兰图》,金李山《风雪松杉图》,元钱选《秋江待渡图》,高克恭《云横秀岭图》,赵孟𫖯《双松平远图》,李衎《四清图》,李士行《古木丛篁图》,吴镇《墨竹图》,柯九思《清閟阁图》,张渥《九歌图》,朱德润《秀野轩图》,倪瓒《江岸望山图》、《雨后空林图》,王蒙《青卞隐居图》、《夏日山居图》,陈汝言《百丈泉图》等,这些作品均为传世珍品,现为海内外各大博物馆收藏;卷下为画册,如唐宋之宝绘册、宋元明名画大观册、唐五代两宋集册、五代宋元集册,俱极精审。此外,法书名画各有续录,法书续录始自晋谢安《八月五日帖》,至董其昌《行楷千字文》,凡五十五种;名画始自晋顾恺之《书洛神赋并图卷》至明陆治《种兰图》,凡一百二十一种,其中不乏传世珍品。续录仅录品名、质地、设色、幅式,对作品略加考证,以及传世收藏情况,语焉不详,但颇为精当。

历代书画著录书有几百种之多,其中有不少伪撰之作,如《宝绘录》、《古芬阁书画记》、《藤花亭书画录》等,也有一些质量不高,参考价值不大,如《壮陶阁书画录》、《七颂堂识小录》等,而《墨缘汇观》则是一部收录作品既精,编者评语、摘要得体的著录书,尽管在资料方面尚不如《大观录》、《式古堂书画汇考》详细,仍不失为当今美术史研究者、鉴赏家的必读之书。

近人余绍宋《书画书录解题》按云:"今就是书观之,其所见之广,鉴别之精,实所罕见,虽今之牧仲,犹或逊之。其正录中于宋以前书画,多有考证,颇为精当,足补《庚子销夏记》之阙,卞氏《书画汇考》之失者尤多。"他如论及赵、董书法,与夫论诸家书法画法处,"颇多卓见"。可见余氏评价该书之高。

(孙国彬)

东庄论画 王昱

《东庄论画》,一卷。王昱著。成于清乾隆十年(1744)。主要版本有《翠琅玕丛书》本、《四铜鼓斋论画集刻》本、《美术丛书》本等。

王昱,生卒年不详。字日初,号东庄,亦称东庄老人,又号云槎山人。江苏太仓人。为王原祁之族弟。画善山水,承袭家传。其山水淡而不薄,疏而有致,笔意在倪瓒、方从义之间。为"小四王"之一。所作《仿王蒙玉山白云图》现藏北京故宫博物院。

《东庄论画》系画学杂评之作。卷前有自序,称自幼嗜好绘画,从王原祁学画,又随王原祁至京都,侍砚于旁。"甲子长夏,追忆师传,参以心得,偶有所触,随笔漫书,爰作论画三十则。"甲子为乾隆十年,故此书当成于此时。

《东庄论画》在画学取向上,基本承袭了他的老师王原祁的观点。因而其中有相当一部分几可视作是王原祁论画的笔录加心得。如:"尝闻夫子有云:奇者,不在位置而在气韵之间,不在有形处而在无形处。余于四语获益最深,后学正须从此参悟。""麓台夫子尝论设色画,云:色不碍墨,墨不碍色。又须色中有墨,墨中有色。余起而对曰:作水墨画,墨不碍墨,作没骨法,色不碍色,自然色中有色,墨中有墨。夫子曰:如是。如是!"

《东庄论画》的另一个主要内容是将其学画的经验,一一梳理,戒示后学。如"学画者,先贵立品,立品之人,笔墨外自有一种正大光明之概,否则画虽可观,却有一种不正之气隐跃毫端,文如其人画亦有然"。又如"士人作画,第一要平等心,弗因识者而加急揣摩,弗因不知者而随手敷衍,学业精进全在乎此"。"学画最要细心探讨,不可稍有得意处便诩自负,见人之作吹毛求疵,惟见胜己者,勤加咨询;是不如己者,内自省察;知有名迹,遍访借观,嘘吸其神韵,长我之识见,而游览名山,更觉天然图画足以开拓心胸,自然邱壑内融,众美集腕,便成名笔矣。"

对创作的具体方法也详述其真知之见。如关于作画的步骤要领是:"先定位置,次讲笔墨。何谓位置?阴阳向背,纵横起伏,开合锁结,抱勾托过,接映带须,跌宕欹侧,舒卷自如。何谓笔墨？轻重徐疾,浓淡燥湿,浅深疏密,流丽活泼,眼光到处触手成趣。学画者,深明乎此,下笔时自然无不臻美。"关于位置布局如何自出新意,则认为重在对造化自然的体悟:"位置须不入时蹊,不落旧套,胸中空空洞洞,无一点尘埃,邱壑从性灵发出,或浑穆、或流利、或峭拔、或疏散,贯想山林真面目,流露毫端,那得不出人头地。"又如"运笔古秀、着墨飞动,望之元气淋漓,恍对岚容川色,是为真笔墨。须知此种神韵,全从朝暮四时、风晴雨雪,云烟变灭间贯想得来。"

在对古代名作技法的师承上,主张不拘家数,自成面目:"自唐宋元明以来,家数画法人所易知,但识见不可不定,又不可着意太执。惟以性灵运成法,到得熟外熟时,不觉化境顿生,自我作古不拘家数而自成家数矣。"

其他如画之起结,巨幅安排,青绿设色等亦有心得秘传。如:"凡画之起结,最为紧要,一起如奔马绝尘,须勒住而又有住而不住之势;一结如万流归海,要收得尽而又有尽而不尽之意。""巨幅工致画,切忌铺排,用意处须十分含蓄,而能气足神完,乃为合作。""青绿法与色有别,而意实同,要秀润而兼逸气,盖淡妆浓抹间,全在心得,浑化无定法可拘。若火气炫目,则入恶道矣。"

《东庄论画》作为画家的经验之谈,心得之作,不但所论全面,且颇具画家所处时代的绘画思潮特征。清初正是董其昌倡导的"复古"思潮付之实践并颇有成效之时代,尤以"四王"为集中代表,作为"四王"之嫡传的王昱能在脉传师授的同时,更注重不拘家数,陶铸造化而自出一家,亦属难能可贵。又由于本书多为直对绘画初学者而传之秘法,戒之邪道,故而尤为后人所重视。

(邵 琦)

石渠宝笈 张 照等

　　《石渠宝笈》，四十四卷。张照、梁诗正、励宗万、张若霭、庄有恭、裘曰修、陈邦彦、观保、董邦达等集体编纂。始编于清乾隆甲子(1744)仲春，成书于乾隆乙丑(1745)十月。有涵芬阁影印本、《四库全书》本。

　　张照(1691—1745)，初名默，字得天，号泾南、梧窗、长卿、天瓶居士。江苏娄县(今上海松江)人。清康熙四十八年(1709)进士，改庶吉士，授检讨南书房行走；雍正初，迁侍讲学士，乾隆五年(1740)授刑部侍郎，卒加太子太保，谥文敏。通法律，精音乐，富文藻，尤工书法。著《天瓶斋书画跋》。生平事迹见《清史稿》本传。

　　梁诗正(1697—1763)，字养仲、养正，号芗林。浙江钱塘(今杭州)人。清雍正八年(1730)进士及第，授编修，迁侍讲学士，乾隆三年(1738)补侍读学士，十三年调兵部尚书，十四年加太子少师，兼刑部尚书、翰林院掌院学士、协办大学士，十五年调吏部尚书，二十八年授东阁大学士，加太子太傅，谥文庄。朝廷大制作，殆出其手，总裁国史。文章近南丰，诗骨苍秀。书法初师柳公权，继参赵、文，晚学颜、李邕。著《矢音集》。生平见《清史稿》本传、《国朝先正事略》、《瓯钵罗室书画过目考》。

　　在《石渠宝笈》编修之前，编者已经将内府所藏释、道画编为《秘殿珠林》(后又续编)，所以要再编《石渠宝笈》，原因在于"三朝(顺治、康熙、雍正)御笔藏之金匮者，焜煌典重，实为超越前古"。加上乾隆"少年时间涉猎书绘，登极后，每缘几暇结习，未忘弄翰抒毫，动成卷帙"，至臣工先后经进书画入御府之历代书画，积至万有余种。但由于无人整理，以致"签轴既繁，不无真赝"，这样，不利于乾隆"于清燕之余，偶一披阅悦心"，因此，乾隆下了手谕命翰林编修学士"许加别白，遴其佳者，荟萃成编"。当时，初参加编修者有近十人，至书编成只剩下张照、梁诗正了。

　　此书为书画著录书，其收藏书画均为清宫内府藏品，体与在此以前成书的《秘殿珠林》略同，《秘殿珠林》主要收录佛道人物作品，因此，此书不收佛道人物作品。

本书所收入作品分贮于乾清宫(卷一至卷九)、养心殿(卷十至卷十八)、三希堂(卷十九)、重华宫(卷二十至卷二十八)、御书房(卷二十九至卷四十)、学诗堂(卷四十一)、画禅堂(卷四十二)、长春书屋、随安室、攸芋斋(卷四十三)、翠云馆、漱芳斋、静怡轩、三友斋(卷四十四)。依贮藏之所,按类排辑。以作品质量好劣分为上等、次等二大类,以作品种类分为书册、画册、书画合册、书卷、画卷、书画合卷、书轴、画轴、书画合轴。卷首为乾隆九年二月初十乾隆手谕,依次为凡例(凡例共十九则)、目录和乾隆四十七年十一月《四库全书》总纂官纪昀、陆锡熊、孙士毅、总校官陆费墀后撰的关于此书编纂的方法、体例及对此书的赞誉溢美之词。

由于《石渠宝笈》是在皇帝授意下编纂的,故它不同于一般的著录书,而是将赞美皇帝和皇室的书画作为一个特别的部分放在首位,在凡例的第一则中编者便明确说明"是书首冠四朝宸翰",其余作品才是按照年代前后排列,以册、卷、轴为秩。册、卷、轴之后,又另立书画后壁、一门书画。作品分为上、下等次,这在著录书中也是首次出现。上等的书画收录书中,自然不在话下,而次等的书画则收大家的,如书则二王、欧、虞、褚、柳等,画则荆、关、董、巨、元四家等。书画作品的安排大致如下,标题(作品名称)、质地,明确书之真草篆隶、画之墨画设色,及本人款识、印章或他人题跋在本幅者,暨收藏押缝诸印,以次叙录。至于册之前后副页,卷之前后隔水、引首、拖尾,轴之左右边幅、诗塘题记,则根据等次加以梳理收录。上等作品叙述较详,次等作品仅记本人题识,不录印章和他人题跋,他人题跋只云某题一、某跋一。然而,不管是上等或是次等,有御笔题跋者,则录全文,御笔题跋均收在各项叙述之后。下面试举例说明。

元张雨书七言律诗一轴(上等元一)

宋笺本,行楷书,款识云:暮春望日,适书此。而云林携酒涧阿,喜剧,固记之耳。张雨。下有"张雨私印"、"句曲外史"二印,右方上有贞居一印,押缝有"阿尔喜普"之印、"东平"二印,右边幅有"也园索氏收藏书画"一印。轴高三尺二寸一分,广九寸三分。

元倪瓒溪亭山色图一轴(上等来三)

素笺本,墨画,款题云:至正己巳闰十月五日,因琼野上人以此纸来需画,既为写溪亭山色并书洪容斋所笔僧具圆,复诗三首画上赠之。(诗略)(后洪武十五年中秋日江阴孙大雅跋亦略)诗上方有"神品"一印,右方下有"成子容若楞伽真赏"二印,左方下有"成德楞伽山人容若书画"三印。轴高四尺八寸七分,广一尺七寸四分。

通常书画著录书可分为三大类:一是纯客观的介绍如《石渠宝笈》;二是以原作品的资料为基础,引用别的资料的,如《式古堂书画汇考》;三是以原作品的资料为基础,编者往往各抒己见的,如《庚子销夏记》、《辛丑销夏记》等,这类著作较多,但体例往往也不尽相同。如《墨缘汇观》、《大观录》、《江村销夏录》它们之间也有所区别。由于《石渠宝笈》属于官修,因此就显得比别的同类型书来得谨慎、细致,即使对一些品质较差的作品也只能裨分等次,而不妄语评论,这种编修方式有其长处,如为使用者提供了详尽的文字资料,但对一些失传的书画的形象记录则不如《大观录》和《墨缘汇观》等著作了。

由于《石渠宝笈》是官修的,因此,与私人编著的著录书相比,无论是数量上、可靠性上,还是收录作品的质量上,都要远远超出。值得重视的是,在《石渠宝笈》中著录过的书画作品,大多流传至今,且为台北故宫博物院和北京故宫博物院所收藏,所以,对于一个书画鉴赏家或书画史论者来说,该书不啻为一部必读之书。

有关《石渠宝笈》的研究,除《四库全书简明目录》中提到"凡品评甲乙、悉禀睿裁,是以既博且精,非前代诸谱循名著录者比也"外,则余绍宋《书画书录解题》评议"此编则分贮之处过广,且乾清宫、养心殿、重华宫、御书房四处,其数相垺,遂致错杂重复,无复编脊,非别制索引一篇,殆无从检览也"。

(孙国彬)

小山画谱 邹一桂

《小山画谱》，二卷。邹一桂著。清乾隆丙子(1758)闰九月，邹一桂承诏画内廷洋菊三十六种后并记入该书中，因此，该书的成书年月应为乾隆丙子稍后。主要版本有：《四库全书》本、《借月山房汇钞》本、清道光二十九年(1849)吴门三松堂潘氏活字印本、泽古斋重抄本、《式古居汇钞》本、《粤雅堂丛书》本、《翠琅玕馆丛书》(冯兆年辑本)、《四铜鼓斋论画集刻》本等。

邹一桂(1686—1772)，字原褒，一字小山，号让乡、二知、二泉山人、卿森子等。江苏无锡人。画家恽南田之婿。清雍正丁未(1727)进士，入翰林院，官至礼部侍郎加尚书衔。善工笔花卉，分枝布叶，条畅自如，设色明净，清古冶艳，史称"恽南田后仅见也"。所绘五色菊，用重粉点瓣，后以淡色笼染，粉质凸出缣素上。间作山水，师法宋人，点缀人物，亦有可观，唯评者以谓乏气韵，非其所长。亦善诗，尝作《百花卷》，各系一诗，进呈。世宗嘉之，亦题百绝，时以为荣。著有《小山画谱》、《小山诗集》、《大雅堂续稿》等。生平载入《国朝画徵续录》、《历代书史汇传》、《四库全书总目》等。

本书余绍宋《书画书题解录》将其列入"作法"即"画法"类的"图谱"编中。究是书而言，属于"画法"类是没问题的，但作为"图谱"，它有别于《芥子园画谱》、《马骀画赞》等以图为主，以文为辅的图谱，所以，余氏也以为"未绘成图，不免遗憾耳"。所以，严格地讲，这是一部画法书，一部花卉画法书。

本书上、下二卷，上卷由总论、各花分别组成，在总论中，作者将画法分成"八法四知"，"八法"即"章法"、"笔法"、"墨法"、"设色法"、"点染法"、"烘晕法"、"树石法"、"苔衬法"，如"一曰章法。章法者，以一幅之大势而言。幅无大小，必分宾主，一虚一实，一疏一密，一参一差，即阴阳昼夜消息之理也"。"四知"即"知天"、"知地"、"知人"、"知物"，如"三曰知人。天地化育，人能赞之。凡花之入画者，皆剪裁培植而成者也。菊非删植，则繁衍而潦倒。兰非服盆，则叶蔓而纵横。嘉木奇树，皆由裁剪，否则权柯不成景矣"。

这里谈的都是画理,具体画法则在各花分别中叙谈,如"桃":"有深红、浅红、白色,花五出、枝叶破节,瓣蕊蒂俱尖长,须少,开足则红着梗处,微有苞,嫩叶微舒卷曲,枝直,老干亦不甚曲,枝干皆赭黑色。"

其实,从上述的引文中,我们不难发现,作者仅是在介绍花的形状、特点,并没有谈及如何画,这不免令人感到有不足之处。

下卷摘录古人画说,参以己见,共撰成四十三条,如"书画一源"、"诗画相表里"、"画派"、"六法前后"、"画忌六气"、"两字诀"、"士大夫画"等,附胶矾纸绢、画碟画笔、用水诸法,如"用胶矾"、"矾纸"、"槌绢"、"画碟"、"画笔"、"用水"等,最后附"洋菊谱"并序及三十六种洋菊的名称、形状。这三部分的内容以前面一种画说最为重要。作者是个花鸟画家,有着丰富的绘作经验,所以,他的谈画心得就更具价值。如他在"天趣"节中写道:

> 人能以画寓意,明窗净几,描写景物。名花折枝,想其态度绰约。枝叶宛转,向日舒笑,迎风欹斜,含烟弄雨,初开残落,布置笔端,不觉妙合天趣,自是一乐。然必兴会自至,方见天机活泼。若一涉应酬,则烦苦郁塞,无味极矣,安得有画?

这虽然是中国古代绘画创作的一般道理,但却是文人作画时的最高境界。

在邹一桂《小山画谱》以前的画谱,多数是谈山水画的,专论花卉画法,自该书始。所以,尽管该书篇帙简短,又无图谱可供参考摹习,但书中所记各种花卉的形状和其作画的心得,还是可供后人参考和学习的。

(孙国彬)

二十四画品 黄 钺

《二十四画品》，一卷。黄钺著。有《翠琅玕馆丛书》本、《四铜鼓斋论画集刻》本、《历代论画名著汇编》本等。

黄钺(1750—1841)，字左田，一字左军，号左君。安徽当涂人。清乾隆五十五年(1790)进士。官户部尚书，谥勤敏。工诗文书画，尤善山水一科，所作山水层峦叠嶂，幽邃深远，深得其同乡画家萧云从的遗韵。晚年山水专攻王原祁，笔墨更为苍厚。亦善作花卉，尤擅写梅。画名在当时与董邦达齐驱，有"董、黄"之称。参与皇室内府所藏名画古迹的鉴定，对绘画独具只眼。投之门下习画者一时甚众。年九十后，目疾失明，自号盲左，犹能作书。亦能刻印，师承秦汉，秀媚中见刚劲。黄钺不仅自己善画，且所见广博，对绘画的品第优劣更为独到。著有《左田诗钞》、《左田画友录》等。生平事略见于《国朝先正事略》、《墨林今话》等。

《二十四画品》是清代重要的绘画理论著作。是对中国绘画之冠冕的山水画品评的一篇理论性专著。在总论中黄钺自称是仿照司空图的《二十四诗品》之例"专言林壑理趣"，因而主要是针对山水画的品评而言的。

黄钺所裁分的二十四画品分别为：一曰气韵："六法之难，气韵为最。意居笔先，妙在画外，如音栖弦，如烟成霭……读万卷书，庶几心会。"二曰神妙："云蒸龙变，春交树花。造化在我，心耶手耶……偶然得之，夫何可加。"三曰高古："即之不得，思之不至。寓目得心，旋取旋弃。"四曰苍润："妙法既臻，菁华日振。气厚则苍，神和乃润。不丰而腴，不该而隽。"五曰沉雄："目极万里，心游大荒。魄力破地，天为之昂。括之无遗，恢之弥张。"六曰冲和："暮春晚霁，颒霞日消。风雨虚铎，籁过洞箫……举之可见，求之已遥。"七曰淡远："白云在空，好风不收。瑶琴罢挥，寒漪细流……望之心移，即之销忧。"八曰朴拙："大巧若拙，归朴返真。草衣卉服，如三代人……寓显于晦，寄心于身。"九曰超脱："腕有古人，机无留停。意趣高妙，纵其性灵……纵意恣肆，如尘冥冥。"十曰奇辟："造境无难，驱毫维艰。犹之理径，繁芜用删……以手扣扉，砉然启关。"十一曰纵横："积法成弊,舍法大好。匪夷所思,势不可了……是有真宰,而取草草。"十二曰淋漓:"风驰雨骤,不可求思。苍苍茫茫,我摄得之……酒香勃郁,书味华滋。此时一挥,乐不可支。"十三曰荒寒:"边幅不修,精采无既。粗服乱头,有名士气,野水纵横,乱山荒蔚……佳茗留甘,谏果回味。"十四曰清旷:"皓月高台,清光大来。眠琴在膝,飞香满怀,冲霄之鹤,映水之梅。"十五曰性灵:"耳目既饫,心手有喜,天倪所动,妙不能已……听其自然,法为之死。譬之诗歌,沧浪孺子。"十六曰圆浑:"磐以喻地,笠以写天。万象远视,遇方成圆……圆斯气裕,浑则神全。和光熙融,物华娟妍。"十七曰幽邃:"山不在高,惟深则幽。林不在茂,惟健乃修。毋理不足,而境是求。"十八曰明净:"虚亭枕流,荷花当秋……目送心艳,神留于幽。净与花竞,明争水浮。"十九曰健拔:"体足用充,神警骨峭。轩然而来,凭虚长啸。大往固难,细入尤要。颊上三毫,裴楷乃笑。"二十曰简洁:"务简先繁,欲洁去小。人方辞费,我一笔了。喻妙于微,游物之表。"二十一曰精谨:"了然于胸,殚神竭智。富于千篇,贫于一字。慎之思之,然后位置,使寸管中,有千古奇。"二十二曰俊爽:"如逢真人,云中依稀……气偕韵出,理将妙归。"二十三曰空灵:"栩栩欲动,落落不群……元气絪缊,骨疏神密。外合中分,自饶韵致。"二十四曰韶秀:"间架是立,韶秀始基。如济墨海,此为之涯。媚因韶误,嫩为秀岐,但抱妍骨,休憎面婎。"

后人有评《二十四画品》是:"力探阃奥,直抒心得,非深于理者,不能道只字。"(潘曾莹《墨缘小录》)自黄钺对气韵、神妙、高古、苍润等二十四个绘画美学品鉴概念作出系统的梳理、阐述后,便成了人们品赏绘画佳作的常用概念。

(邵 琦)

吴越所见书画录 陆时化

《吴越所见书画录》,六卷。陆时化编。成于清乾隆年间,乾隆丙申(1776)自序并付梓。有江氏聚珍本、风雨楼依原本铅印本、乾隆间镇扬陆氏怀烟阁刻本,卷前《书画说钤》别有《娱园丛刻》本、《榆园丛刻》本。

陆时化(1714—1789),字润之,号听松。江苏太仓人。据其自序《吴越所见书画录》,其祖先自东汉以来,世居吴越,曾迁居华亭(今上海松江)、山阴(今浙江绍兴)、檇李(今浙江嘉兴)等地,且"代有名人",书画为其世代所喜好。至于陆氏于书画,亦如其自序所述"凡有所得,如采珠拾翠,必记其尺寸、绢楮、题款,以归藏之"。又如冯伟序述"听松子每当春秋佳日,轻装襆被,放情吴越山水间。凡遇前贤名迹,辄搔头揩眼,与骚人韵士相赏于泉石间,录置行囊,暇集成书"。

是书为书画著录书,据书名,可知作者陆氏在本书中所收录的书画作品,主要流传在吴越地域,有其局限性。但吴越"声明文物之乡,其所蓄必多",是书收录作品共计六百二十八件之多,在书画著录书中规模也算是较大的。

本书共六卷十二册,仿高士奇《江村销夏录》体例,而稍变通,也有少数为《铁网珊瑚》、《江村销夏录》已载者,注出出处。书前有作者乾隆丙申年自序、乾隆丁酉年冯伟序,序后为作者自撰"书画说钤小引"及王宬赠言。凡例共十四条,第一条点明该书的体例,"似仿《销夏》之制,而意有不同,彼此皆载尺寸"。在编次上,以朝代先后为秩,"一朝中亦宜分前后"。在《江村销夏录》中,题跋与诗歌及尺寸均用小字,但作者以为"题跋诗歌亦书画中之正文,改一体"。此外,《江村销夏录》对个别不识的题图篆书空阙,"此则照摹","书中遇篆隶狂草之有疑者,亦对摹一字",《江村销夏录》作品的跋尾尺寸一般是不记载的,本书亦予以记载。就凡例而言,本书比起《江村销夏录》似乎要更合乎著录书的要求。凡例后即为目录。

本书开卷为作者自撰"书画说钤",共二十九则。从内容看,主要论及鉴赏书画及收藏装裱,也论及作伪伎俩等,前有小引。卷一自唐林纬乾《深慰帖》至明仇英《白描九歌图》、文徵明书《九歌》合册,共三十五件。卷二自唐杜牧之行书《张好好诗卷》至明项复初《竹树萧疏图轴》,共一百〇四件。卷三自唐刁光胤《梨花鹨鹕图轴》至明仇英《蓬莱仙弈图卷》,共一百二十八件。卷四自唐边鸾《竹林双雉图轴》至明高蔚生《蕉下蹲猫图轴》,共八十三件。卷五自宋苏轼《游天竺寺安志亭诗卷》至明吴梅村《南湖春雨图轴》,共一百件;卷六均为"清初六家"作品,共一百八十四件。卷六终后为作者自撰"书画作伪日奇论"。值得注意的是,在众多的作品中,真正流传至今的真品并不多,在卷一中除了吴镇的《一叶竹》、《墨竹谱》,倪瓒的《水竹居图》、文徵明的《金蕉落照图卷》、沈周的《罨画溪图卷》外,其余的或佚散,或为伪品,由此可见,陆氏录入该书的作品与安歧《墨缘汇观》、阮元《石渠随笔》等著录书相比,其真实程度和可参考价值相去甚远,但尽管如此,《吴越所见书画录》仍不失为一本很好的著录书,它为后人所提供的"能量"仍然是很大的,特别值得一提的是它的编排体例上,有突破前人的地方。

本书的体例是以高士奇《江村销夏录》为基础而稍加变通的,它以大字排作品标题,隔行用小字记录作品的质地、尺寸(书法作品记录字数、行数,图绘作品记录画面布置、笔墨),以及款识、钤印。隔行书录本文,画录原题诗跋、款识,"凡诗文经典有刻本者,皆不录",仅落款,"有摘书几句者,仍录,或虽系全书,其地与他文错杂,有不录不明者,则仍录焉"。如卷二杜牧之《张好好诗并序卷》收录本文,由于该卷本文与刻本有不同,作者均在下予以注明,如"牧大和三年佐故吏部沈公江西幕,好好年十三,始以善歌舞",下以小字注"《唐音统签》无舞",由此可见,作者在编书的过程中十分注意两种不同"本子"的差异处,著书的立意是十分认真谨严的。陆氏在考据、赏鉴上都具有一定的基础,与有些著录书只是纯摘录抄载相比,是书无论在编排体例上,还是在考据赏鉴上,都要优于前者。因此,在众多的著录书中,《吴越所见书画录》尽管有其不足之处,但它乃不失为鉴赏家、书画史论家案头必备书籍之一。

有关《吴越所见书画录》的研究,除了近人余绍宋《书画书录解题》论及外,在《郑堂读书记》、《仪顾堂续跋》、《艺风藏书续记》、《善本书室藏书志》也有介绍,但语焉不详,不足以了解该书。另外,黄宾虹《美术丛书》也收了该书。

(孙国彬)

芥舟学画编 沈宗骞

《芥舟学画编》，四卷。沈宗骞撰。成于清乾隆四十六年(1781)。有乾隆间冰壶阁刊本、《画论丛刊本》等。

沈宗骞，生卒年不详。字芥舟，号研溪老圃。浙江吴兴(今湖州)人。曾以书画遍游吴越，雅负盛名，后居乌程之砚山湾。草堂数椽，环以水竹。纸窗木榻，图史罗列，时人目为隐士。书法二王，兼善山水人物，刻意入古，功力甚深，一时咸重之。画作有《汉宫春晓》、《万竿烟雨》等，有神品之誉。

《芥舟学画编》有自序，道出成书原因。沈宗骞学画走过弯路，后来从鉴赏家那里得以纵览前辈遗迹，方大开混沌。而当时古风不再，"求所谓六法者，能者绝无，知者亦仅有矣"。清初的山水画派，云间娄东虞山，最称笔墨渊薮，但"风徽渐渺，矩矱就湮，正法日替，俗学日强，贻误来学"，所以他决心"不揣固陋"，著立此编，"举凡不合古人之法者，虽众所共悦，必痛加绳削，有合于古人之法者，虽众所共弃，必畅为引申"，可见沈宗骞是想借此宏扬古风，重振传统。

《芥舟学画编》分为四卷，第一、二卷为"山水"，第三卷为"传神"，第四卷为"人物琐论"。

卷一为"山水"，共有八条，第一条"宗派"，以董其昌南北宗论为基础，观点持中，并无偏颇。强调正派，所谓正派，便是"得气之正"、"能学"者所创，"人品、襟期、学问三者皆备"。作者在这里抨击了当时画坛的"邪派"，并且认为"即有矫然拔俗者，能私淑古人以绍正传，亦必不能如前人之淳厚浑朴，则非其人之过矣"，今昔之叹溢于言表。第二条"用笔"，要求用笔"结心"，也就是中锋的意思，同时以气为主，刚柔相济。最后举了沈周和董其昌的例子，说明天资与学力的关系："两公惟能以学之力济其质之偏，故能臻此神妙。苟得中行而与之，所造更当何如耶！"第三条"用墨"，在讲述一般用墨技法时，强调笔为主，墨佐之。同时也讲了墨与色的关系。第四条"布置"，谈构图的要求，强调要有一气贯注之势，要笔墨与局势两不误，"正不废偏，偏不失正"。第五条"穷源"，从绘画的起源谈到绘画的目的，借题发挥，对当时趋时而不尚古的做法进行抨击。第六条"作法",对初学者讲解笔墨入门之道。第七条"平帖",讲构图与笔墨都要妥帖安稳,强调"条理脉络四者,乃作画之最要"。第八条"神韵",谈的却是画家性情,"笔墨间奇气","非资学过人,未易臻此"。而"古人之奇,有笔奇、有趣奇、有格奇,皆本其人之性情胸臆,而非学之可致也"。

第二卷也是"山水",也分为八条。第一条为"避俗",指出俗有五:格俗、韵俗、气俗、笔俗、图俗,而雅也有五:高雅、典雅、隽雅、和雅、大雅。"笔墨之道本乎性情",所以要在笔墨上避俗,先要在性情上去俗。第二条"存质",告诉读者不要光注意外观的华美,更要重视内在的质朴。但他这里的质,主要指的是笔墨的平实稳重,合于矩度,要去除"笔墨间一种媚态"。第三条"摹古",认为摹古是入门的必由之路,但摹古一方面不能拘泥于一笔一墨,应化古为我;同时摹古是借古开今,"初则依门傍户,后则自立门户"。第四条"自远",和前一条"摹古相似","自远"强调的是在立自己主见时,一定要有古法作基础,"笔上是自家写出,即笔笔从古人得来"。第五条"会意",讲的是立意:"布置落落不事修饰";笔意:"平正疏爽直起直落";画意:"传写典雅绝去俚俗";局意(构图):"安顿稳重波澜老成"。第六条"立格",讲画的品格要高,就像人的品格,并指出求格之道:"一曰清心地以消俗虑,二曰善读书以明理境,三曰却早誉以几远到,四曰亲风雅以正体裁。"第七条"取势",指出势往来顺逆,是天地间一开一合所寓含的,因此在山水画创作中,势与理不可互碍,应相辅相成。第八条"酝酿",谈的是创作前的准备阶段,这里并不是专指某一幅作品的酝酿,而是整个绘画创作的酝酿,因此"有毕生之酝酿者,有一时之酝酿者",不光要构思的深思熟虑、构图的安稳妥帖,更要陶冶性情。

第一、二卷"山水"探讨的虽然主要是山水画的一些创作原则、创作技法和创作经验,但其对古法的总结和阐释,对当时一些时尚的批评和辨伪,澄清了绘画上的一些重要原则问题,尤其是对山水画创作理论问题的阐述,可说是比较系统和完整的。

第三卷为"传神",讲的是画像的审美特点和技法要求,其中又分为十条,第一条为"传神总论",是创作肖像画的原则论,也是其余九条的纲领,它阐述了神在肖像画中的重要位置以及神与形、神与笔墨的关系。第二条"取神",讲的是撷取绘画对象神情的方法。这里沈宗骞谈的是观察和描绘两个方面,重点是观察,并引用朱彝尊的话,"观人之神如飞鸟之过目,其去逾速其神逾全"。同样,在描绘时"作者能以数笔勾出,脱手而神活现,是笔机与神理凑合,自有一段天然之妙也"。第三条"约形",谈的是描绘对象的具体笔墨技法。第四条"用笔",讲笔如何为塑造描绘对象服务。第五条"用墨",这时不光谈墨的运用,还讲述了墨与色的关系。第六条"傅色",强调应根据不同年龄、不同性别来傅色,但最关键的,是使色彩成为"活色",也就是为对象的神服务。第七条"断决",谈的是观察细微,落笔确切,"犹行文家立定主见,如铁案之不可移易"。第八条"分别",区别出人不同类型的面貌,共四条十六目。第九条"相势",指出画像不应只注意正面,"则是动笔便有三面,方得神理俱足"。并突出了写侧面像的方法。第十条"活法",是讲如何能自然地描绘出对象的形神来。

第三卷虽然主要谈的是肖像画的创作原则与技法要求,但阐述的画理和画法却是放之各科皆准的。其中一些经验之谈,看似琐碎,实为心得。

第四卷为"人物琐论",共分三条。第一条为"人物琐论",谈了一些人物画的题材及创作经验,其中谈到了人物画的类型化,而在技巧方面,最为引人注意的是他的"又一说:凡初学者,先将裸体骨骼约定,后施衣服,亦是起乎一法",虽然不是沈宗骞发明,却也是他认可的,这对今天的人物画创作仍有启发。此条中还谈了山水画的构图,当然是作为人物画的补景来谈论的,但仍适用于一般的山水画创作。第二条"笔墨绢素琐论",谈的是绘画材料的择用以及它们之间的关系。第三条"设色琐论",讲设色的技巧,其中也包括了墨法。

从整部作品来看,重心在第一、二卷"山水"上,它较全面地对山水画创作进行了总结,但就展示个人见解看,第三卷的阐述更为吸引人。

《芥舟学画编》被《墨林今话》认为"痛斥俗学,详论古法,足为画道指南"。

《芥舟学画编》由人民美术出版社于1959年出版史怡公标点注释本,但该书将其中第一、二卷"山水"与第三卷"传神"对调,评述亦有牵强之处。

(童一鸣)

国朝画识 冯金伯

《国朝画识》,十七卷。冯金伯撰。成书于清乾隆辛亥(1791)。传世刊本有嘉庆二十一年(1816)珠林宝笈本、道光重刊本、中华书局聚珍仿宋本、《美术丛书》本。

冯金伯,生卒年不详,一作金柏,字冶堂,一作冶亭,号墨香、南岑、华阳外史。江苏南汇(今属上海)人。乾隆时贡生,官句容训导。乾隆四十年(1775)主蒲阳书院。工诗古文词,嗜书画,精鉴赏,亦工山水。少即喜与同郡诸画人交谊,讨论六法,遂精画理。作山水笔意潇洒,尤得董其昌墨趣。书学米芾。著有《墨香居画识》十卷,及诗钞。生平事迹见《墨林今话》、《海上墨林》、《桐阴论画》、《耕砚田斋笔记》、《清朝书画家笔录》、《爱日吟庐书画续录》等。

该书为画史类书,在画家的名下,将散见于各种画史、文集、杂抄中的有关资料汇辑在一起。这种编纂方法的价值在于,为人们查阅画家的事迹,提供较为丰富的史料。虽然所收史料尚不能说全面。

该书前有王昶作于乾隆五十九年(1794)的序,王序主要论述了该书编辑的过程,以及该书的体例,"因取而悉识之,记其里居及其生平,出处梗概,闺襜释道,靡不毕见而缀辑,尚未有已也"。其后钱大昕嘉庆二年(1797)作的序。钱序着重在画史的叙述,并未涉及该书的内容。再后即为作者自序。

本书不设总目,人名姓氏均排在正文之前的卷日上。辑录的画家始于清朝初年,讫于乾隆末年。在目录的编排上增加了"姓氏韵目"一栏,便于读者依据"姓氏韵目"查找某人,从这里也可以看到作者的用心良苦。

卷一,自王时敏始,至钟期止,共录画家五十五人;卷二,自庄冏生始,至章诏止,共载画家六十六人;卷三,自萧云从起,至董守正止,共得画家七十八人;卷四,自王翚始,至张起宗止,共得画家五十人;卷五,自钱瑞征始,至史喻义止,共得画家七十九人;卷六,自毛奇龄始,至童日鉴止,共得画家七十人;卷七,自沈宗敬始,至史荣止,共得画家九十三人;卷八,自冯景夏始,至许允中止,共得画家七十五人;卷九,自蒋廷锡始,至陆张淑止,共得画家七十三人;卷十,自王世琛始,至尹小野止,共得画家七十四人;卷十一,自张鹏翀始,至张翀止,共得画家五十二人;卷十二,自钱惟城始,至汪树本止,共得六十九人;卷十三,自孟永光始,至陆灿止,共得六十五人;卷十四为释僧,自普荷始,至名一止,共得六十九人;卷十五为道人,自王正国始,至沈乾定止,共得十人;卷十六为闺秀,自王端淑始,至余尊玉止,共得五十九人;卷十七为闺秀、姬侍、女尼、妓女等,自陈书始,至丰质止,共得四十六人,合计收入一千零八十三人,可谓洋洋大观矣。

下面摘一例,以视全书体例。

萧云从,字尺木,芜湖人。崇祯己卯副榜,不赴铨选。专以诗文自娱,有《梅花堂遗稿》。兼工画,得倪黄笔法《江南通志》。胡瀛季守太平,日慕芜湖萧尺木能画,三访,俱辞不见。胡怒。时新修采石矶太白楼成,遂于案牍中插入尺木名摄之至,送至楼中,令白壁间若图成,即当开释。尺木年已七十余,方卧病,不得已,画匡庐、峨嵋、泰岱、衡岳四大名山,凡七日而就,遂绝笔。至今登楼者,叹赏不置。画与斯楼俱传矣。事与沈启南绝相类陈琰《旷园杂志》。萧尺木,号无闷道人,善山水,不专宗法,自成一家。笔亦清快可喜,与孙逸齐名。兼长人物,生平所画太平景、离骚图,好事者镂板以传《画徵录》。萧尺木明经不仕,笔墨娱情,不宋不元,自成一格《图绘宝鉴续纂》。

从上面摘录的这段史料可以看出,作者在传抄史料时是有自己的想法,经过筛选,重复的史料几乎不用,使读者可以省去不必要的重复阅读。可惜的是,该书在人物的编排上存在着严重的问题,即人名前后错乱,既未按照朝代次序编排,亦未依姓氏笔画或者韵目排,给读者在使用上带来不便。

该书所收画家的年代跨度并不长,只不过一百五十余年,但收录了一千余人,是研究清初至中期画家的一部比较完整的画史。

(孙国彬)

石渠随笔 阮 元

《石渠随笔》，四卷。阮元编。此书为清乾隆辛亥(1791)作者奉勅续编《石渠宝笈》时随笔所记，故名《石渠随笔》。有扬州珠湖草堂本、笔记小说大观本、道光壬寅阮氏文选楼刻本、粤雅堂丛书本、2011年浙江人民美术出版社《中国艺术文献丛刊》本。

作者生平事迹见"皇清经解"条。

阮元为官之外，还工诗文，精鉴金石、书、画，善篆、隶、行、楷。所作书，郁盘飞动，间仿《天发神谶碑》。作花卉木石，笔致秀逸。善制大理石屏，为阮氏石画。乾隆五十六年(1791)勅修《石渠宝笈续编》，所见内府秘藏书画，记其题跋并辨真赝。《石渠随笔》八卷系作者官詹事时与南书房诸臣王杰、董诰、金士松、沈初等，奉敕续编《石渠宝笈》时随笔所记，时年尚不满三十。

是书为书画著录书。无序，末有伍崇曜跋。卷一历代名画合册和晋唐五代书画，自王羲之《平安帖》至黄筌《柳塘聚禽图》，计三十六件(不包括名画合册)；卷二北宋人书画，计四十六件；卷三南宋人书画，计十七件；卷四金元人书画，自金赵霖《昭陵六石马》(又名《昭陵六骏图》)至元王蒙《松风泉石图》，计四十四件；卷五明人书画(一)，自太祖仁宗宣宗书卷至褚宗道《松阴书屋卷》，计四十二件；卷六明人书画(二)，自董其昌行书卷至项圣谟《寒鹤守梅图》，计十二件；卷七国(清)朝人书画，自萧云从《崔华诗意卷》至于文襄《书经塔》，计三十九件；卷八补遗，自唐颜真卿《自书告身帖》至明张宏《华子冈图》，计二十四件，另附"论钤宝"、"论纸签"二篇。

《石渠随笔》与一般的书画著录书不同。通常的著录书主要记载书画的幅式、质地、尺寸、钤印、原文、跋文等，以客观的手段记录，给人以纯材料。而是书多尚考据赏鉴，其中评论考订俱不苟作，惟稍偏于北宗。在叙述上拨繁冗，取精要，或详或简，剪裁适合，一改通常著录书呆板乏味之感。在考据上，称宋人摹顾恺之《洛神赋》有汉石室石阙遗意，又称宋人画司马温公《独乐园图》，不依温公集中"独乐园记"画之为布置。在鉴别上不依人云亦云。如"元四家"以倪画最为世重，但阮氏则以为"倪画寓清腴于枯淡，元人中别开蹊径者。予尝谓他人画山水使真有其地，皆可游赏。倪则枯树一二株,矮屋一二楹,残山剩水写入纸幅,固极萧疏淡远之致,设身入其境则索然意尽矣。"这种敢于对被众人捧为极位的现象抒发自己的见解,实在是要有一股勇气,同时,也必须具有一定的才识慧眼,方才言之有理,言之人服。

由于该书在体例上与一般的著录书不同,虽然为我们提供了作者的评议,但同时,在资料价值上则不如《式古堂书画汇考》、《大观录》等,尤其在鉴赏上,则更为明显。下面试举二例。

> 金赵霖画唐太宗《昭陵六石马图》,其中卷毛骊平刘黑闼时所乘,身中九箭;青骓平窦建德时所乘,身中五箭,飒露紫平车都时所乘,身中一箭,一人拔之,皆就石像摹画,故蹄鬣皆粗拙。卷中御制诗歌与《明皇试马图》意相发。金画传世绝少,有《黄谒雪猎图》一卷,金粟笺本,款大金国御前应奉黄谒画。与《书史会要》合。

此段重在考据,于画之形式、后人题跋与钤印,均不及书。又:

> 钱选《山居图》,大设色,山石树屋多不甚相连属,各自取势。有姚公绶十余跋,多楷书。(按钱选《山居图》,有二种,一种又名《浮玉山居图》,现藏上海博物馆,另一种现藏台湾故宫博物院,与此《山居图》为同一本子)

从上述二例来看,阮氏仅为我们提供了他的识见,并不像《大观录》、《式古堂书画汇考》等那种以提供资料为主的著录书。此外,在"论钤宝"中,作者提到了清宫常用的八玺:乾隆御览之宝(椭圆朱文)、乾隆鉴赏(正圆白文)、石渠宝笈(长方朱文)、宜子孙(方白方)、三希堂精鉴玺(长方朱文)、石渠定鉴(圆朱文)、宝笈重编(方白文),藏乾清宫则用"乾清宫精鉴玺",这为我们研究具体作品的来龙去脉,提供了可信的依据。

《石渠随笔》与《石渠宝笈》相较,无论是规模上,还是史料价值上,都无法迄及,但由于《石渠随笔》是以随笔的形式记录作品的,故多作者言语,在形式上也显得灵活多样,具有一定的可读性。

(孙国彬)

山静居画论 方 薰

《山静居画论》,二卷。方薰著。成书于清嘉庆三年(1798)。最早由方薰之友鲍以文刻入《知不足斋丛书》,以后翻刻本甚多,如《披云草堂丛书》、《四铜鼓斋论画集刻》、《画论丛刊》、《神州论画录》、《历代论画名著汇论》等,均收录此书。《美术丛书》亦收有此书,但却是"依董乐闲旧写本刻",只有一卷。将一卷本与两卷本相校,两卷本内容更充实,文字更精炼,次序排列也更整齐清楚,显见一卷本所取的是初稿,而两卷本才是定本。

方薰(1736—1799),字兰士,别号兰坻、懒儒、樗盦,又号御儿乡农。浙江石门县人。清代著名美术理论家和画家。其父方梾工诗善画,方薰幼承父教,并随父游历江浙名胜,结识了当时不少画家诗人。中年入赘嘉兴梅里王氏为婿,专心艺术,不应科举试。后应桐乡收藏家金鄂岩之邀,到金府居住多年,得以常年临摹金氏收藏的许多字画,深入古法,山水、人物、草虫、花鸟皆能挥写。晚年应浙江视学阮元之招,不得已在杭州住了一年多,回家后不久病卒。方薰工诗善画,其诗郭麐《灵芬馆诗话》评为"有汉魏盛唐之情致而无其面目",其书法学褚遂良而貌似恽南田,其画蒋宝龄《墨林今话》评为"写生有极荒率者,笔趣直追元人,晚年又好作梅竹松石,题画亦多隽句"。方薰容貌朴野如山僧,性情高逸,狷介自守,时人将方薰和奚冈称为浙西两高士。俞蛟《读画闲评》评曰:"方、奚二君皆脱尽时下肤习蹊径,而元气淋漓高旷,铁生(奚冈)似为少逊欤!"其品评显然要高于奚冈。著有《山静居诗稿》、《山静居诗话》和《山静居画论》,均有刻本行世,而以《山静居画论》最为著称。

此书为方薰晚年所作。全书内容分为四个部分:第一部分是画学泛论(八十二则);第二部分是山水、人物、花卉、墨竹等各种画法(七十八则);第三部分是历代画家品评(五十八则);第四部分是所见名画记述(二十六则)。其中以第一部分画学泛论和第二部分有关山水的画法论述最为精彩。

方薰论画,一方面强调意和趣。如他在是书中提出:"作画必先立意,以定位置。意奇则奇,意高则高,意远则远,意深则深,意古则古,庸则庸,俗则俗矣。""笔墨之妙,画者意中之妙也,故古人作画,意在笔先。"这是论意。他又在书中说:"有画法而无画理,非也;有画理而无画趣,亦非也。画无定法,物有常理;物理有常,而其动静变化,机趣无方,出之于笔,乃臻神妙。"这是论趣。在论趣的同时,方薰仍不忘"物有常理",因此在"形似"与"神似"的问题上,他与苏轼有不同的看法:"东坡曰:'看画以形似,见与儿童邻。'晁以道云:'画写物外形,要与形不改。'特为坡老下一转语。"而对苏轼的另一段话"观士人画如阅天下马,取其意气所到。乃若画工,往往只取鞭策,皮毛、槽枥、刍秣而已,无一点俊发气,看数尺许便倦",方薰亦不肯苟同:"以马喻,固不在鞭策、皮毛也,然舍鞭策、皮毛,并无马矣。所谓俊发之气,莫非鞭策、皮毛之间耳!"方薰认为,"神似"是在"形似"的基础上产生的。因此他不同意"气韵必在生知,不可学"的说法,提出:"气韵有笔墨间两种:墨中气韵,人多会得;笔端气韵,世每少知,所以'六要'中又有'气韵兼力'也。"方薰与一些画论家有所不同,他认为在绘画的气韵意趣中应该包含有构图立意、笔墨和造形技巧等因素;也就是说,他在强调意和趣的同时,也强调理和法。这就使得他的绘画理论显得较为中肯。

由于方薰自己在山水画方面较有实践体会,因而在《山静居画论》中有不少被郑午昌在《中国画学全史》中称赞为"邃学有得之言"的论述。如:"凡作画者,多究心笔墨,而于章法位置往往忽之。不知古人邱壑生发不已,时出新意,别开生面,皆胸中先成章法位置也。""笔墨之妙,画者意中之妙也。……在画时意象经营,先具胸中邱壑,落笔自然神速。"这是将笔墨之妙与章法的意匠经营联系起来。"皴之有浓淡繁简湿燥等,笔法各宜合度。如皴浓笔宜分明,淡笔宜骨力,繁笔宜检静,简笔宜沉着,湿笔宜爽朗,燥笔宜润泽。……皴法一图之中亦须有虚实。涉笔有稠密实落处,有取势虚引处,有意到笔不到处,乃妙。""写树无论远近大小,两边交接处用笔模糊不得,交接处用笔神采精绽,自分彼此。""用墨无他,惟在洁净,洁净自能活泼。浓不可痴钝,淡不可模糊,湿不可浑浊,燥不可涩滞,要使精神虚实俱到。"这是方薰根据实践总结出来的一些用笔、用墨所需遵循的准则,也是在初学阶段必须力求逐渐达到的法则。但是一当技巧熟练,运用自如,画家便可以从有法到无法,突破法则的束缚。方薰描述那种纵恣自如的笔墨境界道:"作画自淡至浓,次第增添,固是常法,然古人画有起手落笔随浓随淡成之,有全图用淡墨,而树头坡脚忽作焦墨数笔,觉异样神采。""气韵生动为第一义,然必以气为主,气盛则纵横挥洒,机无滞碍,其间韵自生动矣。""直须一气落墨,一气放笔,浓处淡处随笔所之,湿处干处随势取象,为云为烟在有无之间,乃臻其妙。"这些阐述微妙的经验之谈,无疑对后学有着一定的启迪作用。

方薰是书以其独抒心得而获得了余绍宋、俞剑华、郑午昌等近代史论家的一致称赞。但对全书的体例结构,俞剑华则批评道:"惟组织不甚清晰,仍不免随手札记之弊。此外,书中还存在着偏重传统和临摹,轻视造化和创造的偏颇。"

有关《山静居画论》的研究著作有郑午昌《中国画学全史》、余绍宋《书画书录解题》、俞剑华《中国画论类编》、周积寅《中国画论辑要》等。

(舒士俊)

养素居画学钩深 董棨

《养素居画学钩深》，一卷。董棨著。版本有《荔墙丛刻》本、《画论丛刊》本。

董棨（1772—1844），字石农，号乐闲，又号梅溪（溪字一作泾字）老农。浙江秀水（今嘉兴）人。为清大画家方薰入室弟子，花卉翎毛尤得师法，中年后变而成自己面目。运笔点色，意态繁缛而笔致清脱。山水、人物、杂品，皆有渊源，颇见功力。生性慷慨，数十年间，所得绘画润资达万巨，而自奉俭约，且一半用于济贫。认为绘画内可以乐志、外可以养身，画贵有神韵、气魄。著有《养素居画学钩深》存世。事迹见《秀水县志》。

《养素居画学钩深》据书后汪曰桢跋，可知系从董棨自书手册中辑录而出。为一部论画随笔性杂著。全书计有论画条目二十三则。

本书认为绘画创作是陶然自得、内可乐志、外可养身的过程。"或人谓仆嗜画，乐此不疲。仆曰：不然。我家贫而境苦，惟此腕底风情，陶然自得。内可以乐志，外可以养身，非外境之所可夺也。"

关于绘画的形与神，作者认为，"画固所以象形，然不可求之于形象之中，而当求之于形象之外"。当如"庖丁解牛以神遇而不以目视"，进而抵达"官知止而神欲行"的境界，因而他指出"画贵有神韵，有气魄"。

对传统的"逸品"观，认为"画固以逸品为上，然气息乃欲秾沉厚重"，这对纠正人们对"逸品"草草不工的片面误解无疑具有启示作用。

"四不可穷"是对画家提出的艺术修养的要求。"四不可穷"即："笔不可穷，眼不可穷，耳不可穷，腹不可穷。笔无转运曰笔穷，眼不扩充曰眼穷，耳闻浅近曰耳穷，腹无酝酿曰腹穷。以是四穷，心无专主，手无把推，焉能入门？博览多闻，功深学粹，庶几到古地位。"综观董棨的观点，可以看出他所谓有"四不可穷"实是要求画家需要有全面的艺术修养。如笔不穷，在于笔能"转运"，亦即"弄笔如丸"，"钩勒旋转，直中求曲，弱中求力，实中求虚，湿中求渴，枯中求腴"，进而"墨随笔去,情趣自来"。所谓眼不穷,是指所见需广博,古法、造化,皆需时时留意,以至"行住坐卧,无在非画"。所谓腹不穷,乃是指"古人之法","造化之象"都不能直接搬用到绘画创作上,需要画家熔铸为自己的绘画语言,进行再创造,以"古人之法是用,造化之象是体","抒写自己之性灵"。

学画、作画不仅要达到"四不穷"的要求,而且还需要对绘画创作的基本步骤及笔墨设色等如何在创作中为意境的营造与性情的畅发而服务有所了解。如:"凡作花卉飞走,必先求笔。钩勒旋转,直中求曲,弱中求力,实中求虚,湿中求渴,枯中求腴,总之画法皆从运笔中得来,故学者必以钩稿为先。钩勒既熟,则停顿转折,处处入彀,书家所谓屋漏痕、折钗股,印泥、划沙,随处布置,无成画幅,自得神妙境界,非十三科所可限也。"

对于绘画的评论,董棨认为首先要懂得绘画法度,然后再不拘泥于法度,道法外之意。指出:"初学论画,当先求法,笔有笔法,章有章法,理有理法,采有采法。"此"四法"在评论中的重要作用在于:笔法乃是绘画风格、个性的集中体现,因此,"笔法全备,然后能辨别诸家"。章法则古今各有所擅,因而,"章法全备,然后能腹充古今",所论所述不致空泛少见。理法是直系绘画创作的内在理路,因而,"理法全备,然后能参变脱化"。同样,"采法全备,然后能清光大来"。诸法全备,古今了然于胸中,则可从有法步入无法的境界,犹如"羚羊挂角,无迹可寻。非拘拘于法者所能知也,亦非不知法度者所能知也",道常人之不可道,则为绘画评论的上乘。

临摹是中国绘画学习的重要方法与途径,董棨则认为临摹既手眼并施,更需要手心的和谐,如此才能"若出之吾手"又"若出之吾心"。"初学者欲知笔墨,须临摹古人,古人笔墨规矩,方圆之至也。山舟先生论书,尝言帖在看不在临。仆谓看帖是得于心,而临帖是应于手。看而不临,纵观妙楷所藏,都非实学。临而不看,纵池水尽黑,而徒得其皮毛。故学画必从临摹入门,使古人之笔墨皆若出于吾之手;继以披玩,使古人之神妙,皆若出于吾之心。"

《养素居画学钩深》对绘画的论述虽没有过激的言辞以标榜,也没有华丽的辞藻以夸饰,所论平实而中肯,尤为知者之知言。也正因为其言有实据,言有体悟,其论对后人多有启示,并为世人所重。

(江 宏 邵 琦)

闽中书画录 黄锡蕃

《闽中书画录》,十六卷。黄锡蕃辑。成书于清嘉庆十四年(1809)。有《黄椒升遗书》本、《合众图书馆丛书》本等。

黄锡蕃,生卒年不详。字椒升,浙江海盐人。有《黄椒升遗书》传世。

《闽中书画录》是一部记录自唐至清在福建一带活动的画家姓名及小传的著作。作者在十年宦游闽海中,广涉博览,在众多书籍中辑录出有关闽中书画家的条目,辑在一起,成为此书。作者在自序中说:他在闽中做官时,公事之余喜与二三知己读画评书。正好有同乡人张氏寄来古杭丁晞曾的《八闽书画记》初稿,请他补充。于是,他便常出入于缙绅之家,借读藏书。当年晞曾之书只录了二百余人,黄椒升的《闽中书画录》将之扩充到八百余家。

八百余家的分布如下:卷一收录唐四人,五代一人,宋十六人。卷二收录宋三十六人。卷三收录宋二十四人,金二人,元二十人。卷四收录明一百零三人。卷五收录明一百零六人。卷六收录明九十人。卷七收录明五十五人。卷八收录明五十七人。卷九收录清三十人。卷十收录清六十人。卷十一收录清七十一人。卷十二收录清二十七人。卷十三收录女史二十四人。卷十四收录缁流十九人,羽士十五人,仙迹五人。卷十五收录流寓七人。卷十六收录游宦三十五人。从中可以看出,除了生在闽中的书画家外,此书也辑录了曾经在闽中生活过(包括在当地做过官)的书画家的生平。在书后又附有闽中书画姓氏二十二人。

《闽中书画录》的文字资料直接采自于三百二十七种古书,其中除了像《圣祖御制书画跋》、《钦定佩文斋书画谱》、《高宗御制诗初集》、《高宗御制诗二集》、《御刻三希堂石渠宝笈法帖》等之外,史书有《旧唐书》、《唐书》、《南唐书》等,地方志有《江宁府志》、《苏州府志》、《吴中人物志》等,诗话有《渔洋诗话》、《榕阴诗话》、《全闽诗话》等,书史有《书史》、《海岳名言》、《书史会要》等,画史有《图画见闻志》、《宣和画谱》、《画史》等,笔记有《墨林韵话》、《池北偶谈》、《南窗杂志》等,诗文集有《朱子文集》、《后村集》、《松雪斋集》等。

《闽中书画录》由于是作者几年来"随得随录",所以尽管在总体上将各朝代闽中能书画者收录起来,仍有一些错漏;所有文字,都采辑自其他书籍,所以整本书看不到作者自己的见解,这也是此书的缺憾。

(童一鸣)

国朝院画录 胡 敬

《国朝院画录》,二卷。胡敬撰。刊本有嘉庆二十一年刊珠林宝笈本、道光二十三年(1843)崇雅堂重刻本、上海人民美术出版社《画史丛书》本。

胡敬(1769—1845),字以庄,号书农。浙江仁和(今杭州)人。清嘉庆十年(1805)进士,官翰林院编修。曾参与翰林院预修《秘殿珠林》、《石渠宝笈三编》,因得以窥中秘之藏。据此,又编成《南薰殿图像》、《西清札记》,著有《崇雅堂文集》。生平可参见《郎园读书志》、《书画书录解题》。

胡敬参加了《秘殿珠林》、《石渠宝笈》的编修,可以得天独厚地窥视到清宫中所藏历代名人字画,这是一般的书画收藏家所无法比拟的。他总结厉鹗所撰《南宋院画录》的不足之处,"追记初续编所录,排成此卷;亦思综辑前代院画,以补厉鹗之阙"。

该书系画史类,主要记载清朝宫廷画家的传记、作品,与《宣和画谱》、《南宋院画录》等体例一致。

该书前有作者嘉庆二十一年所作序。在序中,作者阐述了历代画院设置的情况及规模,并对院画家作了罗列,资料比较详细。同时,作者也说明了他编纂该书的原因:"钦惟列圣几余游艺于画院,优其锡赉,限以资格,备承指示,嘉予品题。如唐岱、焦秉贞等臣所缋,咸荣荷宸章,奖励裁成,前无与俦,遭遇极千载一时之嘉会也。伏读圣制诗文集,诸臣画幅蒙睿题而《石渠》失收者,无虑数百,或因颁赏不存,或因甄录未遍,其著录者《宣和画谱》式,于各名下备载幅数。"由此可见,《国朝院画录》所收的对象是《石渠宝笈》初、续编中未收的院画家,但实际情况并非如此,在《国朝院画录》中收入的院画家,在《石渠宝笈》中大都出现过。

序后为"总目",分上、下二卷,上卷收入二十八人,下卷收入二十九人,加上"合笔附见"二十八人,上、下卷共收入八十五人。

该书收的画家载有画家的姓氏、字号、爵里,以及擅长,与一般的小传相似,小传后通常有"石渠著录"字样,表示该画家有几件作品在《石渠宝笈》中著录。另外,罗列一些作品名称,并用小字注明该画的印章、款识,附在小传后。这些作品分别标上"以上初编"、"以上续编"、"以上三编"等字样,这是指这些作品分别见于《石渠宝笈》初编、续编、三编里的。下面试举例说明:

> 焦秉贞,济宁人,官钦天监五官正。工人物、山水、楼观,参用海西法。伏读圣祖御临董其昌《池上篇》识云:"康熙己巳春,偶临董其昌《池上篇》,命钦天监五官焦秉贞取其诗中画意。古人赏赞画者曰落笔成蝇,曰寸人豆马,曰画家四圣,曰虎头三绝,往往不已。焦秉贞素按七政之躔度,五形之远近,所以危峰叠嶂中,分咫尺之万里,岂止于手握双笔,故书而记之。"……秉贞职守灵台,深明测算,会悟有得,取西法而变通之,圣祖之奖其丹青,正以奖其数理也。石渠著录六。
>
> 《耕织图》一册凡四十六幅,第一至二十三幅耕图,第二十四至四十六织图,末幅款"臣焦秉贞恭画"。每幅上方,圣祖御书题句。前副页圣祖御制序文,款"康熙三十五年春二月社日题并书"。
>
> 《山水楼阁》一册。
>
> 以上初编。

从上述列举的条目,可以看到,书中所列举的作品均是从《石渠宝笈初编》、《石渠宝笈续编》、《石渠宝笈三编》中来的,因此,从某种意义上讲,该书也是《石渠宝笈》中院画家的汇合。另外,在该画下卷的后面,还载有不见于《石渠宝笈》著录的画家,这类画家,作者仅记画家的姓名、字号、爵里而已,没有什么大的参考价值。

由于本书的内容大部分见著于《石渠宝笈》各编中,且选的对象绝大多数为院画家,因此,了解清代的院画家的情况就不必去翻阅卷帙浩繁的《石渠宝笈》,从这点上讲,该书为我们提供了诸多方便。

(孙国彬)

溪山卧游录 盛大士

《溪山卧游录》,四卷。盛大士撰。成书于清道光壬午(1822)。传世刊本有:道光甲午年刊本、光绪十八年(1892)东仓书库重刊本、《美术丛书》本、《画论丛刊》本、上海人民美术出版社《画史丛书》本。

盛大士(1771—1836),字子履,号逸云、蕴素外史、兰簃外史,又号兰簃道人、兰畦道人。江苏镇洋(今太仓)人。清嘉庆庚申(1800)举人,山阳教谕。性嗜泉石,情耽翰素,襟抱冲和,学问温雅,神志超旷。视富贵功名,如浮云过眼。工诗、善画。山水以娄东王原祁为宗,而加脱略。作画运笔遒劲,挥洒一气,不规模古人,而独具古人之神髓。著有《蕴素阁集》,另有《泉史》一书,在《溪山卧游录》后于道光十四年(1834)成书。生平事迹见《墨林今话》、《蝶隐园书画杂缀》、《艺林见闻录》、《畊砚田斋笔记》、《清画家诗史》、《溪山卧游录》序等。

该书始编于嘉庆丙子(1816),当时作者住在杭州西泠寓斋,偶尔辑录。次年,去都城,在都城又增补了部分,该书已粗具规模。嘉庆己卯(1819)作者南还,在射阳做官时,在朋友的激励下,于道光壬午十月,修成此书,前后历时七年。

该书的体例既不同于《国朝画识》的画史书,亦不类于《桐阴论画》的画论画,是集画论、画史为一体的综合性书籍。

该书前有恽秉怡道光二年(1822)序,汪彦博嘉庆二十三年(1818)和吴慈鹤作的题跋,道光十五年陈文述作的题词,后为作者道光二年的自序。该书成于道光初年,所以会有嘉庆末年的题跋。这是因为,作者在都城时(1819)就已经编成,汪彦博嘉庆二年的题跋是作者在都城时所作。作者南归后,又进行了增补,直至道光初年才编纂成我们今天所看到的《溪山卧游录》。

序和题跋后即为目录。卷一和卷二主要是论述画法,有摘抄前人的,也有自己的心得,内容涉及画理、画史、画法诸方面,包括品评、鉴赏,杂抄前人论画语,论及范围较广。下面试举二例。

画有七忌:用笔忌滑、忌软、忌重而滞、忌率而溷、忌明净而腻、忌丛密而乱。又不可有意着好笔,有意去累笔,从容不迫,由澹入浓,磊落者存之,甜熟者删之。纤弱者足之,板重者破之,则觚棱转折,自能以心运笔,不使笔不从心。

又:

> 唐人画,钩勒工细,非旦夕可以告成,故杜陵云:"五日画一水,十日画一石,能事不受相促迫,王宰始肯留真迹。"自元四大家出,而气局为之一变。学者宜成竹在胸,了无拘滞,若断断续续,枝枝节节而为之,神气必不贯注矣。譬之左太冲三都赋,必俟十年而成;若庾子山之赋江南,则不可以此为例。

从卷一、卷二的内容看,作者较服膺王原祁一路的画法,并且以为此派画法难法。在论述画法的语录中,也有相当一部分可视为言之有理,可供参考。

卷三、卷四属画史类,主要收录同时代画人的生平小传以及画法的特色,与一般的画史不同,较多讨论画家的画风、画理,带有随笔性质。如"王浩"条,开门直言王氏画法,尔后方谈籍里。下面试举例。

> 王子若茂才应绶,麓台司农之裔孙也。诗文渊雅,精通金石文字,胜游湖海,早著才名。山水恪守家风,气骨浑厚。余昔邂逅袁浦,赠之以诗,报余以画,客中得此故人,实为至乐。今则渡江南下,久不至浦矣。

在卷三、卷四中,除了辑录一些画家传记外,也有相当一部分篇幅是属于随笔性质的,具有一定的史料价值。

孔宪彝在其后序中道:"裒辑曩闻,独撼心得,阐前贤之理趣,导后学之津梁;兼以旧雨题襟,新朋翕羽,缟带纻衣之会,琴歌酒赋之间;寄逸思于霜毫,托遥情于烟墨,神仙游戏,咳唾云霞。"所论较为中肯。

(孙国彬)

松壶画忆 钱 杜

《松壶画忆》,二卷。钱杜著。约成书于清道光十年(1830)。主要版本有《榆园丛书》本、《美术丛书》本等。

钱杜(1764—1845),初名榆,字叔枚,更名杜,字叔美,号松壶小隐,亦号松壶,又称壶公,卍居士。浙江钱塘(今杭州)人。官居主事。性闲旷拔俗,嗜好游历,足迹遍及大江南北。诗学岑参、韦应物;书从褚遂良、虞世南;画宗宋元并得力于文徵明、恽寿平等。山水幽秀细笔,又花卉、人物、仕女无不精雅,所作梅花有赵孟坚幽冷清疏之意,可与金农、罗聘并驾。存世之作有《皋亭送别图卷》(现藏故宫博物院)。著作有《松壶画赘》等。事迹载于《练川名人画像小传》、《桐阴论画》等。

《松壶画忆》是钱杜作画、评鉴的经验集辑之作。书前有道光庚寅年(1830)的自序。本书分上、下两卷,上卷为作画方法之论,下卷为其生平所见之作的评论。

对作画方法,《松壶画忆》所论颇为详备,且多出自身的经验之谈,对一般后学者尤为实用,很少有虚空玄妙之辞。如关于笔墨皴法"作山峦须分层次皴之,山峰须起伏映带,深厚有情,或间以碎石,或隔以云气,大约始用润笔,继用燥峰,则自然郁然苍浑之气"。"苔点一法,古人于山石交互处,界限未清,用苔以醒之;或皴法稍乱,用以掩其迹。故苔以少为贵,若李希古全不作苔点,为北宗超然杰出者,唐子畏深得其法。至王叔明之渴苔,又不必一例观也。""作书贵中锋,作画亦然。云林折带皴皆中锋也,惟至明之启祯间,侧锋盛行,盖易于取姿,而古法全失矣。"又如关于位置虚实,"邱壑太实,须间以瀑布,不足再间以云烟,山水之要,宁空无实"。"作巨帧与作小幅无异,便无皴嫩散漫之病。"其中发常人之未见是关于设色的论述:"设色每幅下笔须先定意见,应设色否,及青绿淡赭,不可移易也。""设大青绿,落墨时皴法须简,留青绿地位,若淡赭,则烦简皆宜。""青绿染色只可两次,多则色滞,勿为前人所误。"山水设色以青绿最见功底,常人总以为青绿是重色迭染,故钱杜此论乃见其悟画之深。由此对前人画法的点评亦直入精髓,如"凡山石用青绿渲染层次，多则轮廓与石理不能刻露，近于晦滞矣。所以古人有钩金法，正为此也。钩金创于小李将军，继之者燕文贵、赵伯驹、刘松年诸人，以及明之唐子畏、仇十洲，往往为之，然终非山水上品。至赵令穰、张伯雨、陈惟允后之沈启南、文衡山皆以澹见长，其灵活处似觉转胜前人。惟吴兴赵氏家法，青绿尽其妙，盖天姿既胜，兼有士气，固非寻常学力所能到也。王石谷云：余于是道三十年，始有所得。然石谷青绿近俗，晚年尤甚。究未梦见古人。南田用澹青绿，风致萧散似赵大年，胜石谷多矣。用赭色及汁绿，总宜和墨一、二分，方免炫烂之气"。从笔墨皴法、位置虚实、设色敷彩，到款识印章，既有对古法程式的提纲挈领的剖析，又有创作的切身经验，两者相辅相成，辉映成章。

  下卷为其平生所见古画的随笔。钱杜不像一般著作那样仅仅抄录一些题识、款式为能事，而是对古画名迹的布局画法详尽记录并加以独到的评论。比如他见赵子固的《水仙》便将其与赵孟頫相较而论："南昌万氏所藏赵子固《水仙》，用水墨澹染。叶长几盈尺，花朵秀媚无匹，窗下展读，忘乎在图画中。此奇妙之作，即使松雪翁命笔，终须让阿连出一头地，况他人耶。"再如石溪临王蒙山水，亦相其长而不护短："石溪上人笔墨与石涛相伯仲，其临文徵仲山水，不独形似，兼能得其神韵。余曾见其仿文氏数帧，并如太史腕下跳跃而出，虽精鉴赏者不能辨也。铁领于氏藏其仿山樵巨帧，苍浑淋漓，惊心骇目，特过于求纵横之气，未免近犷，后之摹仿是帧者，当取其长而略其短，庶几得之。"此外还有如评石恪人物画云："石恪钟馗嫁妹图，虽工而少士气，与夏圭、马远相似，石亦五代人。"

  自唐迄清，所见百数幅历代名迹，过目之余，无不一一详加记录并置于评论，既是本书之特色，也是钱杜治学态度的表征。故而本书在画学上对后人产生了较大影响与作用。蒋宝龄《墨林今话》评此书是："画忆叙其生平所见唐、宋、元、明诸大家真迹及其得力之处，字句隽妙，议论明通，大有裨于后学。"

（邵　琦）

辛丑销夏记 吴荣光

《辛丑销夏记》，五卷。吴荣光编。有清道光二十一年(1841)家刊本、光绪乙巳(1905)长沙叶氏重刻本。

吴荣光(1773—1843)，字荷屋，号殿垣、伯荣、石云山人。广东南海(今广州)人。清嘉庆四年(1799)进士。由编修擢御史，巡视天津漕务，肃清积弊，官至湖南巡抚。兼署湖广总督。后以坐事，降福建布政使。工书画，精鉴金石。书法欧阳询，旁涉苏轼；山水画宗吴镇，偶作设色花卉，得恽南田妙意。性爱林泉，宦游所至，每遇名目，流连竟日。一生著述颇丰，有《历代名人年谱》、《吾学录》、《缘伽楠馆诗稿》、《帖镜》传世。其生平载入《国朝书画家笔录》、《墨缘小识》、《岭南画徵录》、《瓯钵罗室书画过目考》、《石云山人集·附墓志》。

道光二十一年四月，吴荣光放归故里(佛山)，常听见英国侵略军与当地民众的枪战声，此间恰逢中英鸦片战争爆发。佛山距省城广州仅六十余里，故警报之声，每日可闻。年届七十高龄的吴荣光足疾未愈，日夜闭户不出，闲暇无聊，因取数十年做官所得书画，以及以前曾经看见过的名画法书并详记款识的，一一录出，故名《辛丑销夏记》。吴荣光为鉴赏家阮元的高足，于鉴赏独具慧眼，且严格谨慎，在考证经史故事及前贤旧闻上，与其师阮元所著《石渠随笔》相垺。

《辛丑销夏记》为一部书画著录书，因作者是以自己的收藏品为蓝本的，加上时间较仓促，故规模不是很大，但作者治学态度谨严，所见赝迹一概不录，记忆有尺楮清晰者，记之，记忆不清的，宁可阙如也不侥幸。至于迹真而跋阙者，亦录部分保留完好的。对于一图有二本，真赝难辨者，作者虽然在凡例中申明不必刻舟求剑，但在收录中，仍是十分谨慎的。由于作者编此书时，曾得睹孙承泽《庚子销夏记》，故其体例基本沿用《庚子销夏记》。不同的是，《庚子销夏记》说论闳议多，借书画以寓感慨，且不录全文、题跋，该书则录全文及题跋，有些全文虽录，又有冗多之感。如卷一《宋拓五字不损真定武兰亭叙》录《兰亭叙》全文，似为多余。

《辛丑销夏记》共五卷,卷首有长沙叶德辉"重刊辛丑销夏记序"。凡例有五,从凡例中可以看出作者十分喜好《兰亭序》,对陆机的《平复帖》不能收录也深表遗憾。此外,凡例中突出提到孙承泽《庚子销夏记》,并以此作为比较,如凡例第五条"退谷销夏记说论闶议,多借书画以寓感慨,且不录全文题跋,未足传信。余生当太平盛世,不过借林下余闲以消永日,故概从江村,其间录拙诗跋亦江村例也"。凡例后为作者自序,主要述其在怎样的条件下编辑该书的,作者时年为六十九岁。自序后为目录。卷一自《宋拓五字不损真定武兰亭叙卷》至宋米芾《天衣禅师碑真迹卷》,共二十四件;卷二自米芾《多景楼诗册》至金任君谋《韩文公秋怀诗卷》,共二十五件;卷三自赵孟頫《过秦论卷》至虞集《刘垓神道碑卷》,共二十件;卷四自钱选《邮亭一曲图》至明人画集册,共三十四件;卷五自明太祖墨教册至明黄石斋《松石图》,共四十四件,其中不少作品为传世珍品。

由于《辛丑销夏记》也是书画著录书,故其体例与一般的书画著录书大体相似。只不过它是将书画相埒,不像有些著录书画分列。同其他两部"销夏记"类似,《辛丑销夏记》对作品的质地、尺寸、收藏印章、后人题跋等,一一录出,印章还以原形复录。下面试举二例。

宋米元章虹县诗纸本,三十七行,

失记尺寸。

原文略。后人题跋略。

又:

宋夏珪长江万里图卷覃溪书签,绢本,高九寸五分,长二丈三尺二寸二分,左方下角有"贞伯父印"……

后人题跋略。

从上述二例来看,本书意在实在地记录书画的文字资料,这同《大观录》《墨缘汇观》等表面上看起来不同,与《珊瑚网》《穰梨馆过眼录》相类。此外,本书在许多作品后常常可以看到《庚子销夏记》的作者孙承泽、《江村销夏录》的作者高士奇的跋,以及吴氏的自跋,而绝大多数作品后均有吴氏的自跋。吴氏的跋一般叙述该作品的来龙去脉,对该作品的具体描绘,及评论、比较等,涉及范围较广,具有一定的价值。如卷五跋明《梁仲玉诗》:"梁元柱字仲玉,广东顺德人,天启壬戌进士。""元柱削籍后,隐粤秀山,每花晨月夕,饮酒赋诗,醉则纵笔作画,无不精绝,人争宝之。"又卷五跋沈周《吴中山水卷》:"画吴中山水,自山塘至太湖,绵延九十里,逐段细写。后有人长歌披图谛审。一重一掩,名山胜迹,如在目前,非气吞云梦笔摇五岳。不能具此胸襟即不能具此笔力。"从某种意义上讲,这种跋实质上又补充了纯客观资料的不足,更接近《大观录》《墨缘汇观》一类。

《辛丑销夏记》的体例虽说是仿高士奇《江村销夏记》,但其"考证精博,不空谈赏鉴"(《惜味道斋文集》),"而精审过之。所附跋语考证,至为确当。偶附题咏,亦无泛词,可谓青出于蓝矣"(余绍宋《书画书录解题》)。

(孙国彬)

山南论画 王学浩

《山南论画》,收入《墨林今话》时易名为《山南老屋画论》。一卷。王学浩著。约成于清道光年间(1828—1831)。主要版本有《翠琅玕馆丛书》本、《四铜鼓斋论画集刻》本、《历代论画名著汇编》本。

王学浩(1745—1832),字孟养,号椒畦。江苏昆山人。清乾隆五十一(1786)年进士。为人恬澹旷适,绝意干禄。好游历,足迹遍及燕、秦、楚、粤。画以山水为主,学画于李豫德,李豫德父亲李宪为王原祁外甥,故王学浩山水得王原祁正传。结体精微,笔力苍古。中年时涉及花卉草虫,赋色极淡,自称略得元人苍古之趣。晚年则专用破笔,所作山水雄浑苍老,脱尽窠臼,画风尤有一变。又善书法,真、草、篆、隶皆能而精,自成一家之风。在绘画理论上宗文人画之传统,认为"六法一道,只一写字尽之"。颇为后学称是。著有《山南论画》行世。

《山南论画》共计八则。末有颜炳跋。其所论主要对象是山水画。其中用笔、着色等论述亦可参用于花卉草虫。

第一则,论用笔、用墨。"作画第一论笔墨。古人云:干湿互用,粗细折中,笔之谓也。用笔有工处,有粗头乱服处,至正锋侧锋,各有家数。……用墨之法,忽干忽湿,忽浓忽淡,有特然一下处,有渐渐渍成处,有澹荡虚无处,有沉浸浓郁处,兼此五者,自然能具五色矣。凡画,初起时须论笔,收拾时须论墨。古人所谓大胆落笔,细心收拾也。"此则所论最为精到,亦最富经验已见。

第二则,引王原祁之言,申发"何是士大夫画? 曰:只一写字尽之"。以为画需如字,要写而不能描,"一入描画,便为俗工矣"。

第三则,对张浦山、董其昌、王原祁论画之说再加发挥。如"凡画须毛"、"画须四面生来","不师古如夜行无烛"等。

第四则,论画石法。认为"方者用折,圆者用钩,顺其势也"。又论设色法,以为设色在于补笔墨之不足而已。

第五则,论点苔,指出"点苔最难"。认为点苔的笔法应是"须从空中坠下,绝去笔迹"。尤以王蒙《江山渔父图》为范本。

第六则,认为"画以造化为师"和"画当为山水传神"乃山水画之至境,尤难抵达。明代各家及"元四家","亦只是笔精墨妙,未能为山水传神。余家所藏北苑《平湖垂钓图》庶几近之"。

第七则,论青绿山水。王翚曾说"静悟三十年,始尽其妙"。王学浩以为"此为深于甘苦之言"。但与李昭道、王诜相比,王翚则"犹逊一筹"。"盖小李之青绿,作千年计,晋卿亦可六七百年,若石谷,可三四百年,此其别也。"

第八则,论没骨画法。指出:"没骨法始于唐杨升,董文敏常效其《峒关蒲雪图卷》。余病其少古意,后于毗陵华氏见其《雪中待渡图》,真是匪夷所思。文敏所仿,特用其画法耳。乃是文敏本色,非杨升后尘也。"

《山南论画》虽仅八则,但由于作者本人为清中叶以后的一代山水名家,又是"娄东派"的中坚人物之一,因而所论皆既有传统渊源,又多有创作的体悟,故具有一定理论价值与参考意义。

(江宏 邵琦)

墨林今话 蒋宝龄等

《墨林今话》，十八卷，《续编》一卷。蒋宝龄、蒋茞生著。成书于清道光二十二年(1842)。主要版本有：咸丰二年(1852)计光炘本、同治十年(1871)映雪草庐本、1920年扫叶山房本、1923年中华书局聚珍版仿宋精刻本。

蒋宝龄(1781—1840)，字子延，号霞竹，少字有筠，别号琴东逸史。江苏昭文(今常熟)人。清代著名书画家和美术史家。出身贫寒，初受业于徐涵。二十五岁开始离乡背井，浪迹于苏州、湖州、杭州、嘉兴、上海一带，靠卖画为生，交结了范玑、钱杜、改琦、王学浩、汤贻芬、戴熙、费丹旭等一批当时著名的文人和画家。道光十九年(1839)，在上海创立"小蓬莱画会"。杨逸《海上墨林》说他"工书善画山水，诗才清逸，有三绝之称"。彭蕴灿《历代画史汇传》评他所作的山水"秀润闲雅，初得文氏(文徵明)真谛，继则追宗董、巨(董源、巨然)"。邵松年《虞山画志续编》也说他"工诗善山水，高逸澹远，有不尽之致"。他的画迹现留存甚少，行世著作有《琴东野屋诗集》十二卷和《墨林今话》十八卷。据丁祖荫《重修常昭合志艺文志》和吴翌凤《印须集》记载，他尚有《霜叶簃诗稿》、《小红雪楼诗》等集，惜均已散佚。生平事迹见程庭鹭《练水画徵录》。

蒋茞生，字仲篱。宝龄之子，承家学，著《墨林今话续编》。窦镇《国朝书画家笔录》称其"山水多古致，亦工写生"。

据清代著名人物画家改琦为该书所作的《书后》，蒋宝龄四十二岁写成《墨林今话》。但蒋宝龄生前清贫，无法付梓，直到他逝世后的第二年，即道光二十二年，才由其长子蒋茞生把友人已刊的《墨林今话》前五卷和未刊的十三卷原稿送交汤贻芬，请他设法付梓。到咸丰二年，友人计光炘表示愿意承担刊书经费，《墨林今话》十八卷才得以与蒋茞生所撰的《续编》一卷一起刊行。蒋宝龄在世时，先后为《墨林今话》作《书后》的有改琦、张鉴、徐熊、齐彦槐。该书于道光二十二年付梓时，为它作《序》、《跋》、《题词》或《书后》的有汤贻芬、彭蕴章、包世臣、严保庸、程庭鹭、戴熙等。

《墨林今话》为中国画史传著作，记述了从乾隆中期到嘉庆、道光、咸丰年间的画家共一千二百八十六人。其中有不少是蒋氏父子所熟识的江浙两省人,有已故的名家和前辈,也有蒋氏父子的师友和门人弟子,另外还记述了一些妇女画家、方士和道士,为他们各立小传。从画家的时代来看,成书在《墨林今话》之前的张庚《国朝画徵录》,所记为明末清初到乾隆中期的画家,而《墨林今话》所记为乾隆中期至咸丰年间的画家,两书在记述画家的年代上是大致衔接的。而从两书的体例比较来看,《国朝画徵录》的论述偏于史传性质,《墨林今话》则不以时代先后为序,运用了回忆、随感、断想和散记等文艺手法,似饶有风趣的杂谈闲话;除叙画艺外,还涉及书法、诗文、金石、篆刻、著述以及游踪、交往、癖好等,并采辑了不少画家的诗作。《墨林今话》的文笔清雅秀丽,它与冯金伯的《墨香居画识》、张鸣珂的《寒松阁谈艺琐录》一样,开创了把美术批评写得像"诗话"的一种新形式。

清代在绘画上创新与守旧两种美学观念的争斗异常激烈,这种矛盾当然也会在蒋宝龄的《墨林今话》中反映出来。由于蒋宝龄身处封建社会日趋没落的时代,自身也不自觉地有着受压抑而要求个性解放的思想,因而他对乾隆时期与"四王"正统的模古画风相抗衡的"扬州八怪"的艺术,不但不贬低,反而予以赞扬。如他认为"板桥道人(郑燮)……诗词书画皆旷世独立,自成一家","巢林(汪士慎)山水梅花则不食人间烟火,清妙独绝","复堂(李鱓)花卉宗林良,纵横驰骋,不拘绳墨而多得天趣","高西园(高凤翰)……画山水纵逸不拘于法,纯以气胜","华岩……画山水人物花鸟草虫皆能脱去时蹊,力追古法,不求妍媚,别具风神"。这些评论,反映了作者具有进步性的美学观念。但在另一方面,传统守旧思想的局限性在蒋宝龄身上毕竟无法清除干净,在《墨林今话》中,也有相当多的篇幅反映出作者崇奉拟古模古的美学观念,如他对拘泥于"四王"的山水画家董邦达也十分推崇。另外,《墨林今话》诚如近人余绍宋在《书画书录解题》中所评,"以之徵乾、嘉、道、咸四朝画家,固为绝好资料,惜其所收稍滥,又多属江、浙两省人,而于他省人不免遗漏。"

《墨林今话》首次成书是计光炘的刊本,同治十年(1871)映雪草庐又将此书重刊。重刊时,误将卷首戴熙《序》所署"咸丰二年壬子九月下旬"改为"同治十年辛未九月",这与戴熙逝世于咸丰十年(1860)相矛盾。顾家相在《勋堂读书记》中对此指摘道:"殊可笑,不知坊贾如何致误也。"1920年扫叶山房出《墨林今话》石印本,亦误将戴《序》署为"同治十年"。至1923年10月中华书局出《墨林今话》聚珍版仿宋精印本,才纠正戴《序》,仍署为"咸丰十年"。

历来著录《墨林今话》的著作,除顾家相《勋堂读书记》以外,尚有丁祖荫《重修常昭合志艺文志》、余绍宋《书画书录解题》、吴辟疆《有美草堂画学书目》、丁福保与周云青《四部总录艺术编》、温肇桐《历代中国画学著述录目》、俞剑华《中国绘画史》等。

(舒士俊)

练水画徵录 程庭鹭

《练水画徵录》，四卷。程庭鹭辑。辑录江苏嘉定书画篆刻家传记资料而成，因县治有练祁塘，故名"练水"。成于清道光二十九年（1849）。1937年其甥孙黄世祚增易资料，附校补二卷，刊行传世。

程庭鹭（1796—1858），初名振鹭，字蕴真，又字问初，号绿卿，改名庭鹭，字序伯（一作塆伯），号蘅乡。另外，公之翱、红蘅生、因香庵主、忘牧学人、怀愠子、鹤槎山民皆其自号，晚又号箬庵，亦号梦庵。江苏嘉定（今属上海）人。诸生。早岁问业于陈文述，留吴门甚久。工词草，兼擅丹青、篆刻。画山水得钱杜指授，画风近李流芳。有《以恬养智斋集》《红蘅词》《练水画徵录》《箬庵画麈》《多暇录》《小松圆阁杂著》《小松圆阁印存》等。生平载于《梦盦居士自编年谱》《墨林今话》《蝶隐园书画杂缀》《桐阴论画》《广印人传》《清画家诗史》《吴门画史》等书。

《练水画徵录》是程庭鹭辑录的有关嘉定画家生平事迹的著作。钱杜在序中说：此书是专补《邑志》所缺而又参之纪画诸书而成。

此书分为四部分。第一部分收录元三人，明十八人，清五十人。第二部分收录闺秀，明一人，清四人。第三部分收录方外，宋一人，明二人，清六人。第四部分收录流寓，元二人，明五人，清十八人。书中资料来自《南翔志》《吴中人物志》《清河书画舫》《壮观录》等书，有按语，亦补述所录之人诗文书画，无甚见解，间有考证。

《练水画徵录》有续目、补录、附录、余录等。其中"续目"收录元一人，明五十人。另有流寓部分。明一人，清九人，补录方外四人。多录所闻见者，亦有从他书中辑来，如《画雅》和《墨林今语》等。补录五十二人。凡《练水画徵录》中所未列而《画雅》中有的皆辑出于此。附录十九人。收录的是宝山与嘉定分邑后归入嘉定的王翘等人。余录有二，第一部分录十三人，皆以书名者。余录第二部分为篆刻者八人。

黄世祚在民国二十六年(1937)通过考证校对又补编出《练水画徵录校补》,共有两部分。第一部分收录有明二人,清二十六人,"流寓"者明一人,清三人。第二部分收录有明二人,清十九人。

（童一鸣）

书画鉴影 李佐贤

《书画鉴影》,二十四卷。李佐贤编。有清同治辛未(1871)原刻本。

李佐贤(1807—1876),字仲敏,号竹朋。山东利津人。清道光八年(1828)举人,道光十五年进士,官汀州知府。嗜古精鉴,能画竹。著《古泉汇》、《武宁诗钞》、《石泉书屋类稿诗抄》。生平载入《清画家史诗》。

此书为书画著录书,仿高士奇《江村销夏录》体例,收录其自身四十余年之藏品及所见书画,起王羲之《感怀帖》,至乾隆朝为止。在选择书画作品中,作者谨守二原则:(一) 宋元以前名迹日见稀少,故只要是真品,必录,即使别的书画谱已录,"不妨重载"。(二) 本朝书画以佳者入选。本书所录书画作品有部分是钞自《爱吾庐书画记》。

是书卷首为作者手书自题,次为凡例,凡例共十五则,提书之要义,较为周详。凡例后为目录,目录分三类:(一) 卷,(二) 册,(三) 轴。凡屏幅横帧俱附于轴,各类中以朝代先后排列。书中正文先标品名,隔行依作者之掌握资料,或录前额款识、何人题识、印章等,如卷一王右军《感怀帖卷》,"览卿所进羲之感怀一札,运笔神妙,超轶不群,敕卿等审定,重装藏之内库,永为千古式型。贞观十三年九月七日。弘文殿敕。"下用小字另书"行书十行"四字。隔行录印章。"额前"下二小字"朱文",印章为"贞观",下注小字"长方玺",下同,"□□御宝""方玺"、"退密""壶芦印"、"信公监定珍藏""长圆形"等,后方录帖之质地、尺寸、字径和帖之本义,帖中钤章收录甚详,帖后跋文俱录;或在品名后先录质地、尺寸,长短失记者,不录;次之墨笔设色、工细写意、布景;书之本文、画之本题再次之。如阎立本《历代帝王图卷》"绢本,尺寸失记,浓着色兼工带写,共十三幅。人高尺余。汉文帝、晋武帝、后周武帝形差大,陈文帝、陈废帝差小,汉昭文帝、陈宣帝、文帝、废帝、后主、隋文帝、炀帝貌甚文。余多威猛,衣饰各异。侍从较小,多元冠绯衣,或朱衣素裳,各幅皆有标题而无款。此卷于旧失记载,兹从《爱吾庐书画记》节录"。后详每帝王的服饰、形态,及后人之跋。题跋根据具体情况收录,题跋太繁或时代较近者,则视题跋内容进行删减,元以前的题跋均载。

《书画鉴影》收录历代书画作品较之《墨缘汇观》之精,要稍逊一筹,但书中不乏精品。如卷一(卷类)阎立本《历代帝王图》、怀素《小草千字文》、《苦笋帖》、杨凝式《神仙起居法》;卷二蔡襄《谢御赐诗》、黄庭坚《伏波神祠诗》、赵伯驹《汉高祖入关图》;卷三夏圭《长江万里图》;卷四赵孟頫《吴兴赋》、《与倪商十兰竹合璧》、《千字文》;卷五王蒙《天香深处图》;卷十三(册类)赵孟頫《道德经》、鲜于枢《御史箴》等,不一一举例,均为传世珍品,至今被世界各大博物馆收藏。

《书画鉴影》是一部典型的著录书,它不同于吴其贞《书画记》,不抄本文和题跋,亦不同于安歧《墨缘汇观》摘录记载并加以评论,以及《江村销夏记》、《辛丑销夏记》等。《书画鉴影》的体例同汪砢玉《珊瑚网》、卞永誉《式古堂书画汇考》基本一致,只是《式古堂书画汇考》分为书、画二部,《珊瑚网》分为法书名画二部。它们的共同点在于条例明确,读者可以通过凡例了解编纂者的思想,从目录中可以知道书中所收作品。而书中所提供的详尽的资料,则为我们未睹法书、名画者提供了一个比较完整的感性认识,是一部书画研究者必备的工具书。

(孙国彬)

岳雪楼书画录 孔广镛等

《岳雪楼书画录》，五卷。孔广镛、孔广陶撰。成书于清咸丰十一年(1861)。主要版本有咸丰辛酉(1861)家刊本、光绪十五年(1889)南海孔氏三十有三万卷堂刻本等。

孔广镛，号怀民。孔广陶，字鸿昌，号少唐，又号少唐居士。广东南海(今广州)人。清咸丰、同治间(1851—1874)有文名。孔子七十代孙。其父炽庭，官编修，嗜好书画，收藏颇夥。孔氏兄弟笃守父业，遇好书画，不惜重金购置，故家中收藏比乃父时增数倍，遂将家藏著录汇编成书。生平事迹见《明清画家印鉴》、《岳雪楼书画录·陈其锟序》。

本书为书画著录书，所录书画均出自于家藏。体例参照孙承泽《庚子销夏记》和高士奇《江村销夏录》，所录书画作品也较精，如卷一唐吴道子《送子天王图卷》、五代贯休《罗汉像轴》；卷二北宋文与可《倒垂竹轴》、南宋张即之《楷书佛遗教经真迹卷》；卷三元赵孟頫《行书望江南洋土词十二首真迹卷》、元倪云林《树石远岫图轴》、元方从义《云林钟秀图卷》；卷四明文徵明《书画赤壁图赋卷》、明唐寅《秋风纨扇图轴》、明董其昌《秋兴八景画册》；卷五明祝允明《楷书前后出师表真迹卷》、明陈道复《古木寒鸦图轴》等，均为传世真迹，而且品位也高。书记质地、幅式、尺寸、收藏印章，正文后小字录后人题跋及收藏印章；画录质地、幅式、尺寸、收藏印章，并记录画面内容和评论，收藏印章亦一一以其形状列出，印章后收录历代题跋，有些作品后还附上作者自己的题跋。

该书共五卷。卷一自唐贞观人书藏经墨迹册至北宋李公麟《松竹梨梅后卷》，共十六件；卷二自北宋范宽《寒江钓雪图》、黄庭坚诗迹合卷至宋元翰墨精册，共二十五件；卷三自宋元七家名画大观册至元人《竹雀双凫轴》，共四十件；卷四自明沈周《保儒堂图卷》至明黄石斋《松石卷》，共三十八件；卷五自明陈洪绶《生鲁居士四乐图卷》至名人妙绘英华二册，共二十件。合计一百三十九件。书前有咸丰辛酉陈其锟作的叙，其内容主要是述作者孔广陶兄弟游艺书画，"独具精心妙识"，以及如何将家中所藏书画编辑成书的。陈叙后有作者同里黎兆棠作的叙，黎叙提及该书的体例"仿孙退谷、高江村销夏之体，以著此录"。叙后为"目录"，"目录"即是正文。

该书正文用二种字体排列,除作品名称、书法原文外,其余内容一律用小字排。下面选书、画作品各一件,分别叙述。

卷一唐吴道子《送子天王图卷》(又名《释迦降生图卷》、现藏日本大阪市立美术馆),此图据孔广陶于卷后跋曰:"咸丰八年(1858)仲夏借留十日于江西园,晨夕敬阅,书此以归之。"据此,该件作品未被孔氏收藏,但在家中"晨夕敬阅"有十日之久,应该有相当的体悟和记录,如:

(该图)白麻纸本,高一尺一寸四分,长一丈七寸六分,凡四接,水墨画,不著款。幅中写天人十有五,庄严者二,狰狞者九,天女四,异兽一,大小恶耶七,其三首六臂四足者,变化莫测。中间操旂旛剑戟铲瓶笔研诸具,一一古雅。净饭王抱释迦文佛,摩耶夫人与宫监后立,前有天神跪接状,神气生动,画迹如新。

其后为历代收藏印章,印章的形状与原迹的形状相似,且位置亦相类,与现藏日本大阪市立美术馆原迹影印本相比,可视之为孔氏所录,即为此本。印章后为历代题跋,其中,孔广陶即题有二跋,前跋述吴道子生平、绘画艺术及该图流传情况,后跋则分析该图的艺术成就,二跋合一,可谓是一则完备的跋。

又,卷一唐法藏国师真迹卷,纸本,高一尺一寸一分,长二尺一寸七分,行书二十一行,计三百一十字。对这件作品,作者记述得十分细致,卷中漫漶破损之字,作者都一一记录在原文中,如"增"字,后用小字注有"增字微损"字样,像这样的字样,仅该卷就注有十八处。正文后即为历代题跋,有元刘基、高明、黄溍、贡师泰、程文、杨翮、迺贤、宇文公谅、陈适言、陈世昌、明钱宰、危素,清吴荣光、朱昌颐、孔广陶等十六人计十六跋,其中有清成亲王的题签。跋的内容繁复,有赞颂书者品格的,有夸誉书者艺术的,等等。资料翔实,为美术史论者探源追本,考察作品来龙去脉及前人评论提供了文献资料。

作为一部书画著录书,它的价值在于:(一)书中所录作品几乎都是编撰者所有,而且,有相当一部分精品流传至今,这就为该书的真实性和可靠性提供了凭证;(二)该书资料工作做得比较仔细,有记有评,不仅有前人的所有题跋和印章,而且每件作品后均有作者自己撰写的题跋,这种形式在著录书中为数不多。

(孙国彬)

桐阴论画 秦祖永

《桐阴论画》，又名《绘事津梁》。初编三卷，二编二卷，三编一卷，后定为一卷。秦祖永著。成书于清同治三年(1864)。版本有《翠琅玕馆丛书》本(题名为《绘事津梁》)、《画学心印》附刻本、《美术丛书》本、《历代论画名著汇编》本。

秦祖永(1825—1884)，字逸芬，号楞烟外史。江苏金匮(今无锡)人。诸生，官广东碧甲场盐大使。工诗古文辞，亦善书法，尤对绘画深有研究，创作以山水为主，画宗清初王时敏，笔墨超脱，气味淳厚。在画学理论上主张"理""气"兼备，以为"画中静气最难"。同时主张画须"师古"。著有《画学心印》、《桐阴画诀》等。

《桐阴论画》系一部绘画品鉴专著。全书原分三集，每集各收有画家一百二十人，共收入画家三百六十家。就作者所见画家的作品详加品评，并分列"逸、神、妙、能"四品裁第。每一画家之下列各个简要的小传或生平。

三百六十家中，列入逸品者有二百三十八家；列入神品者有四十二家；列入妙品者有九家；列入能品者有八十家。初编前有秦湘业、马履泰等三家序言和张之万的赠言。还有何基祺的跋文，李铭山等人的题词，秦炳文绘图题记。二编前有秦湘业序及光绪六年(1880)自序。

以"逸""神""妙""能"品评绘画，源于唐朱景玄，到宋黄休复始定其序次。历来以逸品为最上，间或也有论者将逸品作为品第中之别出者而另立，其次是神品，再次是妙品和能品。因而在秦祖永之前的历代品第中，逸品所占的比例为最少，渐次增多。秦祖永的品第却不然，以逸品为最多，以妙品为最少。

由于秦祖永在使用"逸、神、妙、能"的品第标准时，没有分别加以申说界定，因此，若依据朱景玄、黄休复等前人对此四品的论说，那么，秦祖永似有大翻前人陈案的嫌疑，又因其缺乏言之有据，论之成理的自伸己说，因而，不能让后世折服，总之，后世对秦祖永的品第之法颇有争议，但作为一家之说，读者自可见智见仁。

《桐阴论画》以"南宗"为画之正宗,并列董其昌、王时敏、王鉴、王翚、王原祁、吴历、恽寿平、吴伟业、邹之麟、陈洪绶、杨文骢、髡残、道济等十六人为大家,余俱为名家。从中可见出他的绘画史观。由于《桐阴论画》所收画家颇丰,又系有小传、生平,并以画迹为据而作有品评,因而,此书为画史研究者所不能忽视。同时,在书后又附有画诀,因此,对后世习画者亦为重要文献参考。

　　在画论上,《桐阴论画》要求以真笔墨为山水传神,"画境当如春云浮空,流水行地,皆出自然,乃为真笔墨,方能为山水传神"。认为画中静气最难求得,"画中静气最难,骨法显露则不静,笔意躁动则不静,全要脱尽纵横习气,无半点喧热态,自有一种融和闲逸之趣,浮动邱壑间,正非可以躁心从事也。画中理气二字,最须参透。有理方可与言气,有气无理,非真气也。有理无气,非真理也。理与气会,理与情谋,理与事符,理与性现,方能摈落筌蹄,都成妙境"。

　　在绘画的研习上,秦祖永主张从古人作品的临摹入手,先博览后专宗,然后才能另出心眼,不为古法所拘。"作画须要师古人,博览诸家,然后专宗一、二家,临摹观玩,熟习久之,自能另出手眼,不为前人蹊径所拘。古人意在笔先之妙,学者从有笔墨处求法度,从无笔墨处求神理,更从无笔墨处参法度,从有笔有墨处参神理,庶几拟议神明,进乎技矣。"又如:"麓台云:不师古如夜行无烛,便无入路,故学必以临古为先。"又云:"临画不如看画。最为笃论。临画往往拘局形迹,不能洒脱;看画凡惬心之处,熟于胸中,自能运于腕下,久之自与古人相吻合。"博学古人之长,具体有如"博大沉雄如石田翁,须学其气魄;古秀峭劲如唐子畏,须学其骨力;笔墨超逸如董文敏,须学其秀润"等。

　　其他诸如用笔、用墨、山石林木、位置构图等具体法度也有一一提示,或借古贤画格参以发明。所论亦多为巨眼独见。

　　上述有关秦祖永的绘画理论和主张对于进一步了解他的品第标准不无益处,或者也可以看作是对秦祖永关于品第标准论述不详的一种弥补。

　　《桐阴画论》尽管是一部品鉴专著,但因其对清一代画家的收录颇为详尽,因而,其史料价值远胜于他的品第分类。同时,他对画家的具体品评,也胜于他的四品划分。如对凌必正、魏之克、顾蔼吉、王云、顾文渊、唐俊、姜恭寿等人都有程度不同的流弊指摘,可见出他的品评眼力;同时,却又因为他将上述诸位列入"逸品"之中,而为后人所大不解。又如"妙品"下的焦秉贞、改琦、费丹旭等九人,从数量上看不仅是四品最少的,因而似"妙品"反胜"逸品"、"神品"的嫌疑。凡此种种含糊、矛盾乃至自相错舛之处,后人多有指出,读者亦需自加判断,方不误入他人之蹊径。

(邵　琦)

梦幻居画学简明 郑 绩

《梦幻居画学简明》,五卷。郑绩著。成书于清同治五年(1866)。主要版本有周养庵藏钞本、《艺林月刊》本、《画论丛刊》本。

郑绩,生卒年不详。字纪常。广东新会人。善画人物、山水,能诗知医。寓于广东秀山之麓,建"梦香园"。于画学主张:画山水、人物、花卉、禽虫皆需"能于形似中得筋力,于筋力中传精神",又"不徒写其貌,并要肖其品"。著有《梦幻居画学简明》存世。

《梦幻居画学简明》为一部画学作法类专著。分为山水、人物、花卉、翎毛、兽畜五卷。书前有编著凡例四条。自称"是书每卷先著总论,系其大纲,即述古以证,其余所论,俱由心学发挥,或因前人词意未达,或因时习趋向传讹,翻覆详明之,俾学者一目了然,故名曰:画学简明。文法不尚词华,惟简要浅白,便于记诵"。此书原专为山水、人物而作,但考虑到"有志学画者,欲求法备"而不得不附论花卉、翎毛、兽畜三卷之论。此书意要在"详立规矩,使学者有阶可升"。因为"神明变化,出乎规矩之外,而仍不离乎规矩之中"。

卷一为山水。计有山水总论、述古、论形、论意、论笔、论墨、论景、论皴、论树、论泉、论界尺、论设色、论点苔、论远山、论题款、论图章十七则,共一百十一条。为全书最详致宏富之卷。郑绩认为:画虽为小技,实亦心性之学。"学山水固当体认家法,而形像尤须考究","盖画必先审夫石与山与树之形","然后别之以家法皴法,究之于笔,运之于气",由是"可随手而(四时之意)生腕下矣"。因而"写山石,必多游大山,搜寻生石,按形求法,触会心,庶识古人立法不苟,便更毋拘法失形"。

形像既熟,则当求之以笔墨。指出"用笔不贵动指,以运腕引气","作书固然,作画亦然也"。"用笔以中锋沉着为贵","山水用笔,最忌平匀"。"用笔之道,各有家法","其变体不一,而约言之止有二,曰勾勒,曰皴擦。勾勒用笔腕力提起,笔笔见骨,其性主刚,故笔多折断,归北派;皴擦用笔腕力沉坠,笔笔有筋,其性主柔,笔多长韧,归南派"。又皴法中"如披麻、云头多主筋,马牙、乱柴多主骨;而披麻、云头亦有主骨者,马牙、乱柴亦有主筋者,余可类推,皆不能固执一定。总由用笔刚柔,随意生变,欲筋则筋,爱骨则骨耳"。关于用墨,认为"山水用墨,层次不能执一。须看某家法与用意深浅厚薄,随类而施。盖有先浅后浓,又加焦墨擦以取妥帖者;有先浓后淡,再晕水墨以取湿润者;有浓淡写成,略加醒擦以取明净者;有一气分浓淡墨写成,不复擦染以取简古者;有由淡加浓,或焦或湿,连皴数层而取深厚者;有重叠焦擦,以取秋苍者;有纯用淡墨,而取雅逸者。古人云:能于墨中想法,于法亦思过半矣"。更有对传为披麻、云头、折带、斧劈、解索等十六家皴法和点苔以及设色的一一详论。

由于郑绩以形似为绘画规矩法度的基点,因此,在其为山水详立规矩时,还特别对树木、景置、泉水及远山等画法亦分别详述。如"写某皴山,要配以某树,此以笔法言,非以树名论,如写松,某松针叶落笔处尾尖,而结蒂心处大者,此宜用披麻、云头、牛毛等山,若落笔处重大,而聚蒂处反尖小者,此宜配斧劈,马牙等石。……即此类推,其树皴纹繁简,看山石之皴笔疏密,此一定法耳,千古不易也"。又如"石为山之骨,泉为山之血。无骨则柔不能立,无血则枯不得生。故古人画家,甚为审顾,或高垂高叠数层;或云锁中断;或谷口分流,随山形石势,即离隐现之间,俱有深意。五日一水,非虚语也"。此外对点苔、题款、图章等亦作了论述。认为"山水画成设色后,则点苔之法最要讲究",但"点苔原为盖掩皴法之漫乱,既漫乱,又何须挖肉作疮"。至于题款则要求与画面的章法韵势相配,又须与画中用笔线条相呼应。图章大小亦可为画面增彩添趣。

卷二为人物。计有人物总论、述古、论工笔、论意笔、论逸笔、论尺度、论点睛、论肖品八则二十六条。其中述古一则采自《宣和画谱》与郭熙《论画》。工笔一则对流云法、折钗法、旋韭法、淡描法、钉头鼠尾法等各家法笔特点进行了分析,指出"各体不同,必须考究,然后胸有成法"。人物的意笔"如草书,其流走雄壮,不难于有力,而难于静定"。而所谓逸笔乃指"工意两可也,盖写意应简略,而此笔颇繁;写工应幼致,而此笔颇粗,盖意不太意,工不太工,合成一法,妙在半工半意之间,故名为逸"。尺度一则论述人的躯体比例,和山水楼阁的比例关系。同时指出"生人之有神无神在于目,画人之有神无神,亦在于目"。郑绩指出画人物需"肖品",即画古人须"绘出古人平素性情品质";"写美人不贵工致娇艳,贵在于淡雅清秀"。因为绘画"并非以描摹悦世为能事,实借笔墨以写胸中怀抱耳"。

卷三为花卉。计有花卉总论、述古、论树本、论草本、论藤本五则三十三条。总论中认为:"写花草不徒写其娇艳,要写其骨气。"花卉有木本、草本之不同,"当穷究物理,而参用笔法墨法,写工写意,各臻其妙"。树本一则下有梅、桃、红棉、玉兰、紫荆、石榴、佛桑、紫薇、木芙蓉、桂、木樨、山茶;草本一则中有牡丹、芍药、玫瑰、月季、蔷薇、葵、玉簪、兰、菊、水仙;藤本一则中有凌霄、紫藤、金银花、吉祥草、天冬草等,对它们的花季、花形、枝干、叶芽以及品性,描绘要求分别作了阐述。如牡丹一条曰:"牡丹,花之富贵者也。正二月开花。红、黄、紫、白、黑五色之中,又有深浅之别。而种类名目甚多,其瓣萼千层,花样无所不有,鲜艳可爱。江南最盛。丛生。老干高数尺,逢春新枝与叶、蕊并发,叶茎上三歧五叶。画法双勾、没骨、工、意皆宜,即全用水墨,一枝半朵,亦不失富贵气象,仍为善画牡丹者,不徒多买胭脂而已。"

卷四为翎毛。计有翎毛总论、述古、论山禽、论水禽四则十九条。画翎毛与其他题材一样,需明"造物生长自然之理,学画胸罗造化,若不审明此理,背理岂能法哉"。因而"须平日多看生鸟,胸有成见,执笔乃得传神也"。在具体画法上指出:"写翎毛落笔先写嘴,从上腭两笔之间点鼻,鼻后即圈留眼眶,次下生腭,描头托腮,由脑后托笔,接写背肩,加翼安尾,由腮接胸肚腿,其中细披簔翎,则用破笔,应点羽翼,则用浓墨,而翼之辗转阴阳,又分浓淡,逐一写完,然后添足,凡鸟皆卵生,故其身不离卵形,加添头尾翅足而已。至于写正面、侧身,与飞鸣、宿食,回头倒攀各势。并分山禽水禽,长尾短尾,嘴尖嘴扁,脚高脚低,不一其类。"在山禽一则下,对凤凰、孔雀、鹰、鸲鹆、雉、麻雀、燕、鹊、鸡;在水禽一则中对鹤、鹅、雁、鸭、鸥、鹭、翠鸟等画法作了或详或简的论述。如:"麻雀颔嘴皆黑,毛褐有斑,耳有白圈黑印,全身写法,俱宜赭入墨。今人写麻雀,头背用赭不用墨,而写翼几笔,又用墨不用赭,一雀两色,殊失麻雀之意。或辨之曰:乃是黄雀。不知黄雀毛色黄中带绿。又宜于赭色,所谓习而不察也。故写麻雀法,必先用墨笔写成斑点,浓淡自然,俟墨干,然后加赭墨染之,趁湿复加墨点斑纹为是。岂有全身皆赭,独翼翅用墨耶。宜于生雀细审察之。"

卷五为兽畜(附鳞虫)。计有兽畜总论、论兽畜、附论鳞虫三则二十五条。在总论中说:"凡画兽,故须形色认真,不至画虎类犬,又不徒绘其形似,必求其精神筋力,盖精神完则意在,筋力劲则势在。能于形似中得筋力,于筋力中传精神,具有生气,乃非死物。但兽畜其类颇多,不能尽写,兹集可入画图,易于笔墨者,举数种而论之耳。"他认可入画的兽畜有:狮、虎、象、牛、马、鹿、羊、狐、驴、骆驼、狗、猫。如论画虎条曰:"虎为山兽之君,状如猫而大如牛。毛黄质而黑章,锯牙钩爪,四指不露甲,须健而尖,舌大如掌,满生倒刺,项短鼻齆,眼绿如灯,夜视则一目放光,一目看物,声吼如雷,风从而生,百兽震恐。""伏则尾垂,昂立尾竖。先写其形影,次用黑点斑,而后渲染赭黄,俟干,加浓须点睛;以取威势。"

附论鳞虫一则就龙、蛟、鲤、魴、鲈、金鱼、蟹、虾、蝶、蜂、蜻蜓、螳螂、蝉的画法加以论述。

从体例及各卷的分量上看,一如其自跋所云,"此书论山水编列首卷,而且于诸家笔墨皴法,翻覆详言,不厌繁赘,诚以山水为重,不敢轻易视之也。"其后数卷,"每种数语,系其大要而总括之,以为画学成式,至其用笔用墨诸法,已备在山水论中,毋庸多增赘说矣,孰轻孰重,造化固有权衡,宜详宜略,著书岂无准则?"

《梦幻居画学简明》作为一部绘画作法类的专著,继承中国绘画的传统之说外,十分注重绘画形似的重要性,这一特点与以后"岭南画派"出现在广东或许不无历史的渊源。

(江宏 邵琦)

梦园书画录 方濬颐

《梦园书画录》，二十五卷。方濬颐撰。成书于清光绪元年(1875)。主要版本有光绪三年定远方氏成都刻本等。

方濬颐(1815—1889)，字子箴，号梦园。安徽定远人。清道光二十四年(1844)进士，官至两广、两淮盐运使，擢四川按察使。善诗嗜古，精鉴赏。尝宦游北京、广东、广西、扬州等地，收得法书名画颇多，对金银玉器、珊瑚翡翠等工艺美术品也十分倾心，常流连于北京古董肆、扬州书画街，目力日高。遂嘱汤敦之、许叔平仿高士奇《江村销夏录》体例，汇编成《梦园书画录》，并亲自撰叙。生平事迹见《四部总录·艺术编》、《梦园书画录·自叙》。

该书为书画著录书，卷一自梁张僧繇《扫象图卷》至五代罗塞翁《儿乐图》，计十件；卷二、三、四收录宋人自画院小品册至宋元名画册，计三十五件；卷五、六、七收录元人自赵孟頫《临黄庭经卷》至释海云《秋雁图》，计四十四件；卷八至卷十五收录明人自方孝孺《临颜鲁公麻姑仙坛记卷》至明贤诗社图卷，计一百五十五件；卷十六至卷二十五收录清人自成亲王《临绛帖卷》至《达摩渡海像》，计二百二十七件，共计四百七十一件。其中宋朱锐《盘车图》、赵子固《水仙卷》、元赵孟頫《临黄庭经卷》、王振鹏《龙舟图》、倪瓒《渔庄秋霁图》、吴镇《墨竹卷》等，均为传世真迹。书前有作者光绪元年撰写的"自序"，曰："物无聚而不散之理，古人书画聚于梦园者，未必不散于人间，及其未散之时，编纂成帙，使千百载后，知若者为梦园所藏之书、若者为梦园所藏之画，斯书画传而梦园附以俱传也。"说明作者编纂该书的目的是很明确的。自序后另有朱铭盘作的序。

该书以年代为序，不分书画，逐次排列，作品名称单列一行，隔行低二个字记录该件作品的质地、尺寸，以及对作品的客观描述和钤印，后面收录历代题跋及编纂者作的题跋。如卷二《宋董北苑群峰霁雪图卷》：

绢本，宋尺高一尺三寸，阔一丈二尺二寸五分。首幅茅屋纵横，柴扉半启，童子阖门，远山残雪溶溶，烟树暮云萦回一色；中幅陡壁下木桥三折，直通山凹，桥上一叟支筇，一童负橐以随,坡平处楼阁层叠,古松千嶂,刹宇高峙,二客觅径,松下山顶飞泉分泻,村墟稠密。入后,雪消寒浦,渔罾傍舍,逸致独绝。虽绢本黯黑,稍有剥蚀,而笔墨光芒,不可掩遏,宜董文敏鉴定为北苑所作宝而重之也。覆首钤"古瓦研斋"、"茝林审定"、"张伯起"、"阮怀珍藏"……隔水绫上有"董北苑真迹神品其昌鉴定"十一字。

此外,还收录了陈继儒、董其昌、屠倬的题记。从上面引用的材料来看,《梦园书画录》的编者在客观记录方面是颇细致的。又如卷三《宋苏轼为释契顺书归去来辞卷》:

纸本,宋尺高一尺三寸,阔一丈四尺七寸,共六十八行,五百九十三字。四节。行楷。前用藏经纸作复首,右角钤"梁敬叔所藏名画"长印,字前下角钤"高士奇图书记"一方,"别馆"二字一方,……本文字不盈寸,题款倍之,运笔神妙,考核精详,已见王青城、梁茝林两跋。

文后附王汝玉(青城)、梁章钜(茝林)跋全文,接后有作者于同治戊辰(1868)题的七言古诗。需要说明的是,该书在收录书迹全文时往往是视内容而定的。有些书迹收录全文,如卷三《宋蔡忠惠墨迹草书册》、《宋黄山谷书王、史二公墓志铭稿卷》等,有的书迹则不录全文,如卷三《宋苏轼为释契顺书归去来辞卷》、《宋黄山谷行书砥柱铭长卷》。这是因为有些书迹内容不传于世或被收录文集中,有些书迹则传于世且被收录文集中,这样,可以省略大量的无价值的文字内容,使得该书显得精简,不令人有繁复杂芜之感。

尽管《梦园书画录》编排体例比较完整,记录也比较详备,但由于该书所录作品绝大部分为明清两代的作品,且收录的作品并不很精,因此在使用的广度上,不及《墨缘汇观》、《大观录》、《式古堂书画汇考》。但作为一部书画著录书,它仍有比较完整的资料和可供参考性,因此,也是美术史研究者不容忽视的。

(孙国彬)

过云楼书画记 顾文彬

《过云楼书画记》,十卷。顾文彬著。有光绪八年刊本、1927年刊本、1990年江苏古籍出版社《过云楼书画记、续记》本。

顾文彬(1811—1899),字子山,号艮盦居士。江苏元和(今苏州)人。清道光二十一年(1841)进士,官至浙江宁绍台道。于学无所不窥,工书法,尤工倚声,精鉴赏,家富收藏。有《眉渌楼词》、《过云楼帖》行世。

顾家世代喜收藏,顾文彬之父"获名贤一纸,恒数日欢"。至顾文彬,前欲娱其父,"后有以益吾世世子孙之学",且又"吾欲娱志",更喜收藏。晚年,在其子协助下,挑选其纸本、鉴定为真迹者,分书法与绘画两类,再分唐宋元明清诸代,按其时代先后著录考定成书。

顾家收藏颇多,《过云楼书画记》所书前四卷为书法类,后六卷为画类,共收录自藏书画二百四十六件,内颇多传世名作。俱为纸本。凡绢本、石刻、宋克(缂)丝之绣、单条、扇面及闺阁之作皆未收,其例颇严。

楼名"过云"来自苏东坡的一句话:"譬之烟云之过眼,百鸟之感耳,岂不欣然接之,去而不复念也。"(《苏东坡集》前集卷三十二《宝绘堂记》)苏东坡认为不应该为书画而呕心沥血,应该像过眼烟云一样,看过就算了。"过云"即过眼之烟云。

《过云楼书画记》卷一著录六朝时智永真草千字文卷一,唐人摹兰亭卷等五,宋人范仲淹、苏东坡、黄山谷、朱熹等人书迹九。卷二著录元人赵孟頫、黄公望等人书迹九。卷三著录元人杨维桢、雪庵和尚、释师训等书十和明初宋克书卷一。卷四著录明人祝允明、唐寅、文徵明、董其昌等书卷札册二十三。

顾文彬著录的书迹与他人著录者不同,不是仅仅记录书法名称内容、长宽、印章、题跋等,也不作过于繁琐的考证,凡是其他书上能查到的内容而又与他要讲的话无关者,一律不记。他只围绕所要著录的书迹,根据具体情况作具体的记录。甚至记载他购得这些名迹时的经过。有时又是根据文献上记载的某书画名迹情况,然后再去寻找,得到时,一一查看,书迹上有多少字,多少行,真、草以及前自何字起,后有何人印等等,果然和记载相同。欣赏书迹之余,同时著录与此书有关的著名文献,主要的流传经过,其中更有很多生动的故事。对于书法家,一般不为人知的内容也略作披露。并注明资料来源。对于收藏家,根据书迹上的收藏印,考察其姓氏字号、籍贯以及作简略的介绍,也指出资料来源以及哪些文献上作过更详细的记载。有的书迹,他也直接著录其字的行数、字数,用什么纸,上钤哪些印,后有哪些人的题跋,然后对照古代著录加以核实,同时把文献上记录的内容择要著录并发表自己的看法,其中也纠正了不少古人的错误。给后世做学问的人不少启发和便利。

顾文彬的著录文章带有一定的研究性。某些内容反映当时哪些情况,如"犹见当时赀财雄乡里情形……"著者也都及时提示。有些疑问,著者也加以揭示,以俟知者,如"考《漫稿》又有《虞㢠墓志》,亦云葬虞山西麓小涧,未知真迹尚在人间否?"

一般收藏家对自己收藏的文物,最忌说是伪迹,但顾氏则以求实态度,正确对待。如"《元贤手迹册》中,凡七家。其首有松雪翁书《回仙观赞》,审是伪迹,去之"。为了证实"潜夫"是明钱塘陈振祖,而不是宋末元初之周草窗,又于著录后附上周草窗年谱。用心可谓良苦。

卷五画类,著录唐吴道玄《水墨维摩像轴》一,五代释巨然《海野图卷》一,宋李龙眠《醉休图卷》一,宋米元晖《潇湘奇观卷》一,夏圭《烟江叠嶂图卷》一,刘松年《蓬莱仙居图卷》一,扬补之《四清图卷》(按即今藏北京故宫博物院之《四梅花图》)一,南宋画院本《上林图卷》一,钱玉潭《山居图卷》一,赵子固《凌波图卷》一,共九图,皆赫赫名家名作。卷六画类二,著录元人赵文敏《墨竹轴》一,黄公望《浮岚暖翠轴》一,王蒙《稚川移居图轴》(此图现藏北京故宫博物院)等六,倪云林《赠袁寓斋卷》等四,吴镇《溪山高隐图轴》等二,还有王振鹏等画家画,都是元人的作品,共二十四件。卷七画类三,著录明人王孟端、周臣、郭清狂等画迹十六件。卷八画类四,著录明人沈周、唐寅、文徵明、仇英等画迹四十六件。卷九画类五,著录明人文五峰、陆治、陈白阳、董其昌、陈老莲等画迹三十三件及由明入清的画家八大山人、石涛、石溪、龚贤、傅山、杨龙友等画迹十七件,共五十件。卷十画类六,著录由明入清的画家恽南田、吴历、王时敏、王鉴、王石谷、王原祁(清初六家)画迹四十二件(其中有的一件含十帧、十二帧者),其中王时敏《仙山楼阁图轴》后附《西庐(王时敏)年谱》。

每一图有的记其访得之经过;有的记其某名人在某处见过此图,有过哪些记录;有的记其原藏某某处等等。最后都归于顾家。每一画著录其画之内容、款署、印章,或和以往的著录相对照,是否符合。有的著录画的形式,如"通幅用焦墨,间设浅赭色。峰峦回互,楼阁参差……"在画上题跋的人,为众所知者,则一提并指出资料出处即可,如"倪瓒、陆居仁、陈则,见《明史》"。不常为人知者,则考证介绍。同时也指出某书某志有记载。错误之处,也必指出。所画内容,凡览者一见可知者,则不加分辨;凡有故实,则加以考究,如李龙眠画"一翁踞坐其上,一手据枕,一手作挥客状;旁立两人,一冠服,一短后衣,酒瓶倒卧满地",则从昭明太子《陶靖节传》所载:"贵贱造之者,有酒辄设,若先醉,便语客:'我醉欲眠,卿可去。'其真率如此。"考为陶渊明醉休图。有些不为人常见的故实,则考证犹细。所引资料则是一般书上不多见的,常见的资料则不多引。

著录的书,一般对画上诗文,必尽情收录,顾文彬认为,"天壤间,名迹只有此数,流传至今。著录已得大判,复有称述,不过如东坡所谓'者瓶水倾入那瓶水'而已。"名画上诗文,尽可从名画上读到,读不到的,也可从其他著录书上查到,所以他这本书便不再一一收录。这也足见著者求实精神。

有话则长,无话则短,是此书另一特色。有的名画著录只一两行,有的则数页,务求内容充实,言之有物。偶发议论,亦能引人深思;或有感慨,亦令人同情。

卷末有顾文彬自跋,说明其书乃与其子顾承手定。但书成后,其子已亡。故书后又附录《哭三子承诗四十首》。吴人多数有"市隐"思想,顾文彬既无天下志,亦乏四海心,他不过是一个资力雄厚的收藏家,为文之余,欣赏法书名画,优裕的生活,清闲的情趣,平淡的思想,诗亦如之。

顾文彬的孙子顾麟士继其祖后,又写了《过云楼续书画记》和《过云楼书画记》合为一书。顾麟士(1865—1930),字鹤逸,号西津渔父。工画山水,承祖上之风,继续收藏书画等名迹,于1927年完成续录。计六卷。卷一书类,著录宋元苏沧浪、赵文敏等书法名作十一件;卷二书类,著录金元玉、王阳明、文徵明等法书十八件;卷三画类,著录五代贯休、元代钱选、赵子昂、黄公望、倪云林、王蒙等画十一件;卷四画类,著录明王孟端、杜东原、沈周、唐寅、仇英等画迹二十二件;卷五画类,著录董其昌、陈继儒、杨龙友、陈洪绶、八大山人、石涛、龚贤、萧云从等明末清初画家作品二十七件;卷六画类,著录恽南田、吴历、王时敏、王鉴、王石谷、王原祁等二十二件(有的一件又合数册或十数册者)。其体例一仿其祖。前有自叙,末署"丁卯(1927)长夏元和顾麟士,年六十有三"。

《过云楼书画记、续记》是研究古代书画必备的文献之一。其中虽亦间有赝品杂入,然大多鉴赏精严,资料丰富、内容实在。而且所记古代书画名迹,现多收藏于国内外大博物馆中,成为研究古代书画史的重要依据。

《过云楼书画记、续记》基本上是一本工具书,利用者多,专门研究者少。1990年江苏古籍出版社出版的点校本,改正了不少错字,惜无点校后记,点校所用底本和互校本所据何年何地刻本,抑是手稿亦皆无说明。

(陈传席)

扬州画苑录 汪鋆

《扬州画苑录》,四卷。汪鋆辑。成书于清光绪九年(1883)。有光绪间刊本。

汪鋆,字研山。江苏仪征人。生于清嘉庆二十一年(1816),卒年不详。与张春薲(恩焕)同师李馨门,工诗,精于金石,善山水花卉,兼能人物。有《扬州景物图册》,又有《岁朝清供图》等传世。又著《十二砚斋金石过眼录》、《春草堂随笔》。生平事迹见《扬州画苑录》、《百梅集》、《广印人传》、《南画大成》。

此书为作者仿鱼翼《海虞画苑略》的体例而作的一部著录扬州书画家生平小传的著作。所记之事采自《扬州画舫录》、《图绘宝鉴》、《无声诗史》、《画征录》等书,基本上是照录不误,少数未有记载的,也是根据作者的见闻人补一传,前面加以"鋆按拙补"的字样以示区别。但关键的是,作者只着重于生平,而对画艺却三缄其口,依他自己的说法:"若夫技之工拙,自有其人之画在,不敢任意抑扬,期有合乎阐幽之义云尔。"

此书所载以生活在扬州的画家为主,对"宦于扬、居于扬、馆于扬者",收录在"流寓"部分。

此书收载的画家并不完全合于编年,作者"有今日想起异时忘之而前者已经刻成"之事,所以错序现象屡见不鲜。此书具体目录如下:卷一收录一百五十一人,附五十二人。卷二收录六十八人,附二十五人。卷三为"流寓",收录七十四人,附十八人。卷四为"流寓",收录五十四人,附四人。卷四又有"方外"十三人,附三人。闺秀二十七人,附一人。

《扬州画苑录》纯粹是资料性的著录书,并没有作者的见解。

(童一鸣)

穰梨馆过眼录 陆心源

《穰梨馆过眼录》，四十卷，续录十六卷。陆心源著。主要版本有光绪十七年吴兴陆氏刊本、潜园总集本等。

作者生平事迹见"宋史翼"条。

本书为书画著录书。书中所录书画绝大部分为其家藏，也有为数不多的书画为他人收藏，或采之高士奇《江村销夏录》等书，体例也仿高氏《江村销夏录》。本书以时代为序，卷一梁迹一种，唐迹九种；卷二至卷五为宋迹，共三十二种；卷六至十一为元迹，共五十种；卷十二至三十六为明迹，共三百四十七种，其中除沈、唐、文、仇外，多数是明代遗民之作；卷三十七至四十为清迹，共四十三种，绝大部分为"四王"、吴、恽之作。续录卷一唐迹四种，宋迹十二种；卷二宋迹五种，元迹九种；卷三、四元迹二十三种；卷五至十二明迹一百一十种；卷十三至十六清迹四十二种。全书收录书画总体来讲尚属比较严谨，许多作品流传至今，精品如唐虞世南《汝南公主墓志铭卷》、宋米芾《苕溪诗册》、王居正《纺车图》、陈居中《文姬归汉图》、龚开《骏骨图》、元冯子振《居庸关赋卷》、赵孟頫《秋郊饮马图》、黄公望《陡壑密林图》等，每件作品后均标明该书画作品的质地、尺寸，以及历代题跋、收藏印玺，书法作品还录该作品全文，以备查考。书前有作者光绪十六年（1890）的自序，自序中叙述了自己收藏书画的经过以及思想，突出强调了作为收藏者的品德是重要的，并列举了宋秦桧的"一德格天阁"、贾似道的"悦生堂"、明严嵩的"钤山堂"所收书画终因收藏者的品德低劣而使所蓄书画"终为下流之归"，体现了作者收藏书画的思想基础，同时也记录了作者编纂此书的经过。序后为"凡例"，凡例共七条，第一条"是录所收虽余家长物居多，然朋旧储藏曾经寓目者，苟其人其文其书其画有一可传，无不登录"；第二条"是录仿《江村销夏》、《吴越所见》（即《吴越所见书画录》）之例，备载纸绢寸尺，印记朱白方圆，及名人题跋，惟高氏、陆氏不分时代，今则以时代为次"，是认识此书、使用此书的宗旨。

本书是一部典型的书画著录书，无论在编次上，还是具体内容上，都安排得体，引录详备。下面试举数例,以窥全书。

卷一《虞永兴书汝南公主墓志铭卷》(现藏上海博物馆),隔行小字"引首高八寸九分,长二尺三寸八分",隔行"虞书贞(真)迹",小字"篆书""李东阳印"(朱文),隔行小字"纸本,高八寸二分,长一尺二寸三分",隔行小字"贞元"(朱文连珠)、"万金之玩"(朱文)、"枢"(朱文)、"五口之宝"(朱文)、"程从伸印"(白文)。隔行为墓志铭全文。文后小字录"弘文之印"(朱文)、"钦玉"(朱文)、"天锡"(白文)、"鲜于枢伯机甫"(白文)、"渔阳私记"(白文)、"金城郭氏"(朱文)。隔行收录明李东阳正德十一年二月十二日跋、王世贞万历丙子仲春十二日跋、莫是龙万历五年仲夏二日题,以及毛澄、王鸿儒、俞允文、陈继儒、文嘉、张凤翼、严澂的题跋、颧鉴和印章。同现今流传的该卷相参,除印章记录不全外,其他方面基本相类,可视之为同一本子。

又,《王居正纺车图卷》(现藏美国波士顿美术馆),隔行小字"绢本,高八寸五分,长二尺二寸四分",隔行小字"是画曾藏龚蘅圃家"(朱文)、"张维芑印"(白文)、"似道"(朱文)、"深造轩图书印"(白文)、"悦生"(朱文葫芦印),隔行小字"跋纸二楼,高八寸五分,长六尺",隔行小字"明昌御览"(朱文)、后为清刘绎道光庚子三月跋,其跋曰:

右北宋王居正《纺车图》,旧为南宋鏊相物,元赵吴兴(孟頫)购藏,见诸记录。今题跋俱佚去。素村太守于嘉庆丁丑官比部时,以旧拓唐楷碑易之,陈玉方侍御重为装池。

题跋对于该图的流传情况记述得较简,但已是很有史料价值了。

总之,该书在书画的记述上是颇有史料价值的,为美术史研究者提供了可靠的文献资料,可惜的是,由于著述者不谙书画,故书中无评无论,亦无图景的客观描写,为其不足之处,但该书仍不失为一部有价值的书画著录书。

(孙国彬)

颐园论画 松 年

《颐园论画》，一卷。松年著。成书于清光绪二十三年（1897）。主要版本有《画论丛刊》本等。

松年，生卒年不详。字小梦，号颐园。蒙古镶红旗人。以荫生官汶上，曾为范县知县。因生性不能随俗，不久便罢官，流寓济南。工书法，喜欢用鸡毫笔，自成一家。绘画山水、人物、花卉、翎毛、兰竹皆所擅长，用笔豪爽，善在元书纸上作画，尤长于用水，画面秀润华滋。晚年的应酬之作则有草率之嫌。在济南创有"枕流画社"，一时学者甚众。著有《颐园论画》传世。事迹散见于《清画家诗史》、《八旗画录》等。

《颐园论画》不分章节，系松年绘画心得、体会的随笔。卷前有自序，卷后有俞剑华跋。俞剑华跋中对此书的流传有记述，称"前曾刊于某报，惜未窥全豹，十有四年春，于画友关松坪处假得原本，欣喜若狂，遂急印百本，分赠同好"。

松年指出，绘画之道"正如文章一道，须从左史入门。百读烂熟，自然文思泉涌，头头是道，气机充畅，字句浏亮，取之不竭，用之常舒，凡天地间奇峰幽壑，老树长林，一一皆从一心独运，虽千幅百尺，生趣滔滔，文章之境如此，而画境亦如此也"。松年自称："余苦殚学力，极虑专精，悟得只有三等妙诀，一曰用笔、一曰运墨、一曰用水，再加以善辨纸性，润燥合宜，足以尽画学之蕴，更能才华颖悟，随处留心，真境多观、涵咏胸次。""万语千言，不外乎用笔、用墨、用水，六字尽之矣。嗟呼！古今多少名家，被此六字劳苦半生，尚不能人人讨好，盖亦难矣。可不勉力精进以求之耶！"

关于用笔，松年有"作画十字诀"：一钩："直为画，曲为钩"；二斫："侧笔为画，取锋为斫"；三皴："干笔重画为皴"；四擦："侧笔托拉为擦"；五染："用淡墨设色，铺匀为染"；六渲："分轻重为渲"；七烘："用水运开为烘"；八丝："细花草竹为丝"；九点："山上树木名苔为点"；十托："背后设色为托，生纸免此。烘染纸地，亦用托字"。认为："以上十字，专论山水，皆有分别，必须善悟，方得山水家之妙。自宋人以上，皆讲工细，只有钩画。无擦所也。其余各家，花卉翎毛，不外此十字，可以类推。初学则有嫩气，久久则苍老，苍老太过，则入霸悍，必须由苍老渐入于嫩，似不能画者，却处处到家,斯为上品。"又,"皴、擦、钩、斫、丝、点六字,笔之能事也。藉色、墨以助其气势精神,渲、染、烘、托四字,墨、色之能事也。藉笔力以助其色泽丰韵"。此外,用笔的新旧亦有讲究:"作书喜新笔,取其锋尖齐整圆饱,善书家刚笔能用使柔,柔笔能用使刚,始为上品。作画喜用退笔,取其锋芒秃败不齐整,钩斫方有破碎老辣之笔,画方免甜熟稚嫩之病。如画风筝线,船缆绳,垂丝钓,细草小竹,又非尖笔不可。"用新笔还是旧笔,历来各家所持之说不一,老嫩之别恐非全赖于笔之新旧,后学当细审之。

关于运墨。"作画固属藉笔力传出,仍宜善用墨,善于用色,笔墨交融,一笔而成枝叶,一笔而分两色,色犹浑涵不呆。此运笔墨到佳境矣。用墨如用色,亦须分出几种颜色,一一分布,始有墨成五色之妙。设色亦然。所谓用色如用墨,用墨如用色,则得法矣。"又指出:"墨分五色,全在善为分别,设色家多用碟盏,有深有浅者,原为分别浓淡,用墨亦须如此,方见精彩,山水家之点苔,最忌墨有痴呆板滞之病,善夫淡能使浓,黑能使白,仍须笔笔点入纸背,点苔之道到家矣。"

关于用水。"万物初生一点水,水为用大矣哉。作画不善用水,件件丑恶。尝论妇女姿容秀丽,名曰水色。画家悟得此二字,方有进境。第一画绢,要知以色运水,以水运色,提起之用法也。画生纸,要知以水融色,以色融水,沉沉之用法也。二者皆赖善于用笔,始能传出真正神气。笔端一钝,则入恶道中矣。"

松年主张作画要"处处有我",对古人古法亦须细心体悟而加以"善变"。指出:"吾辈处世,不可一事有我,惟有作画,必须处处有我。我者何?独成一家之谓耳。此等境界,全在有才。才者何?卓识高见,直超古人之上,别创一格也。如此方谓之画才,譬如古人画山作劈(披)麻皴,我能少变,更胜古人之板滞。苔点不能松活苍茫,我能笔笔灵动,此即善变之征验。种种见景生情,千变万化,如此皆画才也。仅恃临本仿傍,一旦无本,茫无主见,一笔不敢妄下,此不但无才,更乏画学也。必须造化在手,心运无穷,独创一家,斯为上品。"因而"古人名作,固可师法,究竟有巧拙之分。彼从稿本入手,半生目不睹真花,纵到工细绝伦,笔墨生动,俗所称稿子手,非得天趣者也。必须以名贤妙迹立根本,然后细心体会真花之聚精荟神处,得之于心,施之于手,自与凡众不同"。

除山水外,对花卉、兰竹、翎毛、禽虫亦有论述。如"花有草木两本,卉者草类也。实为二物,不可相混。写生之作,皆在随处留心,一经入眼,当蕴胸中,下笔神来,其形酷肖,至于花卉之姿态风神,枝叶之穿插,花朵之俯仰,既得之于造化生成,尤须运之笔端布置"。"初学者先从钩勒入手,继学没骨,始有根柢。正如传真家先从画骷髅入手也。至于画鸟兽,莫信前人逸品之语。夫山水、竹兰,贵有气韵,气韵闲雅,无烟火气,此即名之曰:书卷。有此书卷,则称逸品。若鸟兽又何气韵之有?愚见总以形全神足为本,但不可染野气霸气,则是文人笔墨也。前人蓝本,形全神足则师之,否则不如师造化为佳。"从中尤可见出松年的慧眼独具,对于一味以古为上的固守观念来说,只有出自手心相加的实践,才能超然于古人之上。作画如此,对古画的鉴别也是同样。"唐宋元明,代有名作,流传世上者,大半赝本,善收藏之家,或有佳本,然亦是真假各半,鉴别书画之难,似非自己善画,不能直抉其病。以拙眼读过者,赝本往往有胜于真本殊多,未必今人不及古人也。"

此外,对西洋画,松年也有自己的看法。认为"西洋画工细求酷肖,赋色真与天生无异。细细观之,纯以皴染烘托而成,所以分出阴阳立见凹凸,不知底蕴,则喜其功妙,其实板板无奇,但能明乎阴阳起伏,则洋画无余蕴矣。中国作画,专讲笔墨钩勒,全体以气运成,形态既肖,神自满足。古人画人物则取故事,画山水则取真境,天空作画图观者;西洋画皆取真境,尚有古意在也"。"昨与友人谈画理,人多菲薄西洋画为匠艺之作。愚谓洋法不但不必学,亦不能学,只可不学为愈。然而古人工细之作,虽不似洋法,亦系纤细无遗,皴染面面俱到,何尝草草而成。戴嵩画百牛,各有形态神气,非板板百牛堆在纸上。牛傍有牧童,近童之牛眼中,尚有童子面孔。可谓工细到极处矣。西洋画不到此境界。谁谓中国画不求工细耶?不过今人无此精神气力,动辄生懒,乃云写意胜于工笔。凡名家写意,莫不从工笔删繁就简,由博返约而来,虽寥寥数笔,已得物之全神,前言真本领,即此等画也。既欲学画,须知画之根本缘由。仅以野战为高,是谓无本之学,如学丝竹,仅能吹弹一二小调,即谓之善音律,岂不可笑。"

由此可见,松年对绘画的论述,多出自实践之中,因而所见精到。俞剑华称此书"平正通达,不囿古人,不泥今人,专家研究,初学入门,无不适合",当是确言。

(江 宏 邵 琦)

寒松阁谈艺琐录 张鸣珂

《寒松阁谈艺琐录》,六卷。张鸣珂撰。书前有清光绪戊申(1908)作者自序,称光绪乙巳(1905)游沪上晤见吴昌硕得到鼓励,有意续冯金伯《墨香居画识》和蒋宝龄《墨林今话》两书而撰著本书。成书时作者年已八十岁,未及刊行便逝世了。后由其友人吴受福将张鸣珂原题书名《景行录》改为现名,于宣统庚戌(1910)付梓刊印,吴受福附跋。

张鸣珂(1829—1908),字公束,一字玉珊,自号寒松老人。浙江嘉兴人。曾举荐入提督府任幕僚,光绪丙子(1876)拔贡,历任江西余干、上饶(代理)和德新县县令之职。另著有《说文佚字考》四卷、《疑年赓录》二卷、《寒松阁诗》八卷、骈文一卷、词四卷等,皆于生前自行刊印。张鸣珂交游甚广,所见画家、画迹甚众。本书系其晚年据回忆追录,虽难免有史实乖误与遗漏之处,但记述其征访搜罗之画人绘事,对于了解和研究清末海上画派之形成以及绘画商品化的发展等等提供了相当有价值的史料,它是有清一代最后一部绘画断代史著作。

《寒松阁谈艺琐录》为清代画史著作,书中载清代咸丰、同治、光绪三朝画家三百三十一人传略,其体例与《墨林今话》基本相同。除了记述画家的字号、籍贯、履历、擅长、交游、师承、题画、作伪与鉴藏等情况以外,兼及书法、诗词和工艺。书中有关章节涉及上海地区画坛兴盛的社会原因与情形,如:"道光咸丰间,吾乡尚有书画家,橐笔来游,与诸老苍揽环结佩,照耀一时。自海禁一开,贸易之盛,无过上海一隅。而以砚田为生者……(胡)公寿、(任)伯年最为杰出。其次,画人物则湖州钱吉生(慧安)及舒萍桥(浩),画花卉则上元邓铁仙(启昌)、扬州倪墨耕(宝田)及宋石年,皆名重一时,流传最盛。"很多地方提及画家合作、结社的情况,如任伯年与胡公寿的合作(卷二);吴中同人结《修梅阁书画社》,俞樾为题《润目小引》;苏州陆恢与金心兰诸人结画社(卷六)等等。由于作者跟一些名家过从甚密,故所作略传就比较详细。比如记吴昌硕的艺文才能,夸其治印"独往独来,一空依傍",录其题画诗《效八大山人画》,因该画系吴氏借来"临三四过,略有合处",便赞之为"出蓝敢谓胜前人";认为赵之谦为人"兀傲"却从善如流等等,都为后来知人论艺提供了重要的参考。

正如余绍宋《书画书录解题》中为本书所惋惜的,作者"暮年始为追录,精力已衰,又成之甚速,自不免遗漏"。此外,全书体例欠严谨,时或随作者兴趣所至,多有枝蔓。一些与绘事并无关系的诗文著作及轶事传闻的记载亦有累赘之感。像赵之谦传略部分录入的《韩诗遗说》等序跋、胡公寿传略中大写张嘉详战"逆洪"之事,除了牵涉到作者的政治态度以外,都远离了画史的要求。

(李维琨)

园林建筑

历代宅京记 顾炎武

《历代宅京记》,又称《历代帝王宅京记》,二十卷。顾炎武撰。为顾氏所撰《肇域志》、《天下郡国利病书》的姊妹著作。《肇域志》重在记述舆地,《天下郡国利病书》专言政事,《历代宅京记》则系汇记历代都城沿革之史实、参互考订而成,是中国第一部辑录都城历史资料的专著。通行本主要有清嘉庆来贤堂刊本、天一阁藏本、《槐庐丛书》三编本、《碧琳琅馆丛书》本、北京图书馆藏清抄本及中华书局点校本、上海古籍出版社《顾炎武全集》点校本等。

作者生平事迹见"顾亭林诗文集"条。

《历代宅京记》所记,上起伏羲传说时代,下迄于元。

卷一:《总序上》。述伏羲都于陈;神农初都陈,后居曲阜;黄帝居轩辕之丘,邑于涿鹿阿;颛顼都帝丘;帝喾都亳;尧都平阳;舜都蒲坂;禹都安邑;汤居亳;河亶甲居相;祖乙圮于耿;盘庚迁于殷;武乙徙朝歌;周太王居于岐山;文王作丰;武王宅镐;平王东迁居于洛邑;秦都咸阳;西汉都长安;东汉都洛阳;及三国之魏、晋代定都的传闻、史事与经过。

卷二:《总序下》。记述自魏、晋至隋、唐、五代及宋、金、辽、元各朝君臣奏议、决定京都或迁都之史实。

上述两卷,依都城历史沿革作纵向记述。而其后的十八卷,则对重要都城分别作横向记述,注意每一都城史的历史演替、时序先后。

卷三至卷六:记关中"宅京"史实情状。内容包括都城建设、宫殿、灵台、明堂、宗庙、苑囿、辟雍、池观、帝陵、沟桥以及州府等项。

卷七至卷九:专言自周至宋,洛阳的兴衰、演变史迹,所记内容涉及城市规划、宫殿形制以及佛寺风貌等。

卷十:记述汉代、晋代与唐代的成都,内容比较简略。

卷十一至卷十二:前卷记邺城魏晋南北朝时的历史兴替;后卷述邺城宫殿、城门、街渠、里巷、府第、园苑等形制。卷十二所录邺城资料,皆录自明嘉靖《彰德府志》卷八。

卷十三:建康(南京)。叙三国吴、晋、南朝宋、齐、梁、陈等朝代时的都城概况。

卷十四:云中。北魏时期的城市建设。

卷十五:记晋阳、太原、大名城概貌。

卷十六:开封。重点在记述宋代开封的城市规模、平面布局、宫殿楼阁及道路交通等史貌。

卷十七:阐述宋代宋州、临安京都建筑史事。

卷十八:辽代临潢、幽州城市建设,各类建筑形制记录。

卷十九:除了续记辽代幽州京都形势,对金、元时期的幽州城规模、地理与建筑制度等记载颇详。

卷二十:综述辽代之辽阳、大定、金代会宁及元代开平城的城市设计、宫阙、工役等制度。

《历代宅京记》的学术特色,在于据丰富史料旁征博引,依考据之学与地理学素养,阐述历代建都、定都、迁都等史实,梳理中国都城的历史发展轨迹,从丰实的资料之中,隐约见出关于中国都城的"史"的朴素观念。《四库全书总目》卷六十八指出,《历代宅京记》"所录皆历代建都之制。上起伏羲,下讫于元,仿《雍录》、《长安志》体例,备载其城郭、宫室、都邑、寺观及建置年月事迹","征引详核,考据亦颇精审。盖地理之学,炎武素所长也"。此言甚是。

本书所记,详略有当,大致时代延续久远之历史名都,记叙愈详,以汉唐长安、洛阳、宋代开封、辽元幽州等占有较大篇幅。记都城所处山川形势、地理位置,颇重宏观把握。如记幽州者称:"城京师,以为天下本。右拥太行,左注沧海,抚中原,正南面,枕居庸,奠朔方,峙万岁山,浚太液池,派玉泉,通金水,萦畿带甸,负山引河。壮哉帝居,择此天府。"同时,对城市建筑群体中的个体或个体上的建筑部件,如门、窗、阶、顶、檐、柱、椽、砖、瓦等,颇能做到微观分析,记述甚详。

该书中华书局1984年出版的于杰点校本,以清嘉庆十三年(1808)来贤堂刊本为底本,参校《槐庐丛书》三编本、《碧琳琅馆丛书》本与北京图书馆藏本,改正了若干脱误。书前保留顾炎武甥徐元文和学者阮元序文;书后附录,辑《四库全书总目》卷六八有关记述及今人张忱石所编"索引"。

(王振复)

工段营造录 李 斗

《工段营造录》,一卷。李斗著。主要版本有1931年中国营造学社校印本。该本卷首有朱启钤"仪征李斗遗著工段营造录"题名,阚铎《识语》一篇。卷尾附《扬州画舫录及营造之纪述》以及据《圆明园内工诸作现行则例》、《鲁班经》等书之校勘记各一。1984年由上海科学技术出版社重印。

作者生平事迹见"扬州画舫录"条。

李斗对建筑艺术颇有研究。据传其晚年曾患重病,服用中药防风而痊愈,故自名所居为"防风馆"。时当清乾隆中叶,扬州城市经济颇为发达,土木繁兴,其建筑、园林之技术、艺术兼南北之长,有"北雄南秀"并蓄于扬州之说。李斗曾费时三十年撰成《扬州画舫录》一书,该书记述当时扬州的城市规划、运河沿革、建筑园林名胜及文物工艺、风土人情等,也保存一些文学诗词与戏曲等资料,内容庞繁。本书主要内容即《扬州画舫录》第十七卷,并附"画舫录"其他诸卷有关营造法式内容于后,辑为一册。阚铎在《识语》中说,其自幼喜读李斗《扬州画舫录》,而对其中《工段营造录》一直苦其难以句读。成年后从朱启钤学营造法式,得习清雍正十二年颁定《工部工程做法则例》七十六卷及乾隆抄本《内庭圆明园内工诸作现行则例》诸书,始知李斗《工段营造录》在取材于这两书的基础上,旁征博引,自裁新制。

该书内容,集中体现了清式营造技术及其制度。

水平:造屋必先平地基,平地基又必先画"屋样"。此指营造之初的建筑设计及据设计图样所进行的选址及基地平正。

土作:房基的夯筑即所谓"平基法"及其风水禁忌观念。

大木作:建筑立柱、梁架规则,主要记述牌楼、亭、庑殿及楼等建筑大木作的种种"做法"原则。

折料法则:建筑木作材料构件中的尺度比例关系。

斗科:建筑斗拱技术与艺术的种类及"做法"。

施工程序及分工：记述建筑施工程序，所谓料估为先，次之大木匠，而锯工、雕工、斗科工、安装菱花匠随之，并说明建筑施工的主要工种。

木材比重：各种木材的质地及其选择。

搭材作：建筑施工过程中脚手架等的搭建。

瓦作：墙壁、瓦盖、屋脊、铺地等的选材与"做法"。

砖作：砖的砍制、雕刻与水磨之法。

琉璃瓦料：琉璃瓦饰的种种形制。

石作：石材的品类、选择及尺寸"做法"。

裹角法：反宇飞檐、屋角反翘的"做法"。

顶：屋顶的品类、礼制。

装修作：即所谓"小木作"，门窗、花格等的尺寸及"做法"。

此后简述桥梁、雕梁画栋、琉璃影壁、木顶格、铜铁作、油漆作、画作、裱作、室内器玩陈设作、花树种植以及宫室释名等等"做法"制度。

附录《扬州画舫录及营造之纪述》一文，记述佛教建筑的一些"做法"及寺庙、园林、塑像营造之则。

该书保存了比较丰富的清代营造法式内容与建筑思想，汇辑部分偶尔显得条理欠清。

（王振复）

一家言·居室器玩部 李 渔

《一家言·居室器玩部》，即《闲情偶寄》中的《居室部》和《器玩部》。三卷，载原书卷九、卷十、卷十一。李渔著。版本除《闲情偶寄》各种刊本以外，还有《一家言·居室器玩部》的单行本。其中以1931年中国营造学社校印本为最著名，卷首有朱启钤手书"李笠翁著一家言中之居室器玩"题语。该本于1983年10月由上海科学技术出版社根据同济大学陈从周教授藏本影印，与清代李斗《工段营造录》合为一书出版。

作者生平事迹见"闲情偶寄"条。

《一家言·居室器玩部》主要记述作者对中国民居室内装修的见解，内容涉及房舍构筑、窗栏、墙壁、联匾、山石及床帐、几椅、橱柜等家具的构式、制作与陈列，记述比较详尽。有近人阚铎《识语》一篇冠于该书卷首，对李渔的生平事迹、营造及园艺思想加以评价。

《一家言·居室器玩部》分"居室部"与"器玩部"两部分。"居室部"包括房舍第一、窗栏第二、墙壁第三、联匾第四、山石第五；"器玩部"包括制度第一、位置第二。

"居室部"具体如下。

房舍第一：作者首先指出"人之不能无屋，犹体之不能无衣；衣贵夏凉冬燠，房舍亦然"这一"实用、舒适"的建筑功能原则；进而以人体活动及居住方式为标尺，讨论房舍空间与人的尺度相宜问题；提出并论述所谓"土木之事，最忌奢靡。匪特庶民之家；当崇俭朴，即王公大人亦当以此为尚"的建筑美学见解。最后，逐次记述房舍的向背、途径、出檐深浅、置顶格、铺地、洒扫以及藏垢纳污等房屋构筑与居住环境问题。

窗栏第二：中国传统建筑十分重视窗栏艺术，窗是中国建筑艺术的"呼吸器官"与"视觉器官"。作者认为："窗櫺以明透为先，栏杆以玲珑为主。然此皆属第二义，其首要者，止在一字之'坚'。坚而后论工拙。"窗栏的美学原则是"宜简不宜繁，宜自然不宜雕凿"。书中绘出"纵横格"、"欹斜格"的窗格图式与栏杆的"屈曲体"图式。最后论述作者关于"开窗莫妙于借景"的窗艺审美观点以及多种窗艺的图式。

墙壁第三：认为屋舍之墙壁，除了蔽围、分割空间等功效外，在美学上，可以见出居住者生活的贫富与生活情趣的不同。逐次介绍所谓界墙、女墙、厅壁、书房壁的空间形象规制，并记叙作者的审美观念。如作者指出"厅壁不宜太素、亦忌太华。名人尺幅，自不可少，但须浓淡得宜，错综有致"。"书房之壁，最宜潇洒。欲其潇洒，切忌油漆"，务求清雅净朴，以免俗气。这反映了作者作为一个文人、士大夫的审美情趣。

联匾第四：联匾作为渗入建筑居住空间的诗词、对联与书法艺术，是构成建筑形象美的重要因素，受到了作者的重视。该书逐次介绍所谓蕉叶联、此君联、碑文额、手卷额、册页匾、虚白匾、石光匾与秋叶匾等联匾样式并绘出图式。

山石第五：记述叠石堆山之要。在居住空间安排山石景观，意在再造自然天趣，"变城市为山林"。依次叙说大山、小山、石壁、石洞、零星小石景观的堆筑形制。

"器玩部"具体如下。

制度第一：先总述室内家具种种制度。认为家具乃家庭必用之物，"至于玩好之物，惟富贵者需之。贫贱之家，其制可以不问。然而粗用之物，制度果精，入于王侯之家，亦可同乎玩好"，主张"质朴为尚"、"变俗为雅"。再分述几案、椅杌、床帐、橱柜、箱笼、骨董、炉瓶、屏轴、茶具、酒具、碗碟、灯烛等的审美形制。

位置第二：认为室内家具器玩的空间布置"务在纵横得当"，讲究"方圆曲直，齐整参差，皆有就地立局之方，因时制宜之法"，要在"忌排偶"、"贵活变"。

（王振复）

宋东京考 周 城

《宋东京考》，又称《东京考》。二十卷。周城撰。通行本有清乾隆初年六有堂初刻本、乾隆二十七年（1762）六有堂重刻本、《四库全书》本、1988年中华书局《中国古代都城资料选刊》本。

周城，生卒年不详。号石匏。浙江嘉兴人。《宋东京考》系周城呕心沥血，根据见闻及典籍编撰而成。它反映了宋代都城东京的城市建设状貌。乾隆时重刻本有杨世清序云：周城"客游大梁时，就所见闻信而有征者，手纪之。又恐阙略不详，复搜罗古今数百种书，参互考订。盖风雨鸣窗，手不停披者十年，名之曰《宋东京考》"。周城一生似乎不得志，家境也显凄凉。

《宋东京考》融资料性与实录性为一体，在编撰上将北宋都城开封之地理、历史、城池、宫殿、楼台、官署、名胜等分为四十二个门类，设五百多个条目。在各个门类和条目下面，作者一般都先以自己的文字概括叙述一番，然后再一条条排列古籍中有涉该门类和条目的记载及资料。参选旁引的书籍约有三百五十余种之多。

卷首为序言和凡例。序言包括王珣序、詹广誉序。两序主要阐述此书意义及作者周城作书之认真和艰辛。凡例系作者对本书多方面的说明和提示。其后为采摭书目，系作者参引之古代典籍名录，含三百五十余种。

卷一：京城篇。介绍东京开封之历史沿革，对该城之东西南北中各城门及城之方圆尺寸、都城水门、城河规模等等都有介绍，篇后附十五种典籍引文以作参照。四京篇，介绍其建置沿革、方圆范围等。篇后附有十种典籍引文。宫城篇，介绍其建置沿革、各宫城门之方位名称、各殿堂之方位名称、居处者名姓、楼阁亭台之尺寸等等。篇后附有典籍引文十种。

卷二：宫城篇。专引古代典籍数十种，对宫城之形制格局及建置风范等进行资料性旁证。殿阁篇，又分"四殿"与"六阁"两部，作者援引多种典籍对这些殿阁的有关建置事宜作了介绍。

卷三（诸司）、卷四（三省）、卷五（三省、官治）、卷六（官治）、卷七（官治）、卷八（官治）和卷九（官治）。从卷三到卷九均为作者记叙北宋政体机构设施的沿革及其传闻，与建筑园事等关涉不大,此处介绍从略。

卷十:坛台池园篇。本篇分别就"坛"、"台"、"池"、"园"等在东京之建筑方位、建构规模、形制特色等等一一作了说明,并旁征博引古代典籍数十种,以资证明和细述。

卷十一:苑楼阁馆门亭堂宅篇。分别针对"苑"、"楼"、"阁"、"馆"、"门"、"亭"、"堂"、"宅"之方位、名称、建置规模、建筑特色等等一一作了资料性介绍,引文数十种。

卷十二:宅宫篇。分别就"李文靖宅"及"太一宫"从建置等多方面作了资料性介绍,引文数十种。

卷十三:宫观篇。分别就道教玉清昭应宫及建隆观之方位规模、建置沿革等等一一作出资料性介绍,所引文献数十种。

卷十四:寺篇。对相国寺之建置沿革等作了资料性介绍,引文数十条之多。

卷十五:寺祠庙篇。分别就天清寺、桂香祠、仓王庙等建置沿革、建筑规模、建筑特色等等作了资料性介绍,引文数十种。

卷十六:庙院篇。分别就东岳庙、福田院、皇建院等建置沿革等作了介绍,引文数十种。

卷十七:山岳篇。分别对夷山、艮岳等人工山体的建置发展作了介绍,附有多篇引文以作旁证说明。

卷十八(河渠)和卷十九(河渠、沟洫)。分别就东京境内的河流水泽作了介绍,其中包括一些人工河渠。引文数十种。

卷二十:冈、堆、坡、陂、堤、闸、洞、潭、渡、泊、关、桥梁、井及陵墓篇。本篇大多为对自然地理景观的介绍,对东京的一些较有名的桥、井、墓等建筑物的方位及建置作资料性的介绍,引文数十种。卷后有杨世清为《宋东京考》所撰补序,对周城著书经历及杨氏协作经过作了简要介绍。

《宋东京考》,对于中国古代城市建设史的研究尤其是古代都城建筑的研究,具有重要的参考价值。由于《宋东京考》的重新刊行和出版时间不长,对它的史料价值及学术价值尚有待发掘,对它的研究也尚处于起步阶段。

(徐清泉)

网师园记 钱大昕

《网师园记》,一篇。钱大昕撰。成于清乾隆六十年(1795)。收于《钱辛楣先生年谱》及清嘉庆《上海县志》。安徽科学技术出版社 1983 年版《中国历史名园记选注》(陈植、张公弛编)亦收录本文。

作者生平事迹见"廿二史考异"条。

《网师园记》的内容是:考"园"之本义,叙作者自己作园记的动机,记网师园所在地理位置、环境,说网师园原名王思(苏州某巷名)园及取名"网师"之文化涵蕴,最后,述网师园空间布局,列举其梅花铁石山房、小山丛桂轩、濯缨水阁、蹈和馆、月到风来亭、云冈亭、竹外一枝轩与集虚斋等主要景观。

网师园是苏州名园之一,始建于清乾隆三十年(1765)前后。园主为宋慤庭,园址在苏州葑门阔阶头巷,为南宋侍郎史正志"万卷堂"故址。据清嘉庆元年(1796)褚廷璋《网师园记》称,此园乾隆末年归瞿远村所有,重新规划,叠石种树,增建亭宇,空间布局改变甚多。嘉庆二十三年后易主为徽州吴氏,同治年间,又为江苏按察使李鸿裔所得,易名"苏东邻",此后园主与园景又数度改易,变迁甚大。现存钱大昕这篇园记,比较忠实地记载了网师园之沿革及瞿远村修建以后的面貌,具有一定的史料价值。

《网师园记》解释了园名"网师"的文化意义,即园主宋光禄慤庭"购其地治别业,为归老之计,因以'网师'自号,并颜其园,盖托于渔隐之义"。网师者,渔人也。典出庄周《渔父》篇与屈原《渔父》诗。园主治园,以渔父自比,以"网师"命园,以示放归田园、坐忘林泉的淡泊人格。

(王振复)

随园记 袁 枚

《随园记》,一篇。袁枚撰。成于清乾隆十四年(1749)。收入《小仓山房文集》,亦收入安徽科学技术出版社1983年版《中国历代名园记选注》(陈植、张公弛编)。

作者生平事迹见"随园诗话"条。

袁枚雅爱园事。乾隆十年(1745)任江宁知县时,购得当地"隋园"旧址,筑园改号"随园"。据袁枚孙祖志《随园琐记》转述袁枚"遗嘱",有云:"随园一片荒地,我平地开池沼、起楼台,一造三改,所费无算。奇峰怪石,重价购来,绿竹万竿,亲手栽植,器用则檀梨文梓、雕漆枪金;玩物则晋帖唐碑、商彝夏鼎;图书则青田黄冻,名手雕镌;端砚则蕉叶青花,兼多古款,为大江南北富贵人家所未有也。"袁枚在《随园记》中说,他在知县任上时,就有归隐之意。随园落成后,自叹曰:"使吾官于此,则月一至焉;使吾居于此,则日日至焉;二者不可得兼,舍官而取园者也。"可见其宦情之淡,以及对园林艺术、园林生活情趣的尤为钟爱。自乾隆十四年至三十五年,袁枚撰写《随园记》、《随园后记》、《随园六记》等六篇园记,体现出作者有关园林的文化观念。

本文篇幅简短,所记随园景观,仅提及随园的地理形势、历史沿革(此园原为隋姓之园)及其本人购废园、筑新园的简要经过。本文重点在于就随园抒性情、发议论,围绕一个"随"字做文章。

本文剖析随园之"随"义,有三:(一)因旧园原为康熙时江宁织造隋公之园,易名为"随",有因其旧姓之意,当然,这不是主要的。(二)指设园景因循自然之意。本义指出:"茨墙剪阖,易檐改涂,随其高为置江楼,随其下为置溪亭,随其夹涧为之桥,随其湍流为之舟,随其地之隆中而欹侧也,为缀峰岫,随其荟郁而旷也,为设宧窔,或扶而起之,或挤而止之,皆随其丰杀繁瘠,就势取景。"(三)寄托"随遇而安"的人生理趣。本文称:"闻之苏子曰:'君子不必仕,不必不仕。'然则余之仕与不仕,与居园之久与不久,亦随之而已。"

作者的这类见解,比较准确地揭示出中国古代文人园林文化的庄禅之境界。

(王振复)

宸垣识略 吴长元

《宸垣识略》，十六卷。吴长元编撰。成书于清乾隆五十三年（1788）。通行本有乾隆五十三年（1788）刻本、光绪二年（1876）刻本、北京出版社1964年本、北京古籍出版社1983年标点本。

吴长元，生卒年不详。字太初。浙江杭州人。作者在乾隆年间曾久居北京。此书辑写过程中，除辑录《日下旧闻考》等书有关内容外，结合实地考察，以古籍与碑碣记载相印证，进行搜集与研究。

本书据《日下旧闻考》、《日下旧闻》及《辍耕录》、《元氏掖庭广记》、《故宫遗录》、《野获编》、《春明梦余录》等辑录并增删、考订而成。全书分为十一类，依所记内容之繁简，详略得当地构成全书十六卷。即：卷一：天文、形胜、水利、建置；卷二：大内；卷三、四：皇城；卷五、六、七、八：内城；卷九、十：外城；卷十一：苑囿；卷十二、十三、十四、十五：郊坰；卷十六：识余。书前有邵晋涵序、作者自序、例言及图十八幅。全书先简述北京的天文气象、地理形势及水系交通等，比较宏观地记述北京的自然条件、风貌与人文设置。接着，由内至外、由城内到城郊，逐次记述北京的自然、人文景观及其建筑、园林文化等名物现状与名胜古迹，依次为宫城（大内）、皇城、内城、外城、苑囿与郊野，比较完整地体现了整个北京的全貌。最后，卷十六"识余"，为全书总结。就所涉及的北京建筑、园林名胜而言，明清时期（乾隆时为止）的北京宫殿、坛庙、寺观及园林建筑等代表之作，已基本包括在内，如卷十一记述北京西苑（明永乐年间赐名太液池，即今北海公园）、圆明园等苑囿佳筑的历史沿替及当时状况，相当详确。

此书记载了北京史地及建筑、园林文化的演变和名胜古迹，具有一定的史料价值。

（王振复）

唐两京城坊考 徐 松

《唐两京城坊考》,五卷,附图若干。徐松撰。通行本有清道光年间灵石杨氏《连筠簃丛书》刻本。近有中华书局据此刻本由方严点校的《中国古代都城资料选刊》本。

作者生平事迹见"宋会要辑稿"条。

徐松作《唐两京城坊考》约始于清嘉庆十四年(1809),正值其奉诏纂辑《全唐文》之时。在纂辑《全唐文》过程中,徐松收集了大量有关唐代东京洛阳及西京长安的资料,尤其是他从《永乐大典》中发现了《河南志》,使原来资料比较稀缺的东都洛阳之有关记载大大丰富了起来,这促使徐松下了编撰《唐两京城坊考》的决心。从收集整理有关资料,到道光二十八年(1848)《唐两京城坊考》正式出版面世,历时将近四十年。可以说作者是倾其毕生精力来写这部书的,就在出书前的清道光二十八年,作者默然辞世,终年六十八岁。

《唐两京城坊考》是研究中国古代都城及都城建筑建置沿革的一部很重要的著作。该书最大的特点在于资料性强,它引用文献四百余种,它很重视对都城及其建筑的平面布局的复原,精心绘制了多幅平面总体示意图。这在当时,是有相当的难度的。

《唐两京城坊考》由徐松主撰,张穆作了一些校补。全书体例构架及内容要旨,可大致概括如下。

唐两京城坊考序——为徐松自序,与十嘉庆十五年,主要记述作者着手著书的情况。

唐两京城坊考图——共含十幅地图。其中西京图六幅,为西京外郭城图、西京三苑图、西京宫城图、西京皇城图、西京大明宫图、西京兴庆宫图。东京图四幅,为东都外郭城图、东都苑图、东都宫城皇城图、东都上阳宫图。

卷一:西京部分,由"宫城"、"皇城"、"大明宫"、"兴庆宫"及"三苑"五个单篇组成。在总论及分论中,作者对西京及西京的宫城、皇城、大明宫、兴庆宫之建置沿革、形质规模、单元构成、功用名称等等一一作了介绍,广征博引,详细说明。另外,在本卷中还记有作者于道光二十三年从《永乐大典》获得资料的有关情况,本卷主要在于对西京内城的介绍。

卷二(西京)、卷三(西京)、卷四(西京),从卷二至卷四,介绍西京外郭城,相当广泛地描述和记叙了西京长安城之街、寺、坊、宅、门、庙、院、观等的建筑沿革、建筑规模等等有关情况。引述资料不下百余种,对西京外城当时的建筑风貌予以资料性的复现。

卷四:含"龙首渠"、"黄渠"、"永安渠"、"清明渠"及"漕渠"等五个单篇。在"西京"总论中主要记述了西京城一些街、寺、宅、院、坊、庙之名称、方位、建置沿革及有关掌故等。本卷还记叙了西京城以龙首渠、黄渠等为代表的一批人工河渠的有关情况,主要从开凿时间、长度、流向、流经地区、分支等方面予以记叙。引述颇多。

卷五:东京部分。其单篇分论包括"宫城"、"皇城"、"东城"、"上阳宫"、"神都苑"、"外郭城"、"雒渠"、"通济渠"、"通津渠"、"运渠"、"漕渠"、"谷渠"、"瀍渠"、"泄城渠"、"写口渠"等。在"东京"总论及"宫城"、"皇城"、"东城"、"上阳宫"、"神都苑"、"外郭城"等城建建筑篇中,作者以相当的笔墨记叙了这些建筑的建置沿革、名称流变、规模范围、街寺庙坊、方位布局等。而在其后的河渠篇中,则记叙了这些流经东京城郭内外的河渠之开凿时间、分支流向、流经地段等。引用资料文献甚多。

《唐两京城坊考》不独对中国古典建筑艺术的研究有重要的参考价值,而且对古代都城文化、历史、地理、民俗、制度等方面的研究也具有重要的史料意义。

《唐两京城坊考》刻印后两年,即清道光三十年(1850),程鸿诏便作《唐两京城坊考校补记》一卷,此实为研究《唐两京城坊考》之先声。嗣后相当长的一段时期,对它的研究几无进展。20世纪70年代前后,以平冈武夫为代表的一些日本学者对《唐两京城坊考》作了不少研究,发表和出版了一些研究论文和著作,其中,平冈武夫的《唐代的长安和洛阳(资料)》一书将《唐两京城坊考》影印收入,平冈武夫对《唐两京城坊考》给予了很高评价(参阅平冈武夫主编的《唐代的长安与洛阳(资料)》一书,上海古籍出版社,1989年)。随着对古代都城研究及古建筑研究的日益重视,我国建筑学术界开始关注《唐两京城坊考》一书,但对它的研究尚处于初始阶段。

(徐清泉)

清代编

经济类

苏州织造局志 孙 珮

《苏州织造局志》,十二卷。孙珮著。成于清康熙十一年(1672)前。有康熙刘汝信刊本及各种影钞本,1959年江苏人民出版社出版标点本。

孙珮,字鸣庵。生卒年不详。江苏吴县(今苏州)人。县学生员,十次参加科举考试均不中,便退而著书立说。曾参加过《苏州府志》的编写,并独立完成《吴县志》和《关志》的编纂。当时,正逢朝廷下令汇修通志。各府、州、县及盐、关衙门均有记载可考,独缺织造局的文字记录。孙珮博学多才,关心经济,认为织造局有关国家服物采章,关系匪浅,便考核今古,参酌机宜,汇集成书,名为《苏州织造局志》。

《苏州织造局志》各卷依次为《沿革》、《职员》、《官署》、《机张》、《工料》、《口粮》、《段匹》(二卷)、《宦迹》、《人役》、《祠庙》、《杂记》。书前有康熙二十五年翰林院编修彭定求和二十四年吴县知事刘滋《序》。刘《序》中说"壬子冬"孙珮将书献给巡抚汤斌鉴定。壬子是康熙十一年,可见本书至迟在此年已完成。

《苏州织造局志》是一部记载清代前期江南三织造之一——苏州织造局历史的专著。本书保存了大量研究中国封建社会后期社会政治经济状况及官手工业发展水平、经营状况的宝贵资料。其中主要包括以下一些内容。

一、较系统地记录了苏州织造局兴衰发展史。根据《沿革》、《职员》的记载,该局最早起始于元代至正年间(1341—1368)。明永乐年间(1403—1424)开始设置提督织造太监。明中后期宦官专权,织造太监多横行不法,使织造局生产受到严重影响,逐渐衰退。清初废除了织造太监制度,另派部使任织造监督,后此职又隶属内务府。苏州织造局在清代有较大的发展,据《机张》所载,明代额设织机仅一百七十三张。到清康熙二十一年织机增加到八百张,工匠增加到二千二百三十名。产品供应的范围也从明代专供内府之用扩大到上自宫中所需下至官府赏赐,而且数量、品种都有不同程度的增加。

二、较详细地记录了清代官府织造制度。清初苏州织造局所采用的制度,基本上仍是明代后期发展起来的"领机"制度。从顺治三年(1646)重建时起,便"佥报苏、松、常三府巨室充当机户"(《沿革》),由那些机户雇匠进局织造,后来又把佥报的富户改为堂长、管事,但其实质未变。这说明清初虽然已宣布废除匠籍制度,但是,国家对民间手工业户的强制依然存在。官手工业不仅在组织上要依靠殷实富户,在技术劳力上要依靠民间工匠,而且部分生产设备也得依靠民间织机。康熙十二年苏州织造局缺机一百七十张,便有人"倡均机之议。初议民机二十张均当官机一张,后因贿脱者多,仅以民机九张均当一张,遍处索贴,城乡大扰"(《机张》)。这一措施很快又取消,并立碑刻石永禁均机。清代官手工业中虽仍有匠籍制度的残余,但雇工制已较为普及,各色工匠,"至车匠、染匠等役悉由募充,名为额设"(《人役》)。受雇的工匠按劳动时间计酬,"夫工价必计日而给,而口粮则以月算"(《口粮》)。工匠们的报酬微薄。据《工料》记载,机匠每天收入不过六分,挽匠三分,技术要求较高的挑花匠、画匠每月工银也不过二两。这种领取口粮和工价的待遇,反映了清代织造局工匠的身份地位较明代已有实质性的改变,是一种历史的进步。

三、反映了清代官手工业的生产管理状况。苏州织造局采取集中生产的方式,设总织局和织染局。总织局下分别建苏州堂、松江堂、常州堂,每个堂再分字号。织造局则直接分字号。字号是最基本的生产管理单位。这些字号由织造局承包人分散经营,受局的统一管理。总织局和织染局各设所官三名,其下有总高手、高手、管工、管经纬、管圆金、管扁金、管色绒、管段数、管花本、催料等技术和事务管理人员。从编制看,局方对技术管理的重视甚于事务管理。织造局内部的技术分工很细,协作程度较高,按工序由染匠、刷纱经匠、摇纺匠、牵经接经匠、打线匠、挽匠依次操作。不同的段匹品种又有不同的拣绣匠、挑花匠、倒花匠。各等工匠在生产中都有各自应负的责任。织造局对工匠的监督和赏罚是相当严厉的。在织造宫廷用的袍服时,管理更严,需要"拣选殷实机匠造办,贫匠概不轮值"(《段匹一》)。织造局的产品虽然不供应市场,但内部也实行成本核算。它所有的丝料都是按时价向民间收购的,染、整、络、纺、织都按项计加工费,挑花匠、倒花匠、画匠的工价另加,甚至连段纱加耗、衬纸、机张修理费用等都一一开列,打入成本。作者称道,"条目详明,纤微具备,固本朝之所最重者"(《工料》)。可见当时对经济核算的重视,所有产品按工料计算价银,向户部报销。

四、反映清代丝织业发展状况。苏州织造局规模大,集中了许多丝织高手,代表了当时中国丝织业的生产水平。从《苏州织造局志》中我们不仅能看到各种原料的采用和供应情况,如丝、绒、金银、染料、衬纸的品种和价格,单染料品种就多达二十六种,而且还看到丝织成品的丰富多彩,其图案花样有龙凤、翎毛、花卉、人物、云纹等,不胜枚举。其中单是彩装各种品级的补子一项,就有二十二种之多。

五、保存了中国早期市民运动的部分资料。《沿革》和《杂记》中都记载了明万历二十九年(1601)税监孙隆肆虐横暴,乱增捐税,使机户停工,织工失业,激起民变的经过。织工崑山(今昆山)人葛成率领二千余民众反抗,乱石打死孙隆的党羽,火烧贪官污吏、恶棍劣绅的住宅,包围税监衙门,要求停止征税。孙隆匆忙逃走。事后,明政府派兵镇压。为了保护民众,葛成挺身投案,慷慨就义。书中对此事的前因后果记述颇详。另外,天启六年(1626)苏州织造太监李实秉承魏忠贤之意诬劾东林党人周顺昌一案,书中也有记述。缇骑到苏州逮捕案犯,再次激起民变,当场打死旗校一名,赶走巡抚毛一鹭。事后市民首领颜佩韦、马杰、沈扬、杨念如、周文元等人挺身投案,英勇就义。

(施正康)

治河奏绩书 靳 辅

《治河奏绩书》,四卷。靳辅著。成于清康熙二十八年(1689)。有《四库全书》本,附《河防述言》一卷。靳辅另有《治河方略》八卷,系乾隆年间崔应阶据靳氏家藏《治河书》原本增删改编而成。与《治河奏绩书》虽篇目有异,而内容颇多相似,则《治河书》与《治河奏绩书》当为一书。《治河方略》有乾隆三十二年(1767)原刻本、嘉庆四年(1799)重刻本、《中国水利珍本丛书》本。

靳辅(1633—1692),字紫垣。祖籍山东历城(今济南),后移居辽阳(今属辽宁)。隶汉军镶黄旗。清顺治九年(1652)以官学生考授国史院编修。十五年改内阁中书。不久迁任兵部员外郎。康熙元年迁郎中。七年迁通政使司右通政。八年擢国史院学士,任顺治实录副总裁官。九年改内阁学士。十年,出任安徽巡抚。任期内呈请豁免属县虚报垦田四千六百余顷田赋,改革驿站制度,多有政绩实利。十六年任河道总督,上言治河急务八事。大筑黄河下游堤防,仿明潘季驯遥、缕、格堤系统,疏浚下游河道。又堵塞决口百余处,修减水坝十三座,并在骆马湖旁浚旧河道通漕运,避开不稳定的黄河航道。经过三年努力,成绩显著。但因连年大水,原定使黄河复归故道的期限超过,靳辅自请议处,被革职留任。二十二年,内河归故道,官复原职。二十七年因主持清丈河归故道后涸出地亩,招致多方弹劾,被革职。其得力助手幕客陈潢入狱,后死于狱中。三十一年,再任河道总督。病卒于任上,谥"文襄"。著作还有《靳文襄公奏疏》。《清史稿》、《清史列传》、《碑传集》等书有传。

《治河奏绩书》系康熙二十三年春靳辅奉旨纂述,但因当时河务未完,迄未动笔。二十八年春,圣祖巡视河道,称赞靳辅"实心任事,劳绩昭然"(《清史列传·靳辅传》),复其原品级。靳辅亦于该年春回京,花数月时间完成此书,同年奏进。

《治河奏绩书》卷一为《川泽考》、《诸湖考》、《漕运考》、《河决考》、《河道考》;卷二为《职官考》、《堤河考》、《闸坝涵洞考》等;卷三为奏疏及部议;卷四为《治纪》,包括各项治河措施、各河疏浚事宜及先后缓急。

《治河奏绩书》是清代享有盛名的治水专家靳辅根据自己长期治黄实践而积累的知识和经验写成的一部水利名著。其主要内容包括以下几方面。

一、记载了清康熙年间治理黄河重要工程的大致内容。《川泽考》表面上看似乎是引经据典考古证今来阐明黄河源流的地理特征,其实正反映出治河工程的指挥者对治理对象的理解。《河道考》进一步说明临河险要地段及离河远近。这些认识无不对治河方策的选择起了重要的影响。卷三收录了靳辅的一部分治水奏议,集中反映他的治河思想和方略:以治上河为治下河之策,即不主张在海口处进行挑浚工程,而主张在黄、淮交会处上下大筑堤防,束水下注,将下口冲深。四库馆臣认为其"虽据一时所见,与后来形势稍殊,然所载修筑事宜,亦尚有足资采择者"(《四库全书总目》卷六九)。卷四所载各条疏浚事宜大多为靳辅治黄所采用的有效措施或通过实践认识到的合理措施。

二、记载了不少黄淮流域农田水利史资料。如《川泽考·泗水河》载:"隋薛曹于於水交流作石堰遏之,令西陂泽尽为良田。元修薛堰为滚水石坝,以引泗水入济宁,金口闸之建始此。明因之。"《诸湖考·安山湖》载:"尚书朱衡四筑堤以蓄水,但湖形如盆碟,高下不甚相悬,湖水随风荡漾。西北风则流入东南燥地,未及济运,消耗过半。"都反映黄淮流域地区农田水利建设的情况。

三、记载了清代漕运史的许多重要资料。《漕运考》中不但叙述了通惠河、会通河、迦河、淮安运河、浙江运河的漕运路线,各河段历史渊源及利害关键,包括闸、坝、堤、堰的兴废修筑、疏浚工程,而且还载录了清代漕河管理机构设置和人员配备,以及一些因革变通措施。如《大通河》载:清因明制,"设五闸,置官夫,以时蓄泄。造剥船,置布袋,责经纪领之,雇彼递输以达都下"。反映出明清时期漕运商化的迹象。

四、反映靳辅在水利漕运方面的经济管理思想。一是重视管理职能。《职官考》提出:"总河,古司空之职。……然大小相承,分猷勤力,亦非一手足之劳也。故凡在工诸职驻札必详,疆理必悉,以严其所守焉。"二是重视质量管理。卷二收有《淮扬岁修防埽规》、《山清新漕规埽个则例》、《修船则例》。这些规和则例中规定了各种规格的工程应用多少材料,既防止偷工减料影响质量,又杜绝虚报材料冒领费用。

五、其他清代经济史料。可资利用的如物价,卷二《漕规料价》记载沿河各地木料、杂草、苇、麻、草绳等价格颇详。又如工价,包括运石工价、凿砌工价、凿锭眼工价等。对研究清代康熙年间社会经济颇有裨补。

《治河奏绩书》是清代最重要的河工著作之一。它不但有重要的史料价值,更有重大的实践价值。它继承明代潘季驯"束水攻沙"的基本思想,同时总结了靳辅、陈潢经多年治黄所得的经验,对清代黄、淮、运河的治理产生了极大的影响。

有关《治河奏绩书》的整理研究，以崔应阶将其改编为《治河方略》最主要。以后《中国水利珍本丛书》作了标点工作。因 1937 年抗战爆发，所附《河防述言》《河防摘要》未及印出。

（程鹏举　施正康）

河防述言 陈　潢等

《河防述言》，一卷。陈潢原著，张霭生编述。成于清康熙三十七年(1698)。通行本为乾隆《治河方略》本，另有《四库全书》本、《切问斋丛书》本、《青照堂丛书》本、北京图书馆藏抄本等。

陈潢(1637—1688)，字天一，号省斋。浙江钱塘(今杭州)人。清康熙十年(1671)游学北京，与靳辅相识，受聘为幕宾，同往安徽。十六年，靳辅任河道总督，他追随左右，出谋划策，深得信任和重用："凡所以算土方、核浮冒、科料物、图节省之处，纤悉无遗。如是不避寒暑，无分昼夜，与大工为始终者，十年有如一日。"(《河防述言》靳辅疏稿)因治河有功，受靳辅保荐。二十六年，特赐参赞河务，授佥事道衔。二十七年，因协助靳辅清丈河归故道后涸出的地亩，招致多方不满。靳辅被弹革职，陈潢被革去佥事衔，解京入狱，不久忧愤而死。著作有《河防摘要》、《天一遗书》。《清史稿》、《清史列传》、《碑传集》等书有传。

张霭生，字留野，浙江仁和(今杭州)人，是陈潢的好友，亦关注河务。

陈潢辅助靳辅治河长达十三年之久。期间他悉心研究历代治河思想，调查分析，对以往治河理论的主要成果多有吸收和发展，提出许多较前人更深刻的见解。同时，他又用自己广博的水利知识和丰富的实践经验，对当时颇为流行的各种脱离实际的片面治河观点进行有力的批驳。陈潢的这些思想和论述，部分反映在靳辅的《治河方略》中，而大部分因陈潢本人蒙冤含屈而死，没有流传于世。康熙三十七年，张霭生根据靳辅、陈潢治河思想，以对话形式编写成《河防述言》。

《河防述言》分河性、审势、估计、任人、源流、堤防、疏浚、工料、因革、善守、杂志、辨惑十二目。书前有张霭生作于康熙四十四年的《黄河全图引》及其自绘《黄河全图》，书后附靳辅疏稿一篇，叙其与陈潢交往及共同治河始末。

《河防述言》是一部比较全面地反映陈潢治河思想的著作，代表了清代治河技术的最高水平。陈潢的治河理论基于对黄河浑浊原因的分析，认为是上中游水土流失造成，因而主张顺河之性而利导之，赞成潘季驯"以堤束水，以水攻沙"的方法，而尤其重视减水坝的作用。同时强调治理黄河不可能一劳永逸，必须要河员久任，长期慎守。除了治河理论外，《河防述言》还保存了陈潢的许多经济管理思想，主要包括以下几个方面。

一、大工不可惜费的思想。《估计》中，陈潢针对靳辅认为国家刚平定三乱，军费紧张，臣下应当为国分忧，"河工修筑惟当节省是务"的想法，提出"大工告兴，不可以惜费用"，"未可以军旅为急，而视河防为缓图也"。指出"不当用而用之谓之不节，若当用而反节之，恐后之费转相倍蓰"。认为"深于为国计者，不可图一时之省用，而遗旋修旋坏之虞；不可顾目前之易完，而致垂成垂敝之咎"。主张"凡估计宁留有余以待节减，甚勿先为苟且之计，以致因小而误大"。更不可"以多估为己嫌，以撙节为迎合"，只顾自己的名声仕途，不为国家长远利益考虑。

二、慎选人才的思想。《任人》中陈潢认为治水人才不同一般，非可优游坐致，"暴露日星，栉沐风雨，躬胼胝，忍饥寒，其事固非易任"。所以必须选肯吃苦耐劳、埋头实干的人，"必先究其素履，验其材力，审其邪正，择可录者保之而申之于公（靳辅），然后亲为验视而录之，而试之以事。……试而称事，由细而巨，历委以试之，于是堪大任者出矣"。提出了一整套选用、培养、考察人才的方法。陈潢又指出，作为一个承担经济重任的领导者要具备七条：敬以临之，勇以任之，明以察之，勤以率之，宽以期之，信以要之，恒以守之。认为："备此七者，又矢以实心，征以实事，将如声应响，如腕运指，庶司百执事，有不从风而偃者乎？"

三、重视经济考核和赏罚的思想。《工料》中陈潢指出"欲筹河防，则工力与料物不得不熟计之"。这里的"熟计"，不仅指对整个工程的预算，也包含了对具体工段的测算考核。比如，他认为在开渠筑堤时，"惟制府定其经界，酌其高深，量其寻尺。凡或筑或凿，皆以土方科之，命监司按则估计，以定经费之如干。然后益理有官，分修有官，划界派工，领费募夫以从事焉"。有点承包责任制的味道。重考核必然重赏罚。《任人》中陈潢指出："是故赏罚者，居上之枢机，作事之纲领也。"

《河防述言》还记载了不少陈潢、靳辅的事迹，如陈潢倡沟田之制，行屯田之事。《辨惑》中说："初，靳公抚皖时，陈子见庐、凤间多荒芜旷土，因议为沟田之制，说本井田之沟洫，而规画便宜，实利民而可行也。"后靳辅改任河道总督，其事不果。到治河成功后，河归故道，涸出大批出亩，陈潢遂行沟田之制，兴办屯政。但因豪强占利私垦，清丈时激起矛盾，毁谤者群起攻之，使这次清代前期的土地制度小变革中途夭折。《河防述言》较详细地记录了这次变革过程，是比较可贵的原始资料。

（程鹏举　施正康）

阅世编 叶梦珠

《阅世编》，十卷。叶梦珠著。成于清康熙三十二年(1693)。有抄本流传。上海通社据松江图书馆馆藏抄本，将其编入《上海掌故丛书》，1935年由中华书局出版排印本，1981年上海古籍出版社出版来新夏点校本。

叶梦珠(1624—?)，字滨江，号梅亭。著籍江苏娄县(今上海松江)学，实为上海县(今上海市)人。博学多闻，留心世务。晚年著《阅世编》，"举凡涉世六十余年间，阅历之所及，无事不书，有闻必录，而于松江一郡之沿革创置为特详"(上海通社《跋》)。著作还有《续编绥寇纪略》。生平事迹见《阅世编》卷四、卷九及光绪《南汇县志》。

《阅世编》分天象、历法、水利、灾祥、田产、学校、礼乐、科举、建设、士风、宦迹、名节、门祚、赋税、徭役、食货、种植、钱法、冠服、内装、文章、交际、宴会、师长、及门、释道、居第、纪闻等二十八门。涉及明清之际松江府的自然、政治、经济、文化、风俗、人事、教育各方面。记载具体而翔实，无一般文人笔记的空泛毛病。修辑松江府志和华亭、上海、南汇等县志都取材于此书。

《阅世编》经济资料丰富，包括土地、农业、手工业、物产、物价、赋税、徭役、钱法及豪绅巨商的活动等。主要内容分述于下。

卷一《田产一》记载松江田价的变化。明崇祯(1628—1644)中华亭(今松江)、青浦美田每亩价银十余两，上海美田每亩价银三四五两。清顺治(1644—1661)初华亭、青浦五六斗田(租额)每亩价银十五六两，上海六七斗田每亩三四两，"田产之贵，至此极矣"。由于赋役日重，田价渐减，至康熙元年至三年间，人们"视南亩如畏途，相率以有田为戒"，良田每亩仅值银三五钱。后均田、均赋之法行，有心计人家乘机买田，"遂有一户而田连数万亩，次则三四五万至一二万者"。康熙十九年"田价骤涨"，每亩价至二三两或七八两。次年"米价顿减，其风稍息"。《田产二》记述海荡发展成农田，顺治十七年"迁濒海之民于内地"，以及后来"海禁已弛"的利病变化情况。

卷六《赋税》着重记述了顺治十七八年奏销案的始末。作者指出："吾乡赋税甲于天下。……

江南之赋税莫重于苏、松,而松为尤甚矣。"明末又有炼饷、加派。但终明之世都不征足额,"是以官无旷职之罚,民无竭泽之忧"。顺治二年规定本年漕白条银照旧额征十分之五,以后续有裁减,"虽不能复隆、万之初,已较轻于启、祯之日"。但从此钱粮需征足额,民间时有拖欠。江宁巡抚朱国治归过于绅衿、衙役,进行题参,先行于无锡、嘉定,十八年行于苏州、松江、常州、镇江四府及溧阳一县。被降调的乡绅二千一百七十一名,生员一万一千三百四十六名。编修叶方蔼因欠一厘银而被降调。康熙十四年因军兴缺饷,许奏销案中被黜的绅衿纳银开复。因大多已衰老,纳银开复的仅占少数。书中还附录有关的疏稿和呈稿。此外,还记载了康熙十五年至二十八年关于赋税的政令。

同卷《谣役》记述了松江的谣役及其改革。松江有五年一编审的大役和十年一编审的小役。大役最重的为布解、北运,其次南运,又次收催、坐柜、秤收,再次为收兑、收银。布解是领银买布雇船运京,北运是领漕米和春办上白粳糯米雇船运京,南运是运至南京。解运"例有需索,到京则各衙门员役视为奇货,不满其欲,百方勒掯,经年守候,不能竣局,而解运两役之苦极矣"。收催、坐柜、秤收是收银两,亦有种种费用,"而收役之苦极矣"。收兑、收银是将漕米兑给运军,本来有利可图,"鲜有破家者"。顺治十一二年间,各种费用增加,"几于平米二石始完漕串一石","自此收兑无不破家,而民间视之如陷阱矣"。顺治三年巡抚土国宝裁革布解、北运、收催三役,由官收官解白粮,"虚费革而重役息"。顺治十五年收兑之役亦废。至此大役全部革除。小役有排年、分催、总甲、塘长,完粮要由各图分催催交,再由排年赴县完串。每十年中输一年为排年,九年为分催。总甲承值往来官长铺陈公馆一应所需,有重大案情时上报县长。塘长在修理城郭、疏浚官塘水利时供杂泛差谣。总甲、塘长亦由排年、分催轮值。由于种种积弊,小役的苦累更甚于大役。排年、分催"赔累既穷,鞭笞日受,不得已而贷营钱,借雷钱,拨米钱,借一还百,究竟不能清理,家业荡然,性命殉之"。总甲"经年奔命,其累或等于正犯"。塘长"则身家性命殉之者比比也"。大役废后又产生杂差,也成为人民的沉重负担。康熙时实行改革,取消小役,由业主履亩完粮,有万不得已之差照田均派,民困得以稍苏。作者认为"此法虽百世不变可也"。

卷七《食货》记述松江米、豆、麦、木棉、棉布、薪、盐、猪肉、茶、纸、珠、糖、檀香、附子、肉柱、燕窝、藕粉、绒、茧绸、葛布、眼镜、顾绣、图书石、砚石、瓷器、毡单、郁金、降香等物的价格,有些还说明前后的变化。同卷《种植》记述粳稻、青靛、烟叶、蔗糖、长生果、橘柚、佛手柑、小枝杨、西瓜、冬兰、灯草、当归、橘梗、天门冬、生地、水蜜桃等的生产情况。如关于棉布的产销,《食货五》说:"棉花布,吾邑所产已有三等,而松城之飞花、尤墩、眉织不与焉。上阔尖细者曰标布,出于三林塘者为最精,周浦次之,邑城为下,俱走秦、晋、京边诸路,每匹约值银一钱五六分,最精不过一钱七八分至二钱而止。……其较标布稍狭而长者曰中机,走湖广、江西、两广诸路,价与标布等。前朝标布盛行,富商巨贾操重资而来市者,白银动以数万计,多或数十万两,少亦以万计。……至本朝而标客巨商罕至,近来多者所挟不过万金,少者或二三千金,利亦微矣。而中机之行转盛,而昔日之作标客者,今俱改为中机,故松人谓之'新改布'。"这一记载反映了江南社会经济结构在明清时的巨大变化。松江地区农村普遍种植棉花,形成了特有的棉花经济带,许多农民从传统的粮食生产中脱离出来,转而从事棉花、棉纱、棉布的生产,形成了全国性的棉布产销市场。

同卷《钱法》记述明后期至康熙时的铜钱质量变化、私铸情况及银钱比价的变动。崇祯初,京师钱一千兑银一两二钱,外省九钱。后因私铸盛行,钱色日恶,十三年钱一千价仅银六钱。十六年以后,跌至三钱多。清兵南下,前朝钱作废,钱每千值银一钱二分,比铜价还低。初行顺治通宝,官价每千准银一两,顺治八年只值银四钱八分。后增至五六钱。康熙钱体重工良,钱价增至银九钱多。康熙十二年闻福建之变(十三年耿精忠起兵反清),钱价顿减,千钱从值银五六钱减至三钱,"积钱之家,坐而日困,典铺尤甚"。十七八年钱价渐涨至八钱七八分及九钱二三分。二十年以后,私铸复盛,千钱还值八钱多。二十三年严禁私钱,官钱每千值银近一两二钱。二十六年后私钱又渐流行,钱价渐减,二十八九年已不及银一两。二十九年再禁私钱,钱价又高至银一两二三分。影响钱价的因素最主要的是私钱,所以作者说:"若不严禁私钱,将来钱法之坏有不可言者,当事所宜留心也。"

此外,卷一《水利》、《灾祥》,卷四《宦迹》,卷八《冠服》,卷九《宴会》,卷十《居第》、《纪闻》等,有些史料亦可供经济史研究的参考。

有关《阅世编》的研究主要有谢国桢《明清笔记谈丛》有关部分、来新夏《点校说明》等。

(叶世昌　李　湜)

广东新语 屈大均

《广东新语》,二十八卷。屈大均著。初刻于清康熙三十九年(1700),为木天阁本。乾隆时有翻刻本,1985年中华书局断句出版。编入上海古籍出版社版《续修四库全书》。1991年,广东人民出版社出版了李育中的《广东新语注》。

屈大均(1630—1696),初名绍隆,字翁山、泠君、介子,号菜圃。广东番禺人。明诸生。清军入关后,以明遗民自居。南明永历三年(1649)曾向桂王上中兴六大典书。次年清军陷广州,遁迹为僧。不久还俗,游行大江南北,所至广交明朝遗民。永历十三年与魏耕一道参与郑成功北伐。康熙十二年(1673)吴三桂起兵反清,他一度响应从军。康熙二十二年郑克塽降清,他不复出,隐居著述。乾隆三十九年(1774)清廷再兴文字狱,以屈大均诗文中有悖逆语,下令销毁其书。著作还有《皇明四朝成仁录》、《翁山诗外》、《翁山文外》、《道援堂集》、《翁山文钞》等。《清史稿》、《国朝耆献类徵》等书有传。

广东志书不很发达。明戴璟等所修《广东通志》,体例粗略不经。康熙二十二年金光祖等重辑通志,也仅初具条理,使人难以详细了解广东的山川物产、人文风俗等。屈大均不满于此,于晚年隐居期间,将自己对广东十郡的所见所闻"诠次之而成书"。他解释书名说:"吾闻知君子知新。吾于《广东通志》,略其旧而新其详,旧十三而新十七,故曰'新语'。"(《自序》)他称本书为"广东之外志",并认为本书的意义不限于广东:"不出乎广东之内,而有以见夫广东之外;虽广东之外志,而广大精微,可以范围天下而不过。"(同上)表明了他博大的政治理想。

《广东新语》以所记事物的性质分类,二十八卷为二十八语。卷一《天语》,述日、月、星、风、雷、雨、云、冰、雾、霜、雹、露等天文气象,共二十八目。卷二《地语》,述田地及地理名胜,共四十二目。卷三《山语》,述山、峰、岩、洞等,共四十九目。卷四《水语》,述江、潮、湖、溪、潭、泉、井等,共七十目。卷五《石语》,述奇峰异石,共二十五目。卷六《神语》,述"雷神"、"飓风神"、"海神"、"天妃"等,共二十二目,卷七《人语》,述名人异事、少数民族、盗贼等,共二十七目。卷八《女语》,述烈妇贞女,共二十九目。卷九《事语》,述历史掌故,共五十目。卷十《学语》,述学术源流,共十目。卷十一《文语》,述著作、方言,共三十目。卷十二《诗语》,述历代诗家风格及诗歌活动,共十八目。卷十三《艺语》,述书法、绘画、鼓琴及玉器、印、砚、瓦器的制作技艺,共七目。卷十四《食语》,述粮食、茶、酒、油、盐等日常食物,并论及盐法,共二十九目。卷十五《货语》,述金、银、铜、铁、珠、玉、布、纸及外国贡物、对外贸易等,共二十五目。卷十六《器语》,述钟、鼓、剑、刀、枪、车、器、瓮等,共三十六目。卷十七《宫语》,述台、祠、书院、楼、园、庙等建筑,共二十二目。卷十八《舟语》,述中外各种船只,共十二目。卷十九《坟语》,述历代名人坟茔,共二十七目。卷二十《禽语》,述各种禽类,共三十目。卷二一《兽语》,述各种兽类,共二十四目。卷二二《鳞语》,述龙、鱼、鳅、鳝及渔具、养鱼等,共二十五目。卷二三《介语》,述玳瑁、龟、蟹、蛤、蚌等,共二十二目。卷二四《虫语》,述蚕、蝉、蝙蝠、虾、水母、萤、蚊、蛊等,共三十五目。卷二五《木语》,述各种树木及花、果等,共八十三目。卷二六《香语》,述各种香料植物,共十一目。卷二七《草语》,述竹、蕉、兰、菊、瓜、姜等,共七十三目。卷二八《怪语》,述鬼怪异闻,共八目。合计八百六十九目。书前有潘耒《序》和《自序》。潘序盛赞作者"其察物也精以核,其谈义也博而辨,其陈辞也婉而多风"。认为通过本书,"游览者可以观土风,仕宦者可以知民隐,作史者可以征故实,摘词者可以资华润"。

《广东新语》的许多记述同经济有关。丰富的物产是重要的方面。其他如《地语·虚》解释了农村集市何以称"虚":"粤谓野市曰'虚'。市之所在,有人则满,无人则虚,满时少,虚时多,故曰'虚'也。"并指出广东的虚以东莞的章村立法最善:"章村有虚,为肆若干。或肆有常人,或肆有常人无常居,十日为三会。坐肆之租有常,负戴提挈贸于涂者无常,薄取之,岁入若干缗。……一岁经费皆取给焉。"《地语·四市》介绍了广东已形成的四个专业市:药市、香市、花市、珠市。《地语·沙田》详细记述了广东特有的沙田的形成,生产及占有关系。

明代广东是中国海上交通的主要门户,最早受到西方资本主义的影响。《广东新语》也有这方面的珍贵史料。《地语·澳门》记述了嘉靖(1522—1566)时外国人"重贿当事求蠔镜为澳"及在澳门居住的情况。其中说:"澳人多富,西洋国岁遣官更治之。诸舶输珍异而至,云帆踔风,万里倏忽,唐有司不得稽也。每舶载白金巨万,闽人为之揽头者分领之,散于百工,作为服食器用诸淫巧以易瑰货,岁得饶益。"《货语·默货》介绍洋货之盛说:"东粤之货……出于西南诸番者,曰'洋货'。在昔州全盛时,番舶衔尾而至,其大笼江,望之如蜃楼员矗。殊蛮穷岛之珍异,浪运风督,以凑郁江之步者,岁不下十余舶。豪商大贾各以其土所宜相贸,得利不赀,故曰'金山珠海,天子南库',贪者艳之。"管理官吏大多贪赃默货,仅有少数几位"清廉自爱之君子"。作者感叹说:"国之富藏之于民,复藏之于其地之民。夫使其地之民各享其利,而无眈眈者虎视其间,而其国治矣。"《货语·纱缎》则反映了中国货受外人欢迎的情况:"广之线纱与牛郎绸、五丝、八丝、云缎、光缎,皆为岭外京华东西二洋所贵。予广州竹枝词云：洋船争出是官商,十字门开向二洋。五丝八丝广缎好,银钱堆满十三行。"《舟语·洋舶》记载了来华的各种外国船只,并表示了对西方侵略的忧虑说:"诸舶既往来飘忽,而山寇阴行勾引,其为祸可胜道哉！"

《广东新语》中,作者的"思古伤今,维风正俗之意,时时见于言表"(潘耒《序》)。其中也反映了作者的某些经济思想。如《食语》中的《食盐》和《汰盐商》谈的都是盐法问题。屈大均指出了盐商垄断的弊病："今归善、龙川无埠商,而民无扰。东莞埠商犹存,以致额外复有加派,以为商之费用。商仍冒称拆引行盐,高取数倍之价,专勒渔船,仍设仔埠帮饷,商收其利,民受其害。故商不可以不汰。商既汰,则卖私盐可以无禁。"(《汰盐商》)他赞成明末李雯的"一税之后,不问其所之"的食盐政策,并引顾炎武、欧阳修的话进行论证。

《广东新语》既是笔记,又是志书,可补《广东通志》的不足,又可作为研究明清,特别是广东经济史的重要参考。

（叶世昌　李　湜）

居济一得 张伯行

《居济一得》,八卷。张伯行著。成于清康熙四十七年(1708)。有康熙刻本、《四库全书》本、《正谊堂全书》本、嘉庆二十一年(1816)刻本等。《丛书集成》本据正谊堂本排印。

张伯行(1652—1725),字孝先,号恕斋,晚号敬庵。河南仪封(今兰考)人。清康熙二十四年(1685)进士。考取内阁中书,改中书科中书。丁父忧归,期满未赴京补任。三十八年,主持堵合仪封城北堤防溃口。次年,总河张鹏翮推荐其擅长河务,得以原官赴黄河河工,督修大堤及洪泽湖高家堰石工。四十二年任山东济宁道。四十五年迁江苏按察使。次年圣祖南巡,访知张伯行居官甚清,升为福建巡抚。四十八年调任江苏巡抚。后历任南书房行走、署仓场侍郎、户部右侍郎等官。雍正元年(1723)升礼部尚书。卒谥"清恪"。著作还有《困学录》、《续困学录》、《养正类编》、《正谊堂文集》等。《清史稿》、《清史列传》、《碑传集》等书有传。

《居济一得》是张伯行于任职河工期间,"越阡度陌,相度经营,兼询之故老,考之传记。凡蓄泄启闭之方,宜沿宜革、或创或因,偶有所得,辄笔之于书,以备他日参考"(《原序》),积久而成。因河道官署位于济宁,故名。

本书属杂记性质,篇章结构并不严谨,编排无序。方式是一事一议(记),如卷一《运河总论》条叙运河应补应增工程若干,《减水闸》条论应增建减水闸以保护运河堤岸及两边农田等。前七卷都类此,共二百八十一条,议山东境内运河坝、闸堤岸及修筑疏浚、蓄泄启闭之法。"于诸水利病,条分缕析,疏证最详。"(《四库全书总目》卷六九)卷八为《河漕类纂》,择前代关于漕运的部分工程史实,精辟论述,并注以己见,还有一些他本人在河工方面的体会。但张伯行系主管河工,与漕政关联较少,是以该卷"仅撮大概"。

张伯行在书中所记,均来自其奔走河工多年的实践,"非徒为纸上之谈者"(同上)。所以,他在书中提出的不少建议都切合实际,颇有见地。如山东段运河水源短缺的问题,经明代宋礼、潘季驯等人前后多次工程,以戴村坝遏汶水至南旺镇入运河接济,使局面大有改观。但张伯行认为还可进一步改善,首先完善戴村坝,改坝为闸,由单纯遏水变为蓄、泄兼备,使汶水涨发时不致过量入运河造成危害。其次将汶水入运口由南旺再北移十里,另将泗水入运口移至南旺南十余里。前者水量较丰,接济南旺以北缺水严重地段;后者水量较少,接济南旺以南时常洪水泛溢地段。再加修若干减水闸坝工程,当可去旧有设施之弊。书中有数个长条目议及此事,张伯行自称"竭四载之奔走,耗四载之心血,而仅有此一得"(卷一《运河源委》)。这一方案对解决该段运河缺水问题考虑全面,设计合理,但未得实施。

前七卷中,尚有不少运河工程中实际操作方法的记载,如"放船法"(船只过闸程序)。卷六有《治河议》一篇近八千字,讨论山东段河的治理。其中提出"善治水者……水小而能治之使大,所以资水之利也"的看法,颇具新意,指明该段运河治理的特殊性。

卷八篇幅虽较小,仍有值得称道之真知灼见。如讨论黄河洪水特性,指出其"与江水异,每年发不过五六次,每次发不过三四日。故五六月是其一鼓作气之时也,七月则再鼓而盛,八月则三鼓而竭且衰矣"。与现代观测的黄河洪峰高而窄的特性相符。又有筑堤三禁、守堤四防、漕运八因等内容,都具指导作用。

书中的部分内容,显示张伯行有较高的管理才能。如卷五"砖闸放船法"记该闸原来每天放船(即船只过闸)仅十余艘至二三十艘,张伯行亲自前往监放,改变闸板加减方法,放船即增至每天一百二三十艘,最高达一百八十五艘,提高了效率。

《居济一得》在相当程度上,可以说是山东运河治理与管理的一本工具书。《四库全书总目》认为:"伯行平生著述,惟此书切于实用。迄今六七十载,虽屡经疏浚,形势稍殊,而因其所记,以考因革损益之故,亦未为无所裨焉。"

(程鹏举)

平书订 王　源等

《平书订》，十四卷。李塨订王源著《平书》而成。成于清康熙四十七年（1708）。有《畿辅丛书》本、《颜李丛书》本、《颜李遗书》本等。《丛书集成》本据《畿辅丛书》本排印。编入上海古籍出版社版《续修四库全书》。

王源（1648—1710），字崑绳、或庵。直隶大兴（今属北京）人。其家于明亡后流寓高邮，故出生于南方。年轻时曾学兵法、古文，参与《明史稿》的编辑工作，撰《兵志》。清康熙二十四年（1685）北归。三十二年考中举人，无意仕进，游学四方。三十九年和李塨相识。在读了李塨《大学辨业》和颜元《存学编》后，决定以颜学为宗。四十二年正式拜颜元为师。四十六年著成《平书》。四十八年移家淮安，次年即去世。著作还有《兵论》、《易学通言》、《居业堂文集》等。《清史稿》、《清史列传》、《碑传集》等书有传。

李塨生平事迹见哲学类"大学辨业"条。

《平书》意为"平天下之书"，王源说书中所言"大抵本三代之法而不泥其迹，准今酌古，变而通之，以适其宜"（《居业堂文集》卷十二《平书序》）。原稿分三卷，列分民、分土、建官、取士、制田、武备、财用、河淮、刑罚、礼乐十目，共十五篇（其中《建官》分上、中、下三篇，《武备》、《财用》、《制田》各分上、下篇）。李塨删两篇《武备》中的一篇，其余十四篇分为十四卷。他在序中指出《平书》中的观点与他在《瘳忘编》、《学政》中的观点"大端皆合"，亦"少有不合者"，"因尽毁已著，但附拙见于各卷后，以考正之"。各卷先列《平书》原文，再附以李塨的意见。现《平书订》中还有七卷附有颜元的另一弟子恽鹤生的意见，或系后来所加。

《分民》篇，王源主张将百姓分为良、贱两大类。良民分为五类：士、农、军、商、工。贱民分为两类：役、仆。每十家编为甲，每十甲为保，每十保为乡。乡设三长："一曰正，宣教化，听狱讼也；二曰畯，课农桑，治沟洫也；三曰巡，察盗贼，修封域也。"五乡立一耆老，即乡官。提出乱政教的八种人：倡、优、僧尼、道士、左教、西洋、回回、盗贼。主张设法禁止。

李塨认为仍以分四民为好,军即农。他还反对将商列于工之上,并认为八种人不必全禁,如优伶就"不得无之"。

《分土》篇,王源对封建、郡县问题主张"兼收二者之利而辟其害","分四方缘边之地为藩,以同姓为藩王守之;分内地为州,以异姓为州牧守之"。州、藩以下皆设郡,郡以下设县。"藩王与州牧同以三载考绩,贤则留,不肖则黜。"

李塨认为"郡县而重权久任,即兼封建之利是矣",不必复封建。只要政绩卓著,州牧、郡守亦可长任二三十年。

《建官》三篇,王源主张对传统职官制度进行重大变革。中央设四府:公孤(设于禁中,师保之官)、端揆(立左右相国)、御史、成均(负责教化),又设农、礼、兵、刑、地、货六部,通政、黄门(专掌封驳)、翰林三院,历象、太卜、考工、岐黄四司。旧有机构全部撤废。地方州、藩各设一府、一院(巡按御史)、一堂(学师),下设司农、宗伯、司马、司寇、司空、司均六曹。郡设太守、郡师二堂及艺郎、治中、别驾、司理、典方、节史六厅,又设卜、工、医三监。县设令、师二堂及县丞、县正、县尉、县督、县邮、县同六衙。皇亲宗室在四代以后不得再领岁禄。"而宗室之贤,无官不可为,但内不得为相以远嫌,外不得为牧,以可以为藩王与异姓别。"(《建官下》)

李塨也有不同意见。如对设货部,他说:"货部之名不雅也。泉货当如《周礼》寄于农曹,不必专部。"(《建官上》)

《取士》篇,王源批判了八股科举制,指出:"以八股为科举,则天下惟知习此之为学,惟知习此之为士,举凡德行、道艺与所以致治勘乱之具,概置不问。一幸登科第,则政事听之胥吏,心力用之营求。……是败坏朝廷者士,而败坏人才以为士者,朝廷也。"主张国家开十二科取士:礼仪,乐律,经学,史学,文学,农政,兵法,刑罚,方域,理财,兼六科(农、礼、兵、刑、方域、理财),兼五科(礼、乐、经、史、文学)。考中后分科试用。

李塨主张在十三经中,抽去《春秋公羊传》、《穀梁传》、《中庸》仍归《礼记》,改为九经教导士子。并主张"凡诐淫子书,无用语录文集,四六时文经书,俗下讲章小说,二氏(指佛、道)邪说,俱当焚而禁之"。

《制田上》讨论制民恒产问题。国家制民恒产,先要有土地。王源提出收田之策六:清官地,辟旷土,收闲田,没贼产,献田,买田。献田的给以爵禄,卖田的给以报酬。为了限制兼并,他主张制定法令:"有田者必自耕,毋募人以代耕。自耕者为农,无得更为士,为商,为工。……官无大小,皆不可以有田。惟农为有田耳。"农民自耕土地一夫以百亩为限。他又提出师井田之意而不师其法的罝(象形)田制。因井田方形,只能行于平原;罝田长方形,适宜于各种地形。其办法为:"六百亩为一罝,长六十亩,广十亩。……中百亩为公田,上下五百亩为私田。十家受之,各五十亩。地分上中下,户亦分上中下,受各以其等。年六十则还田。"还规定耕作方法。赋税取之公田,私田无租,每户另纳庸调。农民自种田为民田,赋役如旧制,较官田取税重一倍。"如此则天下田尽归诸官无疑矣。"

李塨认为"井田必宜行",而且主张速行。田制可灵活掌握,"以井为主,不可井乃罝,不可罝乃奇零授之"。他指出王源的罝田法赋税是六分取一,未免太重。主张将罝田的长度改为五十六亩,公田改为六十亩。对于收田,李塨补充了四策。第一策为颜元的办法:"如赵甲田十顷,分给二十家,甲止得五十亩,岂不怨咨?法使十九家仍为甲佃,给公田之半于甲,以半供上,终甲身。"其他三策为罪犯入田赎罪;无子而死的人不许养异姓子,将田分给无田亲属后,有余的入官;收寺庙田。

《制田下》讨论北方农田问题。王源摘录明徐贞明《潞水客谈》和徐光启《垦田用水议》,指出他们的意思全在水田。他则主张"北方可为水田者为之,不可为者,开沟洫以治旱田而已"。

《财用上》讨论理财之术。王源说:"理之不得其术,则公私皆困;苟得其术,则公私皆利。至于公私皆利,岂非圣人之道乎?"他认为田赋征银不仅害农,而且使仓廪空虚。所以他设计的田制赋税征谷帛,此外只有丁钱百文,房租大者每间二百、小者百文而已。他又提出三条生财之道:(一)钱法。认为钞法必不可行,要从整顿钱法下手。铸钱有利可得,尽量扩大钱的用途,民间"不得以银为交易","如此则银归于上而悉化为钱矣"。注意铸钱质量,做到铜精式美,以防止私铸。钱上不铸年号,使其世世不废。(二)盐法。按照唐刘晏的办法,官府购盐卖于商人,"商无定所,盐无定商,而无盐处亦用常平盐法。尽除今日之弊,则上下交利而商民俱便矣"。官府买盐用钱,卖盐收银,可得倍利。(三)商税。转入下卷再谈。

李塨论述了赋税、官俸、兵饷用银之害,认为用银病民、病官吏、病兵。他主张:"所有者尽可以粟布货物相易,至于钱与银,特储之以备流通之具耳,不专恃以为用也。"他还指出房租一间征二百钱太重。

《财用下》专论商税和商业政策。王源主张根本改变商税征收办法,以苏商困。将商人分为坐商和行商,发给印票。坐商征收相当于月息一分的十分之一。行商每十贯资本征收一百钱,在商品售出地区另按利润的十分之一纳税。出售商品仅够本的免税,不够本的由官府按本购买,收购商品上涨时再减价出卖。为防止偷漏税,王源提出了一个使商人"自不肯隐"的办法。资本不到百贯的散商和不到五十贯的行商不征税。资本一百贯以上的商人分为九等:一百贯至九百贯的为下商,一千贯至九千贯的为中商,一万贯至十万贯为上商。上、中、下商又按资本分上、中、下。超过十万贯的也属于上上。九等商各具有不同社会地位,在穿着、坐骑、蓄奴仆数等方面都有区别,违者治罪。纳税满二千四百贯的授以九品冠带,再满的升一级,至五品为止。这样商人从荣身考虑,就会自觉纳税。王源又指出:"重本抑末之说固然,然本宜重,末亦不可轻。"

李塨认为由官府购买不够本商品的办法易造成弊端,"未必惠及商民,反以扰及商民";行商更劳于坐商,也可以从百贯起税。商人资本不应高至万贯、十万贯,而主张以一百贯至三百贯为下商,四百贯至六百贯为中商,七百贯至千贯为上商。"过千金者加税一之三,过万金者没其余,贩鬻淫巧及异方珍奇难得之物者没其货。"对商人加以冠带必须是"素颇孝弟"的。他认为王源反对轻末是为财富起见,指出"商实不可重","贵布粟,贱淫技,重农民,抑商贾"是"先王之良法远虑",必须坚持。

《河淮》论述治理黄河、淮河水患的办法。王源指出"河淮交横,上以阻漕,下以病民,岁糜金钱数百万,而终不得其理",根本原因在于治理不得法,即"意在通漕,不在治水"。治水先要罢漕,漕粮或发展北方水利解决,或招商,或海运。然后塞清口使不与黄河通,先治淮,后治黄。对治淮、治黄各提出了具体设想。李塨除对治河提出补充意见外,还指出:"海运必宜复,不惟通漕,兼可于其中习水战,以防海寇也。"

王源的"有田者必自耕"主张是中国古代最激进的土地思想。他的提高商人社会地位的主张是对传统思想的重大突破。但他的许多主张具有空想性,并无实现的可能。王源是在晚年加入颜李学派的,在政治经济主张上仍同颜李学派存在着重要差异。

有关《平书订》的研究主要有姜广辉《颜李学派》、胡寄窗《中国经济思想史》下册、赵靖主编《中国经济思想通史》第四卷、叶世昌《古代中国经济思想史》的有关章节等。

(叶世昌 郭 建)

行水金鉴 傅泽洪等

《行水金鉴》，一百七十五卷。傅泽洪主编，郑元庆辑。成于清雍正三年（1725）。同年淮扬官舍刊刻。后有《四库全书》本、《国学基本丛书》本等。

傅泽洪，字育甫（一作育庵），又字稺君，号怡园。生卒年不详。隶汉军镶红旗。官至分巡淮扬道按察司副使。《清史稿》有传。

郑元庆（1660—约1734），字子余、芷畦，晚年号谷口。浙江归安（今湖州）人。博学，通金石文字。侍郎李绂、尚书张伯行等均极推崇，欲荐而未成。一生怀才不遇，游于幕府，寄人篱下。晚年患风湿症居家。著作还有《礼记集说》、《廿一史约编》、《石柱记笺释》、《湖录》、《小谷口荟蕞》、《今水学》、《七省漕程》等。《清史稿》、《清史列传》、《国朝耆献类徵》等书有传。

此书作者向有异说。傅泽洪于序中自称"积数年心力，目眵手披，渔经猎史……纂辑成书"。而全祖望在《郑芷畦窆石志》（《鲒埼亭集》卷十九）中，说他"生平著述尚有《行水金鉴》，为河道傅君所开雕盛行，顾罕知其出于芷畦也"。盛百二所作元庆传中，亦有此说。虽言之凿凿，而别无确证。故《四库全书总目》说："疑其客游泽洪之幕，或预编摹，然别无显证，未之详也。"（卷六九）不过，《行水金鉴》中大量引录元庆《小谷口荟蕞》、《今水学》、《七省漕程》等书。而且此书内容之丰富，似非一人能以数年公余时间完成者。故定以郑元庆辑，傅泽洪主编，较为切当。

傅泽洪在序中指出编纂该书目的在总结、运用前代水利知识。"夫运道有迹之可寻，而通变则本乎时势。黄、淮当因地制宜，而修防则不离夫古法。神而明之，存乎其人。"他认为，有此书在手，则"四渎、运河兴废之由，及疏筑塞防一切事宜之得失缓急，犁然悉备"。

本书从上起先秦、下至康熙六十年（1721）的三百七十余种史地文献中，摘录约一百六十万字，分为一百七十五卷。卷首有黄、淮、江汉、济、运诸水图。以下依次为《河水》六十卷、《淮水》十卷、《汉水江水》十卷、《济水》五卷、《运河水》七十卷、《两河总说》八卷、《官司》六卷、《夫役》四卷、《河道钱粮、堤河汇考》一卷、《闸坝涵洞汇考、漕规、漕运》一卷。

记事方式、各河内容均按年月顺序排列,摘录所引书原文,文后注所引书名。部分条目于条后另摘引后代书中相关内容,以便对照参阅。如黄河西汉贾让治河三策后,附明代刘天和《问水集》、潘季驯《河防一览》,清代靳辅《治河书》中对它的评价。部分条目,并附有编纂人自注。"上下数千年间地形之变迁,人事之得失,丝牵绳贯,始末犁然。"(《四库全书总目》卷六九)

明清两代水利工作的一大特点,是围绕黄、运二河进行大量工程,以维持这一经济动脉的通畅。因此水利书籍也集中于这一内容。《行水金鉴》同样以绝大部分篇幅记载黄、运河情况及管理、维护制度等,而又以明、清两代为最详。其所辑录文献,早期有《禹贡》、《水经注》,明以前各代主要辑自正史之河渠、沟洫、五行、百官诸志以及纪、传等。明代则范围大为扩展,包括实录、会典、明史稿、各省府州县志、《南河全考》、《北河续记》、《通漕类编》,以及传记、碑铭、稗官小说等。清代以地方志、奏议、谕旨等为主,多第一手资料。

《行水金鉴》中没有收录农田水利的内容,傅泽洪虽于《略例》中声明"编集水利约若干卷,容当续刻,庶为水政之完书",但迄未有刊行。

本书的编纂是一项开创性工作。在它以前的水利著作或失之简略,或偏于一隅,专言一水,而它则"综括古今,胪陈利病,统前代以至国朝四渎分合、运道沿革之故,汇辑以成一编"(《四库全书总目》卷六十九)。在它的影响下,道光十一年(1831)黎世序、俞正燮等编纂《续行水金鉴》一百五十六卷,约二百万字。综合了自顺治八年(1651)至嘉庆二十五年(1820)的水利资料,包括河水五十卷,淮水十四卷,运河水六十八卷,永定河水十三卷,江水十一卷。其特点是收录了大量原始工程技术档案,共达一百二十一卷。有道光十二年初刻本、《国学基本丛书》本。

《行水金鉴》与《续行水金鉴》因篇目设置简略,加以篇幅浩繁,查阅较为不便。1952年,赵世暹、朱更翎等编成《〈行水金鉴〉、〈续行水金鉴〉分类索引》,约二万二千余条。并附《校勘随笔》于后,计订正《行水金鉴》讹误一千三百四十四条,《续行水金鉴》讹误六百七十八条。1955年由南京水利实验处印刷。

(程鹏举)

古今图书集成·食货典 陈梦雷等

《古今图书集成·食货典》，三百六十卷。陈梦雷、蒋廷锡等编纂。成于清雍正三年(1725)。雍正四年铜活字排印，仅六十四部。1934年中华书局据以影印再版。

陈梦雷生平事迹见"古今图书集成·乐律典"条。

蒋廷锡(1669—1732)，字扬孙，一字西君，号西谷、南沙、青桐居士。江苏常熟人。康熙四十二年进士，累官至文华殿大学士。曾奏请续纂《大清会典》，即命为副总裁；又充《圣祖实录》总裁。工诗善画，颇负时名。被恩礼始终，死后谥"文肃"。著作有《青桐轩集》、《秋风集》、《片云集》、《尚书地理今释》等。《清史稿》、《清史列传》、《国朝耆献类徵》等书有传。

康熙中期，胤祉命陈梦雷编《古今图书汇编》三千余卷，经十余年而成。圣祖阅后命改名为《古今图书集成》，并开馆派人，大事增编。世宗即位，胤祉、陈梦雷得罪，被删去姓名。乃命户部尚书蒋廷锡等继续校编。"穷朝夕之力，阅三载之勤，凡厘定三千余卷，增删数十万言。图绘精审，考订详悉。"(《御制序》)从陈梦雷到蒋廷锡，历时二三十年才编成此书。

《古今图书集成》是中国古代现存最大的一部类书，共一万卷。全书类目分三级。第一级为编，分历象汇编、方舆汇编、明伦汇编、博物汇编、理学汇编、经济汇编。第二级为典，共三十二典。其中《经济汇编》下有选举、铨衡、食货、礼仪、乐律、戎政、祥刑、考工八典。第三级为部，共六千一百零九部。《食货典》八十三部。依次为：食货、户口、农桑、田制、蚕桑、荒政、赋役、漕运、贡献、盐法、杂税、平准、国用、饮食、米、糠、饭、粥、糕、饼、粽、糁、粉面、糇饵、酒、茶、酪、油、盐、糟、酱、醋、糖、蜜、曲糵、肉、羹、脯、脍、炙、鲊、醢、菹、齑、豉、币帛、枲、葛、绵、丝、绒、布、褐、帛、绢、练、罗、绫、纱、缎、锦、毡罽、皮革、胶、宝货、珠、玉、水晶、琅玕、珊瑚、玛瑙、玻璃、琉璃、琥珀、车磲、宝石、金、银、铜、铅、锡、铁、钱钞。其中食货、布帛、宝货称"总部"。

在每一部里，又分为汇考、总论、列传、艺文、选句、纪事、杂录、外编等项目，无材料者阙之。在田制、蚕桑、漕运和钱钞四部中还有插图。

汇考各部均有,实为各部的专门史,体例分两种。一种是"大事有年月可纪者,用编年之体,仿纲目立书法于前,而以按某书某史详录于后。……而一事之始末沿革展卷可知……一事之异同疑误参伍可得"。另一种是"大事无年月可稽,与一事一物无关政典者,则列经史于前,而以子集参互于后。虽岁月未详,而时代之后先,一事因革损益之源流,一物古今之称谓,与其种类性情及其制造之法,皆可概见矣"(《凡例》)。前者如《户口部》,从夏后氏到清康熙年间,列朝依次载录;后者如《蚕桑部》,先经史子集四部为序,节录有关内容。

总论即前人对汇考内容的议论,"以圣经贤传为主……择其议论得当者"(《凡例》),反映了为封建统治者所关注的各种观点和思想。

艺文"以词为主。议论虽偏,而词藻可采者,皆在所录。……大抵隋唐以前从详,宋以后从略"(《凡例》)。

《食货典》汇考按今之划分,可入于经济史类;总论及艺文则应入于经济思想史类。除这三个主要项目外,还有选句、纪事、杂录、外编。选句类似艺文,所录有丽词偶句或格言。纪事类似汇考,而载琐碎之事,次序是依事不依文。如《贡献部·纪事》中录《左传》叙僖公四年(前656)齐师伐楚事,而《盐铁论》叙禹时纳贡,则《盐铁论》在前,《左传》在后。考究未真难入于汇考,文藻未工难收入艺文,议论偏颇不入于总论,非正论此一事而旁行曲喻偶及之的,统入杂录。荒唐难信,录之无稽,弃之又恐挂漏的,入于外编。由此可见《古今图书集成》分类之细致,收罗之广泛。经、史、子、集的主要典籍都收录到了。欲知编排之详,可查阅书首所列凡例四十七条,对各编各典各项取材的原因,编纂的意义都清清楚楚地加以阐明。《食货典》一条写道:"所载皆有国家者理财之事,而饮食货币之琐屑皆附焉,操国计者所宜详也。"

《古今图书集成》为古今中外所称誉。世宗认为它已将类书所应具备的搜罗无遗,"前乎此者,有所未备;后有作者,又何以加焉?"(《御制序》)中华书局与巴蜀书社1986年影印本中录康有为一篇记述,称它为"中国之瑰宝"。近世学者多认为它有其他类书不及的优点,内容完备,体例精良。外国学者称它为"康熙百科全书",并有英、日等国学者为之编写索引和分类目录,足见影响之大。

本书经数十年三次增编,编校者均为当时有名的学者,或经博学鸿儒科录取的博学之士。不但富有历史知识,更兼有优越的编校能力。所选篇目校对严谨,少有疏漏或错误。从《食货典》的部类划分看,可谓应有尽有,能为读者提供上古到康熙时社会经济史和经济思想史方面的各种线索,是一部极有价值的工具书。

作为古今图书的集成,自然都属于第二手资料。由于对所收各书分门别类作了切割,有时还另加标题,已非原书面目。故本书可作为查找史料的线索,而一般不宜直接引用。本书还有一些错误,如《钱钞部·汇考八》所列北宋《董逌钱谱》,其中竟有南宋钱和元朝钱钞(关于此《钱谱》的问题,可参考姚朔民《现存最早的钱谱〈货泉沿革〉》,载《中国钱币论文集》第二辑)。这是沿《说郛》之误,而编者对此无任何说明。

国外对《古今图书集成》研究甚多。1911年伦敦出版《古今图书集成索引》。1913年日本文部省出版《古今图书集成分类目录》。1934年泷泽亮俊编《图书集成分类索引》。胡道静有《〈古今图书集成〉的情况、特点及其作用》一文,全面详尽地阐明了《古今图书集成》的学术价值。

(蒋 畅)

明史·食货志 张廷玉等

《明史·食货志》,六卷。《明史》共三百三十二卷,又目录四卷。张廷玉等编修。成于清乾隆四年(1739)。同年武英殿刊印。乾隆四十年、四十二年又分别重行刊定和作文字修改,今有故宫影印本行世。1974年中华书局出版的点校本是用乾隆四年武英殿本为底本,参校《明实录》、《明史稿》及《明会典》、《明一统志》等有关史籍而成。

张廷玉生平事迹见"明史"条。

清顺治二年(1645)设立明史馆,命冯铨、洪承畴等主持。由于当时政局未定,人才缺乏,史料不足,未取得成果。康熙十八年(1679)再开史馆,重修明史。命内阁学士徐元文任监修,翰林院学士叶方蔼及张玉书任总裁,组织考中博学鸿词科的五十名人员参加,其中有朱彝尊、吴任臣、毛奇龄、汤斌、汪琬等有名学者。后又由陈廷敬、张玉书、王鸿绪等先后任总裁,至雍正元年(1723)成书三百一十卷,即今署名王鸿绪的《明史稿》。此书出力最多者为史学家万斯同,大多由其审阅定稿。雍正二年又以张廷玉为总裁,对《明史稿》进行修订,于乾隆四年定稿。《明史》的修纂前后凡三次,历时九十五年,参加撰写的累计达二三百人,是历代修史规模最大,历时最久的。主要是修史诸臣顾忌太多,畏惧当时的文字狱,对明清之际的一些历史问题不好处理,故进度迟缓。

《明史》记述洪武元年(1368)至崇祯十七年(1644)共二百七十六年的史事。本纪部分内容较丰实,各志编排较得体。列传中《土司列传》记载少数民族的政治、经济情况。《周忱传》叙述了他任江南巡抚时实行的经济措施及对当时国家财政的影响;《邱弘传》、《李森传》中记载了成化时土地兼并的情况;《赵世卿传》则几乎全是记述他任户部尚书时争罢矿税的事情;《丁瑄传》记载了福建佃户送租上门及额外馈送的情况;《姬文胤传》记述江西新城地主用大斛收租的剥削手段。《明史》结构严谨,文字较精练,所据原始资料丰富,具有较高的史料价值。但涉及清代祖先史迹,往往隐讳、篡改;对南明史事也只有寥寥数语附见于别传,这些是其不足之处。

康熙时,潘耒编有《明史食货志》资料长编,不能确知编《明史》时稿子是否还在。又有王原

《明食货志》(即《学庵类稿》),为王鸿绪《明史稿·食货志》之所据。可见《明史·食货志》实同王原《明食货志》有因袭关系。

《明史·食货志一》为《户口》、《田制》。《食货志二》为《赋役》。《食货志三》为《漕运》、《仓库》。《食货志四》为《盐法》、《茶法》。《食货志五》为《钱钞》、《坑冶》、《商税》、《市舶》、《马市》。《食货志六》为《上供采造》、《采造》、《柴炭》、《采木》、《珠池》、《织造》、《烧造》、《俸饷》、《会计》。

《食货志一》有一篇短序,扼要概述明代财政经济状况,以强本节用的原则分析明代理财得失。认为明前期"百姓充实,府藏衍溢",在于"劭(劝)农务垦辟,土无莱芜,人敦本业"。世宗以后"府库匮竭"。神宗时"加赋重征","横敛侵渔",而"民多逐末,田卒汙莱",以至"海内困敝,而储积益以空乏"。作者强调"富国之本,在于农桑","强本节用,为理财之要"。这传统的"理财之道"贯穿在《食货志》的各卷内容之中。

一、户籍制度。洪武三年实行户口登记管理制度,由户部置户籍、户帖,户籍上存户部,户帖交由各民户保存,以备稽核。十四年,太祖命编赋役黄册,并推行里甲制度:"以一百十户为一里,推丁粮多者十户为长,余百户为十甲,甲凡十人。岁役里长一人,甲首一人,董一里一甲之事。先后以丁粮多寡为序,凡十年一周,曰排年。在城曰坊,近城曰厢,乡都曰里。里编为册,册首总为一图。"十年编定一次。册一式四份,户部、布政司、府、县各存一份。因送户部的册簿以黄纸为面,故称为"黄册"。黄册按旧管、新收、开除、实在之数四柱式记录,即"四柱清册"。这是中国古代通用的簿记册式,以"四柱式"命名首见于此。后来地方官吏另编一册,作为征税和编徭的依据,称"白册"。

明初人户分为三等:"曰民,曰军,曰匠。民有儒,有医,有阴阳。军有校尉,有力士,弓、铺兵。匠有厨役、裁缝、马船之类。"按职业分类编户籍,一户一籍。对逃户,明初督令必须回原籍,复业者可免赋役一年,"老弱不能归及不愿归者,令在所著籍,授田输赋"。英宗、宪宗时都有安抚流民的措施。

二、土地制度。明代的田地分官田和民田。官田名目繁多。朱元璋即位之初,便开始核田亩、定赋税的工作。洪武二十年派人到各州县"随粮定区,区设粮长四人,量度田亩方圆,次以字号,悉书主名及田之丈尺,编类为册"。册中详记各块土地的面积、地形、四至、土质和业主的姓名。因册图上所绘田亩挨次排列,状如鱼鳞,称"鱼鳞图册"。它与黄册配套:"鱼鳞册为经,土田之讼质焉。黄册为纬,赋役之法定焉。"在土地荒芜地区"计民授田","毋许兼并"。在北方近城地区招民耕种荒地,每人给耕地十五亩,蔬地二亩,免租三年。"官给牛及农具者,乃收其税,额外垦荒者永不起科。"洪武二十六年,垦田总额达八百五十万七千六百二十三顷。

尽管明代规定土地"毋许兼并",但它对皇室、贵族、官僚甚至寺院利用权势兼并土地并无实际约束力。弘治十五年(1502),在册土田仅四百二十二万八千五十八顷,"官田视民田得七之一"。这里的官田,许多是诸王、公主、勋戚、大臣、内监等侵吞民田而来。万历六年(1578),张居正全面核查地亩,总计田数七百零一万三千九百七十六顷,比弘治时多三百万顷。但在清丈时为了追求溢额,有以"争改小弓以求田多"的情况。

明代屯田有军屯和民屯。军屯由卫所管理,在边地,兵士三成守城,七成屯种;内地二成守城,八成屯种。每一兵士受田五十亩,给耕牛、农具,免征租赋。民屯主要是"移民就宽乡,或召募或罪徙者"充任。要向官府缴租,"凡官给牛种者十税五,自备者十税三"。另有商屯,是明初盐商响应政府号召,募民在边地屯垦,就地交粮草,换取盐引领盐。这是明政府利用食盐专卖供给边军粮草的措施。正统(1436—1449)以后"屯政稍弛,而屯粮犹存三之二。其后屯田多为内监、军官占夺,法尽坏"。隆庆年间(1567—1572),"屯丁逃亡者益多"。万历时,屯田数为六十四万四千余顷,比洪武时亏少二十四万九千余顷。

三、赋役制度。明代"赋税十取一,役法计田出夫"。明太祖即位之初,以黄册来定赋役之法:"册有丁有田,丁有役,田有租。租曰夏税,曰秋粮,凡二等。夏税无过八月,秋粮无过明年二月。"征收的内容以米麦为主,绵、绢、钱钞等为辅,前者称"本色",后者称"折色"。洪武九年,以银、钞、钱、绢折纳税粮,银一两,钱千文,钞一贯,各折米一石,小麦则减值十分之二。正统元年,将南方不通舟楫地区的运京俸米折成布、绢、银解京,米麦一石折银二钱五分。此银入内承运库,称为"金花银"。

洪武初年,"定天下官、民田赋,凡官田亩税五升三合五勺,民田减二升,重租田八升五合五勺,没官田一斗二升"。在苏、松、嘉、湖等地区,朱元璋当初攻破苏州时曾遭张士诚的顽强抵抗,故"乃籍诸豪族及富民田以为官田,按私租簿为税额"。又因"浙西地膏腴,增其赋,亩加二倍。故浙西官、民田视他方倍蓰,亩税有二三石者。大抵苏最重,松、嘉、湖次之,常、杭又次之"。

明代的徭役,有里甲、均徭和杂泛三种。里甲原是组织人民供役的基层组织,后转为三大徭役之一。它是正役,采取按户征役、排年轮当的办法摊派。均徭是以丁征役。十六岁成丁,"成丁而役,六十而免"。杂泛是指各种非经常性的杂役。三种形式都有力役和雇役。后来地方编排徭役,以户为准,专由单丁小户之家纳差,以致"稽册籍,则富商大贾免役,而土著困;核人户,则官吏里胥轻重其手,而小民益穷蹙"。

明中叶以后,赋役制度逐步遭到破坏。万历九年,张居正在全国各地推行一条鞭法,把各州县的田赋、杂税和差徭合并征收,归于土地,按亩征银,而差徭由官府雇人应役。但一条鞭法的推行,只在较短时间内起些抑制兼并和均平赋役的作用。

四、货币制度。明初曾推行纸币。洪武八年发行大明通行宝钞。钞一贯准银一两,四贯准黄金一两。开始时大明宝钞与铜钱并用,百文以下用钱。商税钱三钞七。后禁用铜钱,实行纸币流通制度,但推行困难。永乐二年(1404)实行户口食盐法以收钞。宣德时(1426—1435),加税以收钞。最后钞仍不行。

朱元璋称帝前已铸"大中通宝",与历代钱并行。即位后,铸"洪武通宝"。成祖永乐九年铸永乐钱。宣德九年铸宣德钱。弘治十六年以后,铸弘治钱。到嘉靖六年(1527)大铸嘉靖钱。《食货志》中说当时补铸洪武至正德九号钱,每号百万锭,嘉靖钱千万锭,一锭五千文。实际上补铸钱并未实行。万历四年铸万历通宝。天启元年铸泰昌钱。天启、崇祯时为追求铸利而大量铸钱,钱"日以恶薄"。明初禁民间用金银。英宗即位后,"弛用银之禁,朝野率皆用银",白银终于成为主要货币。

《食货志》在漕运方面记述了支运、兑运与支运相参至变而为长运的历史。明代亦重视对盐、茶等的控制和专卖。会计和俸饷记载简要而具体。另外在上供采造、柴炭、采木、珠池、织造和烧造等目中,揭露了皇室亲贵奢侈浪费、殃民祸国的劣迹。

《食货志》对十五世纪以后与南洋、非洲等地的贸易往来缺乏记载。对隆庆、万历以后工商业及商品经济的发展和行会等记述太少,未能充分反映明后期经济全貌。

有关《明史·食货志》的研究主要有李洵《明史·食货志校注》、梁方仲《〈明史·食货志〉第一卷笺证》、王雷鸣《历代食货志注释》第四册的有关部分等。

(徐培华)

康济录 陆曾禹等

《康济录》,四卷。陆曾禹原著,倪国琏检择。成于清乾隆五年(1740)。同年由武英殿刊行。后有乾隆七年福建本、日本宽政六年(乾隆五十九年)福建本的翻刻本、《瓶华书屋丛书》本、同治三年(1864)左宗棠刊本等。

陆曾禹,生卒年不详,浙江仁和(今杭州)人。国子监生。

倪国琏(? —1743),字子(紫)珍、西昆,号穗畴。浙江钱塘(今杭州)人。清雍正八年(1730)进士,授翰林院编修,官至吏科给事中。乾隆八年奉使江南,卒于途中。工书画,善弹琴。著作有《春及堂诗集》。《国朝画识》、《皇清书史》等书有传。

陆曾禹曾作《救饥谱》。倪国琏择取书中的精要部分,录为四卷,于乾隆四年奏呈。高宗认为"有裨于实用"(《四库全书总目》卷八二),命内书房翰林详加校对,略为删润,赐名《康济录》付武英殿刊发。五年成书,名《钦定康济录》。

《康济录》分《前代救援之典》、《先事之政》、《临事之政》、《事后之政》四卷。后两卷各分上下,故《四库全书总目》说是六卷。卷一前有总叙,卷二、三、四前有论,每一救荒条目后都有总论。正文内容为辑录明以前有关史料,并附作者案语。总叙指出古有治谱,而独救饥无谱,"爰集圣贤之言行已昭救济之谋猷者,或总列于前,或分陈于后",希望"能仿而行之,惠我元元"。《前代救援之典》共辑录史料八十条。

《先事之政》指事先对灾荒的预防。卷首的论中指出:"后世耕者日少,户口日繁,灾伤之民,救之于未饥则用物约而所及广,救之于已饥则用物博而所及微。"说明了事先预防的意义。先事之政有六条,每条各辑录史料十一条或十二条。一是"教农桑以免冻馁"。作者说:"自古未有人无衣食而国能太平者也。……治国者于蚕忙农务之时,可不深为体恤,以裕其衣食之源耶?"并称赞元世祖于至元二十八年(1291)颁行的《农桑杂令》为农桑令中的第一,"极裁成辅相之道"。二是"讲水利以备旱涝"。作者把水利比作"人身之血脉",并引本朝陈芳生的话说:"平时预修水利,则蓄泄有备而无旱潦之患;荒年为之,则饥民得以力食,即可免于流离。凡有父母斯民之志者,所宜急为讲求也。"三是"建社仓以便赈贷"。作者指出:"常平与义仓皆立于州县,惟社仓则各建于各乡。故凡建于民间者,皆社仓也。"作者认为朱熹最得社仓之妙,"行之久而知之详",但未能遍行天下,"近世之常平既不令人擅于取用,民间之社仓则又废而不建,是迫人于沟壑,驱民于法网矣"。四是"严保甲以革奸顽"。作者认为"除奸剔弊,莫善于保甲,故留心赈救者首当重也"。五是"奏截留以资急用"。发生灾荒应允许截留上供米以赈济饥民。六是"稽常平以杜侵欺",作者指出:"常平仓循环籴粜出入"是"利民之妙法"。但各省虽有常平仓,遇饥年时却"官不得发,民不得食,以避部议之严",这就违反了立仓的本意。对常平仓不能起救荒作用提出了批评。

《临事之政》共提出了二十条救荒措施,每条辑录史料自九条至十三条不等,大多为十二条。二十条临事之政为:急祈祷以回天意,求才能以捍灾伤,命条陈以开言路,先审户以防冒恩,借国帑以广籴粜,理囚系以释含冤,禁遏籴以除不义,发积储以救困穷,不抑价以招商运,开粥厂以活垂危,安流民以免颠沛,劝富豪以助济施,乞蠲赈以纾群黎,兴工作以食饿夫,育婴儿以慈孤幼,视存亡以惠急需,弭盗贼以息奸宄,甘专擅以奋救援,扑蝗蝻以保稼穑,贷牛种以急耕耘。主要观点有:物色公正的救荒人员,"使饥民得活于拯溺扶危之道"。广开言路,使下情能够上达,使上司能够了解民间疾苦。做好审户工作以防止滥赈。借用国库籴粜米谷,"官不伤而民有益,最善而易行";"上不病官,下不困民,能救生民于万死之中"。闭籴之令一行,"劫掠流移由之而起";而禁止遏籴,"官之籴粜有限,民之兴贩无穷,彼射锱铢之利,我活沟壑之民,实为两得"。不抑价可以发挥商人的作用:"商不通,民不救,价不抑,客始来,此定理也。"除第一条以祈祷回转天意是迷信活动外,其余都是救荒所必需的措施。

《事后之政》的内容见卷四上。灾荒的善后工作乃是"长久之道",不可轻视。事后之政有六条,每条各辑录史料十二条。一是"赎难卖以全骨肉"。将灾荒期间典卖的妻儿赎回,让其家人团圆。二是"怜初泰以大抚绥"。本条总论指出:"既荒之后,如病初起,不能抚绥,再加劳困,是不死于病笃之时,而反亡于初愈之日矣。不大为可叹哉!"说明灾后进行抚慰的迫切性。三是"必赏罚以风继起"。赏罚是"致治之大典",对地方官在救荒中的功过要进行赏罚,对"城市乡村若有孝弟节义之人",要"一并表扬以彰有德"。四是"筹匮乏以防荐饥"。要准备好缺乏的物资,特别要充实社仓,以防下一次灾荒的发生。五是"尚节俭以裕衣食"。六是"敦风俗以享太平"。

卷四下是附录,分四部分。之一是《历朝田制》、《养种法》、《明季仓粮考》及董煟《救荒全法》、林希元《荒政丛言疏》、钟化民《河南赈荒事实》、周孔教《抚苏事宜》、屠隆《荒政考》等十七种救荒文献摘录。之二是《赈粥须知》。之三是《捕蝗必览》。之四是《社仓条约》。

《康济录》是南宋董煟以来救荒思想的集大成之作。继此书以后的大型荒政类著作有杨景仁成于清道光四年(1824)的《筹济篇》、邓云特(邓拓)成于 1937 年的《中国救荒史》。两人都曾参考了本书。

（叶世昌　华林甫）

钱 录 梁诗正等

《钱录》,现存《钱录》有两种,此指《钦定钱录》。十六卷。梁诗正等奉敕撰。成于清乾隆十六年(1751)。有《四库全书》本、摛藻堂《四库全书荟要》本、《墨海金壶》本等。《丛书集成》本据《墨海金壶》本影印。

梁诗正(1693—1763),字养仲,号芗林。浙江钱塘(今杭州)人。清雍正八年(1730)进士,授翰林院编修。乾隆时历任礼部、刑部、户部、吏部侍郎,户部、兵部、工部尚书,官至东阁大学士掌翰林院学士。总裁国史、文颖、续文献通考各馆,并草定体例。又常随高宗出巡,重要文献多出其手。卒谥"文庄"。著有《矢音集》。《清史稿》、《清史列传》等书有传。

乾隆十五年冬,梁诗正等奉敕纂辑《钱录》,遂将"内府之藏周罗几席,按状成图,因之考事"。他们说:"凡疑义断文,臣等迟回而不能论定者,悉仰禀睿裁,重为厘正。"(《序》)当时,蒋溥、汪由敦、嵇璜、观保、裘曰修、董邦达、金德瑛、钱维城、于敏中等一批文人均参加此书的编写,不到一年时间即告成。最初曾附编于《西清古鉴》,后独立成书。

《钱录》大抵按时代编次。卷一至卷十三为历代钱,卷十四《外域诸品》,卷十五《撒帐吉语诸品》,卷十六《厌胜诸品》。

《钱录》是一部专载清宫藏品的钱谱著作,共收先秦到明末历代钱币五百六十七种,摹绘图文,并有诸家考证及按语。它在钱币学上的主要贡献是提出"不必多分品类"的原则,将历代钱币"以编年之法行之,要使世次相承,了如指掌"(《序》)。尽管此说针对洪遵《泉志》的分类不当而言,也表明清初以前的钱谱著作确实存在品类划分过多的通病。这一原则的提出,目的是使钱币的历史脉络分明,一目了然,以便探考钱币发展的源流,因而具有积极的意义。另外,它首先将汉兴钱归于成(汉)李寿汉兴年间铸造,纠正了前人判断是汉初钱币的错误看法,实在是一个不小的改进。

《钱录》主要缺陷有如下三个方面。

一、考据颇多舛错。全书不仅考核疏漏,如所谓伏羲、帝昊、神农、黄帝、少昊、高阳、尧舜等上古布币均袭旧说之谬,而且加上新的错误,把钱文"镒四化"与"镒六化"释为"天赞"二字,越南的太平兴宝误作辽代钱,元末张士诚的天佑通宝讹成唐昭宗所铸等。其实,有的错误是完全可以避免的,像卷十一南宋临安府钱牌背文"准叁伯文省"的"省"字是省陌的意思,即以不足百数之钱当百数使用,这在宋代文献中不乏记载,但作者却穿凿为三省(中书省、门下省、尚书省)的"省",解作官名。张䌹伯曾经评论《钱录》说:"所载刀布圜金及历代诸钱,考据荒谬简略……以帝王之力、文人之功而成书如此,想见当时见闻之卑,思想之陋,泉学之幼稚。"(《后素楼清钱谈》)

二、著录真伪杂糅。全书收录不少假钱,如二铢、寿隆元宝、洪熙通宝、正统通宝、天顺通宝、成化通宝等都是赝品。同时,作者还将古代的铜锁和其他用具当作钱币选收。

三、绘图粗制滥造。作者说是依照内府藏品按状成图,"一肖本文摹之"。可是所绘钱图不成比例,形状、大小、文字、轮廓等无不严重失真。对此,彭信威指出:"编者中有董邦达、钱维城等会画的人,照理应描得像。但明清的文人画家强调作画不求形似,大概同原钱相差很远,把垣字环钱画成方形。"(《中国货币史》,上海人民出版社,1965年,第928页)

《钱录》是中国第一部官修钱币谱录著作,曾在一个相当长的时期内享有殊荣。四库馆臣说:"是编所录,皆以内府储藏,得于目睹者为据。……至于观其轻重厚薄,而究其法之行不行,观其良窳精粗,而知其政之举不举。千古钱币之利弊,一览具睹,又不徒为博物之资矣。"(《四库全书总目》卷一一五)由于《钱录》是"钦定",清代钱币学家无人敢提出异议,只能恭维而已。

直到20世纪30年代,《钱录》在钱币学界才开始受到激烈的批评。其中较早发难的是丁福保,他说:"世人义重尊亲,故皆有褒无贬,而余未敢以为然也。其沿误踵谬,附会失实之处,不一而足。"(《钦定钱录跋》)此后,提出批评的人越来越多,贬斥它的内容无可足取,甚至说成是一部毫无价值的书。虽然《钱录》在钱币学上的地位犹如江河日下,一落千丈,但有些学者仍坚持认为,它在二百多年来一直流传较广,对钱币研究的普及与传播起过一定的作用。

有关《钱录》的研究著作主要有丁福保《钦定钱录跋》、彭信威《中国货币史》的有关章节等。

(潘连贵)

陶说 朱琰

《陶说》，六卷。朱琰著。成于清乾隆三十九年（1774）。有《知不足斋丛书》本、《龙威秘书》本、《说库》本、《芋园丛书》本、《翠琅玕馆丛书》本、《美术丛书》本、《艺术丛书》本等。编入上海古籍出版社版《续修四库全书》。

朱琰（？—1778），字桐川，号笠亭，又号樊桐山人。浙江海盐人。乾隆三十一年（1766）进士。好经史古文，见异书则抄写校勘。工诗善画，又善治印，俱有名。历主金华、吴江书院。乾隆四十年选授直隶阜城（今属河北）知县，颇有惠政。三年后病死任上。著作还有《续鸳鸯湖櫂歌》、《金华诗粹》、《笠亭文钞》、《诗钞》等。《清画家诗史》、《国朝诗人徵略》、《飞鸿堂印人传》等书有传。

乾隆三十二年，朱琰"馆于江西大中丞吴公宪署，因得悉景德镇窑器之制"（鲍廷博《跋》），以亲见之事，参考《江西大志》所载王宗沐《陶书》及《古今图书集成》和《格致镜原》等书中有关陶瓷史的记载，撰成《陶说》。

《陶说》是一部较系统完整的制瓷手工业史志。卷一为《说今》。卷二为《说古》。卷三为《说明》。卷四至卷六为《说器》。书前有新建裘曰修《序》，书后有仲文藻、鲍廷博《跋》。

《陶说》以说今，即说清代景德镇瓷业起头，追溯原始，而以说明代瓷业为最详，充分反映作者厚今薄古的治史态度。有关经济史的内容主要包括以下两方面。

一、景德镇陶瓷业发展史。卷二《说古》将制瓷历史追溯到先秦，引用《周书》、《吕氏春秋》、《说文》、《史记》、《考工记》等古籍，证明中国制瓷历史的悠久。又进一步考察了唐、五代、宋以来的历代名窑，逐一介绍。卷三《说明》先叙述宋元饶州窑，然后依次叙述明代洪武窑、永乐窑、宣德窑、成化窑、正德窑、嘉靖窑、隆庆窑、万历窑。先引前人记载，所引书有《事物绀珠》、《博物要览》、《清秘藏》、《江西大志》、《豫章大事记》等，然后加按语说明。重点介绍各时期的窑厂规模、建置、产品和技术。最后是综述明代景德镇瓷器制造方法。卷一《说今》专讲清代饶州窑的发展状况，起始为顺治十一年（1654）造龙缸拦板等器，"未成辄止，恐累民也"。到康熙十九年（1680）派内务府官驻厂,改革管理制度,拨给经费,"一切不妨吏政事,官民称便,所造益精"。到乾隆八年唐英制定陶冶图二十张,并附图说,使景德镇制瓷工艺有了定制。朱琰认为这是景德镇制瓷史的一件大事,所以"谨就所编,录其大略,附以管见,用志一时陶器之所由盛云"。将《陶冶图说》全部载录。文字内容略有更动,没有图,但每条后均加按语说明。

二、明清制瓷官手工业制度。一是有关制瓷业专业分工的记载。卷三《说明·造法》中说,御器厂分二十三作,有大碗作、酒钟作、碟作、盘作等。"作"是专门制作某类瓷器的手工业工场。卷一《说今·饶州窑》说:"近代一技之工,如陆子刚治玉,吕爱山治金,朱碧山治银,鲍天成治犀,赵良璧治锡,王小溪治玛瑙,蒋抱云治铜,濮仲谦雕竹,姜千里螺甸,杨埙倭漆。"所列举的人名都是善用瓷器仿造金银玉犀等器的专家。专业分工不仅越来越细密,而且向高技术化发展。二是有关匠籍工役的记载。卷三《说明·造法》说:"正(德)、嘉(靖)之际,官匠凡三百余,画工另募,盖绘事难也。""陶夫、砂土夫雇用上工夫,派饶州千户所编派七县解征工食。"卷一《说今·饶州窑》则载:"(康熙十九年)向有上工夫派饶州属邑者,悉罢之。每开窑鸠工庀材,动支内府,按时给直(值),与市贾(价)适均,运器亦不预地方。"可见匠役是在逐渐变化。

此外,卷四至卷六的《说器》,分述了唐虞器、周器、汉器、魏器、晋器、南北朝器、隋器、唐器、宋器、元器、明器、清器各自的不同特点及制作技巧,按陶瓷器具出现年代的先后顺序作了概要而精确的介绍,尤其对明、清两代饶州窑及一些有特色的官窑作了重点阐说。其中对瓷器特色的描绘栩栩如生,对操作过程的介绍精密细致,有着十分可贵的历史文献作用。

傅振伦的《〈陶说〉译注》(中国轻工业出版社,1983年)对各类陶窑及瓷器作了详尽的注释说明,并附有故宫博物院藏的图片资料。

(施正康　曾　抗)

武英殿聚珍版程式 金 简

《武英殿聚珍版程式》，一卷。金简著。成于清乾隆四十一年(1776)。有武英殿本、浙江本、江西书局本、福建本、广雅书局本、《励志斋丛书》本、《美术丛书》本等。

金简(？—1794)，初隶汉军正黄旗，赐姓金佳氏。乾隆十五年(1676)由内务府笔帖式升内务府主事，累迁奉宸苑卿。三十七年授总管内务府大臣。次年命办武英殿监刻各项事宜，充四库全书副总裁。三十九年任户部右侍郎管钱法堂，旋授镶黄旗汉军副都统，赏戴花翎。四十三年，受命纂《四库荟要》，署工部尚书。四十六年总理工部。受命改释辽、金、元三史人名、地名、官名，并以三史国语解重加编次，刊于原史之前。后擢工部尚书、镶黄旗汉军都统，官终吏部尚书。著有《武英殿聚珍版程式》。《清史稿》、《国朝耆献类徵》等书有传。

乾隆三十八年金简受命办武英殿监刻各事宜。考虑到将要刻印的书籍浩繁，若一一刊版，不但费用大，而所需时日也多，不如刻做枣木活字套版一份，印刷各种书籍，可省时省费。便奏请酌办活字书版，得到高宗的批准。至三十九年刻制大小活字二十五万余个，摆版刷印。钦定取名为"武英殿聚珍版"。事后金简将此事经过及活字版制作刊行办法纂辑成编，名为《钦定武英殿聚珍版程式》。

《武英殿聚珍版程式》编纂的目的是"俾此后刊书者皆得有所遵循"。但它也为后世保存了清代官营印刷手工业的宝贵资料。全书内容可分为两部分。

前半部分是自乾隆三十八年至四十一年有关活字书版的奏折。主要是金简的，另有质亲王永瑢等人的奏议。奏议中讲了办活字书版的缘起、经过、费用来源、财物状况，及排印书籍成绩。

后半部分为活字书版制造方法，共列出十五条，依次为：(一)成造木子，先文字说明，后附成造木子一图和木槽铜漏子式两图。(二)刻字，文字说明，附刻字图和刻字木床式图。(三)字柜，有图并式。(四)槽板，有图并式。(五)夹条，分一分通长、半分通长、一分长短、半分长短四种。(六)顶木。(七)中心木，有夹条、顶木、中心木总图总式。(八)类盘，有图并式。(九)套格，有图并式。(十) 摆书,有图。(十一) 垫版。(十二) 校对。(十三) 刷印。(十四) 归类。(十五) 逐日轮转办法,附轮转摆印课程。轮转摆印是合理安排刷印书籍中四个主要过程以提高功效的好办法。每一课程周期为十日。"共摆书一百二十版,应归类七十二版,现在刷印十二版,现校对十二版,现平垫十二版,未平垫十二版,其常积四十八版之数,逐日周转。"

武英殿聚珍版是中国印刷业发展的一大成果,木活字"事省而功速,较胜于熔铅埏泥而成"。聚珍版程式的制订颁行,也反映了清代印刷工业管理上的进步和臻于成熟。

(施正康)

景德镇陶录 蓝 浦

《景德镇陶录》,十卷。蓝浦著,郑廷桂补辑。卷二至卷九系蓝氏成于清嘉庆初年,卷一和卷十系郑氏补辑于嘉庆二十年(1815)。有嘉庆二十年翼经堂刊本,同治九年(1870)重刻。编入上海古籍出版社版《续修四库全书》。

蓝浦(？—约1796),字滨南,号耕馀先生。江西景德镇人。曾在地方任教职。

蓝浦自小生活在瓷都,熟悉制瓷行业。清中叶,景德镇瓷业已名扬天下,但记载该业的专书却很少。蓝浦以此为憾,决心撰写一部系统的景德镇陶瓷史专著。他查阅了历代著录家有关镇陶的记载,博考众家之说,又与当时瓷业生产中的实际制度、方法和产品相对照,随时记录,积累多年,终成规模,可惜来不及完稿就去世。遗稿六卷由其学生郑廷桂保存。嘉庆十六年,浮梁知县刘丙聘郑当家庭教师,因见此稿,大加赞赏,便命郑整理续完。郑廷桂将老师的原稿六卷分门别类,编为八卷,又加前后两卷,于嘉庆二十年刻版付印。

《景德镇陶录》是中国陶瓷史重要著作之一。卷一为《图说》。卷二为《国朝御窑厂恭纪》、《镇器原起》。卷三为《陶务条目》。卷四为《陶务方略》。卷五为《景德镇历代窑考》。卷六为《镇仿古窑考》。卷七为《古窑考》、《各郡县窑考》、《外译窑考》。卷八、卷九为《陶说杂编》。卷十为《陶录余论》。书前有刘丙《序》,书后有郑廷桂《书后》。重刻本有王廷鉴《序》。

卷一分三部分:一为景德镇图,附说简述地理沿革;二为御窑厂图,附说简述地理、官署、陶务诸作位置;三为陶成图,系据唐英《陶冶图说》辑录而成。原图二十幅减为十四幅,文字说明也有所改动。十四幅图依次为:取土、练泥、镀匣、修模、洗料、做坯、印坯、旋坯、画坯、荡釉、满窑、开窑、彩器、烧炉。

卷二《国朝御窑厂恭纪》,载录了顺治十一年(1654)建立陶瓷厂的全部过程,对当时厂房的面积、构造、砖墙的厚度等均作了详细描述,并记录了瓷厂屡次奉御旨烧造的器皿,包括样式、形状、长短高度及件数等。同时还溯源记下了清前期景德镇御窑厂经营管理状况,附有厂给工食人役名额等。窑厂三百余名工匠中计工给食的仅二十八名，"其余工作头目雇倩，俱给工价"。说明匠籍制度已废除，雇工制已确立。在《镇器原起》一节内，简略介绍景德器、宋器、湘湖器、湖田器、洪器、永乐器、宣德器、成化器、正德器、嘉靖器、隆万器、欧器、广器、均器、碎器、紫金釉器、官古器、假官古器、上古器、中古器、釉古器、常古器、小古器、饭器、子法器、子梨器、脱胎器、填白器、洋器、东青器、霁红器、霁青器、龙泉器、白定器、汝器、官窑器、哥器等近四十种瓷器的命名、焙制由来等。

卷三介绍景德镇制瓷业的分工和专业化程度。镇内的窑有烧柴窑、烧槎窑、包青窑、大器窑、小器窑之分。自做坯自烧窑的称"烧囵窑户"，自不做坯专烧窑的称"烧窑户"，搭烧官瓷的称"搭坯窑户"。工种之分繁细复杂，有陶泥工、拉坯工、印坯工、旋坯工、画坯工、烧窑工、开窑工、乳料工、舂料工、画样工、配色工、填彩工等。专门制作某种瓷坯的生产者称"作"。在清初，景德镇中这种专业作已有十八个之多，它们是：官古器作、上古器作、中古器作、釉古器作、小古器作、常古器作、粗器作、冒器作、子法器作、脱胎器作、大琢器作、洋器作、雕镶作、定单器作、仿古作、填白器作、碎器作、紫金器作。除了窑户和坯作，清代瓷业中又有一种新的专业分工，称为"红店"。红店在烧好的白瓷器上绘彩烧炉，也称"炉户"。经营红店要有较强的工艺水平，故可产生一些专家，如青花家、淡描家、各彩家等。此外，为制瓷业服务的专业户也形成，如柴户、槎户、匣户、青料户、木匠户、铁匠户、修模户、旋刀户等。另对景德镇瓷的花式、颜色及与之配加的釉料、色料等也作了详细的述说。

卷四杂录有关景德镇瓷业的各种土风情由。其中有对土音俗字的辨别，因"操土音登写器物花式，字多俗省，其不见于字书"者俯拾皆是，如记录了镇上陶业者俗呼货料，"饭作反，撇作丿，同作冂，盎作才，壶作乎，圾作件之类"，业外人难得识别，"虽土著，犹参问乃得也"。此卷中还具体记录了有关制瓷的种种情形，如取原始坯料有优、劣质之分及其相应的地区、方位；水釉、滑石、检渣可制成不同质量的器皿；如何配颜料并使之有光彩、神韵的窍门；各类瓷窑烧熔的不同瓷器以及商摊贾户卖瓷所作的交易情况等等。其中有许多对制瓷的精到描写和议论，如讲到"瓷器固须精造，陶成则全赖火候，大都窑干坯干柴干则少坼裂色晦之患，土细料细工夫细刻尢麓糙滓斑之虞"。又谈到对大件瓷器的烧作："凡器之高大件最难烧造，如二尺四大盘、顶皮大碗、千圾五百圾大地瓶、五百圾大缸、三百圾花桶等器，口面既大，圾数又高，造时必倍其坯，式较劣，取优者送窑，经烧难保不有跻扁损挫之患。"道出了匠人们的不易和艰辛。此卷中另一个重要内容，则是经营管理的方法经验。例如，一些大的工场主设置坯房头管理雇工，他们的职责是："稽查口类出入雇人，其有众坯工多事，则令坯房头处平。有惰工坯作，亦惟彼是让。"制瓷业的工资制度也有特色，全镇都从农历三月起开工，给发市钱，四月给工钱，十月找满，年终再给少许奖金。画作工资制度略有不同,按端午、七月半、十月半及年终分给。景德镇瓷器业中的行会行帮在此卷中也有许多记载。牙行制度盛行,"商行买瓷,牙侩引之,议价批单。交易成,定期挑货,必有票计器数为凭"。瓷票上印有行号户号,货物有质量问题,可凭票调换。又有把庄一行,专管挑货发货。"凡诸路客至,必雇定把庄头,挑收窑户瓷器。发驳,则把庄头雇夫给力送下河。"类色一行,俗称"油灰行",专管拣选分等,"汇清同口,包纸装桶,茭草根凳,皆有定例"。

卷五历述从南朝陈后主至德元年(583)下诏令建此镇,以陶础作为进贡朝廷的器物开始,经营唐、宋、元、明至清的瓷窑沿革变迁史。尤其值得重视的是卷中对唐代陶窑的记载:"唐武德中,镇民陶玉者载瓷入关中,称为假玉器,且贡于朝,于是昌南镇瓷名天下。"说明景德镇瓷器的优质与渊源。又如记载宋时景德窑,元代枢府窑、湖田窑,明代洪窑、永窑、宣窑、成窑、正窑、嘉窑、隆万窑、壶公窑,清代康熙年臧窑、雍正年年窑、乾隆年唐窑等等,均将各种窑建成的年代、特色及变迁情况详明叙出。

卷六记载了各类仿古窑的情况,如定窑、汝窑、官窑、东窑、龙泉窑、均窑、碎器窑等为仿宋之瓷窑。"定窑"是仿宋代定州之窑,其特色为"土脉细腻,质薄,有光素、凸花、划花、印花、绣花诸种,多牡丹、萱草、飞凤花式。以白色而滋润为正,白骨而加以釉水有如泪痕者佳"。并且又有粉定、土定、紫定、黑定之别。又有以南渡为界的南定,此定瓷"北贵于南"。当时仿定器则"用青田石粉为骨,质粗理松,亦曰粉定。其紫定色紫,黑定色若漆,无足重也"。可见不但有对瓷器的介绍,同时还对各种器皿作了一定程度的甄别鉴定。

卷七记载中国自晋朝以来景德镇以外的各家名窑,另附各郡县窑考和外译窑考。外译窑包括高丽窑、大食窑、佛郎嵌窑、洋磁窑。

卷八、卷九辑录各家陶说。引用书多达三十余种,如《管子》、《江西大志》、《王泽洪记》、《沈怀清记》、《蒋祈陶略》、《明瓷合评》、《王宗沐陶书论》、《陶人心语》、《陶成纪事》等。所选内容包括镇陶旧事和陶事旧说两部分,为陶瓷史研究者提供了许多宝贵的资料。

卷十收录了有关陶瓷的一些文字考证、历史掌故及名人轶事。

《景德镇陶录》是记载中国封建社会后期陶瓷手工业发展状况的一部专志,详细介绍了明、清景德镇瓷业的产销情况。除了列举产品品种、生产技术,还涉及官、民窑的组织机构,生产管理方法及雇工地位、待遇等。它是研究中国封建社会晚期经济史不可多得的资料。

有关《景德镇陶录》的研究有傅振伦《〈景德镇陶录〉详注》,欧阳琛、周秋生、卢家明、左行培《景德镇陶录校注》等。

(施正康　曾　抗)

古泉汇考 翁树培

《古泉汇考》，八卷。翁树培著。生前只完成草稿，经刘喜海修订定稿。稿本在钱币学界传阅。1936年中国古泉学会成立后，在《古泉学》期刊上陆续发表了部分内容。后丁福保将全稿辑入《古钱大辞典》。对卷一古刀布和卷八厌胜品稍作了删节。1994年中华全国图书馆文献缩微复制中心将刘喜海原批校本影印出版。

翁树培（1765—1809），字宜泉。直隶大兴（今属北京）人。清乾隆五十一年（1786）举人。次年进士，选庶吉士。五十四年授翰林院检讨，充国史馆、会典馆纂修。嘉庆二年（1797）御试三等，补刑部主事。十四年升刑部郎中，总办秋审处行走。《大清畿辅先哲传》《国朝书画家笔录》等书有传。

翁树培是著名书法家、金石学家翁方纲次子，博雅好古，酷嗜金石，能世其家学。九岁起就开始集蓄古钱，数十年如一日，收藏为当时钱币学界之冠。他曾专力校勘古籍，深感历代钱谱著作多简略失据，遂苦心搜抉有关钱币文献，编撰《古泉汇考》，签改黏缀，不遗余力。直到去世时为止，此书尚是一种草稿形式，"厚几盈尺"，涂改竟至难以辨识。以后，钱币收藏家刘喜海觅得其稿，用三年时间进行了全面整理，终于在道光二十年（1840）以前修订完毕。

《古泉汇考》有说无图。《序》中分述了各卷的要义，较集中地阐述作者在钱币研究方面的主要思想和理论。

卷一，上古至商周。说先秦诸国币制不统一，钱币品类不同，"殊文异制，大小不等"。

卷二，秦汉附以魏吴。通过叙述汉代五铢钱流通数百年而不废的史实，联系到几种物价的变动，提出"当时钱之贵少"的看法。

卷三，晋隋。通过叙述钱币文字书法的演变发展，指出货币统一是历史发展的客观规律："夫天下制之变者，其后必归于一。三代列国，刀布纷然，至秦并天下而一之；新莽铸钱，种[类]不一，至光武中兴而一之；六朝泉币，指不胜屈矣，隋一统天下而一之，势使然也。简则日趋于烦，聚则必归于散，可胜叹哉！"

卷四，唐五代。指出钱文纪元对典章文献的简略，可以起弥补缺漏的作用。

卷五，北宋南宋附以伪齐。通过反复印证北宋钱币，提出考证钱币的方法是："辨之于其字，于其形，于其色，于其质，于其声，兼此五者而精审焉。"要求研究时做到"博观而约取"。

卷六，辽金至明。认为"明初钱制尚近古"，神宗以后"世风一变"；天启、崇祯以后，"钱品益繁，非治世所宜"。

卷七，外国附以不知年代品。指出外国钱币与中国钱币有三个差别："金玉铅锡，输石银叶，其质异也；方圆长短，双环半月，其形异也；人面梵书，其制异也。"

卷八，厌胜品。提出撒帐、吉语、厌胜三品名称虽然不同，但实质相近，"几无以辨"。

《古泉汇考》是一部比较系统的总结性的钱谱著作。全书以融汇前人的研究成果为主要内容，添入作者自己的经验而编成。它在钱币学上的主要贡献如下。

一、搜罗文献宏富，蔚为大观。全书旁征博引数量之多、范围之广为前所未见，几乎荟萃了嘉庆以前所有的各种钱币文献资料，从而填补了在钱币文献研究上的不少空白点。倪模评价道："此书汇考古泉源流沿革，以及历代著述、收藏诸家，凡见于载籍者，一篇一句，罔不详究异同，诚足为考古泉之总汇。"(《古今钱略·历代谱录》)

二、保存《永乐大典》有关货币内容的珍贵史料。翁树培久官京师，每入直即在宫中请观《永乐大典》，终日手抄有关货币史料，辑成《永乐大典抄本》。他将这些内容分散于《古泉汇考》各钱项下，使《永乐大典》在将近散佚的今天，其中的货币史料仍能完整地存世。

三、提倡从考证钱币实物取得直接的可靠依据。翁树培是第一个致力于钱币版别考证的人，对钱币的大小厚薄，文字的一点一画，无不析及毫厘，研究精邃。他在重视实物的同时，又广泛地钻研文献资料，鉴识渊博，所以考疑征信多有独到之见，取得显著成就。这种实事求是的研究方法比凭空臆想、盲目摹仿抄袭显然要进步得多，深得后世钱币界的推崇。

《古泉汇考》的主要缺陷：一是研究方法不全面，过分强调鉴别钱币文字、大小、锈色、铸材、声音的作用，忽视了钱币的重量。实际上，钱币的轻重是最能敏感地反映历代财政经济状况的重要资料之一，但翁树培却很少注意。二是可读性差，全书绝大部分篇幅系钱币版别的著录，大量罗列引文，不免繁复。作者按语也多在字、形、色、质、声五个方面下工夫，读之枯燥无味。

《古泉汇考》是清代最重要的一部钱谱著作，被尊为"近代谱家第一该博之书"，"稀世名稿"，与刘喜海《古泉苑》、李佐贤《古泉汇》并称三大"钱学巨制"。它把钱币学研究推进到一个新的水平，对钱币学的继续深入发展影响很大，因而翁树培享有"泉学泰斗"之誉。

有关《古泉汇考》的研究主要有鲍康《翁氏〈古泉汇考〉书后》、彭信威《中国货币史》的有关章节等。

（潘连贵）

陶庐杂录 法式善

《陶庐杂录》，六卷。法式善著。清嘉庆二十二年(1817)由陈预初刻于济南。1959年中华书局据陈本断句后出版，1983年改正了初版的一些明显错误后重印。编入上海古籍出版社版《续修四库全书》。

法式善(1753—1813)，字开文、梧门，号时帆，别号诗龛。蒙古乌尔济氏，隶内务府正黄旗。原名运昌，因与"关帝"字音相近，清高宗为其改名"法式善"(满语"奋勉"之意)。乾隆四十五年(1780)进士。官至侍讲学士，仕途不利，告病归。他是著名的诗人、藏书家和史学家，曾多次奉命参与《全唐文》等大型图书的编纂工作。著作还有《清秘述闻》、《槐厅载笔》、《存素堂集》等。《清史稿》、《清史列传》、《国朝耆献类徵》等书有传。

《陶庐杂录》是一部综合性的笔记，其内容"上自内府图书，下至草茅编辑，罔不详其卷帙，考厥由来。其中如历代户口之盛衰，赋税之多寡，职官之沿袭，兵制之废兴，一切水利农桑，盐茶钞币，治河开垦，弭盗救荒，与夫谠论名言，零缣佚事，参稽胪列，语焉能详"(陈预《序》)。具体说来，本书主要包含两类内容：一是明清两代的图书目录资料和学术源流；二是历朝的典章制度，尤其注意关于经济问题的记述。

本书有关经济的内容主要有以下几方面。

一、清朝的一些经济统计数字。卷一记述顺治元年(1644)、二年的行盐数、征课银数和铸钱数，八年、九年、十七年的旧铸钱数和发钞数；康熙元年(1662)、雍正元年(1723)的人丁、土地数，征银、米豆麦、草、茶数，行盐数，征课银数和铸钱数；康熙年间至乾隆三十九年的户部银库每年积存银数。

二、纸币和纸币思想。卷二摘录宋、金、元、明有关纸币的史料，引用书除《食货志》外，还有《楮币谱》、《揽辔录》、《草木子》、《春明梦余录》、《道园学古录》、《稗史类编》等。有些史料穿插在一起，进行比较，可供货币史研究的参考。卷五引明人李豫亨《推篷寤语》中关于纸币的议论三则。议论肯定宋代纸币政策的成功以反衬明代纸币政策的失败。如说:"今散在民间,一色惟楮,而不见现钱,又不可以纳官税,民间岂肯行用? 楮币不行,朝廷坐失百万之利矣。善理国者,宜亟图之。"议论中提出了行铜钞的主张,并说:"诚能行用百万,则朝廷增钱百万,行用千万,则朝廷增钱千万。不必征敛民间,而坐收千万缗之利,下省民力,上纡国计,舍是而别无策矣。"

三、西北水利议。明人徐贞明主张兴修西北水利,作《潞水客谈》以述其详,为时论所赞许。后受荐领垦田使,着手实施其方案,事初兴即为浮议所阻。卷五采择赵一清、李富孙、贺详、许承宣的有关议论,对徐贞明提出该主张的来龙去脉、实施经过及兴西北水利的利益缕述甚详,可与《明史·徐贞明传》相互参证。

四、人口思想。乾隆年间人口快速增长,高宗已感到人口增长的压力。乾隆五十八年专为此发上谕,其中说:"天下户口之数,视昔多至十余倍。以一人耕种而供十数人之食,盖藏已不能如前充裕。且民户既日益繁多,则庐舍所占田土不啻倍蓰。生之者寡,食之者众,于闾阎生计诚有关系。……朕甚忧之。"卷一钞录上谕全文,记载了这一重要人口思想资料。

五、崇奢和保富思想。卷五引《推篷寤语》的文字,还有关于崇奢和保富等议论。认为:"富商大贾,豪家巨室,自侈其宫室车马饮食衣服之奉,正使以力食人者得以分其利,得以均其不平,孟子所谓通功易事是也。"按这一崇奢议论原出于明人陆楫,为李豫亨所转录。又关于保富,《推篷寤语》说:"富民国之元气,为人上者当时时培养。如公家有大征发大差遣,亦有所赖;大兵燹大饥荒,亦有所藉。不然,富民尽亡,奸顽独存,亦何利之有焉?"后来魏源在《默觚·治篇十四》发挥富人崇奢和保富的思想,不是直接受到《推篷寤语》的影响,就是通过《陶庐杂录》接受了这样的观点。

六、生财裕饷论。卷五摘录清人靳辅《生财裕饷第一疏》,认为直隶十四省之地,如按方三千里计算,以什一之制科之,应有粮二千四百三十万石,银八千七百四十八万两,不及每年国家支出的一半。而实际收入不及上述数额的一半,则因为有三大弊:"一曰水利不修也,二曰赋轻而民惰也,三曰生者寡而食者众也。"

七、荒政论。卷六抄录清人惠士奇的《论荒政》。认为荒政有四弊:劝分,抑价,遏籴,行粥。"富民,贫之母也,疾其母而不能活其子,亦何利之有焉。"这是荒政之弊一。抑价使米商不至,米价更贵。"桀黠之徒必有挟持宪令起而强籴者。奸宄亦将啸聚,饥民乘时攘夺,则盗贼四出而莫可御。"这是荒政之弊二。菽粟"流则通,遏则壅"。"况一郡之储有限,而天下之积无穷。不能通无穷之积,而徒遏有限之储,其罄也可立而待。"这是荒政之弊三。胥吏施粥舞弊,"名为活人,其实杀之"。施粥不能周遍,"活者二三,而死者十七八"。施粥集数千人于市,会发生疠疫和奸偷。"惟闾里长厚者,可施之一乡,而非有司之所宜行也。"这是荒政之弊四。惠士奇提出"劝分不若开渠,抑价不若通商,遏籴不若广籴,行粥不若厘户(分别户等)",并对这四种荒政作了说明。

八、其他。卷五还有明人霍韬、陆深议盐法,王鏊《震泽长语》关于正统(1436—1449)以前的财政收支情况等。卷六有《文献通考》、《通志》摘录,《焦氏笔乘》论屯田、营田,王心敬论区田法,陆世仪论代田法,王心敬饷兵兼用麦米说,徐乾学治河说等。

从以上可以看出,《陶庐杂录》所记经济内容范围广泛,有的可补史书之缺,有的则能起索引的作用。

有关《陶庐杂录》的研究著作主要有谢国桢《明清笔记谈丛》有关部分等。

(叶世昌　吴申元)

庚辰杂著 包世臣

《庚辰杂著》，五篇。包世臣著。成于清嘉庆二十五年（1820）。《庚辰杂著》三、四、五篇先选入《中衢一勺》，初刻于道光五年（1825）。二十四年将旧刻《中衢一勺》和《艺舟双楫》扩充篇幅，同《管情三义》、《齐民四术》合编为《安吴四种》，用聚珍版印行。《齐民四术》卷二收有《庚辰杂著二》，卷四上收有《庚辰杂著一》，故五篇都在《安吴四种》中。此版《安吴四种》错字较多，咸丰元年（1851）订正后重新刊刻。三年又毁于兵燹，至同治十一年（1872）包世臣之子包诚等找到原书再次刊行。以后的翻刻本都以此本为祖本。

作者生平事迹见"齐民四术"条。

包世臣的经济论著主要集中在《中衢一勺》和《齐民四术》的前三卷（《安吴四种》卷二五至卷二七）。《庚辰杂著》只占其经济论著的极小部分，但内容重要，是反映包世臣经济思想的代表作。各篇的要点如下。

《庚辰杂著一》讨论义利问题。包世臣认为不讲义的根源在于无耻："人而无耻，惟利而趋，无所不至。是故吏无耻则营私而不能奉令，士无耻则苟且不能辱身，民无耻则游惰而敢于犯法。"吏、士、民中，吏又是关键："民化于士，士化于吏，吏治污则士习坏，士习坏则民俗漓。"吏无耻的表现有三：（一）浮收钱漕，任意亏空，杂项钱粮征而不解，习以为常，不以为怪，人不以为非。（二）市狱（办案受贿）不以为怪，人不以为非。（三）不明吏事，旷其职守，不以为怪，人不以为非。士无耻的表现有一：记诵摹拟，科场舞弊，怀挟冒籍，倩枪手，打关节，不以为怪，人不以为非。这四种表现"皆为争利"，"是故利者义之反，而耻者义之源"。包世臣提出用赏罚的办法来提倡仁义，指出："善为国者，使人之趋义者既有令名，而又得行义之利；骛利者其名既不义，而复得不利之实。"这样经过几年，养成贵德风俗，"官吏士民共以孳孳求利为耻"，民戒游惰，士励名节，吏究利弊，利无不兴，害无不除，可以复见唐虞之世。吏以亏空为耻，民以抗欠为耻，每年财政收入当可增银二百万两以上。

《庚辰杂著二》讨论本富、末富及白银外流等问题。包世臣首先肯定"圣王治天下,至纤至悉,莫不出于以民食为本",但又强调了货币问题的重要。银、钱为币,"小民计工受值皆以钱,而商贾转输百货则以银",银价上涨使"小民重困"。因此他提出:"银币虽末富,而其权乃与五谷相轻重。本末皆富,则家给人足,猝遇水旱,不能为灾,此千古治法之宗,而子孙万世之计也。"这是对传统经济思想的重要发展。他反对把民穷的原因归之于"生齿日繁",认为"夫天下之土,养天下之人,至给也。人多则生者愈众,庶为富基,岂有反以致贫者哉?"主要从人是生产者立论。在指出一些不利于农业生产的情况后,包世臣着重分析了导致民穷的三个原因:烟(烟叶)耗谷于暗,酒耗谷于明,鸦片耗银于外夷。关于鸦片耗银于外夷,他指出:苏州一城吃鸦片的人有几万,每人每日至少需银一钱,则全城每日费银万余两,一年费银三四百万两。推至各省名城大镇,每年所费不下万万。他是第一个认识到白银外流是由于鸦片输入的人。为了禁鸦片,他提出了"绝夷舶"的主张,认为:"一切洋货皆非内地所必须,不过裁撤各海关,少收税银二百余万两而已。"这是一种矫枉过正之论。

《庚辰杂著三》讨论漕运陋规问题。包世臣指出州县以用度不足为理由浮收折勒,或以避免误运而容许帮丁需索兑费,都是贪黩州县愚弄上司的谎言或上司"利其贿而为之饰词"。办漕本不会赔累,但十羊九牧,重复设官。"各上司明知此等差委无济公事,然不得不借帮丁之脂膏,以酬属员之奔竞,且为保举私人之地。"他主张革除各种非办漕所需的官杂人员,认为这样就能使"帮丁之办公从容,无须州县津贴,而州县无所藉口以诛求于小民,奸民不能激众以陵辱其长吏"。并警告说:"否则,浮收勒折,日增一日,竭民力以积众怒,东南大患终必在此矣。"

《庚辰杂著四》讨论兴修直隶(今河北)水利问题。包世臣指出从宋何承矩以来,主张兴北方水利的人很多,"然皆未能上筹国计之盈绌,下察民情之疾苦"。兴直隶水利,如"尽用官力,则势有不能,劝用民力,则小民安于故习,未见其利而兴作烦苦,胥吏因缘为奸,必且惊扰闾阎,物议沸腾"。漕粮每年三四百万石,"每漕一石抵都,常二三倍于东南之市价"。他主张在畿辅西面置屯田,召东南无田的农民"厚资之,使开沟渠、治畔岸",先耕十方里土地,十年扩充至方百里为止。方百里中,除官署、仓廒、居室、场圃等用地外,可以有耕地五百万亩,收成官佃各半,岁入米五百万石。置屯费用不过是一年的转漕费用。认为采取这一办法,"则举事而不惊众,益上而不剥下,百世之勋可集,而东南之困可苏也"。

《庚辰杂著五》讨论两淮盐法。包世臣认为缉私枭是治盐的下策。因为私盐有十一种,枭私只是其中的一二。枭私各有组织,有武器,若对他们认真巡缉,他们就会"解释仇怨,并力以争一旦之命",其为害甚大。此外还有船私、商私等。"病势相因,莫洞其源,而皆曰缉私,甚者则酿巨案,否亦徒增官费而无成效,故曰下策。"他提出了治盐的中策和上策。中策有二:稽查火伏,烙验官船。火伏是每一盐灶一日夜的煎盐数。查清火伏，令场商尽数收买，"枭徒无所得盐，而私之源清矣"。将运盐官船编号，在船上烙明运盐数并登记在册，"载不及九分则不准开行，而私之委清矣"。这样可以解决商私和船私，"枭徒无从得盐，则众自解散"。上策是裁撤大小管盐官役，只留运司和场大使，盐商不分地区，任其领本地州县印照赴场官挂号，缴课买盐。这样，民间盐价必十减五六，十一种私盐都缴纳官课，课入可增加数倍。枭徒化为小贩，不至失业为盗贼。还可酌提课额盈余，增加翰詹科道部院司员等京官的养廉，使他们不为债务所累。"是一举而公私皆得，众美毕具。"上策实际上就是将纲盐制度改变为票盐制度。道光十年他协助两江总督陶澍筹划两淮盐政改革，于次年实行了票盐制度。

（叶世昌）

农宗 龚自珍

《农宗》,一篇,另有《答问》五则。龚自珍著。成于清道光三年(1823)。同年刻于自编的《定盦文集》中。又见《龚自珍全集》等书。

作者生平事迹见"龚自珍全集"条。

龚自珍于嘉庆十八年(1813)开始写政论,对清王朝的腐朽统治进行了辛辣的揭露和批判,并积极主张变法。他在嘉庆二十一年作《平均篇》,指出贫富差别悬殊是社会动乱的根本原因。七年后又作《农宗》,观点有了改变,主张从调整土地关系上解决社会矛盾。

《农宗》的主要观点有三个方面。

第一,先有农业生产,而后有政治等级和礼乐刑法。龚自珍认为人类本来没有统治者,自从"天谷没,地谷茁",即人们已经不能靠野生的食物过活,而要靠劳动生产粮食时,"始贵智贵力"。谁有能力使多少土地生长粮食,谁就是多少土地的主人。各级统治者最初都产生于农业,而且是"先有下,而渐有上",而不是儒者所说的"天下之大分,自上而下"。然后统治者制订礼、乐、刑法,最后才"神其说于天"。这一见解反映了龚自珍对经济基础决定上层建筑的朴素认识。

第二,按封建宗法关系划分等级和按等级占有土地。龚自珍主张在全国农村建立一种血缘关系组成的经济结构,即按宗法关系来占有土地和组织农业生产,并称之为"农宗"。他认为古代的宗法制度是从农业中开始的,因为土地所有权的继承需要有宗法制度作保证。一个百亩土地的所有者将土地传给自己的儿子时,如果长子和余子不加区别,土地所有权就会分散,所以必须区别对待。他将农宗中的全体社会成员分成大宗、小宗、群宗和闲民四个等级。其中小宗、群宗又称余夫。一家在开始立宗时,长子为大宗,次子为小宗,第三、四子为群宗,第五子以下为闲民。大宗的儿子也这样划分。小宗的长子为小宗,次子为群宗,三子以下为闲民。群宗的长子为群宗,其余儿子为闲民。闲民之子世代为闲民。大宗有田一百亩,由大宗世袭。另立的小宗请田二十五亩,由小宗世袭。另立的群宗亦请田二十五亩,由群宗世袭。闲民无田,为大宗或余夫的佃农。闲民先佃种本族的土地,本族土地不足,才佃种外族的土地。

第三,设计土地的耕种及产品的分配方案。大宗以十分之一土地建造住宅,以十分之一土地的产品缴纳租税,十分之一土地的产品供佃农之食;种粮食三十亩自给,种桑苎、木棉、竹漆、瓜果等十亩供自身消费,余三十亩种粮食出粜,用来交换家庭用具。余夫建房用地五亩,种粮十亩,纳税二亩半,供养佃农二亩半,种经济作物二亩半,余二亩半产品出粜。大宗雇佣五个佃农,余夫雇佣一个佃农,这样,一户大宗和四户余夫有田二百亩,可养九个闲民。"大县田四十万,则农为天子养民万八千人。"

此外,龚自珍还提出一至五品官可授予禄田,不另给俸。禄田免税,并可按官品大小世袭一代至四代。同时对世袭予以严格规定:对婢妾赡养不周全的,不准世袭;祭祀不符合仪式的,不准世袭;五谷不分的,不准世袭;吸食鸦片、穿着奇异服装的,不准世袭;同姓闹纠纷打官司的,也不准世袭。不管做官至何等显贵的地位,不准改变原来的宗法关系,"不以朝政乱田政"。

龚自珍想通过农宗来解决土地兼并问题和流民问题,使百姓"言必称祖宗,学必世谱牒",保持牢固的宗族关系,从而达到百姓安居乐业、社会秩序稳定的局面。但企图用宗法关系来缓和阶级矛盾,巩固封建统治,是违反历史潮流的。在他设计的分配方案中,地主大宗、余夫对农民(闲民)的剥削很重,而他自己并未意识到这一点。

(马惠熊)

浮邱子 汤 鹏

《浮邱子》,十二卷。汤鹏著。成于清道光六年(1826)前后。同治四年(1865)湘阴李氆堂为之刊行。1987年岳麓书社出版王子羲等的标点本。编入上海古籍出版社版《续修四库全书》。

汤鹏(1801—1844),字海秋,号浮邱子。湖南益阳人。道光三年进士。历官礼部主事、军机章京、户部郎中、御史等。勇于言事,因劾工部尚书宗室载铨,罢为户部员外郎,迁郎中。一日有疾,饮大黄暴卒。著作还有《海秋诗文集》等。《清史稿》、《清史列传》、《续碑传集》等书有传。

《浮邱子》"大抵言军国利病,吏治要最,人事情伪,开张形势,寻蹑要眇"(梅曾亮《户部郎中汤君墓志铭》)。共九十一篇,有些篇同题而分上、中、下或上、下。本书涉及经济的有《释均下》、《尚变》、《医贫》、《刺奢》、《辨荒》等篇,其中反映汤鹏经济思想最集中的是《医贫》。其主要经济观点如下。

一、重本而不抑末。汤鹏认为要想国富民裕,惟有做到"生之者众,食之者寡",而当时的社会现实恰好相反:食之者众,生之者寡。他指出:"古者多常民,而农居其十之八九;今者多浮民,而农不过十之三四。"(《医贫》)浮民的大量存在,导致国弱民贫。在汤鹏看来,出现大量浮民的原因主要是土地兼并。因此,他提出了"制民产莫如均"(《释均下》),"申名田之限,以黜兼并"(《尚变》)的主张,强调要减少浮民,使社会上绝大多数人能从事农业生产。他认为:"井田不可骤复也,盍限民田乎?……限民田则均贫富,均贫富则抑兼并,抑兼并则鲜流亡。如是者国无贫。"(《医贫》)

在农本思想的指导下,汤鹏认为生产主要就是封建自然经济下的男耕女织式的生产。所谓"生之者众",就是要使从事男耕女织的人尽量多,因此主张浮民尽量归农。他还曾提出兵屯、民垦的建议,说:"凡兵久驻而匮于饷,莫如屯田。民太繁而啬于养,莫如垦田。"(同上)他猛烈抨击当时旗民不事生产,坐享国家供养的畸形政策,要求让旗民参加农业生产。还主张"教纺绩毋以族","富贵之妇"也应同"贫贱之妇"一样,从事纺织劳动,"不劳而衣文绣者有惩"(同上)。

汤鹏对一般工商业采取支持的态度。他反对封建官府与大商人勾结垄断商业,强调"货出于市,毋出于官"(同上)。他主张废除纲盐制度,淘汰盐吏十之八九,商人买盐后可以在任何地区销售。他提出"税宜减而宜薄",列举不应征税的项目有算商车、算缗钱、入市税、间架税、农具税、青苗税、谷税、酒税、曲税、醋税、书籍纸扎税、蔬果税、竹木税、柴薪税、金银税、珠玉税、铜铁税、沙矾税等。这些主张有利于工商业的发展。

二、去奢崇俭。汤鹏在《刺奢》篇中提出:"今欲去奢,则必破其十美,发其九召,谨其七拟,秩其五导,教其四本,挈其一要。""十美"即服美、食美、室美、器美、男美、女美、爵美、禄美、交美、族美。他要求"十美毋萌,镇以俭也"。"九召"即贪天以饱其欲,非时以伐其性,席威以抗其势,柔心以溺其情,昧己以封其私,即事以倍其偿,朘民以竭其膏,露财以启其争,盈福以肥其奉。他认为犯这九条,都会招来祸害,所以主张"九召毋贼,塞以俭也"。"七拟"即臣子之养拟朝廷,士族之养拟卿相,商贾之养拟官府,畎亩之养拟市井,妇寺之养拟丈夫,俳倡之养拟善良,贫窭之养拟富室。七拟都是较低等级在消费方面不守本分的行为,危害很大,因而主张"七拟毋傲,裁以俭也"。"五导"即祖宗不唱奢,君王不唱奢,公辅不唱奢,官吏不唱奢,士族不唱奢,以倡导一种俭朴的社会风气。他要求"五导毋怍(愧),风以俭也"。"四本"即本之忠信故知诚,本之廉耻故知简,本之敬戒故知忧,本之宁谧故知静。他认为坚持四本可以去奢,所以要求"四本毋匮,成以俭也"。"一要"就是要崇俭。

三、荒政观点。汤鹏在《辨荒》篇中指出造成灾荒的"十二荒原"是陋、傲、躁、诈、碎、苛、壅、比、欺、惰、杂、贪。这十二字泛指各种不良的社会风气。他认为靠统治者的德政就能解决灾荒问题。他说:"丰于德者丰于财,荒于德者荒于谷。我观夏、商而得其故矣:禹固邦本而天下富,桀好戏剧而天下枯;汤修人纪而天下富,纣求足欲而天下枯。我观汉、唐而又得其故矣:文帝宽仁而天下富,武帝骄纵而天下枯;太宗勤俭而天下富,元(玄)宗侈淫而天下枯。"对于具体的救荒措施,则认为《周礼》中的"以荒政十有二聚万民"是最好的,以后的移民、移粟之策,平籴之策,设糜粥之策,兴工作以聚失业之策都是末策。

四、轻徭薄赋和赋税征实。在赋税劳役的征调上,汤鹏主张"薄"与"减",而反对"厚"与"繁";主张"常则毋违民时,荒则毋索民租"(《医贫》)。他发挥《大学》中"财聚则民散,财散则民聚"的观点,指出:"民聚,则天下之财皆其财;民散,则天下之财非其财。"(同上)为了实现财散民聚,统治者要毋私府库之藏,毋伐山海之利。

汤鹏认为赋税征银造成了银贵粟轻,导致人民的贫困、怨恨和犯法。因而提出"君子毋弃民所有,毋苛民所无,毋所获非所输,所需非所出"(同上)的原则,认为这样则粟不贱,银不贵,民不穷而赋不诎。用银致贫的观点由来已久,汤鹏主张田赋应征农民的生产品,比田赋征钱的主张还退了一步,回到了唐人的观点。

五、严中外之防。汤鹏赞成实行闭关锁国的政策,提出:"中外之防,不可以毋严也;取与之节,不可以毋介也。是故君子毋贪荒服之利而苟取之,毋损中华之利而苟与之。"(《医贫》)这种主张表明了他对西方的先进技术采取拒绝、排斥的态度,认为这样就能抵制外国的侵略,保持国家的稳定和经济的发展。

从以上可以看出,《浮邱子》中所反映的汤鹏的经济思想仍属于中国传统的经济思想。他要求实行有利于发展农工商业和减轻人民赋税负担的政策。但他的主张缺乏时代感,表明他对当时中国面临的新的国际形势还缺乏应有的认识。

关于《浮邱子》经济思想的研究主要有赵靖、易梦虹主编《中国近代经济思想史》上册的有关章节等。

（傅学良）

粤海关志 梁廷枏等

《粤海关志》,三十卷。梁廷枏等著。成于清道光十八年(1838)。有道光刊本。编入上海古籍出版社版《续修四库全书》。

梁廷枏生平事迹见"藤花亭曲话"条。

梁氏早年即饱览群书,作文有奇气。在广东海防书局纂修《海防汇览》期间,又对外国史地研究发生兴趣,广泛收集海外旧闻,写成《粤道贡国说》、《耶稣教难入中国说》、《兰仑偶说》、《合众国说》等文。后应聘总纂《粤海关志》。

《粤海关志》是一部记述鸦片战争前广东海关沿革、建置和制度的专门志书,分编十四门。卷一为《皇朝训典》。卷二至卷四为《前代事实》。卷五至卷六为《口岸》。卷七为《设官》。卷八至卷十三为《税则》。卷十四、卷十五为《奏课》。卷十六为《经费》。卷十七至卷十九为《禁令》。卷二十为《兵卫》。卷二十一至卷二十三为《贡舶》。卷二十四为《市舶》。卷二十五为《行商》。卷二十六至卷二十九为《夷商》。卷三十为《杂识》。书前有《凡例》。每门起首各有序文,说明缘起,基本模仿马端临《文献通考》的体例。

《皇朝训典》载录顺治元年(1644)至道光三年清王朝有关厘革明末苛税,禁势官土豪牙店擅科私税,整饬关务,减征关税及通商惠民等一系列上谕。对了解清代关税、商业政策及其指导思想较有参考价值。

《前代事实》叙述自西汉与南越关市,经东汉、六朝,至唐置市舶使,宋元明设市舶司的沿革盛衰。引用大量正史志传、会要、实录、会典,及《续文献通考》、《天下郡国利病书》、《香山县志》等有关史料,是研究中西海上交通史较为系统的资料汇编。

《口岸》记述粤海关所属各大小口岸的分布和方位。作者指出讲关权口岸和论海防不同,"海防重其险而难犯,口岸则取其通而易行"。粤海关所设口岸可分为三类:(一)正税之口,有三十一处;(二)稽查之口,有二十二处;(三)挂号之口,有二十二处。为了便于说明,附有各口岸图,并在图后加按语说明。

《设官》简述自唐至明的设官制度,而详述清代粤海关职官制度。粤海关监督最初设于康熙二十四年(1685)。书中详述监督职责、制度、属员设置、吏役配备。其后附职官表,载自康熙二十四年至道光十八年粤海关主要职官的姓名和在任年月。

《税则》包括事例(制度规则的沿革、法令等)、正税、估值、各口税货、历年征数、耗折、征存拨解、归公例等项内容。其中所记各种货物的税率、历年征税数额都较详备,是研究清代对外贸易的宝贵资料。

《奏课》记述粤海关内部管理制度,分考核和报解。其宗旨在于加强责任,严出纳,重考核,察盈余,催报解,稽迟缓。反映出清代海关财务管理已达到一定水平。

《经费》记载清代粤海关经费来源及数额。分为五类:(一)养廉;(二)火足;(三)工食;(四)杂支;(五)筹拨,附捐助考核。

《禁令》载录清王朝对海外贸易的各种禁令。包括清初海禁令和以后的弛禁令,对官吏的禁令,对商贩的禁令等。对官吏的禁令是要防止他们玩忽职守和苛征勒索。商贩禁令的涉及面很广,不但适用于本国商人,也适用于蕃舶商。有漏匿之禁,逗留之禁,人口船料之禁(不准蕃舶搭带内地人口及潜运造船材料),军器火药之禁,金银制钱之禁,铜铁白铅之禁(以上均不准出口),棉花之禁,书史之禁(以上均不准进口),米茶大黄之禁,丝斤绸缎之禁(以上均限额出口)。此外,还有一项最大的禁令,即鸦片之禁。卷十八的部分和卷十九的全部内容都记载了清政府的鸦片之禁。从嘉庆年间开始,输入中国的鸦片日渐增多,危害日益加深,清政府便多次发布禁止输入鸦片的禁令。到道光年间,鸦片不仅禁而不绝,而且越禁越多。书中详载道光十八年黄爵滋要求严禁鸦片的奏折和道光十九年林则徐禁烟奏折,反映了作者坚决支持禁烟的立场。这一门所述的内容对研究鸦片战争前中外贸易和鸦片战争的起因都很有价值。

《兵卫》记载从内洋至黄埔航道必经之处的守备状况,并有营址、营员、所城、炮台、兵额、战巡各船及各营季报等各项内容。

《贡舶》和《市舶》对来华进行贸易的二十多个国家的历史地理作了简单的考察。归入贡舶的有暹罗、荷兰、意大利、英吉利、琉球等国;归入市舶的有美利坚、日本、俄罗斯、越南、吕宋及其他东南亚和欧洲的一些中小国家。限于当时对世界的认识水平,书中这部分内容错误较多,但却足以反映作者要了解世界的强烈愿望。

《行商》是该志中较重要的内容,记叙了鸦片战争前广州对外贸易中实行的行商制度,及清政府的对外政策和措施。所谓"行商",即洋行商人。洋行是清政府特许的垄断对外贸易的中国商业机构,又称"十三行"。卷二五载:"国朝设关之初,番舶入市者仅二十余舵。至则劳以牛酒,令牙行主之,沿明之习,命曰'十三行'。"到乾隆初,洋行已发展到二十家。"二十五年,洋商立公行,专办夷船货税,谓之'外洋行'。别设本港行,专管暹罗贡使及贸易纳饷之事。又改海南行为福潮行,输报本省潮州及福建人诸货税。"作者认为这是一个很重要的变化,是"外洋行与本港福潮分办之始"。从此,行商成为特殊的商人群体,其制度也逐渐完善。行商的主要职能,一是包销外商来货,代购外商所需的货物;二是承保外商应纳的进出口船货税饷。此外还负责约束外商遵守清朝法令,并为政府向外商购买贡品物件。行商代政府经营外贸,还引出一个使政府大伤脑筋的"夷欠"问题。书中对此问题叙载颇详。早在乾隆二十四年(1759),政府已明令不准内地行商向外夷违禁借贷,犯者受罚,所借之银查追入官。四十二年,行商倪宏文欠英商一万一千余两银,事发后被充军伊犁。四十五年,颜时瑛、张天球等欠英商三百八十余万元。政府重申禁令,除没收贷银外,还要将犯禁外商驱逐回国。然而,夷欠问题屡禁不绝,许多行商因之破产。到道光九年,广州行商止存怡和等七行,影响了正常的中外贸易,清政府不得不变通招募新商章程,放宽对承充行商的限制。

和行商相对的是夷商。《夷商》较详细地记录了鸦片战争前清政府对来广州贸易的外国商人的管理。包括对外国商人的严厉约束和防范,各种禁令的颁布和实施情况,以及外国商人尤其是英国商人不服管束,屡屡违反禁令而引起冲突和外交交涉的经过。此外,又记叙了清政府对澳门的管制。一些奏折揭露了外商利用澳门作基地诱骗华工、贩卖人口的罪行。最后,全文载录了清政府防范外国商人的一系列章程。它们是:乾隆二十四年两广总督李侍尧议的防夷五事;嘉庆十四年(1809)两广总督百龄、监督常显议夷商交易六事;道光十一年两广总督李鸿宾议的章程八条;道光十五年两广总督卢坤、监督中祥议的章程八条。

《杂识》搜录了有关海外贸易的一些旧闻和异事。包括海中杂占、广州潮、琼州潮、崖州潮、海中澳港、东洋记、东南洋记、南洋记、小西洋记和大西洋记等内容,分别摘引自《广舆图》、《东西洋考》、《海国闻见录》等国内图书。

《粤海关志》不仅是一部内容翔实、资料丰富的专志,而且还表达了编纂者们面对日趋严重的外患产生的忧虑和深思。他们在书中主张健全海关制度,发展中外贸易,加强海防,禁止鸦片进口,严防外敌入侵。这些思想既重国家主权又要求进步,在当时是很可贵的。

(施正康)

宋会要辑稿·食货 徐 松

《宋会要辑稿·食货》，七十卷。徐松辑。约成于清嘉庆（1796—1820）末年。1936年北平图书馆影印出版了被认为是最好的版本。1957年中华书局据以重印。编入上海古籍出版社版《续修四库全书》，名《宋会要》。全书校点本将由上海古籍出版社出版。

作者生平事迹见"宋会要辑稿"条。

宋修会要十一次（一说十次），成书三千余卷。政府于秘书省设立会要所专司其事。所取材料有实录、日历、诏令及其他官档，网罗搜集于国史实录院、六部所属和各路监司。此等重视程度与规模，开会要体史书未有之记录，亦元、明、清所未及。但《宋会要》中，除李心传继张从祖之后续修的《十三朝会要》曾刊版于蜀中外（一说刊其节本），余皆未刊行。惟允许臣民自由传抄。宋亡后，官府正本为元兵所获，成元修《宋史》之依据。明修《永乐大典》时，《宋会要》十亡其三，所存部分被分韵采入。宣德年间，文渊阁失火，《宋会要》残本二百零三册尽毁。

嘉庆十四年，徐松任全唐文馆提调兼总纂官，负责从《永乐大典》中辑出唐文。他每遇《宋会要》，即另纸标以"唐文"，让写官为之抄录。当时《大典》已佚去近二千册，十之八九尚存。辑出的《宋会要》约五百余卷。

徐松未及整理而卒。书稿流入北京琉璃厂书铺。先由缪荃孙购得，后归张之洞的广雅书局。张请屠寄校勘，未克其事。书稿为王秉恩隐匿，复由嘉业堂主刘承幹购走。刘氏请刘富曾、费有容对原稿大加删节，成初编三百六十六卷。又据《宋志》等书，增加资料，修成清本四百六十卷。这一清本多误。1931年，北平图书馆购得徐氏原稿，并借得清本，由叶渭清等重加厘订。1933年，北图组成以陈垣为首的编印委员会，筹资委托上海大东书局印刷所影印。1936年正式发行。全书共三百六十六卷，分装二百册，名为《宋会要辑稿》。

《宋会要辑稿》分帝系、后妃、乐、礼、舆服、仪制、瑞异、运历、崇儒、职官、选举、食货、刑法、兵、方域、蕃夷、道释等十七类。各类篇幅大小不一，食货属于大类。

《食货》类各卷标目如下(有括号者为王云海《宋会要辑稿考校》所加):(一) 检田杂录,农田杂录;(二) 营田杂录;(三) 营田(杂录);(四) 屯田杂录,方田,青苗;(五) 青苗,官田杂录;(六) 限田杂录,垦田杂录,经界;(七) 水利;(八) (水利),(湖田、围田、陂塘、河港、总水利),造水硙,(修置堰、闸、渠、斗门、堤岸等);(九) (受纳),赋税杂录;(十) 赋税杂录;(十一) 钱法,铸钱监,钱法(杂录),(钱文),铸钱监,版籍,户口(总数);(十二) 户口杂录,身丁,(参役钱),(辞役钱),醋息(钱);(十三) 免役钱;(十四) 免役(钱);(十五) (商税);(十六) 商税;(十七) 商税,(商税杂录);(十八) (商税杂录);(十九) (酒曲);(二十) 酒曲杂录,酒曲(杂录);(二十一) 酒曲杂录,(买扑坊场),公使酒,榷醋;(二十二) 盐法;(二十三) 盐法,(盐法杂录);(二十四至二十八) 盐法(杂录);(二十九) (茶色号),产茶额,(买茶额),(卖茶额),(买茶场),(买茶价),(卖茶价),(卖茶场、在京都茶库),(茶数修入);(三十至三十一) 茶法杂录;(三十二) 茶盐杂录,(附抚州茶、盐税课);(三十三) (各路坑冶置场务所),各路坑冶所出额数,(各路坑冶兴发停闭),(赋税上供金银及山泽矿冶所入岁额);(三十四) (矾场),(矾场杂录),(产砂),(坑冶杂录),(禁铜),(坑冶杂录),坑冶杂录,各路产物买银价;(三十五) 钞旁印帖,经总制钱,无额上供钱,(上供钱),公用钱;(三十六) (榷易);(三十七) (市易);(三十八) 和市,(互市);(三十九至四十) 市籴粮草;(四十一) 和籴,(和籴杂录),均籴,遏籴、量衡,诸郡进贡,诏令入贡,(历代土贡),禁珠玉,贡珠玉,献珠玉;(四十二至四十四) 宋漕运;(四十五) (纲运设官),(纲运令格);(四十六和四十七) 水运;(四十八) 水运,陆运;(四十九) 转运,转漕;(五十) 船;(五十一) 内藏库,左藏库,度支库;(五十二) 御酒库,法酒库,油醋库,茶库,内茶纸库,内茶炭库,物料库,内香药库,(吏部)甲库,杂物库,大军库,皮角场库,专副库,大观库,文书库,药密库,(元丰库),(元祐库),(朝服法物库),(南郊家事库),(奉宸库),(封桩库),(左藏封桩库),(寄桩库),(内衣物库),(新衣库),(尚衣库),(军器库),(内军器库),(内弓箭库),(军资库),(布库),(省库),(祗候库),(瓷器库),(鞍辔库),(库子),(鞍辔库);(五十三) 仓部,常平仓,(义仓),(广惠仓),司农仓,折中仓;(五十四) (诸州仓库),炭场,增钱市炭,(抽税箔锡),(麦曲场),(事材场),(退材场),(草料场),(杂卖场);(五十五) 水磨务,(冰井务),(左右厢店宅务),竹木务,煎胶务,(杂买务),(铸锃务),(车营务),(致远务),折博务,窑务,榷货务,(市易务),(供庖务),茶汤步磨务;(五十六) (金部),户部;(五十七) 赈贷;(五十八) 赈贷,(恤灾);(五十九) 恤灾;(六十) (恩惠);(六十一) 官田杂录,赐田杂录,民产杂录,(水利田),(淤田),(诸路职田),检田杂录,限田杂录;(六十一上) 官田杂录,赐田杂录,民产杂录,(水利田),(淤田),(诸路职田),检田杂录,限田杂录;(六十一下) 垦田杂录,水利杂录,水利(杂录);(六十二) 京诸仓,义仓,诸州仓(库);(六十三上) 蠲放,(唐泊屯田议),屯田杂录,营田杂录;(六十三下) (营田杂录),农田杂录;(六十四) 匹帛,(匹帛杂录),折帛钱,和买,上供,(上供银),无额上供,免行钱,(封桩),月桩钱,(内藏库钱),经总制钱,公使钱;(六十五)(免役);(六十六)身丁钱,役法,免役;(六十七)置市;(六十八上)受纳、赈贷;(六十八下)赈贷,(恤灾),恩惠;(六十九)宋量,景祐权量律度式,版籍,逃移,户口(总数),(户口)杂录;(七十上)赋税杂录;(七十下)赋税(杂录),方田杂录,经界杂录,钞旁定帖杂录,均籴杂录,蠲放杂录。

  《宋会要辑稿》具有极高的史料价值。这首先是因为宋代会要的记载,对处理朝政有指导作用,"凡朝廷检用故事,未尝不用此书"(王珪《华阳集》卷八《乞续修〈国朝会要〉札子》),故修纂认真,记叙详备。特别对于食货一类的记载,更为正史所无法比拟。宋代经济史之材料,许多独见于本书,故北平图书馆影印出版时,哈佛燕京大学愿资助印费的一半。

  然而,作为一"先天不足,后天失调的书"(邓广铭为《宋会要辑稿考校》所写的《序言》),《宋会要辑稿》不善之处甚多。内容上,既有重复,又有遗阙。各标目包括的年代和记叙常常不完整。辑稿时,编排体例也未能整齐划一。一些本该统一在同一标目下的资料散在各卷,查检起来比较费时。由于是照原稿影印,本书各卷字体大小不一,且较多涂改之处。这是原稿由不同的人钞写,又经多人校勘之故。此外,北图版的前言中提到,被放弃出版的清本中尚有部分从原稿中剔出的内容,未能补入原稿中。今人王云海将本书与现存《永乐大典》比勘,发现大批问题。这些都说明本书的考订工作在两度出版之后仍未做完。

  关于《宋会要辑稿》的成书过程,可参阅北图版前言《影印宋会要辑稿缘起》。对《宋会要辑稿》的全面考索、勘校,则有王云海的《宋会要辑稿考校》等。

(蒋　畅)

畿辅水利议 林则徐

《畿辅水利议》,一卷。林则徐著。成于清道光年间(1821—1850)。有光绪三年(1877)刻本、《海粟楼丛书》本、《林文忠公遗集》本等。编入上海古籍出版社版《续修四库全书》。

作者生平事迹见"林则徐日记"条。

本书是林则徐汇辑历代有关开发畿辅水利的议论、史实并加按语而成。当时运河通航日渐困难,南粮北运是一大负担。林则徐为倡导开发北方水利,曾于道光十八年(1838)疏陈直隶水利事宜十二条。与本书正好分作十二项专题比照,可能两者内容相同。

林则徐在《总叙》中历数前代倡导开发畿辅水利的著名人物事迹,如宋何承矩、元虞集、明徐贞明、清怡亲王(允祥)等人,指出开发北方水利于国家经济发展的重大意义。针对开发初期投入较大、筹措为艰的问题,他建议先将部分南方漕粮改征现银,以这笔资金作为开发畿辅水利的初期投入,所产粮食可弥补少征漕粮。随着开发的进行,争取北方粮食自给,而南方漕粮则改征现银,可用于黄河修防等方面,诚为一举数得之策。

正文不分卷,而依不同内容归入十二项专题。

一、开治水田有益国计民生。指出开发北方水利在经济上的巨大效益。

二、直隶土性宜稻,有水皆可成田。举例证明水稻可种。

三、历代开治水田成效。进一步说明开发北方水利的可行性,引述汉唐以来北方修治水田的成功范例。

四、责成地方官兴办,无庸另设专官。指出另设专官易生推诿,且"多一衙门,多一冗费"。只需以成田多寡、收获丰歉作为官员考绩凭据之一,自可促其用心经营。

五、劝课奖励。建议按垦田数量授以高低不等的名衔或官职,以吸引富户投资水利。国家无需投入,而坐收田赋。

六、缓科轻则。凡新开荒地,水田六年、旱田十年内不征田赋,以鼓励垦荒。

七、禁扰累。林则徐认为:"为国不患无任事之人,而患有偾事之人。任事者方兴利以救弊,偾事者即因利而滋弊。"因此,禁止有关人员借机勒索盘剥,是垦田成败的关键之一。

八、破浮议,惩阻挠。水稻种植,北方少有,不免有普遍的疑虑心理。必须"锐意举行,不为浮言摇惑"。

九、田制沟洫(附水器稻种)。开凿各级支渠并开挖陂塘,构成比较完善的灌、排系统。

十、开渠挖压田地计亩摊拨。兴修水利,难免占用耕地。早年多按官价赔偿,往往过低,最易招致百姓反对。林则徐认为以允祥所拟办法最为合理,即在受益范围内所有农户中,按各户受益比例拨出部分农田,归耕地被占农户所有。

十一、禁占垦碍水淤地。凡湖泊窪地不得视作荒地开垦,致水无所容,易生洪涝。

十二、推行各省。畿辅水田开发确有成效后,将有力地提高其他地区农民的积极性。到时再制定相应措施,不难向北方各省推广。

本书是关于北方水利开发的主要著述之一。林则徐在治水方面尚有不少论述,散见于书信文章中。

(程鹏举)

钱币刍言 王 鎏

《钱币刍言》,一卷。王鎏著。成于清道光十七年(1837)。同年刊行,为艺海堂本。其后还有《钱币刍言续刻》、《钱币刍言再续》各一卷。编入上海古籍出版社版《续修四库全书》。

王鎏(1786—1843),原名仲鎏,字子兼、亮生,晚年号荷盘山人。江苏吴县(今苏州)人。中秀才后,屡试不第。一生教书或作幕僚,并从事考订。著作还有《钞币刍言》、《壑舟园初稿》、《壑舟园次稿》、《乡党正义》、《四书地理考》等。张履《积石文稿》(又见《续碑传集》)有传。

王鎏的父亲是行钞的积极主张者。王鎏承父命,着手研究行钞问题,先后达三十余年。道光八年成《钞币刍言》,于十一年刊行。他父亲看过后,"犹嫌体例未精,必致人驳诘,遂毁其板"(《钱币刍言·目录》)。道光十七年,写成《钱币刍言》,刊印数百部,分送给一些高级官员和社会知名人士。希望能得到有力者的支持,奏请付诸实施,他本人亦得以"附青云以不朽"(《钱币刍言续刻·上何尚书仙槎先生书》)。

《钱币刍言》分《钱钞议》、《私拟钱钞条目》、《先正名言》和《友朋问答》四部分。

《钱钞议》共十篇。《钱钞议一》提出"君足而后民足","欲足君莫如操钱币之权"的观点,并提出行钞大利二十二条和前代行钞之弊五条。行钞大利的第一条就是取之不尽,即:"凡以他物为币皆有尽,惟钞无尽,造百万即百万,造千万即千万,则操不涸之财源"。《钱钞议二》介绍了王鎏的行钞主张包括行钞、禁铜、铸大钱三方面。《钱钞议三》简论宋、元行钞之利。《钱钞议四》批评了行钞使物价上涨的论点,宣称:"若夫物价之腾踊,原不关于行钞。"《钱钞议五》对宋至明的若干行钞议论进行了辨析,强调"凡行钞必在承平盛世,则有以致富足而弭乱源"。《钱钞议六》讨论了防伪钞之法。《钱钞议七》指出行钞有利于弭盗,并可以避免水火之灾的损失。《钱钞议八》表明王鎏的行钞办法"非宋、金、元之法",已"遍考钞法之源流得失","酌古斟今,以期于尽善而可行",不会"复蹈前人故辙"。并说:"惟行钞,则能使国家尽有天下百姓之财……又人人顿获二分之利,斯其策之所以为神妙而无穷也。"《钱钞议九》将行钞和王安石的青苗法作了对比,认为:"青苗之利,取之百姓者也,故利有限而民受其害。行钞之利,取之天地者也,故利无穷而君操其权。"《钱钞议十》指出禁银并善于行钞,就不会再发生"废钞而用银"的结果。

《私拟钱钞条目》详细地拟出了行钞的具体办法。(一) 钞分七等,从一贯到千贯。造钞必特选佳纸,并禁民间买卖此纸。最大钞一尺高,二三丈阔,装成手卷形式。最小钞一尺见方。多加印信,严禁伪造,分省流通,随处立辨钞之人。钱粮关税一律收钞,一贯以下征钱。小钞昏暗者收回焚毁。藏钞用匣,以黄金或木、石为材料。(二) 钱有当一、当十和当百。当十钱约费工本九文,当百钱约费工本九十余文。(三) 用钞倍价收民间铜器铸钱,禁止铜器买卖和禁设铜器铺。设官铜铺打造乐器、锁、钮,以便民用。(四) 将钞和大钱发给钱庄,禁止它们再发出会票、钱票。令钱庄凭票收银,以一分之利给钱庄。百姓交银易钞,一年以内来易的给以一分之利,二年以内来易的给以五厘之利。百姓用钞完粮纳税,每钞一贯作一贯一百文用。五年或十年后钞法盛行,则禁银为币。(五) 行钞初官俸加一倍,加俸用钞。钞法通行后官俸加数倍,一律用钞。(六) 对外贸易只许以货易货,或令外人先以银易钞,再买货。

《先正名言》选录宋以来有关行钞的议论,王鎏均加有按语。对行钞有利的议论,按语予以肯定。对行钞不利的议论,按语则从有利方面予以引申,甚或加以曲解。

《友朋赠答》是王鎏和包世臣、顾莼等人来往的信件。

《钱币刍言续刻》收录王鎏的《拟富国富民策》两篇,对工部尚书何凌汉、两广总督林则徐、吏部尚书汤金钊的上书,以及同陈善(扶雅)、包世臣的论辩文字等。特别是同包世臣的论辩三十二条,是了解王鎏和包世臣货币思想的重要史料。

《钱币刍言再续》除汇集一些零星文章外,还附有谢元淮于道光二十三年,对《钱币刍言》"去其芜冗,取其菁华"节写成的《钞贯说》。

王鎏的货币理论是名目主义的货币理论。他集中国历史上名目主义货币思想之大成,把中国封建社会的名目主义货币理论推向了顶峰。

王鎏把纸币比为井田,"然井田……不能行于田少人多之日。惟钞法则取之无尽,可以通井田之穷"(《钱币刍言续刻·与陈扶雅孝廉论钞第一书》)。他将纸币和金属货币等同,否认钞虚而银实:"至谓钞虚而银实,则甚不然。言乎银有形质,则钞亦有形质;言乎其饥不可食,寒不可衣,则银钞皆同。"(《钱币刍言续刻·与包慎伯明府论钞币书》)

至于纸币的价值,王鎏认为出于国家的规定,"钞直有一定,商贾不得低昂之"(《钱钞议一》)。保证纸币的流通,除了国家的权力以外,则是要"收敛有术,流转于上下而无穷"(《钱钞议五》)。而所谓"收敛有术",不过是"国赋皆令纳钞"(袁燮《上便民疏》按);另一方面,他又认为纸币的发行数量可以不受限制,主张"造钞之数,当使足以尽易天下百姓家之银而止",或"使国家常有三十年之蓄"(《与包慎伯明府论钞币书》)。

王鎏把行钞看作是可以解决当时各种社会矛盾的"独传之秘宝"(《钱币刍言续刻·上何尚书仙槎先生书》)。《钱钞议一》提出的行钞二十二大利就包括操不涸财源,尊国家体统,免洋钱耗蚀,除鸦片贻祸,绝钱庄亏空,顺民心所欲(指用银重滞,乐于用纸币),极钱法精工,无火耗加派,绝胥吏侵渔,去民心诈伪,止奸邪逆志,弭边界生衅,供器皿鼓铸(指银用于器皿),同天下风俗(指币制统一于钞),去壅滞恶习(指窖银),寓教民微意(指钞上引格言能教民识字),致百物流通,广谋生途径,杜官吏勒捐,清仕途拥挤(指停止捐官),除万事积弊,行千载仁政。总之,"上以裕天府万年之蓄,下以盈小民百室之储。风俗可使化,礼让可使兴,不动声色而四海无一夫之不获矣"(《自序》)。显然,这是把纸钱流通的优点极度地夸大了。

《钱币刍言》刊行后,"学士大夫往往宝藏其书"(许槤《钞币论·叙》),但也受到一些有识之士的批评。陈善、包世臣同王鎏进行文字往来商榷,魏源、许楣则著书批驳。道光二十二年,魏源刊行《圣武记》,其中《军储篇三》指名批评了王鎏(误为王鎏)的《钱币刍言》。道光二十六年,许楣写成《钞币论》,对《钱币刍言》作逐条反驳,经其兄许槤作《叙》和补充按语后出版。

《钱币刍言》对行钞作了充分的论述,因此在以后的一段时间内,凡主张行钞的,往往吸收其中的若干论点。如咸丰二年(1852)左都御史花沙纳奏请行钞,提出行钞之利十四条,其中第一、二两条即为:"天下货利皆有尽,一金抵一金之用,惟钞之利无尽,造十万即十万,造百万即百万,秉造化之锤炉,利一。权收之于上,布之于下,尊朝廷之体统,利二。"(《清史列传》卷四一《花沙纳》)显然有王鎏论钞的影子。

有关《钱币刍言》的研究主要有叶世昌《鸦片战争前后我国的货币学说》,侯厚吉、吴其敬主编《中国近代经济思想史稿》第一册,胡寄窗《中国经济思想史》下册,赵靖主编《中国经济思想通史》第四卷的有关章节等。

(叶世昌)

圣武记·军储篇 魏　源

《圣武记·军储篇》，四篇（属《圣武记》卷十四）。魏源著。《圣武记》成于清道光二十二年（1842）。同年刊行。二十四、二十六年重印时都经过修订，二十六年为定本。先后有十多种版本。又《古微堂集》、《魏源集》中亦收有《军储篇》。《圣武记》除今人校点本外，亦收入上海古籍出版社版《续修四库全书》。

作者生平事迹见"海国图志"条。

《圣武记》是魏源有感于鸦片战争而记述清王朝的武功及抒发个人有关议论之作。《军储篇》提出了解决当时经济问题的主张。各篇的要点如下。

《军储篇一》从四个方面谈了兴利的问题。魏源指出："有以除弊为兴利者，有以节用为兴利者，有以塞患为兴利者，有以开源为兴利者。""除弊"是指除漕运、盐法的中饱之弊。"节用"指取消普免钱粮、欠赋的做法和取消军饷虚额。他认为免赋利顽民而不利良民，利富民而不利贫民。"国家正供有岁入数千万之名，而常有逋欠千余万之实。异日国计愈匮，潦旱遍灾，何以蠲赈？"故免赋政策不宜实行。兵伍不足额，养兵虚费严重，重新核实。"或并三兵之费以养二兵，使一兵得一兵之用；或并二兵之费以募一兵，使一兵当十兵之用。""塞患"是指禁烟以防止白银外流。他说："鸦片耗中国之精华岁千亿计。此漏不塞，虽万物为金，阴阳为炭，不能供尾闾之壑。"必须严禁吸烟和贩烟。"开源"指开粮食源和货币源。"食源莫如屯垦，货源莫如采金与更币。"针对白银外流的现实，魏源对传统的重本抑末思想提出了修正："语金生粟死之训，重本抑末之谊（义），则食先于货。语今日缓本急标之法，则货又先于食。"为了增加白银，要自开银矿，即"采金"。他认为，"中国银矿已经开采者十之三四，其未开采者十之六七"，采金是增加银货币的有效途径。

《军储篇二》继续讨论开银矿问题。魏源对"聚众则难散，边夷则易衅，税课将滋弊"等反对开矿的说法进行了批驳。他列举各地开矿的实例，指出"但官不禁民之采，则荷锸云趋，裹粮鹜赴"，纷纷前去开采。官府只须设局税其十之一二，"将见银之出不可思议，税之入不可胜用，沛乎若泉源,浩乎如江河"。根据云南的经验,采矿者"有利则赴,无利则逝,不俟官为散遣,从无聚而难散之事"。他对民间采矿完全持肯定态度。

在《军储篇二》中,魏源还回顾了历史上采金的情况。指出坑冶之盛始于宋代,而金世宗大定三年(1163)许民开采金银矿,取税二十分之一,"此开采最善之法",未尝有矿徒扰民、矿税病民的情况。他的结论是:"夫民开而官税之,则有利无弊。明人乃禁民采而兴官采,何怪利不胜弊!"

《军储篇三》集中批评了王鎏(魏源误为王鎏)《钞币刍言》(他未看到《钱币刍言》)中的行钞主张。魏源肯定兑现纸币而反对不兑现纸币流通。他认为不兑现纸币"犹无田无宅之契,无主之券,无盐之引,无钱之票",失败是必然的。"重以帝王之力,终不能强人情之不愿。"他分析了中国的纸币流通史,指出纸币六不可行。他将纸币流通比作"行冥镪于阳世","陈明器于宾筵","施画饼于䦆荒,易告身以一醉"。

魏源的货币理论是金属主义理论。在《军储篇二》中,他谈到:"《管子》禹、汤铸历山、庄山之金为币,以救水旱,珠玉为上币,黄金为中币,刀布为下币,以权衡万物之高下,而御人事。""以权衡万物之高下"是魏源所加,表明他重视货币的价值尺度职能。在《军储篇三》中,他又说:"货币者,圣人所以权衡万物之轻重,而时为之制。"再次强调了价值尺度职能。他指出成为货币之物"皆五行百产之精华,山川阴阳所炉鞴,从无易朽易伪之物,可以刑驱而势迫"。以此来否定纸币流通的任何合理性。他在《军储篇一》所说的"更币",在《军储篇三》指出是以贝、玉佐银币之穷,即兼以贝、玉为货币。

《军储篇四》讨论了食源问题。魏源指出:"阜食莫大于屯垦,屯垦莫急于八旗生计。"八旗人数在顺治时只有八万,现在已增加到数百万。"聚数百万不士、不农、不工、不商、不兵、不民之人于京师,而莫为之所,虽竭海内之正供,不足以赡。"他主张因地因人而迁徙,满洲余丁去东三省,蒙古余丁去开平(今河北赤城)、兴和(今属内蒙古),汉人则在驻防地安家。满人和蒙古人在屯垦时还可以雇汉农助耕,同时京师附近的官田也可以安排无业旗民屯种。

《军储篇》讨论的重点是货币问题。金属主义理论不能解释纸币流通现象。把不兑现纸币比为"无田无宅之契,无主之券,无盐之引,无钱之票",是不懂得货币作为流通手段的特性。但用它来批判统治者利用纸币掠夺人民财富,则具有积极作用。至于用贝、玉来补银货币的不足,则是一种行不通的主张。

有关《军储篇》的研究主要有叶世昌《鸦片战争前后我国的货币学说》,侯厚吉、吴其敬主编《中国近代经济思想史稿》第一册,胡寄窗《中国经济思想史》下册,赵靖主编《中国经济思想通史》第四卷的有关章节等。

(卢文莹)

海国图志·筹海篇 魏 源

《海国图志·筹海篇》,四篇。魏源著。《海国图志》原为五十卷,成于清道光二十二年(1842)。同年刊行。二十七年刻本增为六十卷。咸丰二年(1852)刻本又增为一百卷。《筹海篇》在百卷本中属卷二。中华书局将其收入1983年版《魏源集》。《海国图志》编入《续修四库全书》,上海古籍出版社2002年出版。

《海国图志》是近代中国研究西方的第一部专书。在鸦片战争时,魏源作为裕谦的幕僚,曾亲自参与战事。他在抗英斗争的实践中看到了西方的"船坚炮利",因而认为要战胜强敌,就必须了解夷情,习其长技,知己知彼。他在鸦片战争爆发的次年,就开始运用林则徐《四州志》及历代史志、中外各家著述等有关材料,编撰《海国图志》以作为了解夷情、筹划时务的材料。在《海国图志·叙》中,作者指出编撰此书的目的是:"为以夷攻夷而作,为以夷款夷而作,为师夷长技以制夷而作。"

《筹海篇》共四篇。在三、四两篇中,魏源提出了学习西方发展机器工业的主张。

《筹海篇三》即《议战》。魏源指出:"夷之长技三:一战舰,二火器,三养兵、练兵之法。"为了学习西方长技,他提出在广东虎门外的沙角、大角两处设造船厂和火器局各一,聘请法、美等国的军事头目和工匠在厂内帮助造船,造枪炮,选福建、广东的巧匠进厂学习制造技术,选精兵向他们学习驾驶和攻击技术。为了鼓励制造新式武器的积极性,魏源主张给能造新式船炮的人以科举出身。船厂不仅要造战舰,也要造商船,并制造量天尺、千里镜、龙尾车、风锯、水锯、火轮机、火轮车、自来火(煤气)、自转碓(碾米机)、千斤秤等有益民用的工业品。

魏源还论述了学习西方制造技术的正当性。他说:"有用之物,即奇技而非淫巧。今西洋器械,借风力、水力、火力,夺造化,通神明,无非竭耳目心思之力,以前民用。"学习西方是为了战胜西方:"因其所长而用之,即因其所长而制之。风气日开,智慧日出,方见东海之民,犹如西海之民。"表达了中国人能赶上世界先进水平的豪情。

魏源更进一步提出仿造西方船械不限于广东，"沿海商民，有自愿仿设厂局以造船械，或自用，或出售者听之"。广东的厂局官办，其他地区的厂局则为民办。官办限于一地，"盖专设一处则技易精，纷设则不能尽精；专设则责成一手，纷设则不必皆得人"。

《筹海篇四》即《议款》。魏源讨论了中国的对外贸易。他回顾了鸦片贸易的历史，分析了道光十七年的进出口商品价值。指出如果开展正常的贸易，中国是出超国："共计外夷岁入中国之货仅值银二千十四万八千圆，而岁运出口之货共值银三千五百有九万三千圆。以货易货，岁应补中国价银千四百九十四万五千圆。使无鸦片之毒，则外洋之银有入无出，中国银且日贱，利可胜述哉！"

为了禁止鸦片贸易，魏源提出和外国商定，只要不输入鸦片，"则尽裁一切浮费"，而且允许他们适当提高茶、丝的进口税和棉、米、呢、羽的出口税，以资弥补。"此外铅、铁、硝、布等有益中国之物，亦可多运多销。"认为这样就能做到"夷必乐从"，反映了他对侵略者还存在一定的幻想。

《筹海篇》中的发展军事和民用工业的思想反映了中国社会的迫切要求。直到十七年以后，才有洪仁玕的《资政新篇》提出了发展资本主义的主张。更后才开始洋务运动。魏源是走在中国近代史最前面的人。

（卢文莹）

钞币论 许 楳

《钞币论》，一卷。许楳著，由其兄许梿作《叙》并加按语。成于清道光二十六年(1846)。同年刊行，为古均阁本。编入上海古籍出版社版《续修四库全书》。

许楳(1797—1870)，字金门，号辛木。浙江海宁人。道光十三年进士，授户部贵州司主事。因重听，三年后告病回家。在家"督课子侄，非公不见邑宰，殚心著述"(程畹《啸云轩文集·许先生家传》)。咸丰十年(1860)，因避太平军辗转至江苏通州(今南通)。曾主讲敦善书院。后寓如皋、东台，直至去世。著作多毁于战乱，存世的除《钞币论》外，还有《删订外科正宗》和《真意斋诗存》。《啸云轩文集》、《海宁州志稿》等书有传。

许梿(1787—1863)，字叔夏，号珊林。和许楳同科进士。被荐修国子监《金石志》。书成后，授山东平度州知州。后历任江苏徐州、镇江知府及粮道等职，"服官垂三十年"(谭廷献《许府君家传》)。著作有《洗冤录详义》、《刑部比照加减成案》、《古均(韵)阁遗著》等。《古均阁遗著》、《海宁州志稿》等书有传。

《钞币论》专为驳王鎏《钱币刍言》而作。分为《通论》、《钞利条论》、《造钞条论》、《行钞条论》、《禁铜条论》、《铸大钱条论》、《杂论》等部分。

许楳兄弟的基本观点为货币必须由贵金属充当，白银是最理想的货币，不兑现纸币决不能取代金属货币，全盘否定王鎏的行钞主张。这种理论属于金属主义的货币理论。许楳把中国封建社会的金属主义货币理论推向了顶峰。

许梿在《叙》中用钟离权点石成金给吕洞宾，吕洞宾因此金"三千年后还复为石"、"可惜误三千年后得金人"而弃之的故事，来比喻以发行纸币为点金术的不智和不仁。

《通论》共八篇。《通论一》区别"以纸取钱"(兑现纸币)和"以纸代钱"(不兑现纸币)，指出后者是"弊法"。批评王鎏进一步发展了弊法："夫以纸取钱，而至于负民之钱，此宋、金、元弊法之所有也。以纸代钱，而至欲尽易天下百姓之财，此宋、金、元弊法之所无有也。"《通论二》认为国赋收钞是辛弃疾因会子失信于民而提出的对策,是"救弊之继事"。"假令行交、会之始,即多出虚纸以易民钱,而第令分其什之三四以输税,则民皆知输税之外尽为虚纸,谁复肯以现钱易虚纸哉?"《通论三》指出"以纸取钱"是"良法","交子无钱而法一弊","会子无钱而法再弊"。元代的纸币是"孤钞","上积其欺,下积其愚"。至明代"复欲续之,则民皆知其为欺人之物,故虽多为厉禁,其极至于断脰(颈)戍边而终不可愚"。《通论四》进一步分析元、明的纸币流通,认为"自宋行交子,积售其欺者数百年,然后元得以孤钞愚民,一决其藩,即不可复"。《通论五》指出王鎏的行钞主张"皆祖明之法","徒见明之钞止于一贯者增至千贯,明之大钱止于当十者增至当百而已"。《通论六》简述用银历史,指出"银之为币久矣,特未若今日之盛耳";"如欲尽废天下之银,是惟无银。有则虽废于上,必不能废于下也"。《通论七》论述"银之流布于天下者,已足天下之用",认为如无"漏卮之耗",可长久不废。《通论八》强调不能用行钞来解决白银外流问题,指责"以钞易银,是犹以尘饭涂羹疗饥渴"。文中还表露了难以解决当时的货币危机的困惑心情,感叹"事又有非变法所能尽"。

《钞利条论》逐条批驳了王鎏的行钞大利前十七条,认为最后五条"皆不足论",故"以不论论之"。前十七条的论难主要有:行钞的第一大利是操不涸之财源,许楣反驳说:"天下之物,惟有尽故贵,无尽故贱。淘沙以取金,金有尽而沙无尽也;凿石以出银,银有尽而石无尽也。"许楗则指出金银"二物之重,亘古不变","至于钞,骤增百万即贱,骤增千万则愈贱矣"。第三大利是免洋钱耗蚀,许楣指出耗蚀之患不在洋钱而在鸦片,批评王鎏"知洋钱之耗蚀纹银,而不知鸦片之并将耗蚀洋钱"。第四大利是除鸦片贻祸,许楣说:"不能禁乐祸之人,安能除贻祸之本。"用钞废银反而会"驱银出洋"。第五大利是绝钱庄亏空,许楣指出"国家取百姓百千万亿之银,而其始即化为纸",也是亏空;而且行钞将造成钱庄的挤兑,"迫钱庄之亏空者,钞也"。第六大利是顺民心所欲,许楣反驳说:"今以无银之钞,而易有银之票(民间的银票),百姓之不乐甚矣,民心之不顺甚矣。"第八大利是无火耗加派,许楣反驳说:"钞可当钱,则岂但无火耗之加派而已,造百万即百万,造千万即千万,虽尽蠲天下之赋可矣,如不能何!"第九大利是绝胥吏侵渔,许楣指出:"夫舞文之吏,上下无方,彼固有明目张胆以取之者矣,岂一点一画之所能缚其手乎?"第十大利是去民心诈伪,许楣反问说:"前代之钞直,未尝不一定也,商贾犹今之商贾也,然物重钞轻,史不绝书,非低昂而何?"第十二大利是弭边界生衅,许楣指出边衅何尝因银币,"凡可觊觎抢夺者,举银币也,何必银币"。第十六大利是寓教民微意,许楣说钱票上就印有文字,"尝举以问车夫,则皆瞠目不知何语,至有并钱铺之名号不识者,乌在其识字也"。第十七大利是致百物之流通,许楣说:"历观行钞之世,物重钞轻,但闻钞滞,不闻物滞也。"

《造钞条论》共七条,批评王鎏有关造钞的主张,如指出千贯的面值太高,无处可用,也无法兑钱;伪造不可能禁绝,一般人也难以辨认等。其中特别指出了封建社会中行使纸币有导致通货膨胀的必然性:"自古开国之君,量天下土地山泽之所入以制用,其始常宽然有余。至其后嗣非甚不肖也,然水旱耗之,兵革耗之,宗禄庆典及诸意外冗费耗之,用度稍不足矣,势不能不于常赋之外,诛求于民。而行钞之世,则诛求之外,惟以增钞为事。然不增则国用不足,增之则天下之钞固已足用,而多出则钞轻而国用仍不足。宋、金、元之末,流弊皆坐此。"(《造钞条论七》)

《行钞条论》共十八条,批评王鎏的行钞办法。如王鎏说以银易钞和以钞完粮纳税各给以九折优待,民间可得二分之利。许楣认为这样会造成混乱,不仅不能得到二分之利,反而"徒令巨万之银悉化为纸"(《行钞条论四》)。又如为了防止伪造,王鎏主张随处立辨钞之人,钞分省流通。许楣说辨钞之人不可能随处设立,分省流通会"困天下之行旅"(《行钞条论八》)。王鎏提出钞法通行后银用作器皿,价格减半,而且保证永不变法。许楣指出了这些主张的空想性。针对王鎏的富家可用黄金匣藏钞的论点,许楣计算了金价,指出可藏千贯钞的金匣就值千贯。"以千贯之函,藏千贯之钞,钞而可用,是函与钞同价也。钞而不可用,则以黄金藏废楮矣。"(《行钞条论十二》)

《禁铜条论》两条,分析了禁铜政策的不可行。《铸大钱条论》一条,指出人为增加铸钱工费的不通。《杂论》五条,对若干货币史问题作出了和王鎏不同的解释。如王鎏说:"宋孝宗以金帛易楮币藏于内库,一时楮币重于黄金。"许楣辩驳说:"楮币不行,以金帛易之而重,吾见黄金之重于楮币矣,未见楮币之重于黄金也。……楮币重于黄金,民间何不宝藏楮币,而甘易金帛也。"(《杂论二》)

金属主义者不懂得货币流通有被纸币代替的可能性,在理论上也不正确。但由于王鎏纸币理论的错误严重,就使许楣的理论错误降到了次要的地位。《钞币论》是反通货膨胀檄文。

有关《钞币论》的研究著作主要有叶世昌《鸦片战争前后我国的货币学说》,侯厚吉、吴其敬主编《中国近代经济思想史稿》第一册,胡寄窗《中国经济思想史》下册,赵靖主编《中国经济思想通史》第四卷的有关章节等。

(叶世昌)

石渠余纪 王庆云

《石渠余纪》，原名《熙朝纪政》，定稿后改今名。六卷。王庆云著。成于清咸丰年间(1851—1861)。有抄本流传，不分卷。初刻本为光绪时湖南宁乡黄氏本。光绪十六年(1890)攸县龙璋重为校定刊行，后有光绪二十八年上海书局本等。1985年北京古籍出版社出版王湜华点校本。编入上海古籍出版社版《续修四库全书》。

王庆云(1798—1862)，字雁汀。福建闽县(今福州)人。清道光九年(1829)进士，选庶吉士，散馆授编修。十七年提督贵州学政。后历任文渊阁校理、侍讲学士、侍读学士、通政使司副使。咸丰时历任署顺天(今北京)府尹、户部侍郎、实录馆副总裁、陕西巡抚、山西巡抚、四川总督、两广总督、工部尚书等官。卒谥"文勤"。《清史稿》、《清史列传》有传。

石渠阁原是西汉皇宫中的藏书阁，后渐成为皇家收藏珍宝之处的别称。王庆云以《石渠余纪》作为所著书名，是以"石渠"作为内廷、王朝的代称。

《石渠余纪》是一部记述清初至道光时典章政事的笔记。全书八十七目。卷一为纪节俭、纪赈贷、纪免科、纪蠲免、纪灾蠲、纪免徭役等十六目。卷二为有关官制和军制的十二目。卷三为纪赋册粮票、纪丁随地起、直省地丁表、纪会计、纪耗羡归公、直省岁入总数表、直省岁出总数表、直省出入岁余表等十二目。卷四为纪库、纪漕粮、纪罢折漕、纪采办、纪屯田、纪常平仓额、纪官仓、纪社仓义仓、纪平粜、纪籴、纪旗人生计等十九目。卷五为纪制钱品式、纪户部局铸、纪银钱价直、纪钱铜禁令、纪铜政、纪矿政、纪盐法、直省盐课表、纪恤商等十七目。卷六为纪关税、直省关税表、纪杂税、纪米粮税、纪边外互市、纪市舶、纪英夷入贡、纪畿辅营田水利等十一目。

从以上可以看出，经济问题是王庆云记述的重点。《石渠余纪》的主要经济内容可以归纳为以下八类。

第一类，关于赈贷救灾的政策。记载了清政府在不同情况下采取的各种赈恤措施。

第二类，关于丁赋政策。摘录康熙五十一年(1712)定丁额，此后滋生人丁永不加赋的诏谕，回顾从唐代租庸调法、两税法到明代一条鞭法再至清代雍正年间(1723—1735)地丁银法的历史演变,介绍地丁银法从广东一地推广到全国的过程,并详细记载各地征收地丁银的数量等。

第三类,关于清代的财政状况。中央及地方的财政收支一一予以载明,主张严格财政核算,杜绝一切浪费。

第四类,关于清代的漕政。记载了漕粮的来源、类别、数量及运送情况,反对在运输不便时折漕为银。

第五类,关于清代的备荒政策。政府既鼓励兵民屯垦荒地,又令各地在丰稔之年多贮余粮,籴粜平衡,遇灾歉年景各地再调济互补。

第六类,关于货币制度。记载清代制钱的铸造品式、重量,钱银比价和国家关于铸钱、采铜的禁令。

第七类,关于矿政盐政。记载清代由国家开采经销矿盐产品的情况,对盐课种类及征课数目有详细叙述。

第八类,关于关税和对外贸易。详载道光年间各地的关税额,介绍同陆上邻国边关互市的情形、海禁沿革以及同吕宋、暹罗、英国、法国、荷兰等国商人的往来。

《石渠余纪》对清道光末年以前的经济、政治、资料罗列广泛,且多据《清实录》、《清会典》、《清文献通考》、《中枢政考》、《赋役全书》、《国史列传》及邸报等官方资料,间采私家文集,记载详赡,远非一般私家笔记可比。更为可贵的是,有些内容还补上了明代甚至更远的源流变迁,间或叙述著者亲历之情事,参以按语,订正错误。许多经济门类并开列关键性数据,或附图表,使读者一目了然。这些,使《石渠余纪》成为研究清代经济与政治不可多得的一部重要参考书。

有关《石渠余纪》的研究有倪玉平《王庆云〈石渠余纪〉所载道光关税辨析》(《近代史研究》2008年第五期)等。

(李建中)

王侍郎奏议 王茂荫

《王侍郎奏议》，十卷或十一卷（多补遗一卷）。王茂荫著。清光绪十三年（1887）刊本为十一卷，二十五年刊本为十卷。1991年黄山书社出版张新旭等的点校本。

王茂荫（1798—1865），字椿年，号子怀。安徽歙县人。清道光十一年（1831）举人。十二年进士，授户部主事。二十七年升贵州司员外郎。咸丰元年（1851）升监察御史，上《条议钞法折》，提出行钞建议。三年奉旨与左都御史花沙纳议订钞法章程，并绘钞式以进。同年任太常寺少卿，太仆寺卿，又任户部右侍郎兼管钱法堂事务。后上疏反对铸当百、当五百和当千大钱。四年因主张纸币兑现，受到申饬，调任兵部侍郎。五年因谏阻仁宗临幸圆明园，又被交部议处。八年因病自请开缺。同治元年（1862）署理左副都御史，改授工部侍郎。次年调吏部侍郎，因母丧去官。卒于家。《清史稿》、《续碑传集》有传。

《王侍郎奏议》汇集了王茂荫任监察御史后的奏折，包括《台稿》三卷，《寺稿》二卷，《省稿》四卷，《续稿》一卷。内容涉及政治、经济、军事、文化等方面。在经济方面，以讨论货币问题为重点。他的主要货币主张及其论点如下。

一、分析了宋以来的行钞十弊："一则禁用银而多设科条，未便民而先扰民。二则谋擅利而屡更法令，未信民而先疑民。三则有司喜出而恶入，适以示轻。四则百姓以旧而换新，不免多费。五则纸质太轻而易坏。六则真伪易淆而难识。七则造钞太多则壅滞，而物力必贵。八则造钞太细则琐屑，而诈伪滋繁。九则官吏出纳，民人疑畏而难亲。十则制作草率，工料偷减而不一。"（《条议钞法折》）这十条中，第一条指出纸币应与金属货币并行，即纸币应该兑现，也就是反对不兑现纸币流通，第七条指出要限制纸币发行数量。这两条是王茂荫货币主张的基本点。其余各条都是技术和执行问题，自然也要避免，如他主张钞币用丝织，就是为了避免纸质易坏、制造不精的弊病。

二、提出发行丝织钞币的办法：政府先将钞币发给各地银号（无银号的州县发给官盐店或典铺),银号按所领钞币的票面价值于次月缴银给政府,重量按市平(票面价值按库平计算,市平比库平稍轻)计算。银号领钞后在钞上加字号图记即可使用,并要承担兑现这些钞币的责任。采取这种办法,政府既收到了银号所缴的银两,又不必承担兑现责任。提出这种对政府极为有利的发行办法在历史上还是第一次。

三、主张行钞要"以实运虚"(《论行大钱折》),"以数实辅一虚"(《条议钞法折》)。王茂荫是金属主义者,认为纸币是不得已而行之,故除主张兑现(以实运虚)外,还强调要严格控制发行数量。他说:"钞无定数,则出之不穷,似为大利,不知出愈多,值愈贱。"(同上)他主张钞币的最高发行额为一千万两,仅当国家岁入的几分之一。这样"以数实辅一虚",以保证钞币的畅通。

四、对咸丰三年发行的不兑现纸币户部官票(以银两为单位)和大清宝钞(以制钱为单位)提出了兑现的主张。王茂荫指出要使纸币流通取得成功,就必须使商人乐于使用纸币。要做到这一点,必须给"商人以可运之方,能运之利"。他指出兑现并不需要十足准备,"一则有钱可取,人即不争取。……一则有钱许取,人亦安心候取。……每年虽似多费数十万之钱,而实可多行百余万之钞。"(《再议钞法折》)

五、用宝钞和银可以互易的办法推行宝钞。王茂荫说:"查银钱周转,如环无端,而其人厥分三种:凡以银易钱者,官民也;以钱易银者,各项店铺也;而以银易钱,又以钱易银,则钱店实为之枢纽焉。"(同上)如店铺向钱铺买银时可以搭付宝钞,则店铺亦肯收钞,"使银钱处处扶钞而行",以促使宝钞流通。在这里,王茂荫已注意到了货币流通渠道问题。

六、指出大钱不可行。王茂荫对大钱完全持否定态度。他主张铜钱必须是足值铸币,认为钞法可能成功,而大钱必归失败。因为:"钞法以实运虚,虽虚可实;大钱以虚作实,似实而虚。"王茂荫还批驳了"国家定制,当百则百,当千则千,谁敢有违"的名目主义论点,提出:"然官能定钱之值,而不能限物之值。钱当千,民不敢以为百;物值百,民不难以为千。"(《论行大钱折》)

王茂荫的官票和宝钞兑现的主张,受到清文宗的严厉申饬,说他"只知以专利商贾之词率行渎奏,竟置国事于不问"(《清文宗实录》卷一二三)。此事传到欧洲,马克思在《资本论》第一卷的注八十二中也提到了它。随着《资本论》在中国的传播,王茂荫开始受到中国学者的注意,历久不衰。

在货币理论上,王茂荫有许多精辟的论述,如兑现纸币不需要十足准备;国家可以规定货币的名义价值,但不能规定货币的实际价值;分析了货币流通渠道等。他主张纸币兑现是为了保证纸币的正常流通,并不表明他专为商人的利益着想。他的全部奏折都是为巩固清王朝的统治考虑的。

除货币问题外,《王侍郎奏议》中还揭露了厘捐的积弊。咸丰三年,为筹镇压太平军的经费,江苏布政使雷以諴奏准在长江南北各设一局以征厘捐。四年,王茂荫上《江南北捐局积弊折》,指出:"扬州以下沿江各府州县,三四百里之内,有十余局拦江设立,以敛行商过客","局愈多而民愈困"。从泰州等处运米到苏州,沿途经十余局捐厘,每石被捐达千文,"商力因此而疲,民食由此而匮"。杂货有税,银钱有税,空船有税。不准贩运的烟土、私盐,"止须照数捐厘,便可包送出境,伤国体而厉商民,莫甚于此!"甚至局与局之间"互图吞并,大肆争杀,居民、商贾无不受害"。他主张将多余的局裁撤,只在江南北各设一局。王茂荫是较早批评厘捐的人。

王茂荫是《资本论》中提到的唯一的中国人。在陈启修翻译、1930 年出版的《资本论》第一卷第一分册中,王茂荫被译为"万卯寅"。日本则译为"王猛殷"或"王孟尹"。1936 年郭沫若在日本据《东华续录》查到是王茂荫,因资料缺乏,未能深入。吴晗则以《王侍郎奏议》等书为基础,写出了《王茂荫与咸丰时代的新币制》,于 1937 年发表于《中国社会经济史集刊》(此文收入《读书劄记》时,改题为《王茂荫与咸丰时代的币制改革》)。建国后有关王茂荫的研究,本书仍是最重要的依据。

(张　远)

营田辑要 黄辅辰

《营田辑要》,三卷。黄辅辰编著。成于清同治三年(1864)。同年付梓,为黄氏家藏本,实际刊行在同治五年年底或六年。1984年农业出版社出版马宗申《营田辑要校释》。编入上海古籍出版社版《续修四库全书》。

黄辅辰(1798—1866),字琴坞。贵州贵筑(今贵阳)人,原籍湖南醴陵。清道光十五年(1855)进士,授吏部主事。累迁郎中。咸丰(1851—1861)初回籍办团练,以功升道员。后署山西宁冀道。同治元年赴四川,依总督骆秉章为幕僚。次年刘蓉为陕西巡抚,疏请筹办屯田,致书黄辅辰询问利弊。黄为陈十二难,又杂采众书辑成《营田辑要》,深得刘蓉赞赏,上疏请求起用黄辅辰主持陕西屯政。不久,授陕西凤邠盐法道,任西安、同州(今大荔)、凤翔、延安、乾州(今乾县)、邠州(今彬县)、鄜州(今富县)七府州属管田事。垦田十余万亩,成绩显著。卒于任期。卒后,追封中议大夫。著作还有《小酉山房文集》。《清史稿》、《清史列传》、《续碑传集》等书有传。

《营田辑要》是一部史料选辑性质的专著,"皆集前人成说著于篇,使人自酌,而不参以己论"(邓瑶《序》)。作者在每一段甚至每一句话的后面,都注明出处和来源,书前署名亦但称"述",而不称"著"。这既表明作者治学的严谨和谦虚,更深刻的原因恐怕是为避"讽刺时政"风险而采取的一种手段。

《营田辑要》分内外篇。内篇又分上下卷。另有《总论》一篇。卷首有邓瑶、王伯心的《序》。卷末有黄辅辰之子黄彭年的《后序》。校释本分为四编:第一编《内篇上——成法(一)》,介绍历代营田工作经验,分榜谕、核田、勘丈、招垦、授田、限期、牛种、富民、专官、筑堡、设长、起科、丁徭、任人、守法、劝惩十六项。第二编《内篇上之下——成法(二)》,介绍营田水利。第三编《内篇下——积弊》,专论历代营田工作的弊端,分不清源、不务实、轻委、推诿、勘丈、奸民猾吏、里长粮差、赏田官田、捏报垦荒、私售营田、土客不安、田赋不均、喜事畏事、期限太促任人不专等弊十四项。第四编《外篇——附考(农事)》,专讲农业技术,分尺度、辟荒、制田、堤堰、沟洫、凿池、穿井、粪田、播种、种法、种蔬、杂植十二项。

《营田辑要》的内容除了各项农业技术的论述之外,还涉及农业政策,社会政治经济制度,农垦的组织与管理,诸如社会保安,地方行政组织,田赋制度,力役制度,农垦的动员、组织与管理等一系列问题。它总结了中国两千多年的农垦经验,撷取了大量文献资料,表达了作者对有效的屯田成法,必须引以为戒的积弊,以及与农垦有关的农事技术问题的见解。从篇幅上看,前两项约占全书的三分之二,而后者只占三分之一。这是本书与其他只谈技术,不谈农业政策和政治经济制度的农学著作有鲜明区别的地方。

《总论》未注明出处,据校释者马宗申的查对,系节引自清人蔡方炳《广治略·屯田篇》和明董向高《四夷考·屯政考》。其中指出营田和屯田不同:"屯田因兵得名,则固以兵耕。营田募民垦种,分里筑室以居其人,略仿晁错田塞之制,故以营名;其实用民,而非兵也。"军屯难以持久:"处无可如何之地,迫以不得不然之势,勒以军制,收利一时,则士马可以壮饱腾之气。然兵罢则屯亦罢,一散而不可复收矣。"而"若夫民,因生长于农者也。即使身无半亩,而终岁佣力于农田,身亲乎农事,燥湿刚柔,水耕火耨,不待教而知,亦习焉而不知其苦也。"所以只要得其法又得其人,是可以"收无穷之地利,而系易失之人心"而取得成功。但营田之事"未垦之前,难于虑始,既垦之后,难于图终,固非卤莽灭裂者所可将事",故必须总结历史经验,"寻求利弊,酌乎时宜",采取正确的政策。

在《内篇上》之首,作者指出:"田久荒则谷贵,贵则民散而兵弱;地辟耕广则谷贱,贱则人聚而国强。……大难初夷,闲田尤广,聚人阜财,当务为急。"营田的根本任务是"聚人阜财"。以下的辑文中指出,为了完成这个根本任务,就要招徕开垦,"不惮劳,不爽信,不为烦苛,使民皆知其利己而无贻害,心无所畏,罔不乐从"(《招垦》)。要实行"宽其弓丈,薄其科则"(《勘丈》)等省徭减赋的政策,不要格外诛求,"俾民力宽裕,俯仰有资"(《起科》)。

在营田全过程、全方位的管理中,贯穿着一个指导思想,便是"为民兴利,而不与民争利"(《后序》)。因此要重视用人:"夫事本待人而任,不得其人,则不可得而行。"(《总论》)牧令必须能虑始图终,官吏必须廉洁奉公,吏役不得滋扰百姓。更要同贪污、盗窃、作奸犯科危害垦民的行为作斗争。为了防止营田管理中可能出现的积弊,除注意任人之外,还要注意平时的监督,采取定期奖惩和建立严格制度等措施。

马宗申《营田辑要校释》对《营田辑要》注释颇详,可供参考。

(林其锬)

租核 陶 煦

《租核》,一卷。陶煦著。成于清光绪十年(1884)。光绪二十一年由其子惟坻予以排印出版。1927年仍由惟坻重新排印出版。其他版本均以此两版本为祖本。

陶煦(1821—1891),字子春,号汦邨。江苏元和(今苏州)人。好学工诗,并通医道,隐居不仕。著作还有《周庄镇志》和《贞丰里庚甲见闻录》。《陶氏五宴诗集》中辑有他的诗。1927年本中有吴大澂撰写的陶煦夫妇的墓志铭。

《租核》由《重租论》、《重租申言》、《减租琐议》三部分组成。《重租论》成于清同治年间(1862—1874),曾收入《周庄镇志》,光绪八年刊行。其余两部分写于光绪十年,共十三篇。《租核》成书后,为避免触人之忌,"非其人,不轻出以相视"(陶惟坻等识语),仅在少数官绅中传抄。江苏布政使黄彭年曾表示要刻于陶楼丛书,因不久即去世而未果。光绪二十一年本有陶惟坻兄弟四人的识语。1927年本由单镇作《叙》,并有原元和知县李超琼所作《周庄陶氏族谱序》、陶惟坻识语及吴大澂《清故诰封奉政大夫陶君暨元配夫人朱氏墓志铭》。

《租核》的内容是揭露苏州一带地主对农民的苛重的地租剥削和收租过程中的残酷的迫害,呼吁减租并放松对农民的压迫。同此书观点相同的还有钟天纬的《减私租论》(见《刖足集内篇》),但远不及它详尽。

《重租论》说明了以下几点。

一、苏州一带的土地关系。陶煦指出吴地佃种的土地十之八九为"租田",俗有田底、田面之称,田面归佃农所有,田底归田主所有,各有一半所有权。但"田中事,田主一切不问,皆佃农任之"。一年收入仅靠秋熟,亩收不过三石,少的止一石有余,但私租达一石五斗。按八折计算,歉收可以减租。

二、赋减而租未减。同治二年李鸿章奏准苏、松减轻田赋三分之一,但地租未减,而且催租费用亦由农民代偿。"是赋虽减,而租未减;租之名虽减(指八折计算),而租之实渐增。"

三、田主巧立名目收租。田主通过折价收钱、扩大租斛、提早纳租期限等办法增加租额。收租人或取悦于主人,"于佃农概不宽贷,恶声恶色,折辱百端","甚且有以私刑盗贼之法,刑此佃农"。

四、官府帮助田主收租。在隶役的刑逼下,佃农"虽衣具尽而质田器,田器尽而卖黄犊,物用皆尽而鬻子女,亦必如其欲而后已"。一县每年"为赋受刑者无几人,为租受刑者奚翅数千百人,至收禁处有不能容者"。

五、田主还用其他办法追讨欠租。如责佃农的伯叔兄弟代偿;用欠租抵田面价,夺田售与他人佃种等。

六、主张减租三分之一。实际租额每亩八斗至一石。陶煦还指出"赋有九则,而租独一例",吴江的下下田租额亦一石有余,"此尤事之不平者"。

《重租申言》进一步"阐发前论,以代亿万吴民不平之鸣"。分《发端》、《推原》、《稽古》、《别异》、《流弊》、《祛蔽》、《培本》七篇。

《发端》说明写《重租申言》的原因。冯桂芬代李鸿章拟的减赋之疏,"其立言类就佃者言之",而减赋之利并未被及佃者。故需要作进一步说明,以明真相。

《推原》分析农民贫困之原。地租重是根本原因:"乃多者二十而取十五,少亦二十而取十二三。"由于土地的收入可靠,"故上自绅富,下至委巷工贾胥吏之俦,赢十百金即莫不志在良田",以致"田日积而归于城市之户,租日益而无限量之程"。

《稽古》摘引董仲舒、陆贽、顾炎武、张履祥及元成宗、清世宗、清高宗时有关地租的议论或政策,并加案语抒发己见。

《别异》分析吴中今日地租同一般地租的区别。因为有田面、田底,田面为佃者的恒产,故即使"厚其租额,高其折价,迫其限日,酷烈其折辱敲吸之端",也不愿舍弃。这更说明减租的必要。

《流弊》揭露隶役帮助地主逼租的情况。

《祛蔽》批评当官的不关心民间疾苦,他们或者不了解农村情况,或者虽了解,但"一旦得志而禄入既裕,亦复网罗良田沃产以计子孙,且取之如水之益深,火之益热"。陶煦希望他们能够祛除这种"沉痼沿袭之蔽"。

《培本》强调要培植农家。陶煦指出:"农有余财,则日用服物之所资人人趋于市集,而市集之工贾利也。市集有余财则输转于都会,而都会之工贾利也。"这无疑是说发展农业是发展工商业的基础。

《减租琐议》分《量出入》、《辨上下》、《示度程》、《谳情罪》、《矜寡独》、《剔耗蠹》六篇。

《量出入》计算了耕田十亩的佃户的一年收支,计收入钱六十一千,支出钱三十九千,余二十二千。租额如按每亩一石二斗实额算,合钱二十一千六百文,只余钱四百文。如提高折租之价,还有杂征、催租等费,则工食费所余也不多了。既然绅富和佃者共有其田,则所余二十二千应该两者平分,田赋亦共同负担。绅富所得地租加田赋应为十四千四百文,实得八千五十文(田赋六千三百五十文)。减租三分之一正符合此数。陶煦认为地租和地价之比应该低于十分之一,不能"以商贾之利(本钱的十分之一)求之于田,责之于租"。

《辨上下》指出地租额应根据土地情况而分为三等:人稠田美之区为上等,亩租一石;人稀田美及人稠田中之区为中等,亩租七八斗有差;人稠田恶及人稀田中、田恶者为下等,亩租四五六斗有差。

《示度程》提出完善收租的制度,解决无定程(期限)、无定价、无定制的弊端。

《谳情罪》讨论减租以后对佃户的刑罚问题,主张"原其情之可原,而惩其罪之可惩"。

《矜寡独》提出对寡妇佃户可以改收钱米为收布,对孤独者亦应照顾。

《剔耗蠹》指减租后还要注意剔除胥吏的舞弊行为。

陶煦作《租核》,体现了可贵的为民请命的精神。他说:"租害极矣。农不能自言,工贾不能代之言,言者吾辈耳。"(《祛蔽》)他对地主残酷剥削农民所作的深刻揭露,为后世留下了一份珍贵的史料。

(叶世昌)

庸盦海外文编 薛福成

《庸盦海外文编》，四卷。薛福成著。由其旧属张让三和子薛慈明依其原体修编成，清光绪二十一年(1895)编入《庸盦全集》，集为十种出版。光绪二十四年，上海书局出版《庸盦海外文编》石印本。编入上海古籍出版社版《续修四库全书》。

作者生平事迹见"筹洋刍议"条。

《庸盦海外文编》是薛福成出使四国时所写的文集。有些内容又见《出使四国日记》和《出使日记续刻》。本书"以交涉洋务筹议时政者为多"(《跋》)，比较集中地反映了作者实地考察欧洲社会后在政治、经济思想上的新变化，表现了他更加强烈的学习西方、发展资本主义工商业的愿望。

本书的编排顺序是："首奏疏，次论议，次书，次序跋，次传状，次书事，次碑志，次记。"(《凡例》)每一类的文章编排以年月先后为顺序。奏疏二十四篇，编为卷一、卷二。论议二十六篇、书三篇，编为卷三。序、传状、书事(史论)、碑志、记等十九篇，编为卷四。书末有作者的识语，"或叙作文之由，或书后来事实"。以下择要介绍几篇重要文章。

早在光绪五年，薛福成就在《筹洋刍议·商政》中指出西人的致富之术以工为其基而商为其用。在本书的《振百工说》中，他又指出："泰西风俗，以工商立国，大较恃工为体，恃商为用，则工实尚居商之先。"要发展工商业，士必须兼工之事。西方各方面的技术人才很多，造成了泰西诸国的勃兴。中国要想"发愤自强"，也必须"振百工以前民用"。而其前提则是破千年以来科举之积习，"朝野上下，皆渐化其贱工贵士之心"。

在《英吉利用商务辟荒地说》中，薛福成提出了以商为纲的理论。他说："夫商为中国四民之殿，而西人则恃商为创国造家、开物成务之命脉，迭著神奇之效者。何也？盖有商则士可行其所学而学益精，农可通其所植而植益盛，工可售其所作而作益勤。是握四民之纲者，商也。"西洋靠这种"从前九州之内所未知，六经之内所未讲"的道理而操胜券，"不能执崇本抑末之旧说以难之"。这一论述反映了薛福成的重商思想，表明他虽然提出以工为基，但仍以商业作为发展资本主义、抵制外国侵略的中心。

《用机器殖财养民说》则论述了机器生产的优越性和用机器解决就业问题的必要性。他认为西洋的工业生产技术"使人获质良价廉之益,而自享货流财聚之效"。用机器完全可以造出人力所不能造的东西,而且可以以一工人工生产出手工劳动需花一百工人工的产品。"夫以一人兼百人之工,则所成之物必多矣。然以一人所为百人之工,减作十人之工之价,则四方必争购之矣;再减作二三人之工之价,则四方尤争购之矣。"机器产品价格低廉,在竞争中处于有利的地位。中国用手工劳动,自然不能同西方相抗。机器生产还是"养民之法"。他驳斥了顽固派认为广用机器会"夺贫民生计"的观点,指出"西洋用机器之各厂,皆能养贫民数千人,或数万人","是故守不用机器调济贫民之说者,皆饥寒斯民,困厄斯民者也"。他还指出:"盖用机器以造物,则利归富商;不用机器以造物,则利归西人。利归富商,则利犹在中国,尚可分其余润以养我贫民;利归西人,则如水渐涸而禾自萎,如膏渐销而火自灭,后患有不可言者矣。"

《西洋诸国导民生财说》进一步讨论了中国的人口问题。薛福成既承认中国有人满之患,又感到比起欧洲人,中国的人口密度并不很大。欧洲每十平方里住九十四人,中国每十平方里只住四十八人,"是欧洲人口,实倍于中国"。关键在于英、法等国"能浚其生财之源",而中国却是"矿务、商务、工务无一振兴,坐视民之困穷而不为之所"。这表明他已认识到中国的人口过剩只是相对过剩,通过发展经济能够做到人满而富。

《论公司不举之病》讨论了振兴中国的公司问题。薛福成指出西洋诸国"有鸠集公司之一法,官绅商民,各随贫富为买股多寡",起"纠众智以为智,众能以为能,众财以为财"的作用。中国虽效仿西洋之法开了一些公司,但"气不厚,势不雄,力不坚"。有的公司经营失败,或乾没人财,使人们视公司为畏途。他强调成立公司必先开风气,而其责任在朝廷。"风气不变,则公司不举。公司不举,则工商之业无一能振。工商之业不振,则中国终不可以富,不可以强。"

《西洋诸国为民理财说》讨论了国家财政问题。薛福成指出英、法、德等国面积只当中国的两个省,但岁出入数六七倍于中国,取之于民的百余倍于中国,"而民不甚以为病",这是因为"取之于民,而仍用之于民"。认为西洋诸国"平时谋国精神,专在藏富于商";"虽有重敛之实,而无厉民之迹者,无他,以其能聚亦能散也"。

《强邻环伺谨陈愚计疏》分析了当时的中外形势,提出励人才、整武备、浚利源、重使职四条建议。薛福成指出:"盖生财大端,在振兴商务。商务以畅销土货为要诀,欲运土货,以创筑铁路为始基。"除铁路外,还要加速发展机器纺纱织布。"诚宜推之各省及各郡县,官为设法提倡,广招股商,设立公司,优免税厘,俾资鼓励。收回利权,莫切于此。"

《海关出入货类叙略》、《海关出入货价叙略》分析了光绪十八年中国进出口商品的类别和价格。从货类上看,纱布呢羽等几居进口货之半,洋药(鸦片)亦占四分之一。因此薛福成提出:"为中国计,宜设方略,渐杜洋药来源,而劝导商民仿洋法织布纺纱,尤为第一要义。其次开矿,其次炼铁,其次纺织呢羽毡绒,其次仿造自来火及制炼煤油。"出口方面,"仍须注力丝茶,庶能握其纲领"。此外棉、糖、纸、席、草帽辫等也要随时整理。从货价(贸易差额)上看,"中国之银耗于英国及英属地者甚巨,而稍取盈于通商诸国"。盈耗不能相抵,一年中亏银三千二百五十余万两。薛福成提出应仿效日本"专精奋力,研求工商之术",以扭转这一情况。

有关《庸盦海外文编》经济思想的研究主要有赵靖、易梦虹主编《中国近代经济思想史》下册,侯厚吉、吴其敬主编《中国近代经济思想史稿》第二册,胡寄窗《中国近代经济思想史大纲》,叶世昌《近代中国经济思想史》的有关章节等。

(王立新)

续富国策 陈 炽

《续富国策》,四卷。陈炽著。成于清光绪二十二年(1896)。有光绪二十二年始刻本、二十三年豫宁余氏重校本、《西政丛书》本、《实学富强新编续刻》本等。收入1997年中华书局出版赵树贵、曾丽雅编《陈炽集》。

陈炽(？—1900),原名家瑶,字次亮、仲云,号瑶林馆主、通正斋生等。江西瑞金人。中过举。曾任军机处章京、户部郎中、刑部郎中等职。通过阅读西书,到香港、澳门及沿海城市考察,并向国外回来的人了解情况获得西学知识。光绪二十一年参与组织强学会,任提调。赵炳麟作的《陈农部传》(《赵柏岩集·文存》卷三)说陈炽"后以世变日巨,郁郁不得志,酒前灯下,往往高歌痛哭,若痴若狂,归江西数年卒"。但陈三立《散原精舍诗》卷上有辛丑(1901)作的悼陈炽诗,题中说他"以去岁五月卒于京师",故可以肯定是在光绪二十六年死于北京。著作另有《庸书》。

《续富国策》是续谁的《富国策》？陈炽在《自叙》中说:"(英国)有贤士某,著《富国策》,极论通商之理,谓商务寡多益寡,非通不兴。英人举国昭若发蒙,尽涤烦苛,以归简便,而近今八十载,商务之盛遂冠全球。"这里的"贤士某"只能是亚当·斯密。他的《国富论》当时还未译成中文,但已以"富国策"之名为中国学者所知。陈炽写《续富国策》,是想续亚当·斯密的《富国策》,使中国"他日富甲环瀛,踵英而起"。他并不了解《国富论》的内容,这个"续"字加得并不恰当,却反映了他希望中国通过改革迅速走上富强之路的迫切心情。

《续富国策》分《农书》、《矿书》、《工书》、《商书》四卷,共六十篇。《农书》分《水利富国说》、《种树富民说》、《种果宜人说》、《种桑育蚕说》、《葡萄制酒说》、《种竹造纸说》、《种樟熬脑说》、《种木成材说》、《种橡制胶说》、《种茶制茗说》、《种棉轧花说》、《种蔗制糖说》、《种烟加非说》、《讲求农学说》、《畜牧养民说》、《拓充渔务说》十六篇。《矿书》分《维持矿政说》、《精究地学说》、《开山伐石说》、《分塙采煤说》、《石油石盐说》、《披沙拣金说》、《就银铸钱说》、《开矿禁铜说》、《大兴铁政说》、《广采群金说》、《炼石陶砖说》、《取土制磁说》十二篇。《工书》分《劝工强国说》、《艺成于学说》、

《算学天学说》、《化学重学说》、《光学电学说》、《攻金之工说》、《攻木之工说》、《织作之工说》、《饮食之工说》、《器用之工说》、《军械之工说》、《制机之工说》、《治道之工说》、《工艺养民说》十四篇。《商书》分《创立商部说》、《纠集公司说》、《考察商途说》、《急修铁路说》、《遍驶轮舟说》、《广通邮电说》、《大兴商埠说》、《仿设巡捕说》、《修举火政说》、《商改税则说》、《博物开会说》、《保险集资说》、《酌增领事说》、《多制兵船说》、《创开银行说》、《通用金镑说》、《畅行日报说》、《分建学堂说》十八篇。从篇目可以看出,本书主要讨论发展生产力的问题,属于生产力经济学的著作。

《农书》主要论述发展各种经济作物生产之利,关于粮食生产仅在《讲求农学说》中谈到。此篇可视为《农书》卷的总纲。其中说:"盖五谷之利在各业中为至微,而耕作之功在各事中为至苦。然一日不耕,天下有饥者,农政之所关,又在各务中为至重。"陈炽分析了英国的大地主土地所有制和法国土地所有权相对分散的土地所有制的经营之利,指出中国"宜兼收并采,择善而从"。主张劝令"拥田数千亩数万亩"的大地主"考求培壅收获新法,购买机器,俾用力少而见功多",做到"亩收数十倍"。对于只有数亩数十亩田的"农民","则宜仿法国之法,因地制宜,令各种有利之树,或畜牧之类,而又为之广开水道,多辟利源"以致富。为了提高农业生产技术,他提出将中国的旧农书择其精要的编成一卷,又翻译各国农书,取其凿凿可行的汇为一编,予以推广。

《矿书》主张"广采群金",而以开采货币材料金、银、铜矿为重点,并讨论了货币政策问题。陈炽认为中国金少是由于"欧亚各国以银易金运归其本国铸钱";中国银多是由于"欧亚各国岁以银二千万两运入中国"(《就银铸钱说》)。外国运我黄金和铜钱出口,造成了中国的金荒和钱荒,使币制混乱。他过高估计了币制的作用,因此说:"至今日而上下困穷……而寻源探本,则圜法之弊一言蔽之矣。对症用药,则整顿圜法之弊一方括之矣。"(《开矿禁铜说》)他提出的对策是用机器铸金、银、铜钱,彼此有固定比价:金钱一枚值银钱十枚,值制钱一万枚。

《工书》论述了学习各种自然科学知识和发展工业生产。陈炽指出中国的对外通商是"以贱敌贵,以粗敌精,以拙敌巧"。"中国出口之生货,皆以箱计,以石计,以包计,以百斤、千斤、万斤计";"西人入口之熟货,则以件计,以匹计,以瓶计,以盒计,以尺、寸、铢、两数目多寡计"(《器用之工说》)。要改变这种状况,必须实行劝工政策。"重赏之下,必有勇夫",劝工的方法就在于"仿各国给凭专利"(《劝工强国说》)。中国已用机器生产多年,仍赶不上西方,则是因为"不学"(《艺成于学说》)。要发展机器生产,还必须能自制机器,这是中国"开辟利源之关键,振兴工业之权舆"(《制机之工说》)。

在《工艺养民说》中,陈炽还批评了士大夫中认为机器"必夺贫民生业"的论点。指出反对机器生产"实暗保洋货之来源,暗绝华民之生路,不啻为泰西各国之人傅翼而使飞,扬汤而使沸也"。发展机器生产是无限量的功德:"天下穷民谋食之路,惟机器工作厂为最丰,亦惟机器工作厂为最易。"只有这样才可以避免造成"亘古伤心之浩劫"。

《商书》的内容广泛,凡前面三卷未曾提到而同发展经济有关的都在其内,包括办报、办学等。在甲午战争前,中国主张学习西方的学者,大多主张以振兴商务为中心发展经济。《续富国策》的写作时间较晚,这种倾向已有所减轻,从四卷的顺序就可以看出这一点。

但这种倾向仍然存在,所以在《创立商部说》中仍以振兴商务为中心讨论了商业和农、矿、工业的关系。其中说:"商之本在农,农事兴则百物蕃而利源可浚也。商之源在矿,矿务开则五金旺而财用可丰也。商之体用在工,工艺盛则万货殷阗而转运流通可以周行四海也。"戊戌变法时,康有为在《条陈商务折》中说:"夫商之源在矿,商之本在农,商之用在工,商之气在路。"显然是对陈炽这一论述的继承和发展。

要振兴商务,必须实行有利于商人的政策。陈炽建议设立商部和各地的商务局,订定商律,"专主护商",认为"不立专官定专律,则商情终抑而商务必不能兴"(《创立商部说》)。主张由商人组织公司,并解释公司说:"夫公司者,秉至公而司其事之谓也。"(《纠集公司说》)他提出义利结合的观点:"惟有利而后能知义,亦惟有义而后可以获利。"(《分建学堂说》))以此来肯定言利的正当性。

《商书》还强调要用银行来筹集资本,指出"通商而不设银行,是犹涉水而无梁,乘马而无辔,登山而无屦,遇飘风急雨而无寸椽片瓦以栖身,则断断乎其不可矣"(《创开银行说》)。《通用金镑说》提出金钱的轻重仿英镑,做到互相通用,既可避免镑亏,在"中国大开地利"后又能做到"彼钱皆我钱"。

有关《续富国策》的研究主要有赵靖、易梦虹主编《中国近代经济思想史》下册,侯厚吉、吴其敬主编《中国近代经济思想史稿》第二册,胡寄窗《中国近代经济思想史大纲》,叶世昌《近代中国经济思想史》的有关章节等。

(叶世昌)

刖足集 锺天纬

《刖足集》，内篇、外篇各一卷。锺天纬著。内篇在锺天纬死后由其子镜寰编成，未付印。民国年间，锺天纬之女镜芙等收集内篇未收的其父其他遗文编成外篇，同内篇一起交商务印书馆。恰值1932年1月上海战争爆发，商务印书馆被毁，《刖足集》书稿亦遭焚。镜芙等乃重新抄集，比原编又有亡失。大约在同年自行排版付印。同外篇合订的还有《鹤笙仙馆诗词杂著》及附录《锺徵君传》、《锺鹤笙徵君年谱》等。

锺天纬(1840—1900)，字鹤笙。江苏华亭亭林(今属上海金山)人。清同治十一年(1872)入上海广方言馆学习。光绪元年(1875)任职于山东机器局。五年随出使德国大臣李凤苞出国，曾"游历欧洲各国，考其政治、学术及所以富强之故"(《年谱》)。七年因病回国。次年入江南制造局翻译馆从事翻译工作。十四年应盛宣怀之邀赴烟台，任矿学堂监督。十五年应张之洞之邀赴武昌，任自强学堂监督等职，十九年辞职。二十年又应盛宣怀之邀至天津，曾随李鸿章校阅海军。次年回江南制造局翻译馆工作，并曾兼吴淞电报局长及参加办学活动等。戊戌变法期间，两江总督刘坤一、湖广总督张之洞等荐举他应经济特科，因政变而未行。两年后即病逝。所译书有同英人罗亨利(H. B. Loch)合译的《西国近事类编》，同英人傅兰雅(J. Fryer)合译的《工程致富》、《英美水师表》、《铸钱说略》、《船坞论略》、《行船章程》、《考工纪要》等书。著作大半散佚，现存《刖足集》、《时事刍议》等。

锺天纬熟悉西学，《刖足集》汇集了他主张学习西方，振兴中国工商业，求中国之富强的论文和对洋务派官员的各种建议。其中有关于中西文化的比较，论述颇为深刻。如内篇《格致之学中西异同论》中说："中国惟尊古而薄今，西人则喜新而厌故。中国尚义理之空谈，西人得物理之真际。此则中西相背而驰之发轫处也。"可谓发前人所未发。书中论述的重点则是在经济方面，主要内容如下。

一、批评地租过重。内篇有《减私租论》一篇，分析了长江下游江南一带的地租沉重情况，指出地租占收成之半,严重的甚至"十(原误作'寸')分而取其八九";"小民终岁勤动,胼手胝足,加以牛车、种籽、人工、粪壅之费,得不偿失,几何而不贫且盗也"。官府则"惟知顺势家之嗾",追比私租,对交不起地租的农民敲扑拘系,"岁戕民命几多于天下命盗之案"。他主张减轻地租,以不超过官赋的五倍为限,认为这样"田主犹收四倍之利,而小民得资八口之生"。此文与陶煦的《租核》相呼应。

二、主张造铁路。《刖足集》中收有《开铁路置电线论》(内篇)、《中国创设铁路利弊论》、《中国铁路如何取道为便论》(外篇)三篇。《开铁路置电线论》写于出国期间,文中指出"国家之有铁路,犹人身之有血脉",开设铁路刻不容缓。对反对造铁路的论点进行了辩驳。《中国创设铁路利弊论》写于光绪十年或十二年,专为批评刘锡鸿的《仿造西洋火车无利多害折》而作。刘锡鸿在奏折中提出铁路"不可行者八,无利者八,有害者九"共二十五条反对理由,锺天纬进行逐条反驳。他不仅分析了铁路对"开华人之生计,夺洋人之利权"的重要意义,而且强调了对转移风气的积极作用:"本朝清议之权,劫持国是,故大局拘挛束缚而渐难挽回。有铁路则风气大开,士习民风,顿然丕变,不复如前之深惑锢蔽。……是铁路直转移国是之大关键也。"此文"传播遐迩,文誉飚起"(《钟徵君传》)。《中国铁路如何取道为便论》则对建造铁路的有关问题提出了具体建议。

三、系统地论述了整顿商务的办法。《刖足集外篇》收有《扩充商务十条》(光绪九年)、《挽回中国工商生计利权论》(两篇,光绪十四年)等论述发展中国工商业的文章。首先,锺天纬指出中国要求富强,不能"徒窥西国富强之糟粕,而未知西国富强之本源"。他认为西国的富强本源在于:(一)"政治必顺人情","视工商为国家之命脉",而"中国则重农抑末,贱视工商,位置在士农之下,官府视为鱼肉,清议鄙为细民"。这样贸易就不能与洋商抗衡。他主张设立商会,实行保护商人的政策。(二) 西方的士有各种专业,"靡不设新法、阐新理以期有益于国计民生",而"中国之士专务虚谈"。他主张士要"专务为有用于世之学",创立利国利民学说、新法的,国家给予奖励。(三)"西洋之学术以格致为基",而"中国则专以诵诗读书为士,于兵农礼乐号为无所不通,而实无一能解"。他主张"设立商务学堂,培植通商制造之才,别开格致之科,讲求富国强兵之术"。(四) 西洋风俗父母要求子女自立,而"中国则一人为商,即全家坐食"。他主张"凡有儿女之家,责成父母或令入塾读书,或送店肆习业",对游惰实行处罚的办法。由此得出结论说:"夫使中国有保护工商之律法,有讲求工艺之人才,有研精格致之学术,有趋勤耻惰之民风,庶乎得富强之真际矣。"(以上《挽回中国工商生计利权论(一)》)至于发展工商业的具体项目,除了上述开铁路、置电线外,还提出兴纺织、开矿产、广丝茶、开民厂、精制造、铸钞币、办邮政、合公司、借国债、广轮船、颁牙帖(专利证书)、保海险、设信局、赛工艺(赛珍会)等。对这些项目都作了说明。

四、建议改进企业管理。《刖足集》中收有《代拟禀李爵相裁撤机器局条议》(内篇)和《轮船电报二事应如何剔弊方能持久策》(外篇)。前者针对各省机器局办理不善,资金困难,有人主张裁撤部分机器局而言。锺天纬指出机器厂对中国富强有利,"未可浅尝辄止,自隳前功"。批评"各厂局制造军火,贪多务博,不免涉猎不精",建议"各专一门,彼此相济","各专其任,即各极其长"。对已设厂进行调整,"厚集其力,益加扩充。如以闽、浙合办一局,而江西助之;江苏独办一局,而安徽、湖北助之;川、滇合办一局,而黔省助之;两广合办一局,而湖南助之;以晋助津;以豫协东。但期精益求精,不必贪多务广,纷纷添设,转滋靡费"。对于机器局的内部管理,他提出了裁洋匠、节冗食、严考核、估材料四条建议。后者是向轮船招商局督办、电报局总办盛宣怀提出的剔弊建议,约作于光绪十一年。锺天纬认为轮船招商局的经营存在八弊:通商立约,所定税则太轻;长江开埠,西人夺我利权;雇用西人,不受中国驾驭;洋船倾轧,不能独操垄断;驾驶之人,不能自为培植;贸易清淡,不能设法扩充;事权偏重,不能层层钳制;用人太杂,不能事事核实。对每条都提出了改进意见。如为了解决长江开埠,西人夺我利权之弊,他提出广造浅水轮船,发展内河航运。"如乘湘水可直抵长沙、衡州,乘汉水可直抵襄阳、樊口,乘岷江正流可直抵成都,乘运河横流可直抵清、淮、济宁,由鄱阳可抵南昌,由巢湖可抵庐郡。推之由大沽以达京师,由黄河以达济南,由吴淞以达苏、杭,由珠江以达梧州,皆四通八达商贾辐辏之区,只准我中国轮船往来。"对电报局,锺天纬指出存在四弊,也提出了改进意见。

在19世纪60年代以后著文论述发展中国资本主义经济的人们中,锺天纬是比较早的一位,重要文章多写于七八十年代。他不仅论述了发展民族工商业的问题,而且对地租剥削过重也表示了关心,这在当时的同类人物中极为少见。

有关《刖足集》的研究主要有叶世昌《近代中国经济思想史》有关章节等。

(叶世昌)

危言 汤寿潜

《危言》,四卷。汤寿潜著。成于清光绪十六年(1890)。有三十九篇本和四十篇本。后经修改补充,于光绪二十一年出版五十篇本。

汤寿潜(1856—1917),原名震,字蛰仙。浙江山阴天乐乡(今萧山进化镇)人。少时在家乡读书,以文学见称。二十岁左右到杭州、上海等地游历。光绪十二年入山东巡抚张曜幕,陆续撰写《危言》各篇。十八年进士,选庶吉士。散馆后任安徽青阳知县,三月后以亲老辞归。戊戌变法时,经孙家鼐推荐,德宗曾命其入京,未成行。二十六年八国联军之役时,同张謇发起"东南互保"。三十年任上海龙门书院山长,改书院为龙门师范学堂(上海中学前身)。次年被举为浙江全省铁路公司总理,建造苏杭甬铁路浙江段,并进行保卫路权的斗争。三十二年被举为预备立宪公会副会长。辛亥革命后任浙江军政府都督。在南京临时政府中任交通总长(未到任),参加了统一党。同年任浙江铁路公司理事长。著作还有《理财百策》等,未刊行,现已编入《萧山文史资料选辑》(四)《汤寿潜史料专辑》。另辑有《三通考辑要》。《中国近代名人小传》、《中华民国史资料丛稿·人物传记》第十八辑、《汤寿潜史料专辑》等书有传。

《危言》初刊本四十篇,有陆学源作于光绪十六年五月的序。但另有三十九篇本(缺《防俄》篇),有作者作于光绪十六年六月的序而无陆序。还有既无陆序又无作者序的四十篇本。光绪十八年汤寿潜将文稿增至五十篇,其友人吴忠怀阅后写了跋语。但作者当时还不愿公之于世,至三年后才印行。五十篇本所增大部分为经济内容。

《危言》反映了汤寿潜系统的改革主张,内容广泛。最后一篇《变法》,提纲挈领地说明吏、户、礼、兵、刑、工六部应当变法的内容。关于户部,他说:"至淮鹾国用之尾闾也,凡盐船不如轮船之便捷,宜若可租轮船以利周转矣。鼓铸国宝所委输也,乃官铸不如私铸之通行,宜若可任民铸而税赢余矣。本富莫如农,胡勿拨勇而广为垦辟?末富莫如商,胡勿设官以力为主持?丝茶擅中国之利权,而搀(掺)杂低赝,洋商裹足,则公司总理可也。纺织开中国之风气,但捐资给帖,有力任为,必由官龙(垄)断何也? 重烟酒之税以抑末,蠲米麦之捐以惠农,一权量之制以平民,用测绘之法以清丈。此户部之法有当变者也。"关于工部,他说:"其工部之法有当变者:估勘承办,堂司皆有额费,虽钦工而草率可知。领款报销,胥吏无不扣成,虽照准而把持任臆。西北土性即异东南,有不宜水田之处,断无不宜杂粮之地,问劝相者谁? 西北游惰不任地力,然能习车马之劳,宜无不任树艺之利,问兴起者谁? 汾、渭通流而舟行甚少,亟用小轮以畅行之。长江抬浅而湖水被挤,试仿轮机以疏浚之。山禁渐开,江为沙壅,船各带沙一囊,则移徙以渐矣。海塘岁修,民较官切,每段轮绅协理,则偷减少免矣。"(文字据五十卷本)这些属于汤寿潜在甲午战争前变法主张的主要经济内容。以下分述其要点。

一、发展新式工矿、交通、邮政等业。汤寿潜指出"日本自维新后,力崇西法,一切制造,皆能仿行",而中国虽已设制造各局厂,但"不过袭人之旧制,拾人之唾余,以为位置闲员、报销帑项地步"(《洋匠》)。主张招徕洋商洋匠来中国各通商口岸开设制造局厂,认为这样做对中国有利。对于开矿,他批评了官督商办,指出这是平度金矿、徐州铁矿等办矿失败的根本原因。主张从国外招聘头等矿师数人来华验矿,验定后由商民领帖开矿,"或集资伙办,或独力开采,听其便"(《开矿》)。造铁路费用巨大,汤寿潜也提出了一些对策,如"招商认造,以所造之路权利属之,而岁输所入之几于官"(《铁路》)。他还提出仿国外造木路行木轮火车,以节省费用。轮船招商局应发展内河航运,用小轮船行驶。由局维持,而由商人承揽。"无论何号商船,或客或货,由小轮为之拖带,有不愿附带者听。……小轮收商船之利,商船仍收客货之利,有益无害,而生业畅矣。"(《小轮》)邮政为国家大利所在,应予创办。规模大定后,可将驿站的夫马并入。民间信局和外国在华的书信馆势必淘汰,可准附股以减少阻力。设官置局费用大,可由各地电报局兼办。"现在先以电局为根本,将来必与铁路相表里。铁路未成,(邮政收益)可裨建路之需;铁路既成,可作养路之费。"(《邮政》)

二、开放口岸,增加关税。汤寿潜认为通商口岸之设得失各半,得的方面有:设通商口岸,外商要建房筑路和布置一切;洋货在口岸竞争,不能不贬值求售;外国富商久寓中国,庐舍财产仍在中国;外人为保商务而不轻易开衅,即使开衅,亦以口岸为局外之地。因此主张:"此后西人如以口岸要挟,竟可如其所请……或加重进口税则,或照中律以断在华西人等款以抵偿之,庶乎失之东隅,犹为收之桑榆也。"(《口岸》)他又指出:"西人之税于民也,重于进口以遏客货,轻于出口以畅土货。"(《洋税》)但中国进口税很轻,棉布、洋纱名为"值百抽五",按市价仅值百抽三四,还有许多商品免税。主张更定税则,虽不能改约重税,也应做到如约收税。可借"利益均沾"的话来折服西人,以达到加税的目的。

三、改官库为官号。汤寿潜指出各级政府的官库"弊漏不可究诘",解决的办法是将所有官库都改成官号,即变财政机构为金融机构,而且由官府核准的商人经营。认为其利有五:官款作为官号存款,流通市面,利息归公;裁撤京外钱局,由官号铸钱,"开销既减,钱路自宽","私销盗铸,不敢自清";银元亦由官号购机铸造,"分两既有一定,平色庶免分歧";由官号发行兑现钞币,商民争相宝用;赢余计成收税,"国用大可挹注"(《官号》)。人民信朝廷不如信商号,由官号来试借国债,"必有踊跃输将以资两利者"(《国债》)。

四、革除赋税积弊,扩充财政收入来源。汤寿潜对厘金、盐课和钱粮的严重积弊作了深刻的揭露,并提出了对策。主张厘金采取包厘的办法,由行栈承包,行栈则收之于行商。官府"坐总其成,溢则听之,为吾民稍留元气,不及额则责令偿足,庶几国用有着"(《包厘》)。盐课可改为盐捐,"家什口捐五,二口捐一,一口免,以季征解。婚嫁生卒时,增损以实,抵见额而止,不续加,著为永令"(《盐捐》)。改行盐捐后,人人许煮盐,人人许贩盐。钱粮的征收要"顾名"和"循名"。钱粮征折色,开征前要明确规定银、钱比价及所加耗羡平余,不得"羡外有羡,余外有余",这是"顾名";欠粮不得加收,陈粮加价者杀无赦,有减缓之令州县要明白告示,这是"循名"(《钱粮》)。有扩充财政收入来源方面,他提出了征收鱼课、鬻爵、罚锾等办法。认为豪强以鱼利为世业,什取其一二,可以"隐寓裁抑"(《鱼课》);官不可卖,捐纳应停止,但爵是虚衔,虽卖至极品,"无伤政体"(《鬻爵》);对犯罪者加以罚款,能使"刑狱简,官常肃"(《罚锾》)。

五、兴农田水利。为解决满蒙旗丁生计,汤寿潜提出由朝廷购买直隶(今河北)荒地,派习知水利农田的重臣为旗屯大臣,组织满蒙闲散旗丁进行屯垦。"岁移千丁,可垦百亩,十年树人,满蒙闲散旗丁从此一无闲散"(《内旗》)。东南漕运耗费大,可查清历年已营成的水田尚在耕种者,秋收时由政府收购以抵漕粮。"种一顷之田,即得一顷之粟;得一顷之粟,即折一顷之漕;折一顷之漕,即减一顷之漕之费"(《水田》)。他还主张改各卫所卫丁为屯丁,以所授之田为屯田,国家征屯租。道光三年(1823)程含章督办直隶水利事务,在所著论北方水利书中提出兴北方水田的六不便。汤寿潜在《水利》篇中作了逐条反驳。此外,还有《分河》、《东河》、《北河》等论水利文章。

六、节约财政开支。除各篇多有涉及外,又在《节流》篇中就织造、岁供、土贡、驿传、局费、书院等六方面提出了节流主张。

《危言》五十篇本的经济思想较为丰富,反映了汤寿潜发展资本主义的要求和主张。他特别强调民办经济事业,其彻底性超过了同时代人。但有些主张也因此而陷于空想,如改官库为官号即是一例。

有关《危言》的研究主要有赵世培《危言评介》(《汤寿潜史料专辑》卷一)等。

(叶世昌)

新政真诠 何 启等

《新政真诠》，六编。何启、胡礼垣著。作者将不同时期的论著编次而成，清光绪十三年(1887)作《书曾袭侯〈中国先睡后醒论〉后》，二十一年作《中国宜改革新政论议》，二十四年作《新政始基》、《康说书后》和《新政安行》，二十五年作《〈劝学篇〉书后》和《新政变通》。二十五年至二十六年间汇集上述论著，将《书曾袭侯〈中国先睡后醒论〉后》改名为《曾论书后》，将《中国宜改革新政论议》改名为《新政论议》，编为六编(其中《康说书后》、《新政安行》合为一编)，加写《前总序》和《后总序》，定名为《新政真诠》，二十七年由格致新报馆出版。后作为胡礼垣的著作编入《胡翼南先生全集》，于1917年出版。

何启(1859—1914)，字迪之，号沃生。广东南海人。毕业于香港中央书院(后改为皇仁书院)。曾在英国留学，先后于阿伯丁大学和林肯法律学院等校学习医学和法律。光绪八年返香港，任律师。十三年为追念亡妻英国雅丽氏，创办香港雅丽氏医院，并附西医书院。十六年被选为香港立法局华人议员。二十一年参与筹划兴中会广州起义，起草了对外宣言。二十六年，义和团运动兴起时，曾密谋兴中会和两广总督李鸿章携手，实现广东、广西独立，未果。三十四年，任香港大学助捐董事会主席。1913年，将其所办的西医书院并入香港大学。台湾《民国人物小传》第三册有传。

胡礼垣(1847—1916)，字荣懋，号翼南，晚号逍遥游客。广东三水人。十岁即通四书五经。后屡试不第，遂放弃科举。毕业于香港中央书院，并任教习两年。创办过《粤报》，光绪十一年翻译了《英例全书》。甲午战争爆发时他正在日本，因清驻日使馆人员撤退，被旅日华侨荐为代理驻神户领事。中日战争结束后返香港，为文学会译员三年。后隐退闭门著书。著作有《胡翼南先生全集》，集中有传。

《新政真诠》揭露了清政府腐败无能、墨守成规、鱼肉商民并导致中国贫弱的种种现象，提出了维护民族利益，变革旧制，推行新法，富强中华的愿望及主张。

何启、胡礼垣认为,西方之所以能欺侮中国,是中国有可欺侮之处。中国摆脱贫弱的出路在于实行"意在图新"的新政,他们深刻地指出:"中国之贫,贫在不行新政;中国之弱,弱在不行新政。""赔款虽重,不足为辱,不行新政乃真辱也。割地虽蹙,不足为羞,不行新政乃真羞也。"(《后总序》)新政对于中国"如济川之舟楫,如大旱之云霓,如饥渴之壶飧,如倒悬之解结"(《新政变通》)。因此,"有新政则是有中国,无新政则是无中国"(《后总序》)。他们把新政的内容归纳为九条:开铁路以振百为,广轮舶以兴商务,作庶务以阜民财,册户口以严捕逮,分职守以厘庶绩,作陆军以保疆土,复水师以护商民,理国课以裕度支,宏日报以广言路(《新政论议》)。这九条中有四条是直接讲经济的。何启、胡礼垣批评了张之洞等只知逐末而未能探源的肤浅做法,认为中国要富强,须"设议院,立议员而复民权"(《〈劝学篇〉书后·〈正权〉篇辩》);学习西法,"惟其愈深西学,是以愈能救时";坚持孔学,孔学的精髓在于善变,所以,"固守孔教,则中国之变法自强不待言之于今日矣"(《〈循序〉篇辩》)。另外,他们还批评了中国人"办事不肯认真,故所办每多苟且"(《新政始基》)的恶习,提倡学实学,干实事。

《新政真诠》的经济思想主要如下。

一、人之所重惟利与名。何启、胡礼垣指出中国历来"以理财为迂,以言利为耻",以致"中国财用自古至今,遂无一日而能正本清源"。他们强调:"财者民所一日不能无者也,利者民所一日必欲得者也。"(同上)推行新政必须公开言利。"求利者,国家不禁,特求之须有方耳。如有其方,则禁锢所无,尤当乐助。"(《新政论议》)言利并不是不要义,而是"人富而仁义附焉"。因为,"人之能利于己,必能利于人,不能利于己,必致累于世"(同上)。他们主张:"人人皆欲为利己益己之事,而又必须有利益于众人,否则亦须无损害于众人";如果"能不以己之私夺人之私,不为人之私屈己之私,则国家亦无患其不富,并无忧其不强"(《〈正权〉篇辩》)。

二、富民之道,首在通商。何启、胡礼垣认为,中国的贫弱,基础在于人民贫穷,"而财非通商不可得"(《后总序》)。他们以英、美、日等发达资本主义国家强盛的例子说明:"外国之所以强者由于富,外国之所以富者由于商。"(《新政变通》)"盖商所到处其利必兴,其利既兴则民有益耳。"(《康说书后》)因此,中国将来的富强应"以商务称雄"为目标,且认为"中国民殷物富,最宜于商"(《新政论议》)。

发展商业离不开商人,商人地位的高低对商业以至新政的成败有很大关系。何启、胡礼垣以日本为例说明提高商人地位的重要性:"日本初行西法时,仍以士、农、工、商为等,而积弊不革。后改商、农、工、士为等,而风气始开。此则今日中国所宜急学者也。"(《康说书后》)中国要破除几千年沿袭下来的轻商积习,非"以明其商务为上上之政"(《新政变通》)不可。推行新政后,国家要让民间组织公司大兴商务,办得好的,给以称颂功牌;生意不好的,许其报穷免究。"如此而商务

不振者,未之有也。"(《新政论议》)

三、铁路为振兴之祖,富强之要。何启、胡礼垣视"铁路为中国新政第一大宗"(《新政始基》)。他们指出,有史以来各国所创利益没有近一百年内所创之广,而这一百年"各工利益所入合计,不能及此铁路一事所获者之多";从雇工人数看,现在所有各工厂雇用的工人总数也不如"铁路一事所用人之众";另外,各行各业都有盈亏之虞,惟有铁路"但见其盈,不闻其亏"。他们主张:"每县必设一铁路,路路相接,县县相连,由县达州,由州达府,由府达省,由此省达彼省,而各省无不遍达焉。"(《新政论议》)为了建造铁路,要成立股份公司,公司人数不限。"路之两旁如其地系属官荒,则无论数里或数十里,国家亦给与公司以为产业。工程浩大,所集资本容或未足,国家则为之包备,以底其成。股份分息,初办之时或虞失望,国家则为之担保,以期民信。"(《〈铁路〉篇辩》)还应大力引进洋股。

四、理财为国家要务。何启、胡礼垣认为富国必须善于理财。国家财政的来源主要来自铁路、银行、矿务和机器制造,要通过发展这些事业来开利源。开源还须节流,两者是相辅相成的。"是故财流之不能节者,由财源之不能开也,源之与流二者实有相因之妙。源愈开则流愈节,流愈节则源愈开。"(《新政论议》)

何启、胡礼垣对理财方法提出了一套非常详细的政策主张。首先,模仿西方国家的财政管理方法,任用由学校培养的专职财政官吏,分工负责。其次,国家的财政开支要有限制,不能滥加赋税。他们要求清政府公开财政收支情况,"以表政府于公项之财,取之有制,用之有节,未尝以天下为己私"(《新政始基》)。第三,理财须得其数,即要有正确的统计数字。第四,划分中央和地方财政。第五,对内轻税,对外重税。何启、胡礼垣对中国土产在国内赋税太重十分不满,尤其反对厘金,认为厘金助长官吏贪污,阻碍通商,非取消不可。入口货重税,"或倍其征,或两倍其征"(《新政论议》)。入口货价格昂贵,有利于中国民族经济的发展。第六,发行国债。他们把国债作为理财的重要办法,认为国债只需还息,无须计日还本;国债可以不限期付息,国家不需用财时减息,国库空虚时则加重利息,并能最终做到"凡民间所有之财皆为国家所有之财,国家所有之利亦为民间所有之利"(同上)。最后,行批赁之法,在十八省由民间向国家承批土地,期限自五十年到一百年以至永远不等。各省因地制宜,"每年贡京之款",富省可"两倍其数",穷省相应减少。他们认为"批赁其事则简而易行,其情则安而无虑",能收到"使君民上下各得其道,各行其道"(《新政变通》),从而取得解决财政困难的效果。

五、商办而不必官督。何启、胡礼垣批评官督商办实际上往往是官吏倚权势欺民压商,中饱私囊,以至于"不问何事,一闻官督则商民必不敢办矣"(《新政始基》)。他们提出商民办企业应照外洋公司章程,公司要事要公议裁定;量才用人,不得私荐;账目公开;分配公平。

《新政真诠》体现了作者发展资本主义的思想。对铁路的重视极为突出。孙中山是何启的学生,孙中山重视铁路建设的思想可能同受到他们的影响有关。

有关《新政真诠》经济思想的研究主要有侯厚吉、吴其敬主编《中国近代经济思想史稿》第二册有关章节,汤照连《何启、胡礼垣经济思想研究》,叶世昌《近代中国经济思想史》的有关章节等。

(张　远)

原富 严复 译

《原富》，通行本三册。严复为英国亚当·斯密《国民财富的性质和原因的研究》（简称《国富论》）所作的译本。成于清光绪二十六年（1900）。二十七年至二十八年间由上海南洋公学译书院陆续出版。通行本为《严译名著丛刊》本，1931年商务印书馆出版。1981年商务印书馆重印，分上、下两册。编入上海古籍出版社版《续修四库全书》。

译者生平事迹见"天演论"条。

严复在翻译《国富论》时，对原本作了删节，并撰有《译事例言》和按语六万余字。这些文字反映了严复的经济观点。

《译事例言》是严复翻译《原富》有关问题的说明。他认为将 economy 译为"经济"和"理财"都不妥，"经济既嫌太廓，而理财又为过狭"，故他译为"计学"。严复特别批评了"争进出差之正负"的"保商之政"，认为持这种主张的人不懂得金银只是百货之一，"国之贫富，不关在此"。英国原来也实行保商政策，斯密的理论提出后，人们才懂得"名曰保之，实则困之"。所以他说："保商专利诸政，既非大公至正之规，而又足阻遏国中商业之发达，是以言计者群然非之。"

《原富》的按语有两方面的内容。一是补充斯密以后的一些重要的经济学说，其中有罗杰斯对《国富论》的匡订，也有严复自己选录的他家之说。一是严复的抒发己见，其中涉及了许多资产阶级政治经济学的范畴。后者主要有以下一些内容。

一、主张自由放任。严复称赞斯密是"命世之才"。他最赞赏斯密的自由贸易理论，声称这是他"独有取于是书"的地方。他批评国家干预经济的失策说："强物情，就己意，执不平以为平，则大乱之道也。"他希望清政府实行自由放任政策，使人民"廓然自由，悉绝束缚拘滞"，认为这样才能充分发挥人民的生产积极性，而且使商品的价格因竞争而趋于低廉。他反对"以官督商办为要图"，主张国家只能办私人不宜办或暂时无力办的企事业。他批评重商主义（书中译为"商宗"），甚至认为中国"自林文忠、魏默深（魏源）至于近世诸贤，皆所力持而笃信之"的"保商权、塞漏卮之说,无所是而全非"。这是一种矫枉过正之论。

二、认为商品的价值决定于供求关系。严复批评斯密的劳动价值论是"智者千虑之一失",提出他的供求价值论说:"盖物无定值,而纯视供求二者相剂之间。供少求多,难得则贵;供多求少,易有则贱。方其难得,不必功力多;方其易有,不必功力少也。"他认为按照供求价值论就能否定重农主义(书中译为"农宗")的工商业不增加财富的学说:"使知价由供求多寡缓急而成,则农宗工商无所生财之说,将不待辨而自废矣。"

三、分析了货币的问题。严复根据斯密的论述,指出"泉币之为用二:一曰懋迁易中,二曰物值通量"。即货币具有流通手段和价值尺度的职能。他认为货币的价值也决定于供求关系。他把货币看作是一种价值符号,是"名财而非真财",有如赌博的筹码:"筹少者代多,筹多者代少,在乎所名,而非筹之实贵实践也。"这是一种名目主义理论。严复介绍了英国于嘉庆二十一年(1816)实行金本位制的情况,把它视为最理想的货币制度。他也充分肯定纸币的作用,指出"治化之天演日深,商群之懋迁日广,易中为物,欲专用三品(金、银、铜)之泉币而不能"。纸币可以适应商品流通的需要,随时变动数量。他主张银行券兑现,对滥发纸币的可能性提出了警告。

四、分析了资本(书中译为"母财")的问题。严复对资本下了这样的定义:"母财者,前积之力役(劳动)也。"他认为资本家的利润包括利息、"督率之庸(工资)"和"取得偿失"的"保险费"。他用资本过剩来解释利润率(书中译为"赢率")的下降:"母财多而商业如故者,其赢率必日趋薄。富国之民,往往病此。"他分析了人口过剩和资本过剩的弊病:"过庶者(人口过剩)母财不足以养工,而庸率日减;过富者业场(市场)不足以周财,而赢率日微。庸率日减,则小民凋敝,户口萧条;赢率日微,则中产耗亏,间阎愁叹。"为了提高利润率,就必须开新业,拓市场。德、法、英等国在中国划分势力范围,都是为了争夺市场。

五、提出要正确处理消费(书中译为"支费")和积累的关系。严复强调要提高消费水平,指出这是"务富之本旨"。但消费水平的提高要求和资本的积累相称。他以粮食为例来说明两者应保持适当比例:"其专尚支费不知母财之用者,获而尽食者也;其独重母财而甚啬支费者,罄所收以为子种者也。"两者都是错误的。"独酌剂于母财、支费二者之间,使财不失其用,而其用且降而愈舒者,则庶乎其近之矣。"

六、提出"赋在有余"的征税原则。严复提出"养民之财"、"教民之财"和"赡疾病待羸老之资"不应征税,此三项以外的收入为有余。认为按有余征收,"于民生为无伤","亦于国财为不耗"。他特别提到地租,指出:"盖财之所生,皆缘民力,其所否者,独租而已。"认为向地租征税符合"赋在有余"的原则。

七、对某些中国的传统经济思想提出了新的说法。严复指出中西旧说都把义、利分为二途,

"自天演学(进化论)兴,而后非谊(义)不利,非道无功之理,洞若观火"。利必须是"长久真实之利",义必须是有利之义。只有"义利合",才能使"民乐从善,而治化之进不远"。他认为发现义利的一致性是"计学家最伟之功"。关于本末业,严复认为"物有本末,而后成体",农业和工商业"理实有本末之分";但不应分轻重,它们"皆相养所必资,而于国为并重"。他还将本末业的概念推向世界范围,说"中国之于外国,犹郊野之于都邑,本业之于末业也"。

《原富》出版之际,正是西方经济学开始在中国大量传播之时。"计学"的译名曾被部分学者所袭用,但未被普遍接受。梁启超则改"计学"为"生计学"。

有关《原富》的研究主要有侯厚吉、吴其敬主编《中国近代经济思想史稿》第二册,胡寄窗《中国近代经济思想史大纲》,叶世昌《近代中国经济思想史》,赵靖主编《中国经济思想通史续集》的有关章节等。

(叶世昌)

邵氏危言 邵作舟

《邵氏危言》，又名《绩溪邵班卿危言》，二卷。邵作舟著。成于清光绪二十年(1894)甲午战争前。光绪二十七年由岭海报馆刊印，此时作者已去世。

邵作舟，字班卿。生卒年不详。安徽绩溪人。在天津、塘沽一带当过幕僚。新疆巡抚陶模曾荐其出仕，固辞不就，"竟以潦倒死去"(胡衍鸿《邵氏危言序》)。

《邵氏危言》是邵作舟的政论集。他"慨念时艰，讨论中外得失"，"病当代之逐末，而思有以反之"(同上)。全书分总论、用人、学校、行政、理财五目，共文二十五篇。

邵作舟主张变革。他比较了中西政治体制，指出"泰西之势在民"，而"中国之势在君"，君主专制造成"尊卑隔绝，势散志涣"，"可以一朝而乱"(《异势》)。唯一的出路在于图变。他认为："以中国之道，用泰西之器，臣知纲纪法度之美，为泰西之所怀畏而师资者，必中国也。"(《纲纪》)这也是他提出经济改革建议的认识基础。

邵作舟赞成学习引进西方的先进技术，但不满于出重资聘西人主持器数工艺之事，而中国人自己不能有所作为。他主张增加学习西方技术的人数，不能满足于派寥寥几十人到国外留学。为了鼓励中国人学习技术，发挥才能，应该大大提高薪俸。他批评了中国人和所雇西人待遇悬殊的情况，指出：回国的留学生"与西人同任一事，其艺又远过于西人者，则其日俸视西人所得仅十之一二，甚或百之四五"(《习艺》)。主张能担任西人同样工作的中国人，待遇应同西人一样，不因为他是中国人而减少。他呼吁清政府减轻对民族工矿业的压迫，让其自由发展。如煤矿，"使上听民自凿，不唯一无所取，又从而助之，此千穴尽辟，则民之所出不可胜计，值之贱必减而为半"(《薄敛》)，免得高价向外国买煤。

邵作舟对清政府的财政搜括政策提出了激烈的批评。他指出："岁入之有籍于司农者至八千余万，厘金杂赋外销于疆吏者尚不在其中，此伊古之来未有之赋也。"(《穷弊下》)政府"恤民之令不绝于口，而见于实政者，乃在加洋药之捐，加土药之捐，杂赈百事，与夫苛细无名之捐"(《厚赋》)。为了改变这种状况,邵作舟拟定了一些节省财政开支减轻赋税的措施。在节省开支方面,他提出要裁减兵员:"岁罢旗兵五之一,绿营三之一,使复为民。未罢者饷如故。旗兵五岁,绿营三岁,至期而尽罢之。"(《国计》)在减轻赋税方面,首先是罢厘金。邵作舟指出厘金早就当罢,一时不能尽罢,可在最密之处先罢其半,以岁入保持一千万两为限,用作铁路、学校等费用。一二十年后关税收入超过一千万两,则尽罢厘金。其次是罢杂税。各种杂税大多落于中饱,取消杂税,免除了中饱,"国之所罢不过百余万,而民岁受数千万之赐"(《薄敛》)。第三是罢内地钞关。"惟江海之有新关者,其商舶钞关之税,尽归之新关",以做到"国入倍增,民又岁省数千万"(同上)。

邵作舟还十分重视边疆地区经济的开发。他认为内地与边疆经济的不平衡,不利于经济的全面振兴,指出"今以诸边之地,岁待东南之饷若婴儿之仰乳哺",致使内地数州之民有富之名,无富之实。主张根据边疆资源,因地制宜地实施开发经济的战略。他举例说:"东三省之材木、皮革、鸟兽、鱼龟、金石、谷粟,北边之马、牛、羊,西域之金玉毡罽、稻田果瓜,滇黔之矿产,粤西之草木药物,大抵沃饶。其聪明智虑者,足以殖生业,兴术艺。"(《东南》)这种着眼于多种经营,依靠边疆资源和人力,通过优惠政策以发展边区经济的方针,是颇有新意的。他还进一步正确地阐述此举的三大意义,即经济上有助于内地繁荣和积累财富,政治上有利于国力的强盛,军事上能增强国防抵御力量。

《邵氏危言》是中国近代资产阶级改良派思潮的代表作品之一。本书所体现的经济思想在若干理论问题上独具新见,具有一定的社会影响。

(锺祥财)

二十世纪之巨灵托辣斯 梁启超

《二十世纪之巨灵托辣斯》,一篇。梁启超著。成于清光绪二十九年(1903)。发表于同年出版的《新民丛报》第四十至四十三号上。后收入《饮冰室文集》。1932年中华书局出版《饮冰室合集》,本文编入《文集》十四。

作者生平事迹见"变法通议"条。

19世纪末20世纪初,中国民族资本主义工商业有了初步发展,经济实力有所增强。但与此同时,欧美垄断资本已日益发达,并加紧向世界落后地区扩张,给中国民族资本企业的生存和发展带来很大威胁,也在民族资产阶级内部引起了不同反响。逃亡日本的梁启超于1903年游历美国返日,以其敏锐的目光与思想,抓住垄断资本组织这一新的经济问题进行探讨,写成本文。全篇分为十节,各节要点如下。

第一节《发端》。梁启超认为:理想的文明社会应是由经济组织全面统治的社会。"文明之极则,岂惟武备机关为然耳。乃至政治上一切机关,悉为保障生产之一附庸。"所以看20世纪以后的世界大势,只要看生产机关就可以了。他预言:"不及百年,全世界之政治界将仅余数大国,不及五十年,全世界之生计界将仅余数十大公司。"

第二节《托辣斯发生之原因》。梁启超认为托拉斯"起于自由竞争之极敝"。在19世纪,自由竞争曾极大地促进了社会经济的兴旺发达,"十九世纪之文明,无一不受自由竞争之赐"。但是,自由竞争的过度,反而造成"生产过羡"、劳力过剩等弊端,以致"病国病群"。于是"举天下厌倦自由,而复讴歌干涉。故于学理上而产出所谓社会主义者,于事实上而产出所谓托辣斯者"。因为在自由竞争中欲占优胜地位,必须在机器设备、劳力雇佣、原料、资本、分工、运输等方面有较强能力,这只有大资本家才有可能取胜。所以托拉斯的产生,是"自由竞争反动之过渡也"。

第三节《托辣斯之意义及其沿革》。梁启超列举托拉斯由低到高的四种组织形式后指出:"生计界组织进化之现象,与政治界殆绝相类",故托拉斯的性质,即"生计界之帝国主义"。只是托拉斯为"平和之战争",是"自由合意之干涉";而且"生计界之必趋于托辣斯,皆物竞天择自然之运,不得不尔"。

梁启超叙述托拉斯的创立,从1882年美国的煤油托拉斯开始。此后"其势乃披靡于全美"。政府虽屡颁法律禁止,不但不能遏阻,反而滔滔不绝。至20世纪初,美国已形成足使世界"震詟变色"的铁路、钢铁、轮船三大托拉斯。故梁启超强调:"天演自然之力,终非以人事所能逆抗也。"

第四节《托辣斯独盛于美国之原因》。梁启超援译日本农商务省对此问题的五项分析:(一)"美国国土广漠,天然之富源无限","国民营业心最甚",且"喜新奇,喜雄大"。(二)煤油大王洛克菲勒的成功起了巨大影响。(三)美国的保护政策起了促进作用。(四)美国意欲"以天产原料之丰裕,机器技术之进步""决胜负于世界之市场"。(五)美国铁路发达,贯通全国。这五项导致托拉斯首先发轫于美国。

第五节《托辣斯之利》。梁启超列举了组织托拉斯的十二项优越性,主要为:可以得廉价的原料品;可以充分发挥机器所长;可以使"实行分业之学理日赴精密";可以制造附属副产品使无弃材;"能节制生产,毋使有羡不足,且免物价之涨落无定";"不畏外界市场之恐慌";"可以交换智识,奖励技术,为全社会之利益"等。强调指出:组织托拉斯是改善企业经营管理,提高企业生产效益的最佳途径。托拉斯是达到"以最小率之劳费,易最大率之利益"的最善法门。

第六节《托辣斯之弊》。托拉斯之兴有利也有弊。梁启超分析了托拉斯的十大弊端,如权力过于集中;规模太大不易统一与监督;行业独占阻碍生产技术的改良进步;垄断市场,用粗劣产品欺骗顾客;以"种种不正手段,摧减竞争之敌";采用机器生产,"使多数劳佣糊口路绝";"或减其庸率(工资),而延其劳期","其病多数之劳力家实甚";以股票等谋取暴利等。虽然如此,但托拉斯属"生计界进化之正轨"。梁启超提出为了"社会之进步",故因此而失业或受损之工人"必须忍其苦痛,不能以小数之不便不幸而为全体障也"。

第七节《托辣斯与庸率之关系》。梁启超以美国劳工局1899年的调查报告(内有《每人每年平均庸率表》,《百分率比较表》)和乔治·康顿博士《托辣斯及社会》书中一统计表为例分析,得出结论:"托辣斯成立以后,雇佣之人数与受庸之金率相缘而增,且其增加率甚大。……故托辣斯者,亦调和资本家与劳力者之争阋一法门也。"

第八节《国家对于托辣斯之政策》。为防止托拉斯的垄断之弊,美国政府对其进行直接间接的监督。梁启超把美国对托拉斯政策的沿革归结为五主义:(一)禁托拉斯;(二)承认托拉斯,任其自由发展;(三)使托拉斯为政府官业或公共事业;(四)国家实行监督权,直接间接干涉托拉斯事业;(五)关税政策。梁启超指出:前两主义已不可用,第三主义仅适用铁路、电报等事业,第四主义在当时美国最为流行。他认为用关税政策加以节制与调控,是防止托拉斯流弊的良策。

第九节《托拉斯与帝国主义之关系》。梁启超指出：帝国主义的产生，根源于托拉斯发展所造成的资本过剩及对外经济扩张的需求与趋势。托拉斯的日益发达，"遂使美国产业界增数倍活力"，"使美国全国之总值进步复进步"。过去是生产过度，现在成了资本过度。所以美国人在海外推广市场"如大旱之望云霓"。因此他又说："其帝国主义，又托辣斯成立以来资本过度之结果也，皆所谓不得已者也。"

第十节《结论》。梁启超强调：托拉斯是20世纪经济发展的大趋势。中国要对付帝国主义的经济侵略，必须组织自己的托拉斯与之抗衡。20世纪以后是产业竞争的时代。美国的巨灵托拉斯已进而成为国际托拉斯。他估计不到十年，托拉斯"将披靡于我中国"。因此，梁启超呼吁中国的重要产品，如丝、茶、皮货、瓷器、纺织品等，都可"以托辣斯之法行之"，认为这样"安见不可以使欧美产业界瞠然变色"。

（李舒瑾）

外资输入问题 梁启超

《外资输入问题》，一篇。梁启超著。成于清光绪三十年(1904)。发表于同年出版的《新民丛报》第五十二、五十三、五十四、五十六号。后收入《饮冰室文集》。1932年中华书局出版《饮冰室合集》，本文编入《文集》十六。

作者生平事迹见"变法通议"条。

鸦片战争后，中国被迫逐渐对外开放。开放伴随着外资输入，其结果则是列强加强对中国国民经济命脉的控制，使中国殖民地化的程度更为加深。因此，近代许多中国人对利用外资不免抱有某些疑惧，在要不要利用外资问题上有各种不同的态度。有的人论证了利用外资的必要性，但也有人将利用外资视为蝎毒。

梁启超的《外资输入问题》是全面论述外资问题的文章，观点比较正确。他既指出外人向中国输出资本是为了控制中国，又指出中国政治改革后仍有必要利用外资。全篇分为七节，另有《绪论》。各节要点如下。

第一节《外资输入中国之原因》。梁启超指出外资大量输入中国是列强的资本过剩所致，中国恰好是其寻找的最合适的场所："故今日列强之通患，莫甚于资本过度，而无道以求厚赢。欲救此敝，惟有别趋一土地广人民众而母财涸竭之地，以为第二之尾闾。而全地球中最适此例者，莫中国若，此实列强侵略中国之总根源。"

第二节《外资之性质》。梁启超将外资分为甲、乙、丙三种。甲种是由政府吸入外资，可分为外国公债和本国公债。乙种是由财团法人吸入外资，又可分为地方财团的公债和公司的股份及借债。丙种是外国投资。

第三节《外资输入中国之略史》。梁启超指出："中国无内债，故以内债吸外资之一途，前古未闻。"光绪二十一、二十二、二十四年所借巨额外债及义和团事件所借之债都是随入随出，不足以当外资输入之实。当时中国利用外资的形式也只有外资在中国境内独资经营的一种形式。中日马关条约第六条第四款订明日本国臣民得在中国各口岸任意从事各种制造业,嗣后各国利益均沾,续订商约纷纷要求加入此条款,这是外资输入特权的发轫。

梁启超列举了十年来主要的外债合同,分析说明外国势力的逐渐推进。他认为:《马关条约》允许日本人在中国办厂是第一次着手。中俄密约允许俄国人在东三省建造铁路矿务是第二次着手。卢汉铁路合同是第三次着手,开了正式借债兴业的端绪。但这时的借债主要局限于中央政府,山西福公司合同则开了私人借债的先例,是第四次着手。以后的四川华益公司合同声称是"华洋合股",冒名华人发起,洋人附股,华人总办,洋人帮办,实际上"非以华人之主权借洋债矣"。这是第五次着手。义和团事件以后,中英、中美、中日新商约是第六次着手。从此外资输入全然不必假借中国人之名,可以自由输入,不再受任何限制。

第四节《外资输入中国之分类》。梁启超将外资输入的种类按事业分为铁路、矿务、轮船、改造制造土货的机器、购地五类。前三类有材料可据,列表说明。又按性质分为客观和主观两类。客观的分类有三种:债权全在公家的(即外国政府),如俄罗斯的中国东三省铁路;债权公私不分明的,如德国在山东的铁路、矿务,由民间集股而管理经营权却在外国政府;债权全在私人的,如比利时于卢汉铁路。主观的分类有两种:以借款的名义输入的,又可分为以政府资格借款、以半公半私资格借款和以公司财团法人资格借款三类;以合股的名义输入的,又可分为由两政府签订条约,号称许我商民入股和成立一公司,号称华洋合股两类。

梁启超尖锐地指出:"质而言之,则无论其名号为借款为合股,要之其管理营业之全权纯在外人,此则五尺之童皆能知者也。号称借款者,其所图决非在区区将来偿还之本息。号称合股者,华人股份决无一文。外资输入之地,即为生计权移于外人之地,生计权移于外人之地,即为政治权移于外人之地,此则今日稍有识者所同痛心疾首"。

第五节《据生计学学理及各国先例以研究外资输入之利害》。梁启超首先肯定了利用外资的必要性:"外资之来,非特投资者享其利也,而主国宜亦食其赐,此实不刊之公例也。故不审情实,而徒畏外资如虎,憎外资如蝎者,未可谓健全之理论也。"外国人纷纷前来投资,会对中国的政治和经济产生深远的影响。这种影响有不好的一面,也有好的一面。他指出一个国家的生计就同一个企业的生计一样,如果一个私人企业的资本不足以开办一个有利的事业而借贷于人,倘事业管理得宜,所得利润可以逐年偿还本息而有余,则借贷有何不可?一个国家也是如此。"苟其国中天然之富源无限,而国民之总值不足以开发之,其势固非借重外资不可,此理之最浅而易见者也。不宁惟是,凡一国中以特别事故,致生金融紧迫之现象者,最善莫如得外资以为之调和。彼欧美方兴之国,未尝闻以有外债为病也。"他列举了同一外债,美、日、意等国享其利,而埃及、阿根廷等国则蒙其害。他得出结论说:"苟政府财政之基础稳固,而所以运用之者适其宜,则外资之必不足为国病明矣。"

梁启超指出:"外资最可怖之问题",不在外资之"来源"与"受纳法",而在于外资的"用途"与"管理法"。外资"用之于生产的,往往食外资之利,用之于不生产的,势必蒙外资之害"。并且要管理得法,量国力而行,"苟能全盘布画,分期偿还,则虽多而或不为病。反是则其末路之悲惨,不可思议"。

第六节《论外资影响于我国将来生计界之全体》。本节深入分析了外资与中国劳力者,外资与中国资本家以及与中国地主的关系。

第七节《中国今后对于此问题可采之方略》。梁启超批评了当时利用外资的形式。他说,目前利用外资的形式,一个是"华洋合股",一个是"商借商还"。"华洋合股"是"策之最下"。因为在中国缺乏完备的商律,商人又无组织公司的常识和实力(即资本)的情况下,"华洋合股之契约,即为外人制吾死命之左券"。他主张:"毋用洋股,宁用洋债;毋用商借,宁用官借。而债权与事权之所属,必厘而二之。"

梁启超特别主张借债要将债权和事权划分开来。债权属债主,属外人;而事权需由自己掌握,这样才能不被外人所利用。他批评盛宣怀的借外债造铁路是以出卖路权为代价,指出这是中国"近年来对待外资种种失败之源泉"。所以他在最后重申"利用者,对待外资问题之一义而已。必能抵制而后能利用,抵制经也,利用权也。"阐明了维护国家主权的利用外资的基本原则。

宣统二年(1910),梁启超又发表《外债平议》,这是他论述外资问题的另一篇重要文章。研究梁启超的利用外资思想,两篇缺一不可。

有关梁启超《外资输入问题》的研究主要有侯厚吉、吴其敬主编《中国近代经济思想史稿》第三册,曹均伟《中国近代利用外资思想》的有关章节等。

(卢文莹)

经世财政学 宋育仁

《经世财政学》，五卷或六卷，并有附篇。宋育仁著。成于清光绪三十一年(1905)。同年夏上海新民书局出版五卷本，同年秋上海同文书社出版六卷本。

宋育仁(1857—1931)，字芸子、芸岩。四川富顺人。光绪十二年进士，选庶吉士，散馆授翰林院检讨。二十年任出使英、法、意、比四国公使参赞。二十二年回四川办理商务、矿务。任尊经书院院长，参与发起成立蜀学会，并创办《渝报》、《蜀学报》。二十四年奉调回京。辛亥革命后任国史馆修纂。1916年任四川通志局总纂，主修《四川通志》。次年任四川国学院院长。1921年应聘回富顺建县志馆，续修《富顺县志》。1924年仍回四川通志局。著作还有《时务论》、《采风记》、《问琴阁丛书》等。《碑传集三编》、《国史馆馆刊》1948年第一卷第四期等书刊有传。

《经世财政学》实为一部经济学著作。五卷本各卷依次为《本农食》、《权工商》、《明士学》、《立平准》、《制泉币》。六卷本除充实《制泉币》内容外，并增加第六卷《正权量》。附篇的数量各种版本不尽相同，编排亦有区别。各卷的主要内容如下。

在《本农食》中，作者发表了对农业地位和作用的独特看法。他充分肯定农业在国民经济中的基础地位，指出："四民之通工易事，其出产皆本于农。"从财富生产和增值的角度而言，"无天然之材料，不但分利之商无所用其转运贸迁之术，即生利之工，亦无从而加工成器，以增生材之价值也。故应分农为生利，工为增利，商为分利"。从这种认识出发，作者提出："四民之价值，以农为最高；百物之价值，以自然材料为最重；材料中之价值，又以食物为最贵，无足与为比者也。"所以，"理财必重农，计学必贵食"。如何实施重农？作者主张贵土产材料之价。他认为农产品价格低廉是造成农业生产衰退、农业人口流失的主要原因，进而导致中国在外贸中的利益受损，强调："农食重而力价增，乃能递增其庸值，而商运贾售始日取赢焉。由野业而增进邑业，先租而后及庸赢也。"这样才能改变农业生产的根本状况。

在《权工商》中，作者分析了工业和商业的经济作用和互相关系。工是生利的，商是分利的，两者都为社会经济发展所必需,但其地位作用又有差别:"商业偏胜,则分利者多于生利,于一国之民业有损,故工业必重于商。但工能增利,必赖资本,工能成器,必赖运销,器有滞售,必资囤积,待求善价,均恃商为周转。"据此他认为:"权通国之通易,则工重于商;权国际之贸易,则工商并重。工业与商业相离,则工重于商;工业与商业为联,则工商并重。"作者具体列举了工业对财政的六个益处,即助成原料,改变物质,整顿土地,建筑场所,利用废物,推广机器。至于商业的作用则有益有损,益在于流通有无,厚集人力,消纳废滞,周转国币,而其损害则表现为启侈奢,耗日力,易流亡。但在国际贸易方面,商业的积极作用尤为显著,能节省物价,能平均物价,能矫垄断之弊,能竞进艺学,能坚固民信。

在《明士学》中,作者强调了学习工商业专门知识的必要性。认为国人商务知识的缺乏严重阻碍了社会经济的发展,"究之银行不能设,公司莫能举也;物价之低昂,不能与外相持也;钱币之轻重,熟视而无睹,闻之而莫能知其故也,则未尝学之故也"。因此,"必明士学,始足与言商学"。商学"首在明公司之理,次在知银行之务,尤在晓习钱币与货物出入之较"。作者在论述中涉及若干重要的经济学理论问题,如社会分工、市场竞争、价格波动、供求关系等。由此可见,他所说的明士学和通商学是指近代社会经济规范和理论观念在中国的推广普及。

在《立平准》中作者讨论了货币流通数量如何适应商品流通需要以保持合理价格的问题。他认为劳动力的价值决定于所消费的粮食,"以一人终岁之食,当人力一年之值为正比例,即此为人力之真价"。又认为一国的粮食积余数就是劳动所创造的新价值,也就是一国所需要的货币数。因此说:"食力所余之价值即民力所生之价值,准此以制为钱币之数,即用以为运动通国器物之交券。举凡食与货,皆食力之所积,即约分泉布之数,支配为食力之代数。而以食力之代数,准为百物之经价,即百物之真价,与其物所积之力,适得其平。则四民皆得通工易事之利,而无病人利己之害。"他估计全国余粮有四亿八千万石,每石以价五元计,则需要二十四亿元,这就是一国所需要的货币流通量。而中国货币数量不足,所以工资低,利息高,地价贱,洋商"群起而攘袂奋腕"来中国投资。据此他提出:"会计通国人力所出地产之数,比较外国物价人力之差,而增多本国钱币之数,以增高庸值(工资)之率,而减抑放本之息,夫乃有术以剂地亩高下之平。"

在《制泉币》中,作者阐述了健全货币制度的意义。他认为制泉币的关键在于控制货币数量。因为"泉币为百物之易中","钱币之与食货(这里的"货"不包括货币)如桥衡,一仰则一俯,一低则一昂"。改变货币数量可以改变物价:"重钱币之价格者,乃以抑食货之价格也。轻钱币之价格者,适以昂食货之价格也。钱币之价格则何由而轻重之乎?则系乎多寡之数矣。"这是一种货币数量论的观点。在六卷本中,他列举币制纲目(另附《议圜法轻重纲目》),并强调"求理财之重心,则制币执其枢","经世之财政以制泉币为主名"。认为只要"制金镑,齐银币,改铜圜,行钞票,就铸局为银行,流通圜法",使"财币之数与食货相均而适得平准",外人就"不足以操纵我之食货,而役使吾民"。也就是说,中国之是否遭受侵略,完全决定于币制。

在《正权量》中,作者论述了统一衡法的必要性。他说:"权量者所以制货物之平准,表价格之多寡,附属于泉币而为之执役者也。又附属于百物,使百物之供适当于泉币之求者也。故不可不谨也。"统一衡法的重点在统一货币的称量标准,因为"权为交易价格之重心,泉币又为交易价格之代表"。银两的称量标准不统一,"差之毫厘,积成巨万"。所以作者又说:"然则正权量者正平码而已,正平码者正圜法而已。"

《经世财政学》的论述以货币为中心,虽然其中不乏幼稚或错误的观点,但撰写本书时,还处于西方经济学在中国系统传播的初期,能有这些认识并有自己的创造,已颇不易。

有关《经世财政学》中货币理论的研究有叶世昌等《中国货币理论史》有关章节。

(钟祥财)

清代编

科技类

补农书 张履祥

《补农书》,一卷。张履祥撰。成于清顺治十五年(1658)。通行本有《杨园先生全集》本、《昭代丛书》本等。

张履祥(1611—1674),字念夫,一字考夫,号杨园,世称"杨园先生"。浙江桐乡人。明末诸生,早年师事刘宗周。明亡后,以馆课、务农为业。执教强调治生以稼穑为先,并每年亲耕田十多亩。为学初讲宗周慎独之学,晚年专意程朱。大要以仁为本,以修己为务,以《中庸》为归。除《补农书》外,还著有《读易笔记》、《读史偶记》、《近古录》等。生平事迹见《清史稿》卷四八〇。

作者为徐敬可搜集农事资料,及见《沈氏农书》,极为欣赏,并感到"沈氏所著,归安(属浙江吴兴)、桐乡之交也。……施之嘉兴、秀水(属嘉兴县),或未尽合也……因以身所经历之处,与老农所尝论到者,笔其概",意欲将沈氏湖州一带的经验应用于桐乡、嘉兴地区的生产实际,故而撰成《补农书》一书。

《补农书》是明末清初嘉湖地区的通论性农学著作。它作为农业科学技术的实录,真实地反映了当时当地的农业生产状况,是一部极有价值的农书。全书分上下卷。上卷即明末沈氏所撰之《沈氏农书》(内容参见本书专条),"其艺谷、栽桑、育蚕、畜牧诸事,俱有法度,甚或老农蚕妇所未谙者",实用价值甚高。下卷为张履祥所撰《补农书》,包括"补《农书》后"、"总论"及附录三部分。

作者在下卷详述了当地稻麦种植及耕种方法、农业生产管理与副业生产的经营思想。认为,要取得稻麦丰收,"种稻必使'三时'气足,种麦必使'四时'气足"。"欲禾历三时,麦历四时,胡可得焉?惟有下秧极早,可补事力之不逮……人但知夏前秧之好,而不知所以好之故,在得春气,备三时也。知种麦之多收,而不知所以多收之故,在得秋气,备四时也。"作者还总结出水稻不同品种与不同区域的差异性,指出:"吾乡田宜'黄稻',早黄、晚黄皆岁稔;'白稻'惟早糯岁稔;粳白稻遇雾即死;然自乌镇北、涟市西即不然,盖土性别也。"书中不但详述农业生产具体技术问题,而且还难能可贵地反映了作者的农业生产管理思想和经营思想,如"总论"中叙述的地主对佣户的关系、勤俭治家、笼络工人的手段以及家庭手工业对于家计的关系等等。此外,本书还详细介绍了桐乡特产梅豆、百合、山药及苎麻、芊荬、萝卜、甘菊、芋芍等种植方法,以及养鱼、养鸡、养鹅等副业生产。它比较深刻地反映了明末清初嘉湖地区农副业生产的管理经验和技术知识,是一部反映南方水田农业经营较为突出的地方性农书,在我国农业发展史上具有一定的地位和影响。

有关《补农书》的研究著作有王达《试论〈补农书〉及其在农史上的价值》(《农史研究》第五辑);陈恒力、王达《〈补农书〉研究》(农业出版社,1958年);陈恒力、王达《〈补农书〉校释》增订本(农业出版社,1983年);日本古岛雄君《〈补农书〉的作成及其影响》(《东洋文化研究所纪要》第三册,1952年);曾雄生《张履祥》(见杜石然主编《中国古代科学家传记》)、梁家勉主编《中国农业科学技术史稿》的有关部分。

(王国忠)

晓庵新法 王锡阐

《晓庵新法》,六卷。王锡阐撰。成于清康熙二年(1663)。通行本有《四库全书》本、《丛书集成初编》本以及上海交通大学出版社版《王锡阐集》等。

王锡阐(1628—1682),字寅旭,号余不,又号晓庵、天同一生。江苏吴江(今苏州)人。精通天文历法,经常观察天象。独立发明计算金星、水星凌日的方法,并提出精确计算日月食的方法。他与薛凤祚,人称"北薛南王",是当时最杰出的两位天文学家。著述甚丰,今存的有五十余种,其中在天文历法方面的,约有:《历说》五卷、《晓庵新法》六卷、《历表》三册、《历策》一卷、《五星行度解》一卷、《日月左右旋问答》、《推步交朔序》、《测日小记序》、《大统历法启蒙》、《贻青州薛仪甫书》、《答四明万充宗》、《答朱长孺书》、《答嘉兴徐圃臣》各一卷等。另有《西历启蒙》、《丁未历稿》、《三辰晷志》诸篇仅知名而未见书。又,上海图书馆藏《西洋新法历表》二十六卷,题"晓庵氏著",但未可肯定。生平事迹见《四库全书总目》卷一○六等。

王锡阐对中、西历法皆有深入研究,对元郭守敬《授时历》(包括明《大统历》)、清《新法历书》(明《崇祯历书》改删本)探研尤深,优劣了然。他对徐光启早逝而"继其事者仅能终翻译之绪,未遑及会通之法"(《历说》卷一),始终耿耿于怀,但又因明亡于清而不愿与清廷钦天监合作,故独自在家撰成《晓庵新法》一书。

《晓庵新法》书首有《自序》,叙其制历之原委、宗旨。书末有钱熙祚《跋》。先前,《新法历书》全用西法,耶稣会士不懂中、西确定节气的方法不一,反而片面指责明代《大统历》有两个春分、两个秋分,又指责中国古代分周天为 $365\frac{1}{4}$ 度为荒谬之举。王锡阐在《自序》中对这些指责一一进行了批驳,并进而确立起自己的制历原则与要点:"兼采中西,去其疵类,参以己意,著历法六篇。会通若干事,考正若干事,表明若干事,增葺若干事,立法若干事。"

卷一,设《勾股》、《割圆》、《变率》、《通率》四章,叙以割圆法求三角函数等天文历算中的基本数学计算方法。虽并不很难,但在当时是较新的。王锡阐在介绍这些方法时,采用的是文字表述的方法,而未列出数学公式。在卷中,他别出心裁地提出分圆周为三百八十四等分的新说,名为"爻限"。此数值对提高计算精度来说固然有些好处,但毕竟不规整,故实际并无多少影响,以致王氏自己也未能坚持使用。

卷二至卷六,叙日月五星的交食凌犯等具体的历算法与天文历法数据。

卷二,设《法度(度法、日法)》、《黄道诸数(天周、内外准、岁差、列宿距星黄道经纬、赤道辰次附)》、《日躔诸数(岁周、历周)》、《月离诸数(月周、转、交)》、《气朔定名(四孟节气、中气、四仲节气、中气、四季节气、中气、朔望弦、一气三候)》、《岁星诸数(合、转、交)》、《荧惑诸数(合、转、交)》、《填星诸数(合、转、交)》、《太白诸数(合、转、交)》、《辰星诸数(合、转、交)》、《远近中准》、《视径中准(日、月、五星)》、《晨夕限见(昏明、伏见中准)》、《里差》、《诸应(历元、黄道、赤道、日躔、月离、岁星、荧惑、填星、太白、辰星、里差)》十二章。此卷内容极为丰富,有一系列基本数据与所导出的常数,包括日、月、五星、节气、二十八宿等。从叙述中可知,本历以崇祯元年(1628)为历元(此当是王氏念念不忘明王朝而敌视清王朝,故特以明末代皇帝登位元年为历元,以示其复明的心意),以南京为经纬度为起点(此用意亦同上)。

卷三,设《气朔(气候、平朔弦望、盈虚、日躔入历、月离交转)》、《五星(平合、交转)》、《通率(日、度、平行分、初末限)》、《躔离定度(朓朒、次行、月离朓朒定差、岁填荧惑后准、五星朓朒次差、行定度)》、《气朔定日(四正、定朔弦望、五星定合退望)》、《内外纬度(月离正交度、月五星交定度、黄道内外度、月离纬度、五星纬度)》、《经纬变度(两道差、由黄道经纬求赤道经纬、距日定度)》、《躔离宿度(黄道宿度、赤道宿度、赤道上黄道宿度)》、《躔离辰次(赤道、黄道)》、《九服里差(南北里差、东西里差)》、《命日(大余、小余)》十一章,以中西结合的方法推求朔望、节气的时刻与五星的位置,所得数值都精于《新法历书》。

卷四,设《昼夜永短(赤道日周、升降差、昼夜分、日出入分、昏明分)》、《五星远近(补、远近定分)》、《月星光体盈分(径体准分、光体泛加分、光体次加分、光体定分)》、《视径(日月径分、五星径分、暗虚)》、《月星伏见(赤道离日月周、伏见准度、升降较、定伏见)》、《极交分》六章,论昼夜长短、晨昏朦影、月球与内行星的盈亏诸相,以及日月五星的视直径等。卷中大量采用西方的新计算方法,与今日用球面天文学的计算方法基本一致,但亦未列公式。

卷五,设《气差》、《视差(午位黄赤道、黄道午中差、黄道中限、黄道中限高、黄道高度极交分、日月高度极交分、月星高交黄道分、三差)》、《晨昏日月径(晨昏径差、晨昏径分)》、《月体光魄定向(泛向、次向、定向)》、《变差(附、赤道、黄道)》五章,叙时差、视差,并给出确定日心与月心连线的方法,称之为"月体光魄定向"。这是王锡阐的首创,故后即为清廷所敕编《历象考成》所采用。

卷六,设《日食(南北较差、东西较差、食甚定时、日食分秒、初亏复圆、既内、金环、日食方位、带食、带食方位)》《太白食日(太白晨昏定径、东西南北较差、中食定时、食日浅深、出入二限、日中黑子、太白食日方位、带食、带食方位)》《凌犯(主客、次纬、次距、定距、平距、定纬、定行较分、时差法、定合、阴阳历、顺逆度、晨昏径分、正合掩食浅深、凌犯远近、掩食初终二限、凌犯初终二限、掩食凌犯方位、转时变差、重合、有犯无合、升降、昏日隐见)》《交会辰次(赤道宿度、黄道宿度、辰次)》四章,叙日食、月食、五星凌犯等的计算方法。对日、月食初亏与复圆方位的计算,与上卷"月体光魄定向"一样,亦属首创,后来亦为《历象考成》所采用。在计算求交食各限的时刻上,新加上了月球次均的改正数,从而纠正了《新法历书》的错误。又讨论了凌犯(月掩恒星、月掩行星、行星掩恒星、行星互掩)现象,在计算金星、水星凌日与五星凌犯的方法上,则与计算日月食基本一致,仅个别细节有异。这在我国是第一次。

《晓庵新法》首创了计算月体光魄定向的新方法,首创了日、月食初亏、复圆方位的计算与求交食时刻加上月亮次均改正数的计算方法,从而使日、月食的预测预报精度超过了西方当时的水平,也纠正了《崇祯历书》的错误。它还独立地发明了金星、水星凌日的计算方法。对视差、时差、昼夜长短与朔、望、弦及节气发生时刻等也皆有独到的仔细观测与研究,并完善了一整套的理论与计算方法。这些对当时的天体测量学与天文历法计算都有重要的推动作用。

关于本书的研究,有席泽宗《试论王锡阐的天文工作》、江晓原《王锡阐及其〈晓庵新法〉》、《王锡阐的生平、思想和天文学活动》、《王锡阐》(见杜石然主编《中国古代科学家传记》)、陈美东《中国科学技术史·天文学卷》的有关部分。

(王贻梁)

五星行度解 王锡阐

《五星行度解》,一卷。王锡阐撰。撰时不详。通行本有《守山阁丛书》本、《丛书集成初编》本以及上海交通大学出版社版《王锡阐集》等。

作者生平事迹见"晓庵新法"条。

本书论述了宇宙结构模型和具体的行星行度。

《崇祯历书》以第谷体系为其宇宙结构理论,而第谷因未及完成其行星运动理论即过早辞世,故行星运动理论颇多矛盾不谐之处。王锡阐撰此书的目的,是为了对第谷天文体系的行星运动理论进行改进、完善。因此,《五星行度解》一开始就阐明了作者的行星结构模型:"五星本天皆在日天之内,但五星皆居本天之周,而太阳独居本天之心(亦为五星本天之心),少偏其上(近宗动天),随本天运旋成日行规。此规本无实体,故三星出入无碍,若五星本天则各自为实体。"这一结构模型与第谷体系稍有不同。其主张五星本天各为实体,可能受到早期耶稣会士所传入的欧洲十二重天说的影响。西方所说的"本天",一切在上的天体皆作运动。而王氏所说的"本天",五星在其周边运动而居心之日却不在其上运动。这自然也不正确。王氏还认为:"五星之中,土、木、火皆左旋,为日天所挈而东;金、水于本天右旋。各有行度,又随日天日行一度。但二星本天小,不能包地,故但以日之平行为其平行。西历谓五星皆右旋,与天行不合,今正之如左。"这与第谷体系又不同。

接着,《五星行度解》叙解了木、火、土三星。王氏配有两图,具体分析木、火、土三行星的运动轨迹与规律。次解金、水二星,亦配有两图以明晰之。再解求各星距地远近,亦配有两图以明之。再为总解五星,得出五星行次结论四则:"其一,五星本天心入日行规内,则日行规半径当减;出日行规外,则日行规半径当加(此非日行规其径,乃五星天心距地之数。但从日行规径加减,以求与本天半径比例)。其二,太阳在最高,则日行规半径大;太阳在最卑,则日行规半径小。其三,用半径比例,可知各天距地之数,因得各星径体大小之数。其四,黄道圈即太阳本天,太阳应居其心,乃偏近宗动。而居日天之心者为地体。五星亦应居本天之心，乃偏处其周，而居五星天之心者为太阳。地体又不正当日天之中，太阳亦不正当五星天之中，而皆在其环动规之心（日天心绕地心亦作环动规），以生盈缩诸限"。此下，王氏有一个很有意思的设想：以太阳正居黄道圆心，就与地体合一。再假设地处其偏，太阳居心不动，永无运移，则也就无昼夜寒暑等等。尽管这只是设想，而且与实际相比还近乎荒诞，但确实反映了王氏对宇宙结构的不断探测。书末为五星行度数据。其中，土星日行九十五分二一四六七四二九，木星日行九十〇分二五一二五七一九，火星日行四十六分一五七五七九九〇，金星日行六十一分六五〇八九三三九，水星日行三度一〇六六九〇四三〇。

史载王氏于天象观测极勤，自少年时代起，凡天色晴朗之夜即登上屋顶仰观天象，以至可以通宵不寐。凡有交会等，即以自己的新法推步结果予以检校。如此三十余年而不辍，亦无论寒暑疾病。然由于其观测仪器极为简陋，更无望远镜，因此观测精度大受限制，也就不可能建立起新的、更完善的宇宙结构模型。本书对第谷体系的补充与修正、对五星视黄经行度的计算公式，看似新颖而实际上仍不正确，原因在于它们仅为无实证的推想之说。另外，本书在阐述日、月离地与五星离日远近距离变化的原因时，以"磁之于针"为比喻，学者们都认为这与开普勒《哥白尼天文学概要》中也以磁力来解释地球与行星绕日运行的原因相近同，颇具万有引力说的先声。但须注意的是，这只是一个比喻，王氏并未提出更深的理论分析，也未提出数学模式。故不能对之评价过高。

关于本书的研究，有《晓庵新法》所列书目。

（王贻梁）

历学会通 薛凤祚

《历学会通》，五十六卷。其中，正集十二卷，考验二十八卷，致用十六卷（另含《天步真原》乃穆尼阁所撰，薛凤祚翻译）。薛凤祚撰。成于清康熙三年（1664）。通行本有清康熙年间木刻本（全本）、《四库全书》本（只收天文方面的部分内容）。

薛凤祚（1600—1680），字仪甫。山东淄川人。早年曾师从鹿善继、孙奇逢，著有《圣学心传》，发明"认理寻乐"之旨。后又从旧派天文学者魏文魁学研天文历法，但并不恪守魏氏泥古之风。清顺治三年（1646），薛凤祚在南京结识波兰耶稣会士穆尼阁，学习西方自然科学，尤长于天文历法。他与南方的王锡阐被公认为当时最有名的南北二大民间天文学家。著有《历学会通》、《两河清汇》、《海运》等。生平事迹见《清史稿》、《清史列传》等。

《历学会通》体系庞大、内容丰富，涉及天文、数学、医药、物理、水利、火器等，而以天文学与数学方面为主。其天文学部分大致内容如下：《太阳太阴诸行法原》，介绍西方日、月运行轨迹理论及各常数。《木星、火星、土星经行法原》，介绍西法对木、火、土这三颗内行星的观测研究成果，又及行度、会合周期。《交食法原》，介绍西法交食理论与具体计算、预测方法。《历年甲子》，介绍西法纪年与中法对照。《求岁实》，介绍西法岁实测求之法。《五星高行》，介绍西法五星理论及运度、会合周期。《交食表》，以西法推算万历、崇祯年间交食。《经星中星》，介绍西方恒星系统及以中星推测时刻。《西域回回术》，介绍伊斯兰回历天文知识。《西域表》，介绍回历常数。《今西法选要》、《今法表》，介绍西法主要代表理论与数值。

本书主要翻译并介绍了欧洲天文学与阿拉伯天文学，同时间及中国传统天文学。西学部分，以穆尼阁《天步真原》为本，理论、数据、方法悉从之。薛凤祚的本意是想将欧洲、阿拉伯的天文历法学成就与中国传统的天学相融会贯通，故取名为《历学会通》。但由于各法间差异较大，所会通的主要是用西法结合中法来计算交食。《四库全书》所录即薛氏如何计算万历丙申八月朔日食与崇祯壬申三月望月食，为薛氏书中真正可谓"会通"之处。

《历学会通》以顺治十二年乙未天正冬至为元,诸应并从此计算起。以岁实为三百六十五日二十三刻三分五十七秒,黄赤道交度有加减,恒星岁行五十二秒,这些数据皆从《天步真原》。但《历学会通》也有其独具特色之所在,如:其特点之一是引进了西法对数计算、三角函数对数计算(书名"四线"者,因只列正弦、余弦、正切、余切之故),这在当时确是最新的。又如,为适应中国学者的计算习惯,薛凤祚将西法的六十进位制改成了十进位制。还花费了大量的精力,重新编制了三角函数对数表,向中国读者介绍了一至二万的常用对数表。这些工作,都颇受历算大师梅文鼎的好评与赞赏。可见本书并非纯是鹦鹉学舌式地照搬《天步真原》,确实是做了一定的"会通"工作。

《历学会通》是继《崇祯历书》后最系统介绍第谷体系计算太阳、月亮、行星运度与交食、交会等方法的一部著作,也是清代介绍西学的一部名籍。故此书刊行以后,在社会上产生了较大的影响。

关于本书的研究,有钱宝琮《中国数学史》、胡铁珠《薛凤祚》(见杜石然主编《中国古代科学家传记》)的有关部分。

(王贻梁)

天经或问 游 艺

《天经或问》，前集四卷，后集不分卷。游艺撰。撰时不详。通行本有：清康熙年间刊本、大集堂刊本（前、后集均一卷）、《四库全书》本（只收前集四卷），以及日本享保十五年（1730）刊本（前、后集与图各一卷）、宽延年间刊本等。

游艺，生卒年不详，字子六，号岱峰。福建建阳县崇化里（今建阳、崇化一带）人。少孤而家贫，然事母极孝而嗜学，曾读书普觉寺，作《苍霞吟》以明其志。所交皆当世知名人士。后师从豫章熊明遇，学习天文知识。明亡后，熊明遇隐居建阳撰《格致草》，对整个天象（从天体到气象）进行了探讨研究，但其书流传未广。游艺继师之志，贯通中西之说而成《天经或问》一书。生平事迹见《四库全书总目》卷一〇六等。

《天经或问》前集四卷。卷一列图有《昊天一气浑沦变化图》、《黄赤道南北极图》、《三轮六合八觚之图》、《浑象内日月地三形图》、《地平受子午规之图》、《晦朔弦望之图》、《月掩日光为日食之图》、《地影蔽月为月食之图》、《居地有见食不见食图》、《龙头龙尾日月交食图》、《日月弥近龙头龙尾而食之弥大圜之图》、《随地天顶子午之图》、《北极紫微垣见界星图》、《南极诸星垣见界星图》、《黄赤二道见界总星图》、《二十八宿见界总星图》、《北极至赤道圈中分一半见界总星图》、《南极至赤道圈中分一半见界总星图》、《北极河汉星见界图》、《南极河汉星见界图》、《大地圆球》、《诸国全图》二十二幅。

卷二至卷四为《问答解》。卷二设问答《天体》、《地体》、《黄赤道》、《南北极》、《子午规》、《地平规》、《太阳》、《太阴》、《日食》、《交食》、《朔望弦晦》、《气盈朔虚闰余》、《月见迟疾》、《日月右行》、《天行过一度》、《五星迟疾伏退》、《四余罗计气孛》十七则。卷三设问答《岁差》、《经星名位》、《恒星多寡》、《大星位分》、《太阳出入赤道度分》、《经星东移》六则。卷四设问答《分野》、《年月》、《历法》、《霄霞》、《风云雨露雾霜》、《雪霰》、《雹》、《雷电》、《霾》、《彗孛》、《虹》、《日月晕》、《日月重见》、《风雨征》、《天开》、《地震》、《海》、《咸水》、《温泉》、《潮汐》、《望气》、《野火》、《占候》、《四行五行》、

《地理》、《数》、《星降生》二十七则。

前集主要论述了天文历法的基本知识。虽无发明创造,但持论明晰,识有精卓,语词通俗,确有其特色。近人王重民先生曾评论说:"是书鸿博逊于《格致草》,而明晰易读过之。"(《天经或问跋》)故它的影响远远超出其师的《格致草》,后流传至日本亦被多次翻刻。

《天经或问》的后集意在补前集所未备,虽亦述前人历法、躔度、岁差、七政等,但更多是理气性命、山海神怪、生死变幻、杂气杂象等等,臆断失实,多为人所不取。《四库全书》亦因此而不收。

关于本书的研究,有冯锦荣《游艺及其〈天经或问〉前后集》、贺圣迪《游艺〈天经或问〉的会通思想》(见袁运开、周瀚光《中国科学思想史》中册),以及陈美东《中国科学技术史·天文学卷》的有关部分。

(王贻梁)

琉璃志 孙廷铨

《琉璃志》,一卷。孙廷铨撰。成于清康熙四年(1665)。收入作者所撰《颜山杂记》(题为《琉璃》)。通行本有《昭代丛书》续集本、《美术丛书初集》本。

孙廷铨(1613—约1664),字伯度。山东益都颜神镇(今淄博博山区)人。其家世为琉璃之业,孙廷铨从小耳濡目染,对此工艺技术产生了浓厚的兴趣。后来成为学者后,将生平收集所得有关资料汇集成书。

《琉璃志》是记载我国古代琉璃工艺技术的专著。书中全面、系统地记述了当时中国北方美术琉璃中心——山东盖都颜神镇的琉璃生产工艺。全书分为十七段,内容包括烧造美术装饰琉璃的原料、呈色、火候、配色、产品、作工、工具、吹制及历史考证等。如《火候》一段,叙述了各类"生料(原料)"按一定比例配方,装入硝罐,放入炉内熔融,达到一千四百度至一千五百度时即成"熟料(即琉璃溶液)"。《配色》一段记载了彩色装饰琉璃的传统配方,即以铜、铁、铅、钴等不同金属显色的原理及操作方法。

《美术丛书初集》本有详尽的注释,并附有故宫博物院藏的图片资料,对研究此书具有重要作用。

关于本书的研究,有孙维用《元明清时代的古代玻璃技术》(见干福熹等著《中国古代玻璃技术的发展》)的有关部分。

(曾 抗)

中星谱 胡亶

《中星谱》,一卷。胡亶撰。成于清康熙八年(1669)。通行本有《四库全书》本。

胡亶,生卒年不详,字保叔,号励斋。浙江仁和(今杭州)人。清顺治六年(1649)进士,改翰林院庶吉士散馆授编修,后出任江苏常镇道。为人谦和而又刚正,居官三十年而室无妾媵、橐无旨蓄,世称清白。吏归后不以寸牍干官府,然邑有利弊则竭力争之。其学识广博,遍阅群书,尤精于天文历法。于日月薄蚀、星辰躔度,推测毫发无遗。著作尚有《周天现界图》、《步天歌》等。后遭火毁而大多不存,后人求其留札而梓为《励斋文集》。生平事迹见《四库全书总目》卷一〇六等。

《中星谱》书首有《发凡》,叙其体例。从中可知本书乃以日入至日出为限,通夜中星依次顺列,较古法止记昏旦者为详。全书共二十四谱。其昏、旦时刻以《崇祯历书》(后名《时宪新法》、《新法历书》)为准,以太阳在地平下十八度定为昏、旦时刻。全天时间依新法为二十四小时、九十六刻,每刻十五分钟。古法中星止记二十八宿以内,今则于宿外又取十七星,共为四十五座大星。此四十五座星皆系近黄赤道者,每座星数多寡不等,但谱内止拈各座一星为言。谱内所录中星时刻皆指其节气之第一日。以后每日只需于本星时刻内减十五分刻之四弱即可求得。所定时刻,即《时宪历》(据《崇祯历书》而制)所颁顺天府时刻。各节气昏旦时刻不如适遇星中,今考其距宿之几度几分中附录了大星经纬度分后,以合古法而验同异。

正文即二十四节气日时四十五颗恒星上中天的北京(并附浙江)真太阳时表谱。

明代开始,中国社会经济开始有进一步的发展,为此,人们需要更精确地知道每天的具体时刻。但由于当时尚无钟表业,人们只能在白天有太阳时,通过日晷知道较为准确的时间。于是,有学者进行编制夜晚中星表的工作。清代测时,多用测中星法与测中天附近恒星的时角法,所编星表亦即中星表(谱)与中星更录两种。胡亶所编撰的《中星谱》即清代早期一部较好的测时星表。它在传统的二十八宿以外,又另取黄道附近的大角、贯索等十七颗大星为测时之准。此四十五星后来即为钦天监及其他学者定为中星观测的标准星群。其定时刻虽只北京、浙江两地,但其他地区可类推。其数据精确到时分与角分(其分一度为一百分),准确度颇高。与后乾隆九年(1744)敕编《仪象考成》所撰《中星更录》堪称姐妹篇。但其星度皆非实测,而是据《崇祯历书》与《历象考成》所得,星度多有不同,且不列加减岁差,故传行不久即误差增大,此其疵也。

关于本书的研究,有陈美东《中国科学技术史·天文学卷》的有关部分。

(王贻梁)

工部工程做法则例 雷发达

《工部工程做法则例》，七十四卷。雷发达撰。成于清雍正十二年（1734）之前。通行本有《万有文库》本。

雷发达（1619—1693），字明所。原籍江西建昌（今永修），明末随父亲迁居南京。其父为木工。雷氏自幼热爱木工劳动，钻研工艺技术，到南京后，看到宫殿、庙宇、城楼、高塔等传统建筑物结构精巧、辉煌壮观，促使他努力研究建筑设计。三十岁时，在南京城已享有建筑工匠盛名。清康熙初年，他以著名工匠的身份应募到北京供役内廷，参与修建宫殿工程，担任"样式房"（即专业设计院）负责人，圆满完成了设计、建造著名的太和殿、中和殿、保和殿的工程，被敕封为工部营造所长班，时有"上有鲁班，下有长班"之誉。其后一直在北京担任内廷营造工作三十多年。在长期的实践中，雷发达把自己的经验总结写成《工部工程做法则例》和《工段营造录》两书。

《工部工程做法则例》是清代官式建筑通行的标准设计规范，是继宋代《营造法式》后官方颁布的又一部较为系统全面的建筑工程专书。全书内容大体分为两部分：各类房屋营造范例规则和应用工料估算额限。所谓"做法"，就是指导对房屋如何施工、整个构架怎样安装；"则例"就是记述构件尺寸、台基、墙壁、梁架、斗拱、屋顶等。全书对营造房屋的整个过程一系列操作程序均有记载，自土木瓦石、搭材起重、油画裱糊至钢铁件安装等共分为十七个专类、二十多个工种，各自有条款详晰的规程，并附有屋架例样（横断面图）的示意简图。

本书是根据当时建筑工程的记录写成的，是雷氏家族多年从事建筑工程的总结。同时，亦吸取继承了我国传统宫殿建筑的成就，发扬了南北方各地各种建筑技术的精华。在设计工作中，又进行了大胆的改进和创新，如根据总地盘图进行设计，画出详图，平面图中绘出个体建筑图的透视图，制作烫样（用草纸板制作模型）等，因此在建筑科学史上，此书具有重要的意义和价值。书中的内容，成了建筑行业特别是中国传统建筑业的重要参考书，是我国建筑业、木工业的一部宝贵文献。

关于本书的研究,有朱启钤、梁启雄《哲匠录·雷发达》、刘敦桢《同治重修圆明园史料》、单士元《宫廷建筑巧匠——样式雷》、孙剑《雷发达》(见杜石然主编《中国古代科学家传记》)的有关部分。

(曾 抗)

方程论 梅文鼎

《方程论》,六卷。梅文鼎撰。成于清康熙十一年(1672)。通行本有清兼济堂纂刻《梅勿庵先生历算全书》本、《梅氏丛书辑要》本。

梅文鼎(1633—1721),字定九,号勿庵。安徽宣城人。幼年时跟随父亲梅士昌和私塾老师罗王宾学习儒家经典及天文学知识。青年时又跟竹冠道士倪观湖学习《大统历》,深得倪观湖赏识,自此立志研习历算。中年后学问益深,名声渐广,曾在北京参与审定《明史·历志》的初稿,所论甚精,使当时的许多学者都为之叹服。晚年得康熙皇帝于南巡途中三次召见,声望益著。其孙梅毂成在京主持编纂《历象考成》、《律吕正义》、《数理精蕴》等书,亦常奉旨将其中的一些内容送梅文鼎审定。他一方面对中国传统的天文数学名著作了深入的研究,另一方面又能正确对待当时传入的西方科学,认为:"数者所以合理也,历者所以顺天也。法有可采何论东西,理所当明何分新旧,在善学者知其所以异,又知其所以同。"(《堑堵测量》)主张"去中西之见,以平心观理",把古今中西的天文数学知识熔为一炉。据其自撰《勿庵历算书目》载,梅文鼎共著有天文、数学著作八十余种,其中数学著作二十余种,为清代著述最多且最有影响的天文数学家。另外还著有《绩学堂诗文钞》,是其一生诗文的总集。他的《历算全书》以后又传入日本,对日本数学的发展也颇有影响。梅文鼎的学术成就现已得到国内外科技史界的瞩目和公认。

《方程论》是梅文鼎在代数方面的主要著作,主要讨论线性方程组的分类、解法及其应用。他首先给出对"方程"的解释:"方者,比方也;程者,法程也。数有难知者,据现在之数以比方而课程之,则不可知而可知。"即通过预设未知数,建立方程式,从而利用解方程组使未知转化为已知。然后按照方程系数的正负号变化情况把方程组分为以下四类:(1) 和数方程,即在每个方程式中系数的符号一致,不变号;(2) 较数方程,即每个方程的系数都是变号的,有正有负;(3) 和较杂方程,即方程组中有的方程系数不变号,有的方程系数变号;(4) 和较交变方程,这是指在消元过程中"和数方程"与"较数方程"互相转变而产生的新的方程组。实际上,第四类方程组只是消元过程中出现的现象,所以与前三类方程组有重复。至于解方程组的一般方法,则是布列方程后互乘对减,逐次消元,最后得三角形矩阵,再代换求得各未知数。具体演算以约简为善,"方程之法,去繁就简,同者去之,异者存之,归一法一实而已矣"。即解方程组的总原则是消元,最后得到 $kx=b$ 的形式。对于系数有分数的方程,书中给出了"化整从零"、"变零从整"、"除零附整"三种方法求解,其中包含了相当于现在的引入辅助元或代换法,是《九章算术》"方程术"之后出现的一种新方法。书中还对当时流传的数学著作(如《九章算法比类大全》、《直指算法统宗》、《同文算指》等)中有关方程的论述进行了"刊误",指出这些著作在论方程时有五种错误:(1) 正负之误;(2) 加减之误;(3) 法实之误;(4) 并分母之误;(5) 设问之误;并对这些错误一一进行了分析和驳正。

《方程论》是清初关于线性方程组解法的总结性著作。在当时宋元数学著作散佚、部分代数学成果失传的情况下,此书的价值尤足珍贵。它为当时的人们学习方程理论提供了较好的资料,虽未能完全发掘出宋元时期高度发展的代数学水平,但也使人们对方程有了新的认识,对清代以后的数学家有着较大的影响。梅文鼎之孙梅瑴成后来协助康熙皇帝主持编撰《数理精蕴》,其中关于"方程"部分的内容就是在此书的基础上再作改定的。

关于本书的研究,有梅荣照《略论梅文鼎的方程论》,以及日本桥本敬造《梅文鼎の数学研究》、法国马兹洛夫(J. Martzloff)《梅文鼎数学著作研究》、李迪和郭世荣编著《清代著名天文数学家梅文鼎》等书的有关部分。

(周瀚光)

筹 算 梅文鼎

《筹算》,七卷(一本作二卷)。梅文鼎撰。成于清康熙十七年(1678)。有清兼济堂纂刻《梅勿庵先生历算全书》本(七卷)、《梅氏丛书辑要》本(二卷)。

作者生平事迹见"方程论"条。

《筹算》是一部介绍西方纳贝尔算筹并将其作进一步改进的数学著作。纳贝尔算筹是英国数学家纳贝尔(J. Napier)发明的,是一种刻有数表的长筹,利用它可以减轻计算的劳动量,由意大利传教士罗雅谷(Jacques Rho)于17世纪初传入中国。梅文鼎经过研究,觉得这种算筹具有以下六个优点:"奚囊远涉,便于佩带,一也;所用乘除,存诸片楮,久可复核,二也;斗室匡坐,点笔徐观,诸数历然,人不能测,三也;布算未终,无妨泛应,前功可续,四也;乘除一理,不需歌括,五也;尤便习学,朝得暮能,六也。"故在此书中对其作了详细的介绍。在介绍的同时,他又根据中国人的传统和特点,对此筹作了改进,如把原来的竖筹改为横筹,把原来筹上画的方格改为圆格。改进后的纳贝尔筹称为中国式的纳贝尔筹,更便于中国人接受和掌握。书中不仅给出了乘法和除法的用筹方法,还给出了开平方、开立方、开带从平方、开带从立方的用筹方法。其中开带从立方的数学方法虽比宋元时期的方法较为复杂,但在当时宋元数学著作和成果散佚失传的情况下,还是独树一帜,颇有价值的。

经梅文鼎在此书中改制的纳贝尔算筹以后在清宫内也得到了广泛的使用,至今故宫中仍有保存。另外,它还在康熙年间的手摇计算机中得到了应用。

有关本书的研究,有桥本敬造《梅文鼎の数学研究》、李迪和郭世荣《清代著名天文数学家梅文鼎》的有关部分。

(周瀚光)

弧三角举要 梅文鼎

《弧三角举要》，五卷。梅文鼎撰。成于清康熙二十三年(1684)。有清兼济堂纂刻《梅勿庵先生历算全书》本、《梅氏丛书辑要》本等。

作者生平事迹见"方程论"条。

《弧三角举要》是一部论述球面三角形解法的数学著作。球面三角学是由西方传教士于明代末年传入中国的，当时徐光启主持编译的《崇祯历书》中，有《测量全义》十卷，其中介绍的西方球面三角知识，包括了解直角三角形的十个公式以及斜三角形的正弦定理、余弦定理等等，但在证明方面有含混和疏漏之处。梅文鼎撰《弧三角举要》，就是要对此作"疏剔订补"的工作，"以直截发明其所以然"。

此书卷一为"弧三角体势"，略述关于球面三角形的几何定理和它在球面天文学上的应用。其中把球面三角形定义为："三大圈相遇，则成三角三边，此所谓弧三角形也。"卷二为"正弧三角形"，论述直角球面三角形的解法，主要是通过建立一些相似勾股形，利用相似比来求解。卷三为"重弧法"，即对于一般的球面三角形，采取作三角形一边的垂弧，使之分成为两个直角球面三角形，然后再求解的方法。卷四为"次形法"，即利用弧与角的对称互余、互补的情况，把原来不易求解的三角形转化为易解的球面三角形。卷五为"八线相当法"，用四率比例的形式反复讨论同角三角函数关系以及球面三角的两角三角函数关系，以备参考检用。梅文鼎在书中把求解球面三角形的一般方法总结为："窃为 言以蔽之曰：析浑圆、寻勾股而已"，并以此对《测量全义》中给出的十个解球面三角形的公式作了系统的证明。

《弧三角举要》后随《梅勿庵先生历算全书》一起传入日本，对日本数学界颇有影响。如日本数学家安岛直圆(1739—1798)著《弧三角解》、本多明利著《正弧斜弧矩合往来》(1798)等，都参考了此书并在此基础上有所发展。

关于本书的研究，有李迪、郭世荣《清代著名天文数学家梅文鼎》的有关部分。

(周瀚光)

平三角举要 梅文鼎

《平三角举要》,又称《三角法举要》,五卷。梅文鼎撰。约成于清康熙年间(1662—1721)。有清兼济堂纂刻《梅勿庵先生历算全书》本、《梅氏丛书辑要》本。

作者生平事迹见"方程论"条。

《平三角举要》是一部系统介绍平面三角知识的数学著作。三角学知识最早是由西方传教士于明代末年传入中国的。当时徐光启主持编译的《崇祯历书》中,有《大测》、《割圆八线表》、《测量全义》等西方传教士编译的数学著作,首次介绍了三角学的内容。以后清初传教士穆尼阁(J. Nicolas Smogolenski)和中国数学家薛凤祚合编的《三角算法》和《比例四线新表》,进一步介绍了平面三角和球面三角的一些基本方法和公式。本书是第一部中国数学家自著的三角学专著。梅文鼎在此书的自序中说:"新历之妙,全在弧三角(球面三角),然必先知平三角而后可以论弧三角。"即把此书作为学习和研究三角学知识的开始,为进一步学习和研究球面三角知识打基础。

《平三角举要》卷一为"测量名义",主要介绍与三角形相关的各种概念、几何定理及三角函数间的一些基本关系。所涉及的概念有点、线、面、体、角、三角形、直角、锐角、钝角、弧以及"割圆八线"(正弦、余弦、正切、余切、正割、余割、正矢、余矢)等。又讨论了利用相似三角形来求得"割圆八线"之间的关系,"凡八线中,但得一线,则余皆可求"。还讨论了"余角"三角函数互换等一系列三角函数间的关系。卷二为"算例",按直角、锐角、钝角三类来解平面三角形,举十四个例子来说明各种平面三角形的解法。对于一般三角形用划分成两个勾股形(直角三角形)的方法来解,同时还用到了正弦定理、正切定理和半角定理等基本定理。卷三为"内容外切",主要讨论三角形的面积及其内切圆、外接圆和内容正方形等问题。卷四为"或问",即"同学好问,事事必求其所以然,故不惮为之详复以畅厥旨",实际上是对卷二"算例"的补充论证。卷五为"测量",列举了三十多个例子具体论述平面三角在测量中的应用。

此书在梅文鼎晚年受康熙皇帝南巡召见时曾进呈御览,对其孙梅毂成以后帮助康熙编纂《数理精蕴》有很大的影响。

关于本书的研究,有李迪、郭世荣《清代著名天文数学家梅文鼎》的有关部分。

（周瀚光）

勾股举隅 梅文鼎

《勾股举隅》，一卷。梅文鼎撰。约成于清康熙年间（1662—1721）。有清《梅氏丛书辑要》本等。

作者生平事迹见"方程论"条。

《勾股举隅》是一部专论勾股形（即直角三角形）的数学著作，是梅文鼎在平面几何学方面的代表作之一。书中不仅对古老的勾股定理给出了新的证明，而且详细地讨论了勾股形各边互求的关系。如已知勾（短直角边）、股（长直角边）、弦（斜边）、勾股相乘积、勾股和、勾股较（两直角边之差）、弦和和（斜边与勾股和之和）、弦和较（斜边与勾股和之差）等条件中的任何两项，均可利用公式解出直角三角形的三边及其面积。全书共列出十三个问题，其中有七个问题前人曾作过研究和论证，其他六个问题的解法则是梅文鼎的创见。书中还深入探讨了勾股测量问题，在没有见到魏刘徽《海岛算经》的情况下，对明代数学著作中传留下来的"重差术"公式重新作出了证明。

《勾股举隅》对以后梅文鼎之孙梅瑴成帮助康熙皇帝编纂《数理精蕴》起了很大的影响。《数理精蕴》下编卷十二、十三专讲勾股，其中有关勾股互求的内容即为梅瑴成所撰。其所用公式、证明方法等许多内容，均采自《勾股举隅》一书。

关于本书的研究，有李迪、郭世荣《清代著名天文数学家梅文鼎》的有关部分。

（周瀚光）

几何通解 梅文鼎

《几何通解》,又称《用勾股解几何原本之根》,一卷。梅文鼎撰。约成于清康熙年间(1662—1721)。有清《梅氏丛书辑要》本等。

作者生平事迹见"方程论"条。

《几何通解》是梅文鼎试图会通几何学与勾股术的数学著作。他认为中国传统的勾股理论和西方传入的《几何原本》虽然在形式上很不相同,但在根本上却是相通的。"几何不言勾股,然其理并勾股也。故其最难者,以勾股释之则明。"所以他在此书中用勾股理论详细地证明《几何原本》卷二、卷三、卷四、卷六中的许多命题,并对该书中的"理分中末线"问题进行了深入的研究和剖析。

理分中末线又称"黄金分割"(golden section)、"黄金律"、"中外比"等,系指把一条线段分成两部分,使得较长的部分(大分)为较小部分(小分)和整个原线段(全分)的比例中项,即:

$$全分:大分=大分:小分$$

亦即:

$$大分^2=全分×小分$$

而小分与大分之比则为$(\sqrt{5}-1)/2$,称为"黄金比"。梅文鼎从勾股形(直角三角形)的性质出发,首先得出了勾弦和、股、勾弦较为连比例,即:

$$(勾+弦):股=股:(弦-勾)$$

然后以此为依据,给出了六种作理分中末线的方法,并对其作法的正确性进行了证明。书中又总结了理分中末线在十等分圆、五等分圆、测量正十二面体、测量正二十面体和测量圆灯五个方面的应用,并得到了理分中末线的无限下推法,即:如果线段 a 为全分,b 为大分,c 为小分;那么若以 b 为全分,则 c 必为大分;如此递推,可永远分割下去以至无穷。为了求得无限分割下去的各线段的具体值,梅文鼎又建立了一组连比例三角形,并把这种方法称为"递加法"。

《几何通解》对清代数学影响很大,尤以其连比例方法对清代数学家的启发为巨。梅文鼎之孙梅瑴成帮助康熙皇帝编纂的《数理精蕴》下编有求正十四边形、正十八边形的边长问题,所用即为连比例方法。清明安图所著《割圆密率捷法》、董祐诚所著《割圆连比例术图解》等,其所用连比例方法皆源出《几何通解》。

关于本书的研究,有李迪、郭世荣《清代著名天文数学家梅文鼎》的有关部分。

(周瀚光)

几何补编 梅文鼎

《几何补编》，四卷。梅文鼎撰。成于清康熙三十一年（1692）。有清兼济堂纂刻《梅勿庵先生历算全书》本（另附"补遗"一卷）、《梅氏丛书辑要》本等。

作者生平事迹见"方程论"条。

《几何补编》是梅文鼎在立体几何学方面的代表作之一，是一部论述正多面体和半正多面体的性质及其计算的数学著作。此书首先讨论了明末时西方传教士编译的《测量全义》中的正多面体体积计算问题。其"自序"说："乃复取《测量全义》量体诸率，续考其作法根源，以补原书之未备。"《测量全义》中记载了五种正多面体的体积公式，并计算出棱长为100的各正多面体的体积，但没有详述这些公式的来历。梅文鼎在此基础上对正四面体、正八面体、正十二面体、正二十面体的几何性质进行了深入的研究，不仅考得了《测量全义》中所述五个正多面体体积公式的"作法根源"，获得了计算各正多面体体积及其内切球半径的具体方法，而且指出了《测量全义》中的一些错误。因计算正多面体体积常需用"理分中末线"（黄金分割），故梅文鼎深有体会地说："《几何原本》谓理分中末线为用最广，盖谓此也。"

此书又详细地讨论了多面体之间的互容关系以及多面体与球体之间的互容关系。梅文鼎把互容相切的情况概括为："凡相容两体之相切，或以尖，或以边，或以面"；"凡诸体相容皆以内尖切外之面，惟立方（正方体）内容四等面（正方体）则以角而切角，立方（正方体）内容十二等面（正十二面体）、二十等面（正二十面体）则以边而切面。"书中具体分析了正四、六、八、十二、二十面体和方灯、圆灯及球等各种立体之间的互容情况，一一指出两个多面体互容时其切点（或线、面）有多少，在什么位置相切以及其内外比例关系如何等等，还计算了多个多面体连锁相容的比例关系，并在研究互容两体的相对位置中提供了正多面体的作法。

除此之外，书中还给出了方灯体和圆灯体这两种半正多面体的性质和作法。所有这些，都是梅文鼎在接受西方数学知识基础上对多面体研究的进一步深化和发展。

《几何补编》对清代数学颇有影响。梅文鼎之孙梅瑴成在帮助康熙皇帝编纂《数理精蕴》时，其下编关于多面体的内容便是梅瑴成根据《几何补编》编写的，并几乎转录了此书的全部内容。

关于本书的研究，有李迪、郭世荣《清代著名天文数学家梅文鼎》的有关部分。

（周瀚光）

少广拾遗 梅文鼎

《少广拾遗》，一卷。梅文鼎撰。成于清康熙三十一年(1692)。有清兼济堂纂刻《梅勿庵先生历算全书》本、《梅氏丛书辑要》本等。

作者生平事迹见"方程论"条。

"少广"为汉代《九章算术》中的一个章名。在该章中，首次给出了开平方和开立方的计算方法和演算程序。以后的数学家在此基础上不断发展，至宋元时期，已能用"正负开方术"进行任意高次幂的开方计算，求得任意高次数字方程的正根。然而到了明代，由于古代数学典籍的散佚，致使宋元时期高度发展的数学成果(包括"正负开方术"在内)失传不少。正如梅文鼎在此书的自序中所说："尝见《九章比类》(明吴敬)、《历宗算会》(明周述学)、《算法统宗》(明程大位)俱载有开方作法本原之图，而仅及五乘，并无算例。《同文算指》(明李之藻)稍变其图，具七乘方算法而不适于用，诠释不𫐓无误。"即明代数学著作中只保存了宋代贾宪的"开方作法本原图"(二项式系数展开表)而没有高次幂的具体开方方法。于是梅文鼎撰作此书，"稍取古图细绎，发其指趣，为作十二乘方算例，颇觉详明"。

此书依据于贾宪的"开方作法本原图"，运用"立成释锁法"，详细地讨论了开两次方、三次方……一直到开十三次方的具体演算程序。每一种开方各列一个算题，并用笔算详细记述开方过程，从而给出了高次幂开方的运算方法。书中还讨论了用多次开低次方代替开高次方的问题，例如六次方可用开平方、立方各一次代替，这实际上包括了指数运算律的内容。书中在论到图解时说："三乘方以上不可为图，诸书有强为之图者，非也。然其理则有可言者焉。"这实际上是对开方方法与多于三维空间之间关系的较早讨论。

《少广拾遗》在宋元数学失传的情况下，重新给出了高次幂开方的运算方法，其对清代数学的发展是有一定影响的。

关于本书的研究，有李迪、郭世荣《清代著名天文数学家梅文鼎》的有关部分。

(周瀚光)

笔算 梅文鼎

《笔算》，五卷。梅文鼎撰。成于清康熙三十二年(1693)。有清兼济堂纂刻《梅勿庵先生历算全书》本、《梅氏丛书辑要》本(该本于卷末另附梅文鼎的早期著作《方田通考》和《古算器考》两篇短文)。

作者生平事迹见"方程论"条。

《笔算》是第一部中国学者撰写的介绍笔算的数学著作。中国传统数学从先秦时期起就一直用算筹作为计算工具，发展到明代则被珠算盘所替代。其间虽在唐时曾有印度笔算传入以及后来曾有某种"写算"方法，但从来没有得到推广和普及。明代末年意大利传教士利玛窦(Matteo Ricci)和中国学者李之藻共同编译了《同文算指》，其中介绍了15、16世纪西方使用的笔算加减乘除及开平方开立方的方法，从此笔算才逐步为中国的数学界所接受。梅文鼎研究了《同文算指》介绍的笔算方法后，认为笔算有不少方便之处，诸如它不用口诀，便于学习，可中途停顿以后续算，还可方便检验复核等等，于是著此书对笔算进行推广普及。

梅文鼎首先把西方笔算的横式改为竖式，以符合中国传统汉字书写直列的习惯。此书"发凡"说："笔算易横为直以便中土，盖直下而书者，中土圣人之旧而吾人所习也。"改动后的书写形式更利于中国数学界对笔算的接受。书中详述了笔算的列位、定位、四则运算、开平方、开立方以及分数、小数运算等的具体方法，并对《同文算指》中的乘法、除法和开方作了一定的改动，改进后的除法笔算比《同文算指》较为简便。书中还论到算术运算定律，涉及加法结合律、加法交换结合律、乘法交换律、乘法结合律、乘除互换律等，虽然所论尚不够完整系统，但却是中国数学史上对运算定律的首次明确表述，具有一定的意义和价值。

此书以后随《梅勿庵先生历算全书》一起传入日本，对日本数学颇具影响。许多日本数学著作常引用此书的一些概念和原文。1804年日本出版了以笔算为主题的《笔算》一书。1856年日本福田泉写成《西算速知》，其中数字写法、笔算方式等都源出此书。

关于本书的研究，有李迪、郭世荣《清代著名天文数学家梅文鼎》的有关部分。

（周瀚光）

环中黍尺 梅文鼎

《环中黍尺》,六卷(一作五卷)。梅文鼎撰。成于清康熙三十九年(1700)。有清兼济堂纂刻《梅勿庵先生历算全书》本(六卷)、《梅氏丛书辑要》本(五卷)。

作者生平事迹见"方程论"条。

《环中黍尺》是一部用投影方法讨论球面三角问题的数学著作。此书的"小引"中说:"《环中黍尺》者,所以明平仪弧角正形,乃天外观天之法而浑天之画影也。"这里所说的"正形",即正投影,是指球面上的弧三角形直角射影于一穿过球心的平面上所得的一个曲线三角形。在"正形"图上,可以用线段的长来表示原弧三角形边、角的正弦、正矢,从而利用一些平面几何知识就可以推导出原弧三角形边角间的关系。依据已知条件作出一个弧三角形的"正形"后,又可以用直尺(黍尺)在图上直接量出所求弧、角的正弦或正矢。故此书题名《环中黍尺》。

此书首先论述了球面正投影的三项性质:(1) 球面正投影周界上各点都可以作为球极点的投影;(2) 纬线正投影实长;(3) 经线弧正投影实长。依据这三项性质,梅文鼎用正投影方法证明了球面三角中的一个重要定理——余弦定理,并证明了四个积化和差公式,即用加减法来代替余弦相乘或正弦相乘以简化运算。书中在投影图上用图解的方法解决了球面三角形中的下列四种基本问题:(1) 已知三边求三角;(2) 已知两边及夹角求其他边角;(3) 已知两边及一边的对角,求其他边角;(4) 已知两角及夹边求其他边角;并把它们应用了解天文学中黄道坐标系、赤道坐标系以及地平坐标系三者的互换问题。

《环中黍尺》是中国数学界对画法几何学这门学科的早期探索,在数学史上有一定的地位和价值。

关于本书的研究,有李迪、郭世荣《清代著名天文数学家梅文鼎》的有关部分。

(周瀚光)

堑堵测量 梅文鼎

《堑堵测量》，二卷。梅文鼎撰。约成于清康熙三十九年至四十九年(1700—1710)间。有清兼济堂纂刻《梅勿庵先生历算全书》本、《梅氏丛书辑要》本等。

作者生平事迹见"方程论"条。

《堑堵测量》是一部论述球面直角三角形的边角关系及其解法的数学著作。"堑堵"一词源出《九章算术》，是指斜解立方体之后所得到的底为直角三角形的直棱柱。把"堑堵"再斜解为二，又可得到一个"阳马"（一侧棱与底面垂直的四棱锥）和一个"鳖臑"（各面均为直角三角形的四面体）。梅文鼎把"鳖臑"称为"立三角"，认为它的一些边角恰与球面直角三角形的三弧三角相当，并用它作为立体模型来阐明球面直角三角形的边角关系。他说："八线之在平圆者可以图明，在浑圆者难以笔显。鼎盖尝深思其故，而见浑圆中诸线犁然有合于古人堑堵之法。乃以坚楮肖之为径寸之仪，而三弧三角各线所成之勾股了了分明，省笔舌之烦，以象相告，于作图布算不无小补，而又非若浑象之难成。因名之曰《堑堵测量》，从其质也。"

梅文鼎在书中把"立三角"（即鳖臑）看作是建立体积理论的最基本的立体，其重要性正像三角形在面积理论中的地位一样。他说："立三角为量体之密率。凡量体者必析之，析之成立三角形，则可以知其容积，可得而量矣。若不可以立三角析者，则为无法之形，不可以量。"他详细讨论了各种立体与立三角的关系，认为一切锥体、多面体及"有法之形"的立体都可最后分解为立三角。因为圆面可以由无数个小三角形面积之和来逼近，所以圆锥体和球体也可以由无数个小立三角之和来逼近。他的结论是："立三角之法，以测体积，方圆斜侧，靡所不通。"

运用立三角这一立体模型以及它与"堑堵"之间的关系，梅文鼎较为容易地证明了球面直角三角形各弧角之间的关系，"经寸之物以状浑圆而弧三角之理，如指诸掌"。据此，此书又解决了历法中关于赤经、黄经和赤纬间关系的计算问题。

中国古代利用几何模型来解决数学问题,从三国时刘徽就已开始。但唐宋以后却不常见。此书用立体几何模型来解决球面三角问题,是数学史上的一项创造性工作。

关于本书的研究,有李迪、郭世荣《清代著名天文数学家梅文鼎》的有关部分。

(周瀚光)

方圆幂积 梅文鼎

《方圆幂积》，一卷。梅文鼎撰。成于清康熙四十九年(1710)。有清兼济堂纂刻《梅勿庵先生历算全书》本、《梅氏丛书辑要》本等。

作者生平事迹见"方程论"条。

《方圆幂积》是一部讨论方圆之间关系的数学著作，是梅文鼎在几何学方面（特别是立体几何学）的代表作之一。全书通过计算和论证，深入研究了以下一系列问题：(1) 方中容圆，圆中容方，方边与圆径之比，方面积与圆面积之比；(2) 立方容球，球容立方，立方边与球径之比，立方体积与球体积之比；(3) 方圆面积相等，方边与圆径之比，方周与圆周之比；(4) 球面积与外切圆柱面积之比，球体积与外切圆柱体积之比；(5) 截球体的表面积和它的体积。

此书在研究球体的体积和表面积方面颇有创见。早在汉代的《九章算术》中，就已经给出了球体积计算公式，但计算结果不够准确，误差较大。以后经刘徽的努力，到南北朝时祖冲之、祖暅父子，才给出了球体积计算的正确公式。但刘徽和祖氏父子的这些成果在明末清初却一度失传，故梅文鼎未能了解前贤的这些工作。至于球体的表面积计算，中国传统数学也很少论及。梅文鼎在此书中采取传统的割补方法，把球体分解成几个部分，然后论述各部分的性质及其相互间的关系，得到了以下几个结论：(1) 圆柱的体积是同底等高圆锥体积的三倍；(2) 球体积是其外切圆柱体积的三分之二，表面积也有相同的比例；(3) 球的表面积是同径大圆面积的四倍；(4) 球体积是大圆为底，半径为高的圆锥体积的四倍；(5) 球缺的体积是它所在球扇形体积的八分之五。此外，书中还讨论了从一个球中截出四分之一球体积和表面积的方法。在以上论述中，梅文鼎用到了一个"空筒"模型，即从一个圆柱中挖去两个同底半高的圆锥，得到一个"空筒"，然后再沿轴线把"空筒"剖开，伸直为一个四棱锥。这个模型体现了他化解曲线问题为直线问题的思想方法。

《方圆幂积》对清代数学颇有影响。以后清徐有壬著《截球解义》讨论球表面积、球冠、球带与球外切圆柱表面积之间的关系,其方法即受此书启发。

关于本书的研究,有李迪、郭世荣《清代著名天文数学家梅文鼎》的有关部分。

(周瀚光)

度算释例 梅文鼎

《度算释例》,二卷。梅文鼎撰。成于清康熙五十六年(1717)。有清兼济堂纂刻《梅勿庵先生历算全书》本、《梅氏丛书辑要》本等。

作者生平事迹见"方程论"条。

《度算释例》是一部介绍西方计算工具比例规的数学著作。比例规是意大利科学家伽利略(Galileo)于1597年发明的,17世纪流行于欧洲。明代末年传入中国,在徐光启主持编纂的《崇祯历书》中,有意大利传教士罗雅谷(Jacques Rho)撰写的《比例规解》一书,专门介绍比例规的原理和用法。比例规是由两条直尺组成的可以开合的双脚尺,尺上按照需要刻上各种刻度,而且两尺刻度完全相同。这种形如今日圆规的工具使用起来很方便,易于掌握,又便携带,而且用途广泛,对于解决日常所遇到的数学问题得心应手。所以罗雅谷说它"百种技艺,无不赖之,功倍用捷"。梅文鼎年轻时就读到了罗雅谷的《比例规解》,并经深入探究自制了一具比例规。以后又撰《度算释例》,从制作方法、使用原理和使用方法等多个方面介绍了比例规。

比例规上共刻有十种不同系列的刻度线,用来解决各种不同的数学问题。它们是:平分线、平方线、更面线、立方线、更体线、分圆线、正弦线、切线、割线、五金线。梅文鼎在介绍这些线时,改动了其中部分线的名称,使这些名称更能恰当地表述线的实际意义,并使它们与中国传统的一些数学名称统一起来。如平方线原称分面线,立方线原称分体线,正弦线原称节气线,切线原称时刻线,割线原称表心线等。书中还讨论了各种线上刻度的具体分配问题,设计了在尺(线)上确定刻度的方法,仅平方线一种就给出了四种确定刻度的方法。书中又探寻比例规用途的各种方法,共给出五十多种具体用法。此外,梅文鼎在书中还指出并纠正了罗雅谷《比例规解》中的一些错误。

比例规经过梅文鼎的介绍和诠释,才完全被中国数学界所理解和接受,并得到使用和流传。《度算释例》在清代颇有影响,直到清末仍有此书的改编本出现。

关于本书的研究,有李迪、郭世荣《清代著名天文数学家梅文鼎》的有关部分。

(周瀚光)

历学疑问 梅文鼎

《历学疑问》，三卷。梅文鼎撰。成于清康熙二十九年(1690)。收入《梅勿庵先生历算全书》、《梅氏丛书辑要》，有清兼济堂刻本。

作者生平事迹见"方程论"条。

康熙二十八年，梅文鼎入京。当时南怀仁已经过世，梅氏受到李光地的接待而馆舍李家。李光地之弟李鼎征曾出版过梅氏的《方程论》，李光地本身又是个酷爱学问之人，李举家常向梅氏求教，听过了梅氏深入浅出的说解，李光地遂建议梅氏"略仿赵友钦《革象新书》体例，作为简要之书，俾人人得其门户"。梅氏即于次年经数月而得稿五十余小篇，此即著名的《历学疑问》。

全书共三卷五十余篇，皆以自设问答形式来介绍、讨论天文学理论知识，深入浅出，大含细入，是一部少有的雅俗共赏的天文学知识著作。

卷一共十六篇。《论历学古疏今密》，叙历学发展趋势由疏而密，今胜于古。《论中西二法之同》，叙中西历法之相同点，例举五证，如：西法言日五星之最高加减即中法之言盈缩(太阴为迟疾)、西法言五星之岁轮即中法之段目(迟留逆伏)、西法言恒星东行即中法之岁差、西法言节气之以日躔过宫即中法之定气、西法言各省直节气不同即中法之里差。《论中西之异》叙中西历法之相异点，例举八证，如：中法步月离始于朔而西始于望、中法论日始子半而西法始午中、中法立闰月而西法无(惟立闰日)、黄道十二象与二十八舍不同、余星四十八象与中法星名无一同者、中法以甲子六十日周始纪日而西法以七曜纪日、中法六十甲子纪年而西法总积纪年、中法节气起冬至而西法起春分。《论今法于西历有去取之故》，叙何以吸取西法，"以其测算之精而已"。《论回回历与西洋同异》，叙回历与西法在体系与具体上之同异。《论回回历历元用截法与〈授时〉同》，叙回历亦用截元法。《论天地人三元非回回本法》，叙此乃异郡人陈址所立，非回历法。《论回回历正朔之异》，叙回历正朔之法。《论夏时为尧舜之道》，叙夏历乃起于尧舜之时。《论西历亦古疏今密》，说同中历之发展。《论地圆可信》，介绍地体为球形说。《论盖天周髀》，叙《周髀》盖天说

"天象盖笠,地法覆盘",则"地非正平而有圆象明矣"。《论周髀仪器》,叙《周髀》言笠以写天,"天青地黄,赤天数之为笠也。赤黑为表,丹黄为里,以象天地之位"。此盖写天之器也。《论历元》,叙古历设历元之法。《论西法积年》,介绍西法积年之法。《论日法》,谓"日法随历元,故《授时》无"。

卷二共十七篇。《论岁实》,释岁实有一定之数而何以有闰余。《论岁余消长》,叙岁余消长是历法之要,明《大统》承《授时》却去消长实误。《论岁实消长之所以然》,叙岁实消长之天文原理。《论恒星东移有据》,叙恒星东移之实证。《论七政高下》,叙七政各一天,与中法传统所云日月星辰系焉并无抵牾。《论无星之天》一、二,介绍西学之"静天"理论。《论天重数》一、二,以各种说法皆有理。《论左旋》,叙天左旋之说。《论黄道有极》,说此乃"求经纬之度不得不然也"。《论历以日躔为主中西同法》,叙中、西历法皆以日行为制历根本。《论黄道》,叙黄赤交角差四十七度,乃"中西之公论。要亦以日轨之高下知之也"。《论经纬度》一、二,介绍西法经纬度之理论。《论经纬相连之用及十二宫》,叙经纬交点与十二宫之关系。《论周天度》,叙中法分周天为三百六十五又四分之一度与西法分周天三百六十度之各有其理。

卷三共十七篇。《论盈缩高卑》、《再论盈缩高卑》二篇,叙西法之日有高卑,即中历之盈缩耳。《论最高行》,叙"最高行非他,即盈缩起算之端也"。《论高行周天》,叙高行之周天度。《论小轮》、《再论小轮及不同心轮》、《论小轮不同心轮孰为本法》、《论小轮不同心轮各有所用》、《再论小轮上七政之行》五篇所叙乃梅氏太阳系模型结构之一部分。梅氏以地球为天体中心,日月五星七政(或"七曜")绕地球运转,但各又有其本天与岁轮(小轮)。"小轮即高卑也。但言高卑则当为不同心之天以居日月,小轮之法则日月本天皆与地同心,特其本天之周又有小轮为日月所居。是故本天为大轮,负小轮之心向东而移,日月在小轮之周(即边也),向西而行。大轮移一度,日月在小轮上亦行一度。大轮满一周,小轮亦满一周。"五星亦如此。《论小轮非一》,叙"小轮以算视行,视行非一,故小轮亦非一也"。《论七政两种视行》,叙"小轮旧用二,新法用三(一本轮、一均轮、一次轮)",但实亦用二。《论天行迟速之原》,叙"近动天者不得不速,近地而远动天者不得不迟"。《论中分较分》,叙"较分者,是五星最卑(本轮)时逐度(岁轮周)次均之增数也",而"中分者,较分之较也"。《再论中分》,叙"中分之率生于距地之远近"。《论回回历五星自行度》一、二、三篇,叙回历五星之本轮运行与我国历法中五星运行各段目(迟留逆伏等)之关系与配合。《论新图五星皆以日为心》,叙新图以五星绕日结构之解释。

全书虽仅设问若干、解答若干,似不成系统,而若总结一下,仍可归纳出如下几大部分:宇宙结构模型、盖天说理论、我国古天文历法理论、新入西法理论、回历理论。梅氏对中、西历学都有较全面深刻的理解,因此本书所叙即给人以面目一新、无所不通之感。故后康熙四十一年(1702),李光地随驾南行时将《历学疑问》进呈后,深得康熙欢心,再三细阅而云"无疵谬"。

关于本书的研究,有李迪和郭世荣《清代著名天文数学家梅文鼎》、陈美东《中国科学技术史·天文学卷》等的有关部分。

(王贻梁)

历学疑问补 梅文鼎

《历学疑问补》，上、下两卷。梅文鼎撰。成于清康熙四十四年（1705）。收入《梅勿庵先生历算全书》、《梅氏丛书辑要》、《艺海珠尘丝集》丙集。通行本有清兼济堂刻本、《丛书集成初编》本等。

作者生平事迹见"方程论"条。

上卷十二篇：《论西历源流本出中土即周髀之学》，叙西方天文学乃出于中国的盖天说。《论盖天与浑天同异》，叙浑、盖两说虽有异处，而亦有同处，同是根本。《论中土历法得传入西国之由》，叙中法传入西土乃西周"幽厉之时，畴人子弟分散"，有挟其书器而长征者。遂使中土历法经西域而至西方。《论〈周髀〉中即有地圆之理》，叙《周髀》的算理中已具地圆之说。《论浑盖通宪即古盖天遗法》一、二两篇，叙浑、盖两说实，浑天说出于盖天说。《论浑盖之器与周髀同异》，叙浑盖之器与《周髀》说之同异。《论简平仪亦盖天法而八线割圆亦古所有》，叙"凡测天之器，圆者必为浑，平者即为盖"，而"简平仪以平圆测浑圆，是亦盖天中之一器也"。而八线割圆则在古法勾股中即已有之。《论周髀所传之说必在唐虞以前》，叙《周髀》说与《尧典》记载相吻合，可证必起唐虞之前。《论地实圆体而有背面》，叙西学地球论。《论盖天之学流传西土不止欧逻巴》，叙回历、西法皆出《周髀》之学。《论远国所用正朔不同之故》，释西土正朔之理。

卷下十一篇：《论太阳过宫》，叙日过十二宫之行度与定节气之关系。《论周天十二宫并以星象得名不可移动》，释十二宫之名义。《论西法恒星岁即西月日亦即其斋日并以太阳过宫为用而不与中气同日》，叙西法恒星岁之名实与使用。《论恒气定气》、《再论恒气定气》，叙节气确定之恒气、定气原理。《论七政之行并有周有转有交》，叙七政之行之周天、盈缩迟疾、出入黄道交点。《论月建非专言斗柄》、《再论斗建》，叙斗柄与月建之关系。《论古颁朔》，叙颁朔为古之大典。《论历中宜忌》，叙建历禁忌事宜古无而起于近代。《论治历当先正其大其分秒微差无可深论》，叙其治历观点：当以大为重，分秒微差不足以过分重视。

本书承作者先前撰作的《历学疑问》，进一步阐明了西学中源说和浑盖合一说。其精彩之处乃在于他对西历与中历的具体问题的说解，如他介绍西方的地球理论、西方的节气确定方法、恒星岁概念、月建与斗柄之关系等等，深入浅出、说解合理。学者多谓真正会通中西天文历学的是梅文鼎，观此文亦可见一斑。

关于本书的研究，有李迪、郭世荣《清代著名天文数学家梅文鼎》的有关部分。

（王贻梁）

揆日候星纪要 梅文鼎

《揆日候星纪要》，一卷。梅文鼎撰。全文由《求日影法》、《论恒星》、《极星考》、《王良阁道考》、《三十杂星考》诸篇构成。各篇成书时代不一，《三十杂星考》成于清康熙三十一年(1692)，大致是最晚一篇。收入《梅勿庵先生历算全书》，有清兼济堂刻本。

作者生平事迹见"方程论"条。

《求日影法》，是梅氏有关观测事项的总结之一。立表测影为中国传统古法，时至清初，由于西方的观测手段传入，此法已渐趋消亡，但仍为少数人所使用。梅氏颇重此法，并与新法数学计算相并联研究，以企赋予新生命力。其在本篇开宗明义云："测日之法，要先知太阳纬度，其次要知里差，其次要知勾股算法，其次又要知割圆八线。"则显然已非旧式测影，而是与新数学知识相结合了。以下便一一具体阐述。其立《纬度表》一(太阳在赤道南)、二(太阳在赤道北)与具体查表法，即为说明"知太阳纬度"。又立《北极出地度》表(列京师、山东、陕西、盛京、山西、河南、江南、浙江、福建、湖广、广西、贵州、广东、云南诸地)，即在明"知里差"。又有《勾股算法》、《查八线法》二节，即具体阐述"知勾股算法"与"知割圆八线"。又次有《四省直节气定日表影考定》一节，乃为友人马德称而作，叙在北直、江南、河南、陕西四地于二十四节气日午正立十尺表测影长度成表。在"四事须知"及其他注意事项中，梅氏提出了立表测影的注意事项，颇有见地。尤其是他注意到了"磁偏角"的问题，堪为卓识。

《论恒星》篇是梅氏对恒星研究的总结之重要篇章。《中星定时》节中申述了其重要性，提出这项工作肇于《尧典》而源远流长。《推中星求时法》与《推时求中星法》二节，则从相对的角度阐述具体方法。以下列出《诸名星为赤道经纬度加减表》(共取六十八官八十八星为中星，皆赤道附近三等以上星)、《二十八宿距星黄赤二道经纬度》(壬子年，自春分起算)、《二十八宿距星黄道经纬度》(壬子年)、《二十八宿赤道积度》(壬子年)、《康熙戊辰年各宿距星所入各宫度分》(戊辰年即1688年)诸星表，皆据南怀仁《灵台仪象志》星表(成书于1672年)而制。《纪星数》，叙西方四十八像(即中国名"宫",今名"座")名称与星数,"共一千二十二星:一等共十五,二等共四十五,三等共二百〇八,四等共四百七十四,五等共二百十七,六等共四十九,昏者共十四。"另有"新增"近南极星二十一像。以下"地谷测定经纬之星数"、"新法历书星表"、"天学会通星数"、"天文实用星数"、"汉志星数"、"晋志星数"、"隋志星数"、"客星说"(附)、"彗星解"(附)诸段分释具体各书星数,也是一个较系统的总结。分别得:地谷载八百余星之真经纬度,复加非其实测百余星赤道经纬度;《新法历书》(即《崇祯历书》的删改本)的《历引》、《恒星历指》记星一千二百六十六颗,《恒星经纬表》载星一千三百六十二颗;《天学会通》(即取《天步真原》)细计一千零八十,自云一千零二十九星;《汉志星数》为一百一十八官七百八十三星;《晋书·天文志》记马绩百一十八官七百八十三星,张衡常明星一百二十四、可名三百二十、星数二千五百、微星一万一千五百二十,陈卓二百八十三官一千四百六十四星;《隋书·天文志》载星二百五十四官一千二百八十三颗。客星与彗星皆《历法西传》(收《新法历书》)载为第谷所论。

《极星考》,为梅氏研究极星的心得。"隋书纽星去不动处一度余"条,叙贾逵、张衡、蔡邕、王蕃、陆绩皆不动,祖暅以仪准候得"不动处在纽星之末犹一度有余"。"宋时极星去不动处三度余"条,叙为沈括测得。但梅氏订正为:祖暅时恐未及一度,宋时为二度左右,至《授时》为三度,今仅四度半。

《王良阁道考》,考证我国史载王良、阁道两星座共六星。

《三十杂星考》,是梅氏对回历星表的研究成果。对《明史》所载回历三十杂星,前已有袁士龙(惠子)、薛凤祚考证,但皆有缺,梅氏则全考之。研究结果,"西域天文中有杂星三十之占,然未译中土星名,余尝以岁差度考之,得其二十余"。并与中国星名一一对照、落实。与袁、薛两位的结果相比,"不谋而合者十之七八"。

梅氏对恒星的研究因非出于自己的实测,故并无新的发现。但他精于历理与测算,在具体考证、运用等方面往往展示出他的过人才智。在测日影、中星定时、回历三十杂星的考证、运用方面,就充分说明了这一点。

关于本书的研究,有李迪、郭世荣《清代著名天文数学家梅文鼎》的有关部分。

(王贻梁)

交会管见 梅文鼎

《交会管见》，一卷。梅文鼎撰。书成于清康熙四十四年（1705）。收入《梅勿庵先生历算全书》、《梅氏丛书辑要》，有清兼济堂刻本。

作者生平事迹见"方程论"条。

我国传统天文历法观念中对交食特别重视，大多以交食预测的准确性来评判一部历法的优劣或过时与否。梅文鼎也同样如此，《交会管见》即其对交食理论研究的专著。

《交会管见》书首有《小引》，以"交食为验历之大端，其事之著者有三：一曰食分深浅，一曰加时早晚，一曰起复方位"。又云：古法新历言交食已多，似无可复议。"然天既北倚赤道之势，与北极出地相应，皆南高而东西下黄道斜交赤道。又因节气而殊，初亏、食甚、复圆各限加时又别是。"故今犹仰观不能尽合密测者。故"今别立新术，凡亏复各限并于日月光体之上下左右直指其蚀损所在，而不用更杂以东西南北之名"。

正文共十三篇。《求初亏复圆交角》，叙"以初亏复圆定时分，依法求其距午时分，午后以加，午前以减，各加减日实度所对时分（入九十度表取之）为初亏复圆时定总时。以定总时各求其日距限，限距地高遂以得其交角加减之，得初亏复圆时定交角"。《求初亏复圆时先阙后盈之点在日体上下左右》，叙其自立新法以测与新立方位法。《求食甚在日体上下左右》，以上下左右替代旧东西南北方位，及求法。《求日体周边受蚀几何》，叙其"法用太阳、太阴两半径相并为和，相减为较，和较相乘为实。月视黄纬为法，除之得数以加减"。《求日食三限在地平高度》，叙求三限（初亏、食甚、复圆）在地平高度之法。《求日食三限地平径度》，叙求三限地平经度之法。《求带食分在日体上下左右》、《求带食出入时日边受蚀几何》，皆叙其自立之法。《作日食分图法》，共四节。《一定日食时交道斜正》，设《定交角图》五幅，叙求月道与天顶至地平连线间交角之法。《一图初亏》，设《初亏图》四幅，叙求初亏之算。《一图食甚》，设《食甚图》六幅，叙求食甚之算。《一图复圆》，设《复圆图》四幅，叙求复圆之算。《黄道九十度算法之理》（与张简庵问答），设图一幅，答张氏必为九十度之理。《求九十度距天顶又法》,设图一幅,补上篇。《新立算白道九十度限高法》,设图三幅,叙其新算法。《月食图订误》,乃订正清钦天监所为《月食图》。

本书可见梅氏对交食研究确有新的贡献,这主要表现在:(一)从新的角度(前人未及)出发,并建立起新的方法。(二)运用了大量的图形来解说。如梅氏在《小引》中叙其为何要在中外前人已有大量论述的情况下再研究交食,乃是由于他发现了前人大多未注意到的一些问题。特别是对于"亏复方位",梅氏承王锡阐以下而"别立新术"。全书也就是围绕这一点而展开的。他基本避免用东西南北而用自创之"上下左右"。当年王锡阐在《晓庵新法》中首先提出分日月圆体三百六十度而论食时所亏之边凡几何度。梅氏慧眼独识王氏的发明,并进而加以发展。为了能阐明己见,梅氏共设立十九图以供参览,这在前人的著作中是没有的,可能是受到西方著作的启发。

梅氏研究的作用与价值,在于能使交食预测更为准确。交食的预测,包括日期、时分与食分情况。梅氏的研究更重在食分(即亏复方位),而这远比日期、时分要更为精细。同时,对于日期、时分的预测精度的提高也有帮助。

关于本书的研究,有李迪、郭世荣《清代著名天文数学家梅文鼎》的有关部分。

(王贻梁)

五星纪要 梅文鼎

《五星纪要》，一卷。梅文鼎撰。撰时不详。收入《梅勿庵先生历算全书》，有清兼济堂刻本。作者生平事迹见"方程论"条。

近代时期西方流行的宇宙结构（实为太阳系模型）主要有三个体系：托勒密地心体系，哥白尼的日心体系，第谷的地心为主也采用日心说成分的体系。托勒密的地心体系已有一千余年的历史，由于教会的支持而在近代仍有很大的势力。虽然哥白尼的日心说远胜于托勒密体系，但教会守旧势力却不愿接受，于是第谷体系便颇受其欢迎。第谷体系以地球为宇宙中心，但认为地球以外的行星又都是围绕着太阳运转的。这一学说或云是半日半地体系，但实际上仍是以地心为主，日心相配而已。明末时期西方耶稣会士传入中国的是托勒密体系，只是在一些具体计算方面吸取了哥白尼体系的成果。清初，第谷体系开始传入中国，也逐渐受到重视。但在中国天文学界，当时流传的仍是以托勒密体系为主，兼有一些哥白尼与第谷的观点。梅文鼎对宇宙结构（太阳系模型）也有诸多的研究，而《五星纪要》即是其主要的代表作之一。

全书皆以问答形式撰写，共二十一篇。《论五星岁轮》，叙五星运行轨道周。《论上三星围日之行左旋》，上三星指土、木、火星。《论五星以日为心之图》，叙梅氏对五星以日为心的理解，但与第谷说不同。《论五星本天以地为心》，此段是梅氏体系的核心论述，可见与托勒密体系近同。《论伏见轮非岁轮》，以伏见轮"盖即岁轮上行星绕日之圆象耳（王寅旭书亦云伏见轮非岁轮）"。《论五星平行》，叙五星实度（周度）。《论离度有顺有逆》，叙五星之离度（于星平行内减去太阳之平行，乃离日之行）。《论平行有二用而必以本天之度为宗》，叙平行对实行而言，实行有二而必以本天之平行为宗。《论金水伏见轮》，叙金、水两下二星之伏见轮，有《伏见轮十字线图》与《伏见轮交角图》。《论伏见轮十字线》，参上《十字线图》而论。《论伏见轮之所以然》，叙伏见轮的原理。《求伏见轮交角》，列出黄道半径、本天交角、伏见轮半径、伏见轮大见纬（正弦）等数据。《求金星视纬法》，叙求算七项内容：合伏距交、星距交、两距交度入阴阳历及初末限、视纬正弦、视纬余弦、星距地心线、视纬。《论大距纬之变率又以高卑而变》,叙"在本天最高则半径大而伏见轮半径亦大、距纬亦大矣,在卑则半径小(本天与伏见轮并同)、距纬亦小矣"。《论黄道亦有半径之大小》,叙"黄道半径常为十万分全数,然黄道既有高卑,则其半径必有大小。最高等时半径必十万有奇,最卑时半径必十万不足"。《论伏见轮半径亦有大小而本纬因之有大小》,叙伏见轮半径与本纬大小变化的原理与求法。《论视纬等兼用两种高卑立算》,叙视纬两种高卑立算原理。《论金星前后纬表南北之向》,叙金星前后纬南北向变化之度。《论金星前后纬加减之法》,叙"加减之法以合伏后一象限相加(零、一、二宫),第二象限相减(三、四、五宫)、退合后一象限(六、七、八宫)又相加,第二象限又相减(九、十、十一宫)"。《论五星以高卑变纬度》,叙具体三法,又强调"必证之实测乃可定之"。

全书以地球为天体宇宙之中心,而将日、月与五大行星看作是围绕地球运行的。每者各居一本天。再加之恒星本天与想象之"宗动天",则地球之外有九重天。其次序自外而内是:宗动本天、恒星本天、土星本天、木星本天、太阳本天、金星本天、水星本天、月亮本天。土、木、火三行星在日外,称"上三星"。金、水二行星在日内,称"下二星"。五大行星在绕地运行的同时,又各有其自转运行周,称"岁轮"。梅氏已阅第谷之书,但对第谷的五星以日为心说的理解却并非第谷本意。梅氏云:"若以岁轮上星行之度联之,亦成圆象,而以太阳为心。西洋新说、谓五星皆以日为心,盖以此耳。"可见并非是真的五星绕日。因此,梅氏所主仍只是托勒密体系而已,仅是在具体方面稍有歧异而已。

关于本书的研究,有李迪、郭世荣《清代著名天文数学家梅文鼎》的有关部分。

(王贻梁)

二仪铭补注 梅文鼎

《二仪铭补注》，又名《二铭补注》、《仪锡仪注》。一卷。梅文鼎撰。成于清康熙四十九年（1710）。收入《梅勿庵先生历算全书》、《艺海珠尘竹集》丁集。通行本有清兼济堂刻本、《丛书集成初编》本。

仰仪、简仪二仪，是元代郭守敬所创制的天文仪器。仰仪形如平放之锅，以针孔成像原理而避免强烈阳光对人眼的刺激而作观测。可运用于日影、日食、月球位置的直接观测。简仪是郭守敬将复杂的唐、宋浑仪加以高度简化而成的天文仪器，其精妙使来华的耶稣会士也大为叹服。《元史·天文志》对仰仪仅录铭辞而无说明，对简仪则有说明而无铭辞。康熙四十九年庚寅（1710），有友人将二仪铭寄给梅氏，并求梅氏疏解铭文的含义。梅氏将它与《元史》所载相勘，发现竟有不同，而且胜于《元史》所载。故在疑"岂牧庵作铭后，复有定本耶？"之后，欣然命笔而成《二仪铭补注》一书。

全文主要解释了二仪铭，也录《元史》所载以资参订。梅氏的解释极为通俗易懂，对理解二仪铭文有很大的帮助。作者在解释铭文含义的同时，仍间以阐述其浑盖同一的观点。末又答述简仪与浑仪相比之下简而实用的特点，驳斥了关于郭守敬暗用回历之说。

关于本书的研究，有李迪和郭世荣《清代著名天文数学家梅文鼎》、陈美东《中国科学技术史·天文学卷》的有关部分。

（王贻梁）

中西经星同异考 梅文鼐

《中西经星同异考》，一卷。梅文鼐撰。成于清康熙二十八年(1689)。通行本有《四库全书》本、《丛书集成初编》等。

梅文鼐，生卒年不详，字尔素。安徽宣城人。梅文鼎、梅文鼏之弟。文鼐与两兄长俱精研历算之学，互相商榷，多有发明。夜则披图仰视，昼则运筹推步，考订前史。生平事迹见《四库全书总目》卷一〇六等。

康熙二十七年，梅文鼎在杭州时见友人张慎能制西式浑盖(天文观测仪器)，便将自己依岁差原理研究结果告知而嘱为浑盖，同时又嘱弟文鼐"作恒星黄、赤二星图"(本书梅文鼎《序》)。文鼐遂详校历来所载恒星之经纬，而知汤若望《历书》星表与南怀仁《灵台仪象志》星载俱有得失之处，星名、星数与古人所载俱有歧义。文鼐一一悉心辨正考明，于次年(1689)而成是书。

《中西经星同异考》书首有其兄梅文鼎康熙甲戌(1694)年作的《序》，叙撰书的起因、经过。

次为梅文鼐于己巳年(1689)所作的《发凡》，叙本书的宗旨、要点、撰写方法等。说："是编专以中、西两家所传之星名、数考其多寡同异，故曰'经星'。"在列出中国历代所载星数经纬、西学各书所载星数经纬，作者又说："合而观之，中与西异，中与中亦自有异，西与西亦自有异。""今以两说并存，标其同异，庶令仰观者有所依据，则专家之业以参而益明，于学历者不无小补云尔。"作者指出，古云"北极出地三十六度，南极入地三十六度"乃是只据伊、洛一方而言也。"其实中土所见北极高度，自二十四度起至四十二度止。此两极出入度内诸星即中土所见之星。"故本书诸星，凡离南极二十三度以上者悉录之以资仰观。南极诸星亦录之，因乃西人目睹详测。所阙其歌，亦据图表补之。并列出顺天府、大名府等三十五处纬度。因中西星座名称、星数、组合都不同，故本书"各星下分注两行，右中左西。其中西名数并同者，更不赘列。其数虽不同而星名不异者，即分注曰西几星。其表内有称某星南、某星北、某星内外等字者，俱以附近相从。原非本星正数，则亦附注曰西外增几星。其古无而西有者，其西无而古有者，曰西无。其西图虽有而西表则无者，曰西表无"。古载而今有变移者,亦注明原属某宿。

正文以三垣(紫微、太微、天市)、二十八宿(角、亢、氐、房、心、尾、箕、斗、牛、女、虚、危、室、壁、奎、娄、胃、昂、毕、觜、参、井、鬼、柳、星、张、翼、轸)、南极诸星为序而排列众星,下注中、西星歌。总计共收一千八百七十八星。

自巫咸、甘德、石申三家以下,我国历代皆重视恒星观测,至三国吴太史陈卓与唐王希明《步天歌》而基本奠定格局。明季而有西法传入,其所测恒星名数颇有参差。故梅文鼎之书能稽考异同、相互参证、沟通联系、走向共识,实是贯通中西天文历术的重要典籍。

(王贻梁)

老圃良言 巢鸣盛

《老圃良言》，一卷。巢鸣盛撰。成于清康熙十九年(1680)前。通行本有《学海类编》本、《丛书集成》本。

巢鸣盛(1611—1680)，字端明，号崆峒，又号止庵。浙江嘉兴人。明崇祯举人。母殁后隐居不仕。生平事迹见李桓《国朝耆献类徵》(初编)、钱仪吉《碑传集》、李元度《国朝先正事略》等。

《老圃良言》是作者"村居荒僻"，与邻居老圃谈论园艺经验，进而依法实验，笔录所成。

本书是一部总结民间园艺技术的农书。约一千余字，分为下种、分插、接换、移植、修补、保护、催养、却虫、贮土、浇灌等十项。书前有作者小引。全书通篇反映了民间积累的园艺经验，如"下种"，其云："核宜排，子宜撒。其法收投头干实，悬通风处，临种少晒，择向阳所，以肥土铺平，将核尖向上排定，再以肥土盖之。欲种莲实，亦如此法。子则不然，须以灰泥各半，将子杂株于中，按法撒之，干湿得所为妙。"又如"却虫"，其曰："每于元旦，将火遍照植物上，或清明子时，将稻草一根缚树上，或种时将大蒜一支，甘草一寸，先放根下，永无诸虫之患。若有蛙眼，以硫黄或芫花塞之。有蚁窠以香油或羊骨引之。有蚓穴以鸭粪或灰水浇之。"可见均是老农从实际生产中积累的经验之谈，其篇幅虽短，但内容切实可行。

关于本书的研究，有吴存浩《中国农业史》的有关部分。

（王国忠）

辨证录 陈士铎

《辨证录》，又名《辨证冰鉴》、《伤寒辨证录》、《百病辨证录》等。十四卷。陈士铎撰。成书年代一般作清康熙二十六年(1687)，据该书自序当不早于康熙二十七年。道光三年(1823)钱松将本书删为十卷，改名《辨证奇闻》。通行本有：清雍正刻本、乾隆十二年(1747)文诚堂刊本，嘉庆二十二年(1817)滇中刊本、光绪十年(1884)善成堂刊本，以及日本宽政六年(1774)凌云亭刊本。另有1921年大成书局本、1936年上海千顷堂书局本、1965年人民卫生出版社本、2011年山西科技出版社《陈士铎医学丛书》本等。

陈士铎，生卒年不详，字敬之，号远公，别号朱华子、大雅堂主人。明清之际浙江山阴(今绍兴)人。诸生，少习儒，屡试不第，后出游京师，不得志，遂潜心医学。其祖父亦好方术，士铎得览所遗医学秘本，又博览医书，医术渐精。其治病多有奇效，医药不受人谢。清康熙二十六年客居京都(今北京)时，诡称得岐伯、仲景传授医理，归而撰《石室秘录》六卷，列治法一百二十八种，其中"霸治法"治大渴、大吐、大泻，"吸治法"治产后胎盘不下，均具特点。康熙三十二年再游京都，见疮疡患者多用刀针，不喜方药，乃纂《洞天奥旨》(又名《外科秘录》)十六卷。书中多附家传及古今验方，于内治法疗外科疾颇具特色。陈氏颖博，好发奇想，所列方多不经见，然议论皆托神授，为人所非议。一生著述颇丰，尝谓"习医救一人，不若救一世也，救一世不若救万世也"。立志编纂医书，以益后世。所著见存有《辨证玉函》、《辨证录》、《石室秘录》、《洞天奥旨》、《外经微言》、《脉诀阐微》。已佚的有《内经素问尚论》、《灵枢新编》、《脏腑精鉴》、《六气新编》、《伤寒四条辨》、《婴孺症治》、《伤风指迷》、《历代医史》、《济世新方》等。生平事迹见《山阴县志》卷十八、《绍兴府志》卷七十。

陈士铎写《辨证录》已年届六旬，称于康熙二十六年秋客居京师时，遇岐伯、仲景二老，与之"尚论灵素诸书，辨脉辨证，多非世间语，数共晨夕，逐尽闻绪论。阅五月，别去，训铎曰：'今而后君可出而著书矣。'铎退而记忆，合以所试方，日书数则，久乃成帙"(《辨证录》自序)。

《辨证录》系综合性医书。卷一,首论伤寒门,次论中寒门。卷二至卷十,论中风、痹证、咳喘、虚损、咽喉、口舌等各类杂症,计七十五门。卷十一至卷十二,妇人科,统论经、带、胎、产诸症,计十四门。卷十三,外科,内容有痈、疽、疔、疬、痔漏、接骨、金疮等二十九门。卷十四,幼科,包括惊疳吐泻、痘疮、胎毒等六门。原书有陈氏自序,及年希尧雍正三年(1725)刻书序。

《辨证录》以"辨病体之异同,证药味之攻补"为特点,内容涉及伤寒、杂病、妇科、外科、幼科等,而于经络穴道、针灸,陈氏则认为已于《灵枢》、《素问》显载阐明,不再论述。全书共计一百二十六门,各门病症之下,列有数则或数十则该病症候。每一病症,首列症状,然后运用阴阳、五行、六经等理论分析症候的性质,随即立法处方,说明方药作用和配伍关系。每一病症除有一个主治方外,还附一其次之方于后,以为参考,理法方药结合较为密切,多为其临床经验之谈,有较高的临床价值。陈氏称是书"辨论症候均出新裁,扬灵素所未备,于二经不无小补云"(《辨证录》凡例),可见立论但取灵素、仲景之说,又能不泥成法,随证用药,颇为灵活。特别是陈氏重于症状的鉴别,并以阴阳互根、五行生克之理来辨析症情,很有思想独到之处。但书中忽于舌脉的诊察,其中矜奇夸异、议论夸诞不经近于臆测之处,则为人所斥。其用药有分两过重之处,如黄芪、白术论两,石膏、地黄论斤,对此则须慎重对待,临证加减。

《辨证录》刊行后,因其具有一定临床价值,流传甚广,为清代有一定影响之临床医学著作。但因此书皆托仙传神授,《四库全书总目提要续编》认为"此类医籍经学有根柢者之识别,或亦有可节取,若无识粗工盲从之,则误人非鲜矣"。"测其医旨,似出浙东张介宾一派"。而据近世学者考证,此书及《石室秘录》、《洞天奥旨》,与明末名医傅山之《傅青主女科》、《傅青主男科》内容雷同,但是否袭取傅氏遗著尚未有定论。

有关本书的研究,有《四库全书总目提要续编》、中国中医研究院中国医史文献研究所主编《中医人物辞典》的有关部分等。

(乐　易)

花镜 陈淏子

《花镜》,又名《秘传花镜》、《园林花镜》、《绘图园林花镜》、《群芳芳镜》等。六卷。陈淏子撰。成于清康熙二十七年(1688)。通行本有清善成堂刻本、金阊书业堂刻本、日本花说堂重刻本、1956年中华书局本、1962年农业出版社版伊钦恒校注本。

陈淏子,又名扶摇,自号花隐老人、西湖花隐翁。生卒年和籍贯不详。依作者在清康熙戊辰(1688)自序中称:"年来虚度二万八千日",推算此时作者已是七十七岁高龄,他出生应在明万历四十年(1612)。作者自称生平最爱书和花,对于种植方法独有心得,因而将毕生经验写成本书。

《花镜》是一部花卉著作。卷一,花历新栽,即种花月令。记述全年十二个月逐月的"占验"、"占候"和花卉园艺应进行的"事宜"十项(包括:分栽、移植、扦插、接换、压条、下种、收种、浇灌、培壅、整顿等)。卷二,课花十八法。记述十八组种植技巧,包括培植、稼接、供养、保护花卉等内容,附有"花间日课"、"花园款设"、"花园自供",介绍我国传统庭园的特有艺术,如小型庭园的设计布置,花的季节配置,盆花、瓶花的应用等,是我国古代庭园花卉艺术的总结。卷三,花木类考。记载花木类植物一百多种。卷四,藤蔓类考。记载藤蔓类植物九十多种。卷五,花草类考。记载花草类植物一百多种。全书共记载植物约三百种。书末附"禽兽鳞虫考",附记调养园林常见动物的方法,其中有"养禽鸟法"、"养兽畜法"、"养鳞介法"、"养昆虫法",共记述园林常见动物四十多种。原书还附有动植物插图数百幅。书中对前人的研究成果有进一步的提高和发展,提出了不少创见,有很高的学术价值。尤其是"课花十八法"是全书的精华所在,它系统地阐述了观赏植物的种植原理与栽培技术,对我国花卉园艺学的形成与发展起了重要作用。

关于本书的研究,有汪振儒主编《中国植物学史》、吴存浩《中国农业史》、梁家勉主编《中国农业科学技术史》的有关部分及冯利华《〈花镜〉作者陈淏子考》(《文献》2002年第2期)、沈雨梧《论陈淏子的〈花镜〉》(《浙江师范大学学报》2010年第4期)。

(孙兆亮 徐维统)

柳庭舆地隅说 孙 兰

《柳庭舆地隅说》，原四卷，今本三卷。孙兰撰。成于清康熙三十二年（1693）。有光绪十一年（1885）刊本。

孙兰，字滋九，别名御寇，号柳庭，亦称柳亭，晚岁自号听翁。江苏江都（今扬州）人。生于明天启末或崇祯初。孙兰为诸生时，逢清兵占扬州，屠戮十日，居民殆尽，愤而自名"御寇"以示抗争。清顺治初，入北京，从德国传教士汤若望学西洋历法、数学，尽得其奥。耻于腆颜事仇，舍弃诸生籍，隐居江都北湖，以"正心为宗主、八脉为功侯"（《柳庭舆地隅说自序》），待人接物。于书无所不读，精于天地数学。著《理气象数辨疑纠谬》（佚）据日月五星运行变化，揭示天体运动客观规律，以"象悬于天，无与人事，而彗孛盈缩出见皆有常度，水旱地震亦有常经"之说，划清自然与社会界限，批判天人感应思想。又以数学推算并记录北京与十四省至北极的度数与距离，著《大地山河图说》，以图文介绍地为球体、地理纬度、南北极、赤道、地心等概念和知识，并载全国主要城市间的里程。又工诗善画能书，诗有唐人风格，所画梅竹松菊兰水仙得古人法度，书法笔力遒健。所作往往不署姓名。著作尚有《柳庭舆地隅说》、《柳庭人纪》（佚）、《字学》（佚）。"年九十，犹耳目聪察，肤理融绎；步于衢，群少年捷足不及之。"（《北湖小志·孙柳庭传》）康熙末，卒于家。生平事迹见焦循《北湖小志·孙柳庭传》、刘师培《左庵外集·孙兰传》。

孙兰对传统地学颇为不满，认为类似的著述"更有作焉，是赘疣也"（《自序》），因而采用"说其所以然，又说其所当然"的方法，撰成本书。

《柳庭舆地隅说》是一部探索地理规律、人地关系的著作。原书四卷。卷上：格理论，论述地理现象的变化规律。卷中：推事理，概叙全国各地的地形。卷下：方外论，叙说域外地理。另有考证一卷。清嘉庆十二年（1807）夏，吴绮蔺去冗存精，录为三卷，并于书末附《大地山河图说》。书中据古今中外材料，推详备载论述人之未说。

孙兰认为，地学研究应以解决一系列自然规律和以此作基础的社会人文问题为目的。以山川土俗为对象的地理学著作,所记自然与人文诸因素的地域分布,已经"纤悉毕备",无需再事赘述。地学研究,宜从地志、地记转向地说。他分析三者区别:"志也者志其迹,记也者记其事,说则不然。说其所以然,又说其所当然;说其未有天地之始,与既有天地之后,则所谓舆地之说也。"进而指出,天地之所以然与所当然的内容为:"何以为山,何以为川,山何以峙,水何以流,人何以生,国何以建,山何以分支别派,水何以翰泻传流,古今何以递变为沿革,人物何以治乱成古今。"(《自序》)他以此为目的而奋发努力,要使地学成为有别于以往山经地志之学。

孙兰先阐明大地为球形。他引入西方的概念,推算地球的半径、直径和大圆:"以天之三百六十度,知地之九万里。圜三径一,知地之厚三万里,折半之地心之一万五千里。"各地因"天度不同,地形亦异",寒暑变更是不同的。寒暑变化有规律,可以通过计算求得:"知北极在天移一度,人在地二百五十里。日南一度,地寒气进二百五十里,日北一度,知地热气进二百五十里。如遇递进递退,至热极寒极,知地面寒热进退之理。"由此强调不能根据中国地理的"习见习闻之常"来推而极之,南极、北极等地的常度不同于中土。

孙兰以"变盈流谦"、"高下相因"理论,说明地表变化。他继承《易传》以来"地道谦"的思想,系统提出变盈流谦理论,来说明流水地形发育过程中的侵蚀与堆积。水性"避高趋下,洋溢怒涨,足以损高就卑,变盈而流谦耳。流久则损,损久则变,高者因淘洗而日下,卑者因填塞而日平,故曰变盈流谦。"进而又揭示:"变盈流谦,其变化之说亦有可异者。有因时而变,有因人而变,有因变而变者。因时而变者,如大雨时行,山川洗涤,洪流下注,山石崩从,久久不穷,则高下易位。因人而变者,如凿山通道,如排河入淮,壅水溉田,起险设障,久久相因,地道顿异。因变而变者,如土壅、山崩、地震、川竭、忽然异形,山川改观。如此之类,亦为变盈流谦。"又由此而阐述高下相因思想:"下因于高,无高则下无所受;高因于下,无下则高不能显;高依于下,下依于高,互相维持以成坤轴";"高则为山,下则为川,山峙川流,并行不悖。"

变盈流谦中所包含的人地关系思想,他别有论说。孙兰从万物凭依燕息长养于自然的角度,论述人务必维持环境平衡。人依赖环境生存。环境不同,造成各地人的语言、心性、风俗、行为的差异。人在选择居民区时,要充分考虑自然条件,要择"山川之足以依,泉流之足以通,器用之足以备,瓜瓠荤素百果草木之足以资,禽兽鱼鳖之足以利"的地段。人在其活动中,不断地改变着大地形貌。人以自己的活动,使周围环境发生朝着有利于自身生存方向发展时,也往往破坏自然,造成环境条件的恶化。"一有所逆,鲜不为患。"对此要有充分认识。他全面分析比较分黄导淮与并淮刷黄两种治水方案。指出,两者同为黄淮交借相成,结果也"黄淮交害以为病。"主张本"水之势","因地制流",全面精确测量黄河下游地区,因势利导加以治理。

《柳庭舆地隅说》的新地学思想和理论,无论就科学思想发展,还是就地理学科进步而言,都走在时代的前列。其流水地形学理论,较美国学者戴维斯的同类学说早了两个世纪。和谐万物维护生态平衡学说,在当时更为了不起。但由于他的学说传布不广,鲜为人知,故实际影响并不大。

有关本书的研究,继吴绮薗、刘师培之后,有韩光辉《孙兰的地理学贡献》,科学院地学史组《中国古代地理学史》,唐仁锡、杨文衡主编《中国科学技术史·地学卷》的有关章节等。

（贺圣迪）

农具记 陈玉璂

《农具记》,一卷。陈玉璂撰。成于清康熙三十四年(1695)前。通行本有《檀几丛书》本、清康熙三十四年新安张氏霞举堂刻本、《学文堂集》本、光绪盛氏刊本、《常州先哲遗书》本。

陈玉璂,生卒年不详,字赓明,号椒峰。江苏武进人。少时勤勉苦学,下笔神速,工诗文。清康熙六年(1667)进士,官至内阁中书令。有《耕烟词》(一名《映山堂词》)存世。生平事迹见《清史列传》、李桓《国朝耆献类徵》(初编)、李元度《国朝先正事略》、张维屏《国朝诗人徵略》(初编)、李集等《鹤徵录》、秦瀛《己未词科录》等。

康熙年间,作者在家乡通过实地调查与向老农请教,结合亲身经历,并参加古代农书与图谱,撰成本书。

《农具记》是主要记载我国南方农业工具的地方性农书。约一千七百余字。书中介绍明末清初江苏武进一带的部分旱地、水田农具,少数内容则录自古农书中的部分内容。其所记的六十六种农具按用途分为负牛、服牛、耕田、灌田、藏种、播种、收获、作场、戽水、治谷等十类,各附简短的说明。作者在《农具记》文末曰:"余庐墓旁课奴子耕田,见农具凡若干。询之老农,又考之古昔所称,图画所载,有合有不合,有名异而实同,有名实而俱异,而所用亦殊者,因为文记之,使知所考云。"

《农具记》分六部分叙述了从垦耕到粮食加工的六十余种农具,内容如下。

一、垦耕工具。文中记述了十五种垦耕工具,其中重要的是负牛工具犁和服牛工具轭。此外的十三种工具基本上照录王祯《农书》等而无新意。

二、灌溉工具。在所记的八种灌溉工具中,桶、杓、筐和篮为施粪肥田所用,是宋、元、明、清时常用而被王祯、徐光启忽略未记入其著作中的工具。由于"名异而实同",文中将"翻车"记为"桔槔"。

三、藏种工具六种,即荼、䵃、种箪、合盎、番和稻包。前五种见于王祯《农书》和《农政全书》。

稻包是用于浸泡种子的,严格地说,并不属于藏种工具。

四、播种工具六种,即窍瓠、秧马、薅马、臂篝、蓑和笠。其中,直接用于播种者仅窍瓠一种,其余五种均为辅助工具。本书将起秧用的秧马误为插秧工具,显然是沿袭王祯《农书》和《农政全书》的错误。

五、收获工具包括"收获之器"和"作场之器"两部分,共二十四种。有:推镰、筅、乔杆、扒、竹杷、晒盘、横箪、稻床、搭爪、权、寻、担、钧、连枷、风车、铚、艾、斗、斛、斛盈、碌碡、平板、捶和耰等。这些工具均见于徐光启的《农政全书》,且文字也大多相同,仅用途略有不同。

六、粮食加工工具记载了臼杵、碓、碾、筛筜、磨、竹扬扱和簸箕七种。这不但与明清时代粮食加工工具种类繁多的情况相比,数量极其有限,而且其对某些农具的论述也欠准确。如其云:"有若磨,以竹为齿,外实以土,下架木为床,以磨谷出来,俗呼砻,或曰龙也。"实际上"磨"、"砻"有别,砻形似磨,但是用来加工稻谷的,《农政全书》上称之为"砻磨"。

《农具记》记录了江苏武进一带的部分农具,且大多为南方水田工具,可以与王祯《农书》、《农政全书》、《便民图纂》和《授时通考》等重要农书互为补充,有其可取之处,但其也存在有些记载不够确切、范围狭小、种类不全等不足之处,这是在引用和参考时需注意的。

(王国忠)

农桑经 蒲松龄

《农桑经》,又名《农蚕经》,二卷。蒲松龄撰。约成于清康熙四十四年(1705)左右。通行本有1926年中华书局版《蒲松龄集》本、1986年齐鲁书社版《聊斋佚文辑注》本。

蒲松龄(1640—1715),字留仙,一字剑臣,别号柳泉居士。山东淄川人。清康熙岁贡。早年家境贫寒,在乡当塾师。中年时一度作幕客,能诗文,善俚曲。著有《聊斋志异》、《聊斋文集》、《聊斋诗集》、《聊斋俚曲》等,后人辑有《蒲松龄集》。生平事迹见李桓《国朝耆献类徵》(初编)、张维屏《国朝诗人徵略》(初编)等。

《农桑经》为蒲松龄增删编集之作。其序曰:"居家要务,外惟农而内惟蚕。昔韩氏有《农训》,其言井井,可使纨袴子弟、抱卷书生,人人皆知稼穑。余读而善之。中或言不尽道,或行于彼不能行于此,因妄为增删。又博采古今之论蚕者,集为一书,附诸其后。虽不能化行天下,庶可以贻子孙云尔。"

《农桑经》是作者编写的一部地方性农书。它有两种未定稿本,内容不一,且节目凌乱。一种是康熙乙酉(1705)年撰序本,其"农经"有"正月"至"九月"的月令,后附"杂占"、"御灾"。后一部分是蚕经、补蚕经、蚕岁书、种桑法。另一种题为《农蚕经残稿》,上卷除十二个月份的月令外,以次为耕田、救荒、畜养、养鱼、养蜡、诸花谱。下卷是书斋雅制、字画、装潢、珍玩、石谱。前一种稿本有作者序。

《农桑经》的第一种稿本的两部分,其内容和编辑形式完全不同,《农经》采用按月记载农家经营之事的"月令"体裁,《桑经》则前半讲养蚕,后半讲种桑。《农经》只有正月到九月,后三个月份则付之阙如,当系未完稿。第二种《农蚕经残稿》,其月令部分完整地记录了一年十二个月应该栽培的果木、农作物等农事,如十月"种黄芪","收栀子种",十二月"取雪水埋土中,以待明年浸五谷种";"冬麦十二月下种,明春生芽,又次年三月移栽"。十二月后载有耕田、救荒、畜养、养鱼、养蜡、诸花谱等内容。其"畜养"部分记载了《宁戚饭牛经》、《伯乐相马经》、《公孙弘养猪法》、《卜式牧羊法》《寡妇清养鸡法》《王仲宣养驴法》等内容。下卷"书斋雅制"等篇目中则叙述了染纸、造墨、书画、装潢、古董、石谱等内容。

本书以韩氏《农训》为蓝本,辑录前人有关的农书的内容,结合当地农民的农牧生产经验与作者的体会增删而成,对当地农民的农事活动具有指导意义,尤其是"御灾"部分中的不少经验,价值甚高,如书中永宁二年黄门侍郎刘景先进御览方、食草救饥、辟谷、行路不饥等法。"杂占"各条的迷信内容,"蚕岁书"中的禁忌、厌胜之类,则毫无价值可言。比较而言,就农学说,《农桑经》的第一种稿本比第二种稿本内容广泛,涉及面广。两者虽然都采用"月令"的体裁,但后者不但涉及果木的栽培,而且还包括当时"文房四宝"等文人雅事。

有关《农桑经》的研究著作有李长年《农桑经校注》(农业出版社,1982年)、叶秉《蒲松龄手稿本〈农桑经〉》(《文物参考资料》1958年第五期)、日本天野元之助《中国古农书考·蒲松龄撰〈农桑经〉》(农业出版社,1992年),以及梁家勉主编《中国农业科学技术史稿》的有关部分。

(王国忠)

几暇格物编 爱新觉罗·玄烨

《几暇格物编》，六卷。爱新觉罗·玄烨撰。成于清康熙(1662—1722)中后期。通行本有《四库全书》本。

爱新觉罗·玄烨(1654—1722)，满族人。于公元1662年登上清朝皇位，年号康熙。自幼在宫内研习经史，了解传统文化，"凡帝王政治，圣贤心学，六经要旨，无不融会贯通，洞彻原委"（《大清景陵神功圣德碑》）。此外还练习骑射技艺。玄烨于康熙八年(1669)清除了鳌拜等守旧顽固势力，正式执掌大权以后，采取了一系列加强中央集权、缓和民族矛盾、发展社会经济、巩固国家统一的措施。中国自此进入"康乾盛世"。康熙既是一位政治家，又是一位学者。他一生勤奋好学，几乎对当时所有的古今中外各门学科知识都有所涉猎、探究，并且身体力行加以推广。在他执政时期，下敕编纂出版了一批有重大文化积累价值的著作，如我国古代最为完善的一部辞书《康熙字典》、最大的类书《古今图书集成》、在当时具有世界先进水平的地图学巨著《皇舆全览图》，以及《佩文韵府》、《大清会典》、《明史》、《朱子大全》、《性理精义》、《御定四余七政万年书》、《历象考成》等。在自然科学方面，康熙本人除《几暇格物编》外，另主编《律历渊源》、《数理精蕴》，著《三角形推算法诠》等。有《圣祖仁皇帝御制文集》一百七十六卷。

《几暇格物编》是科学杂著，六卷共九十三条，包括天文、地理、山川风土、渔农副业及品评学术、训字释言等诸多方面。全编主要有以下内容。

一、考察实证各类自然现象和物质。如在《江源》条中，对其名号源流皆详加考察，并驳正了前人之谬："岷江导江者，江水泛滥中国之始。禹从此水而导之，江之源实不在是也。江源发于科尔坤山之东南，有三泉流出，一自匜巴颜哈拉岭流出，名七七拉噶纳。一自麻穆巴颜哈拉岭流出，名麻穆七七拉噶纳。一自巴颜吐呼母巴颜哈拉岭流出，名古科克巴哈七七拉噶纳。"指出长江发源于巴颜哈拉岭东南麓，在中国地理学发展史上，是基本正确地指出长江源头的第一人。又如"雷声不过百里"条载："朕以算法较之，雷声不能出百里。其算法依黄钟准尺寸定一秒之垂线，或长或短,或重或轻,皆有一定之加减。"并用铳炮雷炮等相类之物加以实验,还亲自为卢沟桥边上的河工放炮,得出"以此度之,大炮之响比雷尚远无疑也"。"地球"一条则表现了康熙交融东西方科学知识,不囿于旧说的精神:"自古论历法未尝不善,总未言及地球北极之高度,所以万变而不得其着落。自西洋人至中国,方有此说,而合历法可见……皆因格物穷理中得之。后人想不到至理也。"

康熙对天文历法知识十分倾心。在"老人星"一条中,记录了他以天文知识驳正史书之谬的情形:"偶阅《辽史》,穆宗纪应历十二年春二月,萧思温奏老人星见,乞行赦宥。夫星辰虽随天运行而其隐见却有方隅。老人星在今扬州地,方于二、三时每每见之,若北方则不能见,惟于天球上可指而知耳。故名南极老人,言是星之属乎南也。《史记·天官书》张守节注云:'老人一星在弧南,常以秋分之曙见于丙,春分之夕见于丁。丙丁皆南方,此明证也。辽都临潢府,地处最东北,安有老人星见之理乎?'联想到他曾多次召集朝中文武大臣到观星台实地讲解天文知识,并指出"自来史志历法多不可信,质之以理,类空言无实"的论断,可见其天文知识不仅渊博,且有独到见解。又如"朝鲜纸"一条纠正了纸以蚕茧为原料的说法:"世传朝鲜国纸为蚕茧所作,不知即楮皮也。陆玑诗疏谓之楮桑,又曰江南人用以为纸,光泽甚好。盖以其形似桑也。朕询之使臣,知彼国人取楮树去外皮之粗者,用其中白皮捣煮造为纸,乃绵密滑腻,有似蚕茧,而世人遂误传耶。"

二、关注国民生计。书中有许多记载,都是从当时实践生活需要及日常所用出发,进行实践考察的总结。如"御稻米"条载:"丰泽园中,有水田数区,布至田谷种,岁至九月始刈获,登场一日,循行阡陌,时方六月,下旬谷穗方颖,忽见一种高出众稻之上,实已坚好,因收藏其种,待来年验其成熟之早否。明岁六月时,此种果先熟,从此生生不已,岁取千百四十余。年以来,内膳所进,皆此米也。其米色微红,而粒长气香而味腴,以其生自苑田,故名御稻米。一岁两种,亦能成两熟。口外种稻,至白露以后数天不能成熟,惟此种可以白露前收割,故山庄稻田所收,每岁避暑用之,尚有盈余。曾须给其种与江、浙督抚织造,令民间种之,闻两省颇有此米,惜未广也。南方气暖,其熟必早,于北地当夏秋之交,麦禾不接,得此早稻,利民非小。若交一岁两种,则亩有倍石之收,将来盖藏渐可充实矣。……今御稻不待远求,生丁禁苑,与古之雀衔天雨者无异。朕每饭时,尝愿与天下群黎共此喜嘉谷也。"对御稻米这一新品种的发现、选育、试种、推广作了简要的回顾,并提出了双季连种水稻的设想。书中还有不少条目是记载各类粮食的种植与特性的,如"白粟米"、"谷穗变蚊"、"哈密引习山水灌田"、"沙蓬未"、"黑龙江麦"、"欑粟"等等。

对其他一些日常生活必需品,书中也有较多的记载,如"阿霸垓盐"条记录了国内南北各地产盐方法的不同:"南方所用海盐,井盐,皆须煎熬烹炼。山西解州盐池,如耕者之疏为畦陇,引水灌其中,俟夏秋南风一起,即结成盐卯。故昔人以为海盐、井盐资于人,解盐资于天也。独阿霸垓部落及张家口外牧圈之地有盐一种,出水泽中,不待煎熬而自成,亦不待南风而后结。土人就近取之其块大小不等,色青黑,味甚佳,不减于中土所产者。始知天生百物以备民用,随在各足。《礼记》所谓'天时有生,地利有宜也'。"又如"回子地产丝"条记载了西北地区所产的丝织物与江南丝织物的区别及特点:"西北回子地方产丝绵,以之制甲,其坚固胜于中土,大约四十层可敌浙、江之丝八十层。"另外,"葡萄"、"吐鲁番西瓜"、"瀚海螺蚌甲"、"樱额"、"达发哈鱼"、"倒吊果"、"杨柳"等条内容均反映出康熙对有关国计民生的物产的关心。

三、其他富有探索精神的记载。这在"蒙气"、"山气"、"星宿海"、"南方物性"、"地绝处"、"潮汐"、"雷楔"、"瀚海石子"、"水多伏流"、"温泉"、"飞狐"等条目中得到了反映。如"蒙气"条记载了晨曦之中笼罩大地的雾气,对这一平常的自然现象,康熙认为:"蒙气离地甚近,四十度以上即不用蒙气表矣。故地方高朗清处皆无蒙气。近有测量地里图,人早行,鸡未发,忽见天际如日方升,林木村舍依稀辨色,须臾昏黑如故。移时,东方始明,盖日在地平之下,光暎蒙气而浮上也。正如置钱碗底,远视若无,及盛满水时,则钱随水光而显矣。""达发哈鱼"条则记录了大马哈鱼的习性状况:"黑龙江宁古塔诸处皆有之。每秋间从海而来,衔尾前进,不知旋退,充积河渠,莫可胜计,土人竟有履鱼背而渡者。"

纵观全书,康熙对所论述的一事一物,要么稽之古史,要么亲临实察,不作人云亦云的论断,这种尊重实际、努力探究自然奥秘的精神是值得肯定的。

今人研究康熙的文章颇多,但从科技史方面入手的撰述甚少。有关的研究,译注有李迪《康熙几暇格物编译注》,论述有刘昭民《清初几暇格物编中的科学史料》,以及潘吉星《康熙帝与西洋科学》的有关部分。此外,可参看中国社会科学出版社1990年版宋德宣《康熙思想研究》、广西教育出版社1992年版钱宗范《康乾盛世三皇帝》的有关章节。

(曾 抗)

异域录 阿颜觉罗·图理琛

《异域录》,二卷。阿颜觉罗·图理琛撰。成于清康熙五十四年(1715)三月后。通行本有:(一)清雍正元年(1723)满文本;(二)雍正元年汉文本;(三)《四库全书》本;(四)乾隆五十九年(1794)及光绪二年(1876)《昭代丛书》本;(五)嘉庆(1796—1820)中《借月山房汇钞本》(收入《丛书集成初编》);(六)咸丰八年(1858)《朔方备乘》本;(七)光绪三年《小方壶斋舆地丛钞》本。

阿颜觉罗·图理琛(1667—1740),字瑶圃。满州正黄旗人。少时家贫体弱,好学不辍,通满汉语言文字。清康熙二十四年(1685),经例监廷试,任翻译纲目。次年,授内阁中书舍人,奉命散赈山陕,监制绵甲,颁发诏书。迁掌印中书、内阁侍读、礼部牛羊群总管。康熙五十一年,以内阁侍读,兵部员外郎出使土尔扈特蒙古(在今欧洲伏尔加河下游、里海北岸)。三年后还京。迁兵部职方司郎中。后又受遣前往俄罗斯两次,商谈中俄关系。雍正元年,擢广东布政使。历官陕西巡抚、兵部右侍郎、吏部侍郎、内阁学士。乾隆时,迁工部侍郎,卒于官。生平事迹见《清史稿》列传七〇《图理琛传》、《钦定八旗通志》卷一五二《图理琛传》。

图理琛出使之前,康熙面谕途经俄罗斯时,于该国人民生计、地理形势亦须留意。图理琛遵嘱,每到一地认真观察其自然社会情况,并绘制地图。归国后,"谨具奏疏,及沿途山川形势,恭缮黄册舆图,进呈御览"(《后叙》)。

《异域录》为有关蒙古、俄罗斯、土尔扈特等地的地理著作。它以地域为纲附见时日,记载所经各地的原野、山川、水文、生物、道路、村落、物产、器用、气候、风俗等情况。

全书以地为篇,如楚库柏兴、柏海儿湖、厄尔口城、昂噶拉河、伊聂谢柏兴、揭的河、狄穆演斯科、托波儿、费耶尔和土尔斯科弗落克岭、喀山、萨拉托付、土尔扈特国王阿玉奇汗游牧地方、伊里、穆城等。满文本前有序,汉文本前后有叙。

《异域录》记载了大地区概貌。如俄罗斯"地寒而湿,雨雪勤,多阴少晴。幅员辽阔,林木蕃多,人烟稀少"。更多是叙述各小地区的综合地理状况。其记柏海儿湖(贝加尔湖)及其周围情况说:"自马的柏兴向西北行,三百余里方至。沿途皆大木林薮。其间有小柏兴六七处,间有田亩。柏海儿湖,南北有百余里不等,东西有千余里。西面皆山,色楞格河自西南流入,其巴尔古西穆河自东南流入,鄂辽汉洲从东北流入。又有一河名曰昂噶拉河。鄂辽汉洲居柏海儿湖之东北,阔五十余里,长二百余里。其洲之上有山冈,产杉、松、榆树、丛柳,并各种野兽。布拉特蒙古五十余户游牧于此,畜牛、羊、马匹。柏海儿湖内,产各种鱼及獭。于十二月中旬,冰始结实,人方行走。三月尽,冰始解。柏海儿湖之西北,流出一河,亦名曰昂噶拉河,向西北而流。两岸皆大山林薮。约行五十余里,皆山冈,川谷宽阔。"柏海儿湖即贝加尔湖,早在汉代已见记载,至此方有详细记载,只是将南北与东西的距离颠倒了。

书中记叙了河川的发源、流向、支流、水色、水流大小、流速、冰冻期。如"昂噶拉河(安加拉河),自柏海儿湖流出,向西北,绕过厄尔口城,仍向西北而流,汇于伊聂谢河(叶尼塞河),归入北海(北冰洋)水清流急,大于色楞格河。千余里后,水渐浊"。还记载了支流、悬崖、峭壁的状况。

又描述了山脉状况。如费耶尔和土尔斯科佛落克岭,"在费耶尔和土尔斯科城之西北,其间二百余里。山不甚大,沿途皆林薮,有马尾松、果松、杉、松、杨、桦、樱、薁、刺玫。山巅岭上,随处流泉,地甚泥泞。上岭五里许,下岭十余里"。土拉河、托波儿河、喀穆河分别自此岭流出,"其岭之西北,有山名曰帕付林斯科,峙出诸山。土人云冬夏积雪不消,人不能至"。

叙述生物分布。楚库柏兴(色楞格斯克)"山中有熊、狼、野猪、鹿、狍、黄羊、狐狸、灰鼠、白兔。河内有鲖鱼、鳍鳝鱼、哈打拉鱼、他库鱼、鲤鱼、石斑鱼、穆舒儿呼鱼、鲫鱼、松阿打鱼、禅鱼、勾深鱼、牙鲁鱼"。河流"沿岸皆丛柳、樱、薁、榆树"。居民"畜驼、马、牛、羊、犬、鸡、猫。种大麦、小麦、荞麦、油麦。有两种萝卜、蔓菁、白菜、葱、蒜"。

论叙各民族习俗性格。如俄罗斯人"以去髭须为姣好,发卷者为美观。婚嫁用媒妁。聘娶之日,往叩天主堂,诵经毕,方合卺。殡殓有棺,俱送至庙内葬埋,起坟墓,无丧礼。喜饮酒,亲友至,必出酒以饮之;不知茶。服毡褐苎布,以麦面做饼食,亦食各项鱼肉,不食饭。每食用匙并小叉,无箸。务农者少,藉贸易资生者多。知种而不知耘,不知牛耕。沿河近水居住者多,喜浴善泅。用瓜种大小银钱"。其"人性矜夸贪得,平居和睦,喜诙谐,少争斗,好词讼。每逢吉日,男子相聚会饮,醉则歌咏跳舞。妇女不知规避,争相妆饰,各处游戏,队行歌于途"。

《异域录》是我国历史上通过西伯利亚与乌拉尔山抵达里海北部地区旅行家所留下的第一部著作。其形式与宋人行记相似,但实际上以地为纲着重描述自然景观,不同于逐日记载奇闻逸事的作品,是一部翔实的地学著作。它扩大中国人的地理眼界,见重于当时及后世。如为清代的《一统志》、《四裔考》诸书所录采,并编入《四库全书》;被收入多种丛书;被译成法文、瑞典文、俄文、英文等。它是研究蒙古、西伯利亚、伏尔加河等地古地理,俄罗斯、土尔扈特历史,中俄关系以及中央政府与土尔扈特蒙古关系的珍贵文献。

有关本书的研究,校注方面有清何秋涛《考订异域录》,李文田《朔方备乘札记》有关部分;论述方面有清《四库全书总目》本书提要,民国全传三《关于校注满文异域录》,近人余嘉锡《四库提要辨证·异域录》,唐锡仁《图理琛与〈异域录〉》等。

(贺圣迪)

历象考成

《历象考成》,四十二卷。题清圣祖(康熙)撰,实为康熙时钦天监奉敕集体编撰,德国耶稣会士戴进贤主笔。成于康熙六十一年(1722)。通行本有《四库全书》本。

清代行用《时宪历》乃据汤若望删定《西洋新法历书》(即《崇祯历书》)编成,而明末的《崇祯历书》因是中、西人员初次合作,加之徐光启在未定稿时即辞世,故留存有较多的明显缺点:如很多图与表不合,许多解释隐晦难懂(甚至自相矛盾),不少数据也并不正确。康熙五十三年(1714),钦天监奉敕进行修订。至康熙六十一年完成(今人研究认为是以当时杨文言的底稿为本),即定名为《历象考成》。

《历象考成》上编《揆天察纪》十六卷,阐述天文理论。卷一为《天象、地体、历元、黄赤道、经纬度、岁差》,卷二、卷三为《弧三角形》上、下与《计算之法》,卷四为《日躔历理》,卷五为《月离历理》,卷六至卷八为《交食历理》,卷九至卷十五为《五星历理》,卷十六为《恒星历理》。

下编《明时正度》十卷,叙述计算方法。卷一为《日躔历法》,卷二为《月离历法》,卷三为《月食历法》,卷四为《日食历法》,卷五为《土星历法》,卷六为《木星历法》,卷七为《火星历法》,卷八为《金星历法》,卷九为《水星历法》,卷十为《恒星历法》。

附表十六卷,据法国天文学家卡西尼数据编制而成。卷一为《日躔表》,卷二至卷四为《月离表》,卷五至卷八为《交食表》,卷九为《土星表》,卷十为《木星表》,卷十一为《火星表》,卷十二为《金星表》,卷十三为《水星表》,卷十四为《恒星表》,卷十五、十六为《黄赤经纬互推表》上、下。

《历象考成》具有如下的特点。

一、它在总体上,仍继承了《崇祯历书》的第谷体系天文理论与计算方法。许多天文数据也基本沿用了下来。当时,西方的天文学水平已经远远地将托勒密、第谷等地心体系抛在了后面,但来华的耶稣会士基于种种原因而只介绍到第谷体系。因此,在这种情况下,《历象考成》继续沿用第谷体系仍是情有可原的。

二、它的最主要成果，是消除了《崇祯历书》中图、表不合的缺点。对许多理论的论述也进行了整理，从而使其更清晰、更系统。

三、它根据实测与当时的先进成果，改进了一些具体的数据与计算方法。如，《崇祯历书》所定的黄赤交角是23°31′30″，而《历象考成》则改为实测所得的23°29′30″。又如，《崇祯历书》在计算平太阳时与真太阳时的时差时，只立一表。而《历象考成》则考虑了太阳近地点每年都有移动，因此把太阳不在赤道上运动的影响和太阳视运动不均匀性的影响加以区别，立成两表。又如，在计算日食三差时，《崇祯历书》是以黄道为基础，而《历象考成》考虑到日食三差是发生于月球的，故改为以白道为基础。再如，在计算月食方位时，《历象考成》采用了月面方位的办法。这一方法是基于王锡阐将月面圆周分为360°来计算月面方位的创举，《历象考成》只是再简化一下，即可避免把黄道上的方位误解为地平方位，而能较好地说明在月面的上下左右等具体方向。

四、它吸取了本国学者的新见解、新创造。如王锡阐在《晓庵新法》中首创的"月体光魄定向"、日月食初亏与复圆方位的计算等、明代方以智《物理小识》中提出的"光肥影瘦"理论（《历象考成》改名为"光分"）等，《历象考成》都予以吸收，从而提高了准确性。

但由于《历象考成》在总体上依然是采用落后的地心说的第谷体系，随着年代的进程而误差也越来越显著。如，雍正八年(1730)六月初一的月食，预推与实际不合。于是，当时的钦天监监正明安图奏请由监中的耶稣会士戴进贤、徐懋德两人负责进行修订。他们根据法国天文学家卡西尼的计算数据与方法推算了一系列历表，包括日躔、月离等内容，并将之直接附在本书之后（即今所见末表十六卷）。但却未说明所据的天文理论、具体计算方法与数据，亦未说明使用方法。因此，整个钦天监中也只有明安图等极少数人能使用。

关于本书的研究，有桥本敬造《曆象考成の成立——清代前期の天文算学》，以及中国天文学史整理研究小组《中国天文学史》、陈美东《中国科学技术史·天文学卷》的有关部分。

（王贻梁）

历象考成后编

《历象考成后编》,十卷。题清高宗(乾隆)敕撰。成于乾隆七年(1742)。通行本有《四库全书》本。

由于康熙年间所修撰的《历象考成》,仍基本沿用《崇祯历书》中落后的地心说的第谷体系天文理论与计算方法及数据,故随着年代的进程而误差也越来越显著。于是,至乾隆二年(1737)有吏部尚书顾琮奏请而敕命组织钦天监内外的天文学家来增修表解图说。参加者除戴、徐二人外,还有明安图、梅瑴成、何国宗等数十人。从乾隆二年起至乾隆七年完成,定名为《历象考成后编》(以下或简称《后编》)。

《后编》十卷,目的在于对《历象考成》末十六卷历表的原理、根据进行阐述、说明。卷一为《日躔数理》,卷二为《月离数理》,卷三为《交食数理》,卷四为《日躔步法,月离步法》,卷五为《月食步法》,卷六为《日食步法》,卷七为《日躔表》,卷八、卷九为《月离表》上、下,卷十为《交食表》。

《后编》的最大进步是彻底抛弃了旧的小轮体系,而改用地心系的椭圆运动定律与面积定律。虽然这也仍是错误的,只不过是开普勒行星运动的第一定律与第二定律的颠倒(即认为太阳沿椭圆轨道绕地球运动,地球在一个焦点上),但无论如何比小轮体系总要进步些。而且,因为只涉及日、月运动与交食问题,开普勒定律的颠倒并无重大影响,而其精度则明显高于第谷体系。

另外,在对历表所作阐述、说明中,也有一些改进与提高。这主要有:(一)《历象考成》的太阳地平视差为三分,而《后编》改为十秒。(二)增补了关于蒙气差较详细的理论,对不同高度的蒙气差值也作了修改。如,旧定大气折射地平上三十四分、高四十五度只五秒,新测定地平上三十二分、高四十五度,尚有五十九秒。有较大的进步。(三)在月食计算上,考虑了地球大气对地球半径增大的影响。(四)日月五星之本天,《历象考成》为平圆,而《后编》修改为椭圆,从而提高了具体的精度。

关于本书的研究,有陈美东《中国科学技术史·天文学卷》的有关部分。

(王贻梁)

海国闻见录 陈伦炯

《海国闻见录》,又名《海国闻见》,二卷(或作一卷)。陈伦炯撰。成书于清雍正八年(1730)。通行本有《四库全书》本、《昭代丛书》本、《艺海珠尘》本、《舟车所至》本、《小方壶斋舆地丛钞》本、1985年中州古籍出版社版李长傅校注本等。

陈伦炯,生卒年不详,字资斋。福建泉州人。自幼随父陈昂"来往东西洋,尽识其风潮土俗地形险易"(民国《同安县志》卷三十《人物录·武功》)。平生读书,"尤留心外国夷情土俗及洋面针更港道"(同上)。尝充康熙侍卫,帝"示以沿海外国全图"(自序),后询以海外情况,了若指掌。随父在浙江时,"闻日本风景佳丽,且欲周谘明季扰乱闽、浙、江南情实"(同上),于康熙四十二年(1703)夏,赴日本旅游考察。康熙六十年,特授台湾参将。雍正即位,迁澎湖副将。历官台湾、广东高、雷、濂、江南崇明、狼山诸镇总兵。任苏松水师总兵时,于吴淞口炮台立杆悬灯,以为港口南北标志。擢为浙江水师提督。后坐事归乡。著有《海国闻见录》二卷。生平事迹见民国《同安县志》卷三十《人物录·武功》。

陈伦炯一生在滨海地区活动,守卫高、雷、濂时,日见海外各国商贾,询问佛兰西等国人,知其地理风俗。为"使任海疆者知防御搜捕之扼塞"(自序),他据父子两世阅历,参稽考验,撰写《海国闻见录》。

《海国闻见录》是关于我国沿海地理形势和东半球各地的综合地埋著作。内容涉及各地山川险扼、道里远近、沙礁岛屿、风云气候、民风习俗、物产状况。

上卷,收文八篇:《天下沿海形势录》、《东洋记》、《东南洋记》、《南洋记》、《小西洋记》、《大西洋记》、《昆仑记》、《南澳气记》。下卷,为图六幅:《四海总图》、《沿海全图》、《台湾图》、《台湾后山图》、《澎湖图》、《琼州图》。书前有作者自序。

书中论述了我国沿海地理,概说了北起渤海湾南至北部湾的沿海地貌、水文、交通、海防及其他方面。叙苏北海岸五条沙说,"黄河出海之口,黄浊海清,沙泥入海皆沉实,支条缕结,东向汙长,潮满则没"(《天下沿海形势录》)。江浙海潮,是因为江浙"外无藩扞屏山,以缓水势,东向澎湃,故潮汐之流,比他省为最急"(同上)。台湾"延绵二千八百里,西面一片沃野,自海至山,浅阔相均约百里。西东穿山至海约四五百里,崇山叠箐,野蕃类聚"(同上)。其沿海一带"港之可以出入巨艘,惟鹿耳门与鸡隆淡水港"(同上)。"广省左捍虎门,右扼香山。而香山虽外护顺德、新会,实为省会之要地,不但外海捕盗、内河缉贼,港汊四通,奸匪殊甚。且外域澳门,外防番舶,与虎门为犄角,有心者岂可泛视。"(同上)广西的湾内岛汊海岸地形是:"至于防城,有龙门七十二径,径径相通。径者,岛门也;通者,水道也。以其岛屿悬杂,而水道皆通。"(同上)并且指出,南海纳受珠江等水,并非注之不盈;将南海诸岛分为七洲洋、万里长沙、千里石塘与南澳气,即今之西沙、中沙、南沙与东沙群岛。

所论国外情况,以《东洋记》记朝鲜、日本、琉球;《东南洋记》叙菲律宾群岛、西里伯岛、摩鹿加岛及婆罗洲;《南洋记》述中印半岛,巽他群岛;《小西洋记》记南亚、西亚及中亚;《大西洋记》、记非洲及欧洲。自《东洋记》至《大西洋记》,对海外诸岛国分布的方位、远近、较明代东西洋之分,清晰明了。又以《四海总图》图示所叙各岛、国在地球上的方位、其相互关系、与中国远近。记有日本气候与山东、江苏、浙江相近。吕宋"地宜粟米,长者五六分"(《东南洋记》)。暹罗"番村错落,田畴饶广。农时阖家掉舟耕种,事毕而回,无俟锄芸。谷熟仍棹收获而归"(《南洋记》)。地中海"系从大西洋之海而入"(《小西洋记》)等。

书中还记叙了航海知识,如航向、风向、罗盘导航、水文、海洋地质等。还对中西航海术加以比较:"中国洋艘不比西洋甲板用浑天仪、量天尺较日所出,刻量时辰,离水分度、即知为某处。中国用罗经刻漏沙,以风大小顺逆较更数。每更约水程六十里,风大而顺则倍累之,潮顶风逆则减退之,亦知某处,心尚怀疑。又应见某处远山,分别上下山形、用绳陀探水深浅若干,陀底带蜡油,以黏探沙泥,各各配合,方为确准。"(《东南洋记》)明确指出,传统的综合导航不如西方仪器导航精确简便。

《海国闻见录》据亲身见闻而作,内容翔实可信,多有发前人之所未发语。又图文配合,易于理解。所绘六图,寄寓作者用意。不足之处为未及西半球,少数篇章内容贫乏,且有错误。本书对当时中国人了解东半球,沟通中西经济文化交流有积极作用,也有助于注意海防。其影响延于鸦片战争后的著作,如魏源《海国图志·筹海篇》、蔡方炳《广治平略·海防篇》等。书中的不少材料,不仅可用于研究历史地理,也有助于沿海港口建设。

有关本书的研究,校注方面有李长傅《海国闻见录校注》,书首有李著整理者陈代光的《陈伦炯与〈海国闻见录〉》一文。

(贺圣迪)

医宗金鉴 吴 谦 等

《医宗金鉴》,九十卷。吴谦、刘裕铎等奉敕编纂。成于清乾隆四年(1739)至乾隆七年之间。通行本有清乾隆七年武英殿聚珍版初印本、1963年人民卫生出版社本等。

吴谦,字六吉。安徽歙县人。生当于清康熙年间。以诸生肄业于太医院,官至太医院院判,供奉内庭,屡受赏赐。清高宗(弘历)尝谓近臣曰"吴谦品学兼优,非同凡医,尔等皆当亲敬之"。与张璐、喻昌并称清初三大名医。乾隆四年,高宗下敕太医院,令修医书,由吴谦、刘裕铎为总修官,主持编纂《医宗金鉴》。吴谦于《伤寒》、《金匮》及诸家医论多有研究,认为"古医书有法无方,惟《伤寒论》、《金匮要略》。《杂病论》始有法有方"(《清史稿》卷五〇二《吴谦传》),但两书义理渊深,方法微奥,领会不易,且多讹错,旧注随文附会,难以传信,乃于暇详加删订,撰成《订正伤寒论注》、《订正金匮要略注》。后两书稍加增减,收入《医宗金鉴》。生平事迹见《清史稿》卷五〇二。

《医宗金鉴》为医学丛书。共收医书十四种。卷一至卷二五,收《订正仲景全书伤寒论注、金匮要略注》。卷二六至卷三三,收《删补名医方论》。卷三四,收《四诊心法要诀》。卷三五,收《运气要诀》。卷三六至卷三八,收《伤寒心法要诀》。卷三九至卷四三,收《杂病心法要诀》。卷四四至卷四九,收《妇科心法要诀》。卷五十至卷五五,收《妇科杂病心法要诀》。卷五六至卷五九,收《痘疹心法要诀》。卷六十,收《幼科种痘心法要诀》。卷六一至卷七六,收《外科心法要诀》。卷七七至卷七八,收《眼科心法要诀》。卷七九至卷八六,收《刺灸心法要诀》。卷八七至卷九十,收《正骨心法要旨》。为便学习,凡子目有名"要诀"的,均是编成歌诀的形式,读来朗朗上口,易于记诵。书前有钱斗保、鄂尔泰、弘书等为修书所上奏疏和书成进书表。

兹以编次为序,将本书所收的医学著作介绍如下。

一、《订正仲景全书》(包括《伤寒论注》、《金匮要略注》)二十五卷。作者认为,此书是临床的轨范。书中每篇首为纲领,次具证、出方、因误致变、因逆成坏。篇中每条的次序为首经文,次注释、集注、方药、方解集解;如经文有缺误者,则加辨论于经文之下;与本条互相发明,而非专论本条者,则加辨论于本注之后。《伤寒论》、《金匮要略》原文比较深奥,清以前的各家注释不下三百余种,吴谦订正两书参考了诸家注释,存其精确,去其冗杂,采用了四十多家注本,对原文逐条进行校注,凡有订正及存疑条目则汇成"正误"、"存疑"两节,附之卷末,以备参考。经吴谦爬梳整理,全书叙论有序,易于融会贯通,又由于其订正博采众家,间有发明,故是书是学习、研究《伤寒论》、《金匮要略》,以及了解吴谦学术思想的重要参考著作。

二、《删补名医方论》八卷。医方著作。书中选编了《金匮要略》、《千金要方》、《外台秘要》等书,及王好古、李杲、刘完素、朱震亨、张从政、薛已等清以前诸家常用临床方剂二百多首,按其性质分为温、清、消、补等类。书中每方先列主治病症、药味剂量、制法服法,后附以方义的注释和历代医家对该方的论述,以说明方药配合,药理作用,以及加减变化等问题。由于所引各家论述经过编者的综其简要、删繁补缺,故名之曰:删补名医方论。该书以实用为原则,选方颇精,议论亦较平允可取,故成为后人学习名医方论的重要参考书。

三、《四诊心法要诀》一卷。中医诊断学专著。主要介绍望、闻、问、切四种诊断方法。是书选医经论四诊之文确然可法者,编为四言,又合崔嘉彦《四言脉诀》,名曰:四诊要诀。由于该书叙述简明,较易理解,所以对学习、研究中医诊断,颇有参考价值。书后附有修正《素问·脉位图》及订正《素问·脉要精微论》。

四、《运气要诀》一卷。系阐述中医理论之"五运气化"的专著。五运六气,即指木、火、土、金、水五行的运气和风、热、湿、火、燥、寒六种气象的流转。《内经》对这方面的内容论述颇详,然经文散见于各篇,学之不易,是书将这方面的内容汇辑一起,编成歌诀,并加注解和附图,为系统学习这一中医理论提供了方便。

五、《伤寒心法要诀》三卷。学习《伤寒论》的入门书。编者考虑《伤寒论》条目繁多,义理幽深,辞旨古奥,初学者难于领会,为帮助读者理解,使能融会贯通,遂将总论内容、六经辨证,以及伤寒常见病症,类伤寒、瘟疫、温病等,撮其要旨,另加注释,使此书成为学习《伤寒论》的重要参考书。

六、其他诸科心法要诀类著作。此类著作所述包括杂病、妇科、幼科、外科、眼科、刺灸、正骨等。其《杂病心法要诀》主要论述包括中风、类中风、痉病在内的四十余种内科病症。有关儿科的主要常见病除列入《幼科杂病心法要诀》外,《医宗金鉴》又将儿科中的痘疹、种痘另辟为《痘疹心法要诀》和《幼科种痘心法要旨》两书,认为痘疹传变迅速,"不可以时日待也",其中尤以麻疹变幻莫测,更宜讲究,而自宋以后始有种痘之法,然无成书,故取"崇科世业、屡经试验之方,载之于书"。(《医宗金鉴》凡例)反映了清代儿科学在专科方面的发展。《外科心法要诀》系吴谦命祁宏源参与编写。祁氏世业外科,是书主要在其祖父祁坤所著《外科大成》基础上,整理编撰而成,对清代外科发展颇有影响,于当今外科临床亦有较大参考价值。《正骨心法要旨》系参以薛己《正体类要》,而补其遗。由于吴谦亦精于骨科,故是书于诸科心法要诀中内容堪称精湛。该书重视人体解剖知识;诊断注重"摸法";治疗强调手法,并附有各种辅以手法的器具图,多有创见。一些民间的外治急救方法在书中亦有记载,故是书为一部简明实用的伤骨科著作。

《医宗金鉴》内容丰富,结合临证,文字简明扼要,叙述深入浅出,便于学习和应用,是我国医学丛书中最完备、影响较大的一种,清朝将此作为医学教科书,屡经刊刻,传播甚广。

有关《医宗金鉴》的研究著作,注释有人民卫生出版社出版的有关《医宗金鉴》诸科心法要诀白话注释本,如《医宗金鉴·伤寒心法要诀白话解》、《医宗金鉴·杂病心法要诀白话解》、《医宗金鉴·幼科心法要诀白话解》,河南科学技术出版社出版的傅方珍《〈医宗金鉴·妇科心法要诀〉释》,人民卫生出版社《医宗金鉴》校点本;论述见傅维康主编《中国医学史》、廖育群等《中国科学技术史·医学卷》的有关部分。

（乐　易）

豳风广义 杨屾

《豳风广义》，三卷。杨屾撰。成于清乾隆五年(1740)。通行本有清光绪八年(1882)济南刊本、《关中丛书》本、1962年农业出版社郑辟疆、郑宗本校勘本。

杨屾(1699—1794)，字双山。陕西兴平人。早年在理学家李二曲门下受业，不入仕途，安居桑梓，以教书为生，兼营农桑。著有《知本提纲》、《修齐直指》、《蚕政摘要》等。生平事迹见《豳风广义》刘芳序。

作者根据《诗经·豳风》，认为陕西人以为当地气候条件不宜蚕桑的习俗缺乏根据，相信古代陕西地方是养过蚕的，因此现在也一定能养。于是他多方访求种桑养蚕的方法，制造缫丝所用的工具，亲自试验经营，前后达十三年，终于获得成功，为求推广，便撰成是书。作者还于乾隆二十一年，将其改写成《蚕政摘要》。书前有作者《自序》，以及陕西巡抚帅念祖、同道刘芳《序》，书后有门人巨兆文《跋》。

《豳风广义》是一部关中地区蚕丝的专著。从种桑、养蚕，到缫丝、纺织，都有比较全面的论述和总结。卷一从"豳风"、"王政"二图说开始，随后在"终岁蚕织图说"各月插图中插入小注，以说明各月作业。其后是郭子章《蚕论》。此外，还详述了桑地的选定和培植桑树的各种方法，后附"种柘法"。卷二在"蚕说原委"之后，引用了"淮南王蚕经说"、"王氏(王祯)先蚕坛序"、"王氏茧馆序"。并作蚕具图说，涉及蚕室和蚕种；再从养蚕到缫丝作详细的图说。卷三始于"织纴图说"，叙述制织之具及其用法，附"养槲蚕法"，"纺槲茧法"。其后还论及猪、羊、鸡、鸭饲养之法等。

《豳风广义》从实际出发，本于实验，全面地总结了历代劳动人民关于种桑养蚕的经验，并在陕西加以全面推广。如书中记载的桑树环状埋条繁殖法即为其例，其"压条分桑法"曰："春月或九、十月，将桑树上追地的条子，地下掘一渠，深二、三寸，将条攀下，卧于渠内，用木钩搭子，长数寸，将条向地钩住，钉于渠内，使不得起，以土筑实，须将条上所有的枝梢，尽快端露出土外，但得雨水，即便生根，春月压者，当年九、十月起，冬月压者，次年九、十月起，于近树身处斫断，掘出渠内条子,将枝梢之间,以利刀剁断,俱如拐子样,有几剁几截,拐上皆带根须,移栽即活。"又如记载的"七宜八忌"养猪法等。都是作者从家畜饲养的实践经验中总结而来。

《豳风广义》自初刻以来,在陕西、河南、山东都重刻过,流传广泛。它不仅适用于陕西地区的养蚕事业,而且也适用于北方地区,是研究我国种桑养蚕技术史的重要文献。

关于本书的研究,有李凤岐《关中农学家——杨屾》、田芝健《杨屾和他的〈豳风广义〉》(《江苏蚕业》1990年第3期)、肖克之《〈豳风广义〉版本说》(《农业考古》2001年第3期)、范楚玉《杨屾》(见杜石然主编《中国古代科学家传记》)的有关部分。

(王国忠)

知本提纲 杨屾

《知本提纲》,十卷。杨屾撰。成于清乾隆十二年(1747)。通行本有乾隆十二年刻本、光绪三十年(1904)张元济刻本、1957年中华书局版王毓瑚《秦晋农言》辑本。

作者生平事迹见"豳风广义"条。

《知本提纲》是杨屾讲学的讲义,由他本人写出提纲、其学生郑世铎作详细注解而成。

本书是一部以理学思想为主旨,叙述陕西地方农桑畜牧的农书。全书共十卷十四章,由农则前论、农则耕稼、桑蚕、农则树艺、农则畜牧、农则后论组成。其中《修业章·农则》专门论述农业科学技术及其原理。书前有作者序。

《知本提纲》总结了陕西农家在耕作技术、播种、施肥、灌溉及畜牧技术等方面的不少先进经验。

一、在耕作技术方面提纲挈领地提出了因地、因时、因物的土壤耕作三原则,其云:"若能提纲挈要,通变达情,相土而因乎地利,观候而乘乎天时,虽云耕道之大,实有过半之思。"在《修业章》还记载了北方旱作采用浅耕翻茬及使用套犁深耕的技术,指出"初耕宜浅"、"次耕渐深"的原则,把浅耕与灭茬技术结合起来,这是北方旱作技术的新发展。

二、在播种、选种方面,不仅提出播种识时的重要性,而且还提出因地因时制宜的原则。它认为,"布种必先识时,得时则禾益,失时则禾损。""三道五带之内,时各不同,当各随方土,因日道之进退而损益其布种之时。"此外,在选种方面,提出"择种尤谨谋始,母强则子良,母弱则子病",强调选种重要的思想。

三、在施肥方面提出了因时、因地、因物施肥的原则,对农业生产具有普遍意义。其云:施肥"实有时宜、土宜、物宜之分。时宜者,寒热不同,各应其候。春宜人粪、牲畜粪;夏宜草粪、泥粪、苗粪;秋宜火粪;冬宜骨蛤、皮毛粪之类是也。土宜者,气脉不一,美恶不同,随土用粪,如因病下药。即如阴湿之地,宜用火粪;黄壤宜用渣粪;沙土宜用草粪、泥粪;水田宜用皮毛蹄角及骨蛤粪;

高燥之处宜用猪粪是也。相地历验,自无不宜。又有壈卤之地,不宜用粪,用则多成白晕,诸禾不生。物宜者,物性不齐,当随其情。即如稻田宜用骨蛤蹄角粪、皮毛粪,麦粟宜用黑豆粪、苗粪;菜蔬宜用人粪、油渣之类是也。皆贵在因物验试,各适其性,而收自信"。并已将我国的肥料分为人粪、牲畜粪、草粪、火粪、泥粪、骨粪、蛤灰粪、苗粪、渣粪、黑豆粪、皮毛粪等十类。

《知本提纲》"农则"部分以北方旱地农业为研究对象,不仅在生产技术方面有较高的成就,而且在农学思想上也有突出的贡献,尤其是用有别于一般阴阳家的五行范畴来解释"农道",且比其早出二百年的马一龙《农说》的思想更为发展。

有关《知本提纲》的研究著作有梁家勉主编《杨屾〈知本提纲〉中的农学思想》(《中国农业科学技术史稿》,农业出版社,1989年)等。

(王国忠)

授时通考 鄂尔泰等

《授时通考》,七十八卷。鄂尔泰、张廷玉等奉敕编修。成于清乾隆七年(1742)。书由高宗赐名,取《尚书·尧典》"敬授民时"之义。最早版本为武英殿本,后有上海实业研究社和富文书局石印本等。1956年中华书局、1963年农业出版社都出版了本书。

鄂尔泰(1677—1745),西林觉罗氏,字毅庵。满洲镶蓝旗人。清康熙三十八年(1699)举人。四十二年授三等侍卫。五十五年,迁内务府员外郎。雍正时,任江苏布政使,云贵总督。在云南实行改土归流,曾镇压苗民起义。雍正五年(1927),奉敕修纂《八旗通志》。十年拜保和殿大学士兼兵部尚书。世宗死,受遗命辅政。乾隆初,与张廷玉等总理事务,加太保。乾隆二年,授军机大臣,与张廷玉等奉敕编纂农书,以两人为总裁。十年加太傅。卒谥"文端"。著作有《西林遗稿》。《清史稿》、《清史列传》、《碑传集》等书有传。

张廷玉生平事迹见"明史"条。

清乾隆二年(1737)皇帝敕命亲王弘昼(监理)、鄂尔泰、张廷玉(以上总裁)、蒋溥(南书房纂修)、张照(武英殿纂修)等五十五名学者,从经、史、诗、文、诏令、奏章中广为搜集有关农事的记述,前后历时五年,至乾隆七年(1742)成书。它沿用了历来统治者"敬授民时"的意思,题名为《授时通考》。

《授时通考》是我国清代官方编辑的一部大型农书。它汇辑前人有关著述,体裁严整,征引周详,并附有许多插图,对我国农学的发展历史和技术成就进行了全面的总结,是一部我国古代农学百科全书。书前有乾隆帝序,书后有戴衢亨、赵秉师、英和撰的跋。

全书分为八门,一为天时,分记农家四季作业,略如田家月令。二为土宜,又分为辨方、物土、田制、水利等目。三为谷种,是作物各论的内容。四为功作,包括自垦耕直到收藏整个生产过程各阶段的操作。五为劝课,记载封建国家关于重农的法令。六为蓄聚,列载仓储、备荒等制度。七、八两门是农余和蚕桑,"农余"是指大田生产以外的各种作业,包括栽种蔬菜、果树、林木、经济树木以及畜牧等,"蚕桑"部门附有木棉、麻、葛、蕉、桐等,特别标为桑余,意即与养蚕一样,都是提供衣着原料的。

《授时通考》的内容主要是历代农业资料汇编,其次是对统治者的歌功颂德。书中体现了一种与《农政全书》相同的农学体系观念。它是以供应衣食资料为原则,而又以大田生产为中心,虽然全书完全是前人著述的汇辑,但仍然有其重要价值:(一)它汇集和保存了不少宝贵的历史资料,征引各种文献五五三种,比《农政全书》超出了三百多种;(二)附有许多精致的、内容丰富的插图,多数转自《农政全书》和《王祯农书》,使得图文并茂,相得益彰;(三)该书将"水利"附在"土宜门","物土"和"田制"结合,把灌溉和"泰西水法"纳入"功作门"体系中,也是不同于其他农书的特点;(四)该书对农具采用了最完备的分类法,它按照各种农事作业,将农具分为垦耕具、耙劳具、播种具、淤荫具、耕耘具、灌溉具、收获具、攻治具、牧牛具、蓄聚具等十门,记录了一百数十种农具。《授时通考》虽然成书较晚,但其是皇帝敕撰的官书,并有诏旨命各省复刻,因此,流传颇广,且有国际声望。

《授时通考》内容都是从旧文献中辑录、分类汇编而成,从技术意义的农书角度看,并没有什么特殊的新颖材料,在指导生产方面,其作用也不如其他大型农书。但是,由于它成书较晚,摘引了古今"自经史子集以及农家者流,凡言之关于农者"(《御制序》)的资料,仍是值得重视的一本书。在经济思想上的意义主要表现在以下三个方面。

一、在一定程度上反映了清初农业生产发展的趋向。《授时通考》与前代农书比较,相对地压缩了蔬菜、果树、木材和畜牧,这些项目被归入"农余";食品加工全部予以删除,理由是"笾豆之司非所重也"(《凡例》)等。这反映了中国封建农业愈益向"跛脚"的方向即注重种植谷物和桑麻棉以解决衣食之源方向偏斜。这种趋势也正是清初人口激增,小农经济负担能力渐趋饱和的必然。

二、反映了清初统治者的重农思想。《授时通考》用很大篇幅辑录清建国以来关于农业的文献,对研究清初经济状况和最高统治者的经济思想有重要意义。比如太祖谕:"今日仗义伐明,天必佑我,天佑可以克敌。但我国储备未充,纵得其人民畜产,何以养之?若养其人民畜产,恐我国之民,反致耗损。惟及是时,抚辑吾国,固强圉,修边备,重农积谷为先务耳。"(卷四七)反映山努尔哈赤准备伐明时的经济方略。在顺治十二年谕中,有"岂意比年以来,水旱频仍,干戈未靖,转输旁午,民不聊生,荡析离尽,鬻及妻子,茕茕无告,转辗呼号"(同上)的话,反映了当时社会经济的状况。至于书中所录大量的三朝御制诗文,更反映出他们的贵粟重农、积贮爱养、藏富于民等经济思想。

三、反映了皇权专制主义在经济领域的加强。比如在《凡例》中即有:"至河道海塘,虽关系民生大利,而非农家所能讲求,不具录焉。""救荒振恤诸条……是编不复采入。""若裘褐毡罽之属,既非草野所需,并非红女所办,更不采入。"像屯垦等则被视为国家专利,众人不得妄议,也干脆从书中砍掉了。

《授时通考》的研究著作有马宗申《授时通考校注》(农业出版社,1992年)、马宗申《中国古代农学百科全书——〈授时通考〉》(《中国农史》1989年第4期),以及梁家勉主编《中国农业科学技术史稿》中的有关部分。

(林其锬　王国忠)

陶冶图说 唐 英

　　《陶冶图说》，一卷。唐英撰。成于清乾隆八年(1743)。乾隆《浮梁县志》引录全文。朱琰《陶说》转载图说二十条，但文字有变动。蓝浦《景德镇陶录》则根据本书改编《成陶图》十四幅，内容大致相同。

　　唐英(1682—1756)，字俊公，晚年自号蜗寄老人。辽宁沈阳人。隶汉军正白旗。自十六岁起入宫，在养心殿供职，任宫廷侍从二十余年。雍正元年(1723)，升任内务府员外郎。六年，奉旨驻景德镇佐理陶务，任驻御器厂协理官。到任后，"杜门谢交游，聚精会神，苦心竭力，与工匠同其食息者三年。抵九年辛亥，于物料、火候、生克变化之理，虽不敢谓全知，颇有得于抽添变通之道"(《陶人心语》)。成为烧窑的内行。唐英虽然对雍正六年以后的景德镇官窑生产有很大功绩，但雍正年间的景德镇官瓷仍称"年窑"。乾隆元年(1736)起，唐英先后调任监粤海关、淮安关，以后又调任管理九江关务兼监督窑务，直至十九年。乾隆年间景德镇官瓷被称为"唐窑"。唐英前后管理官府制瓷业二十余年，在仿古和创新方面均有巨大成就，自己也成为杰出的制瓷专家。著作还有《陶成纪事》、《陶人心语》等。《清史稿》、《国朝耆献类徵》、《浮梁县志》等书有传。

　　乾隆八年四月，皇帝交给唐英陶冶图二十幅，命令他按照制作瓷器的顺序，将它们编排起来，并给每幅图配上简要的文字说明。唐英遵旨办理，五月成《陶冶图编次》，进呈御览。后来改称《陶冶图说》。

　　《陶冶图说》包括图二十幅，每幅的文字说明约一百六十字左右，简要地叙述出制造瓷器手工业全过程。二十图名称依次为：(一)采石制泥；(二)淘练泥土；(三)练灰配釉；(四)制造匣钵；(五)圆器修模；(六)圆器拉坯；(七)琢器做坯；(八)采取青料；(九)拣选青料；(十)印坯乳料；(十一)圆器青花；(十二)制画琢器；(十三)蘸釉吹釉；(十四)施坯挖足；(十五)成坯入窑；(十六)烧坯开窑；(十七)圆琢洋彩；(十八)明炉暗炉；(十九)束草装桶；(二十)祀神酬愿。

《陶冶图说》是唐英制瓷实践的总结,较客观地反映了当时景德镇制瓷的工艺过程,对研究清代制瓷史和官手工业史有重要的史料价值。

关于本书的研究,有《纪念唐英诞生三百周年专辑》(《景德镇陶瓷》1982年第2期)、赵匡华和周嘉华《中国科学技术史·化学卷》、周嘉华《唐英》(见杜石然主编《中国古代科学家传记》)的有关部分。

(施正康)

温热论 叶 桂

《温热论》,初名《温热论治》,一卷。叶桂撰。成于清乾隆十一年(1746)前后。传本有两种:一是首刻于乾隆五十六年(1792)的唐大烈《吴医汇讲》本,题作《温证论治》,世称"唐本";二是出自华岫云所辑《续选临证指南》,题作《外感温热篇》,于嘉庆十七年(1812)付梓,世称"华本",成书后世人又多将此篇附刊于《临证指南医案》。后来章虚谷将"唐本"编入《医门棒喝》,名《叶天士温热论》。王士雄将"华本"收入其《温热经纬》,改篇名为《叶香岩外感温热篇》。通行本有:《南病别鉴》本、周氏《医学丛书》本、《中西医学劝读》本、《中国医学大成》本。其单行本多为白话本或注释本,有上海科学技术出版社1960年版金寿山编《温热论新解》、天津人民出版社1963年版杨达夫编《集注新解叶天士温热论》。

叶桂(1667—1746),字天士,号香岩,晚号上津老人。祖籍安徽歙县,后迁江苏吴县(今苏州)。家世业医,祖父叶时,父叶朝采均以儿科知名于时。叶桂少年颖悟好学,十二岁即从父习医。十四岁丧父,遂从父之门徒朱某学医。朱某以其师平日所授教之。桂闻言即解,识见出于朱某之上。此后,闻某医善治某证,即往师学,十年间,先后拜师十七人,得王子接、周扬俊等名医指授,博取各家之长,除家传儿科外,兼通各科,于杂病论治颇多建树。其诊疾能探明病源,设方不拘泥于成法,故投药多见奇效。其学术思想深为后人推崇,尤其对温热病的理论及证治甚多发挥,基本奠定了温病学的理论体系,被后人誉为"温热大师"。沈德潜谓叶氏"名著朝野,下至贩夫竖子,远至邻省外服,无不知有叶天士先生,由其实至而名归也"(《归愚文钞余集》卷五《叶香岩传》)。一生忙于应诊,无暇著述,《温热论》、《临证指南医案》为其门人所辑。《幼科心法》相传为叶氏手迹,但一如《幼科要略》、《叶案存真》、《未刻本叶氏医案》等,是否叶氏所著,历来就有争议。而《本事方释义》、《景岳全书发挥》等书则多认为属后人伪托。生平事迹见《清史稿》卷五〇二、《苏州府志》卷一百十、《吴县志》卷七五上、《清代七百名人传》等。

《温热论》相传系叶氏泛舟游于洞庭湖,门人顾景文随之舟中,以当时所语,信笔记录而成。

唐大烈将此篇收入《吴医汇讲》中时，又少为移掇。至于"华本"，与"唐本"字句略有出入，大体则同。唐本有唐大烈叙。

《温热论》系温病学专著，分为"外感温热"与"三时伏气外感"二篇。在这篇著作中，叶桂在继承前人对温热病认识的基础上，结合自己长期临床经验和体会，形成了一套认识温病的完整理论体系，以及治疗法则。

首先，叶氏接受了吴又可温邪从口鼻而入的观点，并观察到温病初起有表证阶段的存在，根据肺主卫、外合皮毛的理论，提出了"温邪上受，首先犯肺"的认识，并根据表证不解又有入里或热扰心神的不同表现，得出了"卫之后方言气"、"逆传心包"的看法。在对温病与伤寒的辨证方面，他指出两者病变有共同之处，其发展均是由表入里，由浅入深，病机变化均有卫气营血的浅深界限，但不同者，伤寒为感受风寒而成，温病为温邪上受所致，两者病情性质不同，故初起治疗方法亦截然有别，提出"辨营卫气血虽与伤寒同，若论治法则与伤寒大异也"。叶氏于此阐明了温病发生发展的规律，确立了辨证施治的大纲。

其次，创立了卫气营血学说，且提出卫气营血四阶段辨证论治的法则。他说："大凡看法，卫之后方言气，营之后方言血。"总结出"在卫，汗之可也"；"到气，才可清气"；"入营，犹可透热转气"；"入血，直须凉血散血"的治疗原则，奠定了温病的治疗大法。认为温邪侵犯人体，首先犯肺，见到一系列肺经病证，治疗当用辛凉清剂，以透汗解表。如邪不外解，则传变入里，途径有二，一是"逆传心包"，二是顺传入气分。对于顺传入里，出现气分病证，叶氏论治尤多阐发，如称："若其邪始终在气分流连者，可冀其战汗透邪，法宜益胃，令邪与汗并，热达腠开，邪出汗出。"在战汗过程中，叶氏又能根据邪从汗泄，脉象虚软和缓，及肤冷汗出，脉象急疾的区别，指出前非脱证，后则为气脱重证，拯救非易。如温邪入营，营分受热则血液受劫，可见斑疹隐隐，神明受扰则心神不安，烦躁难宁，治疗当宜清气透营，清心凉营。其时多见阴液亏损，病势多变，而致危殆，叶氏又常以护养阴液为主要方法。至于温邪入血，乃温热病最重笃的阶段，治疗得当，犹可邪去而复正，否则每致阴竭而不治。叶氏认为这阶段的治疗应以凉血养阴，活血散血为主，以清解血分热毒，消散血络瘀滞，滋养阴血。叶氏根据卫气营血各阶段不同的证候，总结了不同的治疗用药方法。

再次，通过辨舌验齿等来诊断温热病的方法，具有重要的临床价值，每被后人奉为温病诊断上的准绳。在验舌方面，叶氏强调温病当注意舌苔和舌质两方面的变化，将舌苔分为白苔、黄苔与黑苔三种；舌质颜色分为绛舌、紫舌与淡红舌，并根据舌苔的厚薄润燥、舌质色泽的变化，相互参照，诊察病情。在验齿方面，他认为齿乃肾之余，龈乃胃之络，齿垢又是由肾热蒸胃中浊气所结。而温热邪气不燥胃津便伤肾液，因而于齿多有表现。其根据齿的枯润、结瓣之颜色，齿垢的有无，以及有无齿痛，有无咬牙等表现来识别温病，是对温病学的又一贡献。此外，叶氏还根据温病发展过程中患者身上出现的斑和疹来判断病情之轻重,及如何投药。对于白㾦的辨识,他认为是在湿热为病的过程中可见,湿热伤肺,邪虽出而气液枯,须用甘药补之,等等。这些经验备受后世医家推崇。

《温热论》是叶氏温病学理论的总结。它系统阐述了温病的病因、病机、感染途径、侵犯部位、传变规律和治疗大法等,丰富完善了前人的温病学理论,使形成体系;其卫气营血的辨证方法是作者学说的精华,一直为后世医家所沿用;邪留三焦的认识和医案中的不少处方,被吴瑭总结为三焦辨证和温病治疗的代表方剂。温病学发展至叶桂已经成熟,并大体完善。

有关《温热论》的研究著作,主要是各种注释本。章虚谷《医门棒喝》、王士雄《温热经纬》均附收本书,并作有注释。尔后注释该书的还有凌嘉六、宋祐甫、周学海、陈光淞等。现代学者杨达夫所编《集注新解叶天士〈温热论〉》用力尤勤,书中汇集各家注解,以及各家医院和本人的医案,对叶氏学说的价值作了正确的评价。

关于本书的研究,有裘沛然《中医历代各家学说》、李经纬等《中医人物辞典》、林功铮《一代名医叶天士》、余瀛鳌和陶晓华《叶天士》(见杜石然主编《中国古代科学家传记》)的有关部分。

（乐　易）

临证指南医案 叶 桂

《临证指南医案》,十卷。叶桂著。成于清乾隆十一年(1746)前后。通行本有乾隆三十一年华南田刊本、道光甲辰(1844)苏门经钽堂刊本、同治三年(1864)评刊本、《中国医学大成》本、1958年上海卫生出版社本等。

作者生平事迹见"温热论"条。

叶桂晚年日记医案,辞简理明,其旧居邻人李国华收集录存叶氏医案有年,于叶氏身后售与华南田(字岫云)。华氏分别门类,集成《临证指南医案》一书,于乾隆二十九年付梓刊行。

《临证指南医案》系医案类医书。全书以病证类案,分为八十九门,次第罗列治案。每案先论证,言简意赅,每证之后由华氏约请同道撰写该门证候的论治一篇,探析病源,提示治法大要,以便后人观览。卷一至卷八,内科,凡时证、杂证,几于尽备。卷九,妇科。卷十,幼科。书末附录载书中所引方剂,以便检阅。书前有华岫云自序,及李治运、嵇潢、李国华、高梅、邵新甫序。

《临证指南医案》是研究叶桂临证诊治经验的主要著作,书中反映的叶氏医学思想择其要者如下。

一、强调脾胃分论,创立胃阴学说。叶氏推崇李杲(东垣)的《脾胃论》,甚至认为一部《内经》中的基本理论,无非是说明以胃气为本的道理,因此,其临证辨治一般杂病,多重视脾胃,有不少观点是与李杲之说一脉相承的。然世人宗东垣之法,多将脾胃总论,即以治脾之药笼统治胃,脾胃合治。叶氏却不然,他接受东垣之说,对于脾脏阳气虚衰者,治疗采用益气温中升阳之法,但又强调,脾胃二者应加区别。在《临证指南医案》卷三脾胃篇中,他认为胃腑为阳土,"阳土喜柔,偏恶刚燥",与脾脏功能不同,治疗有异。基于这个认识,他提出了脾胃当分析而论的观点。胃属阳土为腑,脾属阴土为脏,脏宜藏,腑宜通,因此,脾阳不足,胃有寒湿,则宜用东垣温燥升运之法。但太阴湿土得阳始运,阳明燥土得阴自安,脾喜刚燥,胃喜柔润。若见有阳盛之体,或患燥热之证等,叶氏主张用降胃之法,使胃气降则和。又因胃喜润恶燥,叶氏尤强调不宜苦降或用苦寒下夺之品,而用甘平或甘凉濡润之品,以养胃阴,使津液来复,通降自成。叶氏脾胃分论,尤其是胃阴宜养的观点,至今对临床有重要指导意义。

二、阳化内风说,以阐发肝风病机。叶氏认为:"阳化内风"的病机是"身中阳气之动变"(卷一"肝风")所致,产生这种肝风的病因病机总与厥阴肝木有关,因肝为风木之脏,有相火内寄,其性刚,主动主升,全赖肾水以涵之,血液以濡之,肺金肃降以平之,中宫土气以培之,才能使其刚劲之质,得为柔和之体,而遂其条达畅茂之性。否则,肾精愈亏,肝阴不足,血燥生热,热则风阳上升,头目不清,眩晕跌仆,甚则瘘痹痉厥诸证横生。在治疗上,叶氏提出了"滋液熄风"、"镇阳熄风"、"和阳熄风"、"缓肝熄风"、"养血熄风"、"介类潜阳"等多种方法,并指出"身中阳化内风,非发散可解,非沉寒可清"(同上)。叶氏对肝风病证的治疗,重视人体之正气,认为养血、滋液、缓肝及甘温益气诸法,都在于培补正气,再用镇阳、和阳、潜阳之品以调动阳气,达到熄风的目的,体现了叶氏治病求本的思想。在方药的运用上,叶氏不仅辨证用药,灵活变通,对于前人的名方亦加减化裁,正确掌握,开拓了古方的新用。叶氏的这些经验使中医对肝风的认识提高到一个新阶段。

三、发挥奇经辨证,总结奇经治法用药。奇经八脉早在《内经》一书中即已提出,叶氏在《内经》理论指导下,继承前人的经验,全面运用经络的理论,将脏腑、十二经与奇经八脉结合起来,用于杂病证治,补充前人治法之未备,为中医杂病的治疗开拓了新门径。叶氏指出,奇经用药与肝肾关系最为密切,他认为:"医当分经别络,肝肾下病,必留连及奇经八脉,不知此旨,宜乎无功。"(卷八"诸痛")因而奇经为病,多与肝肾久损有关。凡见有奇经八脉失司不固的病症,他多强调以调补肝肾为主,多选择血肉有情之品,如鹿茸、龟板、淡菜等填补奇经。对于八脉的不同病症,叶氏又各总结了不同的治疗方法和用药规律,如冲脉为病,强调以调畅气血为主,多选用川楝、香附、乌药、延胡等药;督脉为病则阳气虚损,主张用阳剂柔药以治疗,多选用鹿茸、鹿角胶、鹿角霜,配入补肾气之品。总之,叶氏八脉为病的证治不离肝肾,又时而重视阳明脾胃,凡属实者,治之以通;凡属虚者,治之以补;逆气上冲,以镇逆;奇经不固,以固涩;在实际运用中,通补固涩,又互相配合,灵活运用。

四、久病入络说。书中叶氏对一些慢性疾患,往往依"久病入络"的理论认识去辨证,认为只要邪气久羁,必然伤及血络,病之新久,有在经在络,在气在血之分。据此,叶氏提出选用活血通络之品以治疗。不仅如此,叶氏尤强调络以辛为治,或辛润,或辛温,或辛咸等,盖辛则通,使血络瘀滞得行,气机调畅,邪去正安。这为中医治疗慢性疾病提供了新的治疗途径,被后世医家所赞许。

五、扶正重视先后二天,强调中下兼顾。扶正培本是中医治病的一大法则,叶氏兼采众家之长,形成了一套甘药培中,血肉填精,中下兼顾以治疗虚损病证的方法,较前人更有发展,提出了

"理阳气,当推建中;顾阴液,须投复脉"(卷二"咳嗽")的名言。其补益后天,认为"脾阳宜动则运,温补极是,而守中及腻滞皆非"(卷三"脾胃"),对一般脾虚患者,益气升阳不过用温燥;对胃阴亏虚者,又强调滋养胃阴;对脾胃两虚者,强调脾胃两顾。此外,他又强调"腑病以通为补,与守中必致壅逆"(同上),另立通补阳明之法,在益气养阴药物基础上,酌加行气降下之品,使胃气通降,以恢复后天脾胃的生理功能,这也是其培补后天的独到之处。对于培补先天,叶氏抓住肾主静主藏的特点,见有肾脏亏虚的患者,除用一般补阴补阳药物外,多兼用敛补之品。另外,叶氏又善用柔剂阳药,以补肾中阳气,使补阳不伤阴。对于阴精不足之人,补益肾中阴精,又善用血肉有情之品,补阴益阳,形成了补肾益精这一独特的治疗方法。叶氏对先后二天的关系又强调补后天时重视养先天,而益先天又重视培后天,中下兼顾,脾肾两补,注意刚柔、动静、升降诸方面关系,依据脏腑不同特性而施用补虚之法,很有实际意义。

叶氏为温病学派的代表人物,其治温病的经验,除在《温热论》中作了集中论述外,于此书中收录了治疗各种温病的大量医案,体现了这一理论的临床效验,其中选药组方的规律给后人以很大的启示,吴瑭著《温病条辨》多有引用。叶氏对各种杂病的病因、病机、治疗方面的认识和成就,书中有全面的反映,发展了前人的学说。因此,《临证指南医案》体现了叶氏温病学、杂病学理论在临床的实践,为研究其学说提供了理论与实际结合的范例。叶氏在疾病诊断方面的经验,更是丰富发展了中医诊断学,于中医临床具有较高的参考价值。

有关《临证指南医案》的研究著作有北京中医学院编《中医各家学说》、裘沛然主编《中医历代各家学说》、任应秋主编《中医各家学说》、史兰华等编《中国传统医学史》的有关章节、余瀛鳌和陶晓华《叶天士》(见杜石然主编《中国古代科学家传记》),以及《中国医学百科全书·医史卷》的有关条目。

(乐 易)

幼幼集成 陈复正

《幼幼集成》，六卷。陈复正撰。成于清乾隆十五年(1750)之前。通行本有1954年上海鸿文书局本、《中国医学大成》本、1956年上海卫生出版社本、1962年上海科学技术出版社本等。

陈复正(约1736—1795)，字飞霞。广东惠州人。自幼颖悟好学，淹贯群籍，于《周易》《尚书》《参同契》诸书皆穷其枢要。又因自幼多病，乃留心医术，对《内经》《神农本草经》等古典医籍推崇有加。早年曾修道罗浮山，得养生导引之法。后"瓢笠云游"，行医四十余年，借鉴药以济世。陈氏素重医德，遇贫病者不受酬谢，且助以参、术等药。其于幼科尤有所长，著有《幼幼集成》。生平事迹见《幼幼集成》序、《中国医学大成》总目提要。

陈复正编撰《幼幼集成》，首先有感于幼科之书虽汗牛充栋，但于小儿惊风的论治却颇多谬误，为免讹传相仍，陈氏"兹将惊风之说，概为删订"(《幼幼集成》小引)，并附以自己的见解，又编辑幼科诸家"自禀予胎元，火功烁艾，以及杂说麻痘、汤火疮疡"(同上)的医论，合为六卷，数十万言。陈氏自称此书为编辑，而"理明义畅有裨实用者取之，浮泛不切者去之，间有未妥之处，即参以鄙见，并素所经验者成全之"(《幼幼集成》凡例)。

《幼幼集成》系中医儿科兼及产科医书。卷一，介绍赋禀、护胎、指纹晰义、小儿脉法、保产论、产要、初诞救护、脐风论证、初生护持、看病诀、简切辨证、五脏所属之证、变蒸辨等四十余条有关对母亲和胎儿、新生儿保健、疾病防治，以及小儿疾患的诊治和辨证方法。卷二，载胎病论、惊风辟妄、痫证、乳子伤寒证治、伤风证治、伤暑证治、伤湿证治、霍乱证治等。卷三、卷四，论述咳嗽、哮喘、呕吐、食积、发热、痢疾、水肿、黄疸、腹痛、疝气、夜啼、二便不通，以及五官、疮疡等小儿多发病的辨证、治法、处方和用药。卷五、卷六，专论痘麻，为经过作者删改润色的万氏痘麻歌赋，共一百七十余首，附方一百三十余则。书前有裘曰修、梁玉序及作者小引，后有刘勤跋。

《幼幼集成》内容丰富，自胎孕哺乳，及痘麻疮疡诸症均有较详论述。是书从胎儿始孕腹中即作论述，认为母体的强弱与胎儿的成长、健壮有密切的关系。指出："胎婴在腹，与母同呼吸，共安危,而母之饥饱劳逸、喜怒忧惊,食饮寒温,起居慎肆,莫不相为休戚。"(卷一《护胎》)并进而认为"古人胎教今实难言,但愿妊娠之母,能节饮食,适寒暑,戒嗔恚,寡嗜欲则善矣"(同上)。书中除赋禀、护胎二节论述父母与胎儿的关系外,还列保产论,详述"产要",以保母子平安。在临床辨证方面,作者在指纹晰义一节中,比较正确地评价指纹在儿科疾病诊断中的价值,认为不能否定,也不能夸大,可借助指纹与面部望诊,解决小儿易哭闹,脉诊困难的问题,认为小儿指纹乃太渊脉之旁枝,辨证时应掌握"浮沉分表里,红紫辨寒热,淡滞定虚实"(卷一指纹晰义),这被后世认为是简要而切于临床实用的经验之谈。作者对惊风的认识更具见地,指出因前人以伤寒病症称为惊风,时医讹谬相沿,无论外感内伤,遇发热者,均以惊风为名,而妄用其法,以致误伤。小儿惊风古称为痉,方中行著《痉书》,喻嘉言、程凤雏亦相继著述予以发挥,然陈氏认为喻、程没能说明病痉之由,"治痉之法仍无着落",他"以伤寒病痉,杂病致搐,并竭绝脱证,分为三则,以搐字概之,曰误搐、类搐、非搐"(《凡例》),并将临床上出现抽搐、厥逆、内闭外脱诸证均称之为"搐",而不名惊风。小儿惊风的论证始于钱乙,而于证治理法,至陈氏的《幼幼集成》才告详悉。在治疗上,陈氏亦颇具特色,他重视培植小儿正气和保护脾胃生生之气,指出时人误信"小儿为纯阳之体"的说法,滥用寒凉,以致损伤小儿脾胃,贻害匪浅。另外,陈氏还提倡各种适宜小儿的外治法,如刮痧、引痰、针挑、按摩、热敷、贴药、艾火、灸、磁锋砭法等,并采取敷、搽、涂、吹、蜜导等简捷的方法总结儿科疗法。书中所记鸦胆子治冷痢、久痢等验方亦颇切实用。

《幼幼集成》因简明易懂,对儿科临床辨证论治颇为切用,故刊行后广为流传,为清代甚有影响的一部儿科学专著。陈氏在书中阐述的经验见解,尤其是小儿惊风的证治,丰富发展了儿科学理论,至今仍具有研究参考价值。

有关《幼幼集成》的研究著作有史兰华《中国传统医学史》、傅维康主编《中国医学史》、廖育群等《中国科学技术史·医学卷》的有关章节,以及《中国医学百科全书·医史卷》的有关条目。

(乐 易)

仪象考成

《仪象考成》,又称《御定仪象考成》,正文三十卷,卷首二卷。题清高宗(乾隆)敕撰。成于乾隆十九年(1754)。通行本有《四库全书》本。

清康熙十三年(1674),耶稣会士南怀仁主编完成《灵台仪象志》一书。由于成书仓促,对来源不一的资料未能作仔细的甄别与校正,讹误与重复之处甚多。乾隆九年(1744),正逢甲子,钦天监观测到黄赤交角比《灵台仪象志》所记已有显著差别,恒星位置也有变化。经钦天监奏请,敕准重新测算星表。至乾隆十七年,全书正文告成。实际主编为耶稣会士戴进贤,参加者有二十六人。书成而送武英殿刊印时,适值制造十年之久的大型天文仪器"玑衡抚辰仪"于乾隆十九年竣工,故在卷首又增二卷,全书也因之而定名《仪象考成》。

《仪象考成》卷首二卷为《御制玑衡抚辰仪说》,介绍新制"玑衡抚辰仪"的性能、用法。

正文三十卷皆星表。卷一为《恒星总记》,卷二至卷十三为《恒星黄道经纬度表》,卷十四至卷二五为《恒星赤道经纬度表》,卷二六为《月五星相距恒星黄赤经纬度表》,卷二七至卷三十为《天汉经纬度表》。

全书的星表以乾隆九年甲子(1744)冬至为历元,共列星表三百官,三千零八十三星。与古相同者二百七十七官,一千三百一十九星。比南怀仁《仪象志》多十六官一百零九星。在有名常数外又增一千六百一十四星。近南极星为二十三官一百五十星,为在我国所不能见者,全依西方旧数。少数星位位置有改变,以二十八宿为主。所有星象,皆载明黄、赤经纬度。

据后人研究勘明,全书是以当时刚出的1725年英国修订再版的《弗兰斯提星表》为底本,经过实测修正而编成的。有的经过验证即直接用弗氏星表的数据,再加上岁差的修正。有的差别较大的,则用自己新测数据。全书的错讹、重复,比《灵台仪象志》有明显的改正。

书成后一直使用到《仪象考成续编》止,达八十余年。

关于本书的研究,有陈美东《中国科学技术史·天文学卷》的有关部分及杜升云等《中国天文学史大系——中国古代天文学的转轨与近代天文学》(中国科学技术出版社,2008年)的第七章等。

(王贻梁)

仪象考成续编

《仪象考成续编》，三十二卷。题清宣宗(道光)敕撰，由钦天监监正周余庆主持其事。成于道光二十四年(1844)。有道光二十五年木刻本。

清乾隆九年(1744)敕编《仪象考成》后，由于岁月的变迁，至道光年间，原星表所给出的星象位置已经有了较大的变化。于是，又组织进行了一次全天星象的测定，测定的结果就是在道光二十四年编成了《仪象考成续编》一书(以下或简称《续编》)。

《续编》前有道光十八年八月十一日、二十二年六月二十六日、二十二年七月初一、二十四年十一月十五日、二十五年七月初二所呈五份《奏议》。详叙重新测星的缘由、具体经过、测定结果、人员费用等等情况。

正文共三十二卷。卷一为《经星汇考》，具体考六则要素：《东西岁差考》，每岁差五十二秒，计六十九年有余而差一度，但未可泥为定率；《南北岁差考》，实测为二十三度二十七分；《恒星隐见考》，较《仪象考成》复隐七星而多增一百六十三星；《恒星高卑考》，中西未计，然必有之；《恒星行度考》，判自西说；《天汉界度考》，考明东、西、南、北之界度。

卷二为《恒星总记》，记所测定全天恒星星数。计三垣二十八宿共二百七十七座一千三百十九星，外增一千七百七十一星。合近南极之二十三座一百三十星，外增二十星。总计三千二百四十星。以下对三垣二十八宿与近南极星一一记述。

卷三为《星图步天歌》。先列出《赤道南北星图》、《恒星全图》、《天汉全图》、《三垣二十八宿图》，继在《步天歌说》中云：《步天歌》历代有改易，今行乃康熙五十八年钦天监博士何君藩所订，星座步位尚有不合。今依现测星度详细点图，按韵歌行略调平仄以俾学者易于成诵。此下即列《紫微垣图》、《太微垣图》、《天市垣图》与二十八宿每宿星图，每图皆配以《步天歌》。所测算的赤道经、纬度与黄道经、纬度均以道光二十四年为历元。

《赤道南北星图》，是以赤道为界的南北两半星图，包含正星1 449颗，星点用小圆圈表示，注明星号但不分星等。另有绘制成大幅的"赤道南北星图"一套,现存故宫内中国第一历史档案馆。

《恒星全图》,为圆形盖天星图,恒显圈和恒隐圈均以北纬40°为率(为在京师能见到的星象),图中星名不写星号亦不分星等,形式如古图。

《天汉全图》,利用《仪象考成续编》书内"天汉赤道经纬度表"和"天汉黄道经纬度表"数据确定的星图,是以北极为中心的盖天图式,而且天球南极亦散为边界圆(以极等距方位投影法绘制),绘制时"点贯成图,逐度最取",所以,是名符其实的天汉全星图。

《三垣二十八宿图》,参照清康熙五十八年(1719)何君藩重新编撰的《步天歌》,但是取当时实测星度而绘制,故谓"今依现测星度,详细点图",分紫微垣、天市垣、太微垣三垣与二十八宿为三十一幅星图,图形较大,仅绘正星、分记星号,绘有赤道且注有十二宫界。

卷四至卷十五为《恒星黄道经纬度表》,分别列出黄道十二宫(星纪宫、元枵宫、娵訾宫、降娄宫、大梁宫、实沉宫、鹑首宫、鹑火宫、鹑尾宫、寿星宫、析木宫)恒星之黄道经纬度、星等、赤道经纬度、赤道经纬岁差数据。

卷十六至卷二七为《恒星赤道经纬度表》,分别列出黄道十二宫恒星之赤道经纬度、黄道经纬度、黄道经纬度岁差、星等数据。

卷二八为《月五星相距恒星经纬度表》,亦记黄道十二宫恒星之数据。卷二九、三十为《天汉黄道经纬度表》,分记《黄道北天汉界度》与《黄道南天汉界度》。卷三一、三二为《天汉赤道经纬度表》,分记《赤道北天汉界度》与《赤道南天汉界度》。

《仪象考成续编》以道光甲辰(1844)冬至为星表历元,共收三〇〇星座三千二百四十星。与《仪象考成》相比,少六颗未测到而增加一百六十三星。虽然增星并不多,但给出了年代可靠的新测恒星坐标数值,使人们能得到新的恒星位置,同时也为后世提供了研究当时观测精度的资料。由南怀仁《灵台仪象志》到《续编》,这几部清代星表确立起了至今仍在沿用的恒星名称体系。

当然,《续编》的贡献并不仅限于恒星的实测成果,即在理论上也有新的发展。如,明末以来的耶稣会士一直把恒星的星等认作为恒星本身直径大小的反映,并由此而推断出恒星半径与地球半径的比例。《续编》则认为与远近有关,一些恒星的星等与《仪象考成》所载不同,原因只能是恒星离开地球距离有了变化(即指恒星的视向运动),或者是恒星本身星等有了变化(即指变量),这是很先进的认识。因此,恒星去地极远,没有周日视差,也就根本不可能求出恒星半径与地球半径的比例。这同样也是很正确的。而"视向运动"的概念在欧洲也是到1868年才提出的。又如,《后编》观测到了各恒星的黄径变化是不同的,因而肯定了恒星有自行运动。并且提出恒星也具有与行星轨道运动相类似的运动。这些认识不仅打破了我国传统与耶稣会士传入的西方天文学都共有的硬壳式的天体概念,而且已经与近代恒星天文学相接近了。其星图是自西方传教士不再参与清廷钦天监事务后,由中国人独立进行考测、编算星表并绘制的,也是中国封建社会中最完备且为最后一次的恒星观测及其成果,所以,其星图以及星表中所采用的星名、星数及其编号,至今仍是国际天文学界通常沿用的中国星名。

关于本书的研究,参见《仪象考成》研究书目。

(王贻梁　钟守华)

农圃便览 丁宜曾

《农圃便览》，又名《西石梁农圃便览》，一卷。丁宜曾撰。成于清乾隆二十年(1755)。通行本有乾隆二十年强善斋刻本、1957年中华书局版王毓瑚校点本。

丁宜曾，生卒年不详，字椒圃。山东沂州人。出身于名门世胄，自少习举子业，后失意于科考，其著作颇丰，蜚声艺苑。生平事迹见光绪《日照县志》。

《农圃便览》是作者晚年"幽栖于石梁村"，尽心学习访问，随时记录心得，又参考前代农书，综合而成。书前有王萦绪、欧阳珍廷作的序以及作者自序，书后有丁梦阳跋。

本书是地区性农学著作，反映山东半岛南部地区农业生产技术的经验，是一部适合于当地的农家便览。全书共分岁、春、夏、秋、冬五部分，后附经验良方。大体上仿照月令的体裁，按四季、十二月、二十四节气叙述农耕、气象(农候、占验)、园艺、加工调制之事。如卷首的"岁"，叙述了耕作、开荒、耕地、储种、置场、修仓、制用、置产、修造、养牛、养猪、蓄粪、田祖园神考、治食有法等一年的诸多农事，又选载前人的诗、词、格言以备考。又如在"春"中，作者先叙"风多，秋雨多，己卯风，树头空。甲子雷，年丰，雹去，年丰"等气象情况及农谚后，次叙春季养生事宜，再叙栽种竹、木、花果的方法与要点，最后引用前人有关的诗词。至各节气的内容多以总述农事之"叙"及"诗"、"词"的格式叙述。书末所附的经验良方，则是总结了当地农家医治牲畜疾病的多种药方。

《农圃便览》记载了作者亲身参加农业生产的实际经验，即使综合前贤及他人的内容，也经其一一实验，并适合当地的风土的。虽然书中含有占验灾祥等迷信色彩及与农业无关的内容，但仍不失为是研究我国地方农业生产技术的宝贵史料。

有关《农圃便览》的研究论著有王毓瑚《重刊〈农圃便览〉前记》(见1957年中华书局校点本)，以及梁家勉主编《中国农业科学技术史稿》的有关部分。

(王国忠)

三农记 张宗法

《三农记》，二十四卷（一作十卷）。张宗法撰。约成于清乾隆二十五年（1760）。通行本有四川文发堂刻本、青藜阁刻本、藜照书屋刻本、善成堂刻本、桂林堂刻本、宏道堂刻本等。

张宗法，生卒年不详，字师古，号未了翁。四川什邡人。出生于小康之家，好读书，博学强记，不恋功名，潜心研究农业。著作尚有《正情说》。

《三农记》是一部内容丰富，反映西南地区农业生产的地方性农书。全书二十四卷，三十三万字，引用历代典籍达二百二十三种之多。该书一至五卷叙述天时、地理，六卷叙灾荒、备荒和救荒，七至十八卷，分述各种农作物的栽培技术，十九至二十卷，述畜牧兽医，二一至二四卷述农村习俗杂事及农产品加工。书前有作者《三农记叙》。

本书内容广博，体系完整，规模宏大。它重点论述了当地的十多种主要农作物及其栽培技术，把谷、蔬、蔬、果、服（纤维作物）、油、染色、叶（桑、茶、烟等）、植（棕、涞、皂类等）、材（榆、柳、杉、松等）、草（苜蓿、灯草等）、药列为十二者，以全书一半以上的篇幅详细考证和记载每种作物的名称、形态、性状、效用、栽培管理技术。特别是在粮食作物的播种方法上，作者总结出了播种、点种、瓠种、区种、芽种等五种方法，比《齐民要术》与《农政全书》所记更为进步，更趋实用。在论及作物栽培技术时，他很强调因地制宜，不违农时，指出"各方之土宜物性，不可一概而论"，"莳种各有攸叙，能得时宜，不违先后之序，则相继以生盛"。

《三农记》除摘录前人的著述外，也记载了作者的见解，以及征引老农的经验之谈，尤其是记录了当地农民特有的耕作方法及栽培经验。如在总结绿肥栽培及运用经验时指出："有薄田不起苕苗者，以粪拌点之。"将开花结籽的山豆犁入田中，肥力超过蚕矢等。在收获技术方面，认为把收获的大豆，一束一束排列在高架上，也是对后熟作物的利用，所谓"宜叶落荚枯方获，宜五六株一束，取归高架如梯形，级级排列，任其迟早敲之，且鲜美不蠹"。对于不同的树种，当时农家已掌握采取不同的施肥方法，以满足林业生产的需要，如对女贞，它指出要"岁岁粪壅，锄耕则茂旺，可以养蜡。……采蜡后,斫去枝干,令发肆,随即壅以粪。冬月再壅。又明年亦复修理培壅。第三年可改蜡"。只有这样,才能促使放养白蜡的女贞枝条的繁茂。

《三农记》的内容搜罗宏富、体大思精,其规模仅次于清代官修的《授时通考》。书中最早记载了时季豆(即菜豆)的种植及"势其蕊"的母猪阉割技术,具有重要的农史价值。当时还把针刺疗法用于治疗鸡鸭鹅瘟病,并记载酿造用的粮食应较早收获及药物防治蔬菜害虫等经验,反映了当时四川地区先进的农业技术。此外,书中引用的农谚与记载有关作物的古今传说的"典故",更使该书具有文学性、可读性。《三农记》成书后曾多次刻印,流传甚广。当地农家将之奉为传家宝代代相传。至今仍具现实意义。清代道咸年间有人评论作者云:"先生作有《三农记》,千古田家不可无。安得田园学耕稼,闲闭聊作下农夫。"(计恬《过张师古墓》)

有关《三农记》的研究著作有邹介正等《三农记校释》(农业出版社,1990年)、刘德仁等《农学家张宗法和〈三农记〉》(载《四川古代科学技术人物》,四川人民出版社,1980年),以及梁家勉主编《中国农业科学技术史稿》的有关部分。

(王国忠)

水道提纲 齐召南

《水道提纲》,二十八卷。齐召南撰。成于清乾隆二十六年(1761)春。通行本有《四库全书》本、乾隆四十一年杭州刊刻本、光绪四年(1878)刊本、光绪二十三年《小方壶斋舆地丛钞》本、1941年上海文瑞楼校印本等。

齐召南(1703—1768),字次风,号琼台,晚号息园。浙江天台人。幼有神童之称。博通群书,尤精地理,工于诗文。乾隆元年(1736),举博学鸿辞,授翰林院编修。累迁而至礼部右侍郎。历充《大清一统志》、《大清会典》、《明鉴纲目三编》、《续文献通考》等书纂修和副总裁官。晚年坠马折骨,归乡讲学,主讲蕺山、敷文等书院。著述丰富,有《尚书考证》、《礼记考证》、《春秋三传考证》、《史记功臣侯表》、《史汉功臣侯第考》、《汉书考证》、《后汉书郡国志》、《后汉公卿表》、《隋书律历天文考》、《旧唐书律历天文考》、《明鉴前纪》、《历代帝王表》、《宝纶堂文钞》、《宝纶堂诗钞》、《宝纶堂集》等。生平事迹详《清史稿》卷三○五本传、钱仪吉《碑传集》等。

齐召南认为,"大地合水土为体,居天正中,亦若人身,然山其筋骨,而水其脉络也";"古圣人体国经野,以建都邑、利农田、济舟楫、设津梁、转运阜财、襟带险固,孰有不于水深究其本末者乎?"(《水道提纲自序》)因而悉心研究国内河流。他发现在汗牛充栋的地学著作中,有关水道的不多。这些著作,或如郦道元《水经注》,时隔一千数百年,不合实际;或如黄宗羲《今水经》,过于简略且多谬误;或如傅泽洪《行水金鉴》,专言水利,过分庞杂。至于其他言水诸作,或为诠释儒家经典,或志存经济,或志在艺文,都不能如实反映全国水系。他决定用《水经》遗意,上法《禹贡》导川,科学合理地描述中国所有巨渎经流。于是,参考历代与当时地理图籍,反复考订,费时数十年,写成《水道提纲》。

《水道提纲》是清代全国兼及朝鲜的水文地理专著。叙述各水系源流、分合、归宿,于治河、防海、水利、守边、岛屿、城市、古今沿革等前人论述,"取其质不取其文",记入书内。于水道无关的人文地理资料,不予引证。

全书篇目为：卷一，海。卷二，盛京诸水。卷三，京畿诸水。卷四，山东诸水、运河。卷五，黄河、附录诸水。卷六，入河巨川。卷七，淮、入淮巨川。卷八至卷十，江。卷十一至卷十四，入江巨川。卷十五，太湖源流。卷十六，浙江、福宁诸水。卷十七，闽江。卷十八至卷二十，粤江。卷二一，云南诸水。卷二二，西藏诸水。卷二三，漠北阿尔泰山以南诸水。卷二四，漠北黑龙江。卷二五，入黑龙江巨川。卷二六，海自黑龙江以南诸水、朝鲜国诸水。卷二七，塞北各蒙古诸水。卷二八，西域诸水。各卷卷首多有小序，叙水系大势和编次顺序。某些卷中，于巨川或水系之前也有小序概述。卷末用一两句话小结上文或承上启下。书前有作者自序，《四库全书提要》，阮学濬、王杏、徐士銮等人作的序。书后有《水道提纲天度刊误》、卢文弨跋。

齐召南反对将地理学视为神怪、宗教与文学。他在自序中说："讥古来记地理者志在艺文、情侈观览：或于神仙荒怪，遥续《山海》；或于洞天梵宇，揄扬仙佛；或于游踪偶及，逞异炫奇，形容文饰，只以供词赋之用。"他力图扭转这种倾向，使地理学摆脱与神怪、宗教、旅游、文学的纠缠，成为一门完全独立的学科。

书中提出了国内诸水为一完整系统思想。说："以一水论，发源为纲，其纳受支流为目；以群水论，巨渎为纲，余皆为目；以统域中心论，则会归有极；惟海实为纲中之纲。"大海—巨川—大水—小水—支流，是作者意识中的地表水体系。这一体系是由层次不同的众多系统所组成的一个大系统，用他的话来说是"目中有纲，纲中有目"。以此揭示全国水道大势，也成为全书的编排体例。

全书所记范围广阔。东起鄂霍次克海、日本海、黄海，西及巴尔喀什湖、葱岭以西，南达南海，北至贝加尔湖一带。所记之地，除当今中国国土之外，还包括蒙古、朝鲜，以及原为清代统辖、后割让的东北、西北一些区域。所记水体有：海、河、江、运河、巨川、大水、小水、支津、溪、井、泉、沟、湖、泊、沼、泽、淀、泺、川、涧、滩、浦、港口等等。大至万里，小仅丈尺的水域，都成为论次对象。其中有河流七千多条，流域面积在一百平方公里以下的二千条左右小河也被记载入内。如全长不过八百一十七公里的湘江，记有大小支流二百余条。它是记载河流与其他水体最多的一本著作。

作者注意边陲地区水系。《四库全书总目》评论说，齐召南预修大清一统志，外藩蒙古诸部，是所分校。故于西北地形，多能考验。如书中记伊犁河，"又西北曲流沙漠中，五百余里汇为吞思鄂模，东西长，形如瓜瓠，周回三百数十里"。吞思鄂模，即今巴尔喀什湖。又如叙东北地区之库页岛说："大长岛为黑龙江口海中大护沙，南北袤邪，长一千六百余里，东西最阔三四百里，或一百里。"继称其"地形夭矫如游鱼。中脊有山，连峰自北而南，松林相望，蜿蜒不绝，水分流东西入海。近海平地，有居人数处。其山有名者，曰英喀申山，正其岛中。其水西流入海者有八，东流入海者有九"。对入海的十七条河流一一加以记载。

于所记诸水叙其发源。明确指出黄河上游有三源,而以中源阿尔坦河即约古宗列渠为其正源。此说直至1987年,因探明南源卡日曲长于中源,才有所变更。至于江源,齐召南并列岷江、雅砻江与金沙江,而从远、长与水盛三方面考虑,肯定以金沙江"为大江上源无疑也"。又详记金沙江水系,叙其三源,虽误以当曲为正源,却载明沱沱河最长。金沙江三源以孰为主,直至1977年方始确定。齐召南在当时能有此说已难能可贵。

对所记地物用经纬度定位。齐召南吸取西方经纬度学说,以其辅助道里来确定所记地物位置,诸如河源、河身长度距离,两河交汇处,河流入海口、流入其他区域国家处,河道大转弯、险要处、河湖与主要城市距离、岛屿、山脉、城池之类,都用经纬度表明其在地球上的位置。

《水道提纲》上承《水经》以来描述水系的经验及其方法,根据当时众多的河湖资料和以先进技术测绘的地图,通过本人长期辛勤研究,将记述范围、认识水平提到新的高度。全书庞而不乱,博而精专,脉络清晰,结构紧凑,使读者于全国水系"源委了然,展卷即得",其价值远远超过了《水经注》。它在中国地学史上开创了用经纬度记述水道,虽时有错误,却有利于经纬度知识的传布普及和地学发展。所记内地与边陲水系精确,内容丰富。如对江源水系的论述,比徐霞客进了一步,大致与20世纪70年代后期考察成果相符。这说明直至今日,它所提供的资料犹可作为地理探险的参考。

有关本书的研究,有《四库全书总目》本书提要、黄志平《齐召南〈水道提纲〉初探》,以及地学史组《中国古代地理学史》、唐锡仁和杨文衡主编《中国科学技术史·地学卷》、程鹏举《齐召南》的有关部分等。

(贺圣迪)

乾隆内府地图 蒋友仁

《乾隆内府地图》,又名《皇舆全览图》、《乾隆十三排地图》。一幅。蒋友仁绘制。成于清乾隆二十六年(1761)。通行本有1932年故宫博物院重印本。

蒋友仁(1715—1774),字德翊,原名 Michel Benoist。法兰西人,耶稣会教士。乾隆九年(1744)来华传教。入京后,在钦天监协助修历,为圆明园设计、监造人工喷泉。乾隆二十年,奉命参与测量西域经纬度、节气。二十四年,负责绘制《皇舆全览图》。图成,又负责制成铜版。常为乾隆讲解西方科学,如抽气筒结构、反射望远镜原理。三十八年,进献《坤舆全图》,介绍大地椭圆球体学说,深得乾隆赏识。同年,罗马教廷宣布解散耶稣会,蒋友仁抑郁成疾,于次年十月中风病逝。著作尚有《新制浑天仪》等。生平事迹见清阮元《畴人传·蒋友仁》。

乾隆帝平定西域、西藏两地骚乱后,为昭中外一统之盛,命蒋友仁编绘新《皇舆全览图》。蒋友仁在康熙《皇舆全览图》的基础上,利用西域、西藏两地实测资料,与《西域图志》等图籍成果,绘制成此图。

《乾隆内府地图》是在实测基础上绘制的全国省级地图,兼具亚洲大陆全国性质的地图集。

本图有图一百零四幅。图的范围北起北纬八十度的北冰洋,东至太平洋,南达南海、印度洋、西临波罗的海、地中海与红海。

图上绘有水系、山脉、政区、居民点,比康熙、雍正时绘的《皇舆全览图》详细。全图以通过北京的经线为中心经线,对罗布泊与珠穆朗玛峰的位置、东部海岸线的轮廓作了正确的描绘。地名,凡关内汉族地区用汉字注记,东北、蒙古、青海、西域、西藏等地用满文。经纬线均为直线,彼此斜交成梯形。图的比例尺为一百十万分之一。

《乾隆内府地图》在康熙、雍正时绘制的《皇舆全览图》的基础上进一步完善,显示了我国封建社会所绘地图的最高成就,成为后世编绘中国地图的重要依据之一。它也是对以往地理知识的一次总结,如对珠穆朗玛峰等地区的描述,是此后二百年有关这些方面知识的基础。又为今人留下了宝贵的历史地理资料,如以其海岸线与今图对照,可以推算出向外推进的速度。

有关本图的研究,如上文已提到的朱希祖、翁文灏序,尚有任金城《康熙和乾隆时期我国地图测绘事业的成就及其评价》,与地学史组《中国古代地理学史》、卢良志《中国地图学史》、金应春与丘富科《中国地图史话》、胡铁珠《蒋友仁》(杜石然主编《中国古代科学家传记》)的有关部分。

(贺圣迪)

本草纲目拾遗 赵学敏

《本草纲目拾遗》，十卷。赵学敏撰。初成于清乾隆三十年（1765），其后时有增补，直至嘉庆八年（1803）。刊行于同治三年（1864）。通行本有清光绪二十二年（1896）刻本、民国锦章书局石印本、商务印书馆1955年铅印本、人民卫生出版社1983年铅印本等。

赵学敏（约1719—1805），字恕轩，号依吉。浙江钱塘（今杭州）人。其父曾任福建永春司马，迁龙溪知县。赵学敏性喜医学，家有养素园，贮古今医籍，自幼除读经书外，兼习《灵枢》、《难经》及《伤寒论》诸书，并于园中种植各种药草以为实验。又好博览，凡星、历、医、卜、方技诸学，间亦涉猎之，每有所得则抄撮成帙，达数千卷。乾隆二十三年（1758），走方医赵柏云航海归，出所用效方授之。赵学敏见诸方多有至理，便捷实用，遂重加删订，又合以平生所录奇方，著《串雅》一书。乾隆三十五年，他选取平素所编医方书《医林集腋》、《养素园传信方》，禁咒书《祝由录验》、眼科书《囊露集》、导引养生书《摄生闲览》，以及《药性元解》、《升降秘要》、《本草话》、《花药小名录》、《本草纲目拾遗》、《串雅》、《奇药备考》等十二种，汇辑传抄行世，名《利济十二种》。此外，又拟将《灵枢》、《素问》、《脉经》等医学经典中有见解处编为医论，续增十种，并合其弟学楷两医著为《利济后集》。然所著各书多未传世，现见存仅《串雅》、《本草纲目拾遗》。其中《串雅》为我国少有的，反映民间医药的专书。生平事迹见《杭州府志》，《本草纲目拾遗》前载《利济十二种总序》，《串雅·内编·序》。

《本草纲目拾遗》是一部本草学著作，为拾补明代李时珍《本草纲目》而作。传钞本错乱甚多。清嘉庆末年，张应昌按照原书的体例，以赵氏手稿校正传钞本（《利济十二种》本）之误，于同治三年付梓刊行。初刊流传不广，光绪十一年，合肥张绍棠刻《本草纲目》，首将《拾遗》附载于书后，遂大行于世。

本书卷一，水部。卷二，火部、土部、金部、石部。卷三至卷五，草部。卷六，木部。卷七，藤部、花部、果部（上）。卷八，果部（下）、谷部、蔬部。卷九，器用部、禽部、兽部。卷十，鳞部、介部、虫部。书前有卷首一卷，内容包括序列、正误。十卷各论之分类大致按《本草纲目》次序，仅将原金石部细分为金部、石部，又增加藤部和花部。至于《本草纲目》所列人部，赵氏认为"非云济世，实以启奸",故予删去。书前有作者小序及《利济十二种总序》,书后有张应昌跋。

全书共收录药物九百二十一种,其中正品药七百一十六种是《本草纲目》所未载,有不少为现今常用之药,如冬虫夏草、千年健、鸡血藤膏、藏红花、胖大海、鸦胆子等,一些外来药如金鸡勒(奎宁)、日精油、香草、臭草等亦见收录。其附品药二百零五种,则是对《本草纲目》所载,但治疗未备或根实未详者,详加补充。卷首"正误"一章,计三十四条,是赵氏根据自己的实验观察,纠正《本草纲目》著录之错误。如《本草纲目》言粉锡(铅粉)辛寒无毒,以致诸家本草皆仍其误,俱云无毒。赵氏举"律例"所载"有妇人服铅粉至死,手足皆青黯"之例,说明铅粉有毒,纠正了错误。又由于书中所载多为赵氏实地采访,有的还是他亲自种植观察所得,故其对药物的产地、形状、效用、鉴别等记载就很有参考价值,为后人所重。赵氏是在《本草纲目》的基础上,创造性地发展了本草学。

赵氏对于本草学的贡献,还在于经过他的不懈努力,继李时珍以后,又一次较全面地总结了我国的医药学成就。赵氏在成书过程中参阅了大量的医学资料,引据的医家书达二百八十二种之多。其中有不少是民间医疗的珍本秘籍,如王安卿的《采药志》、汪连仕的《采药书》、李草秘的《海药秘录》、《百草镜》等记载民间草药和医药知识的书,在当时已为罕见,赵氏在《拾遗》中,记载反映了这些民间的药学著作的成就。尤其值得重视的是,书中记载了民间的医药发明创造。如在卷八诸蔬部"三生萝卜条"下记载"取水萝卜一枚,周围钻七孔,入巴豆七粒,入土种之,待其结子,取子又种,待萝卜成,仍钻七孔,入巴豆七粒再种。如此三次,至第四次将开花时,连根拔起,阴干收贮罐内。遇鼓胀者,取一枚槌碎,煎汤服之,极重者二枚立愈",这种用人工方法刺激植物,改变植物特性,使之产生药用价值的做法,与前苏联米丘林之遗传变异学说原理相符,但我国却早在17、18世纪以前,就有了这样的实验,并获得成功,这在世界药学史上具领先地位。其余如造鸡神水法,改造珠参以代辽参法等,是借动植物的生活机能以改变或提高药物疗效,这在药物制造方面又具创新意义。

《本草纲目》的问世,引起医家的高度重视,以之为基础编著的本草书非常之多。赵学敏著《本草纲目拾遗》倾注了他毕生的心血,他长年深入民间广采博收,并证之实验,非确有效验者不收,使该书所收资料信实可据,成为继《本草纲目》之后最有影响的本草学专著,代表了清代本草学的最高成就。

有关《本草纲目拾遗》的研究著作有北京中医学院编《中药简史》、史兰华等编《中国传统医学史》、余瀛鳌《赵学敏在医药学上的主要成就》、蔡景峰《赵学敏》(见杜石然主编《中国古代科学家传记》)、廖育群等《中国科学技术史·医学卷》的有关章节,以及《中国医学百科全书·医学史》的有关条目。

(乐 易)

金薯传习录 陈世元

《金薯传习录》,二卷。陈世元撰。成于清乾隆三十三年(1768)前后。通行本有乾隆三十三年刻本、乾隆四十一年刻本、农业出版社1982年《〈金薯传习录〉、〈种薯谱〉合刊》本等。

陈世元,生卒年不详,字捷先,号觉斋。福建晋安人。太学生。曾在浙江鄞县等地经商。生平事迹见《长乐县志·艺文志》。

作者的六世祖陈振龙于明万历年间从吕宋引种甘薯到福建,时值闽中旱饥,振龙子经纶将薯藤和种法献与巡抚金学曾。经过试种取得成功,于是便推广到全省,这种新的作物因而被名为"金薯"。后来陈氏子孙又在浙江鄞县经商时,把薯种带到浙江,并教人种植,其后又把薯种运到山东胶州、河南开封各地,往来推广。至乾隆三十三年前后,陈世元便将有关甘薯的各种史料和文献编辑成书。

《金薯传习录》是一部有关甘薯文献的汇辑。其上卷收录了志书中关于甘薯的记载,各地有关的档案,介绍栽种、食用、保藏、加工方法的招贴以及有关的论述。下卷是有关甘薯的诗词歌赋。书前有乾隆三十三年朱仕琇撰的序。书中收录了《福州府志》、《山东胶州物产志》、《闽侯县志》以及《群芳谱·丽藻序》中关于甘薯的记载、《明都御史金学曾报功祠记》、陈经纶献薯藤种法后献番薯禀帖、青豫等省栽种番薯始末实录以及古镇地方呈请栽薯案、胶州古镇地方种薯招贴、青豫等省种薯招贴等档案文献资料。此处还收录了海外新传七则、种植红薯法则十二条、管见种薯八利、番薯疗病六益、兴薯利除蝗害,以及《金薯论》等。

主要内容有:甘薯种植法、食法、兴利三方面。《种植红薯法则十二条》指出:"薯地须岁前深耕,以大粪壅之,春分后下种。若地非沙土,先用柴灰或牛马粪和匀土中,使地脉散缓,与沙土同,庶能行根。町中间要高,两傍要深,薯藤每段截三四寸长,用土覆之,须深半寸许,相去纵七八尺,横二三尺。俟蔓生极盛,苗长一丈,留二尺作老根,余剪三叶为一段,插入地中,每丈相去一尺,大约二分入土,一分在外,即又生薯,随长随剪,随种随生,蔓延与原种不异。"文中还介绍了五种藏种法。对于甘薯的储藏方法,《海外新传七则》则作了具体记述。甘薯的食法有多种多样,对此,《种植红薯法则十二条》也作了介绍,其曰:"薯可生食,可蒸食,可煮食,可煨食,可切为末,晒干可作粥饭,可磨为粉,晒干团为饼饵。其造粉之法:取薯卵洗净,和水磨细,仍以大缸贮水,淘去浮渣,做法同藕粉。渣可饲豕,将其粉作丸,与弥珠细谷米无异。"另外,还列陈了甘薯随地生长、"不拘乎时"、田间管理简便、成熟早以及除蝗害等等益处。陈云所撰的《番薯疗病六益》则介绍了甘薯治痢疾下血、治酒积热泻、治湿热黄疸、治遗精淋浊、治血虚经乱、治小儿疳疾等疗效。可见本书不仅具有农业意义,而且还具医学价值,这对旧时广大农村来说,其意义之重要,实不可低估。它所总结和推广的甘薯种植技术在我国乃至世界粮食生产历史上占有重要地位。清代陆熠的《甘薯录》主要取材于《金薯传习录》而闻名古今,可知该书的重要价值及历史影响。

有关《金薯传习录》的研究著作有吴德铎《关于甘薯和〈金薯传习录〉》(《文物》1961 年 8 月号)、《对〈金薯传习录〉的再认识》(载《〈金薯传习录〉〈种藷谱〉合刊》,农业出版社,1982 年),以及吴存浩《中国农学史》、梁家勉主编《中国农业科学技术史稿》的有关章节。

(王国忠)

老老恒言 曹廷栋

《老老恒言》，又名《养生随笔》，五卷。曹廷栋撰，成于清乾隆三十八年(1773)。通行本有清同治九年(1870)宝善堂刻本、光绪四年(1878)秀水孙氏望云仙馆刻本、1928年锦章书局石印本，另有近年上海书店影印本等。

曹廷栋(1700—1785)，一名庭栋，小名辛曾，字楷人，号六圃、慈山居士。浙江嘉善人。贡生。出身世宦之家，少好学工诗，天性恬淡，于经学、史学、辞章、考据无不通。所学不悖濂洛，不师老、庄，亦不旁涉释、道，能自成一家之言。乾隆元年(1736)举孝廉，辞不就，绝意仕进。平时以弹琴诗画自娱，工草隶，善写兰竹。一生著述甚丰，著辑有《易准》、《昏礼通考》、《孝经通释》、《逸语》、《琴学内篇外篇》、《产鹤亭诗集》、《宋百家诗存》、《老老恒言》等。生平事迹见《嘉兴府志》卷五五《嘉善县·文苑》、《四库全书总目》、《老老恒言》同治九年本序。

曹廷栋幼年曾患肺病，故平时注意养生。乾隆三十七年曹氏年已七十有四，自秋至次年春，薄病缠身，自感老态毕现，遂有意荟萃养老之法，"爰于卧室呻吟之余，随事随物留心体察，间披往籍，凡有涉养生者，摘取以参得失"，"随笔所录聚之以类，题曰'老老恒言'"(《老老恒言》序)。于乾隆三十八年冬书成刊行。

《老老恒言》为老年养生著作。卷一、卷二，主论晨昏动定之宜。卷三、卷四，列居处备用之要。卷五，为粥谱，借为调养治疾之需。全书共分四十二类，其中于气功养生的主要有安寝、晨兴、散步、昼眠、夜坐、燕居、省心、防疾、消遣、导引、杂器、便器等十二类。书前有曹氏自序，及曹氏同里后人金安清同治九年重刻序。

曹氏善养生，《老老恒言》乃自言其养生之道。曹氏著此书共参阅历代文献三百有七种，摘引其中有关养生的论述，结合自己的实践经验，相互验证，颇有见地。本书论养生的特点是，把养生法贯串于衣、食、住、行等生活起居的各个方面，即所谓切切于日用琐屑，故多浅近易行。如其主张眠有操纵二法，"操者，如贯想头顶，默数鼻息，返观丹田之类，使心有所着，乃不纷驰，庶可获寐。纵者,任其心游思于杳渺无朕之区,亦可渐入朦胧之境。最忌者,心欲求寐,寐愈难。"(卷一)而对于《南华经》"其寐也,魂交"。养生家所谓"先睡心,后睡目"之玄说,则斥之为"俱空言拟议而已"(同上)。再如其主张饮食应淡一些,少吃盐;食不宜过饥过饱,认为太饥伤脾,太饱伤气等等,都与现代的养生学观点相符。对于老人养生,曹氏虽认为养静为摄生首务,但却特别重视动以养生的重要作用,其在导引篇中指出:"导引之法甚多,如八段锦、华佗五禽戏、婆罗门十二法、天竺按摩诀之类,不过宣畅气血,展舒筋骸,有益无损。"(卷二)并创立功、坐功、卧功三项导引法,以供老人锻炼之用。书中又载有散步专论,对散步的用途等论述颇详,如认为闲暇"散步可以养神";睡前绕室行千步,始就枕,思以动求静,有助于睡眠,强调了动静结合的重要性。其又主张人老心不老,兴趣要广泛,精神要有寄托。忌怒对老人亦关重要,认为"人借气以充其身,故平日在乎善养,所忌最是怒"(同上),怒则伤气,怒则伤身,以耐处之,百凡自然就理。

粥谱是本书的一大特色。曹氏认为"粥能益人,老年尤宜"(卷五),根据老年脾胃虚弱的特点,拟定了相应的粥谱,以备老年之颐养。其粥谱既有平时养生保健之粥,又有病时治疾之粥,根据粥的性质分为上、中、下三品。其分类虽与《神农本草经》同为三类,但含义不同,《本经》将能治病的药列为下品,将金石有毒的药列为上品,曹氏则反其意而用之,以轻清香美者列为上品,计三十六方;少逊者列为中品,计二十七方,重浊者为下品,计三十七方。其百方粥谱有自创的十四方,余皆集于各类医书,可谓集大成。书中对煮粥的米、水,以及火候、食候亦作了论述,多有讲究。对于老年食粥的宜忌,曹氏认为:"老年有竟日食粥,不计顿,饥即食,亦能体强健,享大寿。"(同上)又说:"食勿过饱","食宁过热,即致微汗,亦足通利血脉"(同上)。书中对古代服用的所谓"长生药"、"炼丹药",以及修炼家"纳气通三关结成丹"等,则持批判态度。

养生学经过漫长的历史发展而渐趋丰富,但明清则进展不大,少有建树,然曹廷栋之《老老恒言》却因其在老年养生方面的独到之处,以及本自生活,浅易好学的特点,而为世人所重,成为清代有影响的一部养生著作。其养生理论主要为顺应自然,调理饮食,调摄起居,省心养性等。

有关《老老恒言》的研究,在养生类的著作中多有述及,如王玉川主编的《中医养生学》、孟景春主编的《中医养生康复学概论》。林乾良、刘正才编著的《养生寿老集》摘引了书中部分养生论述,对曹氏养生理论亦略有评说。

(乐 易)

割圆密率捷法 明安图等

《割圆密率捷法》,四卷。明安图撰,陈际新等续。成于清乾隆三十九年(1774)。有清道光十九年(1839)初刻本、《观我生室汇稿》本等。

明安图(约1692—1764),字静庵。蒙古正白旗(今内蒙古自治区锡林郭勒南部)人。青少年时为官学生,后入钦天监学习历算,曾跟随康熙帝玄烨学习数学。历任钦天监时宪科五官正、钦天监监正。早年参与编纂《律历渊源》,以后又参加编写《历象考成》(任考测)、《历象考成后编》(任总裁和汇编)和《仪象考成》(任推算)这三部重要天文学著作。事迹见《清史稿》卷五〇六《明安图传》。

陈际新,字舜五。北京宛平(今丰台)人。明安图弟子。曾任钦天监灵台郎,并参加《四库全书》的校勘整理工作。事迹略见《清史稿》卷五〇六《明安图传》后。

《割圆密率捷法》是一部研究幂级数展开式的数学著作,涉及三角函数和反三角函数的幂级数展开。十八世纪初,法人杜德美(Petrus Jartoux)传入了西方的三个幂级数展开式,其中一个是牛顿创立的"圆径求周式"(π 的无穷级数公式),另外两个是格列高里创立的"弧背求正弦式"和"弧背求正矢式"(正弦和正矢的幂级数展开式)。但这三个展开式都没有介绍证明过程,仅有其法而未详其义。明安图花了三十多年的时间对幂级数展开式进行深入的研究,不仅给出了以上三式的证明,而且又给出了其他六个展开式及其证明。他晚年把这些成果写成此书的初稿,病危时嘱弟子陈际新整理定稿。此书后由明安图之子明新及明安图弟子陈际新、张肱共同续成。

今本《割圆密率捷法》共四卷。卷一为"步法",于杜德美传入的三个幂级数展开式外,补创弧背求通弦、求矢法,弦、矢求弧背,通弦、矢求弧背这六个幂级数展开式,合杜氏三式共成九式。卷二为"用法",以角度求八线,及直线、弧线、三角形边角相求,共设七题。卷三和卷四为"法解",对前述九个幂级数展开式进行详细的证明。其证明的思路,据陈际新"亲承指受"并转述说。"因思古法有二分弧法,西法又有三分弧法,则递分之亦必有法也。由是思之,遂得五分弧及七分弧。……又思之，其数可超位而得，则以二分弧、五分弧求得十分弧，以十分弧求得百分弧，以十分弧、百分弧求得千分弧，以十分弧、千分弧求得万分弧。既得百分弧、千分弧、万分弧三数，然后比例相较，而弧、矢、弦相求之密率捷法于是乎成。"明安图在此书中将中国传统数学方法与当时传入的西方数学知识结合起来，创用"割圆连比例法"和"级数回求法"来进行证明，即根据相似三角形对应边成正比例的道理，得出一连串比例关系式，求出适当的折线长度，然后用折线逼近圆弧，从折线与弦的关系导出弧和弦的关系。他在求到以万分之一弧的通弦为变量、全弧通弦的级数展开式后说："弧，圆线也。弦，直线也。二者不同类也。不同类，虽析之至于无穷，不可以一之也。然则总不可相求乎？非也。弧与弦虽不可以一之，苟析之至于无穷，则所以不可一之故见矣。得其不可一之故，即可因理以立法，是又未尝不可以一之也。何为而不可相求乎？"这反映了他的极限概念和积分思想萌芽。

明安图将三角函数与反三角函数展开为幂级数，以几何线段的连比例关系为依据，计算了展开式的各项系数，这为三角函数展开式的研究开辟了一条新路。他的研究与西方数学家的同类工作在时间上和水平上大致相当。书中的九个幂级数展开式在全书尚未正式定稿前便已广泛流传于数学界，其进行证明的思想方法也对清代数学颇有影响，对以后积分学的发展有一定的促进作用。

关于本书的研究，有严敦杰《明安图》（自然科学史研究室编《中国古代科学家》修订本）、李迪《蒙古族科学家明安图》、史筠《蒙古族科学家明安图》、何绍庚《明安图》、三上义夫《清朝时代の割円術の発達に関する考察》的有关部分。

（周瀚光）

甘薯录 陆 燿

《甘薯录》，一卷。陆燿撰。约成于清乾隆四十一年(1776)前后。通行本有乾隆四十一年原刻本、《赐砚堂丛书》本、《昭代丛书》本、《海粟庐丛书》本、世楷堂刻本等。

陆燿(？—1784)，字朗夫，一字青来。江苏吴江人。乾隆十七年(1752)举人。曾任云南大理知府、山东登州知府、山东按察使等，有清廉之誉。著作尚有《烟谱》存世。生平史料见《清史稿》。

《甘薯录》是辑录前人有关甘薯著述的汇编，书中内容主要取材于谢肇淛《五杂俎》、李时珍《本草纲目》、王象晋《群芳谱》、徐光启《甘薯疏》以及陈世元《金薯传习录》等著作。全书分辨类、劝功、取种、藏实、制用、卫生六目。书前有作者的小引，书后有沈楸惠撰的跋。

《甘薯录》的内容除引用《异物志》、《南方草木状》等书介绍甘薯的外形、品性、优点的论述外，主要记载了甘薯的种植、留种、收藏、食用及治病的方法与功用。其《劝功》目介绍了《群芳谱》和《金薯传习录》中的种植方法；《取种》目则记载了《群芳谱》中的五种取种方法；《藏实》目介绍了《金薯传习录》中的一条记载；《制用》目转载了《金薯传习录》与《群芳谱》中甘薯煨食、煮食、烰食、蒸食、生食等食法，以及造粳、造粉、造酒的方法。《卫生》目则介绍《本草纲目》对甘薯性能与功效的介绍，以及《金薯传习录》中的"疗病六益"的内容。

《甘薯录》在农业史与救荒史上产生过重要影响。据《东华续录》记载，乾隆五十年(1785)，河南、山东两省频岁不登，小民艰食，上谕广种甘薯、薯蓣。河南省特向山东、福建采购薯种。上谕刊行《甘薯录》，使人知其效用。其影响由此略见一斑。

关于本书的研究，有王毓瑚《中国农学书录》、吴存浩《中国农学史》的有关部分。

（王国忠）

海潮辑说 俞思谦

《海潮辑说》，一名《潮汐》，二卷。俞思谦撰。成于清乾隆四十六年(1781)八月。有《艺海珠尘》本，以及据以排印的《丛书集成初编》本。

俞思谦，生卒年不详，字秉渊，号潜山。浙江海宁人。生平偶傥，高风亮节，为乡人所敬。工诗治经，国子监生，乃海宁著名学者。对潮汐很有研究，认为论潮汐成因，"其说不一，要以应月之说为长。盖其理本于《易传》，畅于窦氏之《海涛志》，而余襄公、朱子、俞石涧、吴享寿皆宗之，今日目验之而益信也"(《海潮辑说自序》)。生平事迹见《海潮辑说》。

俞思谦认为，"自来言潮者，颇少专书，即间有一篇，又多缺略未备；或偏执见，务伸己说，不求其是"(《海潮辑说序》)。他网罗载籍，辑集论潮诸作，唯唐钱栖业《太虚潮论》未得，分类相从，间下按语，编著为《海潮辑说》二卷。

本书是论潮汐的专辑。上卷述各家论潮之说；下卷分论各地之潮，兼及应潮而动的泉与物。篇目依次为：潮源、潮说存疑、入古九河碣石之潮、入济之潮、入淮之潮、入江之潮、入松江之潮、入浙江之潮、入浙东诸江之潮、入闽江之潮、入粤江之潮、钦廉琼海之潮、安南扶南之潮、东西两海诸国之潮、应潮之泉、应潮之物。书前有作者自序、阮元序、秦瀛序。

作者对潮汐的原因作了探索。认为潮乃感应于月运行而生，必以月丽子午为期，对地气升降、天河激涌、太阳激水、龙鳝出入、伍胥与文种所掀诸说，分别辨析，指其谬误。进而论述各地潮汐，而以浙江潮为最。他注意各地潮汐时刻，于浙江之潮，有四季潮候时刻表；于钦廉琼海之潮，有十二月潮候时刻表；又有福建琉球潮候时刻比较表。还记载与潮汐现象相关的井泉、生物，如伺潮鸡、黄蜂、数丸、牡蛎、海扇、牛鱼、鸥等与潮汐的关系。

《海潮辑说》汇集历史上有关潮汐的论说，加以分类编排，间下案语，申以己见，成为有一定观点而成体系的论文集，它对我国海潮知识的推广普及，海潮研究的深入，都有一定作用。其所论海潮与生物的关系，值得进一步探索。又为论述中国海潮学说的发展，提供丰富而翔实的资料。

有关本书的研究,有地学史组《中国古代地理学史》的有关部分。

(贺圣迪)

地圆论 王贞仪

《地圆论》，一卷。王贞仪撰。收于《金陵丛书·德风亭初集》，有民国五年(1916)慎修书屋排印本。

王贞仪(1768—1797)，字德卿，自号"江宁女史"。江苏上元(今南京)人。我国古代女天文历算学家。性格开朗，豪情勃发，曾云"尝拟雄心胜丈夫"。博学多才，对天文、气象、地理、数学、医学、诗文均有造诣，尤以天文气象、数学历算最为突出。传言其夜观星象，言晴雨丰歉辄验。致使著名学者钱大昕见其文著后，不由得赞叹其为"班昭之后，一人而已"。但因早年生活于北地塞外，致使受风寒所侵，体弱有疾，年仅二十九岁即去世。著有《星象图释》二卷、《筹算易知》、《重订策算证伪》、《西洋筹算增删》、《女蒙拾诵》、《沉疴吃语》各一卷、《象数窥余》四卷、《文选诗赋参评》十卷、《德风亭初集》十四卷、《二集》六卷、《绣帙余笺》十卷。今唯存《德风亭初集》。生平事迹见《清史稿》、《碑传集补》、《清代闺阁诗人征略》等。

《德风亭初集》中有关天文历算方面的内容有：卷五的《盈缩高卑辩》、《经星辩》、《黄赤二道辩》、《岁差日至辩疑》，卷六的《地圆论》、《地球比九重天论》、《岁轮定于地心论》、《日月五星随天左旋论》一、二、三，卷七的《勾股三角解》、《月食解》。就此十余篇文章，已可见王氏对天文历算颇有造诣，虽无重大创见，但都有清晰的理解，其中《岁差日至辩疑》与《地圆论》尤为出色。此下即以《地圆论》为例，略作介绍。

《地圆论》主论地球乃圆形，其证有六：(一)人们若依罗盘指示而一直东行，不管是陆行还是泛舟，终究会回到原处。(二)若向南行，见北极星渐低；至赤道，见北极星在地平线上。若向北行，见北极星渐高；至北极，见北极正当顶。(三)若登高即望远，且越高越远。(四)在海岸望来船，先见船桅，再见船身。而望出海之船，则近处见船身，远而见船桅，再远而不可见。(五)月蚀时，地球处日、月之间，地影蔽月，或蔽月之部分，地球在月上呈圆影。(六)在东方见到日出早于西方，越往西越迟。且必有一地与东西见日相差十二小时，此即古人所云"东方日中,西方夜半"。

此文还设问了地球相对方与两侧方的人为什么不掉下与侧倒,自作解答是:因为地球有庞大的引力,且引力是从地心一点出发的,所以人人都是头朝上而脚朝下、顶天立地。

(王贻梁)

加减乘除释 焦 循

《加减乘除释》,八卷。焦循撰。成于清嘉庆三年(1798)。有《焦氏丛书》本、《中西算学丛书》本。

作者生平事迹见"雕菰集"条。

《加减乘除释》是一部阐述加减乘除基本法则的数学著作。焦循认为,《九章算术》的一切算法,包括方田、粟米、衰分、少广等等,都源于加减乘除之错综变化;故而他详论加减乘除之基本定律,以推论《九章算术》、《孙子算经》、《张邱建算经》、《缉古算经》各种算法的逻辑思维。他首先用甲、乙、丙、丁等天干字来代表不相等的数字,"论数之理,取于相通,不偏举数而以甲乙明之",这是我国数学史上的一个创举,开了我国符号代数学的先河。至于加减乘除的基本运算律,书中则给出了以下若干定理。

1. "以甲加乙,或乙加甲,其和数等。"用现代数学符号表示即为:
$$a+b=b+a \quad (加法交换律)$$

2. "以甲当甲,为适是。"即:
$$a=a \quad (反身性)$$

3. "以甲加甲,为倍之。"即:
$$a+a=2a$$

4. "以甲减甲,为减尽。"即:
$$a-a=0$$

5. "若乙丙之差如甲乙之差,则以乙加乙,以丙加甲,或以乙减甲,以丙减乙,其差皆平。"即:若 $b-c=a-b$,则有:
$$(b+b)-(a+c)=0,$$

$$(b-a)-(c-b)=0$$

6. "减乙于甲而加丙,则甲少一丙乙之差;减丙于甲而加乙,则甲多一丙乙之差。"即:

$$(a-b)+c=a-(b-c),$$
$$(a-c)+b=a+(b-c).$$

7. "乘同于加,以甲加乙,以乙加甲,其数既等;则以甲乘乙,犹之以乙乘甲也。"即:

$$a\times b=b\times a \quad (乘法交换律)$$

8. "三数相乘为连乘,或先以乙乘甲,连以丙乘之;或先以丙乘乙,连以甲乘之;或先以甲乘丙,连以乙乘之;其得数皆等。"即:

$$(a\times b)\times c$$
$$=(b\times c)\times a$$
$$=(c\times a)\times b \quad (乘法交换结合律)$$

此外尚有:

$$a\div(b\div c)=(a\times c)\div b,$$
$$a\div(b\times c)=(a\div c)\div b,$$
$$(a+b)(a+b)=aa+ab+ba+bb$$
$$=a^2+2ab+b^2$$
$$(a+b)^3=a^3+3a^2b+3ab^2+b^3$$

等等,涉及乘除法的互变、加法与乘法的分配律以及整指数的二项定律等。

此书所给出的系统的加减乘除运算定律在中国数学史上具有首创的意义。西方类似定理的提出也是在18、19世纪,与此书的时间大致相近。

(周瀚光)

温病条辨 吴 瑭

《温病条辨》,七卷。吴瑭撰。成于清嘉庆三年(1798)。通行本有嘉庆十七年淮阴汪廷珍刻本、嘉庆十八年问心堂刻本、1955年上海中医书局铅印本、人民卫生出版社铅印本、1957年四川人民出版社影印渭南严氏本等。

吴瑭(1758—1836),字配珩,又字鞠通。江苏淮阴人。少习儒,十九岁时其父病故,吴瑭悲痛欲绝,"以为父病不知医,尚复何颜立天地间?"(《温病条辨》自序)遂购方书习之。读至张机《伤寒论·序》"外逐荣辱,内忘身命"之论,遂慨然弃举子业,专心攻研医术。乾隆四十八年(1783)秋,吴瑭进京,参与验校《四库全书》,得见各家医书,医道大进。及见吴又可《温疫论》一书,潜心研习,并遍考晋唐以来诸名家之论,十阅春秋,于温病之学颇具心得,然仍不敢轻治一人。乾隆五十八年(1793)京师温疫大流行,时医多以伤寒法治之,死不胜数。诸友知其于是疫颇有研究,强请治之,存活数十人,遂名声大噪,成为有清一代名医。吴瑭对温病学的发展作出了贡献,丰富了外感热病的内容,另外,在杂病、妇幼科论治方面,也有独到的见地。他在治疗内科杂病中擅用温热药。在治病法则方面,提出"治外感如将,治内伤如相;治上焦如羽,治中焦如衡,治下焦如权"(《温病条辨》卷四治病法论)的论述,这些都具有一定的临床参考意义。著作尚有《吴鞠通医案》、《医医病书》。生平事迹见《清史稿》卷五〇二、《吴鞠通年谱约编》(《浙江中医杂志》1985年7月号)等。

《温病条辨》是一部系统研究温病学的专著。全书共分六卷,计立法二百六十五条,附方二百零八首。卷首"原病篇"引经文十九条为纲,分注为目,源温病之始。卷一"上焦篇",凡温病属上焦者系之。卷二"中焦篇",凡温病属中焦者系之。卷三"下焦篇",凡温病属下焦者系之。卷四"杂说",补充三焦治法精义及病后调理,使阅者心目了然,胸有成竹,不致临证混淆,有治上犯中、治中犯下之弊,卷五"解产难",专论产后调治与产后惊风。卷六"解儿难",专论小儿急慢惊风、痘证等。全书体裁仿《伤寒论》逐条叙证,又恐简则不明,于每一条下加以阐发注释,故曰"条辨"。

这种"自条自辨"的写作方法,过去常遭非议,但吴氏认为这可避免后人妄注,致失本文奥义。书前有自序,以及汪廷珍、朱彬等序。

吴瑭著《温病条辨》师承叶桂学说,并广泛吸取《伤寒论》学说、河间学说,以及王安道、吴又可等人的成就,结合自己的临证经验,使该书自成系统。全书以三焦为纲,病名为目,分别论述了温热、暑病、湿病、秋燥,以及疟痢、疸、痹等病的证治。所附论说若干则,则以补充三焦分证中未尽的内容。它的贡献如下。

一、古人论温病与伤寒早已加以区分,然均未从理论上深入论述,吴瑭认为伤寒与温热两病实有水火之别,伤寒之原,原于水;温病之原,原于火。伤寒病的寒邪,是水之气;膀胱者,水之府,寒邪先伤足太阳膀胱经,是以水病水。温热病的温邪,是火之气;肺者,金之脏,温热先伤手太阴肺经,是以火乘金。指出了伤寒温热二病的最根本区别。进而,吴瑭又从《内经》八风理论中受到了启发,对寒、温、风三邪的性质加以分析,指出温邪首犯太阴,而寒邪先伤太阳的道理,并提出风无定体,指出有冷冽之风与温暖之风的不同,因而奠定了伤寒病中可见中风,而温热病中又有风温的理论基础。由于寒邪首犯太阳之表,阴盛则伤阳,故其传变必然是先表后里,先三阳后三阴,诊治必须遵循仲景六经辨证的纲领。温热从口鼻而犯肺卫,是火来克金,先上焦而后中、下焦,诊治当用刘河间的三焦分证法。六经三焦,一从横看,一从纵看,互为对待,使温病辨证完全脱离伤寒旧法成为一个独立的体系。吴瑭通过对寒温之邪性质的研究,确立了其温病学理论的基础。

二、吴瑭认为温病的病机是从三焦而变化的,所以他把风温、温热、湿温、温疫、秋燥等病,均分作上焦、中焦、下焦来论述,并明确指出上焦病主要指肺与心病,中焦病是指脾与胃病,下焦病是指肝与肾病,而温病发展过程则为始于上焦,终于下焦。吴氏论述三焦病证,并不排斥叶桂的卫气营血辨证,而是将叶氏的辨证思想融贯于其三焦辨证之中。卫气营血辨证分辨表里,三焦辨证分辨上下,一横一纵,相得益彰,使温病的辨证更加准确与具体。且其三焦辨证又包括由热病引起的种种虚证,如肺胃津伤、亡阴失火、阴虚风动等,使温病辨证体系更加完善。三焦辨证虽然依上中下次第而传变,但亦非绝对如此,吴氏认为应根据症候进行诊断,以辨析三焦温病是否传变,传于何处,如根据哕的声音是否连续,以分辨病在中焦还是下焦;根据脉之实与不实,辨别病传于胃或心包,只有确定病变的不同脏腑,立法处方才有准。吴氏自谦"本论不过粗具三焦六淫之大概规模而已"(《温病条辨》卷四《本论粗具规模论》),然从其《温病条辨》卷一至卷三法二百三十八条全面分析,条分缕析已经相当细致,理法方药紧密配合,具有相当高的水平,尤其三焦辨证方法已经相当成熟,深为后世推崇。

三、吴氏分伤寒与温病为两大法门。指出伤寒始终以救阳气为主,而温病始终以救阴精为主,确立了清热养阴的基本大法。其清热总结了清营、清宫、清络三法,用清络饮治暑温余邪深留于络;用清宫汤解膻中秽浊邪热;而热入于营,则立清营汤一方,使叶氏"透热转气"之法付诸实施,使营中之热得以清除,而脏中之虚得以养护。至于温热病如何养阴,吴氏总结经验,创立了一甲、二甲、三甲复脉汤,分别用以治疗不同的阴虚病证。此外,吴氏还创立了增液润肠以护胃津的增液汤,治疗肺胃津伤的五汁饮、雪梨浆,治疗肝肾阴伤虚风暗动的大小定风珠等,于温病养阴之法颇为周备。

《温病条辨》著成之后,医界曾引起"伤寒温病"之争,这个争论曾延续至近代,随着科学的发展和人们认识的演化而渐趋统一。本书虽上承叶桂、薛雪之温病学,但较之叶、薛之说更进一步,在温病的病机、辨证、论治、方药诸方面的认识均有提高,标志着温病学理论的进一步成熟,有"仲景为轩岐之功臣,鞠通亦仲景之功臣也"(《温病条辨》朱彬序)之殊评。直到现在,本书仍是研究温病学,指导温病临床的重要著作,在中医防治急性传染病中,有着重要的临床价值。

有关《温病条辨》的研究著作主要有近人曹炳章圈点眉批并编辑整理清代叶子雨、王士雄、郑雪和朱武曹等评注的《增补评注温病条辨》,以及孟澍江主编的《温病学》、任应秋主编的《中医各家学说》、裘沛然主编的《中医历代各家学说》等书的有关章节。王致谱《吴瑭》(见杜石然主编《中国古代科学家传记》)则专论其在温病学上的成就。

(乐　易)

日法朔余强弱考 李 锐

《日法朔余强弱考》，一卷。李锐撰。成于清嘉庆四年(1799)。收入《李氏遗书》。有清道光年间木刻本、光绪年间木刻本。

李锐(1769—1817)，字尚之，号四香。江苏元和(今苏州)人。幼即聪敏，自读《算法统宗》(明程大位著)，遂通其义。后师事清代著名学者钱大昕，深得其师赞许。二十多岁时读到宋元数学家秦九韶、李冶的数学著作，精心研究并加以校勘注释。后入浙江学政阮元幕府，参与主持编纂《畴人传》的工作。1803 年成为扬州知府张敦仁的幕宾，除负责算校张敦仁的数学著作外，还对《九章算术》、《孙子算经》及宋元数学家的多种数学经典进行校释和整理。与焦循、汪莱经常讨论天文数学问题，时称"谈天三友"。数学著作尚有《勾股算术细草》、《弧矢算术》、《方程新术草》；另有天文学著作《召诰日名考》、《汉三统术》、《汉四分术》、《汉乾象术》、《补修宋奉元术》、《补修宋占天术》、《日法朔余强弱考》，均收入《李氏遗书》。事迹见《清史稿》卷五百零七《李锐传》、《清史列传》、《国朝耆献类征》(初编)、《碑传集》、《文献徵存录》等。

《日法朔余强弱考》考察了中国古代的"调日法"。全书由李锐撰写的《序》与正文组成。众所周知，朔望月长度非整数而尾有分数，此分数之分母称"日法"(有时为避免与回归年长度的日法相混而专称此为"朔日法"，自刘洪《乾象历》以后又称回归年长度数值中的分母为纪法、气法等)，而称分子为"朔余"。各家的日法与朔余都不相同，具体又是如何得出的，因为在唐《麟德历》后采用共通分母、再后又逐渐采用百进与万进分数，故早已不为人所知。本书即是专门研究这一问题的，经研究而认为是用"调日法"的数学方法。具体做法是：先确定一个强率与弱率，再通过一定的方法调整日法与朔余而求出合适的分数。李锐以所研究出的此理推勘了《开元占经》、《授时历议》所载五十一家历法中日法、朔余之值的强弱数，得到合于调日法者三十五家，不合者十六家。而不合之原因有三，实皆制历者之误。

李氏此说出后，后人多有再研究者，亦有意见分歧，焦点多集中在如何确定强、弱率与求得新率之法上,至今犹有争论。但无论何种意见,都未能否定李氏的筚路蓝缕之功与"调日法"的创见。

有关本书的研究,有李继闵《关于调日法的数学原理》、刘钝《李锐、顾观光调日法工作述评》、李继闵《再论清代学者的调日法研究》、刘钝《李锐》(见杜石然主编《中国古代科学家传记》)等文的有关部分。

(王贻梁)

开方说 李 锐

《开方说》，三卷。李锐撰，黎应南补。成于清嘉庆二十二年(1817)。有清《李氏遗书》本、《白芙堂算学丛书》本。

黎应南，生卒年不详，字见山，号斗一。广东顺德人。师从李锐学习数学。曾任浙江丽水县知县，后调任平阳县知县，卒于任上。事迹略见《清史稿》卷五〇七传本。

《开方说》是李锐在汪莱《衡斋算学》第五册和第七册的基础上，对方程理论所做的进一步探讨。但此书在刚完成上、中二卷，下卷尚未定稿时，李锐即咯血而终。临终前将补成下卷一事托付弟子黎应南。黎应南在此书的跋中说："上、中两卷，早已成书。惟下卷止有条例，未立设问。丁丑之夏，先生病且革，因应南钻仰有日，特于易箦之际，再三嘱为补成。故下卷诸数，皆谨遵先生遗命，依法推衍，非敢参以己见。并将先生平日论开方之语，识于简末，与海内明算者共深究焉。"

《开方说》上卷在有理数范围内讨论方程正根的个数与各项系数变号之间的关系。得到的结果为：方程各项系数出现一次变号，可有一个正根；出现两次变号，可有两个正根；出现三次变号，可有三个或一个正根；出现四次变号，可有四个或两个正根；这与现代方程论中的笛卡儿符号法则是一致的。

中、下两卷讨论的范围扩大到实数范围以内。卷中首先认为方程的根可以是负数，从而得出如下结论：不论系数符号变化的次数如何，"凡平方(两次方程)皆可开二数，立方(三次方程)皆可开三数或一数，三乘方(四次方程)皆可开四数或二数"。另外，解数字高次方程在已得一实根后，原方程可以降低一次，从而它的第二实根可以在已降低一次的方程中求出来。卷下明确地提出了负根和重根的概念。所谓"凡开方有正商、负商者"，其"负商"即为负根。所谓"凡可开二数以上而各数俱等者"，其"各数俱等"即为重根。此外还补充了很多命题，使方程理论趋于更加完整。

李锐的方程理论是在宋元数学家的代数学思想重新发掘出来以后才完成的。所以比之清初梅文鼎在不了解宋元数学的情况下所著的《方程论》，要略高一筹。同时，它又是在汪莱方程论研究成果的基础上的进一步发展。清罗士琳在《续畴人传》中评论说："尚之(李锐)在嘉庆间与汪君孝婴(莱)、焦君里堂(循)齐名，时人目为谈天三友。然汪期于引申古人所未言，故所论多创，创则或失于执；焦期于阐发古人所已言，故所论多因，因则或失于平。惟尚之兼二子之长，不执不平，于实事中匪特求是，尤复求精，此所以较胜于二子也。"此书实际上是对中国传统方程理论的一个较好的总结。

关于此书的研究，见刘钝《李锐》一文的有关部分。

（周瀚光）

衡斋算学 汪 莱

《衡斋算学》，七册。汪莱撰。成于清嘉庆元年至十年（1796—1805）之间。有清《衡斋算学遗书合刻》本、《聚学轩丛书》本。

汪莱（1768—1813），字孝婴，号衡斋。安徽歙县人。幼年家贫，但读书刻苦用功，后终于力通经史百家和天文数学。嘉庆十二年（1807）以优贡生入都，考取八旗官学教习。参加编写《天文志》和《时宪志》，书成后选授石埭县（今安徽石台县）训导。天性敏绝，极能攻坚，与焦循、李锐经常讨论历算问题，时称"谈天三友"。著作除《衡斋算学》七册外，尚有《覆载通几附四边形算法》一卷、《参两算经》一卷、《乐律逢源》一卷、《考定磬氏倨勾令鼓旁线中县而县居线右解》一卷、《校正九章算术及戴氏订讹》一卷、《今有录》一卷、《衡斋文集》三卷（以上七种合为《衡斋遗书》）。事迹见《清史稿》卷五零七《汪莱传》。

《衡斋算学》七册是汪莱在数学研究方面的代表著作。第一册为"弧三角形"，撰于1796年，系统讨论球面三角形有解和无解的条件。他把球面三角形分为两类，一类为任意球面三角形，着重讨论已知两角一对边或两边一对角有两解的各种情形；另一类为球面直角三角形，对其有解的条件，共讨论了九种情形，并给出了具体解法。第二册为"勾股形附带纵立方形"，撰于1798年，其中论到了勾股形已知勾股相乘积与勾弦和常有两解。第三册为"平圆形"，亦撰于1798年，主要论述已知一弧的通弦求五分之一弧的通弦。第四册亦为"弧三角形"，撰于1799年，讨论了球面三角形只有一解的条件，详细分析了在球面斜三角形的三条边和三个角的六个元素中，任知其中三个元素以求其他三个元素的各种情形。第五册为"一乘方二乘方形"，撰于1801年，主要讨论两次方程和三次方程的正根数目问题。他列举了二十四个二次方程和七十二个三次方程的例子，讨论它们各有几个正根。得出了二次方程可能有一个或两个正根，三次方程可能有一个、二个或三个正根。他把只有一个正根的方程称为"可知"的方程，把多于一个正根的方程称为"不可知"的方程，并给出了一系列"不可知"的二次方程和三次方程。同时对三次方程根与系数的关系也进行了讨论。第六册又为"平圆形",撰于1801年,论述已知一弧的通弦求其三分之一弧的通弦。并附李锐的"第五册算书跋"和焦循的"第五册算书记"。第七册为"诸乘方数根数真数糅杂设题式并诀",撰于1805年,进一步阐述方程理论。其中提出:如果高次方程可以分解为几个一次方程,那么这几个一次方程的正根就是这高次方程的正根;四次方程可以分解为两个二次方程,那么这两个二次方程的正根就是四次方程的正根。此外,还讨论了三项式高次方程,如: $x^n - px^m + q = 0$ ($n > m$,p、q都是正数),以及有无正根的问题以及有正根的条件。

此书是清代中期数学发展的一项重要成果。其中特别是关于球面三角形有解无解的详细讨论以及高次方程正根存在的数目及其条件的深入探讨,都在中国数学史上具有首创的意义。它对当时和以后数学的发展颇有影响。稍后李锐所著的《开方说》,便是在此基础上关于方程理论研究的新成果。

关于此书的研究,有钱宝琮《汪莱衡斋算学评述》、刘钝《汪莱》(见杜石然主编《中国古代科学家传记》)的有关部分。

(周瀚光)

木棉谱 褚 华

《木棉谱》，一卷。褚华撰。约成于清嘉庆年间(1796—1820)。有道光本《艺海珠尘》本、《昭代丛书》本、《农学丛书》本、《上海掌故丛书》本等。《丛书集成》本据《艺海珠尘》本排印。

褚华，生卒年不详，字秋萼(一作"岳")，号文洲。上海人。清诸生。因家乡种棉与纺织业极盛，故作此书。所记多从直接观察得来，文字朴实，具有地区特点。

《木棉谱》是棉花种植的专著。前部分列引前人关于木棉的记述，并逐一加以考证。主要篇幅讲述棉花栽种技艺，其次叙述采花、轧花、弹花、纺纱、织染以及用具，其他如贸易等也有说明和记述。

本书翔实地记载了乾嘉时期上海地区主要经济作物棉花的生产和纺织业技术的发展水平，集录并考证了前人关于棉花生产的起源和发展的史料，对研究上海地区的经济史、纺织技术史以及中国棉花生产发展史都有重要参考价值。特别是对纺织技术家黄道婆有如下记载："黄道婆，本邑人，流落崖州(今海南崖县)海峤间。元元贞中，携纺织具归，传其法于乌泥泾(今上海华泾镇)人，人皆大获其利。婆死，立祠祀之。明张之象复塑其像于宁国寺。今城中渡鹤楼西北小巷内，亦立庙祀之。邑之女红，岁时群往拜礼，呼之曰'黄孃孃'。""旧传黄道婆能于被褥带帨上，作折枝团凤棋局花文。邑人化而为象眼，为绫文，为云朵，为膝襕胸背。明成化间流闻禁庭，遂织造龙凤斗牛麒麟袍服，而染大红、真紫、赭黄等色。工作胥隶，并缘为奸，一定有费至白金百两者。宏(弘)治改元，首罢之，此种遂绝。"书中还有"闽粤人于二三月载糖霜来卖，秋则不买布而止买花衣以归"的记述，从一个侧面反映了当时沿海地区商品经济的发展情况。

关于本书的研究，有王毓瑚《中国农学书录》、吴存浩《中国农业史》的有关部分。

(林其锬)

绣谱 陈丁佩

《绣谱》，一卷。陈丁佩撰。成于清道光元年(1821)。通行本有道光年间存素堂抄本。

陈丁佩，生卒年不详，字步珊。江苏松江(今属上海)人。自幼喜好刺绣，兼擅琴棋书画。其他事迹不详。

《绣谱》是一部有关刺绣工艺的专著。书中以绘画、书法、诗词、建筑等艺术与刺绣互为对比借鉴，解说了刺绣工艺的特点和规律。全书分为六个部分。(一) 择地。即从刺绣工艺的要求出发，说明作业的环境必须闲、静、明、洁。(二) 选择。即选择刺绣的底稿，提出了必须要有审理、度势、剪裁、点缀、崇雅、传神的眼光要求，避免解巧庸俗及过繁过简，这是整个绣工过程的基础条件，因此必得十分谨慎选定。(三) 取材。从刺绣的具体要求出发，讲述了其所用材料诸如丝线、绫缎、纱罗、绣针、剪刀、棚架的重要作用。(四) 辨色。对红、绿、黄、白、蓝、黑、紫、藕色、赭、牙色、灰色、酱色、月白、天青、金、银等等丝线的用途及其搭配方法作了细微精辟的讲述。(五) 程工。讲叙刺绣工艺中齐、光、直、匀、薄、顺、密等具体技法和工艺标准。(六) 论品。以文品之高下，画理之深浅来品评刺绣的能、巧、妙、神、逸五个不同的层次，并说明有精工、富丽、清秀、高超四种格调。

这六个部分的阐述，显示了作者娴熟的绣工技能与不同凡俗的审美趣味，不失为一本既有实用价值，又具鉴赏品味理论的技术性著述，是我国刺绣工艺史上不可多得的文献。

(曾 抗)

西域水道记 徐 松

《西域水道记》,五卷(或作一卷)。徐松撰。成于清道光元年(1821)。有道光间刻大兴徐氏三种本(五卷)、《皇朝藩属舆地丛书》本(五卷)、《小方壶舆地丛钞》本(一卷)、台北文海出版社刊《中国边疆丛书》本(五卷)、中华书局刊朱玉麒整理本等。

作者生平事迹见"宋会要辑稿"条。

徐松鉴于当时俄罗斯窥视我国北方疆土和西北地区形势复杂,认为西域"耕牧所资,守捉所扼,襟带形势,厥赖导川"(《西域水道记序言》)。他谪戍归来,在京提倡研究西北史地,依据考察所得,参以旧史、方志、档案等,著成《西域水道记》。

本书是清代地区性的水文地理著作。论述十一个湖泊,与流入各湖泊的河流及沿河地形、物产、水利、交通、村落、城镇、古迹、民族和重要历史事件等。篇目依次为:罗布淖尔所受水、哈喇淖尔所受水、巴尔库勒淖尔所受水、额彬格逊淖尔所受水、喀喇塔拉额西柯淖尔所受水、巴勒喀什淖尔所受水、赛喇木淖尔所受水、穆默尔图淖尔所受水、阿拉克图古勒淖尔所受水、噶勒札尔巴什淖尔所受水、宰桑淖尔所受水。书前有自序、龙万育序。

书中记述了罗布淖尔、哈喇淖尔、巴尔库勒淖尔、额彬格逊淖尔、喀喇塔拉额西柯淖尔、巴勒喀什淖尔、赛喇木淖尔、穆默尔图淖尔、阿拉克图古勒淖尔、噶勒札尔巴什淖尔、宰桑淖尔等十一个大湖的名称、方位、形状、大小和特点,包括上述大湖所纳各水系的导、过、合、从、注,主流的出、径、会、自、入,和支流之发、经、汇等水文状况。于塔里木河及其支流喀什噶尔、叶尔羌、和阗河的描述尤为详细。对诸河发源山脉的名称、方位的记载都比较准确。并及沿河的地貌、物产、村庄、城邑、军台、卡伦、厂矿、农作、交通、古迹、民族、语言、风俗、史事等。

作者所记自然地理现象有值得注意之处。如记录不同的冰川地形,将木素尔岭上的冰分为"三色:一种浅绿、一种白如水晶、一种白如砗磲"(卷二)。分别为而今的由粒雪变质成的冰晶、由冰水再凝成的青冰和冰晶粗大而呈白色的冰。留意冰川表面的微地形。如冰裂隙:"冰每坼裂,宽或近尺。"(卷二)冰蘑菇:"冰中时函马骨,又含巨石如屋。及其融时,冰细若臂,衔石于巅,柱折则摧,当者糜碎。"又记称为雪海的雪盆所造成的险境:"上岭数里,渡雪海,周三、四里,一线危径,界海正中,劣裁容马。"(卷三)还记冰瀑所带来的危险:"由本素叶岭行走四十余里,地多冰石相杂,内有两里,全系冰山,滑不可行。"(卷二)以及人们"錾凿磴道",通过这一地带的业绩。

《西域水道记》按湖泊来写,客观地反映这一地区的水系流域,与地理布局相合。在继承发扬《水经注》体例的基础上,描述玉门关以西西域地区的地理状况,为认识区域水系、冰川地形、历史遗迹、社会状况作出了贡献,是有清一代关于西域地区最著名的地学著作。它是边陲史地研究的一块丰碑,推动着对西域蒙古等地的研究。时至今日,仍是研究新疆历史地理不可或缺的资料。

有关本书的研究,有赵俪生《西北学的拓荒者之一——徐松》、《徐松及其〈西域水道记〉》和地学史组《中国古代地理学史》、唐锡仁和杨文衡主编《中国科学技术史·地学卷》的有关部分、荣新江《俄罗斯国家图书馆所见〈西域水道记〉校补本》等。

(贺圣迪)

新测中星图表 张作楠

《新测中星图表》，一卷。张作楠撰。成于清道光三年(1823)。收入《翠微山房数学》。

张作楠生平事迹失考。

清康熙八年(1669)，胡亶撰成《中星谱》。此后，清钦天监亦每年颁布《中星更录》。嘉庆元年(1796)，徐朝俊亦作《中星表》(附《星月测时》文后)流行。但因其所据乃汤若望《恒星出没表》，故误差较大。而胡亶之表至张作楠时亦已误差达十分多。张作楠先以江临泰按乾隆甲子新测星度以岁差加减推衍至道光癸未(1823)所制的径尺星球而撰为《新测恒星图表》一卷，再以此图表为基础而撰为《新测中星图表》与《新测更漏中星表》各一卷。

《新测中星图表》以道光癸未(1823)冬至天正星度为正，给出七十二候各中星时刻而立表。计有四十五大星图，并附各星《赤道经度岁差表》、《中星时刻岁差表》、《太阳黄赤升度表》、《二十八宿黄赤积度表》。张氏立七十二候，比旧时同类表增加了两倍。其数据精确到了一角秒与一时秒。依靠所立各表，可以逐年逐日依法加减而得所需中星时刻。依此图表，可以中星求时刻，亦可以时刻验中星。张氏此图表非出于其自测星象，由乾隆甲子至道光癸未已有八十年，仅以推衍难以全合实际天象，故难免影响精确度。但从制表的技术来看，张氏确高于前人，并为以后他人制作同类图表提供了经验。后张氏又作《新测更漏中星表》乃与钦天监所颁《中星更漏》同步，以更漏时刻为主，是此图表之补充。

以星表定时刻，毕竟不便，更何况大多民众不识星象，有此图表亦无用。因此，尽管此后不久冯桂芬等人在咸丰元年(1851)编制《咸丰元年中星表》时，增加观测星数为一百颗。但随着钟表业的进入我国并逐步发展起来，这类中星测时星表也就自然而然地寿终正寝了，冯氏等所编的星表也就成为此类星表的绝唱。

(王贻梁)

医林改错 王清任

《医林改错》,二卷。王清任撰。成于清道光十年(1830)前。通行本有道光十年京都隆福寺三槐堂书铺发兑本、道光二十七年金阊书业德记本、光绪五年(1879)扫叶山房本、1951年广益书局本、1966年上海科学技术出版社本等。

王清任(1768—1831),又名全任,字勋臣。直隶玉田县(今属河北)鸦洪桥河东村人。长门武庠生,捐资得千总(武略骑卫),于二十岁左右开始习医。清嘉庆二年(1797),出游滦州奉天府等地,后至北京设知一堂药铺行医。王氏性磊落,因精于岐黄术而名噪京华。他治病注重对人体解剖的认识,认为治病不明脏腑就如盲人夜行,存志重绘人体脏腑图,历四十余年始成。其治杂症善用补气活血,逐瘀活血诸法,创立血府逐瘀汤、通窍活血汤等十余首方剂,皆具重要临床价值,为后世所重。其用动物做实验之尝试,可谓我国中医解剖生理之首创。生平事迹见《清史稿》卷五○二、《玉田县志》等。

王清任读书贵思考,不盲从古训,强调实践。他阅《内经》、《难经》见所述脏腑论说和所绘脏腑图多有自相矛盾之处,而时医重考古,对脏腑之说皆因袭古人之论,与人体多不相合。王氏刻意改正,但初"虽竭思区画,无如之何,十年之久,念不少忘"。嘉庆二年(1797)四月初旬,他游经滦州稻田镇,值彼处正疹痢流行,小儿染病十死八九,贫苦之家多用草席裹埋,各义塚中因犬食,破腹露脏之儿日有百余。王氏初见亦未尝不掩鼻,后念古人之所以论脏腑有误,都是因为未曾亲见,遂不避污秽,每日清晨赴义塚,细察群儿露脏者,连看十日,看全三十余人,始知医书中所绘脏腑图形与人体实际不相合,即使件数多寡亦不相符。但遗憾的是,胸中膈膜薄如纸,都已遭破坏,无法验明是在心上心下,是斜是正。其后每每留心于此,均未果。道光九年(1829),得知江宁布政司恒敬曾领兵喀什噶尔,所见戮尸最多,于膈膜知之最悉,拜问之,乃得以绘成全图,著成《医林改错》脏腑部分,至此,前后历时四十二年,王清任称之为脏腑之书的《医林改错》才得成完帙,刊行于世。

《医林改错》是我国中医解剖医学的重要著作。卷上,医林改错脏腑记叙、脑髓说、气血合脉说、心无血说、方叙、通窍活血汤所治之症目、血府逐瘀汤所治之症目、膈下逐瘀汤所治之症目。卷下,半身不遂论叙、瘫痿论、瘟毒吐泻转筋说、论小儿抽风不是风、论痘非胎毒、少腹逐瘀汤说、怀胎说、痹症有瘀血说、辨方效经错之源论血化为汗之误。书中目录虽亦兼记数种病症和方论,但其本意在于"记脏腑后,兼记数症,不过示人以规矩,令人知外感内伤,伤人何物,有余不足,是何形状"(《医林改错》自序)。书前有自序及张润坡、刘必荣、知非子序。

《医林改错》所反映王清任的医学成就和治疗经验主要如下。

一、强调实践,重视解剖,在中医解剖学及医学研究方法论方面作出了贡献。王氏治学严谨,力主医学理论必须与医疗实践相结合,认为"医者立言著书……必须亲治其症,屡验方法,万无一失方可传于后人。若一症不明,留于后人再补,断不可徒取虚名,恃才立论,病未经见,揣度立方"(卷下《半身不遂论叙》)。本着这种精神,他不为医学经典所囿,通过长年观察研究,继汪昂之后,进一步否定了"心主思"的说法,在《脑髓说》篇中指出:"心乃出入气之道,何能生灵机贮记性?""灵机记性在脑",五官感受到的一切亦均归于脑,对脑的功能及与五官的联系等,作了明确的结论。通过对婴尸及其他尸体脏腑的观察,他发现了幽门括约肌,在其所绘胃图中,在幽门部位勾画了一块状物,指出"有疙瘩如枣,名遮食"。在对肺、胃、肝、胆、胰、胰管、胆管、大网膜等脏器的描述,都较前人所绘脏器图有了改进。如古人脏腑图均绘肺为六叶两耳,王氏则称肺是两叶,所论肺管及其逐级分支等均较古人更符合实际。另外,对主动脉(卫总管)、颈动脉、锁骨下动脉、腋动脉、肋间动脉、肠系膜动脉、肾动脉、髂动脉、腹动脉、下腔静脉(荣总管),以及小动脉(气管)、小静脉(血管)的形态均作了较详细的记载。当然,由于王氏所观察到的大多是已受到破坏的尸体,因此所绘脏腑图不尽准确。但在当时历史条件下,王氏能致力于解剖,从方法论上突破千百年来研究医学的循袭积习,其精神是十分可贵的。

二、王氏认为治病的要诀在于明白气血。他对气血之病有深刻研究,并以瘀血症和气虚血瘀症为重点。他认为元气是生命的根源,人体的生理活动均赖元气,他说:"人行坐转动全仗元气,若元气足则有力,元气衰则无力,若元气绝则死矣。"(卷下《半身不遂本原》)又认为"气有虚实,实者邪气实,虚者正气虚"(卷上《气血合脉说》),即正气之为病唯有虚候,无实证可言。因此,王氏把许多疾病都归之于气虚,如半身不遂、抽风、难产等皆从气虚立论。同时,他还指出气虚可致血瘀而相兼为病。对于血,王清任则认为"血有亏瘀",然尤强调血瘀,他积平生经验,罗列血瘀症五十种之多。在治疗上,王清任溶"扶正祛邪"与"祛邪安正"两种学术思想为一炉,主张治病应先分清因果虚实而后投药,认为"因虚弱而病,自当补弱而病可痊;本不弱而生病,因病久致身弱,自当去病,病去而元气自复"(卷上"通窍活血所治之症目,男子劳病")。根据这一认识,王氏组方重点是对血瘀之症采取活血化瘀法,对元气亏虚之损用补气活血法。其在活血化瘀方面的突出贡献是创立了分部治疗血瘀症的方法;对于补气活血法,王氏重视元气,善用黄芪补气,最著者有补阳还五汤等。

《医林改错》从解剖学角度对人体脏腑及功能提出新的看法,纠正了过去的错误,并有所发现。但由于王氏"改错"因历史条件的限制,没有自己动手解剖,故亦存在不少错误,有的还把前人对的地方改错了,如将膈上积血当作"血府",动脉当作气道,腹部网膜当作"气府"等。由于某些解剖上的错误,亦造成了其气血理论的缺陷。但王氏在治疗立方时,基本没有脱离经典气血理论的规范,故其所设方剂仍见效于临床,其活血化瘀法对后人很有启发和推广使用价值,对现代医学亦有促进和提高作用。

有关《医林改错》的研究著作有裘沛然主编《中医历代各家学说》、任应秋主编《中医各家学说》、廖育群等《中国科学技术史·医学卷》的有关章节,《中国医学百科全书·医史卷》的有关条目,马堪温《祖国清代杰出的医学家王清任》、洪武娌《王清任》(见杜石然主编《中国古代科学家传记》)的有关内容,以及人民卫生出版社 1975 年版《〈医林改错〉评注》、1984 年版陕西省中医研究院《〈医林改错〉注释》。

(乐　易)

浦泖农咨 姜 皋

《浦泖农咨》,一卷。姜皋撰。成于清道光十四(1834)年前,通行本有道光十四年刻本、上海图书馆 1963 年影印本。

姜皋,生卒年不详,字小枚。江苏华亭(今上海松江)人。清代贡生,喜著书,有文名,与高崇瑞、崇瑚兄弟及殷绍伊等有"泖东七子"之称。认为"国家者,惟农而已矣",因此平时对农田水利特别留意,经常下乡访问农民,比较同情农民的贫困生活,并在书中记录了当时农民的真实生活。生平事迹见震钧《国朝诗人辑略》、《松江府续志》。

《浦泖农咨》是一部地方性农书,记录了松(松江)沪(上海)地区的农业生产情况。"浦"是指黄浦江,"泖"指泖湖,也即作者的家乡一带地方。全书分为四十则,每则以农民的口吻来叙述当地农事。其内容包括征粮、折粮、田亩面积、水利、天时、播种、秧田、耘搅、刈花、肥田(猪肥、杂肥、绿肥)、耕牛、农具以及农民生计的艰困等。节前连刻八篇序跋,即云间谷果古劳自记、五苴归叟题、白石生题、武林退守跋、秋圃叟题、金粟山人跋、沧田农跋、欣斋跋等。

本书的价值主要体现在两大方面:一是详尽搜集了松沪稻作的栽培和耕作方法。它强调要讲天时,"早者于清明浸种,迟者于芒种栽秧。是已盖得早,谷木成秧;过迟,秧不生谷"。并对选种也十分重视,认为"稻种宜老不宜稚,元气全也;宜新不宜陈,生气足也"。此外还总结了做好秧田、管好秧田的重要经验,《秧田》中说:"秧田宜平宜松,撒秧宜匀宜浅。初落时宜稍干,干则根入泥不深,异日拔时不至晚根也。芒已出土,亟宜灌水,不可过大。夜则放之,以受露也;日则灌之,以敌日也。随放随灌,早晚不停。若田脚薄甚者,又浇粪两、三次,以接地力。更以稻草灰匀铺于其上。一月之后,可以分矣。"在谈到育秧播种深浅时认为,播种时秧板必须晾到不干不烂的程度,这样不但播种时可匀可浅,同时秧苗根系入土也不会过深。并对抓好田间管理的各个环节也作了详细的叙述。二是非常重视农家肥,总结了当地的一些因地制宜的肥田技术,而这些技术至今仍在广泛使用。它强调田上"高壅(肥料)用三通",并着力介绍了罱泥积肥的方法。此外,书中的不少农谚,如"棚中猪多,囷中米多"(《养猪》)等,均富有参考价值。

《浦泖农咨》全面记述了松沪地区稻作,特别是"薄稻"米产区的土地制度、耕作方法、农民生活等,十分细致地总结了江南稻作的生产技术经验。此外,书中反映的丰富的封建社会末期的农业经济史料也颇具价值。

有关《浦泖农咨》的研究著作有胡道静《稀见古农书录·浦泖农咨》(《文物》1963年第3期)、桑润生《姜皋和〈浦泖农咨〉》(《中国农史》1993年第3期),以及黄世瑞《中国古代科学技术史纲·农学卷》、梁家勉主编《中国农业科学技术史稿》的有关部分。

(王国忠)

镜镜诊痴 郑复光

《镜镜诊痴》，五卷。郑复光撰。成于清道光十五年(1835)，刊行于道光二十六年(1846)。通行本有《连筠簃丛书》本、《丛书集成初编》本。

郑复光(1780—?)，字浣香。安徽歙县人。曾为监生，以明算学、研光学等知名海内。据作者自述，《镜镜诊痴》以是德国传教士汤若望(1591—1666)著《远镜说》为依据，作进一步深入浅出的阐说而成的。此举"犹贤诊吾痴焉"，故取为今名。本书从开始写作至成稿，"时逾十稔"，后又经友人亲朋多方相助，历经周折才得以刊行于世。

《镜镜诊痴》阐述了四方面内容："明原、类镜、释圆、述作。"卷一为《明原》、《类镜》篇。作者述《明原》之由说："镜以镜物，不明物理不可以得镜理。物之理，镜之原也。"其中《原色》论中叙述了自然之物与镜中之物的逼真与区别，可知当时造镜一术已能达到相当高超的程度。《原光》中对日光的折射原理有所论说："光之所照，中有物焉，必有物影见于地，若物去地近则影浓而清，如物小而去地远则影淡而模糊，如物大而远则影中浓而边淡……盖光虽被物遮，余明映照，犹能溢入景际。承景之地离物既远，遮光之体少，受光之地多，故余明映发而景淡也。"文后并用图来显示其阐说的日光折射之理。《原景》中论说光与色的对应关系及对光逆光的原理："景有对光见者，有背光见者。物对内光、景入光内，对光见景者也；物在外光之中，景落于地，背光见景者也。对内光者其景真，有形有色也；背外光者其景黑，见形不肖色也。"并对后世照相机镜头的原理有所涉及："是故欲见色必对内光，不对内光不能肖色。惟取景则不必对内光而可以肖色，但其形倒耳。"

《原镜》论说了各种玻璃镜如凹镜、凸镜、三棱镜、多面镜、球镜、含光镜等的形状、效用。作者认为"镜为内光，故能含光、透光、借光、发光"。并记述了造镜的原料："镜所资要药：曰水银，曰生净典铜锡。"这种造镜的原料一直延续至今。《镜质》中对当时制镜的质量优劣有所评说，认为"镜质贵明净，疵累有二：一由于生质，一由于形质。故拣选必严，工力尤宜到也"。《镜色》中对水晶、金晶及墨晶等作了辨析论说,认为"水晶生具五色,除金晶贵重罕见外,其余诸色只可充现器,惟墨晶能养目及视日,具有实用"。并记载了当时就有生产墨镜的情形:"色深者能视日不眩,料厚益黑,故作眼镜者以厚为贵,独墨晶以薄为贵,盖薄而能黑,乃真墨晶也。"其中对装饰用玻璃的记载,可知当时此种工艺之精到:"玻璃作窗,室内视外为居暗视明,是其长处;五色玻璃作窗,外人较难于窥伺,且辉煌可观,间一用之,亦致饰之美也。"

卷二、卷三均为《释圆》篇,作者认为:"镜多变者,惟凹与凸,察其形则凹在圆外,凸在圆内。天之大以圆成化,镜之理以圆而神。"从"圆理"、"圆凸"、"圆凹"、"圆叠"、"圆率"五方面逐一阐说了制作各类镜面的原理、方式及物体的形状与效用的关系、各种镜类的用途等。其中对镜面圆理与圆镜凸限全率、两凸相离距显限率的分析阐说,显示了作者对几何学基本知识的透彻了解与灵活运用,对凸面镜、透镜、远镜和照明灯具等许多种光学仪器的成像原理和制作方法,作了详细的讨论和图示。如作者认为:"凡圆形以弧而见弧出于曲线,线愈曲弧愈深,若同一曲线平视之而曲线、侧视之而曲深者,视线长短为之也。"如右图。

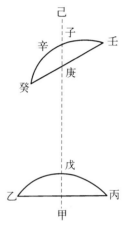

又如对望远镜作法的论说:"须察二镜(外凸内凹之镜)之力,若何相合,若何长短、若何比例,若何而不详其法……察镜力法:凹以侧收限,凸以顺收限。二镜相合法:凸深者凹宜深,凹浅者凸宜浅。度长短法:俱深则距短,俱浅则距长。求比例法:以凸之顺收限为则,凸限十二,凹限一,则相距亦十二,恰当其分,所谓是距也。"

卷四、卷五均为《述作》篇,具体论说各种镜面的制作方法,计有十七种镜类。如照景镜、眼镜、显微镜、取火镜、取景镜、放字镜、三棱镜、柱镜、万花镜、透光镜、视日镜、测食镜、测量镜、远镜等。每种镜的阐说都有对其形状、功用、制作方法的详细阐说,并附有精密绘制的图形,使人对各类镜物有直观形象的了解。如《作柱镜》中论说其形状为"形如柱,以铜为之,磨以方药,直处如平镜,故照物常称本形,横处如凸镜,故照物长者缩短"。并附如下图以说明之。

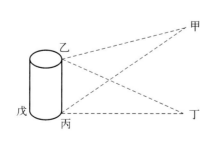 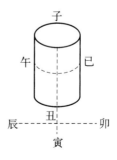

然后又详尽地叙述了作柱镜的方法。又如《作测日食镜》中述道"作丈许窥筒,径大五六寸,筒上口安浅凸,顺收限长,与筒称配。日食时,高弧安准,令稍可对日,游移筒下端,作活套筒,一节安铜柱,四根端安版,板糊洁白纸,上画十字线,平分十分,按分规作五圜,外规二寸,外作席棚遮暗如室,按筒上端开孔以受日光"。如右图。

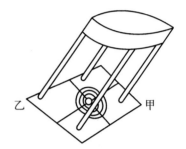

其时对光学仪器能作如此详细的论述和图示的,郑复光为第一人。然而,由于当时国内学术界对于光的本性与光与色的关系等还不甚了解,本书的作者也不能例外。正如王冰在《明清时期西方近代光学的传入》一文中所评论的那样,作者(指郑复光)采用了南怀仁对于色散的错误解释,并主观臆断棱镜没有什么大的用处,这是针对本书中"三棱镜其一棱必外出,自一棱至平面是为由薄渐厚,掩映空明,自淡而浓,故出彩色,见《仪象志》……此无大用,取备一理"之类的论述而作出的判断。

有关《镜镜䝬痴》的研究,有林文照《十九世纪前期我国一部重要的光学著作》、《郑复光》,以及王锦光、洪震寰的《中国光学史》(湖南教育出版社,1986年)的有关部分。

（曾　抗）

马首农言 祁寯藻

《马首农言》,一卷。祁寯藻撰。成于清道光十六(1836)年。通行本有清咸丰五年(1855)刻本、1957年中华书局版王毓瑚《秦晋农言》(其中删除《祠祀》、《杂说》两篇)本。

祁寯藻(1793—1866),字叔颖,号春圃,又号实甫。山西寿阳人。作者自幼勤奋、聪颖。清嘉庆进士,官至大学士。后回到家乡,亲自参加农、牧业生产,潜心研究有关的生产技术,并在道光十六年居丧时撰写了本书。生平事迹见《清史稿》、《清史列传》、《山西通志》、《寿阳县志》等。

《马首农言》是一部地方性农书。书名中的"马首"是寿阳的古名。全书分为地势气候、种植、农器、农谚、占验、方言、五谷病、粮价物价、水利、畜牧、备荒、祠祀、织事、杂说十四篇。"先辨种植,次及农器,继采古谚方言,附以占验之术,畜牧之方,水利救荒之策",十分丰富地总结了当地农民种植莳艺的实践经验。书后有作者的弟子王筠撰的跋。

《马首农言》详细地阐明了谷、麦、高粱等十几种作物的性状、生育和品质与环境条件的关系,以及栽培方法。如"莜麦,种时以烧酒少许匀子,其茎而有力,不为风靡","黍类,除稷黍外又有大小白黍、大小黑黍、大小红黍之别。大者先种后熟,其粒大,耐风;小者后种先熟,不耐风"。它对抗旱保墒、精耕细作的农业技术也已有深刻认识,指出"春犁宜浅,秋犁宜深","今年耕墒,明年耕陇",认为"耕不但欲地之熟,亦盗日之暴,暖气入地,其肥加倍"。农器方面,本书还分门别类地记载了种类繁多的农具。此外,还有田制、农舍、灌溉、运输、纺织机具等近百余种,几乎包括了当地的一切农业必备用具。它还广泛搜集了与农业有着直接联系的农谚二百二十一条,如"不怕重种谷,只怕谷重种","黍花种豆,亲如娘舅","立夏种胡麻,九股八格权","小满种胡麻,到秋只开花"等等,从中发掘宝贵的民间积累的农业生产经验,丰富我国古代农学遗产。在备荒问题上,作者认为,"水、旱、虫灾皆难备御,则蓄积之法不可不讲",表现了重在"防"字的高人一等的积极思想。书中还详述了备荒的方法:"区田甽地为区,布种而灌溉之,可备旱荒。柜田筑土为柜,种艺其中,以时疏泄,可备水荒。"并提出,"耕三余一,耕九余三,谨其盖藏"的广积粮措施,即使遇到歉岁,也可安度荒年。但书中的"占验"与"杂说"部分,也不可避免地夹杂有不少与农业无关的封建迷信的内容。

《马首农言》大量引用历代农学家的言论与事迹,反映了作者突出的重农思想。书中对十几种作物的栽培生长所作的细致观察和描述,可知当时已注意到环境条件的改变对生物变异的巨大影响。作者特别重视农具,表现了其"工欲善其事,必先利其器"的积极思想。此外还辑录了大量的当地农谚,使本书更具浓郁的地方色彩,加之朴实的语言、开门见山的叙述风格,更为农家喜闻乐见。

有关《马首农言》的研究论著有丁福让《祁寯藻与〈马首农言〉》(《农业考古》1984年第2期),高恩广、胡辅华《〈马首农言〉注释》(农业出版社,1991年)。

(王国忠)

霍乱论 王士雄

《霍乱论》，二卷。王士雄撰。成于清道光十九年(1839)之前。清同治元年(1862)作者在上海对它进行了修订，更名为《重订随息居霍乱论》，又名《随息居霍乱论》，刊行于世。通行本有道光十九年初刊本、咸丰元年(1851)吟香书屋刊王氏医案附刻本、同治元年重订本、《陈修园医书》本、《潜斋医学丛书》本、《中国医学大成》本、1958年上海科学技术出版社本。

王士雄(1808—1868)，字孟英，晚年又字梦隐(一作梦影)，号潜斋，别号半痴山人。浙江盐官(今海宁)人。其曾祖王学权、祖父王国祥、父王昇，三世皆为良医。王士雄少年丧父，迫于生计，曾充盐行账房。平时亦喜医学，承习家学，稍有闲暇即浏览方书，未及冠，即以医自养。初寓常山县，后迁居杭州。其处方用药极平淡，而治病多有奇效，尤以擅治温病著誉地方，远近求治者车马塞途。咸丰中，太平军攻陷杭州，举家迁居上海浦西。因战乱居所无定，题所居为"随息居"。时疫疠大作，前往求治者多全活，声誉益隆。王氏一生对外感热病深有研究，其医理宗崇《内经》、《伤寒》，间有发挥。对叶桂、薛雪的温病学说潜心研究，卓然有成，为清后期著名温病学家。著述尚有《温热经纬》、《古今医案按选》、《四科简效方》、《鸡鸣录》、《圣济方选》、《言医选评》、《舌辨》、《随息居饮食谱》、《潜斋医话》、《王氏医案》、《柳州医话注》、《愿体医话评注》等。生平事迹见《清史稿》卷五○二、《王孟英传略及其著作》(《浙江中医学院学报》1983年第二期)。

《霍乱论》是王士雄诊治霍乱病的经验总结，对霍乱的病因、病机，以及证治等多加阐发，颇有见地。卷上，二篇：《病情》篇，下分总义、热证、寒证；《治法》篇，下分伐毛、取嚏、刮法、焠法、刺法、揻洗、熨灸、侦探、策应、纪律、守险。卷下，二篇：《医案》篇，下分南针、梦影；《药方》篇，下分药性、方剂等类。书前有道光十九年(1839)本王氏自序、诸葛令序、谢家柱跋，同治元年本王氏自序、汪曰桢序，及书后陈亨跋。

王氏论霍乱认为有寒热之分，而以往医家多本《巢氏病源》、《三因方》之说，认为霍乱本于风冷，"有寒无热"。王氏根据临床所见，提出"热霍乱流行似疫，世之所同也；寒霍乱偶有所伤，人之所独也。巢氏所论虽详,乃寻常霍乱耳;执此以治时行霍乱,犹腐儒将兵,其不覆败者鲜矣"(《重订随息居霍乱论》卷上,《病情》篇第一寒证)。因热霍乱有流行、散发者,王氏称为时疫霍乱。对于时疫霍乱的病因,他认为主要是一种疫邪,这种疫邪多由于饮水恶浊所致。他举上海为例,认为上海人烟繁杂,地气愈热,室庐稠密,秽气愈盛,附郭河水,藏垢纳污,水质恶浊不堪,是产生该病的客观条件,并提出预防要注意疏浚河道,毋使污积,或广凿井泉,毋使饮浊等办法。在一百多年前,王氏已认识到吐泻霍乱有一种可以成疫,与毒气致病有关,实属难得,足以补前人未备。

在病机认识上,王氏亦认为非时疫霍乱与时疫霍乱是不相同的。非时疫霍乱即寒性霍乱,多是脾胃素虚之人,为湿浊饮食所伤,使阴阳二气乱于肠胃胸中,无火以化,致飧泄下注,甚至挥霍撩乱吐泻交作。时疫霍乱则多发生于亢旱酷暑之年,人又多蕴湿,湿热留著中焦,脾胃升降失常,致使清浊相干,发为吐泻。这种病证又往往是湿盛于热,多为热霍乱。

针对霍乱有寒热之别,有时疫与非时疫之分,书中就其寒热属性,制定相应的治疗方案。其于病情篇中指出:寒证霍乱"多见于安逸之人,以其深居静处,阳气不伸,坐卧风凉,起居任意,冰瓜水果,恣食无常,虽在盛夏之时,所患多非暑病"。对此"若拘泥时令,误投清暑之剂而更助其阴,则顷刻亡阳莫挽矣"(卷上,《病情》篇第一寒证)。因之,王氏根据病情不同,用以藿香正气散、平胃散、厚朴汤、来复丹、理中汤等药,以温中祛湿为大法,时刻重视阳气的衰微。对于热证霍乱,湿甚者,用以胃苓汤;热甚者,用桂苓甘露饮。若火盛之体,则宜甘寒以清之,方如白虎加人参汤之类;后者以补虚为主,清暑为辅,药如参术,必佐以清邪。王氏又从《金匮要略》用鸡矢白散治霍乱转筋得到启发,用蚕砂治霍乱,认为蚕砂既引浊下趋,又化浊使之归清,性较鸡矢更优,故常用作治霍乱转筋的主药。其所拟蚕矢汤、黄芩定乱汤等针对不同病情施治,多有奇效。

《霍乱论》是我国第一部专论霍乱的医籍。王氏分寒热论治,颇有创见,为医界所重。因是书所论均出自王氏临床经验,故时医多执以为证治霍乱之依据,其本重订之后流布甚广。

有关《霍乱论》的研究著作有裘沛然主编《中医历代各家学说》、任应秋主编《中医各家学说》、吴家清《荟萃温病学说的王士雄》、王致谱《王士雄》的有关章节,以及《中国医学百科全书·医史卷》的有关条目。

(乐 易)

铁模图说 龚振麟

《铁模图说》，一名《铸炮铁模图说》。一卷。龚振麟撰。成于清道光二十二年（1842）。道光二十三年癸卯刊印发行。收入清魏源《海国图志》。

龚振麟，生卒年不详。福建光泽（今建安）人，后徙居江苏。为江苏省长洲县监生，又从嘉兴县调至宁波，在浙江省炮局监制军械，对火器有一定研究。

《铁模图说》总结了铁模铸炮的实践经验，详细叙述了铸造炮台的工艺过程和技术规范。书中针对第一次鸦片战争时期以铁模代替泥型造火炮的情况，总结出使用铁模的长处，如一模多铸，使铸造工时减少，成本降低，又大大提高了模型的利用率，"用一工之费而收数百工之利"；减少了表面清理和旋洗内腔的工作量，铸型不含水汽，不出气孔，收藏和维护便利，一有战事，立即能投入生产以应急需，等等。书中对一些金属型性的认识解释及主要技术问题上，与现代铸造观念趋同。

用铁模铸炮是我国传统金属型铸造史上的一个大胆创新，龚振麟在我国金属型传统铸造技术的基础上加以总结和发展，为我国传统冶金技术的推进作出了贡献。同时，《铁模图说》是世界上最早的全面阐述金属型铸造的科技著作，在铸造史上有不容忽视的地位。由于当时清代政府的腐败无能，使这一科技成果没有得到长足的进展，并且此后不久，又有钢炮的发明，铁模铸炮的工艺未能成为主流技术，但是，龚振麟的研究成果则是应当充分肯定的。

关于本书的研究，有华觉明《关于金属型的札说三则·龚振麟和〈铸炮铁模图说〉》、《龚振麟》（见杜石然主编《中国古代科学家传记》）。

（曾　抗）

方圆阐幽 李善兰

《方圆阐幽》，一卷。李善兰撰。成于清道光二十五年(1845)。有《艺海珠尘》本、《则古昔斋算学》本。

李善兰(1811—1882)，原名心兰，字竞芳，号秋纫，别号壬叔。浙江海宁硖石镇人。少年时便酷爱数学，以后又遍读各种数学名著，与当时数学家顾观光、张文虎、汪曰桢、戴煦、罗士琳、徐有壬等往来切磋，并时有心得，辄复著书。清咸丰二年(1852)后到上海，与英国传教士伟烈亚力(Alexander Wylie)等合作翻译西方科学著作，系统地向国人介绍西方近代数学、天文学、力学、植物学等知识。从1860年起，先后在江苏巡抚徐有壬幕下及曾国藩军中做幕宾，从事有关的科技学术活动。1868年到北京任同文馆天文算学总教习，从事数学教育工作，并被授予户部主事、员外郎、郎中及总理衙门章京等官衔。一生著述甚多，除《方圆阐幽》外，尚有《弧矢启秘》、《对数探源》、《垛积比类》、《四元解》、《麟德术解》、《椭圆正术解》、《椭圆新术》、《椭圆拾遗》、《火器真诀》、《对数尖锥变法释》、《级数四求》、《天算或问》(以上均收入《则古昔斋算学》中)以及《考数根法》、《粟布演草》、《测圆海镜解》、《九容图表》等。译著则有《几何原本》后九卷、《代数学》、《代微积拾级》、《谈天》、《重学》、《圆锥曲线说》、《植物学》以及《奈端数理》(即牛顿《自然哲学的数学原理》)等。此外，还有《则古昔斋文钞》等诗文著作。事迹见《清史稿》卷五〇七《李善兰传》。

《方圆阐幽》是李善兰的早期数学著作，主要论述他自己创造的"尖锥求积术"，这是他在尚未接触到西方微积分学的情况下对解析几何和微积分思想的独立发明。书中用十个"当知"的命题来阐明他的"尖锥求积术"。

命题一："当知西人所谓点、线、面皆不能无体。"

命题二："当知体可变为面，面可变为线。"

命题三："当知诸乘方有线、面、体循环之理。"

命题四："当知诸乘方皆可变为面，并皆可变为线。"

命题五:"当知平、立尖锥之形。"

命题六:"当知诸乘方皆有尖锥。"

命题七:"当知诸尖锥有积叠之理。元数起于丝发而递增之而叠之则成平尖锥,平方数起于丝发而渐增之而叠之则成立尖锥,立方数起于丝发而渐增之变为面而叠之则成三乘尖锥,四乘方数起于丝发而渐增之变为面而叠之则成四乘尖锥,从此递推可至无穷。然则多一乘之尖锥皆多一乘方渐增渐叠而成也。"

命题八:"当知诸尖锥之算法。以高乘底为实,本乘方数加一为法,除之,得尖锥积。"

命题九:"当知二乘以上尖锥其所叠之面皆可变为线。"

命题十:"当知诸尖锥既为平面,则可并为一尖锥。"

李善兰通过对以上这十个命题的详细论述,表达了他积丝成绢、叠纸得书的微积分思想,并得到了几个相当于现代幂函数定积分公式的尖锥术算式。运用这一方法,书中又解决了求圆面积的公式和求圆周率 π 的无穷级数表达式的问题。书中还以其所创"分离元数法",与项名达、戴煦同时在中国最早得到二项式平方根的幂级数展开式。他的尖锥术理论虽未能十分严谨,但其思想方法却与西方17世纪微积分学先驱者卡瓦列利和开普勒的思想方法是完全一致的。在西方微积分学尚未传入中国之前,此书的理论和方法是具有启蒙意义的。

关于本书的研究,有王渝生《李善兰的尖锥术》,以及李迪《十九世纪中国数学家李善兰》、王渝生《李善兰》(见杜石然主编《中国古代科学家传记》)的有关部分。

(周瀚光)

垛积比类 李善兰

《垛积比类》，四卷。李善兰撰。成于清同治六年（1867）前。同年刊行。有《则古昔斋算学》本。

作者生平事迹见"方圆阐幽"条。

《垛积比类》是李善兰的数学代表作之一，是中国数学史上关于垛积术（高阶等差级数求和）的集大成的著作。全书共四万五千字左右的篇幅，"所述有表、有图、有法，分条别派，详细言之"（《前言》）。卷一主要讨论三角垛及其派生的支垛，卷二为乘方垛及各支垛，卷三为三角自乘垛及各支垛，卷四为三角变垛、再变垛、三变垛等。每一卷的内容，除图以外，分以下四部分。

一、表和造表法：全书共给出 15 个数表，皆为三角形数阵，是按不同方式对北宋"贾宪三角"的推广，属垛积表或系数表。表下给出的 15 个造表法多为递归定义。

二、解：全书以列举的方式给出 57 个具体垛的定义式，分别与表和造表法定义的各垛相当。

三、有高（层）求积术：这是全书的中心，共给出 124 个求和公式。

四、有积求高（层）术：占全书近一半，共给出 100 个方程及 112 则列方程的草式，其中有一元十次方程，最大系数为 101。

全书体例清晰，逻辑严明，内容连贯，前后呼应。在元代朱世杰"落一"（三角垛）、"岚峰"（三角变垛）两类垛积的基础上，另创乘方垛和三角自乘垛两类新的垛积，形成自己独具特色的垛积系统。文字部分通篇为定义、定理、演草，共给出定义式、公式、方程式、草式四百余则，无一是应用题。卷三所给出的三角自乘垛求和公式，即为现代组合数学著作中所引述的著名的"李善兰恒等式"。此书将中国古代传统的垛积术提高到了一个新的水平，为后人从整数论、级数论、组合数学等不同角度总结垛积术成果提供了丰富的内容。李善兰在书中自豪地宣称："垛积之术于《九章》外别立一帜，其说自善兰始。"

《垛积比类》在数学史上影响甚广。此书刊行后,被时人称为"朱氏(世杰)以后当首屈一指"。其后四十年间,平均两年出版一种垛积术著作,可见其影响之大。直至 20 世纪 30 年代后,中外数学家仍对其中的"李善兰恒等式"极感兴趣,已从不同的角度给出了这一恒等式的十几种证明。

关于本书的研究,有章甲《〈垛积比类〉疏证》、罗见今《垛积比类内容分析》,以及李迪《十九世纪中国数学家李善兰》、王渝生《李善兰》(见杜石然主编《中国古代科学家传记》)的有关部分。

(周瀚光)

植物名实图考 吴其濬

《植物名实图考》,六十卷(包括《植物名实图考长编》二十二卷,《植物名实图考》三十八卷)。吴其濬撰。成于清道光二十七年(1847)之前。通行本有道光二十八年陆应谷初刻本、光绪六年(1880)山西濬文书局本、1918年商务印书馆本、1957年同馆《图考》本、1959年同馆《长编》本等。

吴其濬(1789—1847),字瀹斋,号雩娄农。河南固始人。清嘉庆二十二年(1817)进士。历任翰林院修撰,湖北、江西学政,内阁学士,湖南、浙江、云南、山西巡抚,湖广总督,云南总督,兵部左侍郎,户部右侍郎兼掌管钱法堂事务,"宦迹半天下",行迹十九省。他对植物、矿物都有过深入的研究。著作尚有《滇南矿厂图略》、《滇行纪程集》等。生平事迹见《清史稿》、《清史列传》本传。

吴其濬鉴于以往本草书中存在着"名同而实异,或实是而名非"等许多错误,于是根据自己亲自观察和访问所得,并搜集古人论述,进行考订,绘图列说,经过长期努力,著成本书。

《植物名实图考》由两部分组成。一是《长编》二十二卷,收录植物八百三十八种,主要是辑录经、史、子、集古籍中有关植物的文献编写而成。在辑录中颇注意收集有关的专谱,如《芍药谱》、《桐谱》、《橘录》、《蚕书》、《菌谱》、《菊谱》、《牡丹谱》、《荔枝谱》,等等。这些谱有其不同程度的科学价值,有些还是珍贵的资料。收录的八百三十八种植物分为谷类、蔬类、山草、石草、隰草、蔓草、芳草、水草、毒草、果类、木类等十一类。另一部分是《图考》三十八卷,收录植物一千七百十四种,比《本草纲目》还多五百一十九种。分谷类、蔬类、山草、石草、隰草、水草、蔓草、芳草、毒草、群芳、果类、木类等十二类。编写体例仿照传统本草类著作,分类方法和《本草纲目》相似。对于所收录的植物的描述,择要记述其形态、颜色、性味、产地和用途,而着重说明其药用价值。对同物异名或异物同名的考订尤为详细。有些植物虽经多年比较研究,仍不能确定的,就不下结论。书中所引用的文献均一一交待出处,并纠正了历代本草书中的一些谬误。尤其要指出的是《图考》附图一千八百多幅,比以前任何本草书中的绘图都精确。这些图大都是在植物新鲜状态时绘下,非常逼真。对此,德国学者毕施奈德1870年出版的《中国植物学文献评论》一书中有很高评价,认为该书附图刻绘尤极精审,其精确者往往可以鉴定科和目。

《植物名实图考》综合了我国古代的研究成果,并有所发展提高,它记载的植物广布我国十九个省,比李时珍的《本草纲目》所收录的范围大得多,为我国现代植物志的编写开了先河。另外,它建立了比较科学的分类体系,许多现代植物分类工作者在考虑植物的中名时往往要参考它,除了可以根据书中附图鉴别出一些植物的科、属乃至种名外,不少植物的中名定名也往往是以本书为依据的。日本、美国、德国等国学者亦多推崇本书,认为它是研究我国植物分类的重要参考资料。

关于本书的研究,有周建人《〈植物名实图考〉在植物学史上的地位》、王筠默《吴其濬和〈植物名实图考〉》、陈重明《吴其濬和〈植物名实图考〉》,以及梁家勉《我国动植物志的出现及其发展》、李仲钧和刘昌芝《吴其濬在科学技术上的贡献》、刘昌芝《吴其濬》(见杜石然主编《中国古代科学家传记》)的有关部分。

(孙兆亮　徐维统)

象数一原 项名达

《象数一原》，原稿六卷，后补为七卷。项名达撰。原稿撰于清道光二十九年(1849)，全书补成于咸丰七年(1857)。有光绪十四年(1888)刻本传世。

项名达(1789—1850)，原名万准，又名年丈，字步莱，号梅侣。浙江仁和(今杭州)人。清嘉庆二十一年(1816)举人，考授国子监学正。道光六年进士，改任知县，但未就职，退而专攻算学。曾主讲于余杭苕南书院，执教于杭州紫阳书院。著作另有《勾股六术》、《三角和较术》、《开诸乘方捷术》三种，合成《下学庵算术》刊行。事迹见《清史稿》卷五〇七《项名达传》。

《象数一原》是项名达长期思考三角函数幂级数展开式问题的研究成果。晚年写成六卷、临终前嘱好友戴煦补成。后戴煦在原稿的基础上补充了第四卷和第六卷的内容，并增补了"椭圆求周图解"一卷附在书末。

此书卷一为"整分起度弦矢率论"，卷二为"半分起度弦矢率论"，卷三和卷四为"零分起度弦矢率论"，卷五为"诸术通诠"，卷六为"诸术明变"，卷七为"椭圆求周图解"。其数学成就主要有以下几项。

一、在三角函数幂级数展开式的研究方面，获得如下结论：全弧分为几份，不论其为奇为偶，它的通弦总可以展开为分弧通弦的幂级数；从而在前人研究成果的基础上进一步推广，归纳出两个新的幂级数公式。

二、把无穷级数方法运用于解决二项式平方根问题，创立了"自乘开方法"，即待定系数法；从而得出了幂指数为$\frac{1}{n}$的二项式定理以及用逐次逼近法开n次方的递推公式。

三、给出了求椭圆周长的计算公式，这是中国在二次曲线研究方面最早的重要成果。并据此推出了圆周率倒数公式。

此外，书中还有用正弦的幂级数表示正切、正割、正矢、余弦、余切，用余弦的幂级数表示余切、余割、余矢、正弦、正切等通变的公式,从而展示了其中的一些带有规律性的关系。

关于本书的研究,有李俨《明清算家的割圆术研究》、钱宝琮《中国算书中之周率研究》、何绍庚《椭圆求周术释义》、《项名达》(见杜石然主编《中国古代科学家传记》)等文的有关部分。

(周瀚光)

农言著实 杨秀元

《农言著实》，又名《半半山庄农言著实》，一卷。杨秀元撰。约成于清道光(1821—1850)间。通行本有咸丰六年(1856)刻本、《清麓堂丛书》本、1957年中华书局王毓瑚《秦晋农言》辑本。

杨秀元，生卒年不详。原名恒孝，字一臣，自号半半山庄主人。陕西三原人。早年读书，四十岁后改计务农，半耕半读。生平事迹见原刻本附贺瑞麟撰《杨一臣先生传》。

作者先前教书，四十岁以后经营管理农场。暮年才将经营心得记录下来，训示儿辈。其子杨士果恐日久毁失，加以刻印。

《农言著实》是作者对家人所作关于经营田业的训示，体裁像"月令"，叙述了一年十二个月的农事。书后有杨士果的跋及贺瑞麟的《杨一臣先生传》。

全书分为"半半山庄主人示儿辈"、"杂记十条"两部分，用夹杂着三原方言的语言进行叙述。其中，"杂记"十条叙述了积牲畜肥、利用闲地种菜、马房点灯节油、原上地不宜种芝麻等琐事，颇有"家训"性质。

《农言著实》所述完全是三原当地的实际的生产方法，极为切实，是研究陕西地区的农业生产技术的重要史料。

有关《农言著实》的研究著作有翟允禔《农言著实注释》(陕西人民出版社，1957年)，以及梁家勉主编《中国农业科学技术史稿》的有关部分。

（王国忠）

求表捷术 戴 煦

《求表捷术》，九卷。戴煦撰。约成于清道光(1821—1850)末、咸丰(1851—1861)初。有《粤雅堂丛书》本等。

戴煦(1805—1860)，字鄂士，号鹤墅，又号仲乙。浙江钱塘(今杭州)人。少年时便对天文、数学和机械学深感兴趣，以后一直致力于数学研究。与当时数学家谢家禾、罗士琳、徐有壬及李善兰等人均有交往，尤与项名达为忘年好友，共同研讨数学问题，并为项名达补成《象数一原》。其早年数学著作尚有《重差图说》、《勾股和较集成》、《四元玉鉴细草》等多种，均未刊行。

《求表捷术》是戴煦的数学代表著作，其中包括《对数简法》二卷(撰于1845年)、《续对数简法》一卷(撰于1846年)、《外切密率》四卷(撰于1852年)和《假数测圆》二卷(撰于1852年)。《对数简法》和《续对数简法》主要论对数求法及对数表造法；《外切密率》主要论三角函数表造法；《假数测圆》则主要论三角函数对数表造法。

对数表的造表法在微积分学未传入中国之前，是用"递次开方法"来求得对数，但多次开平方的数字计算工作相当繁复。戴煦在此书中创立了二项式平方根的级数展开式，又给出了他与项名达共同讨论而得的求二项式 n 次根的四个公式，并进而得到了指数为任何有理数的二项定理，从而使得对数表的造表可以事半功倍。书中又给出不用开方径求对数的方法，即因"假设对数"以求"定准对数"(即以十为底的常用对数)，使对数造表法更为简捷。书中还讨论了求负算对数(即真数为小于一的正数之对数)的两种方法。在得到了以上一系列成果之后，戴煦自豪地宣称："求对数之法于是乎始全矣。"

此书又论述了切线、割线与弧度间的关系，给出了一系列三角函数的展开式；又把对数展开式与三角函数展开式结合起来，得到了一系列三角函数的对数展开式。在戴煦之前，西方的三角函数对数表早已传入中国，但怎样检验这些表的准确性以及如何造表的方法却一直不得而知。

至此书的三角函数的对数展开式创立,上述问题才得到彻底解决。正如伍崇曜在此书的跋中所说:"径用弧背可得八线对数,尤为创获,前人所未曾有也。"

《求表捷术》是清代后期关于对数研究的一项重要成果。英国传教士艾约瑟还将此书译成英文寄给"算学公会",在西方数学界也有一定的影响。

关于本书的研究,有李俨《对数的发明和未来》、李兆华《戴煦关于对数研究的贡献》、《戴煦》(见杜石然主编《中国古代科学家传记》)等文的有关部分。

(周瀚光)

西学图说 王 韬

《西学图说》，一卷。王韬撰。约成于清咸丰二年(1852)。有光绪庚寅(1890)木刻本。

作者生平事迹见"弢园文录外编"条。

《西学图说》为王韬《西学辑存》六种之一。全书共二十三章：《太阳说》、《地球赤道图说》、《行星环绕太阳图说》、《行星续说》、《五星说(水、金、火、木、土、天王)》、《星气说》、《行星图二说》、《岁差图说》、《空气说》、《声学浅说》、《光动图说》，以下为《第一图说》至《第十图说》，附《光表差》，末《曲线图说》。

全书的重点在于介绍西方最新的日心学说。哥白尼的《天体运行论》早在16世纪即已问世，但耶稣会士在向中国输入西方近代科学知识时，虽然传入了哥白尼书中的许多具体知识，但作为最重要的日心体系却始终秘而不宣。《崇祯历书》中即有大量引用，1760年法人蒋友仁献《坤舆全图》时也宣传了哥白尼的一些学说与刻卜勒定律。最早在我国明确宣传哥白尼日心体系的是魏源编译的《海国图志》，而1859年李善兰与英国传教士伟烈亚力合作翻译的《谈天》(据英国天文学家约翰·赫歇耳《天文学纲要》译出)才在我国引起了巨大的反响。

王韬在1849年到上海墨海书馆做编辑工作时，因与伟烈亚力相识而合作译编了《西国天学源流》、《重学浅说》等六部书，《西学图说》亦在其中。《西学图说》的内容有译有编，重在介绍哥白尼的日心体系。伟烈亚力译完六书之后未与王韬继续合作，原因是伟氏认为王韬的自然科学功底较浅，遂北上而后来转与李善兰合作。而《西学图说》成书实早于李善兰所译《谈天》一书，只是因刊印晚于《谈天》而只能眼望《谈天》的轰动效应。尽管如此，《西学图说》的出版依然是扩大了哥白尼日心说在中国的影响，进一步证明了哥白尼学说才是科学的真理，从而也继续有力地打击了旧的地心系学说，为现代天文学在我国生根发芽作出了贡献。

关于本书的研究，有熊月之《西学东渐与晚清社会》的有关部分。

（王贻梁）

格术补 邹伯奇

《格术补》，一卷。邹伯奇撰。约成于清咸丰、同治(1851—1874)间。初刻本收入《邹征君遗书》。通行本有《中西算学丛书初编》本、《白芙堂算学丛书》本。

邹伯奇(1819—1869)，字一鹗，又字特夫。广东南海(今广州)人。清道光年间诸生，精通天文、数学诸术，曾参与绘制地图和制造"七政仪"等科技工作，对光学天文仪器及平面镜、透镜、眼镜等有专攻研究。另著有《测量备要》、《乘方捷法》等。

《格术补》是一部光学著作。书中以数学为理论基础，阐发了各种镜面原理。清人陈澧序曰："格术之名，见《梦溪笔谈》……徵君得《笔谈》之说，观日月之光影，推求数理，穷极微渺，而知西洋制镜之法，皆出于此，乃为书一卷以补古算家之术。"即此书命名之由。作者对各种镜面的形状、原理进行了详尽的阐说，并以图形加以形象的说明。如解说"凸镜"："向日取得火，则聚光最近限也，凡言收光限皆准此。以之取远物影，亦仅至此为止。物若近，则影加远。"而算法则为："置日限尺寸，自乘为实，以物距镜减日限，为法除之得影加远之数，并入日限为影距镜尺寸。"作图(如左图)并说明："图甲戊为中线，丙为凸镜，丙乙为前限，丙丁为后限，甲为物，戊为影，设前后限皆为一〇，物距镜为三〇，则次甲乙二〇，与乙丙一〇之比，同于以丙丁一〇，与丁戊五之比矣。"以数学方法计算出镜面的角距，使对凸镜的理解建立在扎实的数理基础之上。

又如对"窥远镜"与"显微镜"的解说，显示了作者精密的眼光与算学能力："窥远与显微，皆取倒影在筒内，皆欲其影大，惟窥远物不可近，则筒口镜宜浅凸，筒宜长，乃影大，然影必小于物。显微物可近，筒口镜深凸，而筒长则影大于物矣。远镜欲增大力，则换近目镜加深。显微欲增大力，则换物镜加深，此以一具为数具之用也。"说明两种镜面的原理是一样的。接着又以数学方法加以阐明其原理："……加凹去前凸四法曰：以距不及两限四，凹力一乘之，得四为面积,乃以距不及两限四为长阔和,用和数开平方,得阔二,以减前凸限六余四,为去凸数。又设前凸八,后凸二距八,加凸四……以距不及并是二,次加凸力四乘之,得八为面积,以距不及并二为长阔较,用带纵开平方,得长四,减前凸限八余四,为所加凸去前凸数。"

将数理算法融会贯通于制镜原理之中,这在当时的中国学界,确属非一般流俗所能道得。正如清人陈澧所赞誉《格术补》一书时所言:"有此书而古算家失传之法复明于世,又可知西洋制器之法,实古算家所有,此今世算家之奇书也。"清人王闿运曰:"邹君特夫偏精九数,以余意推沈氏之《格术》而补为书……非宋儒之所谓玩物者矣。"可见此书在我国光学数学史上的重要地位。

关于本书的研究,有骆正显《格术补》,以及李迪和白尚恕《我国近代科学先驱邹伯奇》、林文照《邹伯奇》(见杜石然主编《中国古代科学家传记》)的有关部分。

(曾 抗)

历代长术辑要 汪曰桢

《历代长术辑要》，十卷。汪曰桢撰。成于清同治六年(1867)。收入《荔墙丛刻》，通行本有《四部备要》本。

汪曰桢(1813—1882)，字刚木，号谢诚，又号薪甫。浙江乌程(今湖州)人。少秉母教，敦行励志，好学无涯。清咸丰时举人，后任会稽教谕。精于经史、音韵、历算、推步、诗文等。所修《乌程县志》、《南浔镇志》见称于时，又著有《历代长术辑要》、《太岁超辰表》、《推策小识》、《如积引蒙》、《四声均韵表补正》、《随山宇方钞》、《玉槛堂诗存》、《栎寄诗存》等，辑为《荔墙丛刻》。生平事迹见《清史列传》、《碑传集补》等。

清代重考据之学，乾嘉时期达至鼎盛。乾嘉以后，对中国古代天文资料的整理也进入了一个高潮时期。当时的整理研究工作，主要有这样两个方面：一是对具体的经史天文资料与具体历法，一是系统全面地对整个古代历法。对前代各朝历法作一个系统全面的整理，康熙时的梅文鼎就踵继明代邢云路《古今律历考》而作《古今历法通考》五十八卷，惜终未结稿，今亦已不可见具体内容了。乾嘉时李锐亦有此雄心大志，但具体只完成了对《三统》、《四分》、《乾象》三历的注释与《奉元》、《占天》两历的部分注释。而真正完成这一浩大工程的是汪曰桢的《历代长术辑要》。

汪氏撰成此书耗时前后达三十余年，可谓费力颇甚。书成而为一部天文历法学与历史年代学的重要参考书。

前有梅启照《序》、俞樾《序》。梅氏《序》文列出编制长术之难有七，所论甚是。而实尚不止于此。次为自撰《目录》，在末尾叙其撰为此书之过程：自道光丙申(1836)夏起，至同治壬戌(1862)夏始写定，共五十卷。上起周共和，下与钦天监颁行《万年书》相接，各就当时行用本法每年详列朔闰月建大小并二十四气，略如《万年历》之式。又附《古含推步诸术考》二卷与《甲子纪元表》一卷，共五十三卷。同治丙寅(1866)夏，莫友芝见而谓其卷帙过繁，故删简而仿《通鉴目录》专载朔闰，又附载群书所见朔闰之不合者缀于每年之末，简为十卷，至同治丁卯(1867)而毕。再次有《历代长术题辞》《二十四史月日考序目》。

正文十卷。卷一起于庚申(周共和元年,前841年),卷二起于乙卯(周定王元年,前606年),卷三起于癸丑(周显王元年,前368年),卷四起于辛丑(汉武帝建元元年,前140年),卷五起于丁亥(汉桓帝建和元年,公元147年),卷六起于庚申(晋元熙二年,420年),卷七起于戊寅(唐高祖武德元年,618年),卷八起于丁卯(唐哀帝天祐四年,后梁太祖开平元年,907年),卷九起于丁未(宋高宗建炎元年,金太宗天会五年,1127年),卷十起于戊申(元至正二十八年,明太祖洪武元年,1368年),全书终于庚戌(清康熙九年,1670年)。此后即详《万年书》。

汪氏于文中将行用历法一一按时排出,对汉武帝行用《太初历》以前的历法作了考证判断,对以后历法有疑问或需说明者亦有论述。表中正式内容为朔闰两项,此乃历代历法之最要点。虽只此两项为主,但实际困难极大。梅启照《序》中已析其难有七,总而观之,各代历法多有杂乱之时,记载错讹不一是主要两项。但实际恐远不止此七难。仅汪氏采证书籍达数百种之多一项,费时费力即已颇甚。而具体判断正误,尤伤神思。

关于本书的研究,有陈美东《中国科学技术史·天文学卷》。

(王贻梁)

行素轩算稿 华蘅芳

《行素轩算稿》，十九卷。华蘅芳撰。成于清同治十一年(1872)至光绪八年(1882)间。有《行素轩算学全书》本、《测海山房中西算学丛刻》本。

华蘅芳(1833—1902)，字若汀。江苏金匮(今无锡)人。少年时便酷爱数学，遍览当时的各种中西数学著作，刻苦自学，无师自通。青年时他与同乡好友徐寿一起受聘到曾国藩的安庆军械所，绘制机械图并造出中国最早的轮船"黄鹄"号。清同治四年(1865)参与筹划创设江南制造总局。1868年局内增设翻译馆，乃与英国人傅兰雅(John Fryer)等合作翻译西方科学著作，其中数学方面的译著便有《代数术》、《微积溯源》、《三角数理》、《代数难题解法》、《决疑数学》、《合数术》、《算式解法》等多种，其他还有《地学浅释》、《金石识别》等地质、矿物、气象、军事工程等方面的译著，是李善兰之后引进西方数学影响最大者。1876年到上海格致书院担任教习。1887年到天津武备学堂任算学教习。1892年又到武昌两湖书院主讲数学。1896年任常州龙城书院、江阴南菁书院院长。晚年主要从事科学教育工作。数学著作除《行素轩算稿》外，尚有《算学须知》、《西学初阶》、《平面三角测量法》、《抛物线说》等多种。事迹见《清史稿》卷五〇七《华蘅芳传》。

《行素轩算稿》是华蘅芳的数学代表著作，是其一系列数学成果的合刻。全书包括如下内容。

一、"开方别术"一卷，撰于1872年，主要阐述求整系数高次方程整数根的方法。

二、"开方古义"二卷，撰于1882年，主要阐述数字高次方程解法。自序说能符合元朱世杰《四元玉鉴》"今古开方会要之图"的原意。但计算程序比较繁琐。

三、"数根术解"一卷，主要讨论素数问题。阐明：若N为一数根(素数)，则2^N-2必能被N整除。

四、"积较术"三卷，主要讨论招差法在代数整多项式研究和垛积术中所起的作用。其中提出的两种计数函数和互反公式、内插公式有独创性，在组合数学、差分理论中有一定的意义。

五、"学算笔谈"和"学算笔谈续"十二卷。其中卷一论加减乘除，卷二论通分之理，卷三论十分数,卷四论开方,卷五论看题、驳题之法,卷六论天元术,卷七论四元术,卷八和卷九论代数,卷十论微分,卷十一论积分,卷十二杂论六事。对初学数学的人指引了一条由浅入深,由简单到复杂的捷径。

关于本书的研究,有王渝生《华蘅芳——中国近代科学的先行者和传播者》《华蘅芳》(见杜石然主编《中国古代科学家传记》)、李迪《中国数学通史》的有关部分。

(周瀚光)

血证论 唐宗海

《血证论》，八卷。唐宗海撰。成于清光绪十年(1884)前。通行本有光绪十六年本、善成堂刊《中西汇通医书五种》本、《中西医学劝读》本、1977年上海人民出版社本等。

唐宗海(1847—1897)，字容川。四川彭县人。少习儒，有文名，入学为诸生，有弟子数十人。光绪十五年(1889)中进士，授礼部主事。唐氏因父体弱多病，早年即习方书，留心医学，有病则自行调治。后弃宦途而行医，以医名世。尝游京、沪、粤等地，识见博广。治学提倡"好古而不迷信古人，博而能取长舍短"。对于西医西药，唐氏主张"参酌乎中外，以求尽美尽善之医学"，在医学界首先提出中西医汇通的口号，为我国早期中西医汇通派代表人物。著作尚有：《中西汇通医经精义》、《本草问答》、《伤寒论浅注补正》、《金匮要略浅注补正》、《医学一见能》、《痢症三字诀》、《医易通论》、《医易详解》、《医柄》、《六经方证中西通解》等。生平事迹见《清史稿》卷五〇二《费伯雄传》、《血证论》序、《伤寒论浅注补正》序等。

唐宗海父患吐血下血之证，为治父病，唐宗海四处寻医问药，然延请名医亦止用调停之药，以俟病衰。曾得同乡前辈杨西山《失血大法》一书，以之治病也鲜有成效，遂研读《内经》、《难经》及仲景之书，心有所得，而悟其言外之旨，用治血证十愈七八。唐氏总结临床，结合经典论说，发挥而成《血证论》一书，于清光绪十年付梓刊行。

《血证论》是内科血症专著。卷一，总论。首述阴阳水火气血、男女异同论，继以脏腑病机、脉证生死、用药宜忌等。卷二至卷五，分论血上干证治、血外渗证治、血下泄证治、血中瘀证治、起吐血、呕血，迄经闭、胎气，凡三十二条。卷六，为失血兼见诸证，所有与失血有关各症无不举备。卷七、卷八，为方解，书中引用古今方二百零一首，间论诸方适应的病机及方义。书前有唐容川自序。

《血证论》对血证的病因病机及证治要点作了系统论述。书中阐述心得有所创见之处，多证之经验，引申古义，并旁参西法，条分缕析，甚便查检。唐氏论治血证首先阐明气血的相互关系，他说:"人之一身,不外阴阳。而阴阳二字,即是水火;水火二字,即是气血。水即化气,火即化血。"(卷一阴阳水火气血论)以此为纲,他对水火气血的相互资生进行了论述。所谓"水即化气",他是从"《易》之坎卦,一阳生于水中"(同上)之理,悟出水为生气之原,认为"人身之气生于脐下丹田气海之中,脐下者,肾与膀胱,水所归宿地也"(同上)。肾与膀胱之水又是通过肺气心阳的蒸化来完成的。当气生成后,即布于全身内外,又由于气的作用,进而化生津液。在上述生理基础上,唐氏进一步论述水气的病理变化,指出水的通调发生障碍,影响气的功能,便能致病,而气病反过来也能导致水病,因此,"气与水本属一家,治气即是治水,治水即是治气"(同上)。至于血的生化,《内经》有"中焦受气取汁,变化而赤是谓血",以及"心生血"之论。唐氏将二者联系起来,强调血生成于心脾二脏。他说:"食气入胃,脾经化汁,上奉于心,心火得之,变化而赤,是之谓血。"(同上)血液的化生须赖心火,反之他也认为心火也须阴血奉养,才能平而不亢。生理之火固可以化生血液,但火旺或火衰,亦能危害及血液的变化,所谓"火化太过,反失其化","火化不及而血不能生"(同上)。而血病又可累及火病,火病可致血病,唐氏认为"血与火原一家,知此乃可言调血矣"(同上)。在论述了水与气、火与血的互相维系关系后,唐氏进而认为气与血、水与火则更是互相依存的。水火气血存在形式不同,但属同一整体的两个方面,合则为一,分则为二,紧密依存,互资共生。故"水病则累血",血病也有兼水病的情况。气血的生成,源于肾水心火,但维持水升火降,坎离既济,其枢纽却在脾,故唐氏认为"治血者必以脾为主,乃为有要,至于治气,亦宜以脾为主"(同上)。

唐氏毕生研究血证,在理论与临床方面都有较全面的阐述。他在《血证论》中指出:平人血液,畅行脉络,称为循经,一旦血不循经,溢出于外,即为血证。血证的病因病机十分复杂,唐氏把它归纳为四个方面:一是气机阻逆,血随上溢。气为血帅,如果气病则必然累及血病。"气迫则血走",就是气机阻逆,血离常道而随气上溢,有吐血、呕血、咳血诸证。二是脾失统摄,血无归附。唐氏认为脾能统主五脏而为阴之守,若劳倦伤中,脾气不统则血多下失,思虑伤脾,则血可由上下溢出,有唾血、血崩、远血(先便后血)等证,此外,吐血、衄血等证,亦有因脾虚不能统摄所造成。三是火热炽盛,逼血妄行。热伤阳络则衄血,热伤阴络则下血,皆由火热内盛而逼血妄行。这与气机阻逆关系密切,气逆容易导致郁勃化火,唐氏所谓"气盛即是火盛"。此证多表现为鼻衄、脑衄、目衄、耳衄、齿衄等衄血之证。四是瘀血阻络,血行失常。唐氏认为瘀血内阻,可以造成再次出血,其贻患无穷,可变生其他疾病,因此十分强调"凡血证,总以去瘀为要"。并认为"既是离经之血,虽清血、鲜血亦是瘀血",这对正确认识治疗血证具有研究价值。

对于血证的治疗,唐氏总结了止血、消瘀、宁血、补血四法。止血为唐氏治血证的第一大法,所谓止血,又主要是指业已动跃奔突于经脉之中,而尚未外溢之血,方法则以泻火降逆为主。其止血用大黄为要药,立方多从治本止血考虑,因证而异,颇具特色。血止之后,瘀血留着不祛,必致危害人体,并有使新血不能安行,复增吐溢的危险,故唐氏把消瘀列为第二大法,常用血府逐瘀汤等方。血既止,瘀既消,但在数日后其血复潮动而吐者,是血不安于经脉,必用宁血之法,方可免于复发。其治疗一般用祛邪、调气、凉血、泻火、润燥、清肝诸法,均以切证为治。其中他特别重视调气,认为调和气机对安宁血络意义重大。血证虽常因实邪而发,但"邪之所凑,其正必虚",血出之后,盖增其虚,所以唐氏认为血止之后必用"封补滋养"之法以疗虚补损,修复创伤。但唐氏反对在"瘀邪未清"的情况下用补法,补血一法务在邪尽之后方可应用。总之,唐氏治血四法围绕止血复正这一总则,前后兼顾,互相呼应。另外,杂病治疗之汗、吐、攻、和四大法,对于失血之证则有宜有不宜,用于血证的治疗方面,他力主下、和而禁汗、吐,其中又以逐瘀和血法为他治疗所擅长,具重要临床意义。

唐氏对血证有比较全面的认识,他能吸取经典及李东垣、朱丹溪、黄元御、陈修园等前人的成就,取长补短,择善而从,并证之自己的临床实践,兼及西方医学理论,形成独到的观点和治疗经验,故《血证论》一书独具体系,丰富了祖国医药血证论治的理论,为我国医学具有影响的血证论专著。

有关《血证论》的研究著作有杨世权《唐宗海论血宗治气》、皋永利《唐宗海济世探血症》,以及北京中医学院编《中医各家学说》、裘沛然主编《中医历代各家学说》、任应秋主编《中医各家学说》有关章节,盛维宗《唐宗海》(见杜石然主编《中国古代科学家传记》)的有关部分,《中国医学百科全书·医史卷》有关条目。

(乐 易)

中西汇通医书五种 唐宗海

《中西汇通医书五种》，一册。唐宗海撰。后人汇编于清光绪三十四年(1908)。通行本有光绪三十四年上海千顷堂书局本、1937年上海中国文学书局本、1953年广益书局本、1955年上海锦章书局本等。

作者生平事迹见"血证论"条。

《中西汇通医书五种》是唐宗海医学著作的汇编。全书共收书五种，它们是：《中西汇通医经精义》二卷、《金匮要略浅注补正》九卷、《伤寒论浅注补正》七卷、《本草问答》二卷、《血证论》八卷。兹分述如下。

一、《中西汇通医经精义》。初名《中西医判》，又名《中西医解》、《中西医学入门》。本书是唐氏中西医学汇通思想的奠基之作。全书以《内经》、《难经》等中医经典理论的要义为纲，兼以中西之说进行注释，并附以生理解剖图。卷上，有人身阴阳、五脏所属、脏腑所合、五脏九窍、男女天癸、血气所生、营卫生会、五运六气、十二经脉等十余条。卷下，有全体总论、五脏所伤、脏腑为病、脏腑通治、诊脉精要、审治处方等十余条。对于人体脏腑图，唐氏认为"中国脏腑图皆宋元后人所绘，与人身脏腑真形多不能合，故各图皆照西医绘出"(《中西汇通医经精义》例言)。但其又认为《医林改错》曾剖视脏腑，与西医所言略同，而证以《内经》形迹则更是丝毫不爽，试图以西医的解剖、生理等知识来印证中医理论，如此则难免多有附会。唐氏认为西医长于"形迹"，中医长于"气化"，中西医各有短长，主张"损益乎古今"，"参酌乎中外"，对沟通中西医学具有较大影响。但另一方面，唐氏又认为"内难仲景之书极为精确"(《中西汇通医经精义》叙)，而"宋元以来尤多纰缪"(同上)表现出崇古倾向。

二、《金匮要略浅注补正》。本书以陈修园《金匮要略浅注》为底本，对陈氏浅注义可通者存而不论，其不及者补之，不是者正之。凡补正的内容均以"正曰"标于原文或陈注之后。唐氏认为陈注章节较前注各家更善，但"于脏腑气化皆仍唐宋后说，于汉文法亦多未谙，章句意旨不无差讹"，故于书中合"中西医说,并将《内经》、仲景之书之精义一一勘出加以阐发"。对于书中因古篆今隶变迁致误的字,则参以钟鼎秦汉文字加以校正。

三、《伤寒论浅注补正》。本书以陈修园《伤寒论浅注》为底本加以补正,凡补正的内容均以"正曰"标于原文或陈注之后。书首为补陈修园浅注"于《内经》所论之阴阳气化,多不著实"(《伤寒论浅注补正》凡例)之缺憾。陈修园注伤寒推崇张志聪(字隐庵)、张锡驹(字令韶),并以两张之说为主,参以诸家成《伤寒论浅注》。唐氏认为两张之注虽"力求精深,于理颇详,而于形未悉,不知形以附气,离形论气,决非确解。近出西洋医法,所论形迹至详,惟西医略于气化是其所短。然即西医之形迹,循求《内经》之气化,则印证愈明,乃知修园二张所以尚有缺误者"(同上)。由是,唐氏以西医论形迹,有足证明《内经》者,采入注中,"正以《内经》奥义"(同上)。陈氏原书每经篇首未立总论,随文散释,读者难于会通,唐氏于每经的篇首,补总论一篇,提纲挈领阐明大意,颇便阅读。

四、《本草问答》。本书是药物学著作,由唐氏和学生张士让之间问答的方式写就。书中在叙述药物的功用时,采取对比的方法,把药物的性能、形态、药理作用及人体的机能活动联系起来,以便于读者理解记忆。全书载药不多,但有独到之处,特别所论潜阳重镇药物,给后人很大启发。书中对于中西医药的不同理论观点,以及中药药性与人体医疗的相互关系等,均作了探讨。

五、《血证论》。本书是内科血证专著。血证自古少有专著,唐氏吸取经典医论及前人的医学成就,兼及西医药理论,形成了独到的血证治疗理论和经验。书中对血证的病因病机及证治要点作了系统论述。于血证治疗总结了止血、消瘀、宁血、补血四法,很有临床实用价值。

唐氏作为我国早期中西医汇通派的代表,看到西学东渐,中医学术面临着西医的挑战,汇通中西医学成为历史潮流,在医学界提出"中西医汇通"的口号,在近代中医史上影响深远。这一口号经引申发展已成为发展中医的主导思想。但是由于唐氏思想的局限,对于中医理论中存在的差错谬误,他均认为是宋元以来后世医家的代代沿讹所至,而上溯内、难两经而来的中国传统医学已尽善尽美,无须再学习别人的东西,西洋医学之生理解剖再有特点,也超不出《内经》、《难经》的范围,因此,其学习和吸收西医的内容,只是印证中医学说,以利保存中医固有的东西。《中西汇通医书五种》正是集中反映了这一思想观点。该书除《血证论》外,其余四种分别以内难两经、伤寒金匮这四大经典,融会唐氏对西医的认识进行阐述。加之《本草问答》,更是基本涵盖了中医药学。这种尊经复古思想形成于中西汇通过程的初期,有很大的局限性,不可能取得较大的实质性成果。其《血证论》一书为我国医学血证治疗的名著,于中医血证治疗的理论与临床有重大影响。

有关《中西汇通医书五种》的研究著作主要有裘沛然主编《中医历代各家学说》、任应秋主编《中医各家学说》、赵洪钧著《近代中西医论争史》的有关章节,盛维忠《唐宗海》的有关部分,以及《中国医学百科全书·医史卷》的有关条目。

（乐 易）

诸天讲 康有为

《诸天讲》,又名《康南海诸天讲》、《诸天书》、《天游庐讲学记》。十五篇。康有为撰。成于清光绪十一年(1885),晚年又作修改。通行本有中华书局1990年楼宇烈校点本及中国人民大学版《康有为全集》本。

作者生平事迹见"新学伪经考"条。

《诸天讲》是一部阐述西方天文学知识的著作。清末,在帝国主义列强的侵略瓜分下,中国面临沦为殖民地的危险。许多不愿沦为奴隶的中国人纷纷起来寻求真理,解救国难。在这种情况下,西学包括哥白尼、牛顿、达尔文等自然科学学说纷纷传入我国,并很快地在社会上产生了广泛的影响,成为各种变革思潮赖以依据的理论。康有为、梁启超、谭嗣同等无一例外。康氏在其《自编年谱》中自谓"大购西书,大讲西学,尽释故见","大攻西学史,声、光、化、电、重学及各国史志。"这些著作的阅读,是康有为撰写《诸天讲》的客观条件。而引发他撰写《诸天讲》的直接原因则是有感于《历象考成》的落后,故作是书而向世人宣传西方最先进的天文学成就。

《诸天讲》书首有门人伍庄《序》,叙说其师撰著、修改本书的经过与出版事宜;康有为《自序》,叙说他二十八岁时因读《历象考成》而作本书的缘由,以及它的宗旨、要点。

正文凡十五篇。《通论第一》,共四章。其中,较为重要的是《中国古天文学未精由制器未精》和《明末利玛窦来,欧人天历始用于中国,然未知哥白尼地绕日、奈端吸拒力之说犹是大辂椎轮》(按:奈端即今译牛顿,吸拒力今译万有引力)。另外二章分别批判旧时的占验、分野之说。

《地篇第二》,共二十章。其中较为重要的是《地为绕日之游星》(按:游星即行星)、《发明地绕日为哥白尼,发明吸拒力为奈端功最大宜祝享》、《地能生出而绕日由吸拒力,凡游星同》、《地为汽体分出》、《地有热力故能自转,人见与日向背故号为昼夜》、《地自转久中间有远心力,故赤道较大》、《地自转有轴,其两端为南北极,测之为经纬度、子午线》、《地为他星所吸,故南北斜倚》、《地壳所由成》《地上氧气圈、等温圈、窒素圈之高度》《地心之原质》,其他诸章批判古以天地相配,亦介绍年岁与节气、地海知识等。

《月篇第三》,共六十三章。其中,较为重要的是《月为地生而分体至亲》《月转及潮》《月光之半面及上弦下弦》《月当朔望之食》《月随地绕日亦行椭圆》《朔周月周之日时、朔周大于月周》《月自转每岁十三昼夜惟亘古以半面向地》《月有天枰动》,其他诸章分别介绍月面的山、海,月有无生物等说。

《日篇第四》,共八章。其中,较为重要的是《日之原质》《日之气层》《日有放射性》《日之热力》《日之光度》《黑子》。

《游星篇第五》,共十九章。叙水星、金星、火星、木星、土星、天王星、海王星七大行星的状况,并探讨火星上有无生物和人等问题。

《彗星篇第六》,共十二章。其中,较为重要的是《彗星生于日与游星凡八百五十》《彗星行抛物线与双曲线》《彗星行周期凡四类》《彗星行迟速视距日远近》《彗星之异说》,其他诸章叙述"多拿彗星"、彗星对日、地的撞击等。

《流星篇第七》,共十一章。其中,较为重要的是《流星光有白绿黄赤四色》《流星为彗星核分散而成》《日亦流星所集》《流星有群或数十万》《黄道光附》,其他诸章介绍流星日落三万万、地球上岁陨流星三万六千颗等。

《银河篇第八》,共五十四章。叙银河天椭圆形状及广袤度、恒星之数、恒星大小等级有十七、恒星色热分等、肉眼所能见恒星数、矮巨星真光度、赤道十二宫恒星、新星、连星、双星、变光星等。

《霞云天篇第九》,共七章。叙霞云天"为他天之别一宇宙"、"多奇形怪状不可测"、"星云团十六万"、"客星"等。

《诸天二百四十二天篇第十》,共四十七章。叙佛教之二百四十二天结构:欲天二十七重、情天二十七重、色天二十七重、非色天十八重、非非色天九重、识天九重、非识天九重、非非色天九重、想天九重、非想天九重、非非想天九重、录天九重、光天九重、清天九重、郁天九重、玄天九重、洞天九重、混天九重、太天九重、元天九重。

《上帝篇第十一》,共二章。它们是《欧洲哲学家之言上帝》《上帝之必有》。

《佛之神通大智然不知日月诸星诸天,所言诸天皆虚想篇第十二》,共七章。叙佛说诸天、二十八宿、日、月、寒暑、亏盈等。

《历篇第十三》,共十四章。有《旧历沿革五十四次及欧历、回历皆不得地绕日之理,谬误不合用》《地面之测定》《磁地气》《以春夏秋冬四游纪时》《闰日》《都邑大道立地绕日、月绕日、各游星与地交表以明时》等,又认为《地自转成昼夜,今以一昼一夜为一转,旧以日为纪宜改》《地环绕日一次为一周,年岁之名宜改》、《宜以春分为元正》、《每地转之昼夜各分十时为记,每转共二十时,旧用十二时、二十四时宜改》、《每时皆用十进,定为十刻、十秒、十微,旧六十、十二之零数宜删》、《历纪宜曰某周、某游、第几复、第几转》等。

《仪像篇第十四》,共四章。它们是《总说》、《欧人测天之动物圈北天南天十二宫》、《欧人测天十二月之天象》、《测中国各省度》。

《附篇第十五》,共二章。它们是《天之大不可思议,破德人爱因斯坦相对论谓天之大有限、德人利曼谓天之大仅十万万光年之谬》、《哈德谓微生物之重量过于天之重量之谬》。

此后附《月球图》十五幅。

全书之末有门人无锡唐修《跋》,叙本书篇目内容的变迁。原稿第四篇为《黄道光》,今不自名篇而附于《流星篇》之末。新增《附篇》以仍足十五之数,所取二章本为《通论》内容。末《月球图》原《中西文参照表》今止存东西自南纬八十度至南纬三十度与南纬二十度至赤道一带山海诸名,余则残缺过半。

本书从成稿到修订,从一个侧面反映了康有为从早年到晚年的思想变化。早年的康氏,热心向往西方文明。在天文学方面,最崇拜哥白尼与牛顿,这在本书前几篇中曾多次讲到,介绍也最详。同时,《诸天讲》还增加了许多新的内容,如恒星光谱型、太阳上有核裂变反应、太阳的化学元素(这些内容是进入二十世纪初年近代原子理论发展起来以后才有的,故必是康氏后来所加入的,说明康氏在后来对最新的科学成就仍相当关注)等等。再如康德、拉普拉斯的星云假说与康德、朗白尔的无限等级式宇宙模型(康氏并用此驳斥爱因斯坦、利曼的宇宙有限论)都是首次介绍,以后还加入了20世纪初年张伯伦、摩尔顿的半碰撞假说,以及乔治·达尔文的有关月亮起源于因地球自转而分离出去的假说。所有这些,都使《诸天讲》成为当时一部最新的普及西方天文学知识的读物。但由于康氏晚年经历了维新变法与保皇复辟失败之后而倾向于佛教,早年批判占验、分野的精神早已不知去向,因此书中又新加了大量的佛教与西教的内容。如《诸天二百四十二天篇第十》、《上帝篇十一》两篇,大量地引述了佛经与西方耶稣会士的言论,而且自己还作了一篇《上帝之必有》。在其中竟然一反故态而大肆宣扬"吾国看相、算命、占筮多有奇验者","各国预言家亦多见验"。

(王贻梁)

清代编

教 育 类

桴亭先生遗书 陆世仪

《桴亭先生遗书》，又称《陆子遗书》。二十二种。陆世仪著。通行本有清光绪二十五年(1899)太仓唐受祺北京刊本。

陆世仪(1611—1672)，字道威，号刚斋，晚号桴亭。江苏太仓人。明末诸生，少即笃志圣学，务为明体达用之学，与陈瑚、盛敬、江士韶等结为文会。二十二岁入郡庠，次年因考虑到当时"天下多故"，今后"一旦出而用世，则兵革之事所不能也"(《文集》卷六《石敬严传》)，遂拜石敬严将军为师，习武并作《八阵发明》。明崇祯十年(1637)设馆于家。此后，先后讲学于淮云寺、苻药山房、蔚村、广福山房、东林书院等地。明亡后，绝意仕进，凿地十亩，筑亭其中，自号桴亭，以讲学著述为业，以孟子为榜样，自吟"功名温饱成何用，教育英才是楷模"(《诗集》卷五《读周甫学博近刻三笺赋赠即用韵》)。"大江南北，执经门下者数百人，无不倾心诚服，重其德而善良焉。"(《遗书》卷首《陆桴亭先生事略》)除讲学外，积极关心社会民生，饥荒之年与友人约为同善会，日聚银两以拯灾民，作有《常平权法》、《救荒平粜议》、《苏松浮粮考》等文，为民请命；又著有《甲申臆议》、《治乡三约》、《避地三策》等，于农田、水利、兵阵等都有研究，皆切于世用之学。卒后门人私谥尊道先生，又私谥文潜先生。生平见《清史稿》及《遗书》所附《年谱》等。现存著作多收入《遗书》中。

《桴亭先生遗书》为陆世仪著作的汇编，包括《文集》六卷，《诗集》十卷，《论学酬答》四卷，《志学录》一卷，《月道疏》一卷、附《月行九道图并解》，《分野说》一卷、附《云汉升沉山河两戒图》，《治乡三约》一卷，《制科议》一卷，《甲申臆议》一卷，《苏松浮粮考》一卷，《娄江条议》一卷，《八阵发明》一卷，《桑梓五防》一卷，《常平权法》一卷，《家祭礼》一卷(系节录本)，《支更说》一卷，《思辨录辑要》二十二卷。卷首有《尊道先生年谱》、《尊道先生陆君行状》、《行实》。

陆世仪终生从教，故《遗书》中教育思想是很丰富的，主要有以下几方面。

一、论性善和教育的作用。陆世仪采用孟子及理学家的性善说，但含义不同。理学家常主张性善气质恶，而陆世仪则谓："人之气质善，舍气质之外无性也。"(《性善图说》)他从《易经》"一阴一阳之谓道","继之者善也,成之者性也"出发,认为在未有成形之时,是无所谓性的,只有在"万物化生之时而有形化",才"万物始各一其性,而有性之名,夫是之谓'成之者性'"。所以说,性是后天形成而非先天固有的。其次,所谓人性善是与物比较相对而言的,"惟人也,得其秀而最灵,故曰人之性善。是善也,正以人之气质得之于天者,较物独为纯粹,故有是善"。人的气质有仁义等"五德",物之中亦有五德之目,"而人终处其全,物终处其偏也"。人与物同有知觉,"而人终处其通,物终处其塞也"。人与物同有事为,"而人终处其多,物终处其少也"。即人的生理官能、知觉、是非判断能力比物高,故其性善。正因为人的生理官能等优于物,因而,虽然人与物同样万有不齐,但"人可以学问,故万有不齐而可至于齐;物不可以学问,则万有不齐者,亦竟成其为不齐而已矣"。说到底,陆世仪的人性善不是指人具有天生的善性,而指人具备学习的官能和能力,能从"赋秉偶亏"变为圣贤。故其性善论就强调了为学、受教育的可能性和必要性。正如他在《太极图说讲义》(《文集》卷一)中所指出:"吾辈人人原具有圣人本体,原该人人与天地合德,只为气质既殊,便不得不用工夫学力,所谓修业也,修之便是君子……悖之便是小人。"这段话道出其性善论的主旨。

二、论大学教育。陆世仪认为,"学校者,所以教天下之人,学为治天下之道,而因以共佐一人以治天下也。"(《文集》卷五《学校议》)其重要性是不言而喻的,而当时,"上官之裁抑学校则过甚矣",学校处于不景气状态。他提出一系列复兴学校教育的措施:第一,应慎选师儒。选师的标准是"以德行学问为主"(《思辨录辑要》前集卷二十《治平类·学校》),"师得其人,则天下向风,自然人才辈出矣"。他提出,"宜著为令典,县官下车之始,即首询士民,邻近地方有才德迈众可为师表者,不拘搢绅布衣,县官亲自造庐,敦请诣学,庶几教职得人,育德有效。"还指出,要选得好师儒,必先尊师,"师道之不立,实由举世不知尊师",故"师道至于今而贱极矣"。他疾呼:"师之一字,是天地古今、社稷生民、治乱安危、善恶生死之关也。"须议为定制,教师"居于其国,自县官及搢绅以下皆执弟子礼,见藩臬尊官不行拜跪",做到师在天下则尊于天下,在一国则尊于一国,在一乡则尊于一乡。第二,分科教士。主张国学"决当仿安定湖学教法而更损益之",分经义、治事两大部分,经义分《易》、《礼》等科,治事分天文、地理、河渠、兵法诸科,各聘请专家名士以为其长,而学校之师则总而受其成,这样,"为师者不劳,而造就人才亦易"。第三,教学内容须有体有用,勿尚虚文。当时学校只讲经义,不讲实学,致使学者学用脱节,不能适应实际需要。故陆世仪提出:"六艺古法虽不传,然今人所当学者,正不止六艺,如天文、地理、河渠、兵法之类,皆切于用世,不可不讲。俗儒不知内圣外王之学,徒高谈性命,无补于世,此当世所以来迂拙之诮也。"(《思辨录辑要》卷一《大学类》)他尤倡教习天文、兵法:"或以为天文、兵法皆当秘也,不当设科于学校者,非也。天文所当秘者在占验一家耳,至于历数,则儒者所必当究心,何可秘也。兵法后世亦未尝秘,但不以教士耳。然惟不以教士,故今之为大吏居方面者,皆耳未习金鼓,目不识旌旗,一旦用兵则张皇失措,举军旅之事一委诸目不识丁之武夫,此天下之事所以大坏而不可救药也。"(《治平类·学校》)此外,还提倡教习数学,指出:"数为六艺之一,似缓而实急,凡天文、律历、水利、兵法、农田之类,皆须用算学者。不知算,虽知算而不精,未可云用世也。"(《思辨录辑要》卷一《大学类》)第四,应创造较好的条件以养士。指出:"聪明才辨之人,一总埋没不得,只无以养之,便把他天资都弄坏了。"(《思辨录辑要》卷二十《治平类》)建议学校宁隘其学生名额,而勿困之以徭役,宁重其选,而勿夺之以廪饩。

三、论小学及家庭教育。陆世仪的小学教育主张,针对儿童的生理和认识特点。在教育原则方面,主张对年少者应"与之以宽"(《思辨录辑要》卷一《小学类》),因为年少时在父兄前终有畏惮,"宽者所以诱其入道也"。对年岁较大的孩子则须与之以严,以防其放荡不制,宽严因其年力各有妙用。在教材方面,他指出朱熹的《小学》多穷理之事,近于大学;语多出于《四书》、《五经》,且多古礼,不谐今俗;开卷多难字,不便童子学习。主张采《礼记》中之《曲礼》、《幼仪》,参以近礼,择其可通行者,编成一书,用语须针对童子不便读长句的特点,或三字或五字,节为韵语,务令易晓易行,以便从小知行并进。在教学方法上,针对儿童多记性、少悟性的特点,主张在十五岁以前,熟读《四书》、《五经》,熟读天文、地理、史学、算学之歌诀。并提倡根据儿童好动的特点,教其歌诗和习礼,以涵养气质、熏陶德性。陆世仪重视家庭教育,谓"教小儿不但出就外傅谓之教,凡家庭之教最急"(同上)。提出家教必原于朝廷之教,朝廷之教以道德,则家庭之教亦道德;朝廷之教以名利,则家庭教育亦名利。指出应早教,家教始于儿童知识乍开之时;应教之以正,不能教以歪门邪道;应因势利导,宽严得当,既不能使之"流于放荡",也不能"遏其天机";应以身作则,端本清源。主张"教女子尤为至要",但同时又说女子只可识字,不可使知书义。

四、论选举考试。陆世仪指出:"制举之见鄙于世也甚矣,识者久已知其非求贤之道"(《甲申臆议·慎制举》),虽未可遽更,但必有所改观,以服豪杰而得人才。首先,应辨正文体,礼部颁降文式,以安定、伊川为法,崇实学而黜浮华。其次,应重策议。尖锐批评考试重前场轻后场的陋习,指出这导致士子不重策论而重八股,束书不读而专背烂时文,结果"出仕之后与出仕之先,学问顿成两截,将何以为忠君爱国之用,往往至于丧身辱国,非不欲自振,盖生平伎俩实止于此也"。如果考官重后场,则士子知重经济、留意时务,则学用一致。第三,减少考试次数,以节省公帑,减少奔竞。时值清初用人之际,故还建议,朝廷下求贤书广搜人才,类似开博学鸿词科:"当今之时,宜特下求贤诏书,令在京府部诸臣、在外抚按郡县,会同集议,各举所知,除已入仕外,不论举监士民,务宽其途以求必得,仍择日汇送至京,或天子亲行召对,以观其能,或策以时事,与大臣决其可否,品定其才,授之以职。其有器识绝人者不次超擢,以资大用,务使天下晓然知朝廷所以极意求才之

意。而后天下之人即才不及者亦将黾勉竭厥,以赴朝廷之望。"(《甲申臆议·求人才》)

第五,论读书。《遗书》中有关读书的内容很多,概括起来主要有:读书要能疑,"疑处即悟处也,孔子之所谓愤与悱也,然后著人点拨,便如以石投水,无所不纳"(《论学酬答》卷四《与舜光甥论读书札》)。要有所疑必先有所思,"悟处皆出于思,不思无由得悟也"(《思辨录》卷三《格致类》)。故须学思结合。读书要随时做笔记,若有疑义,以一纸登记,以便质问,亦可用笔记作"自家检点,如严师在侧,如父母在前,一有差失荒废,便生愧耻之念"(《与舜光甥论读书札》)。读书须博约结合,"博者所以为约也,约者所以守博也。博而能宗,故穷大而不荒;约而能详,故深藏而用昌"(《文集》卷三《古今文选要序》)。须按专题分类读书,如《纲目》等三书所载大致相同,可择其一种用心看过,其他二种不必细阅,点过便是,比如复读,极省工夫。但须三书一齐看,不可看完一部再看一部,以免久则记忆生疏。经济和天文、兵法、地利、河渠、乐律之类书亦应如此读,则"成就自不可量也"(《格致类》)。读书还应能融会贯通,把书中之义理变为自己的东西:"凡看书,不但要书义明白,须要身心明白;亦不但要身心明白,须要身心与书义融洽贯通,身心即书义,书义即身心,彼此无间,才是工夫,才为明白。"(《论学酬答》卷二《答王石隐论一贯书即呈介石先生及虞九言夏》)要将学到的知识"一以贯之","贯者,不碍之谓也"。这就须有自己的心得,"心胸之间恍然若有所得"。最后,读书应知行统一,"学、问、思、辨、行,步步著力"(《格致类》)。关于所读的内容,陆世仪一贯主张既重经书又重实学,谓"凡读书须识货,方不错用工夫。如《四书》、《五经》、《性理》、《纲目》,此所当终身诵读者也。水利、农政、天文、兵法诸书,亦要一一寻究,得其要领。其于子史百家,不过观其大意而已,若欲一一记诵便是玩物丧志"(《格致类》)。他设计了一个自五岁开始的"十年诵读、十年讲贯、十年涉猎"读书法。其"十年诵读"主要读经书之正文,亦读天文、地理、算学等切于日用的歌诀;其讲贯、涉猎之书,则大部分为实用之书,如本朝事实、本朝典礼、本朝律令、天文书、地理书、水利农田书、兵法书等。要求学者"以上诸书,力能兼者兼之;力不能兼则略其涉猎,而专其讲贯;又不然,则去其诗文,其于经济中或专习一家,其余则断断在所必读,庶学者俱为有礼有用之士"。

《遗书》中的教育思想,涉及各个方面,而其主旨皆为有体有用,故《四库全书总目》评曰:"世仪之学,主于敦守礼法,不虚谈诚敬之旨;主于施行实政,不空为心性之功,于近代讲学诸家最为笃实。"

有关的研究资料,有唐鉴《学案小识》卷二,颜元《存学编》卷一,梁启超《中国近三百年学术史》,沈灌群、毛礼锐主编《中国教育家评传》第二卷等。

(马 镛)

杨园先生全集 张履祥

《杨园先生全集》，又称《杨园张先生全集》、《张园先生全集》。五十四卷。张履祥著。有清康熙间刊本、同治九年(1870)山东尚志堂刊本、同治十年江苏书局本。又有同治元年昆明杨勋重刊六卷本。2002年中华书局出版陈祖武校点本。

作者生平事迹见"补农书"条。

《杨园先生全集》为张履祥的文集。卷一为骚、诗，卷二至卷十四为书，卷十五为上书、疏、启、序，卷十六为序、寿序，卷十七为记，卷十八为说，卷十九为论、辩、议，卷二十为题跋、书后、引、赞、铭、箴，卷二一为传、墓志铭、事略、遗事，卷二二为吊祭、告文、哀辞，卷二三为杂著，卷二四为文补遗，卷二五为问目，卷二六至二八为愿学记，卷二九为读易笔记，卷三十为读史等，卷三一至三四为言行见闻录，卷三五为经正录，卷三六、三七为初学备忘，卷三八为近鉴，卷三九至四二为备忘录，卷四三至四六为近古录，卷四七、四八为训子语，卷四九、五十为补农书，卷五一为丧葬杂录，卷五二至五四为训门人语。卷首附桐城苏惇元的《张杨园先生年谱》、《编年诗文目》、《诸家评论》、邵懿辰《张杨园先生传》等。

《全集》中所阐述的教育思想主要如下。

养在教之先。《初学备忘下》指出，经济生产是教育发展的基础，要兴学校，先须考虑："朝廷制民之产，能使养生丧死无憾否？庠序之士禄足以代其耕否？"如果禄不足以代其耕，士为免于死亡，必"营求谋虑以为宫室、衣服、饮食之需者"，不能尽出于义。这样，对子弟的教育必然带来不良影响："父兄以无所不至之心谋其家、以养其子弟，子弟以无所不至之闻见日锢其耳目，以及其心术，而为之长上师友者，亦莫非以无所不至之所言所行以相渐摩兴作，而望正教之行，难已！"因此，"欲子弟之服正教，必自父兄之不失正养"，"朝廷将兴学校，必以制民之产为始"。

耕读相兼。从养为教之先的观点出发，作者反复强调，学者当以治生为急，批评谋道不谋食之说，谓"贫士无田，不仕无禄，复欲讳言治生以为谋道，是必蚓而后充其操也。否则必以和尚之托钵为义,坐关为修道也。亦可谓踵末俗之敝风,习而不察者矣"(《备忘一》)。主张治生以稼穑为先,因为粮食是生民之原、天下治乱、国家兴废存亡之本。当时社会有耻于农耕之风,而张履祥则提倡,士当参加农业劳动,认为稼穑不仅是解决生活来源问题的手段,而且是道德教育的有效方法:"夫能稼穑,则可无求于人,可无求于人,则能立廉耻。知稼穑之艰,则不妄求于人,不妄求于人,则能兴礼让。廉耻立,礼让兴,而人心可正,世道可隆矣。"(《初学备忘上》)又谓:"百谷草木,用一分心力,辄有一分成效;失一时栽培,即见一时荒落。"(《补农书下》)"农桑之务,用天之道,资人之力,兴地之利,最是至诚无伪"(《赁耕末议》),稼穑可培养勤劳、诚实的品德。此外,还可锻炼身体和意志,磨炼出"一副精坚强忍智力来"(《愿学记》二),成为能担当重任的人才。因此,《全集》认为,理想的教育就是耕读相兼,半年农忙时耕种,半年农闲时读书讲求义理。张履祥对子弟和门人都要求亦耕亦读,他自己也边教边耕,"岁耕田十余亩,草履箬笠,提筐佐馌"(《清史稿·张履祥传》),还著有《补农书》以教后人。

为学求实。《全集》中的"实"的含义有多种,概括起来主要有三:其一,实实在在地学习、体验伦理道德:"凡读书,每处必求其实,自然有益。如读《大学》'在明明德',便思明德是何物。若实见得,其于学也思过半矣。"(《愿学记一》)"书义固须讲解,然不从自家字字句句体验得来,总是随明随暗。"(《备忘二》)其二,通世务:"医家固须学博明理,然必以识病善用药为急。吾人学问之道亦如此。朱子每以通世务为言,盖修己治人,只是一事,若世务罕通,说道理即成片段,临事只是茫然,所学虽博,适足以为害而已。"(《愿学记一》)其三,力行致用。指出:"近代学者,废弃实事,崇长虚浮,人伦庶物,未尝经心,是以高者空言无用,卑者沦胥以亡。今宜痛征,专务本实,一遵《大学》条目,以为法程。"(《澉湖塾约》)要求学者将《大学》"诵之熟,讲之熟,思之熟,行之熟"(同上)。即学思行结合,学以致用。谓"致知者,所以为力行也"(《愿学记》一)。其求实的中心思想,是"明礼适用"(《东庄约语》),既要认真理解掌握伦理道德,又要能运用于实际生活,不事空谈。在知于行的关系上,反对王守仁合知行为一的观点,也反对当时重行不重知或重知不重行的观点:"今之读书,徒为空言,不及行事,固为无实,终无所得。亦有专于人事上打算,而不能深心读书以求进于义理,终于固陋鄙野,不能造于高明之域也。"(《备忘遗录》)他的求实观点就是为避免这两种倾向而提出的。从这种观点出发,指出教学当仿胡安定之法,设经义、治事二科,而学者则当读有用之书,包括:六经、诸史、先儒理学,以及历代奏议等有关修己治人之书,以及医药、卜筮、种植等也是有用之书,至于"诞妄妖惑"的方技书则决不能读。从求实出发,还强烈抨击科举考试制度,指出科举诱以功名利禄,败坏士习,"后生不务力学,驰骛名场,放心丧志,莫甚于此!"(《示诸生》)要求父师"有志于子弟之贤者,必当以制举业为戒"(《备忘遗录》)。要求朝廷"无论中兴割据、鼎立统一,第一要罢科目,罢科目则人才出,朝廷得收用人之益"(《备忘四》)。认为汉代的孝弟力田科最能收实效:"以力田为科,则可使海内无闲田;以孝弟为科,可以使乱臣贼子不作。人才出,风俗美,海内富实,士志兵强,视以辞赋奔走天下者,何啻千里!"(《备忘遗录》)

教以行道。作者指出,教育是行道和育才的事业:"君子得位则行其道,不得位则行其教,教行道亦行矣。"(《愿学记二》)"在上则进贤才,在下则育贤才,无非为天下国家。"(《愿学记》)然而当时一些父兄对子弟只是计近功、逐小利,惟求取世资而不求育贤才,而"为之师者,莫不以鄙夫患失之心逢其主人"(《初学备忘上》),只顾目前一刻之效,是以世教日下。对此状况,《全集》反复指出,为师当教人以德义,而不能教以声色货利;当教以实行,而不能教以空言;当"以保赤子之心教人,则尽道"(《愿学记一》)。

教心有术。作者说,动物均能教其子:"猕猴犬鼠,亦能教之为戏,虽无知如鱼蚁,亦教之之术。"(《备忘一》)作为万物之灵的人,更应有教学之术,书中主要倡长善救失,谓:"教人之道,只'长善而救失'一语尽之。如《舜典》命夔典教胄子,而曰'直而温,宽而栗,刚而无虐,简而无傲',只是此意,万世教人之法不能易也。盖直者恒不足于温,故欲其温;宽者恒不足于栗,故欲栗;刚者易至于虐,故戒其虐;简者易至于傲,故戒其傲。"(《备忘二》)书中还载有问难讨论的教学法,这种问难师生平等,各抒己见。张履祥说:"仆虽寡知,昔闻于师,敢不罄尽?其不知者,正可互相稽论,以求其明。"(《澉湖塾约》)故他谓讲学是教学相长的过程,对教师亦很有益。指导自学,也是张履祥的教学之术,《全集》中有大量有关自学方法指导的内容,归纳起来有,学必立志:"为学之道,始于立志,犹射者未发矢而志已及之。志大而大,志小而小,他日所成,无不由是。"(卷十三《答颜孝嘉》)学必虚心:"学问之道,惟虚受最有益,譬之一器,虚则凡物皆能入之,若先置一物于中,更何物能入?"(《初学备忘上》)为学如果有"一毫自足自是之见存于胸中",也会无形中表现出来,等于拒人于千里之外,这是学者之大患。学须循序:"功夫须是绵密,日积月累,久自有益。毋急躁,毋间断,急躁间断,病实相因。"(《澉湖塾约》)学须日新:"学问之益,须是月异而岁不同,若今日是此人,明日仍是此人,今年是此人,来年仍是此人,如何得长进?"(《初学备忘上》)学无常师:"服药不用单方,恐温凉甘苦久而偏胜,则因药而致他疾有之。学者读一家之书、守一家之说,其弊亦往往类此。"(《备忘一》)此外,规定了自学制度,如立读书课程,立早晚自查法,每天早起"即省昨日所业与今日所当为"(《澉湖塾约》),晚上"检点一日所课,有阙则补,有疑则记,有过则自讼"(《菱湖塾约》)。并辅之以随事问其义理,"或设难令其分析,或听言察其记忆,或见人质其邪正,皆是引其用心之方也"(《备忘四》)。

固守农士家风。爱子之心人皆有之,但为父母当如何爱子弟?"将以田宅、金钱遗子之为爱乎?抑以德义遗子之为爱其子乎?"(《训子语上》)张履祥认为,当遗子以德义:"不肖之子,遗此田宅,转盼属之他人;遗此多金,适资丧身之具,孰若遗以德义之可永世不替。"(同上)如何遗子以德义？从耕读相兼的观点出发,他主张固守农士家风,培养贤子孙。其理想的贤子孙,是"以忠信谨慎为先","持身谦逊而不敢虚骄,遇事审慎而不敢容易"者(《训子语下》)。更重要的是能知稼穑、懂义理的农士。农士的培养,七八岁至十五岁为读书时期,十五岁以后,观其气质和志向,为农为士,始分其业。在儿童和青少年读书时,特别注重延师教子:"古者易子而教,后世负笈从师,近代延师教子,世变虽殊,要无不教其子者。"(《训子语上》)延师之前须先访求和选择:"然教子有道,《记》曰'严师为难',而不自严师始也,其要在于择师,择师在于平日之访求,而不在延师之日,自子生以后,便当劳心矣。"(《与钱子固》)择师须观师之志向、学问及其为教之方,"真是求什一于千百也"(同上)。十五岁以后,虽分其业,仍须进修:"子弟三十以前,心志血气未有所定,虽贫且贱,不可辄离师傅。"(《训子语上》)三十岁左右,如果"德性驯良、学粗有得",还应延笃学之师,教以"经济之学",如"朝廷邦国、礼乐刑政、天文历数、屯田水利、边方险要之类,事事讲求"(《训子语上》)。兵法也是应学的内容。可见其心目中的农士,须既懂义理、能从事农业生产,又要有较广博的知识。但他也知道,"此等子弟自是不易得,非可一概论也"(同上)。

有关的研究资料,有《全集》卷首所附《诸家评论》,徐世昌《清儒学案》卷五,唐鉴《国朝学案小识》卷一,沈灌群、毛礼锐主编《中国教育家评传》第二卷等。

(马 镛)

朱柏庐先生治家格言 朱用纯

《朱柏庐先生治家格言》，又称《朱子治家格言》、《朱子家训》。一卷。朱用纯著。本文在清代"家弦户诵"，但据金吴澜道，在朱用纯"已刻、未刻各书皆不选入"（《朱柏庐先生编年毋疑录·著述目·注》）。通行本有《格言注解》本、南昌广内甲戌坊乙照斋善书店版、《东听雨堂刊书·儒先训要十四种》本、史孝贵主编《古今家训新编》等。

朱用纯（1617—1688），字致一，自号柏庐。江苏昆山人。明生员。清初，在家乡聚徒讲学。康熙年间，人欲以博学鸿儒荐，固辞不应。治学确守程、朱，倡知行并进，来学者教以《小学》、《近思录》，仿白鹿洞规，设讲约，又恐学者空言无实。指出学之明不徒在讲，必德之修、义之徒、不善之改三者交勉，方可日进。反复强调读书要立品制行，以圣贤书义范我躬行，以躬行证其书义，从者皆兴起。重教化，除《治家格言》外，有《朱柏庐先生劝言》行于世。著作尚有《朱柏庐先生大学、中庸讲义》、《愧讷集》、《毋欺录》、《柏庐外集》等。生平见《清史稿》卷四九七、《愧讷集》中《朱柏庐先生传》及《朱柏庐先生编年毋疑录》三卷。

《朱柏庐先生治家格言》是一部用格言形式写成的通俗教育读物，它用平易近人的语言，宣传治家理财、为人处世的道德规范。

一、在治家理财方面，要求做到如下几点。

起居有常："黎明即起，洒扫庭除，要内外整洁。即昏便息，关锁门户，必亲自检点。"

勤俭持家："一粥一饭，当思来处不易；半丝半缕，恒念物力维艰。宜未雨而绸缪，毋临渴而掘井。自奉必须俭约，燕客切勿流连。器具质而洁，瓦缶胜金玉。饮食约而精，园蔬愈珍羞。"

孝敬父母："听妇言，乖骨肉，岂是丈夫？重资财，薄父母，不成人子。"

教子有方："子孙虽愚，经书不可不读。居身务期质朴，训子要有义方。"

婚嫁重品行："嫁女择佳婿，毋索重聘；娶媳求淑女，勿计厚奁。"

扶弱济贫："于肩挑贸易，毋占便宜；见贫苦亲邻，当加矜恤。刻薄成家，理无久享；伦常乖舛，立见消亡。"

二、在处世为人方面，要求做到如下几点。

为人正直："勿贪意外之财，勿饮过量之酒"，"读书志在圣贤，非徒科第；为官心存君国，岂计生家"。

严于律己："轻听发言，安知非人之谮诉，当忍耐三思；因事相争，焉知非我之不是，需平心暗想"，"乖僻自是，悔误必多；颓惰自甘，家道难成"。

与人为善："施惠毋念，受恩莫忘。万事当留有余地，得意不宜再往。人有喜庆，不可生妒忌心；人有祸患，不可生欣幸心。善欲人见，不是真善；恶恐人知，便是大恶。"

不恃强凌弱："勿恃势力而凌逼孤寡，勿贪口腹而恣杀生禽"，"见富贵而生谄容者最可耻，遇贫穷而作骄姿者贱莫甚"。

不贪色害人："见色起淫心，报在妻女；匿怨而用暗箭，祸延子孙。"

慎于交友："狎昵恶少，久必受其累；屈志老成，急则可相倚。"

奉公守法："家门和顺，虽饔飧不继，亦有余欢。国课早完，即囊橐无余，自得至乐"，"守分安命，顺时听天，为人若此，庶乎近焉"。

《朱柏庐先生治家格言》以人民群众喜闻乐见的格言形式，较集中地体现了中华民族的传统美德，故在民间广泛流传，影响深远。

有关的研究资料，有戴翊清《治家格言绎义》二卷、赵忠心《中国家教之道》等。

（马　镛）

学校问 毛奇龄

《学校问》一卷。毛奇龄著。初刻于清康熙间,收入李塨等编辑刊刻的《西河合集》,乾隆三十五年(1770)陆体元据康熙中李塨等刊本修补重印。又收入嘉庆中南汇吴氏听彝堂刊《艺海珠尘》木集(辛集),以及1935至1937年商务印书馆《丛书集成初编》社会科学类。

毛奇龄(1623—1713),原名甡,又名初晴,字大可。浙江萧山人。清初,因怨家屡陷之,乃变易姓名,流寓江淮间,及事解,以原名入国学。康熙十八年(1679)荐举博学鸿儒科,试列二等,授翰林院检讨,充《明史》纂修官。康熙二十四年充会试同考官,寻假归,得痹疾,遂不复出。淹贯群书,尤专经学,治经重考据,所著《春秋毛氏传》等考据精核,《清史稿》称:"奇龄辨正《图》、《书》、排击异学,尤有功于经义。"去世后门人为编遗集,分经、文二部,经集凡五十种,文集凡二百多卷,《四库全书》收其书多至四十余部。著作多编入《西河合集》中,生平见《清史稿》、《西河合集》卷首《西河先生传》等。

《学校问》是一篇问答式文章,专考古代学校典制。毛奇龄欲著《礼经》,以衰病不能,乃次第著昏、丧、祭礼、宗法、庙制及郊、社、禘、袷等问答,《学校问》即其中之一。

首先,《学校问》考证了古代学校之名。两浙提督学院黄希良问,学之名不一,《诗》有辟雍、泮宫,《孟子》有庠序、学校,《周礼》有成均、瞽宗,如此等等,诸经无成说,前儒之说彼此互异,如何明其义。毛奇龄答道:"学义固难明,然欲明其义,必先就其名而分辨之。大约名有五等:一是天子诸侯之学,一是国学与乡遂州党之学,一是明堂学,又名四学、五学、四门学,一是小学、大学,一是三代学、四代学。"天子之学为辟雍,诸侯之学为泮宫,辟雍如璧,以水周环其宫,而泮则半之,第环前而阙其后。后世的国子学、太学即辟雍泮宫。至于乡以下,则有四学:一曰乡校,校者,教也。一曰州序,其名本商之州学而义主于射。序者,射也。一曰党庠,庠主养庶老。一曰家塾,周制,五家为比,五比为闾,四闾为族。族者,五百家也。合五百家而统名为塾,非一家所立。《尚书大传》谓大夫致仕者为父师,教于右塾;士致仕者为少师,教于左塾。明堂:在国之南郊,天子所建,用以飨上帝、朝群后、迎时气而颁政教,然往与学校互相表里。故其制,环水四周,亦名辟雍。三代学,即夏校、殷序、周庠三种乡校。本止二代,合周而为三。四代学即增有虞氏一学,而合周为四。又有小学、大学之别。上庠、下庠,以及东胶、虞庠皆大学,与成均、辟雍有异名而无异学。小学是天子、诸侯世子之学。《汉书·艺文志》:"古者,八岁入小学,周官保氏掌养国子,教以六书。"故唐武德中于秘书外省别立小学,宋置诸王宫小学,其教多尚文字。

其次,考证了释菜、释奠之礼。温州瑞安县教谕吴鼎问释菜释奠之礼是否设像。毛奇龄答道,释菜释奠,与祭于堂者不同。设像而祭于堂者,庙也。释菜释奠,但束帛以栖,神而飨之,飨毕即撤。古立学无庙,其祭先圣先师皆不立主、不设像,无常匦常寝。天子释奠则合乐享币,下此则但用醴馔芹藻,比之弟子束修见师之礼。至于释菜,则只捧菜为贽,如菜羹瓜祭,所谓薄祭而下逮者。故《礼》称皮弁而祭之。不舞、不授器、不卜时、不备仪物,但一献而无介语,凡礼官学士皆可行之。

再次,考证了乡饮酒礼。吴鼎问,学有乡饮酒礼、养老之礼,而或以为即宾兴之礼,宾兴与养老何涉,且此学校事而题之以乡,得无国学便不行? 毛奇龄答道:"古乡饮酒之礼,即宾兴之礼,旧所称尚贤是也。但又有尚齿礼,别一乡饮酒礼,且与古所称养老者,又截然不同","大约宾兴所始,由于贡士。乡大夫正月之吉,进受教法于司徒,所谓六德、六行、六艺者,退而颁之于乡,请乡中致仕之官教于里门,其以大夫致仕者称曰父师,以士致仕者称曰少师,而总称之曰乡先生。乡先生取乡中弟子而教之,考其德行,察其道艺,到三年大比而兴其贤者、能者于乡大夫,乡大夫帅其僚属以礼,礼宾之而献其贤者、能者于王。其曰礼,礼者即乡饮酒礼也。曰宾之者,即宾兴也。是宾兴之礼,即乡饮酒礼无疑矣。但其聚称曰乡者,以州党贡士原统于乡。至贡于其君,则其君或再行其礼,而然后献王,然不在国学。"至于尚齿之礼,则党正为政而行于党序,非乡校所得行者。每岁大蜡,聚民而饮酒于序,听其狂饮,及祭毕则官必以礼节之,使饮酒于序以正齿位,此所谓尚齿之礼,又名序礼,但因党为乡属,故又名乡饮酒礼,"其于养老之典似无涉,几见国老上庠、庶老下庠,而仅仅于党序一举行者。"尚贤与尚齿之乡饮酒礼之不同在于:尚贤以士,尚齿以农;尚贤以乡大夫为主,尚齿以党正为主;尚贤取少壮,尚齿则取年五十至九十;尚贤三年一举行,尚齿每年一举行。所同者,宾主介僎俎豆笙瑟而已。

此外,文章还考证了"孔子谥"、"孔庙圣贤皆设像"、"庙、学有别"等问题。

《学校问》与毛奇龄的其他诸"问答"一样,考据精详,《清史稿》本传谓之"多发先儒所未及"。

(马 镛)

养正类编 张伯行

《养正类编》，十三卷。张伯行编。通行本有《正谊堂全书》本、《丛书集成初编》本等。

作者生平事迹见"居济一得"条。

《养正类编》是一部蒙学教育著作。"养正"语出《易·蒙》："养正于蒙，圣功也。"张伯行说："有胎教以端蒙养之原，复有启蒙以立圣学之本，人才之成也易易矣。"(《养正先资序》)又说："犹恐后生知识未定，狃于习尚，日复一日积成风俗，不得不为之杜渐防微也。"(《养正类编序》)反对为学志于科举功名，主张以收放心，尊德性作为学之根本，自幼学始即应树立学习的正确方向。他认为《养正类编》"理固切近，旨则精微。愿学者童而服习，为身心立性命之正，为国家豫德艺之选，庶几天德王道一以贯之"(同上)。

张伯行仿朱熹、刘子澄《小学》体例，采辑前人嘉言懿行及训蒙著述，于康熙末年编成《养正类编》。主要内容如下。

卷一辑录朱熹的《童蒙须知》和《文公训子帖》，教育儿童"洒扫应对进退之节，爱亲敬长亲友之道"，使从小在衣服冠履、言语步趋、洒扫整洁、读书写字、杂细事宜等方面养成符合封建社会道德的日常习惯。

卷二辑录程朱、吕祖谦、真德秀、许衡、陆世仪有关小学的论述。

卷三辑录屠羲英的《童子礼》，分检束身心之礼十二种：盥栉、整服、叉手、肃揖、拜起、跪、立、坐、行、言语、视听、饮食；事父兄师长之礼十一种：洒扫、应对、进退、温凊、定省、出入、馈馔、侍坐、随行、邂逅、执役；书堂肄业之礼七种：受业、朔望、晨昏、居处、接见、读书、写字。

卷四辑录沈龙江的《义学约》，主要讲义学的教育目的、教学内容与方法、学生仪节等。

卷五辑录王虚中的《训蒙法》，讲教育蒙童之法十种：叉手、著衣、祗揖、小儿读书、温书、记训释字、写字、说书、改文字、作诗。

卷六辑录程若庸的《性理字训》，分造化、情性、学力、善恶、成德、治道六章，浅述理学有关太极、天道、性命、天理、善政等方面的思想内容。

卷七《学海津梁》,分尊典礼、敦实行、重实学、严讲贯、定课程、严出入、惜身体、亲师友八章,辑录理学家有关修养、为学的论述。

卷八辑录历代孝子舜、周文王、曾子、乐羊子、淳于意、毛义府、黄香九、吴孟府、王祥、阮孝绪、范纯仁等人的事迹。

卷九辑录悌弟方面的事迹,涉及的人物有郑均、姜肱、孔融、司马光等。

卷十辑录睦族方面的事迹,涉及的人物有范仲淹、李昉等。

卷十一辑录积善方面的事迹,主要涉及的人物有孙叔敖、李士谦、张道源等。

卷十二辑录劝学方面的事迹,涉及的人物有董仲舒、车胤、欧阳修、司马光等。

卷十三辑录吕得胜的《小儿语》、吕坤的《续小儿语》和《好人歌》、《收塞北五首示儿》、《望江南五首示儿》,文字通俗叶韵,教育蒙童养成良好的品德和习惯。

总括本书内容,可归为两大类,一类是理学家的学规、学则及有关蒙童教育的论述,如朱熹的《童蒙须知》、屠羲英的《童子礼》、程若庸《性理字训》等;另一类是有关孝悌、为学言行,作为前者的具体说明和榜样,如孔融让梨、车胤囊萤等。两类相互映照。编者说:"今《养正编》所载,大抵皆古人嘉言懿行,足以启发蒙童。为蒙师者,宜于每日功课之余,令幼童各书一条,帖于壁上,以便观览,一日三十条完,则令写于课本。下月复然,一年之内共得三百六十条。食息起居,举目即是,不但记诵之熟,将从容默会,久而其化,其所以观感而兴起者多矣。"(《读养正类编要言》)书末附有读书日程表,分小学、四书、经及文章四项,由蒙童逐日自行填写。

(黄明喜)

学规类编 张伯行

《学规类编》,二十七卷。张伯行编。通行本有《正谊堂全书》本、《丛书集成初编》本等。

作者生平事迹见"居济一得"条。

《学规类编》因类辑录宋元明程朱学派有关修身、治学的规则和方法,成于清康熙四十六年(1707)。张伯行任福建巡抚时,于三山会城设正谊堂,以程朱倡导理学教育,编纂《学规类编》作为教学用书。他在序中说:"采撷昔圣昔贤所以为学之目与夫从入之途、用功之要,类集成帙,以示学者,使党庠塾序之间,人守一编,学共一规。"

全书卷目如下。

卷一,朱熹《白鹿洞教条》,程端蒙、董铢《程董二先生学则》,真德秀《教子斋规》。卷二,胡居仁《续白鹿洞学规》《白鹿洞讲义》《丽泽堂学约并序》。卷三,章潢《为学次第八条》、胡松《谕诸生》、高贲亨《十戒》。卷四,诸儒读书法一。卷五,诸儒读书法二。卷六,读经、论解经、读史。卷七,程端礼读书日程述语、集庆路江东书院讲义。卷八,陈淳《严陵讲义》。卷九,诸儒总论为学之方一。卷十,诸儒总论为学之方二。卷十一,存养。卷十二,持敬、论静。卷十三,省察。卷十四,知行、言行。卷十五,致知。卷十六,力行、克己、改过、杂论处心立事。卷十七,理欲义利、君子小人之辨,论出处。卷十八,老子、列子、庄子、墨子、管子、孔丛子、申韩、荀子、董子、扬子、文中子、韩子、欧阳子、苏子、王安石附。卷十九,史学、字学、科举之学、论诗、论文。卷二十,程子四箴、朱子敬斋箴、张南轩主一箴、真西山勿斋箴、思诚斋箴、夜气箴、陈茂卿夙兴夜寐箴、薛文清谨言箴、慎行箴、惩忿箴、改过箴、存理箴、持敬箴、慎微箴、六理箴、程子颜乐亭铭、张子东铭、杨龟山铭、吕蓝田克己铭、朱子敬恕斋铭、学古斋铭、求放心斋铭、尊德性斋铭、志道斋铭、据德斋铭、依仁斋铭、游艺斋铭、崇德斋铭、广业斋铭、居仁斋铭、由义斋铭、蒙斋铭、敬义斋铭、张南轩克斋铭、敬斋铭、敦复斋铭、恕斋铭、主一斋铭、薛文清悦心斋铭、勿欺斋铭、惜阴斋铭、恒斋铭、存诚斋铭、胡敬斋进学斋铭、衣冠铭、书橱铭。卷二一,《增损吕氏乡约》。卷二二,读书日程。卷二三,道体。卷二四,总论圣贤。卷二五,诸儒。卷二六,辨别异端。卷二七,程颢《请修学校尊师儒取士札子》、朱熹《学校贡举私议》。

内容以程朱学派的学规、学则及其言论事迹为主。名为"学规",并非仅限学校规章、守则,其义乃为取"规者,正圆之器。……人行有不周者,规之使周备"。故全书的内容实包涵学规、读书法、为学之方与修养论、评论诸儒与辨别异端四类。

朱熹《白鹿洞教条》(又称《白鹿洞书院学规》、《白鹿洞书院揭示》)列全书之首。此篇以"父子有亲,君臣有义,夫妇有别,长幼有序,朋友有信"为"五教之目";以"博学之,审问之,慎思之,明辨之,笃行之"为"为学之序";以"言忠信,行笃敬,惩忿窒欲,迁善改过"为"修身之要";以"正其谊不谋其利,明其道不计其功"为"处事之要";以"己所不欲,勿施于人,行有不得,反求诸己"为"接物之要"。集中地体现程朱学派的教育方针、培养目标、道德修养的基本原则和方法。

(黄明喜)

五种遗规 陈宏谋

《五种遗规》，十六卷。陈宏谋编。各遗规单刻本较多。清乾隆八年(1743)南昌府学教授李安民校集，合刻本始行于世。通行本有同治七年(1868)金陵书局本、崇文书局本，光绪二十一年(1895)浙江书局本，1936年《四部备要》本等。另有一刊本，不收《在官法戒录》，改收陈宏谋晚年所辑《学仕遗规》，有光绪十九年上海洋布公所振华堂本和宣统二年(1910)学部图书局本。

陈宏谋(1696—1771)，原名弘谋，因避乾隆"弘历"讳而改，字汝咨，号榕门，谥文恭。广西临桂(今桂林)人。雍正元年(1723)进士。毕生为官，外任三十五年，历十二省二十一职，曾任陕西、湖南、江苏等省巡抚，两广、湖广总督。内迁累官至东阁大学士兵部、工部尚书。莅官无论久暂，必究人心风俗得失，以除弊兴利，倡行教化，是清代务实派理学名臣。他在湖南颁发《申明书院条规以励实学》示，整顿书院。在云南设立和恢复新旧义学六百五十余所，使边民得以就学，并刻《孝经》、《小学》、《纲鉴》、《大学衍义》分布各属。其著述主要有《培远堂全集》和《五种遗规》。《清史稿》有传。

《五种遗规》包括《养正遗规》、《教女遗规》、《训俗遗规》、《从政遗规》、《在官法戒录》五编。采辑前人关于修身、治家、居官、处世、教育等方面的嘉言懿行。以训蒙为树人之本，教女为齐家之本，端风化、张四维为正俗之本，砭奔竞、清仕途为施政之本，分门别类，以篇目为纲，按时序编排。每篇先列撰人姓氏、里贯、官爵等。均有按语。

一、《养正遗规》，二卷，成于乾隆四年三月，取《易·蒙》："蒙以养正，圣功也。"陈宏谋认为："天下有真教术，斯有真人材。教术之端，自闾巷始；人材之成，自儿童始。大《易》以山下出泉，其象为蒙，而君子之所以果行育德者，于是乎在。故蒙以养正，是为圣功，义至深矣。"(《养正遗规序》)他感于当世所夸材隽，不过泛滥于记诵词章，而不知孝弟忠信为何事，遂于公余搜讨历代切于蒙养的文献资料，择其要者编成《养正遗规》二卷，用以流布乡塾。后继续搜罗，于乾隆七年又辑成补编一卷。

本书辑有朱熹的《白鹿洞书院揭示》、《沧州精舍谕学者》和《童蒙须知》，程端蒙、董铢的《朱子论定程董学则》,陈淳的《小学诗礼》,真德秀的《教子斋规》,方孝孺的《幼仪杂箴》,颜之推的《颜氏家训·勉学篇》,程端礼的《朱子读书法》,朱用纯的《治家格言》,吕得胜的《小儿语》,吕坤的《续小儿语》《社学要略》,陆世仪的《论小学》《论读书》,王守仁的《训蒙教约》,唐彪的《父师善诱法》等。主要内容为养性、修身、儿童及青少年教育、治学等方面的论述,其目的是让父兄师长用以教其子弟,"毋轻小节,毋骛速成",认识到"虽蒙养之事,而凡所以笃伦理、砥躬行、兴道艺者,悉已引其端,由是以之于大学之途,庶几源洁流清"(《养正遗规序》)。

本编沿袭理学家教育传统,把《白鹿洞书院揭示》列为首篇,按语谓:"特编此为开宗第一义,使为父兄者共明乎此,则教子弟得所向方。自孩提以来,就其所知爱亲敬长,告以此为人之始,即为学之基。切勿以世俗读书取科名之说,汩乱其良知。"朱熹的《童蒙须知》则对儿童的衣服冠履、言语步趋、洒扫涓洁、读书写字、杂细事宜五项作了较细的规定,按语指出:"凡一物一则,一事一宜,虽至纤至悉,皆以闲其放心,养其德性,为异日进修上达之阶,即此而在矣。吾愿为父兄者,毋视为易知而教之不严。为子弟者,更毋以为不足知而听之藐藐也。"

二、《教女遗规》,三卷,成于乾隆七年九月。序云:"在家为女,出嫁为妇,生子为母。有贤女,然后有贤妇。有贤妇,然后有贤母。有贤母,然后有贤子孙。王化始于闺门,家人利在女贞。女教之所系,盖綦重矣。"根据传统的相夫教子的观念肯定女子教育,反对把女子排除在教育之外,言"天下无不可教之人,亦无可以不教之人,而岂独遗于女子也"。此编采集历代教女之书,以道德教育为主要内容,取平易近人之事,显浅易晓之理。编成《教女遗规》,以作女子教育读物,"欲世人之有以教其子,而更有以教其女也"。

各卷篇目如下。

上卷:班昭《女诫》,蔡邕《女训》,宋若莘、宋若昭《女论语》。

中卷:吕得胜《女小儿语》,吕坤《闺范》。

下卷:王演畴《家训御下篇》,温以介《温氏母训》,史典《愿体集》,唐彪《人生必修书》,王之铁《言行汇纂》《女训约言》。

编者认为《女诫》"始之以卑弱,终之以谦和。大要以敬顺为主,绝无一语及于外政,则女德之所尚可知矣"。故列于卷首,视为女子道德教育的经典。称《女论语》"条分缕析,便于诵习。言虽浅俚,事实切近,姁媪孩提,皆可通晓"。赞《女小儿语》"无一字不近人情,无一字不合理。其言似浅,其义实深。闺训之切要,无有过于此者"。又认为《闺范》一书,子道、妇道、母道皆备,"所载懿行,可以动天地、泣鬼神",因而不惜用二分之一多的篇幅辑录此书。

三、《训俗遗规》,四卷,成于乾隆七年十月。陈宏谋任江苏按察使,狱讼繁多,颇有感触,认为"古今之治化,见于风俗;天下之风俗,徵于人心。人心厚,则礼让兴而讼端息矣"(《训俗遗俗序》)。由是采有裨化民成俗的名言故训,辑成此编。刊布民间,以斯"人心日厚,民俗日淳,讼日少而刑日清"(同上)。

本编卷目如下。

卷一:司马光《居家杂仪》,朱熹《增损吕氏乡约》,陆九韶《居家正本制用篇》,倪思《经锄堂杂志》,陈抟《心相编》,袁采《袁氏世范》。

卷二:许衡《语录》,陈栎《先世事略》,王守仁《王阳明文钞》,杨继盛《椒山遗嘱》,沈鲤《驭下说》,吕坤《好人歌》,李应升《诫子书》,王演畴《讲宗约会规》,王士晋《宗规》,顾炎武《日知录》,陆世仪《思辨录》。

卷三:朱用纯《劝言》,张履祥《训子语》,唐名达《葬亲社约》,王中书《劝孝歌》,魏象枢《庸言》,汤斌《语录》,魏禧《日录》,蔡世远《示子弟帖》,程大纯《程汉舒笔记》。

卷四:史典《愿体集》,唐彪《人生必修书》,王之铁《言行汇纂》,熊弘备《不费钱功德例》。

本编内容,主要是记述乡里、宗族之间致讼之因及如何解决诉讼纠纷,侧重以乡约、宗约、会规、治家格言、名人遗嘱等化导于讼之未起,多为劝人行孝、忍让和睦。

四、《从政遗规》,二卷,成于乾隆七年七月。编者认为官员之才短长虽有不齐,但存心之公,办事之勤,则随人皆可奋勉。强调从政应以民心为己心,不能敷衍塞责,"因循陋习,了官场之故套"。谓此编意在使从政者"推心理之相同,以尽治人之责,而又参之前言往行,以善其措施,则宜民善俗,或有取焉"(《从政遗规序》)。

本编有吕祖谦的《官箴》,何坦的《常言》,王应麟的《困学纪闻》,薛瑄的《要语》,王守仁的《告谕》,耿定向的《耐烦说》,李廷机《宋贤事汇》,袁黄的《当官功过格》,颜茂猷的《官鉴》,于成龙的《亲民官自省六戒》等。

五、《在官法戒录》,四卷,成于乾隆八年四月。由总论、法录上、法录下、戒录四部分组成。辑录历代书传所载胥吏的善行和恶迹,旨在使胥吏见善者而以为法,见不善者而以为戒。

编者说:"天下之人,无过善、不善之两途,而人之慕乎善而远不善也,则不外于法、戒之两念。"(《在官法戒录序》)又说:"凡国计民生,系于官,即系于吏。"(同上)有鉴于胥吏责任重大,欲用此编对胥吏进行教育,冀其有感而兴起,迁善而远过。

《五种遗规》选辑了汉至清约八十位名人学者的有关著述,较系统地阐述和宣扬了传统社会的伦理道德和行为规范。

清末曾用作中学堂修身科教材,流传甚广。

(黄明喜)

教童子法 王 筠

《教童子法》，一卷。王筠著。初刻于清道光年间，附于《四书说略》后。编入道光、咸丰间《王菉友九种》、光绪中《云自在龛丛书》第二集、光绪乙未(1895)《灵鹣阁丛书》第一集和1935至1937年商务印书馆《丛书集成初编》中，还收入1990年人民教育出版社《清代前期教育论著选》下册。

王筠(1784—1854)，字贯山，号菉友。山东安邱人。道光元年(1821)举人，官乡宁、徐沟、曲沃等县知县，少喜篆籀，及长，博涉经史，服官之暇未尝废学。尤长《说文》，治《说文》之学垂三十年，独辟门径，不依傍于人。《清史稿》本传谓："论者以为许氏之功臣，桂、段之劲敌。"著作尚有《说文释例》、《说文系传校录》、《说文句读》、《文字蒙求》等。生平见《清史稿》及今人郑时《王菉友年谱》等。

《教童子法》是王筠论童蒙教育的论文。作者根据自己长期的治学经验，对儿童教育，尤其是识字、阅读、作文教育，提出他的看法。

首先，针对历来训蒙如训成人，和俗师压抑儿童天性的现象，强调"学生是人，不是猪狗"。指出："教弟子如植木，但培养浇灌之，令其参天蔽日，其大本可为栋梁，即其小枝亦可为小器具。今之教者，欲其为几也，即曲折其木以为几，不知器是做成的，不是生成的，迫其生机不遂而夭阏，以至枯槁，乃犹执夏楚而命之曰：'是弃才也，非教之罪也。'呜呼！其果无罪邪？"

文章提出"快乐"的儿童教学原则，指出，教童子要使之快乐，使之欢欣鼓舞："人皆寻乐，谁肯寻苦？读书虽不如嬉戏乐，然书中得有乐趣，亦相从矣。"认为所谓善诱，就在于使学生欢欣，判断教师教学的好坏亦在于此："孔子善诱，孟子曰'教亦多术'，故遇笨拙执拗之弟子，必多方以诱之。既得其机之所在，即从此鼓舞之，蔑不欢欣而惟命是从矣。若日以夏楚为事，则其弟子固苦，其师庸乐乎？故观其弟子欢欣鼓舞、侈谈学问者，即知是良师也；若疾首颦额、奄奄如死人者，则笨牛也，其师将无同？"

其次，对童蒙语文教学，提出了一些建议：儿童教育，先集中识字："蒙养之时，识字为先，不必遽读书。"识字先从象形、指事的独体字开始:"先取象形、指事之纯体字教之,识日月字,即以天上日月告之;识上下字,即以在上在下之物告之,乃为切实。纯体字既识,乃教以合体字。"讲解字义,"须先易讲者,而后及难讲者。讲又不必尽说正义,但须说入童子之耳,不可出之我口便算了事"。先识约二千字,然后教之读书。在教读时,教师须为之串讲或个别解释字义,还可用积累、温习之"连号法":"初日诵一纸,次日又诵一纸,并初日所诵诵之,三日又并初日所诵诵之,如是渐增,引至十一日,乃除去初日所诵,每日皆连诵十号,诵至一周,遂成十周。人即中下,亦无不烂熟矣。"读书须读讲结合,教师可"拟目若干道,书签上,贮之筒,每日食后拈十签,讲说思维,令有条贯,逮作文时遂可不劳余力"。教儿童作文,须先放后收,"初学文,以放为主,越多越好"。"作诗文必须放,放之如野马,踶跳咆嗥,不受羁绊,久之必自压而收束矣。"批改儿童作文,以圈点为主,不能让孩子"憔悴枯槁窘束于规矩之中也"。当他们自行"收束"时,则"涵养诱掖",指点规则,"加以衔辔",但不可督责夭阏之,如此,"则文境必大进"。此外,还提出应针对儿童身体特点,劳逸结合,生动活泼地教学:"小儿无长精神,必须使有空闲,空闲即告以典故。但典故有死有活,死典故日日告之,如十三经何名,某经作注者谁,作疏者谁;二十四史何名,作之者姓名。日告一事,一年即有三百六十事,师虽枵腹,能使弟子作博学矣。""然间三四日,必须告以活典故,如问之曰:'两邻争一鸡,尔能知确是某家否?'能知者即大才矣,不能知而后告以《南史》,先问两家饲鸡各用何物,而后剖嗉验之。弟子大喜者,亦有用人也,自心思长进矣。"又指出,教学须教善疑:"为弟子讲授,必时时诘问之,令其善疑,诱以审问,则其作文时,必能标新领异,剥去肤词。"

再次,对家长谈了一些教子的看法。指出"不可痴想功名",不能光教八股不教其他常识:"教子者当别出手眼,应对进退,事事教之;孝弟忠信,时时教之。讲书时,常为之提倡正史中此等事,使之印证,且兼资博洽矣。学问既深,坐待功名,进固可战,退有可守。"科举考试不必早,重要的是打好基础。学书法不可早,"小儿手小骨弱,难教以拨镫法,八九岁不晚"。养才须耐烦,不可急功近利:"人之才不一,有小才而锋颖者,可以取快一时,终无大成就;有大才而汗漫者,须二十年功,学问既博,收拢起来,方能成就,此时则非常人所及矣,须耐烦。"

《教童子法》总结了中国传统儿童教育的经验和教训,有些主张反映了儿童教育的特点和规律,因而在中国儿童教育史文献中,占有一定的地位。

(马 镛)

请推广学校折 李端棻

《请推广学校折》,一篇。李端棻撰。作于清光绪二十二年(1896)。据罗敦曧《京师大学堂成立记》说,系出自梁启超手笔。收入《变法自强奏议汇编》。

李端棻(1833—1907),字芯园。贵州贵筑(今贵阳)人。清同治进士,选翰林院庶吉士,授编修。出任云南学政,累擢内阁学士、迁刑部侍郎,前后四任乡试考官,一任会试副总裁。赞同康有为、梁启超的变法主张,于光绪二十二年奏请设立京师大学堂。二十四年密荐康有为、谭嗣同于光绪帝。戊戌政变时被革职,充军新疆,因途中患病,留甘州。二十七年赦归,主讲贵州经世学堂。三十三年病逝。生平事迹见金桂荪《李端棻传略》等。

奏折开篇即言:"时事多艰,需才孔亟,请推广学校,以励人才而资御侮。"指出:人才之多寡,系国家之强弱,中国济世伟才之贫乏,非天之不生才,而是教之之道未尽也。近二十年来,尽管设立了同文馆、实学馆、水师武备学堂等,但收效不大,这主要有五大弊端。首先是"诸馆皆徒习西语西文,而于治国之道,富强之原,一切要书,多未肄及";其余如"学业不分斋院,生徒不重专门";"未备图器,未遣游历,则日求之于故纸堆中,终成空谈,无自致用",以及生源、学额等问题。由此提出自京师以及各省府州县皆设学堂,分为府州县学、省学和京师大学三级,并分别规定了入学年龄、资格、学习年限和所设课程。还建议在省府州县可改书院,增广功课,变通章程,以为学堂,在京师宜拨专款设立大学堂,及令中外大吏举荐才任教习之士等。并进一步认为,要造就异才,还须有以下几项与设学校相配合:一是设藏书楼。使"向之无书可读者,皆得以自勉于学,无为弃才矣"。二是创仪器院。"格致实学,咸藉试验"。所立诸学堂都宜别立一仪器院,令学徒试习,则实事求是,自易专精,而学徒所成,视昔日纸上空谈,相去远矣。三是开译书局。"欲求知彼,首在译书",应广集西书之言政治、论时局者、言学校农商工矿者及新法新学,分类译出,不厌详博,随时刻布,廉值发售,则可以增益见闻,开广才智矣。四是广立报馆。欲通今者莫若阅报,足不出户而于天下事了然也。如此"则识时之俊日多,干国之才日出矣"。五是选派游历。游历各国,精益求精,以期大成;游历各省,察验测绘,以期实用。以上各项如能相辅相成,切实施行,"十年以后,贤俊盈廷,不可胜用矣。以修内政,何政不举? 以雪旧耻,何耻不除?"

此折开清末建立学校系统的先声,在当时流传甚广,影响颇大。如盛宣怀在所上《条陈自强大计折》中曰:"近日刑部侍郎李端棻推广学校一折,洞见本原,当蒙采择。"(《愚斋存稿》卷一)尤其是京师设立大学堂之议,开风气之先,奏折呈上后,光绪帝迅将此折交总理衙门议覆。总理衙门认为,李端棻所奏"推原于立学之方,育才之术,蕲以树风气而开趋向。浅学扩其闻见,通才益便精研,其在于今,诚为切要"。对于所请在京师设立大学堂一事,提出"应请旨饬下管理书局大臣察度情形妥筹办理"(朱有瓛《中国近代学制史料》第一辑下册)。随即,管理书局大臣孙家鼐向清廷奏陈了《议复开办京师大学堂折》,指出:"独是中国京师建立学堂,为各国通商以来仅有之创举。"并提出了六条具体建议(同上)。这些意见虽得到光绪帝的首肯,但顽固派却以经费困难为由,主张缓办。直到"百日维新"开始,在光绪帝一再催促下,终于1898年7月正式着手筹办。根据章程,京师大学堂不仅是全国最高学府,而且是全国最高教育行政机关。从此,中国高等教育发展迈出了新的一步。显然,这与李端棻的首倡之功是密不可分的。

(周谷平)

奏办京师大学堂情形疏 张百熙

《奏办京师大学堂情形疏》，一篇。张百熙撰。作于清光绪二十八年正月初六日（1902年2月13日）。

张百熙（1847—1907），字冶秋。湖南长沙人。清同治十三年（1874）进士。早年曾授翰林院庶吉士、编修、侍讲、侍读及南书房行走，任山东、四川等地乡试考官，并先后任山东、广东两地学政。以后又历任国子监祭酒、内阁学士、都察院左都御史、礼部侍郎、工部尚书、刑部尚书、吏部尚书等职，光绪二十七年上新政疏，请改官制、理财政、变科举、建学堂、设报馆，积极提倡变法自强。同年，清政府颁布兴学诏书，并于次年恢复京师大学堂，张百熙被任命为管学大臣。二十八年主持拟定了我国第一个以政府名义颁布的《钦定学堂章程》。不久，他被调离管学大臣，改授户部尚书、邮传部尚书。三十三年病逝。张百熙的教育主张散见于他任管学大臣期内上呈的奏折。生平事迹见蔡冠洛《清代七百名人传》等。

戊戌维新期间，正当京师大学堂积极筹办之时，政变发生，维新派的改革措施几乎全被废除，唯京师大学堂"以萌芽早，得不废"。诚如梁启超所言："可留为纪念者，独一大学堂而已。"（罗敦曧《京师大学堂成立记》）但教学方针和教学内容发生了很大变化，办学规模也较原计划大为缩小，"一切因陋就简，外人往观者至轻之，等于蒙养学堂"，在孙家鼐的主持下，"太偏于理学"，实质上仍未脱出封建书院的窠臼（《北京大学校史》）。1900年又遭八国联军入侵的摧残，名存实亡。清末实行"新政"后，清政府于1902年正式下令恢复京师大学堂，任命吏部尚书张百熙为管学大臣，负责筹办该事。

《奏办京师大学堂情形疏》正是张百熙奉旨掌管京师大学堂事务后，遵照"端正趋向，造就通才"的办学宗旨上陈的奏疏。鉴于从前所办大学堂，原系草创，本未详备，为兴学育才，救败图存，"非徒整顿所能见功，实赖开拓以为要务，断非因仍旧制，敷衍外观所能收效者也"。于是提出推广办法五条。首先是预定办法。因各省府州县学堂仍未遍设，目前尚无应入大学堂肄业学生，张百熙主张暂不设大学本科,而先办预备科,分政、艺二科,三年毕业,考试及格者升入大学本科。又因国家需才孔亟,另设速成科,分仕学、师范二馆,肄业三年,毕业后充任初级官吏或学堂教习。并对科系设置、课程安排、招生办法、考核升降等作了具体规定。建议派员赴欧美日本考察其现行章程、应用书籍等,慎聘西人教习,以为预备。此外,还提出添建讲舍;附设译局,重视教材的编译;广购书籍仪器;宽筹经费等项建议。

《奏办京师大学堂情形疏》体现了张百熙的主要办学思想,对京师大学堂的建设和复兴起了积极作用。

(周谷平)

愚斋存稿 盛宣怀

《愚斋存稿》，一百卷。盛宣怀撰。1939年武进盛氏思补楼刻本。由盛氏后人选辑盛宣怀部分档案资料而成，起自清光绪二十年(1895)，终于宣统三年(1911)，包括奏稿二十卷，电奏三卷及朋僚电稿七十七卷。卷首为愚斋遗像一幅，神道碑、墓志铭、行述各一篇及序六篇，卷末附有碑文五篇，吕景端跋二篇，选编者后记一篇及《愚斋东游日记》。

盛宣怀(1844—1916)，字杏荪，又字幼勖，号愚斋、止叟。江苏武进人。清同治九年(1870)入李鸿章幕，甚得信任。1873年任轮船招商局会办，后升为督办。1880年筹办中国电报局，任总办。1893年筹办华盛纺织总厂，任督办。其间，还署天津河间兵备道、天津海关道、山东登莱兵备道兼东海关监督、天津海关道兼津海关监督等职。积极协助李鸿章创办各种洋务事业。1896年从湖广总督张之洞处接办汉阳铁厂、大冶铁矿，经办芦汉铁路。1898年又兼办萍乡煤矿。同时，受清廷委任督办中国铁路总公司事务，开设中国通商银行。以上海为活动中心，操纵轮船、电报、纺织、银行业务及铁煤厂矿等，成为显赫一时的清末洋务官僚买办。义和团运动时，曾积极参与"东南互保"活动。1901年升任会办商约大臣，同年又改任办理商税事务大臣。1908年任邮传部右侍郎，1911年初被授邮传部尚书。任职期间，多次与外国签订铁路借款合同，出卖中国路矿利权，曾激起人民公愤，发生声势浩大的收回利权运动。1894年中日甲午战争失败后，深感欲图自强，当以兴学育才为先，主张各类人才皆应取资于学校，"学堂迟设一年，则人才迟起一年"。而中国当时"但选将才于傣人广众之中，拔使才于诗文帖括之内。至于制造工艺，皆取材于不通文理，不解测算之匠徒，而欲与各国挈长较短断乎不能"(《拟设天津中西学堂章程禀》)。于是，1895年奏准设立天津中西学堂，以为继起者规式，并对学堂章程、功课、经费、选聘教习等提出了具体建议。又于1896年赞助钟天纬在上海设立三等公学。1897年在上海创办南洋公学，内特设师范院，为中国师范教育的开端。此外，还建议设立农、商、路、船等各类学校。著作还有《盛宣怀未刊信稿》、《盛宣怀档案资料选辑》等。生平事迹见夏东元《盛宣怀传》等。

《愚斋存稿》一百卷,就基本内容言,主要反映了作者从事各类洋务新政事业的情形。然而,正是在这种亲身实践中,作者切实体会到培养人才的迫切性和重要性。于是,兴学育才之议便成了其中的重要组成部分。诚如后人所评价的"当世论公政绩者,曰轮船、曰铁路、曰邮电,而公实以学校作之根柢"(《唐文治序》),盛公"终身锐意兴学"(《神道碑》)。

列于第一卷的《条陈自强大计折》,以练兵、理财、育才三者为欧美致富致强之术。认为西国"无人不学,无事不教",人才之盛,皆出于学堂。中国目前各府州县骤难遍设学堂,宜令各省先设省学堂一所,教以天算、舆地、格致、制造、汽机、矿冶诸学,而以法律、政治、商税为要,并设武备学堂一所。"在下之趋向,全视在上之用舍",科举制度对学校教育影响甚大,"今不能尽改科举之制,似宜专设一科,裁天下之广额为新学之进阶,明定功令,使文武学堂卒业者皆有出身之正途,齐仕进于科第,则闻风兴起,学校如林,人才自不可胜用"。

有关南洋公学设立和管理的条文散见于各卷,这是作者一生兴学用力最著、功效最彰之所在。光绪二十四年(1898)的《筹集商捐开办南洋公学折》是作者筹办南洋公学经过情形的奏折。文章开篇即言:"世变日棘,庶政维新,自强万端,非人莫任,中外臣僚与夫海内识时务之俊杰,莫不以参用西制兴学树人为先务之急。"尤对师范教育和基础教育给予极大的关注,指出:"师道立则善人多,故西国学堂,必探原于师范;蒙养正则圣功始,故西国学程,必植基于小学。中外古今教学宗旨,本无异同。"从创办天津头、二等学堂的经验出发,认识到:"大抵通晓西文者,多憒于经史大义之根柢;致力中学者,率迷于章句咕哗之迂途,教者既苦乏才,学者亦难精择。"致此事半功倍的缘由,盖不导其源、不正其基之故。

南洋公学分四院,除仿照天津头、二等学堂规制设立中院、上院外,还增设培养师资的师范院和附属小学即外院,并对四院间的相互衔接、相辅相成之体系结构作了阐述。外、中、上三院相互衔接、逐年递升,成为我国近代学校三级制雏形。

奏折指出:"时事之艰大无穷,君子以致达为重。"世界各国学校大率形上形下,道艺共兼,惟法兰西之国政学堂,专教出使、治政、理财、理藩四门,并兼学商务,经世大端,博通兼综。因此,南洋公学"窃取国政之义,以行达成之实"。还就褒奖教习,学校经费等事宜,提出了具体建议。

奏折所附南洋公学章程包括:第一,设学宗旨。首先阐述定名南洋公学缘由,为"西国以学堂经费,半由商民所捐,半由官助者为公学",现"学堂常年经费皆招商、电报两局众商所捐",故名之。其次阐述设学堂旨为"以通达中国经史大义厚植根柢为基础,以西国政治家、日本法部、文部为指归,略仿法国国政学堂之意"。第二,分立四院。第三,四院学生班次、等级,尤对师范生规格分五层作了详细阐述。第四,学规学课。公学课程参酌东西之法,并不断尝试修改。第五,考试。第六,试业给据。第七,藏书、译书。第八,出洋游学。上院学生毕业后,择其优者,资送出洋,就学于各国大学堂,以扩才识而资大用。第九,教员人役名额。

《南洋公学附设译书院片》(1898)论述了译书对于获取新知的重要。"非能读西国之籍,不能周知四国之为",近邻日本维新自强正有赖于此道。故在南洋公学附设译书院一所,广购日本及西国新出之书,延订东西博通之士择要翻译,让学生中学识优长者笔述之,以当学堂翻译之课,可谓一举二得。译出之书送各书局分别刊印,以广流传。三年后,作者又上《呈进南洋公学新译各书并拟推广翻译折》,指出:"西学西政孰同孰异,皆当与中国本有之文学政事融会贯通,方能得其要领而不为所囿。"如果必先通西语西文而后课西学,"此乃缓不济急,应学日本,多致力于翻译"。要求让各省官书局改为译印书局,让出使各国大臣广为购备东西文政学新理有用之书,"务使东西文得中文阐发而无偏弊,则中学得东西学辅翼而益昌明,不待十年,必有伟材以佐盛治"。同年,又呈《南洋公学推广翻辑政书折》指出,兴学为自强之急图,而译书尤为兴学之基础。外国书籍种类繁多,流别各异,如不加选择地盲目翻译,流弊滋多,故论译书,则天算、制造较政治、史学为难;论选书则政治、史学较天算、制造为难。目前正值新政,凡学校、科举、军政、财政诸大端皆参酌中西,以议施行,因此,有关政治、法律诸书均待取资,不容再缓。并具体阐述有关译书的四项细要:(一) 先章程而后议论。以纠正考求西政者粗知大略,不能详举其章的通病。因日书取法泰西,又身体力行损益去取"拟先译日本法规以启其端",中国如再能随时损益去取,积以岁时,可期详备。(二) 审流别而定宗旨。泰西各国政俗不同,较量国体,惟日、德与我相同,亦惟日、德之法于我适宜而可用。建议选派通达古今之士游历德国,逐事咨询,于各省多设德文学堂广译德书,而后斟酌损益可以万全而无弊,但就南洋公学能力言,姑且只能以日书为媒介转译之。总之,"格致制造则取法于英美,政治法律则取法于日德",反映了作者的政治倾向。(三) 正文字以一耳目。强调正名,统一人地国名等译法。(四) 选课本以便教育。翻译国外教科书以备国内各级学堂之用,专取其文部所定,教员所授之本,咫闻杂学概不兼收,"以西学佐子史之旁通,不敢以俗说代经文之正本"。

《南洋公学历年办理情形折》(1902),回顾了南洋公学的发展概况。此外,还有《筹建南洋公学及达成馆舍片》、《奏留奏派南洋公学总办提调片》、《开办高等商务学堂折》、《陈明南洋公学士习端正片》、《南洋高等商务学堂移交商部接管折》及《请奖南洋公学教员片》、《拟奖南洋公学洋教习片》等多篇奏折以及与朋僚的电稿中,都论及了南洋公学的方方面面,足见作者的一片心血。正如后人所论,盛公办学"南洋成效尤著,至今言学校者必首南洋"(《神道碑》)。曾任南洋公学监院的美国传教士福开森在其《序》中说:"使后世不忘公者,当为设立南洋公学一事。"南洋公学确在中国近代教育发展史上占有一席重要的位置。

《愚斋存稿》有关教育方面的内容,还包括大力提倡开办各类实业学校,如《请饬各省积储备荒并请求农学折》指出,西人极重农务,设学讲求,以格致化学之理尽农圃种植之利,确有明效,中国宜参酌西法,大兴农学。《请设商务学堂片》指出,要振起商战,足国足民,必须广商学以植其材,联商会以通其气,定专律以维商市,而开设商务学堂、翻译商律全书,为将来定律设部之根本,断难再事延缓,提议于南洋公学旁购地建造商务学堂一所,并派洋教习赴各国考察商务学堂规范,由出使大臣购觅商律各书加紧翻译。其余如筹办商船学校、铁路法文速成学堂等。

作者还建议仿照日本明治初期,在京师、上海各设一达成馆,取成才之士专学英法语言文字,专课法律、公法、政治、通商之学,期以三年,已通大要后,让出使大臣调作随员,至外洋就学于各师,就试于大学,历练三年回国就职任用,以解人才培养之急。尤强调学生以德行为首,科西学以修身为根本,必先贞固乃为干事之才,体现了作者以中学为根本的传统观念。

为使学业不受科举干扰,学生专精新学,还专门奏请免去新设各学堂学生岁科两试。认为学堂功课日计岁积不容闲旷,若于试期相率而去,远者动辄累月,近者亦须连旬,中西各课精进难而荒废易,一曝十寒,毕业何日!中国学无次序,浅尝辄止,故无成效,强调办学要有顺序,不容紊乱,不要随便更改所定学科和课程。重视学生出洋游学,认为"学生必出洋游历,躬验目治,专门肄习,乃能窥西学之精,用其所长,补我之短"。

《愚斋存稿》对研究中国近代普通教育、师范教育及实业教育的兴起和发展具有重要价值。

(周谷平)

长兴学记 康有为

《长兴学记》,一册。康有为著。成书于清光绪十七年(1891),广州万木草堂刊本。次年,上海思求阙斋重刻。以后各地都流行一些翻刻本,如羊城文升阁校刊本、上海蛰云雷斋版、麦仲华《皇朝经世文新编》本等。今收入《康有为全集》及沈云龙主编《近代中国史料丛刊》。

作者生平事迹见"新学伪经考"条。

据陈千秋《长兴学记跋》称:"吾师康先生思圣道之衰,悯王制之缺,慨然发愤。思易天下,既绌之于国,乃讲之于乡。千秋与服领英秀,捧手请业,爰述斯记,以为规言。"《康南海自编年谱》"光绪十七年辛卯,三十四岁"记:"始开堂于长兴里讲学,著《长兴学记》以为学规,与诸子日夕讲业,大发求仁之义,而讲中外之故,救中国之法。"

《长兴学记》在办学指导思想、教育内容、教学方法等方面,均作了系统而简要的说明,是一份完整的教育纲要。作者首先强调学习的重要性,"同是物也,人能学则贵,异于万物矣;同是人也,能学则异于常人矣;同是学人也,博学则胜于陋学矣"。提出"夫勉强为学,务在逆乎常纬",即革除常规积习,实际是对当时学术界占统治地位的古文经学和宋学进行抨击。接着,以孔子《论语》中"志于道、据于德、依于仁、游于艺"四言为纲,分注条目,为求仁之方,为学之门。志于道,即志于为仁义之道。所由四目:格物、厉节、辨惑、慎独。据于德,其目有四:主静出倪、养心不动、变化气质、检摄威仪。依于仁,其叙有四:敦行孝弟、崇尚任恤、广宣教惠、同体饥溺。游于艺,分学目为:义理之学,经世之学、考据之学、词章之学。提出礼、乐、书、数、图、枪"六艺",以切于人事,便于经世。又立经义、策问、诗赋、楷法,以备科举之用。作者认为,文史术艺,应并学不废,本末兼备。本原一归于孔子,而历朝经世之学、国朝掌故、外夷政俗,皆宜考焉,诸子学术、异教学派,亦当审焉。总之,"博稽而通其变,务致之用,以求仁为归"。除说经、读书外,还有习礼,论文。最后提出"四耻"耻无志、耻徇俗、耻鄙吝、耻懦弱,以约束自己的行为。

梁启超曾在《三十自述》中言:"自退出学海堂而间日请业南海之门,生平知有学,自兹始。……先生为讲中国数千年来学术源流,历史政治沿革得失,取万国以比例推断之。余与诸同学日札记其讲义,一生学问之得力,皆在此年。"(《饮冰室合集》文集第四册)他认为长兴学舍虽在组织完备上不及东西各国学校,"然当中国教育未兴之前,无所凭借,而自创之,其心力不亦伟乎?"(《南海康先生传》)万木草堂当日在社会上的影响,可以梁鼎芬的赠诗为代表:"九流混混谁真派,万木森森一草堂。但有群伦尊北海,更无三顾起南阳。"(梁启勋《"万木草堂"回忆》)万木草堂的确为变法维新作了舆论准备,并造就了一批栋梁之才。

《长兴学记》提出兼重德育、智育和体育的教育思想,打破传统儒学经学的一统天下,引进自然科学和社会科学内容,主张重经世之学以"通变宜民",在反对封建传统教育,宣传资产阶级新说,培养维新变法人才等方面,都有着一定的历史进步作用。在"学规"、"教条"发展史上,也具有承前启后的积极意义。

1991年,广东高等教育出版社出版了陈汉才以万木草堂1891年原刊本为底本,参考其他各种版本,重新校点、注释的新版本,并附录了校注者编写的《万木草堂教育教学活动大事记略》及有代表性的康门弟子及学人的回忆文章和专著(节录)等重要参考资料。

(周谷平)

严复集 严 复

《严复集》，五册。严复著。由王栻主编，中华书局1986年出版。该书收录了严复的生平著述，分诗文卷上、下（第一、二册），书信（第三册），按语（第四册），著译、日记和附录（第五册），为现今收集、校勘、整理均较完整的版本。福建人民出版社出版了本书补编。

作者生平事迹见"天演论"条。

严复积极鼓吹变法维新，救亡图强。1895年，他先后在天津直报发表《论世变之亟》、《原强》、《辟韩》《救亡决论》等文，反对守旧，主张革新。1897年在天津创办《国闻报》，发表许多论文，使之与梁启超在上海创办的《时务报》南北呼应，成为宣传变法维新思想的两大阵地。1898年严复译《天演论》正式出版，他借书中"物竞天择、适者生存"的进化论观点，大声疾呼救亡图存，在当时引起了很大的震动。以后，他又翻译出版了亚当·斯密的《原富》、斯宾塞的《群学肄言》、孟德斯鸠的《法意》等著作，并加按语，以抒己见，系统介绍西方资产阶级的哲学、政治、经济和教育学说，成为当时代表新兴民族资产阶级利益，提倡资产阶级思想文化用以挽救中国的资产阶级启蒙思想家。1914年他还翻译出版了卫西琴(A. Westharp)的《中国教育议》。

《严复集》体现作者强烈的反抗帝国主义侵略，希望通过学习西方，使中国在优胜劣败的竞争中立于不败之地的爱国主义情怀，所谓"身为国民，无论在朝在野，生此世运转变之时，必宜人人思所以救此社会，使进于明盛"。这正是作者思考一切问题的基本出发点。严复猛烈抨击封建专制制度，竭力主张民主，提倡民权。《辟韩》一文揭露中国自秦以来之为君者，都是尤强梗、最能欺夺者，是窃国大盗，强调民众才是国家的真正主人，主张通过提高民智以实现民主政治。

《严复集》中阐述教育问题较为集中的有《原强》、《救亡决论》、《论世变之亟》、《西学门径功用》、《论教育与国家之关系》、《论小学教科书亟宜审定》、《实业教育》、《〈蒙养镜〉序》、《论今日教育应以物理科学为当务之急》、《论沪上创兴女学堂事》及《与〈外交报〉主人书》等篇，内容涉及批判中国传统旧教育和科举制度，学习西学，提倡科学以及对于教育目的、内容、教学方法和教科书编写等的探讨,论述范围从普通教育、实业教育到女子教育、家庭教育等各个方面。

严复竭力主张以教育作为救亡图存,致国家以富强的主要手段。在维新运动期间发表的最重要的一篇政论文《原强》(1895)在宣传介绍了达尔文的进化论和斯宾塞的社会学说后,提出以民力、民智、民德三者断民种之高下,指出中国落后的根源正在于"民力已荼、民智已卑、民德已薄",如不改变这种局面,按照"物竞天择"的进化法则,中国必将为帝国主义列强所瓜分。要拯救中国不能依靠旧的法制,也不能单靠兴办洋务,关键在于"鼓民力"、"开民智"、"新民德"。所谓"鼓民力",就是使人民具有强健的体魄,为此必须革除中国旧有贻害民力之礼俗,尤其是吸食鸦片和女子缠足二事,沿袭至深,必须尽早解决,否则变法只是一句空话。"民智者,富强之原。""开民智",必须学习西方"先物理而后文词,重达用而薄藻饰","贵自得而贱因人,喜善疑而慎信古"等治学态度和方法,彻底废除只重记诵词章、训诂注疏的八股取士制度。"是故欲开民智,非讲西学不可;欲讲实学,非另立选举之法,别开用人之涂,而废八股、试帖、策论诸制科不可。"至于"新民德",就是用资产阶级的民主、自由、平等,取代中国封建的宗法制度和伦理道德,设议院,选官吏,废除专制政治,强调"此三者,自强之本也"。而练兵筹饷、开矿、通铁道、兴商务等只是治标之策,"有其本则皆立,无其本则终废"。这一主张反映在教育上,就是通过普及教育,对民众实施德、智、体三方面同时发展的教育。《论教育与国家之关系》等文不仅提出教育之事分三宗,即体育、智育、德育,而且进一步分析了三者间的相互关系。认为在当时的形势下,智育重于体育,而德育尤重于智育。因为,不讲卫生积习乃出于无知,而竞争中的胜败,也并不仅以体力获胜,如日俄战争即是,故言非不重体育,而是筹其缓急,"觉无智育,则体育万万不逮事耳!"德育之至关重要,是因为纵观各国历史,凡国之亡,必其人心先坏,作者尤感于当时中西文化冲突下的社会人心风俗而发。

通过比较中西政治、学术、思想文化等异同,强调学西学为当务之急。该集有多篇文章阐述了这一问题。《论世变之亟》(1895)集中分析了中西方的差异,诸如"中国最重三纲,而西人首明平等;中国亲亲,而西人尚贤;中国以孝治天下,而西人以公治天下;中国尊主,而西人隆民;中国贵一道而同风,而西人喜党居而州处;中国多忌讳,而西人众讥评"。尤其"于学术则黜伪而崇真,于刑政则屈私以为公"。"其最不同而断乎不可合者,莫大于中之人好古而忽今,西之人力今以胜古;中之人以一治一乱一盛一衰为天行人事之自然,西之人以日进无疆,既盛不可复衰,既治不可复乱,为学术政化之极则。"指出"士生今日,不睹西洋富强之效者,无目者也"。在《与〈外交报〉主人书》(1902)中,进一步驳斥了当时关于处理中学与西学相互关系上的正统观点"中体西用论",强调体用一致,认为"有牛之体,则有负重之用;有马之体,则有致远之用。未闻以牛为体,以马为用者也"。"故中学有中学之体用,西学有西学之体用,分之则并立,合之则两亡。"同时,也驳斥了所谓西政为本,西艺为末及主于中学,以西学辅其不足等错误观点,有不少精辟的见解。作者认为,中国当时最患为愚、贫、弱。而瘉愚为最急,从保国存种的大义出发,只要有瘉愚者,不管是中是西,不计是新是故,夷狄禽兽,犹将师之,反之,致吾于愚者,即是祖宗成法,犹将弃之。而作者也并非认为今日之教育应尽去吾国之旧,以谋西人之新,以为传统乃百世圣哲所创,历朝变动所淘汰、积累。如果尽去之,则民族的特性就会消亡,应该"阔视远想,统新故而视其通,苞中外而计其全"。这里,作者一方面反对"中体西用",另一方面却也反对学习西方的"自由、平等、民权、压力、革命"等"政论"。

严复主张"宜著意科学",反映了他的教育救国、科学救国的思想观点。该集在多处着意介绍,如《论今日教育应以物理科学为当务之急》一文,阐述了自然科学知识对人的思想、感情两方面的增益、陶冶作用。指出教育有二大事:开瀹心灵和增广知识,"然教育得法,其开瀹心灵一事,乃即在增广知识之中"。物理科学(但言物理,则兼化学、动植、天文、地质、生理、心理等)不仅陶冶心智,而且增广知识,卫生保种,大进实业,尤其对转变中国几千年传统教育旧习,挽救流弊是一剂良方。作者一针见血地指出,中国历来学教育者,一语概之,"学古入官已耳"。世人考求而争论者,皆在文字楮素之间,而不知求诸事实,一切皆资于耳食,服膺于古人成训,未尝亲为观察调查,使自得也,此弊不除,教育改良无望。而治疗之方,一事最宜勤治:物理科学是已。因为,物理科学注重归纳,强调观察试验,必用本人心思耳目,教授时必用真物器械,使学生自考察而试验,"此科教之、学之得其术,人之尚实心习成矣!其国亦盛矣!"作者还多次论及归纳和演绎这两种科学思维方法,在教学上强调学生自得,主张教师要教会学生学习,使其知所以然。学习上注重读无字之书,从实际经验中获取知识,尤强调试验方法。

作者反对仅依赖于翻译求取西学,因为翻译不仅数量有限,而且常多谬误,不能得其精华,主张"既治西学,自必用西文西语而后得其真",而后才能了解别人的最新发现。

对科举制度的批判和对传统教育弊病的揭露是该集有关教育论述的又一重要组成部分。《救亡决论》(1895)一文,对中国传统的旧学,从思想到制度进行了全面的抨击,着重剖析了八股取士的危害性。文章开宗明义指出"今日中国不变法则必亡是已",而变法之先,"莫亟于废八股"。八股之大害有三:"一是锢智慧。二是坏心术。三是滋游手。使天下消磨岁月于无用之地,堕坏志节于冥昧之中,长人虚骄,昏人神智,上不足以辅国家,下不足以资事畜。"最终使天下无人才,使中国弱而亡。痛斥中国传统的考据、书法、辞章之学和程朱、陆王的心性之学为"无用"、"无实",大声疾呼废八股而学西学,强调"救亡之道在此,自强之谋亦在此"。作者揭露传统教育的弊端是:"自三育言,偏于德育,体智二育皆太少;自物理、美术二方面言,偏于艺事,短于物理;只求增长知识,不求开瀹心灵;思维方法上,演绎多,归纳少,而且因事前无观察,事后于古人成例无印证,演绎所赖公例多疏,以致结果也多漏。"正是这种旧教育,使"人才因之以稀,社会由之以陋"。还在《道学外传》(1898)等文中,对腐儒作了淋漓尽致的刻画和讥讽。

在批判旧教育的同时,作者要求建立完整的学校系统来普及教育、开发民智,培养人才。他拟定了一个教育办法,把学校教育分三段,十六岁以前入小学堂,中学堂吸收十六至二十岁文理通顺、有中学根柢者入学,经四五年学习后,升入高等学堂,为预备科,再三四年后,即可分治专门之业。学习优异者,还应选送出洋留学。出国前要先打好外国语和科学基础,要严格选拔,优给待遇,励以志向,以造就学有专长的人才。并建议设立师范学堂培养师资。

除主张因地制宜大力普及国民教育外,文集对女子教育、家庭教育和实业教育等也均有专文论及。《论沪上创兴女学堂事》(1898)一文对当时上海经正女学的创办大为赞赏,认为"名既为人,即当学问,不以男女而异也"。谴责封建伦理对中国妇女身心的摧残,提倡女子不仅要进学堂读书,还要出家门阅世。为使妇女自强,就要禁缠足,立学堂,废媒妁之道,除买妾之例。并把妇女自强视为"国政至深之根本"(《〈蒙养镜〉序》),论述了家庭教育的重要性,认为一国一种之盛衰强弱,系之于民,而民性之优劣,少成为之也,所以教育不能停留于设学堂、置教科、植师范,讲普及,还要重视最根本的家庭教育。《实业教育》则是作者在上海商部高等实业学校的演说词,文章大声呼吁中国今日自救之术,当以实业教育为最急之务。实业教育有救贫之实功,开国之利源,使人人自食其力,从而民富国强。文中分析了实业教育与以往普通教育的区别:往日之教育笃古、求逸、使学生成分利之人才;而实业教育法今习劳、使学生充生利之民力。培养实业人才,必先破读书求官陋习,并使体智共同发展,不仅仅成一读书人。还要注重实际工作能力的培养。同时强调实业家除要有实事阅历外,还必须接受学堂教育。此外,对小学教科书的编写和审定,旧的记诵教学方法的改进及培养人才宜分治学、治事二途等教育问题亦有所论述。

《严复集》体现的教育思想,反映了中国近代学校与科举、西学与中学、新学与旧学的矛盾冲突和斗争,对当时传统教育向近代教育的转轨产生了较大的影响。

主要研究著作有王栻《严复传》,美国史华慈《严复与西方》,商务印书馆编辑部《论严复与严译名著》,中国文化书院《北大校长与中国文化》,沈灌群、毛礼锐《中国教育家评传》等书有关部分。

(周谷平)

清代编

宗教类

佛　教

禅门锻炼说　戒　显

《禅门锻炼说》，又称《禅林锻炼说》、《锻炼说十三篇》。一卷。戒显著。成于清顺治十八年（1661）。通行本有《卍续藏经》本等。20世纪80年代后期，江西云居山真如寺据清同治十一年（1872）如皋刻经处本多次影印，在佛教界内流通。

戒显（1610—1672），俗姓王。江苏太仓人。幼时即受佛法熏陶，曾从舅氏听讲天台教义。明亡后，于南京宝华山依三昧律师出家，不久受具足戒，时年三十五岁。法号戒显，别号晦山，又号罢翁。从清初禅宗三峰派具德禅师得法，为南岳下第三十六世。先后住持江西云居山真如寺、杭州灵隐寺等八刹。以戒律精严，学问渊博，为世所称许。另著有《佛法本草》、《鹫峰集》（以上二书已不传）、《现果随录》、《沙弥律仪毗尼日用合参》等书。事迹散见于江苏《太仓县志》、江西《建昌县志》、杭州《灵隐寺志》、纪荫《宗统编年》、超永《五灯全书》、喻谦《新续高僧传·弘礼传》等。

戒显在《自序》中称，锻炼禅众应如孙武用兵，"五家建法，各立纲宗，韬略精严，坚不可破，而兵法全矣。自元及明中叶，锻炼法废，寒灰柘木，坑陷杀人。幸天童悟老人，提三尺法剑，开宗门疆土。三峰藏老人继之，恢复纲宗，重拈竹篦，而锻炼复行。灵隐（具德）本师复加通变，啐啄多方，五花八门，奇计错出，兵书益大备矣"。故仿《孙子兵法》十三篇，针对当时宗门空疏颟顸之流弊，整理列举禅林、锻炼禅众之方法，次第如下。

一、坚誓忍苦。说"为长老而不能使众生开悟佛性，是谓盗名；据正位而不能为佛祖恢廓人材，是为窃位"。是故必须苦心劳身，先起大愿，立大誓，然后显大机，发大用。

二、辨器授话。指欲锻炼禅众，必先辨验各人根机器识。唐代禅风鼎盛，机器不凡，禅师接引后学，皆全机大用，殊无死法。至宋以后，参禅用话头，而终成死法。但在末法时期，仍不得不用此死法。能善用之，则话头中自有活法。所谓活法，就是善辨禅众的机器之利钝，验其参学之浅深，然后示以不同的话头。

三、入室搜括。指长老立限打七，领众参禅，必须识其人，知其本参，不能虚应故事。故参究之法必须猛利,使人易于省发;搜剔黏缚必须彻底,使人尽去禅病。

四、落堂开导。说学人参究如逆水行舟,不得人推挽则退多而进少。又习禅最易犯病者有二:一为进气胸前以为勇猛,二为灰心冷坐以求澄湛。故长老于禅堂中开导,最为急要。开导之法有四:一曰悚立志,二曰示参法,三曰警疲怠,四曰防魔病。因为参禅不可胡乱卜度,亦不可死守话头,故长老当禅众静坐时,须示令其放下万缘、锐意研究、尽力挨拶;久之,则情识尽、知见忘、悟道易。

五、垂手锻炼。说长老在禅堂须时时随众行坐,锻炼之器,在善用竹篦子。其功便于逼拶,而其妙在乎敲击。禅众坐时,则执之以巡香;行时即握之为利器。当经行猛利时,即用兵家之法,出其不意,攻其无备。务将学人旷大劫来识情影子,知见葛藤,搂其窟穴,斩其根株,使其无地躲避。

六、机权策发。说禅门锻炼,利在运用超越常规的逆法、恶法。"锻炼不用威,则禅众疲怠,无由策发,必不能使透关而彻悟;策发不用权,则严规肃矩只成死法,亦不能使愤厉而向前。故锻炼一门,事有千变,而机用至活也。"

七、奇巧回换。说古来禅师,论悟道者,必贵乎机下透脱。偏知异见,举起千差,所贵善知识者因病与药,善用回换。回换之法多方:有法战之回换,即众中逼拶,有隙即攻,有瑕即击;有室中之回换,即在学人将通非通、箭欲离弦之际,长老令其再问,或代一语而即悟;有回换之回换,即举一反三,如说佛性谁无者悟,说佛性谁有者亦悟;有不回换之回换,如问如何是曹源一滴水,答是曹源一滴水。

八、斩关开眼。即斩破重关,开人眼目。欲得斩关之诀,其功存乎逼拶,其奥在乎回换,而其力又在乎开导而策发。

九、研究纲宗。说"学家根本已明,当依止师承,温研密谂,务彻古人堂奥。师家见学人已透根本,更须以妙密钳锤,深锥痛扎,务令透纲宗眼目。庶不至彼此承虚接响,而正法眼藏得永远而流传"。

十、精严操履。谓宗门修行,必行解相应。学人道眼未开,先令参究,以锻其解,所谓但贵子眼正,不说子行履。当大事既明,即令操履以锻其行,所谓说得一丈,不如行得一尺。长老必以身作则,精严行解,以为法门楷模。

十一、磨治学业。说欲通宗教、辨古今、明纲宗、识机用、眼目后进、抉择人天,则必须通内外之学。"非内则本业不谙,出世何以利生;非外则儒术无闻,入世不能应物。"

十二、简练才能。谓统大众而传佛祖之学者,必简练长才异能,以主宰丛林,纲纪衲子,肩法门臣任,竖佛祖高幢。然造物生人,全才少,偏才多,才德相济者少,而不相济者多,须长老量才任用,赏罚分明,在丛林的熔炉中陶铸成材。

十三、谨严付授。谓根器不论利钝,皆可经锻炼而成良材;然并非一经省发,即可付授。值此末法时代,虽全才难得,异器难求,然亦须戒两种弊病:一是泛滥付授,传法于非人;二是谨守关钥,至死而不付一人,使法门断绝,此亦矫枉过正,不得中道。"虽然如是,善知识者,为佛祖入草求人,为人天开凿眼目,宁慎无滥,宁少而真,毋多而伪。"

本书以整顿丛林为职志,痛陈当时禅门弊病,所言皆古德嘉言懿行及自身经历之丛林实务,尤以"重纲宗、勤锻炼、持谨慎"三法为最重要,视为"皆世所未闻者"。此书对清代以来佛教丛林有较大影响。当代禅德南怀瑾在《禅海蠡测》一书中,多有取资。

(王雷泉)

居士传 彭绍升

《居士传》，五十六卷。彭绍升(又名彭际清)撰。成于清乾隆四十年(1775)。通行本有《卍续藏经》本等。

彭绍升(1740—1796)，字允初，号尺木。江苏长洲(今苏州)人。家世习儒，父兄皆以文学官于朝。年十六为县诸生，翌年中乡举。乾隆三十四年(1769)进士及第，授七品官(县官)，辞而不就。他早年喜学陆九渊、王阳明的心学，后转习道家的修炼术，三年无效而弃之。在友人的影响下，读明末高僧真可的《紫柏全集》，归心佛法。继而又广览袾宏、德清、智旭等人的著作，深信净土法门，自号"知归子"。以后又从苏州华藏庵闻学禅师受菩萨戒，取法名"际清"，又号"二林居士"，故此后的一些著述多以"彭际清"署名。他与汪缙(字大绅)、罗有高(字台山)既为清代研究宋明理学的一个派别，又为佛门同侣，交情至笃。著有《无量寿经起信论》三卷、《观无量寿佛经约论》一卷、《阿弥陀经约论》一卷、《华严念佛三昧论》一卷、《一乘决疑论》一卷、《念佛警策》二卷、《善女人传》二卷，以及《体仁要术》、《观河集》、《测海集》、《二林唱和诗》、《二林居集》、《一行居集》等。在他的指导下，侄子彭希涑还编纂了《净土圣贤录》九卷。生平事迹见清胡珽《净土圣贤录续编》卷二、《居士传》卷五六《知归子传》等。

《居士传》是一部专门记叙汉地佛教的世俗信仰者(或称在家的佛教信徒)，即居士的生平事迹，特别是他们的佛教活动的传记。全书所收，上始后汉，下迄清乾隆(1736—1795)年间，正传收二百二十七人，附见七十七人。第一，是牟融，最末一人是"知归子"，即作者自己。传主大多以字或号相称，如称孙绰为"孙兴公"，颜真卿为"颜清臣"，王维为"王摩诘"、黄庭坚为"黄鲁直"等，只有少数才直呼其名。传末均注有出典，有佛教的和世俗的史传、文集、序录、笔记等好几十种。有些列传的末尾间附作者和汪缙的评论(称"知归子曰"和"汪大绅云")。

全书大致可分为两大部分：卷一至卷十九为宋以前的居士，正传收入七十八人，附出十七人；卷二十至卷五六为宋以后的居士，正传收一百四十九人，附出六十人。

宋以前的居士主要有：东汉的牟融、安玄；孙吴的支谦；晋代的竺叔兰、孙绰、谢敷(以上卷一)、刘遗民(卷二)、宗炳(卷三)；北凉的沮渠京声；北魏的刘谦之(以上卷四)；刘宋的何尚之、周颙(以上卷五)；齐代的竟陵王萧子良(卷六)、刘虬、明僧绍(以上卷十)；梁代的刘勰(卷五)、傅翕(通常称"傅大士",卷七)、昭明太子萧统(卷九)、刘歊(卷十)；陈代的傅縡(卷五)；隋代的李士谦(卷十)；唐代的李师政、梁肃、裴休(以上卷十三)、李通玄(通常称"李长者",卷十四)、颜真卿、韦皋(以上卷十六)、王维、柳宗元、白居易(以上卷十九)。

宋以后的居士主要有：宋代的杨亿、李遵勖(以上卷二十)、晁迥、王随、文彦博、富弼(以上二一)、王古(卷二二)、王阗(卷二四)、刘经臣(卷二五)、苏轼、黄庭坚、晁补之(以上卷二六)、江公望、陈瓘(以上卷二七)、张商英(卷二八)、李纲(卷二九)、宗泽、张浚(以上卷三十)、冯楫(卷三一)、张九成(卷三二)、王日休(卷三三)、真德秀(卷三四)。

金代的李之纯(通常称"李纯甫")。

元代的郑思肖、冯子振(以上卷三五)、耶律楚材、国宝(以上卷三六)。

明代的宋濂(卷三七)、赵贞吉(卷三九)、严讷、陆光祖(以上卷四十)、殷迈(卷四一)、蔡承植、虞长孺、庄广还、鲍宗肇(以上卷四二)、李贽(卷四三)、管志道、陶望龄、焦竑、唐时、瞿汝稷(以上卷四四)、袁黄(卷四五)、袁宏道(卷四六)、曾大奇(卷四七)、朱鹭、姚希孟(以上卷四八)、刘道贞(卷五一)、金声、熊开元(以上卷五二)。

清代的严仲悫、宋世隆(以上卷五四)、周梦颜(卷五五)等。

由于居士包括社会各阶层的信佛者,因此它的范围极其广泛,人数也比僧人多得多,既有名卿宿儒,也有黎民庶子。就《居士传》收录的人物而言,绝大多数是有一定政治地位或学术地位的宰官士夫。他们不仅在政治、经济上全力扶持僧团,开展民间的佛教活动,而且利用自己较高的文化修养,撰作各种阐释佛理或记叙佛教史迹的著作,丰富和发展了佛教的内容,形成了影响至大至深的居士佛教。以《居士传》重点记叙的宋明两代居士为例：

北宋名臣李纲(字伯纪),在答吴敏书中论述了儒家《易经》与佛家《华严经》的同异："《易》立象以尽意,《华严》托事以表法,本无二理,世间、出世间亦无二道。何以言之？天地万物之情,无不摄总于八卦,引而申之,而其象至于无穷,此即华严法界之互相摄入也。一为无量,无量为一,小中现大,大中现小,法界之成坏,一沤之起灭是也。乾坤之阖辟,一气之盈虚是也。《易》有时,其在《华严》则世界也。《易》有才,其在《华严》则法门也。……《系辞》论八卦,必妙之以神。八卦者,菩萨也,如所谓文殊小男、普贤长子之类是也。神者,佛也,如所谓毗卢遮那是也。生生之谓易,一阴一阳之谓道,阴阳不测之谓神,犹佛之有清净法身、圆满报身、千百亿化身也。"(卷二九)

南宋王日休(字虚中),"著书名《龙舒净土文》,自王公士大夫,下至屠丐、僮奴、皂隶、优妓之属,咸以净土法门劝引归依。其文浅说曲喻,至详至恳,若父兄之教子弟然"(卷三三)。

南宋陈贵谦,"尝参月林铁鞭诸老,切究向上一机"(卷三四)。他在答真德秀问禅门事的书信中说:"经是佛言,禅是佛心,初无违背,但世人寻言逐句,没溺教纲,不知自己有一段光明大事。故达摩西来,不立文字,直指人心,见性成佛,谓之教外别传。非是教外别有一个道理,只要明了此心,不著教相。今若只诵佛语而不会归自己,如数他人珍宝,自无半钱分。"

明袁宏道(字中郎),初学禅于李贽,后回向净土。晨夕礼诵,兼持禁戒。"因博采经教,作《西方合论》,圆融性相,入不二门。"(卷四六)他的兄长袁宗道(字伯修)为之序,其中论及念佛与参禅:"念佛一门,于居士尤为吃紧。业力虽重,仰借佛力,免于沉沦。如负债人藏于王宫,不得抵偿,既生佛土,生平所悟所解皆不唐捐。纵使志在参禅,不妨兼以念佛。世间作官作家犹云不碍,况早晚礼拜念诵乎?且借念佛之警切,可以提醒参禅之心。借参门之洞彻,可以坚固净土之信。适两相资,最为稳实。"

其他如宋代的晁迥(字明远),著《道院别集》,"多发明空理"(卷二一);王随(字子正),"删次《传灯录》为《玉英集》"(同上);明代的庄广还(字复真),"阅净土诸经论,掇其语要,名曰《净土资粮集》,以导众信"(卷四二);瞿汝稷(字立元),"上溯诸佛,下逮宗门,撮其语要为《指月录》"(卷四四);王肯堂(字宇泰),"平生博通教乘,尤精相宗(法相宗),以慈恩(窥基)《成唯识疏》既亡,学者无所取证,乃创《唯识证义》十卷"(同上);曾大奇(字端甫)著《通翼》,"出入内外经传,推阐罪福因缘、苦空无常之旨"(卷四七);姚希孟(字孟长)归信三宝,"搜览传记,著《佛法金汤征文录》十卷"(卷四九)等等,都是居士佛教的重要著作。

有关本书的研究,有陈士强《大藏经总目提要·文史藏》(上海古籍出版社,2008年)。

(陈士强)

净土圣贤录 彭希涑

《净土圣贤录》，九卷。彭希涑撰。成于清乾隆四十八年(1783)。通行本有《卍续藏经》本等。

彭希涑(1761—1793)，字乐园，号兰台。江苏元和(今苏州)人。《净土圣贤录》是他在其叔彭际清(又名彭绍升)的直接指导下撰成的。生平事迹见《净土圣贤录续编》卷二。

《净土圣贤录》是历代往生传的集成之作。全书共为净土法门中的佛、菩萨、尊者、僧尼、王臣、居士、杂流、女人，以及物类等立传五百余篇(包括附传)，分为十科(也可称为"十门")。每篇传略的末尾均注有出典(即资料的出处)，每科之末有"论曰"(即作者的评论)。

一、净土教主(卷一)。收阿弥陀佛。

二、阐教圣众(卷一)。收观世音菩萨、大势至菩萨、普贤菩萨、文殊师利菩萨、祈婆迦尊者、马鸣尊者、龙树尊者、天亲论师和觉明妙行菩萨。

三、往生比丘(卷二至卷六)。主要收有：慧远(附慧持)、慧永、僧显、昙鸾、静霭、智颉、道绰、善导、怀感、功迥、慧日、飞锡(以上卷二)、承远、法照、少康、延寿、省常、知礼、遵式、仁岳、宗赜、有严、元照(以上卷三)、道琛、子元、明本、优昙(当是"普度")、维则、妙叶(以上卷四)、梵琦、景隆、袾宏、广制、德清、传灯(以上卷五)、智旭、大勐、大真、读体、成时、行策、实贤(以上卷六)等。

四、往生比丘尼(卷六)等。收慧木、广觉、潮音等。

五、往生人王(卷七)。收乌苌国王。

六、往生王臣(卷七)。收刘程之、杨杰、王古、汪公望、陈瓘、冯楫、虞淳熙、袁宏道等。

七、往生居士(卷八)。收差摩羯、关公则、王日休、顾原、张守约、庄广还、鲍宗肇、张光纬、袁列星、皇甫士坊、周梦颜、王恭等。

八、往生杂流(卷九)。收张钟馗、张善和、吴琼、吴浇烛、梁维周等。

九、往生女人(卷九)。收韦提希夫人、乐音老母、姚婆、冯氏、王百娘、蒋十八妻、吴氏女、张寡妇、杨媪等。

十、往生物类(卷九)。收鹦鹉、鸲鹆、白鹦鹉三物。

《净土圣贤录》的特点大致有以下几点。

一、"凡录往生者,只载支那著述,至经论所明净教缘起,多所阙略。譬之治河不由积石,导江不自岷山。既昧其原,其流将壅。兹首标教主,著所宗也;次观音、势至,明有辅也。"(清彭际清《净土圣贤录发凡》)也就是说,以前编的往生传所载的人物,往往只选于中国佛教著述,而忽略了经论上的记载。如唐文谂和少康的《往生西方净土瑞应传》、南宋志磐的《佛祖统纪》中的《净土立教志》、明袾宏的《往生集》所记的第一人均是中国净土教的创始者东晋慧远;宋戒珠的《净土往生传》则列西晋江东僧显为第一,东晋庐山慧永、慧远为第二、第三。而此书则上溯净土教的原始,首标教主阿弥陀佛,次列阐扬净土教的诸菩萨和西方尊者,然后才叙东晋慧远。

二、"历代《高僧传》、《佛祖统纪》、《佛祖通载》诸书,但载诸师事迹,而议论激扬,概从简弃。云栖(袾宏)《往生集》,又唯标事验,行实罕详,遂可合张李为一身,溷淄渑而同味,览未及终卷,倦而思卧者多矣。兹则该罗细行,圆具全身,综贯千章,独标警策。"(同上)也就是说,历代《高僧传》等只记载净土诸师的生平事迹,对他们的思想观点一概简弃,而袾宏的《往生集》只记载净土修持者临终时获得的各种祥瑞灵验,很少去记叙他们的行实,因而出现了"可合张李为一身"的雷同化。而此书所记,不仅该罗人物的生平行履,而且"综贯千章,独标警策",摘录了他们在谈论或文章中表述的有关净土修持方面的代表性观点。

三、"向之录往生者,必著事验。事验无闻,遂多阙漏。虽然不睹其形,愿察其景,但自净心,往生何待?"(同上)也就是说,只要人物平日修持净业,不论他临终时有无往生净土的祥瑞灵验,都加以收录。

四、"《往生集》唯以吉祥善逝为高,其为捐躯舍身者,概斥而不录。"(同上)此书的作者认为,《普贤行愿品》和《六度集经》中都有以"身命而为布施"的说法,因而对"为法捐躯"的静霭,"忘身济物"的常愍,以及"速舍报身(指烧身自焚),求生净土"的文辇、慧诚、超城等也加以收录(彭际清还提到了善导和志通,但这两人已见于《往生集》)。

五、"《居士传》、《善女人传》所录诸贤,必征素行,苟有瑕疵,概从简斥。兹则但以末后为凭,不论既往之失,故知雄俊、惟恭之辈,钟馗、善和之徒,既登末品,便预圣流,其他概可知矣。"(同上)《居士传》、《善女人传》对平日作恶,末了皈依净业的人一概简斥不录,而此书上承唐文谂和少康、宋戒珠、明袾宏诸书的传统,特别是袾宏在《往生集》中特辟《恶人往生类》的做法,以人物后期的行为作为判别其是否称得上"圣贤"的标准,将张善和、张钟馗、雄俊、惟恭等平日作恶,末了皈依净业的人也加以收录。

此外,《净土圣贤录》还删除了见载于《往生集》的刘宋处士周续之、唐代大儒白居易、苏轼和宋代丞相张商英。理由是:"《往生集》载周续之临终见佛,合掌而逝,考诸前史及《东林传》(指未详作者的《东林十八高僧传》)都无此文"(同上);"白公(白居易)虽有绘画回向之诚,而平生信乐,多在兜率天"(同上),兜率天是弥勒佛居住的地方,愿求往生弥勒净土,这与净土教倡导的往生阿弥陀佛净土是两个不同的去处;"夫修净业者必具三心,所谓深心、至诚心、回向发愿心,乃至临终十念,未有不由著力而得者"(同上)。而苏轼曾说:"西方不无,然个里著力不得",这说明他"三心未具";《往生集》卷中所录的张商英《发愿文》,"有类童蒙,颇同寒乞,与他所传文字的不类,亦未可信,故并删之"(同上)。这说明《净土圣贤录》间有甄别考证。

以上各项特点中,最为切要的是第二项。因为正是由于《净土圣贤录》既有人物生平始末的记叙,又有言谈文述的辑录,才使得它在净土宗史籍中的地位远远高于袾宏的《往生集》,受到了自清以来净土教研究者的器重。十科之中,又数第三科《往生比丘》所保存的人物资料为最多。以摘有要点的文述而论,就有:

隋代智𫖮的《净土十疑论》(近人有怀疑它不是智𫖮所作的);唐代飞锡的《念佛三昧宝王论》(以上卷二);宋代延寿的《万善同归集》,知礼的《念佛施戒会疏文》、《观无量寿佛经疏妙宗钞》,遵式的《往生净土决疑行愿二门》、《坐禅往生观法》,宗赜的《发愿文》,元照的《集净业礼忏仪序》(以上卷三),道琛的《唯心净土说》,子元的《劝人发愿偈》,道因的《弥陀赞》;元代明本的《报恩院记》,优昙(当是"普度")的《莲宗宝鉴》,维则的《净土或问》;明代妙叶的《念佛直指》(以上卷四),梵琦的《百韵诗》,琴公的《念佛警策偈》,广制的《怀净土赋》,传灯的《法语》(以上卷五);清代大勋的《怀净土诗》,成时的《净土十要序》,行策的《劝发真信文》,实贤的《劝发菩提心文》(以上卷六)等。

此外,还有宋代有严(见卷三)、明代景隆、袾宏、德清(以上见卷五)、智旭(见卷六)的一些答问。这些言谈和文述,为研究净土教思想史提供了大量的资料,十分值得注意。其中,自宋至清有关禅法、显密教法与净土法门的关系的议论,尤有意义。

关于禅法与净土法门的关系,北宋法眼宗延寿在《四料简》中说:"有禅无净土,十人九错路。阴境若现前,瞥尔随他去;无禅有净土,万修万人去。但得见弥陀,何愁不开悟;有禅有净土,犹如带角虎。现世为人师,当来作佛祖;无禅无净土,铁床并铜柱(指下地狱受苦)。万劫与千生,没个人依怙。"(卷三)

明代临济宗僧人景隆在解释"有禅无净土"和"有禅有净土"两句时说:"参禅人执守话头,自谓守静工夫,更无别事。念佛往生,寅夕礼诵,皆所不行,此所谓'有禅无净土'也。此等参禅亦非正气,是为守死话头,不异土木瓦石。坐此病者,十有八九莫之能救;真得禅旨,如上葫芦,捺著便转,活泼泼地。如此参禅,不轻念佛往生之道。寅夕礼诵,亦所遵行,左之右之,无不是道。此所谓'有禅有净土'也。"(卷五)

元代临济宗僧人明本和明代未详师承的琴公,更是用直截了当的语言,倡导禅净合一。明本认为,禅中有净,净中有禅,两者不可分离。"禅者,净土之禅。净土者,禅之净土。"(卷四)琴公作《念佛警策偈》,其偈的开头几句便是:"一句阿弥陀佛,宗门头则公案。譬如骑马拄杖,把稳生涯一段。不拘四众人等,持之悉有应验。行住坐卧之中,一句弥陀莫断。"(卷五)

这就把净土法门中的"念佛"提到"宗门头则公案"的理论高度,为了在修持实践中将修净与坐禅统一起来,北宋天台宗僧人遵式特撰《往生坐禅观法》一文,对此作了具体的介绍。提出:"欲修往生观者,当于一处。绳床西向,易观想故,表正向故,趺跏端坐,顶脊相对,不昂不伛,调和气息,定住其心。"(卷三)对坐禅过程中,如何"扶普观意",如何"直想阿弥陀佛",叙之颇悉。

关于显密教法与净土法门的关系,北宋天台宗僧人有严说:"原夫佛慈接物,方便多门。有定散之善焉,有佛法之力焉,有事福而假愿力回向焉,有垂终剧怖而赖求救焉,如是等类,百千万数,但藉其一,必得往生。定善者,修心妙观,首楞严定是也;散善者,如《无量寿经》十念念佛,亦得往生是也;佛力者,缘阿弥陀佛大悲愿力,摄取念佛众生,众生承佛愿力,即得往生。如劣夫从转轮王,一日一夜,周行四天下,非其自力,轮王之力也;法力者,如佛告莲华明王菩萨,令诵灌顶神咒,加持沙土,散亡者尸,或亡者墓。彼此亡者,或堕地狱、饿鬼、畜生中,承是真言,生极乐国是也;事福假回向者,慈心不杀,具诸善戒,得生极乐是也;垂终求救者,临命终时,火车相现,称佛力故,猛火为清凉风,如僧雄俊及张钟馗,一称佛号,俱生净土是也。"(卷三)也就是说,无论是戒定慧,还是显密教,都通净土之路。只要选择其中的一种修习,就能往生净土。

《净土圣贤录》的资料,主要来源于历代《高僧传》、《佛祖统纪》、《往生集》、《东林传》、《居士传》、《西方确指》、《乐邦文类》、《空谷集》、《狯园》、《莲宗宝鉴》、《镇江府志》、《护法录》、《苏州府志》、《紫柏老人集》、《雪梅纪略》、《理安寺纪》、《憨山梦游集》、《云栖纪事》、《净土全书》、《净土晨钟》、《灵峰宗论》、《净土说约后跋》、《宝华山志》、《贤首宗乘》、《余学斋集》、《思齐大师遗稿》、《云林寺志》等一百余种和一些口述。

有关本书的研究,有陈士强《大藏经总目提要·文史藏》(上海古籍出版社,2008年)。

(陈士强)

因明学名义略集 龙 朵等

《因明学名义略集》，一册。龙朵等著。撰时不详。今人杨化群译为汉文，收入其《藏传因明学》一书中，1990年由西藏人民出版社出版。

龙朵活佛(1719—1795)，又名比丘·阿旺洛桑。曾从师于清代七世达赖与六世班禅。著有《龙朵文集》。

《因明学名义略集》是解释因明术语的专篇。内分《因明学》和《心理学概述》两部分，前者系由龙朵的弟子仲钦·阿旺达杰所著，后者为龙朵所著。全书以现量、比量为核心，系统地阐述了因明的论辩式和各种术语，还概括地介绍了《释量论》各品的主要内容和术语，是初学因明者的一部入门书。

第一部分：因明学。主要有以下四方面的内容。

一、概要介绍了从世亲、陈那、法称一直到宗喀巴师徒的因明学发展脉络和主要著作。

二、概要介绍藏传因明的摄类范畴，从恰巴曲森的十八对到僧波都扎的二十一对及二十八对。

三、对《因明入正理论》（藏传因明中都将天主的这部书误为陈那所著，此亦如此）首颂所示的八句义的阐发，侧重于比量和因三相的介绍。

四、对因的分类，即从自性、所成立法、成立法、所成宗体、遍于同品、立敌等六个方面，每一方面又有细分小类，例如就自性方面又分出真果因、真自性因、真未缘到因三种，直果因又分为五种，真自性因和未缘到因又各分有二种。

比较引人注目的是龙朵又提出了"抉择中观见解"的"五大因明论式"，即分析原因金刚摧毁的因明论式，分析数目否定有无的因明论式，分析结果否定由四句生的因明论式，分析诸法自性离一与多的因明论式，理性之缘起的因明论式。这最后一种论式如立："一切物体（有法）没有谛实，因为是缘起。"龙朵认为这类论式能直接排除常见和断见二种偏见，故可称之为理性之王。在汉传因明中,因明是与瑜伽行宗结合在一起的,而在藏传因明中,量论更多的是与中观宗相交融,五大论式正是表达了这一点。

第二部分:心理学(认识论)概述。这是对因明知识论的概括叙述,主要如下。

一、对知觉(心识)的分析与分类。龙朵曰:"了别为知觉的性相(定义),明而了别为认识的性相。"具体又分为七类,即:现量、比量、已决智、伺察识、见而未定、邪智、疑。前二种为量,后五种为非量,又对其中的每一种作了分析。关于非量种类的划分和界定龙朵与萨班、宗喀巴是有所不同的。

二、叙述境和有境。相对于心识而言,境是指对象、现象、外部世界,而有境则是把握对象的主体之认识活动。这一部分实际上即是对摄类范畴的介绍,亦是对《释量论》第一品《自义比量品》的概念术语的介绍。

三、对《释量论》第二品《成量品》的内容介绍。

四、对《释量论》第三品《现量品》的内容简介。

五、关于因明论辩的构成和规则说明。

(姚南强)

土观宗派源流 土 观

《土观宗派源流》，原名《讲述一切宗派源流和教义善说晶镜史》，又称《一切宗派渊源教理善说晶鉴》、《一切宗义明镜》、《宗教流派镜史》。一册。土观著。成于清嘉庆六年（1801）。通行本有西藏人民出版社1984年版刘立千译本。

土观（1737—1802），全名"土观·罗桑却季尼玛"，又译"土观·善慧法日"。藏传佛教格鲁派寺院青海佑宁寺（藏名"郭隆降巴林寺"，今青海互助土族自治县境内）活佛。清乾隆二十八年（1763）曾应诏入京，次年被敕封为"静修禅师"，后还本寺。六十五岁时撰写了此书，翌年病故。

《土观宗派源流》是一部以记述藏传佛教各派的源流及教义为主，兼叙印度、汉地、蒙古、于阗等地的佛教和其他宗派，以及西藏地区的原始宗教"本教"（又译"笨教"、"苯教"）的有关情况的著作。内容包括：藏传佛教各派立名的由来；产生的经过；传承系统与支派；主要人物的事迹；教典；"见"、"修"、"行"三方面的教义；所属的寺院；以及作者的评析，等等。据土观自己说："我是首先写此宗派论的，在此之前，藏中尚未有宗派论著的作者。因之困难甚多，但是也应当把各派的立论详细写出来。"（《附记》）也就是说，在藏传佛教史籍中，像《土观宗派源流》这样全面而又系统地介绍不同方域的各种宗派（特别是佛教）的源流和教义的著作，尚属第一部。

全书共分五章。书首有《开头诗》，礼赞佛祖及尊者、大德，申明著作的宗旨；书末有作者的《略说著书缘起》和刊印者写的《附记》，介绍土观撰写此书时的一些情况。

第一章《天竺宗教源流》。记述印度宗教和哲学的流派和教义。分为二节。

第一节《外道邪宗源流》。下分三小节：（一）《外道是怎样发展起来的》。（二）《略说外道的教义》。（三）《说明讲述外道的必要性》。主要是说，古印度外道（佛教以外的宗教和哲学流派）的见解，归结起来可分为"常见"（承认因果轮回）和"断见"（否认因果轮回）二种。属于"断见"的是顺世外道；属于"常见"的有数论派、大梵天派、遍入天派、弥曼差派、自在天派、胜论派、正理派、离系派八派。

其中,顺世外道,下分禅定派(认为"世间无有阿罗汉")和推理派(包括二派:一派断见虽承认有前后世,但不承认有业果;另一派断见则不承认有前后世,也不承认有业果)。数论派,又称"劫比罗派","提出因中有果,待缘而显而说法"。下分无神数论派("承认诸法唯由自性而生")和有神数论派("承认因果本性虽一,由于大自在天神力加持,而有各种形相变化")。大梵天派,以大梵天为导师,"说一切世间情器皆是梵天所创造的,主张只有吠陀经典才是正量"。下分声论派、吠陀派和秘密派。遍入天派,以遍入天为导师,"此派承认生死轮回是有边际的"。弥曼差派又称"阇弥尼派",说"神我自性,常恒之体,独立实在,无方分时分"。自在天派,以自在天为导师。胜论派(又称"优楼迦派"、"羯拿仆派")和正理派(又名"足月派"),均"以六句义广泛说明一切法的总别差异"。"胜论派立现、比、圣言三量。正理派除此三量外,还立有衡近喻量,共为四量。"离系外道派又称"耆那教","将一切所知境统摄为九句义,倡言树木等有心,提出一切导师并非全知等说法。说求解脱者须修裸形、不语、依五火等苦行,使往昔所造之业皆得消尽,不造新业,则能往居于一切世间的顶处,此处名为摄集世间"。

第二节《内道佛教源流》。下分两小节:(一)《内道四种宗派源流》。(二)《略说四种宗派所承许之见》。主要是说,小乘有分别说部和经部二大派(这与一般佛教史籍将上座部和大众部看作是小乘的二大派相异),大乘有中观派和唯识派二大派。

分别说部。有根本四部,广分为十八部。即大众部又分出东山、西山、雪山、说出世、说假五部;根本说一切有部又分出饮光、化地、法藏、多闻、红衣、贤胄、分别说七部;上座部又分出祇多、大雄、大伽蓝三部;正量部又分出鸡胤、守护、犊子三部。"如上诸部,有的是以所随论师和所住地而分,有的是以宗部所说之理等而分,遂成为十八部。"属于这一派的论师有世友、法救、觉天、集贤等。

经部。这是"随持经藏而成立的宗派",由于它善于通过比喻来说经说法,故又名"说喻部"。下分随教行派("只承认依照经藏中所说的,如其文字来讲宗义的")和随正理派("随从七部量论中所说正理而立宗的")。属于这一派的论师有鸠摩罗多(童受)、室利罗多(祥受)、准巴罗多(妙受)等。

中观派。由龙树创立,因持"泯绝二边而住中道"的观点而得名,又因主张"一切法无实有性",故又名"无自性论派"。下分应成、自续二派:"依于三支比量,即由本身有之正因,则能破除实有者,名为自续派。仅用应成为宗,令所破对方的相续心上,生起了悟自宗所立之比量者,即为应成派。"应成派由佛护(一说"月称")开创;自续派由清辨开创,下分瑜伽行中观自续派("关于因的建立,其承认和唯识派相符顺")和经部行中观自续派("承认如经部论所许微尘集合的外境")。

唯识派。由无著创立,因"说一切诸法唯是自心识性"而得名。下分实相派(内分二取数量相等派、破卵各半派、交杂不二派)和假相派(内分有垢假相派、无垢假相派)。

第二章《雪域藏地宗教源流》。记述西藏地区宗教(主要是佛教)的流派及其教义。分为四节。

第一节《总说藏地佛教源流》。下分二小节：(一)《佛教前宏(一作"弘")期的情形》。(二)《佛教后宏期的情形》。主要是说，松赞干布时，藏地迎来了二尊佛像，建立了大昭寺和小昭寺，用藏语翻译《华严》等大乘经，"这样才开始创立了佛教"。赤松德赞时，静命、莲花生等度毗遮那等七人出家，才开始有了藏族僧人。以后佛教在藏地逐渐发展起来。

第二节《别说各种不同宗派的源流》。下分二小节。

(一)《别宗的源流》。下又分：

1.《宁玛派源流》。说宁玛派意为"旧派"，由莲花生传出。它的主要教义是"九乘之说"和"大圆满要门"。"九乘之说"指的是："声闻、缘觉、菩萨名共三乘，为化身佛释迦牟尼所说；事部、行部、瑜伽部为密教外三乘，为报身佛金刚萨埵所说；生起摩诃瑜伽、教敕阿鲁瑜伽、大圆满阿底瑜伽为无上内三乘，为法身佛普贤所说。""大圆满要门"包括心部、界部、要门三部。教法的传承大致上分为三类："远传的则为经典传承，近传的则为伏藏传承，甚深的(则为)净相传承。"主要寺庙有多吉札寺、敏珠林寺、祝庄寺、迦陀寺、西庆寺等。

2.《噶当派源流》。说"噶当"意为"对如来言教，不舍一字，悉了解为教授之义"，即遵循如来的言教而去修行。"它是从觉阿吉·吉祥阿底峡创始的，仲敦巴(阿底峡的弟子)建立宗规，三大法友昆仲(指仲敦巴的弟子博多瓦、京俄瓦、普穹瓦)弘扬流传，朗日塘巴、夏惹瓦(上二人为博多瓦的弟子)、甲域瓦(京俄瓦的弟子)等则更加发扬光大了。"下分教典派、教授派、要门派(又译"教诫派")三派。其中教典派、教授派均包括"重在明见"、"重在明行"和"见行双重"三派，要门派以"十六明点"为修习要门。噶当派的主要教典有：《菩萨地论》、《大乘庄严经论》、《集菩萨学论》、《入菩萨行论》、《本生论》、《集法句论》、《菩提道炬论》等。

3.《噶举派源流》。说"噶举"意为"语传"，此派的传承分香巴噶举和达布噶举二大系。香巴噶举由琼布传出，主要教法有《胜乐》、《喜金刚》、《摩诃摩耶》、《集密》、《怖畏金刚》等五部的灌顶等。达布噶举由玛巴传出，下分九派：(1)迦玛噶举，由都松勤巴传出，下分黑帽派和红帽系两支。(2)帕竹噶举，由帕木竹巴传出。(3)蔡巴噶举，由向·卓卫贡布·玉札巴传出。(4)止贡噶举，由郊巴·义敦贡布传出。(5)主巴噶举，由林热·白玛多吉传出，下分上主巴、中主巴、下主巴三系。(6)达隆噶举，由达隆塘巴钦布传出。(7)鲍绒噶举，由鲍绒巴·达玛汪秋传出。(8)亚桑噶举，由格丹·耶协僧格传出。(9)超浦噶举，由仁布齐杰刹、充丹热巴兄弟传出。

4.《希解派源流》。说"希解"意为"能寂"，指"正法能息苦恼"。此派由当巴桑结传出。它的教法,"来自《般若》等经,其诸教授论著,悉从龙树为准绳"。希解派的旁支为觉域派,"觉域",依教授的作用而得名。"说以慈悲菩提心,能断自利的作意;以空性见,能断轮回根本。此二和合有断四魔等的功能,故立此名。"此派也由当巴桑结传出,所传的是"般若波罗密多与密咒相随顺而行的法门。"

5.《萨嘉派源流》。说此派由昆·充乔杰布传出,主要教法是"道果法"。

6.《觉朗派源流》。说此派由裕莫·木局多吉传出,但到了他的五传弟子衮邦·吐吉尊追建立了觉摩朗建寺,大开宗规,才正式得名。它的主要教法是"他空见"(被格鲁派等斥为"恶见")。

7.《几类零散流派的源流》。记博东派(由博东·巧勒南杰传出)、霞鲁派(由布顿传出)、洛札派(由将宁玛派教法与噶当派法融合起来的洛札·南喀坚赞传出)等的情况。

(二)《格鲁派的源流》。说格鲁派又名"格丹派",因寺而名,由宗喀巴传出。下又分:1.《教主宗喀巴降生世间的情况》。2.《诸持教法嗣弘扬大师正宗的情况》。3.《本派殊胜之处》。详细介绍宗喀巴的生平事迹、宗喀巴以后的传承、格鲁派的教义以及与其他流派的不同之处等。说:"格丹派的教规,是要闻思经藏,以总抉择大小乘的三学(指戒定慧);闻思律藏,别修习戒定二学;闻思对法藏,引生无误了知诸法性相的智慧,以修习慧学获得亲证。尤其是对于大乘所说的大菩提心、十地、六度广行,以及粗细无我之理的无边法门,把这些经教作为闻思修的主要之事。""再就密咒来说,格丹派亦有殊胜之处。其他的显教大乘及其他的续部,由现证空性之智,依无边德资粮为辅行,虽能断除诸粗分所智障。""其余如声明、量论、工巧、医明、诗学、历算等诸世间学问,格丹派中亦极为发达。"

第三节《承余略说显密教法和各明处的源流》。说:"显教方面有律学、中观量论及其疏释等。密教方面有四部本续灌顶讲解要门。在世俗方面有十明处。"

第四节《略说笨教的源流》。下分五小节:(一)《笨教的起源》。(二)《笨教各派的起源》。(三)《笨教的法要》。(四)《笨教关于见修方面的教理》。(五)《笨教的道场》。主要是说,笨教以辛饶米沃齐(相传与释迦牟尼同时)为教主。分为笃笨、伽笨、局笨三派(确切地说是三个时期)。在佛教传入西藏之前,"从聂赤赞普到赤德妥赞之间,凡二十六代均以笨教治理王政","不过当时的笨教,只有下方作镇压鬼怪,上方作供祀天神,中间作兴旺人家的法事而已,并未出现笨教见地方面的说法(指没有什么理论)"。自朗达玛灭佛以后的后期笨教,将大量的佛经改窜为笨经,"别立各种不同的名相及诠释,标其异于佛教"。笨教的经典有《圆满宝金鬘论》、《本释风刃论》、《身心觉验》、《八界抉择书》、《黑禳解法》、《总积笨藏》、《无边大汇忿怒续》等。"诸书内,亦有无常、业果、慈悲、菩提心、六波罗蜜等散碎的知识,亦建立五道、十地、三身等的理论,至于若灌顶生圆二次等,住律仪三昧耶戒、开光、火施、修供坛戒、超度亡灵道场等类似佛教作法的代替法事和补充事项也甚多。"笨教的寺院有辛达顶寺（后改为格鲁派寺院）、雍中拉顶寺等。

第三章《汉地儒家、道家和佛教的教派源流》。记述汉地宗教和哲学的流派及其教义。分为四节。

第一节《如星的教派儒家学说的源流》。记述"儒"的起源；儒家经典的起源；儒家创始人孔子的事迹；历算、医学、诗词等的起源；"五经"的基本思想；选儒为官的科举制度等。

第二节《如月的教派道家的源流》。略述道教的始祖太上老君（即老子）的事迹，以及道教的教义和法术。

第三节《一类小派的源流》。略述汉地回教等的情况。

第四节《如日的教派所谓释教即佛教在汉地的传播情况》。下分二小节：（一）《由天竺传入的情况》。（二）《由藏地传入的情况》。记述汉地佛教的起源；汉地佛教中律宗、密宗、广行宗（指法相宗）、深观宗（指法性宗，包括天台宗和华严宗）、心要宗（指禅宗）五派的情况；元明清三代朝廷与藏地佛教大德的交往、封赐等。

第四章《霍尔、李域、苫婆罗等地的宗派源流》。记述蒙古（"霍尔"）、于阗（"李域"）以及传说中的密教时轮教法的发源地苫婆罗的佛教源流。下分三节。

第一节《霍尔（蒙古）地区佛教兴起的情况》。说蒙古地区的佛教，是由元代成吉思汗延请藏地佛教萨嘉派僧人萨钦·充噶宁布传过去的。忽必烈及王妃大臣从八思巴受灌顶之后，佛教大行。三世达赖索南嘉措曾到蒙古建立格鲁派宗观，至四世达赖云丹嘉措时，蒙古普通信奉格鲁派教法。此后由充噶畏赛等人将藏文大藏经中的"甘珠尔"部分译成蒙文，乾隆时将全部藏文大藏经（包括"甘珠尔"和"丹珠尔"两大部分）译成蒙文。

第二节《李域（于阗）地区佛教兴起的情况》。说，于阗阇耶桑巴哇王时，比丘毗卢遮那创造了于阗文字，建立了杂尔玛寺，自此以后，佛教在该地大为弘扬。

第三节《苫婆罗佛教兴起的情况》。说："此地自从佛住世时起，就弘扬《时轮》教法，迄今未替，并且在未来时还将广为传播。其说名苫婆罗，是因为此地是释迦族苫婆罗所占有，所以安立此名。"

第五章《用讲述完成义作结束》。用赞颂的形式总结全书的义。

《土观宗派源流》是研究藏传佛教宗派必读的佛教名著。近代以来曾被译成英文，在东西方学术界流传。

有关本书的研究，有陈士强《大藏经总目提要·文史藏》（上海古籍出版社，2008 年）。

（陈士强）

量学 工珠·元丹嘉措

《量学》，一册。工珠·元丹嘉措著。撰时不详。收于作者的《论十明学》（四川民族出版社版）之中。今人杨化群将它译为汉文，收入其《藏传因明学》一书之中，1990年由西藏人民出版社出版。

工珠·元丹嘉措（1813—1890），出身于西藏伯玛拉则，是清代藏传佛教宁玛派的一位大活佛。学识渊博，著述极丰。

《量学》简要地叙述了因明的基本义理和规则，是藏传佛教宁玛派量学的一部代表作。

全书共分三部分。

一、归纳广论。下分：（一）论境。（二）论具境。（三）广论分析。（四）附论他宗之主张。

其中最有价值的是第四点，工珠于此对萨班的《量理藏论》、曲扎嘉措的《明典大海》，俄大译师、恰巴曲森的量论著作等作了介绍和评价，并具体列出了恰巴曲森所提出的十八对摄类范畴。

二、归纳为辨析八句义及三类事。

八句义即是天主《入论》中的八门二悟，三类事即是指现量所显的《现实》事，物力比量所量的"隐秘事"，以及依教义而证悟的"极隐秘事"。

三、要义摄为五项。

"为趣（取）中观见之五法"即"有法、分类事依及法类，所定事及能定应成式"，具体来说即是：（一）有法，"所知、所立、成事有，依与依事缘起"。（二）分类事依，"具各种名称之所知，为分类之依据"，"如物与常，遮与立，能相与所相、事例……"。（三）法之分类，如质与体、相违与相属，总和别等。（四）所定事，即上述之分类。（五）能定，应成论式。

在这一部分中还具体介绍了八种周遍，三种相违因以及论辩的因素等。

从《量学》的内容来看与格鲁派的因明理论并无明显的差别。

（姚南强）

因明学启蒙 普觉·强巴

《因明学启蒙》,全名《辨析量论意义摄类解释幻钥论》,简称"都扎"(摄类)。一册。普觉·强巴著。撰时不详。今人杨化群译为汉文,收入其《藏传因明学》一书中,1990年由西藏人民出版社出版。

普觉·强巴(1826—1904),又名洛桑崔陈。曾任清代十二世、十三世达赖的经师,被任命为西藏大堪布。据藏地《普觉传》一书记载,他原属色拉寺,曾考得让拉巴格西学位。

《因明学启蒙》是近代以来藏传量论中"都扎"类书之集大成者,也是较为详尽的一部藏传量论的入门书,被黄教寺院列为因明课程的教本。

因明自印度传入藏地后,公元11世纪由恰巴曲森把因明的义理概括成为十八对系列范畴,并以论辩的方式来进行教学和研究,这就是藏传因明所特有的"摄类辩论"。恰巴曲森的原著已佚亡。15世纪,达仓热堆巴·协绕仁钦亦著有《热堆都扎》。17世纪的赛·阿旺扎西的《量论要义根本释智者颈饰》中增至二十六对范畴。《因明学启蒙》中分为二十多对范畴。全书共分为五卷三部分。

第一卷,叙述小理路。理路是指思维认识的规律,亦指成佛解脱之路。理路有小、中、大之分,相互间内容上是有交叉的,但总体上是一个由简到详,由浅入深的过程,以适应不同资质和程度的人研习。

这一卷共讲了七对范畴:(一)辩论红白颜色等。(二)辩论成事。(三)辩论认识体。(四)辩论否定是与否定非。(五)辩论小因果。(六)辩论总与别。(七)辩论质与体。

其中(一)、(二)、(五)主要是讲认识对象(色),对外部世界作了概括。(四)提出了双重否定律的思想,认为否定非是即是肯定是,如果上溯到恰巴曲森提出这对范畴始,可以说比西欧的德摩根早了整整七百年。

在本卷中还就反驳论式区分了破他论式和断诤论式两种,后者是指对反驳的反驳式。

第二卷,叙述中理路。讲了五对范畴。

(一) 辩论相违与相属。

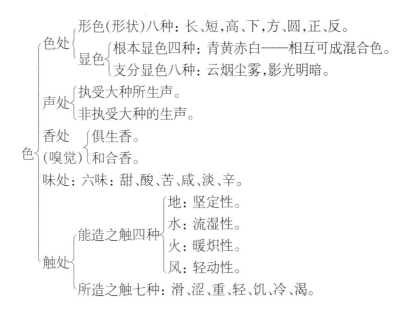

(二) 了解有、了解无及内涵。(三) 辩论性相与所表。(四) 辩论建立大因果。(五) 辩论随因后遍、遣遍及兼述破与立。

相违与相属是指概念外延上的反对关系(包括矛盾关系)和包含关系。性相与所表是指内涵与定义方法,大因果是对佛家缘起说的概括。后遍、遣遍即是第二、三相,普觉又提出了下遍和违遍,合成四遍,这四遍中前后件间颠倒后又成颠倒四遍,共成八遍,四遍中二二组合则成十六遍乃至三十二遍,这其中蕴含了直言判断的对当关系和换质位推理,也包含了假言易位推理,值得作进一步的挖掘、弘扬(可参见姚南强《藏传因明的逻辑论》,刊于《哲学研究》1993 年增刊)。

第三卷,叙述大理路(应成论式)。应成论式是因明中专用于反驳的论式,早在龙树的《中论》中已出现过。龙树之后学中,特别是佛护、月称一系总是用这种只破不立的论式去破斥他宗,故被称之为中观应成派。陈那因明中也常用"反破方便"、"顺成方便"等一些变通论式,但未形成专用论式。格鲁派继承了中观应成派的学说,故亦把应成论式发展成为一整套规范论式。《因明学启蒙》归纳出五种基本类型:即简单式,省略宗主项的联言判断应成式,省略宗谓项的联言判断应成式,因支为联言判断的应式或以及试式中宗的各个主项间具有包含关系的应成式。简单的应成论式仍是三支式(类似于三段论),但省略了喻支,而作为一个连锁的应成论式,则省略了中间的宗和喻支,形成了一种"因的系列",成为一种连锁三段论,如敌立:"凡是颜色都是红",我应成论式如下:

如此则白法螺之颜色应是红,

　　　是颜色故,

　　　是白色故。

而如果敌者不同意此式,认为白法螺应非红色,应是白色,这样才能与白法螺的颜色相符合,那么反驳者就指出敌者原来所立的"凡是颜色都是红"的命题是不成立的。从这一反驳中至少有三点是值得注意的。

　　(一) 对于全称命题"凡是颜色都是红"是以单称命题"白法螺颜色非红色"来反驳的,这颇似波普的"证伪"说,看到了全称命题与单称命题在逻辑上的非对称性。

　　(二) "是颜色故,是白色故"是因的系列,这一论式补全后应为:

　　　凡是白色都是颜色,

　　　白法螺有白色,

　　∴ 白法螺有颜色。

　　　凡是颜色都是红色,

　　　白法螺有颜色,

　　∴ 白法螺之颜色应是红。

这就是两个三段论的连锁省略式。

　　(三) 从反驳方式上看,是使用了归谬法的反证,从"凡是颜色都是红色"引出荒谬的结论"白法螺之颜色应是红",对此结论的否定便得出了与敌者原命题相悖的"白法螺颜色应为白"的命题,从而推翻了原命题。

　　由此可见,在应成论式中已经体现出藏族具较高的逻辑思维水平。

　　应成论式又分为真、似两大类,真应成论式分为射理由(出过破)、不射理由(立量破)两类,再可细分为二十种,似应成论式亦可分为四类七种。

　　第四卷,叙述大理路(建立境、具境、心理)。这一部分是讲因明的知识论,基本上与宗喀巴《因明七论入门》等相似,不再赘述。

　　第五卷,叙述大理路(论述因理)。本卷是分析真因和似因的性相、类别以及因三相和能立论式等内容,亦属于因明的逻辑论。

　　值得注意的是,在叙述因三相含义时,普觉·强巴是从认识论角度下定义的:"谓由量识认定……"因三相在这里既是逻辑推理的规则,亦是一种论识方法,这是印度因明与汉传因明所不具的,这一观点也是与现代逻辑的发展相一致的。由此,对于真因,普觉亦从体性门、所立法门、立理门、宗体门、遍同品理门、立敌门六个方面作了划分,显示了融逻辑、知识论、论辩学为一体的哲学大因明的本色。

有学者认为,近代以来藏传量论的发展又进入到一个"摄类"的阶段,并认为"摄类"体系会束缚思想,限制了藏传因明的进一步发展。笔者以为也不尽然,因为因明义理的范畴化、系列化正是体现了这一学科的成熟和系统化。一切科学的最终成熟总要体现在形式上的系统化、公理化,因明亦是如此,藏传因明可以说是因明学发展的最高形态,而普觉·强巴的《因明学启蒙》的摄类体系又是其典型体现。

(姚南强)

杨仁山居士遗著 杨文会

《杨仁山居士遗著》，十一册。杨文会著，门人徐蔚如编辑。1981年由金陵刻经处恢复后，为首批重印书。赵朴初是年所撰《金陵刻经处重印经书因缘略记》说："余意支谶译弥陀经法为中土大乘盛宏之始，仁山居士刊印《净土四经》，为近世佛教重光之始，今刻经处继志述事，复首印此册，其亦法运更新之始欤……《杨仁山居士遗著》，开佛教一代之风气，为居士著述之先河，有功于我国近世佛教之发展者至巨。影响国人，亦其宜也！"

杨文会（1837—1911），字仁山。安徽石埭人。清末复兴中国佛教的奠基性人物。出身书香门第，生性任侠，好读奇书，淡泊名利，鄙弃科举。太平军起，避乱杭州，偶于书肆得《大乘起信论》，读后乃潜心佛学。同治五年（1866），与同道发心设立金陵刻经处，拟择要刻印三千余卷大小乘经典，然生前仅出版二千余卷。1878年和1886年，先后随曾纪泽、刘芝田两度出使欧洲，在伦敦结识锡兰居士达摩波罗和日本学者南条文雄等，相约协力恢宏正法。从日本搜得国内失佚佛典近三百种，择要刊刻流通；亦为日本编印《卍续藏经》提供佛教典籍数百种。光绪三十三年（1907），于刻经处设立祇洹精舍，自编课本，招生教习佛典、梵文、英文等。又举办"佛学研究会"，定期讲经。一时高僧如月霞、谛闲、曼殊等均往佐之。欧阳渐、梅光羲、李证刚等著名居士均出其门下。又与英国李提摩太译《大乘起信论》为英文。其于义理特尊《起信论》，于行持则崇尚净土；曾与日本人辩论净土真宗之非，又抨击禅宗末流之失，乃倡唯识法相以救其弊。一生弘法四十余年，流通佛经百余万卷，印刷佛像十余万张，并手辑《大藏辑要》一千数百卷、《贤首法集》一百数十卷、《华严著述集要》二十九种、《净土古佚书》十种、《净土经论》十四种、《大乘起信论疏解汇编》、《释氏四书》、《释氏十三经》及注疏，并编有佛教中学古文课本甲乙丙丁四篇。平生著作辑入《杨仁山居士遗著》，传记有欧阳渐撰《杨仁山居士传》等。

第一册，收《总目》、《遗像》、《塔图》、《金陵刻经处图》、《杨居士塔铭》、《杨仁山居士事略》、《杨家分家笔据》。于《杨家分家笔据》中，将杨文会三十余年经营之南京延龄巷房产，永远作为金陵刻经处流通经典之所。

第二至第三册,收《大宗地玄文本论略注》四卷。本论二十卷,署名马鸣造,南朝陈代真谛译。本论多不见于诸经录,现藏本唯存于《高丽藏》及《明藏》中,学者多以为伪撰。杨文会对此论评价甚高,认为所阐金刚地之无超次第渐转位、无余究竟总持位、周遍圆满广大位、一切诸法俱非位、一切诸法俱是位等五种行位,为一切佛法之总纲,故对此千年不传之论,略作注释。并于书末结语曰:"此论为佛法宗本,穷微极奥,故称玄文。《老子》云:玄之又玄,众妙之门。欲知玄妙法门,请观此《论》。"

第四册,收《佛教初学课本》及《注》各一卷、《十宗略说》一卷。《佛教初学课本》系根据明季吹万《释教三字经》及近代印光的新注本,重新编纂并注释,"事略而法备,言简而义周"(自序)。开宗明义提出:"无始终,无内外,强立名,为法界;法界性,即法身,因不觉,号无明。空色现,情器分,三世间,从此生。迷则凡,悟则圣,真如体,须亲证。"《十宗略说》系根据日本凝然《八宗纲要》而重作,于书末总结道:"出世三学,以持戒为本,故首标律宗。佛转法轮,先度声闻,故次之以小乘二宗(俱舍宗、成实宗)。东土学者,罗什之徒,首称兴盛,故次之以三论宗。建立教观,天台方备;贤首阐华严,慈恩弘法相,传习至今,称为教下三家。拈花一脉,教外别传。灌顶一宗,金刚密授,故列于三家之后。以上各宗,专修一门,皆能证道,但根有利钝,学有浅深,其未出生死者,亟须念佛生西,以防退堕。即已登不退者,正好面睹弥陀,亲承法印,故以净土终焉。"

第五册,收《观无量寿佛经略论》一卷(附《愿生偈略释》、《坛经略释》)、《论语发隐》一卷、《孟子发隐》一卷。

第六册,收《阴符经发隐》一卷、《道德经发隐》一卷、《冲虚经发隐》一卷、《南华经发隐》一卷。《观无量寿佛经略论》及两篇附录为未定稿,由编者根据杨文会生前读书笔记,系于相应的经文。以上皆为以佛义解释儒道经典,认为上述经典皆从佛的智慧海中流出,而孔孟老庄亦都为"大权菩萨"的示现。

第七至第十册,收《等不等观杂录》八卷。前四卷收录杨文会主要的佛学论文,计有《读法华经妙音品》、《圆觉经清净慧章别记》、《弥陀报土》、《起信论证果》、《三身义》、《大乘律》、《佛法大旨》、《学佛浅说》、《金刚经四句偈说》、《藏经字体不可泥古说》、《鸦片说》、《观未来》、《支那佛教振兴》一与二、《释氏学堂内班课程刍议》、《佛学研究会小引》、《祇洹精舍开学记》、《金陵本愿寺东文学堂祝文》、《般若波罗蜜多会演说》一至四、《南洋劝业会演说》、《送日本得大上人之武林》(卷一)、《佛学书目表》(卷二)、《汇刻古逸净土十书缘起》、《会刻古本起信论义记缘起》、《天竺字母题词》、《梵网经菩萨戒本题词》、《心经浅释题词》、《欧阳母朱生西行述题词》、《大藏辑要叙例》、《贤首法集叙》、《日本续藏经叙》、《大乘中观释论叙》、《中论疏叙》、《成唯识论述记叙》、《普贤菩萨圆妙方便总持法门叙》、《大宗地玄文本论略注自叙》、《佛教初学课本自叙》、《道德经发隐自叙》、《冲虚经发隐自叙》、《南华经发隐自叙》、《重刊净土四经跋》、《华严一乘十玄门跋》、《起信论法数别录跋》、《起信论真妄生死法相图跋》、《西方极乐世界依正庄严圆图跋》、《西归直指跋》、《书起信论海东疏记后》、《书华严念佛三昧论后》、《书居士传汪大绅评语后》(卷三)、《大藏总经目录辨》、《一藏数目辨》、《评佛祖统纪》、《评楞严指掌疏》、《评阿弥陀经衷论》、《评金刚直解讲义合参》、《评方植之向果微言》、《评日本僧一柳读观经眼》、《评日本僧一柳纯他力论》、《答释德高质疑十八问》、《答廖迪心偈》、《印施西方接引图回向发愿偈》(卷四)。第五卷以后为各种书启,在卷七、八中,共收载杨文会与南条文雄书信二十八件,于中亦可窥两人交谊之深。

第十一册,为《阐教编》一卷。收有《阐教刍言》、《评真宗教旨》、《评选译本愿念佛集》、《评小粟栖阳驳阴资辩》、《评小粟栖念佛圆通》、《杂评》等文,为评议日本真宗的资料。当时真宗在上海、杭州、苏州、南京等地设立本愿寺,宣扬纯他力净土法门,杨文会认为真宗教义把圣道门与净土门对立,把净土门中自力与他力对立起来,有违经教。生前曾嘱咐"缓刻",杨卒后由编者一起编入全集。

欧阳渐指出:"释迦以至道救世,承其后者事乃在于流通。迦叶、阿难,结集流通;龙树、无著,阐发流通;罗什、玄奘,翻译流通;自宋开宝雕版于益州,至予师杨仁山先生刻藏于金陵,为刊刻流通。"(《支那内学院经版图书展览缘起》)杨文会的功绩,不仅仅表现在刻经、办学等方面,梁启超总结了他在中国近代思想史上开风气之先的作用:"晚清所谓新学家者,殆无一不与佛学有关系;而凡有真信仰者,率归依文会。"(《清代学术概论》)本书为研究中国近代佛教的复兴,保留了大量第一手的资料。

(王雷泉)

道 教

龙门心法 王常月

《龙门心法》，又名《碧苑坛经》。二卷。王常月述，弟子施守平纂。成于清康熙二年(1669)。后龙门派十代传人闵一得编集《古书隐楼藏书》时将它辑入其中，改名为《碧苑坛经》，分上、中、下三卷。闵氏称，当时施守平纂成卷册后，呈王常月题示后学，王曰："毋庸。汝但得人迭授，粤阅一百七十岁，当得订为《碧苑坛经》。"徵之同治十年刊本，无此段文字，当系闵氏托称，从书名，已可见其模仿禅宗慧能《坛经》之迹。通行本有1994年巴蜀书社《藏外道书》本等。

王常月(？—1680)，号昆阳子。山西长治人。中年在王屋山拜赵复阳为师，为全真龙门派第七代律师。后又在九宫山再谒其师赵复阳，告以教风颓败，求师振拨。赵复阳说："君子穷于道谓之穷，通于道谓之通。道备吾行，何患宗风不振耶？"遂以《天仙大戒》密授之(清代完颜崇实《昆阳真人道行碑》)。并且嘱咐他："吾有三百年来独任之事，再传于子，时至而兴，大阐宗风。"(《金盖心灯》卷一《王昆阳律师传》)所谓三百年来独任之事，即全真的初真、中极、天仙等三坛大戒。原来，全真道初创时，戒律制度都比较简单，从丘处机起，才制定三坛大戒。但传戒皆采取单传秘授的方式，不能广行。王常月受赵复阳的指点，遂将公开放戒作为重振宗风的枢纽。清顺治帝入关之初，王常月"北上挂单于灵佑宫。丙申(顺治十年，1656)三月望日，奉旨主讲白云观，赐紫衣，凡三次登台说戒，度弟子千余人"(《昆阳王真人道行碑》)。在北京放戒之后，王常月的授戒活动又扩大到南方诸地，其后，他的门徒又在各地开坛授戒，于是形成众多的龙门支派。著作除《龙门心法》之外，尚有《初真戒律》一卷、《钵鉴》五卷。

《龙门心法》是王常月于康熙二年(1669)在南京说戒时的记录，由弟子编集成书。也是他最有影响的代表作。全书分为二十讲，既谈内丹性命之学，也提倡严守戒律，并以后者为主。王常月继承全真道先性后命的传统丹法理论，更倾向于以修性为本，而作为修性方法，重要的是严持戒律，以初中、中极、天仙三大戒为戒、定、慧的渐进之基。这些，对于清代全真道风由清修内丹为主转向持戒为主，有直接的影响。

一、皈依三宝。称"三宝者,道、经、师也。道本虚空,无表无名,非经不可以明道;道在经中,幽深微妙,非师不能得其理。若不皈依三宝,必致沉沦邪道,颠倒昏迷"。"此三皈依,乃昔之圣贤,度人入道,第一步上升之路,第一重入德之门。成仙成道,成圣成贤,莫不从此三皈依起首。"

二、忏悔罪业。认为"太上曰:祸福无门,惟人自召。善恶之报,如影随形。是以天地有司过之神,依人所犯轻重,以夺人算,其过大小,有数百事,欲求长生者先须避之。罪业者,过失之谓也。如今修行之士,自昧良知,自欺本性,只见他人之过,不知自己之非。即此不知自己之过,罪已深,业已重矣。瞒心昧己,岂能入道,是以须当忏悔。忏悔者,恭对圣真,不敢隐其过咎,痛立誓愿,不致再犯前非,如此方能上进"。历述各种罪业的表现,并作一《忏悔发愿文》,让"大众早晚诵之"。

三、断除障碍。认为"修行之人,障未断,则闭塞昏迷;碍不除,则愚顽暗昧。心体本同天日,妄情恰似浮云,雾塞青天,白日安能朗照,情迷灵窍,真机那得圆通:岂非修行人一大病哉!"他将道教所称的障碍分为二种,一称理障,一称事障:"不明其事,真假难分,不明其理,正邪难辨,若执理而论事,拘泥迂腐,为理障心。若行事而害理,悖戾乖张,为事贼性。或理或事,凡有所执,皆为障碍。"下面详列各种理、事障碍的表现,予以分析批评。

四、舍绝爱缘。王常月对爱缘深恶痛绝,认为它比"障碍"更为严重。"这个爱缘,是诸魔之祖,万害之根。屡劫沉迷,多生堕落,总因爱缘。不得解脱之道,不明真空之理,皆因爱缘。生犯官刑,死沉地狱,皆因爱缘。水灾火死,劫杀刀兵,皆因爱缘。复宗绝嗣,破戒违条,皆因爱缘。九祖受殃,香火颓废,皆因爱缘。生老病苦,性心乖戾,身体不健,道法难进,皆因爱缘。六根不净,六贼猖狂,六识分别,六道轮回,皆因爱缘。天地之内,五行之中,万物生枯,万种起灭,皆因爱缘。若欲出世,超脱生死,不求断除,绝缘舍爱,而能了了明明,清清净净,解脱自由者,未之有也。"故详列各种念之所贪,心之所想,神之所注,情之所恋,性之所喜,口之所欲,心之所乐,梦之所游,认为都因爱缘所系,不加舍绝,不能得清静解脱之道。

五、戒行精严。认为修道之士要舍绝爱缘,便须在未兆之前预作提防之计,所以"当法上古圣贤,摄心于戒"。"这个戒字,是降魔之杵,能镇压妖邪;是护命之符,能增延福寿;是升天之梯,能礼三清而超凡入圣;是引路之灯,能消除六欲而破暗除昏;是仙舟宝筏,能渡众生离苦海;是慈航津梁,能济众生出爱河。诚修行人之保障,为进道者之提纲。仙圣无门,皆从戒入;圣贤有路,皆自戒行。实系仙真之要路通衢,贤哲之中门正道。"要求修道人做到戒行精严,其义为:"降心顺道唤作戒,忍耐行持唤作行,一丝不杂唤作精,一毫不犯唤作严。始终不变,唤作持戒,穷困不移,唤作守戒。"

六、忍辱降心。劝修道人去除嗔念,而去除嗔念又在忍辱,降伏自心。认为"修行人第一大病,难去杂缠的,是个嗔字。不是著了我相便是著了人相。这嗔字内,包著六欲七情,万过千愆都以嗔起。嗔心一动唤作无明业火。三毒之中,嗔毒居一。嗔心不解,内则烧已,嗔口出语,外则烧人。"而产生嗔念,乃"只因这肉团心,不能降伏",而降伏之要,在于忍辱。列举各种不能忍辱降心因而产生嗔念的事例,予以分析,并说偈,让人"早除人我相,急悟生死困,忍辱降嗔也,空中现法身"。

七、清净身心。称全真道追求出世,但出世并非身子跳出世外,而是指此心清净,能出世外,而所谓净静,表现亦有多端:"心无二念谓之清,念无驳杂谓之静;心不著相谓之清,念不停滞谓之静;念念圆明谓之清,光明无碍谓之静;一尘不染谓之清,万虑皆空谓之静;万物不能遁其形谓之清,鬼神不能测其机谓之静;心如流水谓之清,性如皓月谓之静;无始以来罪消灭谓之清,多劫之前因尽澂谓之静;内观其心心无其心谓之清,远观其物物无其物谓之静;三者既悟谓之清,惟见于空谓之静;观空亦空谓之清,空无所空谓之静;所空既无,无无亦无谓之清,湛然常寂寂无所寂谓之静;真常应物谓之清,常应常静谓之静;洞然不昧谓之清,入众妙门谓之静;超出三界谓之清,解脱五行谓之静;虚空粉碎谓之清,粉碎虚空谓之静;光摄诸天谓之清,普度众生谓之静。"故说偈曰:"念杂心非静,尘多身不清。不清难见性,不静岂无情。内熠身为幻,回光心亦空。空中神自见,定慧是真宗。日月须观察,平常要体行。逆行持斗柄,清静合天心。"

八、求师问道。认为"自古圣贤仙佛,证果成真,无师不度。所以师师相授,口口相传,心心相印,就中道理一贯而通,如乳水化,似胶漆投,同气相求,同声相应,水天一色,灯月交辉,方能尽其师弟之大道"。但世人所谓求师问道,有师弟传授之名,无师弟传授之实。故详说求师问道之礼,末说偈曰:"求师须克己,问道要心诚。诚心方悟道,念切遇良因。万劫难遭遇,千生到得今。若能明我说,顿悟未生根。"

九、定慧等持。全真戒分初真、中极和天仙大戒三阶。王常月称受初真戒不过是拘制色身,不许妄动胡行。至中极戒,方是降伏顽心,不许妄想胡思,受初真戒者解脱真意,不许执著黏缚,身安静而定,可受中极戒;天仙大戒要义则是个慧字。戒定慧是降伏身心意的功夫,就是出世超凡,金丹妙宝,因此,"生要明这罪福两途,因果报应,依著戒律一一行持,丝毫不敢乖戾。全参悟久了,自然就清静明白了,然后方去静观入定。定中本性圆明,慧光明照,神气忽然灵悟,则山河大地,不出一身,万物死生,不由一念,自真主灵明,便有把柄,不入轮回"。

十、密行修真。强调修行人要辨别真假。所谓真假,乃是全真道吸收佛教的说法,以肉身为无常的幻形,世事为假合。只有自己的"天命法身"才是真的。修行须是"只在身上这点真心之内,所动之念,所行之事上去修"。只是真光不得圆满,故借此色身,多行善事。因此称:"色身原是法身房,内著明时外自光。但愿主人修福慧,何愁房屋不辉煌。全真先要消除假,真法须将假法妄。不自夸张不著相,双修性命出无常。密为忍辱波罗密,真是无为最上真。只要息心求解脱,幻身放下自真身。贪生怕死终须死,著相修真岂得真。"

十一、报恩消灾。认为出家人倘若不知报天地、日月、君师、父母的恩德,只知逃避酬赏报对之苦,仍是"下乘劣报所为"。"天地复载,日月照临,父母养育,君师教导,谓之四恩。这四恩宏深无尽,不能答报,还堕落色身,五蕴灾苦,还未超脱,双修福慧,还难绵永。"只是报恩之法与常人有所不同,如报父母之恩,应明白:"身体受之父母,发肤不触秽污,消除人我之私,忏拔幽冥之苦,过去父母之劬劳,祝解多生之业结,现生眷属之辛苦,拜偿烦恼之愆尤。只愿尽此色身,孝无已日,不度父母,自不登真。恭敬一切人之父母,皆如我父母一般孝敬;复护一切人之子幼,皆似己身一般慈爱。俾七玄上举,三代高冲,便是报父报母。"

十二、立志发愿。阐述全真道立志发愿修行的道理。认为"你们皆有要成圣贤仙佛之心,而却未立得圣贤仙佛之志;你们皆欲证圣贤仙佛之果,而却不修圣贤仙佛之因;你们总要到圣贤仙佛的地位,恰又不发圣贤仙佛之愿力"。仙佛"未成道之先,也与你们一般的是个凡夫,不会多只眼睛,添著只手,只因他能立志,要求出世之法,明生死之机。这个志气,便与凡夫高明百倍,广大万分,身子虽系凡夫,心念已具圣体"。分析各种立志不坚,受俗缘牵缠的表现,最后总括说:"却似傀儡戏,锣鼓一场完,看你何处去。立志方能出世间,若无志愿万分难。惟能立志修真道,大力神通不等闲。"

十三、印证效验。批评学道者只求速效应验,不能坚持戒定慧的修行之路。告诉戒子"三千大戒早皈依。心无障碍是非空,坐卧行持处处通。孽火从今虚焰化,夜光报道法堂红。戒定慧中生解脱,守戒志诚亲越历。若疑戒律诳流传,天厌自当招拔舌。学人开悟无疑惑,不停浮云风卷澈。劫外逍遥自在行,恍然斩断闲藤葛。依科修奉礼天尊,口不扬声头不倾。内外一中神不忒,虽是凡身道已成。道成非易亦非难,戒持戒纵在心间。生死死生由戒定,既皈休忽戒为顽"。

十四、保命延生。称传授"保命延生的心法"。但此法并非"执著形骸,单言精气,教你们保那后天的寿命,延这现在之浮生也"。"今所说保命者,乃保守上天所以界赋之命,居易以俟之也。所谓天命之谓性,释家之慧命,道门之本命星也。这个命字,乃死而不亡之寿。又《金刚经》云:何得长寿,金刚不坏身。又夭寿不二,修身以俟之。又穷理尽性以致于命。立命之至要理也。所说延生,不是却病延年,长生不死,乃是万劫不坏真性,亘古长存之法身,化育群生之体像,非常体也。"

十五、阐教宏道。重点阐述道体,认为道体无为,法身实际。但道体不离常体之外,法身即在色身之中。"气住精凝,息火回风,则精化为气。薰蒸四大,和合万神,真火无烟则气清,神水不漏则神静。气清则化神,神静则合虚。虚极静笃,则元真复,而九还七返,复命归根。归根即命立而真性存。真性存则道体彰。道体彰则法身现。诸生,此自有为中修无为之道体,自无用中修有用之法身。"认为三清祖师"立教开坛,阐扬传钵"以及儒门、释家所阐,都是性命一道。都是慈悲度厄,救苦济生之心法,自己所阐,亦同于此。

十六、济度众生。称阐教宏道,原非为己,亦不为教,只为着体道法天,济度众生。提倡"先度自己,然后度人"。

十七、智慧光明。阐述全真道修持中达到心中清静,显示真空妙相的境界。"知鬼神之情状,通造化之枢机,谓之智。参天地之化育,并日月之代明,同四时之错行,谓之慧。普现法身,能摄法界,不出觉照之外,尽归晃朗之中,谓之光。通万物于无形见万事于未兆,遍虚空而无迹,凌日月而无影,谓之明。"而"真空妙相,原从戒定上来",如"行持不密,唤作有漏之因,安能证得无为之果?这个智慧光明四字,那是上乘利根。所以那下乘劣根,不能悟入。只要用志不分,凝神气穴,栽培祖气,温养先天,致虚极,守静笃,纯一不二,神藏无极,无极而太极,自然智慧光生,一阳来复,方见本来面目"。故其求智慧光明乃是从戒入手,经内丹修持有得,方臻妙境。

十八、神通妙用。阐发道士修持达于具种种神通的境界。认为这神通来自戒定慧的修持,能持戒入定则智慧生,"智慧生则水火交,水火交则坎离媾,坎离媾则地天泰,地天泰则金木合,金木合则魂魄会,魂魄会则精气化,精气化则神通现,神通现则光明放,光明放则功德圆,功德圆则法身成,法身成则道体彰,道体彰则妙用行,妙用行则众生度,众生度则愿力满,愿力满则大事毕,大事毕则位证果矣"。这样,便有种种神通妙用:"是以大智光中,慧施金臂拔救诸生,出苦恼而入清静。能使命促众生而得长寿,能使灾苦而变安乐,致国土清平,皆得延寿保命,使众生纯良方正,而除妖邪,驱强逆,殄魔怪,使众生慈仁而不杀生害物,能使众生保制劫运而冤消结解,能使众生昏暗破而光明现,能使众生百病瘥而宿疾普消,能使转愚成智,皈正弃邪,能使寡欲清心,摄情皈性,能使解脱无碍,超凡入圣,能使集福消灾,生祥灭罪,能使出世成道离苦登真,能使能修上乘上升天堂,普领众生,神游八极,超出天宫。"

十九、了悟生死。阐述全真道理想的超脱生死,永离尘劫的境界。认为只要勘破父母生我之前何方立命,造化而来,死我之后那处安身,了悟过去、现在、未来三生。"于是把万虑消忘,只有这灵光一点,将诸缘扫净,独存那慧性些儿。入玄关,一窍通而百窍通,见真宗,则三际明而三界出。解脱则五行不著,虚湛则四大归空,入众妙门登三宝地,去来自在,变化无方,轻轻的转动天机,则鬼神不能测其妙,巍巍然逆持斗柄,则阴阳不得辖其权。逍遥乎梵炁弥罗,证位乎清虚渺漠,永离尘劫,超出樊笼。全真之大事已成,自度之因缘已毕。"这样,便达到了"不渴不饥天地寿"的境界了。

二十、功德圆满。阐述修持达到的最高境界。认为他所传的戒定门,是登天梯,智慧光中,是渡海航。坚持不懈,始能达最高境界,功德圆满,长生不死。但长生并非指凡身。肉体终有朽坏,法身可以常驻。道存即是人存,法在即同身在。所以要明白"人皆有死,但要死得好,清清洁洁,干干净净,去来自在以无拘。人皆有散,只要散得妙,明明白白,脱脱洒洒,变化圆通而莫测。回首之前,遍辞大众,时候已到,撒手便行。赤条条现出婴儿,顶门上浩气祥光万道;圆陀陀飞升妙相,半天中彩云白鹤高翔。许多仙景,元神竟返清虚,一派祥光,真骨寄藏洞府。大丈夫能事毕矣。留下一个仙名于人间,传下一部道言于世内,使千百年后,知有某人,这便是死而不亡曰寿。使万亿劫后通行其道,即是大圆满大功德大福报的身也"。

本书阐释龙门派修持之旨,条理一贯。从戒为入手之途,广述持戒入定以发慧,经内丹修持,达于功德圆满,表现了新的全真宗风,对于全真的振兴有很大影响。

(刘仲宇)

茅山全志 笪蟾光

《茅山全志》，共十四卷。笪蟾光审编，成书于清康熙十一年(1672)。通行本有清光绪四年(1878)刊本、巴蜀书社1994年版《藏外道书》本等。

笪蟾光，字在辛，号君宣，原名重光，隐居茅山后改名为蟾光、传光、江上光、逸蟾，号郁冈真隐扫叶道人、江上外史、郁冈居士。生于明天启三年(1623)。江苏句容望仙乡(今白兔乡)人。家道殷实，为当地大户。蟾光幼年勤奋好学，聪明过人，因其家距茅山很近，叔祖笪金镜是茅山大护法，经常去茅山探幽觅胜，作有《茅山赋》、《茅山怀古》等诗赋。他的另一些先辈笪继良、笪之玠、笪听等也常去茅山访道吟诗。笪蟾光自幼就受到家庭的熏陶，对道教产生了朦胧的印象。清顺治九年(1652)，年仅二十九岁的笪蟾光考中进士，授刑曹晋郎中，关中恤刑。时值王常月北上京师，开坛授戒。于是，笪蟾光就有机会接触王常月，初步接受道教思想。顺治十五年(1658)，笪蟾光提升为湖广通监察御史、江西巡抚，官至正五品，这期间，笪因为政清廉而受到当朝权相的排斥，深感官场难容，仕途维艰，便产生了辞官归隐之心。次年，三十六岁的笪蟾光辞官归隐茅山，潜心学道。后成为道教龙门派第八代启派师。康熙八年(1669)，已栖居茅山达十年之久的笪蟾光深研茅山历史，开始审编《茅山全志》，凡三年始获成功。笪蟾光不仅是一位著名的道士，而且也是一位书画家、诗词学家。据《中国美术家人名辞典》载："笪蟾光精鉴赏，工诗文，尤以书画名重一时，书法苏(轼)、米(芾)，笔意超逸，与姜宸英、汪士鋐、何焯齐名，合称四大家，最为王文治所称服。"传世作品有《松溪清话图》、《茅山春游图》、《仿元人山水》等。晚年著有《书筏》、《画筌》二篇传世名作。

《茅山全志》为茅山的全志，也是道教的名山志。茅山，位于江苏省句容县境内，原称地肺山，又名句曲山。西汉时，陕西咸阳茅氏三兄弟慕名来此隐居修炼，并采药炼丹，救民济世，正式创立茅山道教。后世为纪念茅氏兄弟而改句曲山为茅山，茅氏兄弟也被尊为"三茅真君"，是为茅山道教祖师。两晋时，著名道士、道教学者葛洪来茅山隐居修炼，东晋道士杨羲、许谧、王灵期在此创立道教上清派。齐梁时陶弘景居山创立道教茅山派，该派从萧梁至北宋中期，鼎盛数百年，一直为道教主流，与龙虎山、阁皂山同为道教三大符箓派。唐宋以后，茅山被列为道教"第八洞天，第一福地"。从此茅山就成了江南道教中心。

茅山有记，始于宋代，而志则始于元代嗣宗师刘大彬。"宋绍兴二十年(1150)，南丰曾恂、孚仲、昭台道士傅霄子昂修山记四卷，山水祠宇，粗录名号而已。考古述事，则犹略焉。"(《茅山志》刘大彬叙录)元版《茅山志》十五卷，题上清嗣宗师刘大彬造(按：据陈国符《道藏源流考》谓"此书实即张天雨所修，刘大彬窃其名而已。此书详审而有条理，非通常道士所能为也")，是为正式的茅山志。刘大彬《茅山志》自序称"大彬登坛一纪，始克修证，传宗经箓，又五载而成是书，凡十二篇，十五卷，题曰《茅山志》"。今明版《道藏》析为三十三卷。明代永乐、成化、嘉靖朝又三次重刻《茅山志》。其中，永乐朝重刻《茅山志》序称"茅山旧有记，而志则始于嗣宗师刘大彬元时所编集也，又外史张伯雨所书，极精洁，元季析煜，至天朝永乐癸未姚公(指荣国恭靖姚广孝)得遗刻善本于本山，灵官陈得旬，慨然念兹山之文献有足征者，乃合同志之士，赀工重锓梓，以传甚盛心也。考其卷帙，自诰副墨至金薤编，凡十二卷"。成化朝重刻《茅山志》序称"茅山有志，盖前元宗师刘大彬所编，外史张伯雨所书，可谓二妙，元末少师姚公亦既新之。成化丙戌版复毁，道录右玄义丁法师与明尝受业山中，深虑是书在人间者日少日无，遂至于湮泯，则兹山之盛事，将何所稽，岂非吾徒之份事，闲乃求旧刻善本，命良于工者重锲"。至嘉靖朝又毁，"时山志复毁玉晨观，道人张全恩募工重刻"(嘉靖朝重刻《茅山志》序)，以成全志。至清代，前志"全书已亡，仅存残帙……幸遇大护法侍御笪公广搜精订，采辑审编，阅三年始获成书。向来残缺者补之，未载者增之，视旧志更为完好"(笪蟾光《茅山志》重修纪略)。笪蟾光《茅山全志》于康熙八年审编竣工，十年刊行。光绪四年重刊，仅增一序一跋。前有山图六幅，反映清代茅山概况。

《茅山全志》十四卷，记载了清代以前道教茅山宗之全貌。其中，卷一，三茅真君历朝诰敕，记载了上至玉皇、下至帝王对三茅真君及历代高道、宫观之敕书封诰。卷二，历朝真人敕书，载有宋、明历代皇帝赐予茅山高道之敕御札及赐经、修醮表启等。卷三，历代真人奏疏书札，载录《陶隐居解官表》、《隐居与武帝论书表》、《隐居进氏玄通记启》、《玄静先生表奏》、《鲍慎辞进茅山元符观颂》、《冲隐先生遗表碑》、《乞封三茅真君奏札》、《武仙童与朱观妙书》、《陶真人请雨墨词》、《宪宗祭三茅真君文》、《肃宗醮坛祝文》、《神宗为圣母建金箓斋词》、《神宗金箓斋词》、《神宗为伏魔大帝建醮词》、《神宗三辛忏醮词》、《李抚军祈雨告文》、《谢雨祭文》、《天圣皇太后受上清箓记》、《嘉定皇后受箓记》、《元符宫传坛诸宝》、《钦赐崇禧万寿宫焚修田亩奏疏》等。卷四，阖山历代真人名臣碑记，载录了三茅真君、许长史、陶弘景、王法主、王洪范、李含光、潘师正、王贞素、朱自英等十余位高道的碑文、碑铭、碑阴记和墓志铭，对他们的生平事迹都作了详细的介绍。卷五，阖山宫观、历代名公碑铭,载录《宝历崇元圣祖院碑》、《紫阳观碑》、《灵宝院记》、《白云观记》、《崇禧观碑》、《元符观碑》、《元符万宁宫记》、《白云崇福观记》、《崇禧万寿宫记》、《崇寿观碑》、《华阳道院碑》、《玉晨观记》、《大茅峰圣祐观记》、《积金山庵碑》、《积金峰玉皇阁记》、《积金峰三官殿记》、《玉晨观洞宫记》、《重修玉晨观碑》、《复禁山碑》、《华阳洞天祈嗣灵感之碑》、《陶先生朱阳馆碑》、《长沙馆碑》、《曲林馆铭》、《上清真人许长史丹井铭》、《句曲山洞泉铭》、《福乡井铭》、《弘道坛铭》、《石灯铭》、《良常山苍龙溪新宫铭》、《敕赐三茅山大茅峰九霄宫碑记》等。卷六,三茅真君纪系,叙述三茅真君之世系及传记。卷七,洞天职仙、福地真人传,载华阳洞天三宫五府诸仙职司、事迹及其真人传记。卷八,上清嗣宗师四十五代传,记载了茅山上清宗坛自第一代太师魏华存至四十五代宗师刘大彬之传略。卷九,茅山高真女仙传,记述了历代栖山修道具有卓行者的仙真事迹。卷十,阖山宫观泉洞异产田亩记,载录茅山道观、名胜及庙产田亩数等。卷十一、真人著述经忏道书,录《上清大洞宝经》篇目、众真所著经论篇目和郑樵《通志·艺文略》茅山道书目以及历代碑记目录等。卷十二,梁唐宋元名人诗记。卷十三,明代名人诗记。卷十四,大清名人诗。卷十二至卷十四共辑录梁唐至明清各家诗文三百余首。卷十四,附录华阳洞正副灵官(指掌管祖传印剑主行符箓者)之姓名、籍贯及任职时间。

《茅山全志》较元代刘大彬《茅山志》增加了许多内容。如山图、茅山宫观、名泉洞记、道秩考、明清诗词等,它填补了元末至清初茅山道教三百余年来的历史沿革和继四十五代宗师之后茅山上清派的传承道秩。可见《茅山全志》是在旧志的基础上增删而成,其版本主要来源于刘大彬《茅山志》,经历代加工重刻,康熙八年始成《茅山全志》,传今者为光绪四年重刊本。

(丁常云)

罗浮山志会编 宋广业

《罗浮山志会编》，二十二卷。宋广业纂辑。成于清康熙五十五年（1716）。通行本有巴蜀书社1994年版《藏外道书》本等。

宋广业，生卒年不详。江苏长洲（今苏州）人，字澄溪。康熙中官至济东道。

《罗浮山志会编》为道教罗浮山山志。所说的会编指："是编于旧本，悉已具载，复博采群书，十增五六，故名之曰会编。"（《罗浮山志会编》凡例）作者在志书自序中，叙其欲游罗浮山未果，便"试取山志，按图据说，以想象为卧游，形逸而神旺，不亦可乎。东樵曰'可哉'。于是，搜索山志，得三四本，其前人旧志既不可见，所见者言人人同，恨犹简略未备也，儿子志益以为未惬，余志多方购求，凡有涉于罗浮之书悉汇致之，数日后千里毕至。余详细披阅，纂取其说，比近志所载增十之五，遂复次第之，删其重复，条分缕析，列为二十二卷，名曰会编，示皆前人之见闻，而非一人之臆说也"（宋广业《罗浮山志会编》自序）。同时，他又"博采旧闻，贯穿群书，增旧志所未备，而去其繁复，考订精详"（同上）。故其内容丰富而翔实。

罗浮山，位于广东省博罗县西北，横贯博罗、增城、龙门三县，纵横五百余里，主峰飞云顶，海拔一千二百余米。道教典籍称其为"第七洞天，第三十四福地"（《云笈七籤》卷二七）。山中有七十二石室、十八洞天、四百三十二峰峦、九百八十瀑布与飞泉，原有九观、十八寺、二十二庵等道教与佛教宫观、寺院点缀其间。历来，许多文人墨客、方士道人纷纷前往山中游览、隐居和修炼，并为其作赋吟诗，歌颂赞美。东晋年间著名道士葛洪来山修道炼丹，采药济世，著书立说，创建道观。据《罗浮山志》载，汉时神仙家安期生曾至山修炼，宋代著名道士白玉蟾亦曾在此修道传教，留下众多的文物古迹。

罗浮有志，始于宋代王胄《罗浮图志》。宋仁宗皇祐五年（1053）郭之美始编《罗浮山记》一卷。至宋元符初年，原《山记》已散失无存，谭粹于元符三年（1100）春"被命东来，寻访山记已无版刻，因命博搜而为全集（指《罗浮集》），命工刊镂"（谭粹《罗浮集》自序）。宋宝庆三年（1227），王胄又搜《山记》和《罗浮集》,并"集二家之言,编而成书",称《罗浮图志》。志中"凡地广之数,岩洞泉石之名,祠宫蓝舍之居,真仙高士之迹,与夫草木禽虫之有异于人间者,靡不详访备录之。而又搜古今之碑记,以实其言,收士大夫之诗文,以备其事,因其时先后为序,无复以职位崇卑论庶,凡后来雄词雅咏随亦接续,而书焉"(王胄《罗浮图志》后序)。

至明永乐初年,有关罗浮山的史书逐渐增多,而旧志大多散失弗全,后人也未能续编。永乐五年秋八月,适逢当朝举人陈琏"自滁阳考绩至京师,偕同邑征士袁友信,访神乐观道士徐子明、邓能宗,谈及兹山之胜,徐、邓旧住山中,因出《罗浮山志》,乃宋是庵王胄所辑,而后人所续者,惜非刻本,帙弗全,字多舛谬,幸而指掌诸图记犹在,有足征者。二人固请厘正删补,予嘉其意之勤,遂为之考订去取,汇而成编,增至一十五卷"(陈琏《罗浮山志》自序)。至明嘉靖时,又发现前志不详。陈琏《罗浮山志》也有疏漏之处。黄佐与门人黎民表又重"询旧志于道士,则亡矣。于是,托归善姚子浤,求得录本,黎子复得图记巨幅于故家,乃博访旁采,纲以图经,而后条举其详。昔所未载,而今创闻者,为杂记终之,芟补綮于精审,予亦精加润色,盖七阅寒暑,而后成编,凡十有二卷"(黄佐《罗浮山志》序)。该志书是以陈琏旧志所增修之,又取之于"袁彦伯、竺法真二疏以及南粤异物诸志,旁罗远索,咸因类附见,而历代词赋稍驯,雅者亦必采录,叶成先生因为之厘正,括以图经表以论赞山川,必辨其方位。品物必摹其形状,建置必审其兴废,名贤必核其篇咏,列仙必举其丹诠,道释必推其流别,杂记必定其讹舛,或昔显而今伏,或始无而今有者悉品列焉,凡十有二卷"(黎民表《罗浮山志》后序)。

至清朝康熙年间,宋广业游山未果,欲索山志,而知旧志大多散失不全。于是便广泛搜集有关山志旧稿及史载,"详细披阅,纂取其说,比近志所载增十之五,遂复次第之,删其重复条分缕析为二十二卷",始成《罗浮山志会编》。因此,今本《罗浮山志会编》即为康熙版本。

《罗浮山志会编》是历代罗浮山志书的集成,其内容颇为丰富,"上自星野,下及景物,遗文轶事,搜罗殆尽"(王朝恩《罗浮山志会编》序)。卷前首录赵宏灿、杨琳、陈元龙、王朝恩、武延适、郑际泰等人及作者序文,为其他志书所不及。次录《罗浮山志会编纂辑书目》,包括:《一统志》、《南越志》、《广东通志》、《广西通志》、《广州通志》、《惠州府志》、《东莞县志》、《增城县志》、《博罗县志》、《安庆府志》、《杭州府志》、《前汉书》、《宋史》、《文献通考》、陆贾《南行记》、张华《博物志》、郭璞《山海经》、《抱朴子》、《太平广记》、《异物志》、《续纪怪录》、《江湖纪闻》、《田舍恒谈》、《剧谈录》、《闽中记》、《本草图经》、《集仙传》、《洞仙传》、《茆君内传》、《三洞真经》、《真诰》、袁宏彦《登罗山疏》、竺法真《续罗山志》、《东坡志林》、郭之美《山记》、谭粹《罗浮集》、王胄《罗浮图志》、白玉蟾《罗浮山志》、李昂英《俊明文溪集》、邹师正《指掌图》、陈鹏云《罗浮集》、潘勖《山图记》、陈琏《罗浮志》、黄佐《图经》、黎民表《罗浮山志》、叶春及《石洞集》、韩晃《罗浮野乘》、韩晟《罗浮副墨》、韩鸣銮《罗浮图志》、韩德焜《名峰图说》、陶敬《罗浮山志》、梁佩兰《六莹堂集》、李嗣珏《罗浮山志》、卢挺《罗浮山囊》、王焜《罗浮记游诗》等五十六种。再录罗浮山总图四幅，又录飞云顶、上界三峰、青羊石、凤凰谷、铁桥峰、瑶石台、玉女峰、朱明洞、丫髻峰、磨峰、虾蟆石、观源洞、幽居洞、青霞洞、水帘洞、蝴蝶洞、黄龙洞、卓锡泉、伏虎岩、桃源洞、石洞图、华首台、梅花村、石楼峰、通天岩、君子岩、玉洞、犀牛潭、磨石等分图二十九幅，每幅图前，皆有文字解说。

卷一《天文志》，记载了作为风水宝地、神仙窟宅的罗浮山的天文和地理位置。分星野、疆域、名胜三部分。其中星野称"罗浮二山，属牛女分野"；疆域称"罗浮山在粤东省会之东，南去番禺，东二百里，高三千六百有余丈，延绵四百有余里"。名胜收录道士邹师正《罗浮山指掌图记》、黄佐《图经》、黎民表《罗浮山图经注》、潘勖《山图记》等。

卷二至卷三《地理志》，记载了山中洞府、岩石、泉池、塔寺、坛观、庵庐、古迹等名胜。

卷四至卷六《人物志》，记载了山中历代仙释、名贤之传略。其中"仙"收安期生、阴长生、葛孝先、黄野人、苏元朗、吕纯阳、白玉蟾等六十位，另收女仙鲍姑、徐仙姑、何仙姑、卢眉娘、妙明真、单县君等六位。"释"收历代僧人十七位。"名贤"（游览类）收，陆贾、王叔之、刘禹锡、周敦颐、苏轼、张愈、陈知柔、王胄、陈琏、黎民表等五十三位；"名贤"（隐逸类）收，杨环、黄隐居、孟云卿、黄哲、黄佐、叶春及、张萱、韩晃等十七位。

卷七《品物志》，记载山中羽、毛、鳞、介、虫、草、木、谷、菜、瓜、果、花、竹等品物。

卷八至卷九《述考志》，记载了山中典故、纪闻、祥祲等。

卷十至卷二二《艺文志》，记载历代山志序文、山记、跋文、疏文和赋、表、颂、赞、铭、骚等文以及历代诗文等。其中，卷十"序"，收录宋郭之美《罗浮山记序》、谭粹《罗浮山集序》、王胄《罗浮图志后序》，明陈琏《罗浮山志序》、黄佐《罗浮山志序》、黎民表《罗浮山志后序》和朱宏祚《题陶肃公罗浮山志序》，清陶敬《罗浮山志序》以及卢挺《罗浮山囊序》，另收宋余靖《陈宫师题罗浮山诗序》、明黄衷《送庞嵩序》和《罗浮纪游诗序》（不题名）以及梁佩兰《题陈献孟游罗浮诗序》、释成鹫《题罗浮图赠周八水序》、苏轼《答陆道士书》、白玉蟾《答鹤林问道书》等。卷十一"记"，收录令狐楚《周先生入山记》、余靖《延祥寺记》、苏轼《游罗浮题名记》、苏轼《题卓锡泉记》、霍海丰《冲虚观记》、唐庚《佛迹石记》、《卓锡泉记》、《汤泉记》、陶定《苏俊湖遇黄真人记》、白玉蟾《庆云记》、赵汝驭《山行记》、王胄《狮子庵记》、陈洹《广莫庵记》、赵希婴《见目庵记》、李昂英《飞云顶开路记》、留元长《金丹世系记》等。卷十二"记"、"跋"，收录唐古台《登山记》、陈翊《登山记》、赵孟杰《醮山记》、孙蕡《何仙姑记》、罗伦《罗浮庵记》、湛若水《朱明洞记》、罗洪先《洗心亭记》、叶春及《逃庵记》、《爱目庵记》、张萱《罗浮纪游百字碑》、王焜《子目亭记》、潘耒《游罗浮记》，另收跋文二篇，为《跋子目亭记后》和《跋石洞遗稿后》。卷十三"疏"，收录历代《募修罗浮山诸名胜疏》共十六篇，另收《朱明道院上梁文》一篇。卷十四"赋",收录谢灵运、李南仲《罗浮山赋》各一篇、吴莱《罗浮凤赋》、汤显祖《游罗浮赋》、黄佐《仙人掌赋》等。"表"收王维《贺古乐器表》。"颂"收江淹《山桃颂》、《菖蒲颂》、高绅《中阁颂》、苏轼《桂酒颂》等。"赞"收王叔之《柑橘赞》、苏轼《偃松屏赞》、唐庚《二贤赞》、陈尧佐《罗浮图赞》、邹师正《指掌图赞》、王胄《指掌图赞》、黎民表《图经赞》、《洞岩赞》、《泉池赞》、《塔寺赞》、《坛观赞》、《庵庐赞》、《名贤赞》、《仙释赞》、《古迹赞》、《品物赞》、《杂记赞》、黄畿《八仙赞》等。"铭"收王叔之《兰菊铭》、萧誉《罗浮山铭》、苏轼《资福寺舍利塔铭》、孙继芳《铁桥铭》等。"骚"收区大相《望瑶石台辞》、紫霄子《题后湖苏公碑阴》等。卷十五收历代"四言古诗"二首,收"五言古诗"九十四首。卷十六收"七言古诗"四十一首。卷十七收"五言律诗"七十七首,收"五言律诗"五首。卷十八收"七言律诗"一百三十余首。卷十九收"五言绝句"十八首,收"七言绝句"一百三十余首。卷二十收"国朝五言古诗"七十余首,收"国朝七言古诗"二十四首。卷二一收"国朝五言律诗"四十三首,收"五言律诗"四首,再收"国朝七言律诗"一百二十余首。卷二二收"国朝五言绝句诗"四十三首,收"国朝七言绝句诗"三十八首。志后附《罗浮山志会编》后序一篇和跋二篇,对志书的会编做了详尽的说明。

有关《罗浮山志会编》的研究著作主要有道光间伍崇曜重刊《罗浮志》和《四库全书总目》相关提要等。

(丁常云)

龙虎山志 娄近垣

《龙虎山志》，十六卷。娄近垣重辑。成于清乾隆(1736—1795)间。通行本有巴蜀书社1994年版《藏外道书》本、江西人民出版社1996年版《江西名山志丛书》本、江苏古籍出版社2000年版《中国道观志丛刊》本等。

娄近垣，生卒年不详。为清雍正年间著名高道。二十岁前从杨纯一学道，后谒龙虎山上清宫三华院道士周子篆，得受三洞五雷诸法。雍正五年(1727)五十五代天师张锡龄入觐，娄备法员，行至杭州时天师得病急，以遗疏予近垣使入京奏闻。雍正九年(1731)，河东总督田文镜荐白云观道士贾士芳为世宗治病，因贾大言妖妄，触忤世宗，按大逆罪处斩。嗣后世宗疾患未安，以为是贾士芳"邪祟缠绕"，遂召龙虎山正一法官娄近垣入内，设坛礼斗，以符水治之，病愈，赐四品龙虎山提点，钦安殿住持，封"妙应真人"，并拨内帑葺修龙虎山道观，赐御制碑文。乾隆元年(1736)，授娄近垣通议大夫，娄近垣"推本若此殊恩异数，岂非老祖天师真风灵惠有以感孚圣朝，故能仰邀旷典，泽被后裔，以佑启名山也哉！"(《重修龙虎山志自序》)故在元代明善《龙虎山志》三卷、明代四十三代天师张宇初《增修龙虎山志》十卷(至清初仅存三卷)的基础上予以重辑。当时人也认为娄"遭逢异数，为羽流增重，且提点本山教箓，不可无纪述以志恩赍之隆，特举旧志，重加纂辑，损资剞劂，粲然成编"(张鹏翀《重修龙虎山志序》)。

《龙虎山志》是道教名山志。龙虎山，位于江西贵溪县西南，因两峰对峙，如龙昂虎踞而得名，为天师道创始人张陵及其子孙世居之地，道教"第三十二福地"。本书共十六卷，原刻凡十册。分恩赍、山水、宫府、院观、古迹、世家、人物、爵秩、田赋、艺文十类。

卷一，《恩赍》。载雍正皇帝敕修上清宫的谕旨、赠正一真人的诰命等。道教在清代总的呈衰颓之势，乾隆年降正一真人原秩一品为五品，道教在统治者心目中地位进一步降低。雍正朝大修上清宫为清代给予道教最大"恩典"。故"恩赍"所载对研究清朝廷和道教的关系，有一定的史料价值。

卷二，《山水》。以龙虎山为中心，记述本山及周围邻近之地的形胜。卷前有诗括其义旨："山泽通气，融结秀英。含珠蕴玉，犹见光荣。仙真挺出，弥显地灵。虽殊岳渎，差拟蓬瀛。仙真窟宅，志以待征。志山水。"记龙虎山地望及得名由来云："龙虎山，在江西广信府贵溪县西南八十里之仁福乡。""东距广信府三百里，西距饶州府三百里，本名云锦山。第一代天师于此炼九天神丹，丹成而龙虎见，因以名山。道书第二十九福地也。"此志特点，在记龙虎山形胜的同时，对其周围山水、仙迹也泛作介绍，其道里远近，相对于龙虎山的方位叙述清晰。盖其中一部分山脉，与龙虎山相连，有的山同列道教洞天福地，同时又有若干山与天师活动有关，载之有助了解龙虎山在该地区"仙迹"中的核心地位。其中较重要的有象山和鬼谷山。"象山，在龙虎山东三十里之仙源乡。山形端方廉厉，高峻特出，为龙虎之来脉。山间有原场良田清池。唐僧马祖尝居之，人呼为禅师山，又名应天山。淳熙间，陆文安公九渊建舍读书其中，改名象山。故学者称文安公为象山先生。先是第十八代天师尝修道于此，今山南有丹舍，山北有黑龙井、碧达池。皆其遗迹也。"鬼谷山在贵溪县南八十里，道书称为第十五洞天——贵无思真洞天。传说为鬼谷先生修真之所。《志》引《史记索隐》等书，认为传说不实，但此处早有道士活动，南唐保大年间曾敕陈希声即山修醮。

此外，所记的山、岭、峰尚有圣井山、相山、台山、藐姑山、云台山、尘湖山、征君山、西山、华山、大夫山、白鸣山、南山、西源山、金鸡山、迎仙岭、篆岭、东雷坛岭、西雷坛岭、琵琶峰、芙蓉峰、双仙峰、云林峰、摩云峰、逍遥峰、望仙峰、玉龙峰、回龙峰、峨嵋峰、香炉峰、望霓峰、五老峰、冲天峰、翠屏峰、石鼓峰、玉屏峰、钵盂峰、天马峰、黄旛峰、仙岩、染具岩、杵臼岩、师子岩、仙船岩、仙斥岩、奕棋岩、三教岩、观水岩、仙仓岩、酒瓮岩、仙官岩、药筐岩、丹龟岩、木屐岩、机杼岩、马厩岩、鹰架岩、仙药岩。

龙虎山所临之溪为上清溪。上清溪，今称芦溪河。龙虎山诸峰岩皆分布于其两岸，上清宫、天师府也皆面水而建，故地位十分重要。《志》详载其源流："源出福建光泽县大源官山东，流百里经火烧山，折而北流，受南乡三十六源水，又西北至大王渡，合滤溪水，始通舟楫，下为三洪，滩高湍激，舟师戒严。过莲霞潭，又西北经岳宫，前抵顺济庙通灵阁下，又有水自象山西麓西流经上清宫至东雷坛岭入焉。合而西流，一里为桂洲。"其北岸即上清镇。再下流二里，至大真人府，即天师府。自莲霞潭流下十五里至禁港，永乐遣官设醮放生，立石禁渔之处。复流下至云锦石下，溪水又称云锦溪。最后流入安仁县境与芗溪水合流入鄱阳湖。

此外，《志》还载洞、池、泉、井，计有壁鲁洞、水帘洞、封鬼洞、云锦洞、风洞、仙洞、张公洞、濯鼎池、天一池、元武池、上星池、龙化池、龙须井、白水井、彭家井、石佛井、三台井、丹井、东华井、灵泉井。

卷三,《宫府》。载龙虎山大上清宫、正一真人府沿革、建制、规模。对大上清宫记载尤详。因该处自宋之后为天师从事斋醮活动的主要场所,也是历代在龙虎山敕建的重点。《龙虎山志》的重辑,正在雍正敕建大上清宫之后,所以理所当然要重笔描写。据称:"大上清宫,在贵溪县西南七十里,其乡曰仙源,里曰招宾,街曰琼林。左拥象山,右注沂溪,面云林,枕台山。溪山环拱,仙灵都会也。第四代天师自汉中归龙虎山,建传箓坛。唐会昌中赐额真仙观,宋祥符中敕改上清观。天圣间迁于龙虎山之南。元祐元年二十八代天师重刻之,贾善翔为之记,其所在已不可考。崇宁四年,三十代天师虚靖真君请于朝,徽宗命江东漕臣即山中度地迁建之,今之宫是也。政和三年,升上清观为上清正一宫。"以后又经宋、元、明朝廷多次拨银重修、扩建,规模巨大。雍正年间敕修后的"大上清宫新制"为:"宫门南临大溪,溪北为横街,通衢也。街北建坊,三脊四柱,坊北东西旛杆二,叠石为基,中甃巨石为路。东西缭以朱垣。又北为门,环砖为阙,以通往来。阙中朱户金锁,阙上楼七间,重檐丹楹,周以朱栏。檐际悬圣祖仁皇帝御书《大上清宫》额。南望云林、琵琶诸峰,镖锐炎上,形家以谓'惟水制火',故奉真武于楼中。""楼东西祀灵官、元坛,阙后东偏小屋二间,司龙虎山之香灯及门之启闭者居焉。北为大路,俱甃以巨石,缭以朱垣,垣之内外,乔木森列,逶迤三折而北至下马亭。亭西向五间,过亭而折北曰'桥星门',凿石为之,中设朱栅,旁为两门,门高貀石柱三之一。龙虎门五间,在櫺星门北,望阙朝贺之地也。"到此,才算正式进入宫中。宫中神殿则有玉皇殿七间;后土殿七间,三清阁上下各七间。玉皇殿东西配殿为三官殿、三省殿各三间;后土殿东西配殿有五岳、四渎;三清阁东有文昌殿、天皇殿,西有关圣殿、紫微殿。其余尚有碑亭、斗姆殿、灵官殿等。上清宫中围绕上述神殿,又有道院二十四座,为宫中法官所居。二十四院法官分为三派:紫微派、灵阳派、虚靖派。三派由来已久,但无定派命名。娄近垣制为四十字法派辈名,为"近远资元运,久长保巨淳,道惟诚可宝,德用信为珍。秉敬宏丹箓,葆真启世人。鸿图赞景祚,圣泽振昌辰",成为传派定例。

大真人府即天师府。在上清里,宋代其址在关门之上,元代徙建长庆里,静应观西,后又东迁至今址。府中除天师私第外,尚有大堂、赞教厅、万法宗坛、真武庙、法箓局、提举署等建筑。

《志》中所记的大上清宫,20世纪三四十年代屡毁于兵火,现仅存二十四道院之一的东隐院。天师府也已非旧日面貌,故所记有较高的史料价值。

卷四,《院观》。记龙虎山本山及上清宫、大真人府周近的道院、庙观。其中比较重要的有正一观。"在龙虎山,祖天师炼丹处也。第四代天师自蜀还居山中建祠祀祖天师于此。南唐保大中建天师龙虎山老庙,陈乔奉敕撰碑。宋崇宁中,敕改演法观。咸淳中重建。周方撰记俱见艺文。明嘉靖乙卯敕修,改额曰'正一观',旧制正殿五间,祀祖天师,王、赵二真人,俱铜像浴金。"雍正九年又由朝廷赐帑重修。此外,尚记有至道宫、紫霄宫、仙源宫、崇文宫、元成宫、玉隆宫、外岳宫、静应观、凝真观、逍遥观、天谷观、灵宝观、云锦观、祈真观、金仙观、真应观、瑞庆观、山隐观、文惠观、乾元观、龙泉观、神德观、仁静观、明成观、明胜观、长生观、元禧观、先天观、佑圣观、繁禧观、蓬华观、冲元观、玉清观、慈寿观、桃源观、冲和观、北真观、南极观、玉泉观、寿椿观、华山观、元元观、慈庆观、招真观、会真道院、望仙道院、紫霞道院、云山道院、清溪道院、瑶峰道院、通真道院、仙源道院、天乐道院、归隐庵、紫云庵、太极庵、怡云庵、尘湖庵。

卷五，《古迹》。记张天师草堂、飞升台等道教古迹为主，后附僧寺，载龙虎山地区僧寺十二座。

卷六，《天师世家》。自祖天师张道陵起，至五十五代天师张锡龄亡、五十六代天师张昭龄署大真人印止，凡记历代天师五十六人事迹、传记。明《道藏》中原有《汉天师世家》但迄于五十代天师止。此志所记乃新增六人，为研究正一派历史的重要资料。

卷七，《人物》。载龙虎山正一派有关的道士事迹。卷前述缘起云："司马迁立《孔子世家》而复作《仲尼弟子列传》，圣人之教，所被广矣。天师为道教之宗，而龙虎山其洙泗也。学道者代不乏英奇俊杰之士，其事迹例应得书。然人非习其教者，不敢援引，故赵子昂、揭曼硕虽俱为上清宫提点，不以宫观兼衔混儒于道；而陆象山、夏桂洲之居是邦、生斯土者，又无论已。惟载羽流，用稽法派。"所载的道士除张留孙、刘渊然、邵元节等少数几人事迹载于正史，王长、赵升、隆守坚等已见神仙传记，绝大多数都未见他书记载，故其价值颇宝贵。分朝代列名于上的羽流计有——

汉：王长、赵升。

唐：刘迁。

宋：王道坚、石自方、祝永祐、王袭明、隆守坚、李珏、李德光、吕惟一、王洞章、郭保宁、薛洞真、徐处尚、雷用光、易如刚、张希言、张闻诗、毛允中、张道虚、张与槎、张与年、薛应常、孔希嵒、张元英、李谨修、黄崇鼎、曹监临。

元：李宗光、吴元初、刘思敬、张留孙、吴全节、陈日新、汪集虚、薛元羲、陈义立、刘致和、张嗣房、李奕芳、夏文泳、吴与顺、毛颖达、孙景真、余彦绹、金蓬头、赵元阳、何斯可、汪道一、张彦辅、蒋雷谷。

明：张友霖、张仲毓、李仲治、吴葆和、林清乐、方从义、卢大雅、刘渊然、傅同虚、曹大镛、祝元衍、张池哲、邓景韶、吴伯理、欧阳楚翁、周愚、张留绅、连克章、王绍通、操克宏、颜福渊、黄嘉佑、龚继宗、李伯芳、黄太初、段文锦、周应瑜、邵元节、邓启南、陈善道、王用佐、张定汉、陶隐贤、吴尚礼、王时佐、方定相、邓贵甫、朱俊卿、罗日文、欧阳彦富、周济世、何海曙。

清：高惟泰、何其愚、周大经。

卷八，《爵秩》。载自唐迄清雍正年间历朝赐予天师的爵号及对家属等的封赠。卷前述其缘起云:"然唐以前未尝拜爵于朝,宋、元而后,或号先生,或封公,或卹典朝服视侯,皆出一时异数。至明初,更天师号,给正一嗣教大真人印,掌天下道教事,与世袭。国朝因之,名号既正,恩泽更隆矣。纪国朝之承袭,并载历代封号,及追赠上世葆封母妻之典,而以法职幕僚附焉。"这些资料,对于研究历代朝廷对道教的政策、正一道派的盛衰有重要参考价值。

卷九,《田赋》。载龙虎山上清宫、大真人府的田亩租赋。卷前述缘起云:"大上清宫,大真人府,其盛衰不一,故田土之盈缩无定,历朝赐田蠲赋免役之典不能备考。姑就所闻,稍述其略。今兹邀遇皇恩,独隆千古,谨记完赋定额,俾后人保守勿替,永沐圣泽于万世,则简策亦卫道之一端也。"因此其载独详于清代。宋、元、明、清历代朝廷对上清宫、大真人府都有赐田、赐银、免租税徭役等恩典,故张天师一系广有田地,各道院、神殿也例有香火田。修志时大真人府的山塘田地分布贵溪、金溪、新城、弋阳四县,其中贵溪以千亩计。上清宫田产更多,仅雍正九年,"帑银新置贵溪县三十七都。又一图大上清宫斗阁香田,共一十一顷零五厘,又补田一顷二十四亩二分;又山二嶂;又二片;又二面;又山三股;基地二亩,又庄基晒场莱园等地九片;半塘四口半;又五分;又分管塘二股。共额收租各二千零九十三石六斗六升四合。"另弋阳县田产共额收租一千三百八十四石三斗三升四合一勺七秒五撮,加旧存田户,总共每年收租各三千七百三十四石余。其余二十四道院田产,多少不等。同时,也记载了宫、府支银情况。按中国宗教的重要特点,是有自己的寺院经济,道教宫观经济状况资料留存极少。此志所载周详而精确,十分稀见,殊为珍贵。

卷十至卷十六,《艺文》。分纶言、语录、碑文、诗、记、书、序、表、赋、铭、赞、跋十二类文体,收辑与龙虎山正一道有关的文学作品。其中有一部分具有重要史料价值。《纶言》指历代帝王有关龙虎山天师及其属员的赞、敕、诰命,皆为道教史上的重要材料。《语录》是其中最有学术价值的部分。辑虚靖真君(三十代天师张继先,活动于北宋末)、张宇初(四十三代天师,活动于明初)的语录、论文摘要,反映了他们的道教思想。又将《御选妙正真人语录》作为附录。前两种语录,实出自《道藏》中《虚靖先生语录》和《岘泉集》,附录则是清代新出。妙正真人,即娄近垣。雍正帝好禅,以禅门大宗师的姿态,指导王公大臣参禅,并选古今禅语为《御选语录》十九卷,多加品评,其中《当今法会》,系选当时王公大臣、禅僧、羽士数人语录偈颂,道士中入御选者唯娄近垣一人。这一《妙正真人语录》也是目前所见到的清代正一派道士阐述自己思想的唯一文献。其中《心佛歌》称"心与佛,等虚空,虚空之中妙难穷","了知真佛位无心,始悟无心是真佛,如是心,如是佛,心兮佛兮皆妄说,认得摩尼一粒珠,恒河沙界光常彻,寒兮暑兮侵不侵,赤条条兮灭非灭"。表现了牵合佛道的倾向。《阐真篇》则阐释了他对道的理解,"至道之体本无定位,冲然漠然而位于无所住也。……非至人之无心,孰能一至于此乎?是以世尊睹明星而起悟,太上跨青牛而观化,至圣乐沂水以徜徉,皆灼知万物之备于我,而未尝有心于万物也。无心于物,故心心皆佛心;无心于道,故处处是道体"。又说:"水燥火温,阳静阴腾,一来一往,互为出入,化母孕其灵胎,真君宰其坚骨,是以丹汞成焉。内其神而神固,外其身而身存。然后易彼幻形,成其真体,出此真体,转彼幻形。是知山河大地无非我体,虫鱼鸾鹤悉成我身,可以翱翔六合,放旷八表,泠泠然御景风,乘庆云,逍遥乎圣人之世,观瞻舜日尧天,又何必蓬瀛阆苑,更问壶中天地乎?"《碑文》中《新建信州龙虎山张天师庙碑》系后唐保大八年陈乔撰,记述了第一次由朝廷出面修建天师庙的情况,《敕赐大宗师张公碑》记述了元代对张留孙的宠异,都是重要史料。

(刘仲宇)

道书十二种 刘一明

《道书十二种》，一册。刘一明著。清嘉庆二十四年(1819)汇刻。通行本有中医药出版社1990年版排印本、巴蜀书社1994年版《藏外道书》本、北京图书馆出版社1996年版校点本等。

刘一明(1734—1815)，道号悟元子，别号素朴散人。祖籍山西曲沃。清乾嘉时道士，属全真龙门派第十一代。据他自称幼而习儒，二十岁前大病三场，几乎殒命，因病有悟，因而慕道、访道，多年后遭遇龛谷老人、仙留丈人的指点，"方知大道必要真传，性命还须双修"(参看《悟道破疑集序》)。后结庐甘肃金县栖云山(今兰州市东南)。刘一明对道教理论阐发颇多，名声也很大，从学甚众。著述浩富，其书在生前即有不少刊刻流行。

《道书十二种》是刘一明道教著述的汇编，也是清代全真道理论的代表作。关于"十二种"之目，清以后刊本各有不同。《中国丛书综录》著录嘉庆二十四年(1819)常郡护国庵刊本和民国二年(1913)上海江东书局石印本《道书十二种》，其书又称《指南针》，其目为：《阴符经注》一卷、《敲爻歌直解》一卷、《百字碑注》一卷、《西游原旨读法》一卷(并《诗结》一卷)、《修真辨难》二卷、《神室八法》一卷、《修真九要》一卷、《无根树解》一卷、《金丹四百字解》一卷、《悟真直指》四卷、《黄庭经解》一卷、《参同契经文直指》三卷(并《参同契直指笺注》三卷、《参同契直指三相类》二卷)、《悟道录》二卷。实有书十三种。

而据光绪年间上海翼化堂刻《道书十二种》，其扉页上所列书目为：《悟道破疑》、《会心集》、《周易阐真》、《通关文》、《象言破疑》、《指南针》、《参悟直言》、《悟道录》、《修真辨难》、《黄庭经》、《修真九要》、《无根树》，计十二种。

两种版本相比，篇目颇有差异，究其原因，尚在刘一明生前，诸书或单行，或汇刻，及辑汇时或以单本、或以复本计，故难符十二之数。嘉庆本以《指南针》为别名，然《指南针》一书由刘一明自编，其序作于嘉庆六年。今查翼化堂本《指南针》共十一种，估计系其原貌，嘉庆刊本虽取《指南针》为名，但另增《参同契直指》、《悟真直指》。观翼化堂本扉页所列《参悟直指》，知此二书曾合称一名,嘉庆刊本以《指南针》所含十一种书与《参悟直指》合为一辑,故有"十二种"之称。以此刻以《指南针》诸书为主,故仍冠以《指南针》为别名。此即《道书十二种》之原义。

至于翼化堂本扉页所列虽符十二之数,但错误颇多。比如《悟道破疑》原系《象言破疑》、《悟道录》的合刊本,有刘一明自序为证,今与后二者并列为三。《修真辨难》、《黄庭经(解)》都已包含在《指南针》内,而又与之并列,皆为不妥。同时,又比嘉庆本多出《周易阐真》(按:应指《周易阐真》、《孔易阐真》二者)、《会心集》、《通关文》三种。此几种皆为刘一明重要著作。故翼化堂本虽所列之"十二种"之目有误,然在容量上比嘉庆二十九年(1819)刊本大得多。此本基本可称为刘一明的道教著作全集。

中医药出版社本取嘉庆本与翼化堂本相互补充,以单本计,实收道书二十余种,共为九集。

《道书十二种》以全真内丹之学为核心,无论是采取经典注疏、专题论文、修道心得集录或歌诗形式,基本上都是围绕这一核心展开的。

一、《周易阐真》四卷、《孔易阐真》二卷。两部实为一书,据刘一明自序,知原名为《易理阐真》。取"阐真"为名,"乃阐其性命之真耳"(刘一明《易理阐真序》)。今题《周易阐真》为对经文的注解,包括对河洛图书及先后天卦图等的解说和逐卦逐爻的释要。今题《孔易阐真》者为对据传为孔子所作之《传》的解释,但实际只解《象传》和《杂卦传》。刘一明原有《三易注略》,《阐真》为其继作,故不在字义上讨论,惟以内丹学说解释《易》理,"尽将丹法寓于《周易》图、卦、系辞之之中",多言药物、火候、先后天之类。

二、《参同直指》,包括《参同契经文直指》三卷、《参同契直指笺注》三卷、《参同契直指三相类》三卷。此书编成于嘉庆初,刘一明自序作于嘉庆四年(1794)。以内丹说解《参同契》,"其中一切比象喻言,悉皆破为粉碎","与读者细看直指,何者是炉鼎,何者是药物,何者是阴阳,何者是五行,何者是先天,何者是后天,何者是火候,何者是烹炼,何者是内外,何者是始终,核实尽露,肯綮全现",故以"直指"为名(见《参同直指序》)。据其自称,系以陈致虚注本为据,"正文次序,似有不贯者,略有更移,分节注释"。然其书以四言为魏伯阳经文,五言为徐从事笺注、三相类为淳于叔通所作,实用明杜一诚所改编之本。此本杨慎称《古文周易参同契》,蒋一彪作《古文周易参同契集解》,采用杜一诚本,割裂诸家注文于其下,陈致虚注亦采入于中。而陈本实源于彭晓本,与"古文"本不同。或者后人又从蒋氏本中析出陈致虚注,而正文却仍从蒋本,即为刘一明所采纳之本。至于其注,颇有理致,足以发内丹清修一派之旨。

三、《悟真直指》四卷。序于嘉庆四年(1794)秋,应略后于《参同直指》的编成(序于嘉庆四年元旦)。刘一明在《象言破疑序》中提及"直指",与"阐真"并列,由此推测此书曾与《参同直指》合刊,故翼化堂本扉页犹称《参悟直指》。此书于《悟真篇》本文诸本异同略有校勘,而注释发挥尤详。以清修派观点解释《悟真篇》,不作隐晦含混之语,所谓与人"直指",是其优点。它与《参同直指》类似,往往用儒学名辞说金丹之学,如以为"金丹者,即人秉受良知良能之本性"(卷一),"道心真知"产生"先天大药"(卷二)。

四、《西游原旨读法诗结》。为《西游原旨》的节录。《西游原旨》以内丹之旨解释《西游记》。书成于乾隆年间,序于乾隆四十三年。刘一明以为《西游记》为邱长春所著,"其书阐三教一家之理,传性命双修之道。俗语常言中暗藏天机,戏谑笑谈外显露密法"(《西游原旨序》),是一部内丹著作。按:以《西游记》为名之书有两种,一为《长春真人西游记》,系邱处机门人李志常所编,记长春真人西游大雪山见成吉思汗始末;一为《西游记》,演说唐三藏西天取经故事,多认为系明吴承恩撰。但康熙年间,已有人将二者混而为一,传《西游记》为邱长春撰(参看尤侗《西游真诠序》)。《西游原旨》实对演说取经故事《西游记》的解释,以为长春子所著者,承世俗误言耳。至于《西游记》为讲金丹大道之说,起于明末黄宗周等人。清人悟一子陈士斌的《西游真诠》以金丹说系统敷注其义,其书成于康熙年间。刘一明肯定悟一子"《真诠》一出,诸义显然,数百年埋没之《西游》,至此方得释然矣"(同上)。但仍未能通贯,"使当年原旨,犹不能尽彰"。所以再加阐发,随原书作注。书成后因卷帙浩大,限于财力,未能刊刻,后得谢瑞英之助,嘉庆三年始经营付刻。但所刻仅注文中摘录出来的《读法》、《注解结尾》和《七言绝句》一百首,称《西游原旨读法诗结》。嘉庆本犹存此名,翼化堂本目录上称《西游原旨》,而本文书题仍有《读法》、《诗结》字样。

五、《西游原旨》分上下二卷。上卷为《读法》四十五条,系《西游原旨》全书卷首。总述理解《西游记》的下手关键。大旨认为西游为神仙之书,"贯穿三教一家之理,在释为《金刚》、《法华》,在儒则为《河洛》、《周易》,在道则为《参同》、《悟真》,乃丹经中第一部奇书",全书显尽了性了命之学。并且要人极力参悟的同时,尤当求师印证。下卷为七绝百首、结语《西游原旨歌》。七绝为配《西游记》原书一百回,每回一首,提示该回所阐丹法原理。百首绝句将百回小说解释成修炼内丹的百节要目。第一回《灵根育孕源流出,心性修持大道生》,诗曰:"灵振孕育本先天,藏在后天是水铅。悟得真心明本性,不空不色自方圆。"点出内丹本源,其后各述修之方,至九十八回《猿熟马驯方脱壳,功成行满见真如》诗曰:"火功运到始方圆,由勉抵安道可全。消尽后天离色相,不生不灭大罗仙。"一百回《经回东土,五圣成真》下诗曰:"贞下还元是首经,五行攒族最空灵。《西游》演出《图》、《书》理,知者修行入圣庭。"则指其价值所在。《歌》则概述作者所体会的《西游记》丹法,比分述更为集中一贯。

六、《象言破疑》二卷。据其自序,知是在《(易理)阐真》、《(参悟)直指》、《(西游)原旨》诸书刊行后,恐学者难以贯通,所以著此书,"绘图画象,细分是非,扫旁门而指正道,息邪说而辨真宗"。此书曾与《悟道录》合刊,称《悟道破疑集》。其书以说统图,解说金丹之象。卷上十四图,从《胎中面目》图至《纯阳元阳》图,表顺则生人之象;从《炼己筑基》图至《太空虚无》图,表逆行造化修仙之道。卷下则专就内丹修炼中诸紧要关节处绘出《偃月炉》、《朱砂鼎》、《玄牝之门》、《火候》、《十月胎圆》、《婴儿出现》等图十七幅。并辑《破迷诗》五十首,专驳斥纠正各种错误理解,再以《元牝真窍说》、《修真要诀》作结。此书于内丹各象解释分明,实为图释内丹,释正与破邪并重,对于内丹理论的阐发颇有贡献。

七、《修真辩难》二卷。卷上为《修真辩难》原书,卷下为《修真后辩》。卷上采取师生问答的方式,为修道者辩难释疑,阐发道、阴阳、内外药等要义。卷下则以正面立论为主,兼及破疑。

八、《神室八法》一卷、《修真九要》一卷。两书收入《指南针》内。两书皆述内丹要义。以为"修道即所以修神室"(《神室八法序》),故立刚、柔、诚、信、和、静、虚、灵八法。按神室原指炼金丹的反应器,内丹家借用以指身体内之鼎。八法即修丹之法。《修真九要》则述内丹修持中由浅及深的九个要诀:勘破世事、积德修行、尽心穷理、访求真师、炼己筑基、和合阴阳、审明火候、外药了命、内药了性。

九、《敲爻歌直解》一卷、《百字碑注》一卷。曾收入《指南针》,系对传为吕洞宾所撰《敲爻歌》、《百字碑》的注解,阐发内丹思想。

十、《无根树解》一卷。对张三丰《无根树》一书的注解,曾收入《指南针》。三丰此书丹家内部观点不同,有用双修观点作解的,有用清修思想作注的,刘一明之解属于清修一派。

十一、《金丹四百字解》一卷。收入《指南针》。《四百字》传为张紫阳所撰,刘一明对之逐首作解,又作《注疏四百字真义歌》总括其义,更附《学人二十四要》、《丹法二十四诀》。全书对丹法阐释相当系统,已超出简单注释的范围。

十二、《阴符经注》一卷,《黄庭经解》一卷。皆收入《指南针》。系用内丹思想对二书的解释。后者尤有特色。按《黄庭经》原以存想内视为主,与内丹功法不同。但内丹家中颇有采为经典的,而其理解实与其原义有别,刘一明认为黄即中之象,庭为神室之象,《黄庭经》乃演说中之道,中即玄牝之门。其解不涉具体经文,而仅据以发挥内丹学说对人体"神室"、"丹道"的理解。

十三、《悟道录》二卷。系刘一明修道的随感录。他自悟道后,自觉天下万物万事,乃自身所经历,"头头是道,件件藏真",随事感触,摘取能示物理者八十一条,并附以《叹道歌》七十二段,志在自悟悟人,此书曾与《象言破疑》合刻,称《悟道破疑集》。

十四、《通关文》二卷。系在撰过多种丹书的基础上,专为揭示修道途中的五十种关口即障碍,并指点通关破障之法。其中颇涉刘一明对世途荣利,生死关头的观点,表达了全真道教的伦理思想,又相当深刻地分析了内丹修炼的心理障碍。

十五、《会心集》四卷,分《内集》二卷,《外集》二卷。为刘一明自编的诗词歌曲集。以为这些因物抒怀之作,就事写意,"无非会之于心,发之于言",故以"会心"名。所咏题材不一,但基本围绕修真悟道这一中心。因刘一明于内丹一道实有所得,发为咏吟,亦颇多警词隽语。

(刘仲宇)

济一子道书十七种 傅金铨

《济一子道书十七种》，一册。傅金铨撰。通行本有清善成堂刻《济一子道书》和《证道秘书》本、巴蜀书社1994年版《藏外道书》本等。

傅金铨，生卒年不详。号济一道人，济一子。江西金溪人，活动于清嘉庆、道光年间。淹通经史，工词翰，解声律，善画能琴，隐居修道。著作甚多，曾先后数次结集并汇入前人著作一起刊行。其一为《济一子道书》，凡七种：《道书一贯真机易简录》十二卷、《新镌道书度人梯经》八卷、《自题所画》一卷、《性天正鹄》一卷、《新镌道书樵阳经》一卷附集一卷、《心学》三卷、《新镌道书五篇注》五卷（唐吕岩撰，傅氏释）。其二为《证道秘书》，凡十种：《道书杯溪录》三卷、《赤水吟》一卷、《外金丹》五卷、《内金丹》一卷、《丘祖全书》一卷（金丘处机撰）、《玄微心印》二卷（喻太真等撰）、《丹经示读》一卷、《三丰丹诀》一卷（明张三丰撰）、《天仙正理读法点睛》一卷、《道海津梁》一卷。后人将二种丛书合刊，泛称为《济一子道书十七种》。书虽以《济一子》为名，实非全为傅氏所撰。十七种书，涉及道派、道风不一。如《天仙正理读法点睛》所据马清修派言论，而《玄微心印》则主双修之法。《邱祖全书》为全真派著作，《樵阳经》则为净明派著作。可见傅氏思想颇为驳杂。

本书所收各种著作的主要内容如下。

一、《道书杯溪录》三卷。此为傅氏的短文集，杯溪为傅隐居所饮之溪，文皆两字为题，泛记隐居修道杂感。友人所作的题辞称"紫霄《化书》，另具一副精神"。指出与五代谭峭《化书》（按：谭峭与谭紫霄并非一人，但久已有人将之相混，此言紫霄《化书》系以讹传讹）有相类似之处。从内容及文字风格看，确有沿袭《化书》之迹。但其文多至二百二十二首，范围比《化书》更广。卷上论"人事"，卷中谈"物理"，卷下说"性命"。"其大纲分人事、物理、性命。人事则改过修身立命，贫病忧苦，富贵沉沦，灭亡迅速，所以醒世也。物理谓蠢动含灵，无非化机，舟车器具皆存至理，所以证道也。""所谓性者天命之性也。在天为命，在人为性。命，纲纪也，性，通彻也。性之具于心者谓之理，见于事为事理，见于物为物理。循于理而行乎无方者谓之神，乃天地人物生生之大原。"（何

应麟《序》)

二、《赤水咏》一卷。此为傅氏的诗、书、题、跋集。前有自序称"道光三年署于赤水之流云丹室",盖赤水为其隐居之地。又说,"仆久居赤水(四川台州)接引来贤,首先忠孝,而大力精进之俦,卒不可得",而期望有人有志斯道,"用是垂空文以见世"。"将铅汞深机,水火妙用,著为诗歌,字字真诠,言言秘诀,并非风云月露之章,抒写性灵以博名高。后之学者,印之仙经,若合符节,则知余言非妄,不敢自欺取罪于天地,见叱于鬼神也。"其篇章布局,颇拟《悟真篇》,但不及其精思广博。以"寻缘二律以象阴阳,七言律诗十四首以应藏经之数,七言绝句三十首以应三十日月一周天之数,驻云飞十二首以应十二月日一周天之数,西江月四首以象四正,南乡子一首以象得一"。后半部分则为"杂咏",有诗数首,并书信题跋等,亦多讨论内丹之学。

三、《外金丹》五卷。此为多种外丹黄白术著作的汇辑。有《金谷歌注解》、《地元真诀》、《黄白鉴形》等二十三种,为明清两代所传。记述外丹黄白术的炉鼎式样尺寸、各类配方、火候、操作颇详。药物之名基本不用隐喻,而用本名,对考证历史上金丹黄白药名可资借征。此书系中国古代化学史重要资料。自宋以后,内丹黄白术走向衰微,新出论著无多。这些著作的刊行,为后人保留了一部分明清时文献,颇足宝贵。

四、《内金丹》一卷。全称为《天仙直论长生度世内炼金丹诀心法》。此为明伍守阳《天仙正理直论》的一种传本。其文字与收入《道藏辑要》的本子大略相同,但书前有《生死篇》,文中常夹用图象,为《道藏辑要》本所无。

五、《丘祖全书》一卷。此为金丘处机撰,后人辑录。收载丘处机的语录、论著、歌诗等,并附以《丘祖本传》。

六、《玄微心印》二卷。题明天都紫阳道人赵两弼、豫章两顾道人胡恺、蜀东青峰子丁守明、南昌四一学人喻太真传授心法。系明代内丹中主男女双修一派的著作。卷一分《阴阳门户》、《黄庭土釜》、《任督二脉》、《脑为髓海》等,阐述其丹法原理、结丹之所、周天黄道、成丹气象等,而于封精、回精、炼精及炼剑等详加说明,盖此为双修法中根本所在。《择鼎》一篇,专论选择异性之法。又记各种配合使用的药方。卷二分《胎息》、《铸剑》、《筑基》、《玉液》、《温养》、《面壁》等,概述该派功法功夫次第,而以面壁九年炼神还虚为究竟。双修一派,所涉隐秘,社会评价亦差,故多用隐语,传播较稀。此书所载,比较显豁明白,虽多糟粕,作为历史资料,仍值得重视。

七、《丹经示读》一卷。此为傅氏对道教丹经的提示。

八、《三丰丹诀》一卷。此系合《张三丰传》以及相传为张三丰所作的内丹著作《金丹节要》、《采真机要》三种而成。张三丰丹法是清修还是双修,诸家看法不同,清代颇有人看做双修的,如西派李西月,便引为双修的祖师之一。傅金铨于《采真机要》书后题有数首诗,其中有云:"不道三峰采战乖,真真假假费疑猜。谁知假内藏真穴,大似行龙卸脉来。""采得归来花正新,迷徒何处觅清真。莫言彭祖房中术,误杀阎浮多少人。"盖亦疑其为双修,但与房中术有所不同。

九、《天仙正理读法点睛》一卷。此为傅氏对明伍冲虚《天仙正理直论》要旨的论述。傅《自序》云,伍冲虚之书"已将秘机发尽","然而用凡心之揆度,测仙路之幽玄,未经指破,终是朦胧,如入迷楼深处,万户千门,似行八阵图中,天昏地暗,嚼腊吞枣,不辨酸甜,隔纸观灯,杂同烛照,今将各篇回环不醒之秘机,或寄于言外,或写于言中,一一点出,名曰'读法点睛',以俟夫有叶公之好者"。每段先引《直论》正文,然后以"点睛曰"撮其要旨,颇为显豁。

十、《道海津梁》一卷。此为傅氏训示其门人之作。欲让人理解学仙求道之阶梯,大要以为"欲学神仙,先学君子。人道不修,仙道远矣。人道是仙道之阶,仙道是人道之极"。又说:"三教鼎立,如一屋三门,中无少异。儒立人极孝弟之道,极本反始,正心诚意,道德之源。此范围形体之道,入世之法也。仙佛在声臭之表、形气之先,出世之法也。出世必基于入世,欲求出世之功,先讲入世之道。儒其大宗矣。"故教人从庸言庸行做起,然后穷理尽性,性命双修,内丹有成,底于仙道。书中多引阴真君、白玉蟾、丘处机等有关内丹法诗文、著作,亦兼引及朱熹等理学家言论。

十一、《一贯真机易简录》十二卷。此为傅氏汇辑的内丹著作。其《自序》称:"自太上授受以来,道脉不绝,贵重于人,心心相印,口口相传,无少差缪,万古一贯。""今将师边所得,印之简编,若《参同契》、《悟真》及古圣仙经所留丹诀,与夫诸家注疏,一一证之,择其至显至要之言,汇为一帙,秘之箧笥。真正至道,至简至易。易简而天下之理得矣。实乃一贯真机,不堪授受,聊以自娱,非欲求正于人也。"卷一,总论。卷二,法财占地。卷三,鼎炉符火。卷四,明理习静。卷五,炼己筑基。卷六,知时采药。卷七,还丹温养。卷八,脱胎乳哺。卷九,应世立功。卷十,天元归极。系统论述了内丹修持原理、方法、次序。卷十一、十二,女金丹,专述女子修内丹的特殊要求和方法。以其每段皆抄辑历代道教理论家论著而成,比较繁琐。

十二、《新镌道书度人梯经》八卷。此为傅氏为《度人梯经》所作的注释。《度人梯经》全称为《孚佑帝君纯阳吕祖师度人梯经宝章》,实际是后人假托吕洞宾所造。傅氏加以阐述,内容颇琐碎。以谈论性命、内丹修持为主,兼及外丹黄白术,并录有若干神咒、药方等。

十三、《自题所画》一卷。此为傅氏自撰画诗的汇编。傅氏善画,书前张霱瑞题词小序云:"(傅)博学工文章,于画得荆关三昧,结构幽深,运笔古雅。兴至辄濡毫自娱,览之使人神思飞越,信文人笔法,非俗工所能发焉。"傅隐居时自称醉花道人,所画多山水、竹木花卉,乃至山石流泉。此为其题画诗的汇辑。后附有画无诗山水、花卉诸画册标目。

十四、《性天正鹄》一卷。此为傅氏泛论心性的杂著。由若干首杂感短文构成,泛谈儒、道、释三家有关心性观点、典故等,而以阐道为主。大抵文出己意,比较自由,亦较精练。

十五、《新镌道书樵阳经》,简称《樵阳经》一卷,附集一卷。傅氏辑。《樵阳经》原属净明派。传说许逊仙去时预言一千余年后,江西龙沙再生要出八百仙人。其八百魁首为樵阳子刘玉。刘玉(1257—1308)实有其人,元世祖至元末年,从事重建净明道的活动,为净明一派重要的领袖人物。明清时有人汇辑一些刘玉的言论及净明派的丹法论著,托吕洞宾名义序而行之,名《樵阳经》,称:"《樵阳经》乃三天秘旨,付与樵阳子。新建有樵阳市,因地为号,因以名经。"第一卷为净明派丹法。第二卷则为附录,有《松沙记》、《龙沙记》、《瀛洲仙籍》、《八百洞天真师记》,皆系有关净明道的传说、谶记和仙籍名录;《樵阳子语录》,刘玉言论的摘录,中心为论净明忠孝之义。傅金铨提倡人道为仙道之所,修道必先从忠孝始,与净明派提倡孝道颇有渊源,故重视《樵阳经》的辑刊。

十六、《心学》三卷。此为傅氏关于"道心"的专论。傅金铨认为:"至道本乎一心,心法本乎无妄。"儒、释、道三教一源,"自书契立而教化兴,典谟训诰,垂来虞夏,明伦明德,训自商周,只此心传,昭垂万古。尧为儒道之宗,首传执中之旨,乃分出人心道心,舜肇精一之传,开率性之教,自仲尼祖述,子思笔书,道脉承流,于今不坠。二千年来,理学名儒阐性命之渊源,析危微之奥义,广大精微塞乎天地,备于人心,名之曰道。儒者齐家治国,意在经世,故重言人而略言天。二氏全真养性,意在出世,故重言天而略言人。儒者言浅而意赅,道释言深而旨远。出世之道异于入世,形迹虽殊,寸心不二"。故其书分三卷,卷一言儒,将从尧舜以来,历孔孟迄于理学诸子谈心性言论汇为一辑,间亦杂傅金铨自己论点。卷二谈道,将《道德经》以下,诸道经及高道有关心性言论和傅金铨自己论点汇为一辑。卷三论释,将诸佛经中有关佛性言论加上傅氏自著汇为一辑。

十七、《新镌道书五篇注》(又称《吕祖五篇注》)五卷。此为傅氏为相传是唐代吕岩撰的五种道书所作的注解。五种道书为《黄鹤赋》、《百句章》、《真经歌》、《鼎器歌》、《采金歌》,每种各一卷。这五种著作皆晚出,传说为吕洞宾撰,疑皆是假托。但明清时此类著作流传甚多,信之者视为秘宝。傅金铨所注,多涉内丹,可以考见其有关内丹的理论要点。

本书卷帙浩大,传世的本子主要是清代善成堂分别刊行的《济一子道书》和《证道秘书》。

(刘仲宇)

重印玄妙观志 顾 沅

《重印玄妙观志》，原名《元妙观志》，又名《重印元妙观记》。正文十二卷，首一卷。顾沅辑。成于清道光九年(1829)至道光十一年(1831)间。通行本有巴蜀书社1994年版《藏外道书》本等。

顾沅，生卒年不详，字湘舟，一字明经。江苏长洲(今苏州)人。清道光间官教谕，收藏旧籍及金石文学，甲于三吴。

《重印玄妙观志》为苏州玄妙观的观志。玄妙观，位于苏州市观前街，该观始建于西晋咸宁二年(276)，初名真庆道院，唐代开元十六年(728)更名开元宫，唐末大部分建筑毁于兵火，后得重建。宋大中祥符二年(1009)，改额天庆观，元代至正元年(1341)，始称玄妙观。元末毁，明洪武四年(1371)重建，清代又加修葺，并改名元妙观(为避康熙皇帝玄烨之讳)。现存较大的建筑主要是山门和三清殿，三清殿为较古老的道观殿堂之一。观内藏有唐代吴道子老君画像及颜真卿书等碑刻，都是珍贵的道教文物。因此，玄妙观至今仍为道教著名的宫观。

玄妙观自东晋以来，向无专志，古今事迹仅见《郡邑志》，但往往略而不详。元妙观又是"一千五百余年"的历史，为"东南一大道场也，而载纪缺如，世人无所稽考"(石韫玉《元妙观志》序)。清道光年间"顾子湘舟，今之好古者，志在表章文献，搜罗志书文稿，积有岁年，著成《元妙观志》一书，共十三卷"(同上)。旋即刊行。1927年重刊时改名《重印玄妙观志》。卷前蒋炳章序言称："清道光中郡人顾湘舟明经沅撰为观志，计十三卷，惜成书已迟，不获名登册府，兵火之后，印本绝稀，幸藏书家辗转传抄，赖以不绝。沈君鸿揆居与观邻，留意文献，新从王君佩诤假得完本，商诸同社庞君复庭，邹君章卿重排印行，甚盛事也。"

《重印玄妙观志》卷首记载了清代帝王南巡临幸玄妙观行香和御书匾额纪实。收录：康熙十四年，圣祖仁皇帝南巡御书赐元妙观道士匾额"餐霞挹翠"，弥罗宝阁恭悬；乾隆十六年，高宗纯皇帝南巡，临幸元妙观中行香；乾隆二十二年，高宗纯皇帝第二次南巡，圣驾再幸，频颁御书匾额"清庐静妙"，赐元妙观三清殿内恭悬；乾隆二十七年，高宗纯皇帝第三次南巡，御题对联"圆笼叶三元仁宣橐籥,妙机含万有寿溥垓埏";赐元妙观三清殿题匾额"太初阐教",又御题匾额"梵籁清机",赐元妙观正殿恭悬,御题"珠杓朗耀",赐元妙观斗母阁恭悬,御题"穆清元始",赐元妙观玉帝阁恭悬。次录乾隆至道光时元妙观新旧对比图四幅。

正文卷一,本志。选录吴郡图经、吴郡志、苏州府志、明一统志、长洲县志、大清一统志、江南通志、新府志及百城烟水、采风类纪等志和书中有关玄妙观历史沿革的记载;卷二,述归并外院、殿宇、祠庙、古迹、坊巷、桥梁等,记述了玄妙观及其附设道院等建筑。

卷三至卷四,道流传。录自北魏至清代历朝来观修炼卓有成就之道士传略,并附无传道流姓氏备考。其中收录寇谦之、叶绍先、王文卿、林灵素、何中立、袁宗善、张崇一、莫起炎、张善渊、步宗浩、杨中立、黄卫渊、周元真、胡道安、张景忠、张宗茂、冯月谭、徐石林、陶宏化、施道渊、赐通渊、胡德果、潘元珪、俞桐、庄椿、庄熙、惠远谟、李满然、张资理、顾神机、施神安、李宣仁、沈宗文、陈全莹、李知常、张德诚、丁紫琼、吴守元、顾道士、方希辨、李志升、山宗说、李若济、朱真猷、张大同、刘能贞、陈天一、严守柔、严焕文、刘澹然、王继华、陈雷庵、谢竹鹤、张宗继、郭贵谦、韩执中、姚宗源、吕志清、张日新、张鹤峰、朱一德、陈之达、顾克复、周逸、宋远居、周友莲、吴丕显、徐东村、徐远暹、叶元晟、李廷铨、张光云、韩铁根等生平及其传记。

卷五,金石。录自唐代至清代有关玄妙观之碑文。其中有吴道子、沈文罕、王松正、陆元吉、赵孟頫、宋濂、彭希郑、梁章钜等数十名著名作家和书画家的作品。吴道子的老君石刻画像至今仍保存在苏州玄妙观三清殿内。

卷六至卷七,集诗。载有唐代至清代有关玄妙观及观内名道之诗词七十余首,其中有皮日休、苏轼、张昱、张可大、陆世廉、王敬中、赵翼等著名诗篇。

卷八至卷十,集文。载录历朝有关玄妙观之文记和碑志等。收有寥阳殿上梁文、金阙寥阳殿跋语、诏建三清殿记、通神先生蓑衣何真人事实、平江府重建三清殿记、元妙观三门碑铭、题莫月鼎像赞、来鹤序、鹤林序、周提点鹤林序、周元初鹤林序、苏州府元妙观重建弥罗阁记、重修元妙观五岳楼记、元妙观重建五雷坛记、梅月山房记、苏郡副都纪松玉公寿藏生志、重修东岳殿募缘疏、重修东岳行宫记、重修元妙观东岳行宫记、元妙观真武殿重修六亭记、苏州府元妙观重建雷祖殿记、重建弥罗宝阁颂、记施真人舍牛事、周将军求度记、收伏灵鬼记、育婴堂记、募田育婴疏引、铁竹道人画像记、铁柏铁壶两道人图像证、归复灵宝祖院记、重修宝阁题名小引、重修元妙观碑、题胡法师像赞、惠澹峰学吟稿序、灵宝祖院重修殿阁记、元妙观神州后殿记、新建太阳宫记、元妙观天后宫记、重修灵宝祖院记、重修弥罗宝阁记、重修东岳殿记、重修元妙观文昌大殿记、重修元妙观东岳殿记、元妙观文昌殿新建火神殿记、重修元妙观聚仙楼碑记、重修刘公祠记等。

卷十一至卷十二,杂志。收录各种野史杂志中有关玄妙观及其道士之传说记载。卷末附录王佩诤及庞中行、邹登鳌、沈敬德之跋文二篇,叙述访求及刊印本书之经过。

《重印玄妙观志》内容分类清晰,叙述详明,所引之文皆注其出处,亦注意记述观内旧有之碑志及建筑原貌。该志还对本观著名的高道,如莫月鼎、周灵台、张皮雀、施亮生等诸师作了详尽的考证,遍收载籍以广见闻。此志在成书过程中,还采访了金耕方、金东蕃、夏珠辉、陈萍香、陆松崖、谢玉庭、程阆山、盛静远、华芝亭、蔡大中等著名高道。重刊时又加以复证,故志书内容较为翔实。

(丁常云)

道窍谈 李西月

《道窍谈》，不分卷，由四十篇论文组成，以章序篇，凡四十章。李西月撰。通行本有丹道刻经会 1937 年铅印本、上海古籍出版社 1990 年《气功养生丛书》本等。

李西月(1806—1856)，原名元植，字平泉。后自称于峨嵋山遇吕洞宾、张三丰。吕为改名西月，字涵虚，一字团阳。四川乐山人。二十四岁或稍后，曾拜孙教鸾高弟郑朴山为师。但直至自称见吕洞宾后，才渐托名著书，将有关吕洞宾的一些历史资料和传说，以及称吕与己的问答，删订为《海山奇遇》，又汇总张三丰的一部分著作，复加上清人所托张氏事迹、诗文，编成《张三丰先生全集》，自己则有《太上十三经注解》、《大洞老仙经发明》、《道言十五种》、《守身切要》等，皆刊行于世。另有《圆峤内篇》、《道窍谈》及《三车秘旨》三种，清代仅手抄流传，《圆峤内篇》抄本尚未发现，估计已佚。李西月活动于四川，其丹法主双修，自成一派，与明陆西星所创内丹东派遥相对应，被称做西派。据近代著名道教学者陈撄宁先生言："同一讲道文章，陆(西星)作则精醇，而李作则复杂；同一人元丹法，陆说则简易，而李说则繁难。由此可知，道本同而法或许有巧拙之殊，法虽同而诀未必无简繁之异。"(《道窍谈读者须知》)

《道窍谈》是李西月的丹法代表作。它在李氏生前未刊。1937 年陈撄宁据福建毛复初家藏本抄本，由邓雨苍、张竹铭筹资，与李氏另一部著作《三车秘旨》一起刊行。全书由四十篇论文组成，其篇目为：箴诸友书、开关问答、后天集解、筑基炼己、养己炼己、养己炼己(重名)、后天次序、内外二药、药物相类、三品互养、炼功五关、产药层次、药物层次、丹砂二种、神气性命、先天直指、神气精论、精气神论、性命顺逆、玄关一窍、玄关再说、两孔穴法、玄牝根基、中字直指、药物直陈、铅汞的辨、鼎器直说、乾坤离坎、采炼妙用、河车细旨、真心论、心神直说、神息妙用、神息再论、气息妙用、神意妙用、神意再论、共争不朽论、功成名遂身退论、仙佛同修论。

从其篇目，可见其对内丹的药料、火候、操作次第、先后天说等皆广泛涉猎，大致涵盖了两派丹法的基本原理及修炼方法。而其精要处，在双修之旨。陈撄宁指出："本书中画龙点睛处：就是

'彼家'二字。如第三章云：'欲养我己汞，必用彼家真铅。'又如第五章云：'内炼己者，将彼家之铅，养我家之汞也。内养己者，亦用彼家之铅，养我家之汞。'又如第八章云：'此铅非还丹之铅，彼家之真火也。'又如第十章云：'本元走漏精气神皆落于后天，不能求之于我，则必求之于彼。'又如第十七章云：'元精在我家，真精在彼家。'又如第十八章云：'上德之体，得于天者甚厚，不必求之于彼家也，故曰天元。'又如第二十五章云：'我运一点阴火之精，种在彼家之内。'又如第二十九章云：'采炼者，采彼家阳铅，炼我家子珠之气也。'观以上所列举彼家之说，可谓详矣。究竟彼家二字是如何解释，颇有研究之余地。如谓彼家是指肾中之气而言，则单炼心中之神者非矣。如谓彼家是指身外之太虚而言，则执著肉体在腔子里摸索者非矣。如谓彼家是指同类异性者而言，则一己孤修专事静坐者非矣。读者须于此等玄之又玄处着眼，方可谓头头是道。"（《道窍谈读者须知》）实际上"彼家"指异性而言，双修丹法中亦称"鼎器"。

因其主双修，故于寻常丹法"筑基"之前，另加"开关"一项。称"修身之人，必用鼎器以开关窍"。"鼎器立，则神气交。神气交则积累厚，积累厚，则冲突健，冲突健，则关窍展，关窍展，则逆运之途辟，河车之路通。"（《后天集解》）至于炼己、药物、采取等内丹范畴，亦莫不以双修之法解之。

（刘仲宇）

逍遥万寿宫志 金桂馨等

《逍遥万寿宫志》，二十二卷。金桂馨、漆逢源纂辑。成于清光绪四年(1878)。通行本有巴蜀书社 1994 年版《藏外道书》本、北京出版社 2001 年版《四库未收书辑刊》本等。

金桂馨，生卒年不详，字雨樵。江西高安人。光绪时进士，官至钦点礼部主事仪制司行走。

漆逢源，生卒年不详，字弼南。江西南昌人。光绪时举人，赏戴蓝翎知州衔候选知县。

《逍遥万寿宫志》是道教西山万寿宫的宫志。万寿宫，位于江西省新建县西山，又名玉隆万寿宫、妙济万寿宫。据载，晋代曾任旌阳县令的许逊弃官后于此修炼飞升，后人为纪念许逊，于东晋太元元年(376)在此创建许仙祠；南北朝时改称游帷观；唐咸通中(860—874)名铁柱观；宋大中祥符二年(1009)改名景德观，大中祥符三年升观为宫，真宗御书"玉隆"赐额，宋政和六年(1116)徽宗诏令重建，时建有三廊、五阁、七门、七楼、十八殿、三十六堂，并赐御书额曰"玉隆万寿宫"；元代至正十二年(1352)全部焚毁。明代重修，武宗正德十五年(1520)赐额"妙济万寿宫"。清代康熙、雍正、同治时相继重修并有增进，至光绪时最为兴盛，其时占地约三万二千余平方米，规模宏大。后几经兴废，许多建筑相继被毁，现仅存山门、仪门、正门、高明殿、湛母殿、三清殿、三官殿、关帝殿及宫墙等；该宫为净明道发祥地，是江西著名的道教宫观。

万寿宫有志，始于明代。明洪武十年(1377)铁柱宫住持熊常静炼师始编《铁柱延真万寿宫纪类编》，正德间(1506—1521)道纪司邓继禹复增订之(正德十五年重编)。清康熙四年(1665)新建举人程以贵和内阁中书熊益华两先生搜罗采访，又兼得同里喻非指先生录稿一帙，始成全书，其后刊全毁于火。康熙十九年(1680)温陵黄煜又汇集重新刻板付梓，而始行于世。迨乾隆五年(1740)重修逍遥山宫殿时，新建举人丁步上又重加编辑，分为二十卷。日久板复见灾，道光二十六年(1846)，丰城刘芳以所存原书残板，删其繁芜，补其缺漏，重为增订。光绪四年，金桂馨、漆逢源等又重修万寿宫志，并"广搜博采"。增订为二十二卷。此即今版《万寿宫志》。

《逍遥万寿宫志》是逍遥万寿宫历史的全面记载，内容颇为丰富。但该志是为宣传许逊之忠孝思想而作,并非言神仙修炼。金桂馨《重修逍遥山万寿宫通志》序称:"从此觅忠孝完人之传,亦胜读岣嵝丰碑,若欲读神仙通鉴之书,请别寻琅嬛福地。"黄爵滋《重刻逍遥山万寿宫志》序称:"古称聪明正直为神,御灾捍患则祀,子不读胡俨功德碑乎,其祀许君也。"曰:"民物奠安而已,非为其嗜神仙修炼之本也。"可见,志书把许逊放在重要地位来写,全书皆贯穿许逊的忠孝思想和伦理道德。全志二十二卷,包括:图、纪、表、传、山川、宫殿、古迹、经籍、祀典、人物、轶事、艺文等内容。

卷一,图。包括星野、舆地、丘墓、宫殿等图,并附有文字说明。

卷二,纪。叙述宋元明清历代皇帝祭祀许真君之仪典盛况及册诰、赐额等。

卷三,表。记载许真君年谱及其籍贯表。

卷四,传。记载许真君实录、正传、后传等。

卷五,仙传。述众仙列传,收录:李长卿净明忠孝全传正讹原序、净明启教兰公谌母传、净明传教十一真人传、净明扬教刘先生传、净明嗣四先生传等。附录:许真人传、吕祖传、玉隆正书白真人传、净明傅大师传、净明朱真人传、净明张真人传等。

卷六至卷八,考。为山川、宫殿、古迹考证。其中,卷六为山川考,对逍遥山、金冈脑、三王山、许家营、后龙山、荷树坳、社公脑、凤凰山、东园垓、彩鸾冈、伏龙冈、杨先寨、五显冈、地主林、柏林内明塘、九曲外明塘、柏林垱、望仙桥、接仙桥、官桥、白马塘、龙冈桥、昭山、白仙岭、铜尖岭、狮山、象山、伏龙山、大球山、西山等作了考证;卷七为宫殿考,收录许仙祠、游帷观、玉隆万寿宫、会仙坛、至德观、真君殿、玄妙观、彭真观、集真观、许仙观等道院、宫观殿堂二百余所,并对其历史及地方进行了考证;卷八为古迹考,收录本山古迹、本邑古迹、省城古迹共一百二十余处。

卷九,古迹。收录与净明道有关的合郡古迹、各郡古迹、各省古迹、众仙古迹等共一百一十余处。

卷十,经籍志。收录净明忠孝道经、诠、诗、记、众真语录等;阐述净明本以"忠孝为立德之基,和顺积而英华"。

卷十一,祀典志。记载铁柱万寿宫戌祭、开朝、南朝、西抚等仪注;附录:许真君宝诰、南朝记事等。

卷十二,轶事志。记载了许逊、吴猛、彭抗、罗文佑、施岑、时荷、董晋、丁秀英、吴彩鸾、王仔昔、宋庠等生平轶事。并叙述了许旌阳为民除害、立斩蛟龙的传奇故事。

卷十三,人物志。记载历代于逍遥山修净明忠孝道的黄冠羽士之生平传记。

卷十四,艺文志。收录:敕建乌石观碑记、豫章许韦二君功德碑、布政使陈文烛万寿宫碑、重修玉隆万寿宫碑记、万寿宫续创赡田碑记、重修玉隆宫鼎建玉皇阁碑记、重建山门垣墙碑记、逍遥山三元殿创置香油田碑记、重修石富观殿宇碑记、新修万寿宫碑记、重修玉隆万寿宫碑记、重修玉隆万寿宫石镌记、玉皇阁记等历代碑刻、记文等。

卷十五，艺文记。收录：玉隆宫会仙阁记、云会堂记、重建旌阳祠记、高安冲道黄真人新殿记、玉隆万寿宫兴修记、重修许真君神像记、铜像记、铁柱记、铁柱宫玄帝殿记、重修黄堂隆道宫记、逍遥靖庐记、重修逍遥靖庐记、重修玉皇阁记、西山纪游记、西山行程记、葛仙坛清复记、西山灵迹记、重修望湖亭记、万寿宫废兴始末记、游万寿宫记、逍遥山读书纪胜、重修铁柱宫等记文。

卷十六，艺文序。收录历代（唐代至清代）逍遥山宫观、人物等序、疏、引共二十四篇，记载了历代宫观修建和兴废情况。

卷十七，艺文颂。记载了历代有关逍遥山的颂、铭、表、文、赞、辞、传、说等文。

卷十八，艺文记。此卷原志悉附各卷古迹中，今特为辑汇别列一卷。记载山中记、引、启、疏、纪略、跋等文。

卷十九，艺文诗。记载历代诗文二百六十余首。其中有赵孟頫、陆游、苏辙、白玉蟾、熊廷相等著名诗文。

卷二十，杂纪。记录了胥太尊给募缘簿、禁山告示、计开相连四处附荫山于后、熊少宰批道士禀帖、为禁约事照得、募修建万寿宫榜文等。

卷二十一，奉祀考。记载了历代万寿宫负责祀典之提点官传略。收录黄庭坚、吴中复、余良肱、余洪范、周葵、曾凡、程公许、张说、许奕、王居安、李韶、汤汉、沈作宾、刘光祖、程珌、胡铨、李浩、邹应龙、郑性之、吴潜、牟子才、赵景纬、洪迈、真德秀等生平传记。

卷二十二，兴复志。记载历朝于万寿宫有功之名宦、乡贤的生平及传记。其中，名宦收有：曹大埜、贾如式、胥遇、笪重光、王新命、许缵会、邵延龄、岳潜、阿兰泰、凌燽、贾廷谟、陈高翔、吴同仁、董文伟、杨俊杰、李洗心、朱允元、廖宁退、秦承恩、张莘、刘坤等；乡贤收：方轸、万恭、吴桂芳、陶廷杰、李逊、张位、丁以忠、邓以赞、李栻、李鼎、熊文举、刘于浔、蒋志章、吴坤修、徐兆麟等。卷末收有胡寿椿跋文一篇，歌颂许真君之功德，宣扬他的忠孝思想。

《万寿宫志》所载内容，不仅记载了和一般志书类同的内容，如逍遥山和万寿宫的历史沿革、山川名胜等，而且还有其地方特色的宗派活动和民族活动的内容。志书所载内容比旧志更加详尽：

一是该志增收了许旌阳之事迹考，以广忠孝之传；

二是旧志轶事类多流传之语，取材各籍者不过三分之一，今特广搜《道藏》，博采群书，凡有涉

旌阳事迹者悉为登录,以备文献之征;

三是历代国典以宋为最隆,而玉隆宫遂有提举等官之设。旧志仅载真西山先生一人,且列入名宦卷内,其余皆未登载,今为增出奉祀考详述之。

(丁常云)

伊斯兰教

希真正答 王岱舆

《希真正答》，一册。王岱舆著。成于清顺治(1644—1661)间。

王岱舆(约1570—1660)，又名王涯，别号真回老人。江苏金陵(今南京)人，回族。初曾广泛阅读各教经书，后来专门研究伊斯兰教义，是用汉文著书阐释伊斯兰教义的早期著译家之一，也是用汉文诠释伊斯兰教义的主要倡导者。主要著作有：《正教真诠》、《清真大学》、《希真正答》等。

本书是王岱舆的答辩记录，由学者伍连城整理，王岱舆逝世以后编定。王岱舆弟子马忠信为该书写了《弁言》、《又序》，给予极高评价。长时期以来只有手抄本流传。待到民国初年，才有北京清真书报社刊印本问世，20世纪30年代初重刊。

本书是一部记述体著作。共记载了王岱舆和穆斯林教众、学者、道教、佛教界人士以及地方绅士等诸多人物的近七十段回答(如果从大的话题来说，可分为六十八个专题，但每一专题中又往往有几层问题)。主要内容如下。

一、以答辩形式阐明伊斯兰教的哲理。

(一) 讨论真主与实在的关系。

认为真主的本体，在真主自在的情况下，乃"本然之动静"，虽长守而浑一，是单一的，不具备可以叙述的属性，自然也是不能认识的。如有人提出："主在哪里？""主怎么样？""主自何时有？""主能言否？"等一系列问题，王岱舆根据他的真主乃"本然之动静"见解，答以"主无方向，在哪里便寓所处"；"主无如何，有怎么便有似相"；"主无时光，何时便有起始"，主"能言不用舌"等。类似这样的问答还有不少。

王氏认为真主与其他事物发生关系时，真主处于"作为之动静，若能命有无生死，贵贱安危，得失之类"。不过这里指的是本体之"用"，而非真主本体自身。

(二) 讨论真主与世俗的关系。

较典型的一组问题为，客问："主上大能，旋转乾坤，此毫末世界，受命而为正教之人者，不过百之二三,其不受命而为外教之人者,充满夷夏,主上何不慈悯大众,尽使受命脱离罪过,一以令吾教广通,一以令醉梦醒悟,何其格格如此?"王岱舆是这样作答的:"人祖降生中国,正教兴于天方,人物日增,流被渐远,且趋于速,若东土一隅之地,比夫万国无尽之所,犹大海之一沤耳? 岂足证多寡者。"

(三)讨论生存主宰与灵明的关系。

有人问,人在"平旦未应事之时"或"酣睡之时","不如此时主宰所安存? 灵明何所寄寓? 动静何所关收?"王岱舆答:"主宰灵明原非二物,虽有微殊岂析言哉? 见太阳之升沉,便知灵明之寄寓,睹白昼之舒卷,便知动静之收藏,日间有思,夜间有梦,是为乱梦,非真梦也。若日间无思,夜多奇梦,无不应验,皆平日未思未见者。当作何解?"

(四)讨论灵魂与世界的关系。

有人问:"人之性灵,乃同时造化,乃至降生,则散于千百年之间,或为高曾祖父,或为孙之重玄,其先后悬绝,亦有因由?"王岱舆解释为:"性灵之品位有先后之理,无先后之序,比如日用与其光辉一般。性灵寄于气质之间,始有次第与时节,缘先天有理中次节,故后天有时节因由。"

(五)否定真主以外尚有"虚空"存在。

有人问:"两仪未判,人祖未降,主有之外,可有虚空么?"王氏断然否定:"主有之外,尚有虚空,即是顽空,比如除性之外,若余体,即为废体也。"

(六)讨论"无极"、"数一"概念,也就是伊斯兰哲学的原动精神。

王岱舆指出,"体"与"用"有本质区别,千万不能混淆。他们真一、数一、体一程序观念是根深蒂固的,能自若运用。

二、借助于答辩以弘扬伊斯兰教的信仰。

王岱舆重点阐述了"伊玛尼"即伊斯兰的基本信仰。

(一)唯一真主。如:"客问:'正教之本?'答云:'认主'。又问:'谁是主?'答云:'真主造他天地万物,止一无二,原有无始,有远无尽,无如何,无处所,无时光,无似相是也。'"

(二)主降天经。如:"客问:'尊经自何而有?'答云:'从天而降。'客问:'主尤处所,如何从天而降?'答云:'因天仙在天,圣人住所,在主本无处所也。'"

(三)主差圣人。王岱舆针对"至圣穆罕默德……何以证其为圣"的问题作答:"证圣之据,略有三品,受主钦命为圣,自己承认为圣,天下信服为圣,缺一非圣也。"

(四)必有后世及复活。有人问"生从何来,死从何去?"王氏答道:"来时神学从天降,成果归依高下间。"又说:"人有三时,及本来、现在、末后,兄奈不言根本现时,而便言末后一著,得无忘本乎?"

(五) 诚信万象循天定。

书中还有近十段回答阐发教义及"五功"的。王岱舆在答辩中,尽力拔除对"五功"的误解,诠解教义某些疑点,卫护伊斯兰经典的最高地位,提倡守持"伊玛尼"之道。他提出:"正道有三:真主之明命,圣人之正训,本性之明德,缺一即不备。""外道亦有三:魔祟之诱惑,迷人之遗患,好性之自专,有一即不详。"

三、用生活实例印证伊斯兰哲理的现实性。

(一) 申明运用汉字译著伊斯兰教经典并不违背教义。

汉译教典是在中国传播伊斯兰教的需要,王岱舆完全赞同且身体力行。针对别人的非难,他在《希真正答》中说:"须知文字比如土木,可以建筑礼拜寺,可以造供佛堂,正道异端互相取用,其功过不在材料,唯论人之所用何如耳,凡以文字为哈池(译为差错)者惑矣!……本为阐扬正教,岂区区执著于文字哉。"

(二) 抒发"回回"一词的意义。他说:"回回二字,义理深长,粗言之,因寄寓浮生,心怀长住,不忘本原,身虽在世,心实回焉。及功成行满,政事完毕,复命归真,名虽注世,身亦回焉。忠贞不贰,表样皆回。……正教真人,知其来变知其去,乘太极之请而回无极之本,更能真一之赐,便能弘道。"

(三) 解释穆斯林生活习惯。明末清初,外族人对回民的宗教习惯不够了解,而族内由于信仰衰退亦有不了解习俗因由的人,如"宰牲之际,念主尊名何也?""不食自死之物为何?"王岱舆对这些疑问都一一作了回答。

(四) 解答非穆斯林进教问题。对当时一些汉人打算信仰伊斯兰教等情况,王岱舆主张敞开大门欢迎。他认为,"但遇此等,即当之沐浴速授清真之道,如石取火,必以煤子待之,不然,则复化为乌有矣!""故凡遇此等,不必究其来意,察其真伪。""主人与圣人亦不究竟其真伪,况吾辈哉!"

(五) 对学习方法的建议。王岱舆除了关心伊斯兰学问本身外,对学习伊斯兰经典应持的态度及方法也提出了自己独特的看法。如有人问:"多有回答之间,一句了然者,有再三不悟者,何也?"王答道:"必然知一问一答之中,有八源二十派,然后始可以应对矣。"他具体说明了何为"八源二十派"。

本书从一个侧面反映了王岱舆生前的思想状况、思辨方式和社交联系,堪称对伊斯兰哲理抉微悉奥的代表作。它是《正教真诠》和《清真大学》的阐述和补充,具有重要的史料价值,在中国回族文化发展史上起过积极作用,至今日仍有现实意义。

(郭建庆)

天方性理 刘 智

《天方性理》，全名《天方性理图说全篇》。一册。刘智著。成于清康熙四十三年(1704)前后。通行本有康熙四十九年三成堂刻本、1925年马福祥排印本、中州古籍出版社1994年版《白话天方性理》本等。

刘智(约1655—1745)，字介廉，自号一斋。江苏南京人，回族，出身伊斯兰教经师世家。青年时期博览经、史、子、集及佛、道典籍，通晓阿拉伯语、波斯语。在学术思想上，深受清初伊斯兰教学者马注"以儒诠经"和"借儒以自重"的思想的影响。学成后避世山居二十多年，完成译著数百卷，刊行五十多卷。初期著作《天方性理》、《天方典礼》问世后，遍访各地伊斯兰教宿学，搜集遗经。在河南朱仙镇得《天方至圣录》阿拉伯文"真本"，遂加译述，名《天方至圣实录》，在穆斯林中手抄流传。清乾隆二十年(1755)左右，此书由袁汝琦之孙袁国祚集资刊印。除上述三部代表作外，尚有《五功释义》、《真境昭微》以及《天方三字经》、《天方字母疑义》等书流行于世。本书二百余年来，在回民中广为流传，有的经堂教育把它作为主要的参考教材，历代各地的回民集资刻印，以至出现诸如上海、镇江、广州、昆明、成都、西安、太原、青岛等不同版本，1932年上海中华书局重印。

《天方性理》是一部从哲学的角度，探讨伊斯兰教有关天人性命学说的著作。作者刘智深切感到"天方之经，大同孔孟之旨"，蕴涵"天下之理"，故"择其理同而义合"者，"辑数经而为一经"，写成此书。书名中的"性理"是我国儒家研究宇宙与人的起源、运动的哲学术语，"天方"是我国穆斯林对圣地麦加的称号，泛指伊斯兰教。"天方性理"的意思就是伊斯兰教的宇宙观。

《天方性理》是刘智的传世名著，深得"理学名臣"的认可和称誉，他们纷纷作序，如赐进士出身内阁学士兼礼部侍郎徐元正在序中认为它"虽以阐发天方，实光大吾儒"。教内黑鸣凤等三人乐意为付梓而捐资。

全书由《本经》五章和《图传》五卷组成。书首有《例言》。《本经》的主要内容如下。

第一、第二章讲"大世界",即宇宙。

第一章,总述大世界造化流行之次第。说:"最初无称,真体无着,惟兹实有,执一含万。惟一含万,妙用斯浑,惟体运用,作为始出。真理流行,命昭元化,本厥知能,爰分性智。一实万分,人无理备,中含妙质,是谓元气。先天之末,后天之根,承元妙化,首判阳阴,阳舒阴敛,变为火水,火水相搏,爰生气土。气火外发,为天为星。土水内积,为地为海。高卑既定,庶类中生。造化流行,至土而止。流尽则返,返与水合,而生金石。金与火合,而生草木。木与气合,而生活类。活与理合,而生人焉。气火水土,谓之四元,金木活类,谓之三子。四元三子,谓之七行,七行分布,万汇生成。殊形别类,异质分宗。理随气化,各赋所生。大化循环,尽终返始。故惟人也,独秉元精,妙合元真,理象既全,造化成矣。"

第二章,分述天地人物各具之功能。说:"一真衍化,理家章陈,理具于知,象见于能。知预先天,能衍后天,先以象著,后以理形。理象相属,性命以位。理象附形,妙用以呈。人曰知能,物曰功能。理同气异,以辨愚智。体圆用亏,以适时宜。浑同知能,是至圣性。任用知能,是大圣性。顺应知能,是钦圣性。显扬知能,是列圣性。希望知能,是大贤性。体认知能,是智者性。坚守知能,是廉介性。循习知能,是善人性。自用知能,是庸常性。禽兽知觉,草木生发,金石坚定,同是知能,弗称知能。惟阿而实,代行化育,惟库而西,错合变化。创无为有,厥为土地。发隐成著,厥为木天。化小为大,厥为火天。化蠢为灵,厥为水天。改移流动,厥为月天。风以动之,火以发之,水以滋之,土以奠之。金以固定,木以建立,活类运行,凡是功用,万化仰藉。一粟之生,九天之功。日星景丽,元象以见,东西运旋,变化以出。四行专注,方位以定,四气流通,岁时以成。七洲分地,物产以异,四际分空,化育以从。云雨雪雹,雾露沙尘,皆所由资,以妙元功。察形辨义,观象悟理,先天后天,一贯而已。"

第三、第四章讲"小世界",即人。

第三章,总述小世界身性显著之由。说:"溟漠运精,元祖诞降,髭乳感孕,支裔衍生。初惟一点,是为种子,藏于父脊,授于母宫。承继先天,妙演后天,胚胎兆化,分清分浊。本其二气,化为四液,黑红黄白,层包次弟。四本升降,表里形焉。红者为心,黄者其包,黑者为身,白者其脉。身心既定,诸窍生焉。肝脾肺肾,眼耳口鼻,体窍既全,灵活生焉。灵活为物,包备万性,与种俱存,与胎俱生。随厥形化,而运其机,俟其体全,而著其迹。子收气血,由脐入胃,而坚定启,是为金性。百体资之,由胃入肝,而长养生,是为木性。收化资之,由肝入心,而活性成,是为生性。运动资之,自心升脑,而知觉具,是为觉性。外之五官,内之五司,一切能力,皆所资之。是诸所有,四月而成。五月筋骨,为坚定显。六月毛发,为长性显。七月豁达,为活性显。生四十日,爱恶言笑,为气性显。长遵礼节,善用明悟,为本性显。功修既至,穷究既通,理明物化,神应周遍,为德性显。德性既显,本然乃全,是谓返本,是谓还原。生人能事,至此而全。"

第四章,分述小世界身心性命所藏之用。说:"非性无心,非心无性,心性会合,全德昭焉。心含七德,作是灵明。顺于心包,信于其表,惠于其理。明识在灵,笃真在仁,发隐其妙,真现初心。初心著用,妙应无方,全体大用,莫为遗藏。先天来降,后天复升,来自此心,复于此心。两弧界合,复满圆形。人若灯具,真光其火,不获真光,徒为人具。人极大全,无美不备,既美其形,复美其妙。本然流行,贯合粗精,自真来我,造化为之,自我复真,人为为之。本其各具,寻其公共,浑融汋合,卷其迹相。惟是圣人,实践其境,众则难之。自取暗昧,陷于疑逆,徒致溃累。圣贤智愚,由是而分,迷异奸邪,从此以判。圣人全体,本无明暗,贤则有亏,暗于本然,智暗于性,愚暗于心,暗此蔽彼,本然弗见。贤障于己,智障于知,愚障于欲。障浅碍深,本然弗通。信理疑事,则为异端。信事疑理,则为疑二,疑信交衷,伥伥无之,则为迷惑。心顺身逆,是为疏忽,身顺心逆,是为奸佞,心身皆逆,是为邪逆。疑离之渐,逆悖之深。沉沦物我,本然隔绝。惟法圣功,修身以礼,明心以道,尽性复命,全体归真,本然独湛,大用全明,是谓人极,乃复初心。"

第五章是将大、小世界"分合"与"浑化"归之于以"真一"为核心的"三一"运动。"三一"说为伊斯兰教主张有创造和养育天地万物的真主存在,从哲理上奠定了基础。说:"惟一非数,是数皆一。厥初实有,统一统数。一者其体,数者其用。体用浑然,是名真一。由体起用,是名数一。反用归体,是名体一。三一非三,一而三义。真一起化,数一成化,体一化化。起化以为,从体著用,成化以命,先理后圣,化化以顺,进以知见,尽于无间。化如循环,尽终返始。化出自然,终归自然,少不自然,既非自然。本然无着,着于名相,名相无附,附于意识。意识无恒,故曰皆朽。是故万物,只朽其相,弗朽其理。夫理既真,凝目视一,散目视二。着疑陷碍,见物皆幻。物何非真,事何非实。物物纯全,孰云偏驳。一尘一粟,全体本然。一呼一吸,终古限量。小中见大,天纳粟中,大中见小,天在尘外。舒其光阴,一息千古,卷其时刻,千古一息。一归本然,天人浑化,物我归真,真一还真。物无相碍,人无欲累,妙义各呈,本然见焉。初为实理,今为实相,实有相见,种果全焉。"

《图说》分为五卷,每卷列十二说,以图达义,与《本经》相互配合阐释,自成一个复杂的体系。其目的是通过设想以论述伊斯兰教关于宇宙的起源,论述独一安拉的实有、体用和无所不包、无所不能的特性,以及天与人(即大世界、小世界)之间、性与理之间的关系等,力图将伊斯兰教一神论与中国儒家性理学说融会贯通。作者介绍说:

"第一卷历叙大世界所以显著之由。有理世,有象世。理世者,象数未形而理已具,所谓先天是也;象世者,天地既立,万物既生,所谓后天是也。两世之显著,总由一真,而次第时际,若有所别,列图为说,以识梗概,观文会意,可悟底里。造化流行之妙,人物赋成之理,舍是无以见其真确焉。"

"第二卷乃发明第一卷未尽之意。其言理也,足乎其前所未尽言之理;其言象也,足乎其前所未尽言之象。然非理自理,象自象也,象即理也,言象政所以申明其理之所不可见者耳。有心者若能于当体求之,则理象皆得不能于当体求之,则理象之去人也远矣。虽曰披阅此图此文,不过涉猎焉已耳,于性命奚裨?"

"第三卷历叙小世界所以显著之由。小世界有有形之显著,有无形之显著。观于有形之显著,可以知造物自然之妙,观于无形之显著,可以知天人一致之精。小世界之形,后于天地,小于天地;小世界之理,先于两间,广于两间。盖因大世界有边际,小世界无边际。大世界之理有起灭,小世界之理有起无灭故也,然亦未尝非无起无灭。"

"第四卷乃发明第三卷未尽之意。人极之超妙也,有顿有渐圣凡之分科也。有天有人知其顿不知其渐,则其顿不可以为法,盖顿超者一二人之路。渐入者千百人之路也,安于凡不希于圣,则无论天事人事皆自弃之矣。盖知耻则勇,恒可作圣,不勇不恒,欲其超三界而入无上也难矣。况己不勇恒,而复妄议人之勇且恒者乎,自弃而又自弃者也。"

"第五卷总大小两世界未尽详之义而补说之。义信精奥,不越一真,补说之中,寓扫抹之意。补之者,美之也。扫之者,补之也。补之愈精,扫之愈尽;扫之愈疾,补之愈神。理在若有若无之境,文在可解不可解之间。阅者量其力,尽其心。可解者,以解解之,不可解者,以不解解之,则善解是书者也。可解者,以非所解解之,不可解者,以无所不解解之,则不惟书不可解,阅书者亦不可解矣。"

《天方性理》内容来自八十种阿拉伯和波斯文的伊斯兰教经籍(即书前附的"秉辑经书目"),此外,还吸收了孔孟儒家、程朱理学的某些思想、理论和概念,用以阐发伊斯兰教的哲理,使伊斯兰教学术研究在中国形成一种独特体系,同时也扩大了心理学研究的内容和范畴。阅读此书可以了解中国伊斯兰教的哲学观。

(罗晋辉)

天方典礼 刘 智

《天方典礼》，又名《天方典礼择要解》。二十卷。刘智著。约成于清康熙四十五年(1706)。通行本有中华书局1932年排印本、云南民族出版社1990年版《天方典礼译注》本等。

作者生平事迹见"天方性理"条。

《天方典礼》共有二十卷，连同卷七、卷十至卷十五以及附录《归正仪解》一篇，共计二十八篇。其中卷一至卷四为《原教》、《真宰》、《认识》、《谛言》；卷五至卷八为《五功》；卷九为《禋礼》；卷十至卷十三为《五典》(人伦)；卷十四至卷十七为《民常》(日用)；卷十八至卷二十为《聚礼》、《婚姻之礼》和《丧葬之制》。本书是专门谈伊斯兰教礼法的。拿作者的话来说，就是"始著立教之原，中述以教之事、天道五功、人伦五典、穷理尽性之学、修齐治平之训以及日用寻常居处服食之类，皆略述大概，而以婚姻、丧葬终焉"。如此看来，本书是以伊斯兰教教义为经，以儒家学说为纬，精编巧织，用作者自己的体例和自己的语言加以编纂阐述，在结构上以儒家学说的纲常名教为纲，但有作者独到的编次、论述，从一定意义上讲，这是一种糅合了伊斯兰教原理和儒家学说的伦理学著作。本书与《天方性理》和《天方至圣实录》构成了刘智的一套完整的宗教学术思想体系。这是在回族和中国伊斯兰教历史上曾经存在并有其深远影响的著述，为研究中国的伊斯兰教及其演化提供了很有价值的资料。

全书的主要内容如下。

一、讲述伊斯兰教哲学。

卷一至卷四，主要讲解伊斯兰教哲学。具体来说，也就是谈"开俩木"即认主学。按照伊斯兰教哲学的说法，安拉乃是一个"前无始，居无终，大无外，细无内，无形似，无方所，无遐迹，无对待"的"独一无相"的"妙体"。安拉能"主万物而不化，莫非其化。妙万迹而无迹，孰非无迹"，安拉是"至知也，至能也，至全也，至善也"，"万物在，故安拉在"。安拉，实际上是一个超乎一切的总的大自然的规律。"今天见草木之偃仰而知有风，睹缘翠之萌动而知有春，视已身之灵明而知有性，参天地之造化而知有主,必然之理也。"概言之,"明示真主之实","导人求主之法"。

二、讲述伊斯兰教的五功。

五功是指什么呢?伊斯兰教的五功:"一曰念真功,二曰礼真功,三曰斋戒功,四曰捐课功,五曰朝觐功。"

念功有"修道之首务"。"口念以是心念无时","口念为有形有声之念","心念为无形无声之念"。"总其心念口念,有主命十事,学者宜细心玩味,加谨体贴。"

礼功即礼拜。具体讲述了礼拜的程序的过程。这包括:"沐浴"、"盛服"、"洁处"、"正时"、"正向"、"立意"。"以上六条如阙其一,则其礼不正。""先端立"、"举手"、"诵经"、"鞠躬"、"叩首"、"跪坐","以上六仪阙一仪则不成礼"。

斋功即斋戒。"每十二月中斋戒一月,盖止食色以谨嗜欲也。""凡疾病或旅途俟后补可也斋为善","妇方乳子或怀孕身重畏伤其身或伤其子开斋后补可也"。

捐功即捐课。"课者,降绝济以防聚敛也。凡人执有资财满贯,应于四什取一,以给贫乏,逾年一算。""捐课乃哀多益寡之义,豁达和众之心也。"

朝功是伊斯兰教"天命五功"之一。"朝觐者,亲指天阙,以返其所自始也。"凡是穆斯林不论居住何地,路途远近,都必须亲临麦加,瞻仰圣迹,朝阙谒陵,表示"复命归根"之意,生平一次,人人有责。"但路途艰塞,或无盘费,或因疾残废,则可以不朝。"

三、讲述伊斯兰教中的"禋祀"。

"儒有禋祀之礼以礼以事天,禋之为言洁也。吾天方圣教有宰牲事主之典,名曰古而邦。""其为礼也,系于三事:大瞻礼也,会集于郊也,宰牲也。""大瞻礼,恭奉主也;会集于郊,统合众也;宰牲,以牲之血净,亦己之私净,藉牲之顺德,献己之纯德也。"(附开斋、会礼)

四、讲述伊斯兰教中的五典。

本书第一次以五典之名概括夫妇、父子、君臣、兄弟、朋友五伦方面的内容,并称五典为人道。五典"为天理当然之则,一定不移之礼也"。作者认为:"夫妇为人道之首也。有夫妇而后有上下,在家为父子,在国为君臣;有上下而后有比肩,同出为兄弟,别氏为朋友。人伦之要,五功备矣。"这在实际上把伊斯兰教伦理观儒家化了。

五、讲述伊斯兰教的民常(日用)。

"民常有四:曰居,曰用,曰服,曰食,乃生民日用之常需。""五室以居:木竹石土草。""五矿以用:金银铜锡铁。""五服以衣:棉丝麻葛裘。""五食以食:谷蔬果肉饮。""身必需四者而生,犹室必得四维而立也。""居用服食民之常,安利卫养民所享。"

"选宅者必先察其邻里贤否,然后视其宅之合宜。""不危居","不孤处","不坐卧于寺","不久寓于远译之乡"。

财货:"非义不取,非礼不用,百官非礼不纳,朝廷非礼不税。"

冠服:"服有常制,制有常级,非其位,不服其服。"

"饮食惟良,必慎必择,良以作资,乃益性德。""勿啖豕",因为豕"乃最不可食之物也,吾人禁忌独严"。同时还要"勿饮酒","勿食自死肉","勿食浮水鱼","勿食妄杀",勿食"死于火器者"。

六、讲述伊斯兰教的婚丧。

"聚礼者,敛众归一,以办敛性归真之义也。"聚礼这天,"王免朝,官谢政,士民解业"。聚礼"不仅聚身而务求聚心"。

"婚姻为人道之大端。古今圣凡,皆不能越其礼而废其事也。废此,则近异端矣。""婚姻无贫富,必择善良。""使媒妁通言","向名","立主亲","纳定","纳聘","请期","书婚","铺陈婿室","亲迎","成礼","明日妇出见舅姑","婿往见妇之父母"。

作者详细讲述伊斯兰教时丧葬的规定和习俗。丧葬上不宜号啕大哭,时间上有时限制;从正面阐明"以礼易服,服色青黔","祀于葬之日,既葬之七日、四十日、百日、周年、三年及生殁之辰"。作者对于出殡时的大抬其柩,"提炉前行,在路焚香,或用香花铺放柩面"的陋习表示了中庸的态度。

总之,首卷《原教篇》是全书的大纲,其余篇目均发端于此。本书为了解和研究伊斯兰教的基本读物之一,它与作者的另一专著《天方性理》是姐妹篇,从而成为结合我国文化传统阐扬伊斯兰教的专著。作者说:"典礼者,朋友之书也;性理者,明道之书也。"

(罗晋辉)

天方至圣实录 刘 智

《天方至圣实录》，二十卷。刘智著。成于清雍正二年(1724)。乾隆四十三年(1778)由金陵启承堂刊印，不久即遭清政府地方官员的查究。后经乾隆批示"勿庸办理"，始免。书中附有上述案件经过的有关资料，故后世又称《御览天方至圣实录》。此后，该书有道光年间的汉南还淳堂本、同治年间锦城宝真堂本、京口清真寺本和光绪年间镇江清真寺本以及1925年马福祥本等。除这些国内刻本外，在国外的译本有英籍基督教传教士伊萨克·梅伊逊的英译本，1921年分别在英国伦敦和美国纽约出版；其后有苏联的艾哈迈德·勃列瓦涅夫根据英译本转译为俄文的《实录择要》；法国人又从俄文本译成法文。1941年，日本也出版了田中逸平译自中文的日文本。通行本有中国伊斯兰教协会1984年排印本。

作者生平事迹见"天方性理"条。

《天方至圣实录》是中国最早的一部记述伊斯兰教先知穆罕默德一生事迹的传记。作者刘智于清康熙六十年(1721)至雍正二年，以波斯语《忒尔准墨》(即《天方至圣录》)为蓝本，并参考阿拉伯、波斯、中国的有关史料和传说(如他在河南朱仙镇发现的赛氏珍藏的阿拉伯文原著《穆罕默德传》)，最后编纂了这部史书。

《天方至圣实录》卷首采辑《古兰经》和阿拉伯史籍资料，言简意深地略述了穆罕默德的"圣德"、"圣行"，并辑有"历代圣容记"。

正文大致可以分为三大部分。

卷一至卷三，为宗谱、图表。排列从"人祖"阿丹，到至圣穆罕默德"五十代圣人"的小传，以及"世统、国统、道统、化统"源流图说和穆罕默德的年谱。

卷四至卷十六，为全书的基本部分。其中，卷四至卷六概述了穆罕默德的诞生和童年、青年时代的活动。卷七至卷十六以穆罕默德四十岁"为圣"，特别是五十三岁迁徙麦地那后的活动为重点，对伊斯兰教教义的产生过程，教法的制定，伊斯兰教同多神教、犹太教的斗争，传教过程中的重大军事活动以及同邻国的联系等,都作了详尽的记述。此外,这一部分收录的许多阿拉伯传说故事,也具有一定的文学价值。

卷十七至卷二十,为附录。收辑了有关穆罕默德仪容德行、学问操守、待人待物等资料,以及信仰伊斯兰教各国、各地区的地理、历史、社会、文化等情况,以及中国明清帝王与史籍对伊斯兰教的评赞和有关碑文与序跋等。

卷首的《至圣篇》称颂穆罕默德为至圣。从中可以了解伊斯兰教对穆罕默德的尊敬和崇高的评价。

本书具体记述了穆罕默德一生的主要经历和传教活动,汇集了许多有助于了解穆罕默德与伊斯兰教的资料,具有一定的学术价值,在国内外均有影响,也为一些非穆斯林学者所推崇。

(罗晋辉)

朝觐途记 马德新

《朝觐途记》，一册。马德新著。成于清咸丰十一年(1861)。通行本有宁夏人民出版社1988年版纳国昌注释本。

马德新(1794—1874)，字复初。云南太和(今大理白族自治州)人，回族，出身伊斯兰教经学世家。自幼聪明好学，成年后，千里迢迢负笈陕西投入"周大阿訇"——胡登洲的"四传弟子"帐下学习。清道光二十一年(1841)秋，开始途程万里的朝觐之行。道光二十八年年底回国。之后在云南临安、回陇、玉溪等回族聚居区设帐教学。面对清朝官府"灭回"的血腥暴行，咸丰七年(1857)年春，他以自己在广大回民中的威望，号召"顾持穆民，兴兵报仇"——组织义军进攻昆明。清廷为伺机反扑，与义军订立"城下之盟"。他退居幕后，著书立说。清廷为镇压杜汶秀起义，给马德新以"护理云贵总督"的官职，后他曾接受清廷委托劝说杜汶秀，最后终被云贵巡抚岑毓英所杀。马德新是近代中国伊斯兰教的著名学者，也是第一个用阿拉伯文著书立说的中国穆斯林。主要著译有：《大化总归》一卷、《四典要会》四卷、《宝命真经(古兰经)直解》五卷、《会归要语》一卷、《醒世箴》一卷，以及《礼法启爱》、《寰宇述要》、《道行究竟》、《天方历源》等三十余种。

《朝觐途记》原稿是马德新用阿拉伯文字写成的，咸丰十一年由作者的门人弟子马安礼笔译整理为汉文，在昆明刻板问世。

《朝觐途记》是马德新旅游阿拉伯世界的见闻录，有较丰富的内容。这本小册子篇幅不长，字数有限，不分章节，大意如下。

马德新"朝觐"取道于"南路"，由滇入缅。时正道光二十一年(1841)秋天，由于"真传之未得，名师之罕遇"，马德新开始途程万里的"觐天庭"之行，这是他生平取得最重大成就的学术活动。

当时，中英鸦片战争硝烟未灭，中国对外海上交通仍在英国侵略军封锁之中，因而马德新不得不另辟蹊径。他从省城昆明出发，随同商人马帮，"自景东、普洱、思茅经行，是年十一月十六日，出中国界"。然后搭乘"运铜之船"由大江(伊洛瓦底江)扬帆东下，直至漾贡城(仰光)。

为了候船去淳德(吉达港),马德新在欣底(印度)邦果腊(孟加拉)的克来克特(加尔各答)停留了四个月之久。道光二十三年(1843)初,他离开印度直航淳德(吉达港),中途经过赛依喇岛(斯里兰卡)、尔富(亚丁)、哈代德(荷德达)等英国殖民主义属地。后在"野赖阑戒关受戒"(受戒是朝觐的主要仪式之一,朝觐者在海上望见戒关即入戒)。

《朝觐途记》表明,马德新作为"东土之人",当年是从耶满(也门)入戒的野赖阑("叶兰兰")戒关进入禁地的。

"入戒"规定是:"先洁己沐浴,易服佩香;礼拜致告;诵应辞;入戒——露顶,裸足,不衣黄紫,不佩容臭,不嗅香果,不涤首,不剃发,不齐髭,不剪指,不取一切修饰,不杀一切生灵"……直至完成一切"朝觐"活动后,才可"开戒",恢复一般日常生活。

自离开中国,经过一年半的长途跋涉,马德新终于在道光二十三年五月初一日拂晓时分,到达满克(麦加)圣地。次日,投入朝觐者行列,开始一系列的活动——寓"米拿山",会礼于郊野,进驻"阿拉法特",射石,宰牲奉献,开戒,巡游"天房",亲抚玄石,谒陵,探泉,抚幔告辞……

马德新完成了"朝觐",于同年年底赴麦地那朝谒圣陵。原来取道海行,由吉达乘船至漾补勒城(宴博),由于风不顺,途中有海盗,不得不返回喇布恩(拉比格),改由陆行,途经著名的"白德里"古战场。

次年八月,马德新离开麦加去埃及,由吉达港乘船海行,中途到达古算城(库塞尔),又陆行至更那城(基纳),然后由尼里海(尼罗河)顺流而下,十月到达谜思尔城(开罗)。赞扬统治埃及的穆罕默德国王"大智大勇,善治理"。

在开罗住了半个月左右,马德新继续航行,到了土尔期(土耳其)的以思肯德令叶(伊斯肯德伦),"其城极壮观……其中商贾辐辏"。

在去土尔期伊斯坦布尔途中,马德新经过以苴令样(安塔利亚),由于"避瘟",在避兹路被隔离半个月,期满,解除隔离之后,在该地参加了这一年(伊斯兰教历1266年)的"尔德"节日(会礼),以后到达米定里城(米提利尼岛)。道光二十五年正月初三日,到达了此行的终点城市易司篆补(伊斯坦布尔)。在此城旅游期间,马德新瞻仰了先圣郁施尔的陵墓;以中国穆斯林的身份出席了王姊的婚礼;观看了海上风帆船表演;通过国王尔补买支底的介绍,参观了"太医院",饱览了无数的奇珍异物。

马德新在君士坦丁堡住了半年左右,作为中国穆斯林受到官方的热情接待。这一年七月初,他又起程前去朝谒圣城耶路撒冷的"清净室",即萨哈莱大清真寺。

八月,自清净寺出,经过底米呀退(杜姆亚特)"避瘟禁所"继续航行,途中经过易司刊德令叶(亚力山大里亚)等城,到达开罗。此行目的,在于前赴麦加朝觐,然而此时"觐期已过",于是在开罗居留了半年左右。

这时满克(麦加)正值瘟疫流行。亡者颇多,后瘟复至,马德新不得不立意起程归国。

道光二十六年六日,马德新启程。航程是:由吉达港乘船行,七月到达科浪低城(卡拉奇),继续向东航行,经过印度阿拉奋叶城(阿勒颇)等地,到达补鲁宾南(槟城),然后抵新歌敷尔(新加坡)。马德新在新加坡暂住达一年之久。他之所以在此停留许久,主要是所寓之家——该地巨商赛依德尔买勒家藏书丰富,"欲久住于斯,从观群经"。更重要的是,对新加坡昼夜平衡的说法是否可靠,专门进行实地考察。考察结果,"皆属真实,与所遇符合"。

归国的最后旅程是:道光二十八年八月乘拜戛拉(孟加拉)船离新加坡回国,九月安然至广州,乘木船溯粤江而上,经肇庆、桂平、南宁、北塞(百色),又由陆行,于次年四月回到云南故乡。

《朝觐途记》最后结论是:"至是始知朝觐有二途:一路由阿瓦(曼德勒),一路由北塞(广西百色)。……"这条由云南取道缅甸或广东出海的路线是马德新亲身经历的。至于"天方北路途程"——从中国至阿拉伯和西亚各国的陆上交通路线是马德新通过访问的了解记录,非亲身经历。

《朝觐途记》虽然对于当地风土人情的记载较少,但它却真实地反映了西亚历史面貌,填补了清代对外交通的一项空白,特别是具体地叙述了西亚近代地理沿革和历史文物,其中保存了不少珍贵而生动的史料。同时,也表明中国和阿拉伯各国人民的友好往来,彼此学术文化交往是源远流长、有优良传统的。这对于研究西亚的地理、交通和人文、政治等,至今仍有一定的参考价值。据说,国外研究中国伊斯兰教的学者对这本小册子的赞誉,超过了对作者的其他译著的评价。

(罗晋辉)

图书在版编目(CIP)数据

中国学术名著提要.清代编/中国学术名著提要编委会编.—上海：
复旦大学出版社，2019.2
 ISBN 978-7-309-06792-7

Ⅰ.①中… Ⅱ.①中… Ⅲ.①著作-内容提要-中国-清代 Ⅳ.①Z835

中国版本图书馆 CIP 数据核字(2009)第 124144 号

中国学术名著提要（合订本）
第五卷　清代编
中国学术名著提要编委会　编

出 品 人　严　峰
责任编辑　吴仁杰　宋文涛

复旦大学出版社有限公司出版发行
上海市国权路 579 号　邮编：200433
网址：fupnet@fudanpress.com　http://www.fudanpress.com
门市零售：86-21-65642857　团体订购：86-21-65118853
外埠邮购：86-21-65109143　出版部电话：86-21-65642845
浙江新华数码印务有限公司

开本 850×1168　1/16　印张 88.25　字数 1186 千
2019 年 2 月第 1 版第 1 次印刷

ISBN 978-7-309-06792-7/Z·63
定价：450.00 元

如有印装质量问题，请向复旦大学出版社有限公司出版部调换。
版权所有　侵权必究